国家自然科学基金项目（项目编号：41201130、41571123）研究成果

城乡路网系统的空间复杂性

刘承良　著

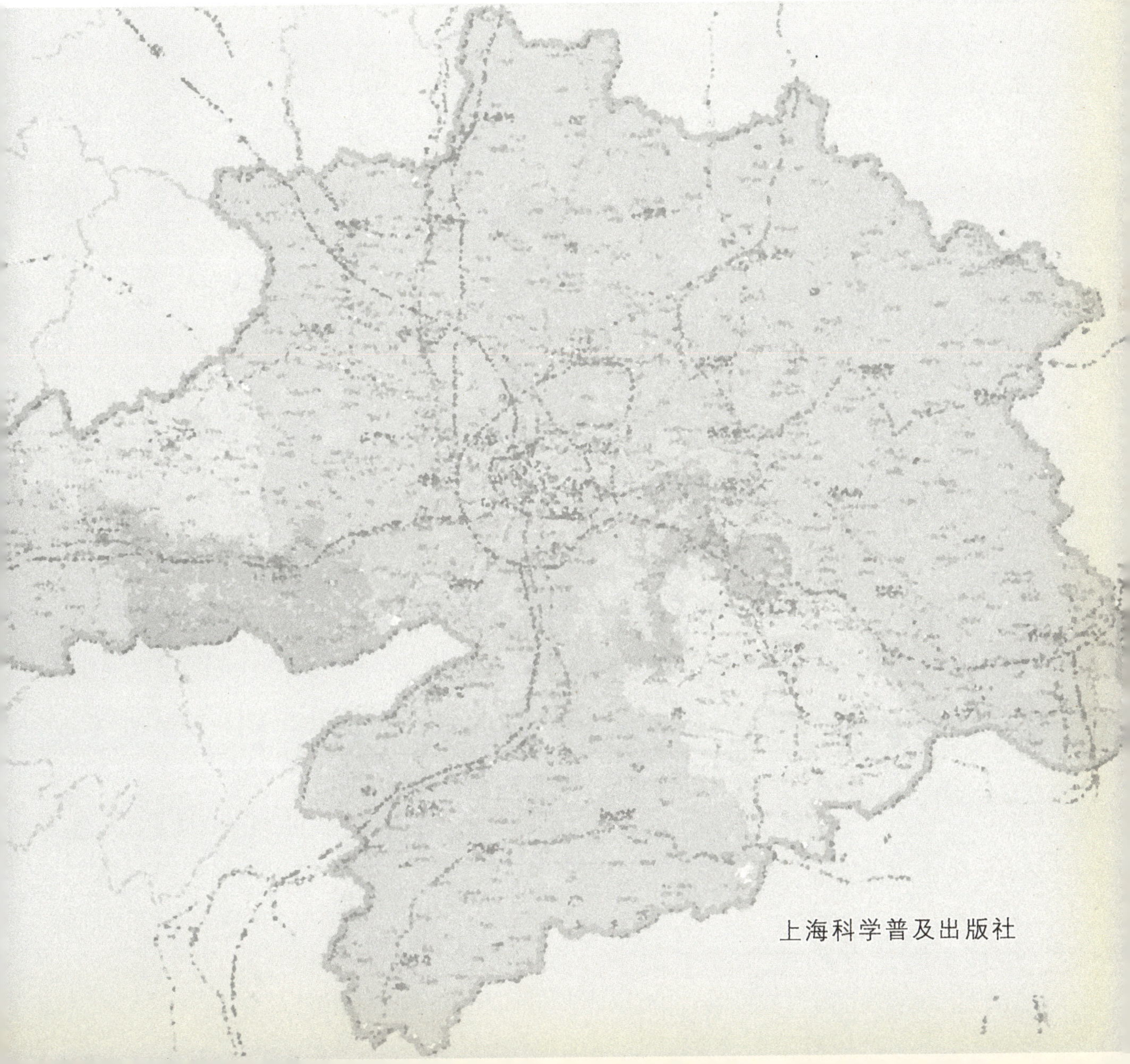

上海科学普及出版社

图书在版编目(CIP)数据

城乡路网系统的空间复杂性/刘承良著.--上海:上海科学普及出版社,2017.12
ISBN 978-7-5427-6611-3

Ⅰ.①城… Ⅱ.①刘… Ⅲ.①道路网—研究 Ⅳ.①U412.1

中国版本图书馆 CIP 数据核字(2017)第 284091 号

责任编辑 张 帆

城乡路网系统的空间复杂性
刘承良 著
上海科学普及出版社出版发行
(上海中山北路 832 号 邮政编码 200070)
http://www.pspsh.com

各地新华书店经销 上海惠敦印务科技有限公司印刷
开本 787×1092 1/16 印张 23.5 字数 470 000
2017 年 12 月第 1 版 2017 年 12 月第 1 次印刷

ISBN 978-7-5427-6611-3 定价:60.00 元

上海科技发展基金会(www.sstdf.org)的宗旨是促进科学技术的繁荣和发展,促进科学技术的普及和推广,促进科技人才的成长和提高,为推动科技进步,提高广大人民群众的科学文化水平作贡献。本书受"上海科技发展基金会"资助出版。

"上海市科协资助青年科技人才出版
科技著作晨光计划"出版说明

  "上海市科协资助青年科技人才出版科技著作晨光计划"(以下简称"晨光计划")由上海市科协、上海科技发展基金会联合主办,上海科学普及出版社有限责任公司协办。"晨光计划"旨在支持和鼓励上海青年科技人才著书立说,加快科学技术研究和传播,促进青年科技人才成长,切实推动建设具有全球影响力的科技创新中心。"晨光计划"专门资助上海青年科技人才出版自然科学领域的优秀首部原创性学术或科普著作,原则上每年资助10人,每人资助一种著作1500册的出版费用(每人资助额不超过10万元)。申请人经市科协所属学会、协会、研究会,区县科协,园区科协等基层科协,高等院校、科研院所、企业等有关单位推荐,或经本人所在单位同意后直接向上海市科协提出资助申请,申请资料可在上海市科协网站(www.sast.gov.cn)"通知通告"栏下载。

序 言 一

我认识承良时,他还是华中师范大学的博士生。交流中,得知他研究的兴趣在城市与区域中的交通网络复杂性。他提到当时基于中国的复杂交通网络研究,一般出自物理学家和工程类学者,所以空间因素考虑得不多,结果也缺乏对于社会经济因素的考量。我非常赞同,鼓励他用中国的案例,从地理学角度继续深化拓展。

当时,承良虽然在职于湖北大学,但只用三年的时间,就完成了这篇成果良多的博士论文。期间部分成果也陆续发表在中国地理学的几大杂志上,很快成长为一个小有声誉的交通复杂网络青年学者,随后调入华东师范大学。我回顾他的成长,起点并不起眼,跨越的历程却很可观。究其原因,起码有三点:一是研究方向的选择,是从中西文献的广泛涉猎中寻找到的切实缺口,真正拓展了自己可能生长的空间;二是研究计划中当遇到自己技能的短板时,积极寻找合作伙伴;三是比较擅长保护自己的研究时间、环境和心境。最后这点,在当今"外面的世界日益精彩"的中国尤为难能可贵。

作为第一个外国读者,读罢,我认为这本由其博士论文拓展的专著有三个亮点。首先,是研究区域界定为"都市圈",从高城市化的大都市核心区到偏远的乡村聚落,范围涵盖了城乡渐变的整个"波段",揭示了交通网络与城乡联系、人类住行的互动机理。其次,是研究时段为1989~2010年,正是中国交通网络(特别是公路网)发展最快的20余年,是用较短时间浓缩极大变化的难得案例。第三,正如前面提及的,它不仅仅梳理了复杂道路网的统计规律,而且更关注道路网的空间结构自组织演化,努力讲述了数值背后的故事,即社会经济发展格局如何影响甚至决定城乡道路网的复杂性"涌现"过程。

当然,好的博士论文,不单是解答了多少问题,更重要的是提出了多少有价值的问题,以便自己随后完善和其他学者跟踪。基于承良的大作,我粗略地整理了三大未来可能拓展的方面,以资借鉴。其一就是不同方式(类型)交通网络的交叉互补性研究,特别是城区的公交网络(地铁和汽车公交),其结点和线路通行时间与一般性路网是不一致的。其二是现实生活中的网络不只局限于交通路网,比如劳务人员流动、资金流、信息流,等等,可能揭示的空间交互作用更为丰富多彩。其三是现有研究区的界定多少带有一点随意性。显而易见,研究区趋中的位置导致各种中心度指标偏高,研究区中添加(或划去)一块都会影响整个中心度值的空间态势,这就是常说的"边界影响(edge effect)"。什么样的一个地理范围是一个相对完整的区域?这就需要在更大地理尺度上(比如全国范围),根据网络内的各种交互量(如客流或货流),通过优化手段划分相对自成体系的区块(community),这样产生的每个区块,就是比较客观的完整区域。

　　承良得益于国家留学基金委的资助,来美国路易斯安那州立大学访学一年。他很珍惜这个机会,并在此基础上努力开展相关研究,撰写英文论文,把这些成果推向国际。我预祝他的事业蒸蒸日上!

(王法辉,美国路易斯安那州立大学终身教授、系主任)

2016 年 2 月于美国巴吞鲁日

序 言 二

六年前,承良邀我为他第一本学术专著《武汉都市圈空间发展机理与调控战略》作序,该书是承良在其硕士毕业论文的基础上,结合其主持的国家社会科学基金和湖北省社会科学基金项目,付梓形成的研究成果,为鼓励青年学者步入著书立说之道我欣然应之。六年后,承良早已博士毕业并踏上治学和"东征"之路,再次邀我为他的新作《城乡路网系统的空间复杂性》写序;这是承良在其博士毕业论文的基础上,结合其主持的国家自然科学基金和中央高校自主科研项目,而整理的研究成果。转眼六年过去,承良已经论著等身,在城乡关系的空间复杂性领域积累颇丰,作为导师,为激励他"百尺竿头,更进一步",再次欣然应允。

20多年前,我就曾试图为构建一个描绘城乡发展之间互动关系的一般理论而努力,在博士论文的基础上完成了《现代城乡网络化发展模式》一书,提出了一条可供选择的符合中国国情的城镇化发展模式——"城乡网络化",得到了学界的广泛认同和称赞。承良的这本专著正是在城乡网络化发展理论的框架下,以城乡道路网为载体,从关系复杂性视角系统梳理城乡网络化空间的复杂性机理,可是说是对本人城乡网络化空间发展理论的实证和升华,且又印证了21世纪以来的经济地理学的关系转向和复杂性特征。

近年来,城市-区域一体化进程加速,城乡道路网发展迅猛,城乡空间系统不断进行重构与转型,伴随着急剧的动态跃迁和螺旋演替,整个系统在组分、结构、功能、演化和相互作用机制方面日趋复杂。根植于还原论思维的传统人文地理学,在解释城乡空间系统的复杂性关系及其自组织涌现规律时往往"捉襟见肘"。同时,有关人文地理复杂性的研究渐成热点和前缘,空间复杂性研究已经成为人文地理学研究的新主题词。作为一动态而非线性的空间网络系统,城乡空间系统"复杂的非线性"特征已在学术界达成共识;但与物理学、社会学等学科相较,仍属于"跟随型"角色,建构城乡空间系统自组织演化理论研究比较薄弱。理论研究滞后于实践发展的直接结果便是,人们在面对道路网发生拥堵、运行低效、易受攻击、脆弱不稳时,变得束手无策,道路网控制和预警苍白无力。因此,将视角投向城乡空间系统,以道路网为载体,构建系列复杂地理网络模型,系统全面分析城乡路网系统形态、结构、功能的空间复杂性机理,架构复杂城乡系统研究平台显得十分必要和迫切。

综观国内外城市交通空间复杂性研究,尽管在交通分形和自相似性、小世界性与无标度性等复杂性挖掘上取得重大突破,但仍有以下几个方面有待进一步深化:(1) 系统管理学研究居多,人文地理学研究不够全面,尤其在流量系统和复杂网络复杂性分析,地理学鲜有涉及,交通网络系统的空间复杂性研究不够全面系统;(2) 虽然地理学已经开始重视和认识城乡关系的复杂性,但还未全面系统架构城乡关联网络系统复杂性研究体系,仍然停留在呼吁阶段,关联网络结构及演化的复杂性理论与实证研究薄弱;(3) 研究尺度以城市-区域系统为主,乡村空间系统研究甚少,乡村地域处于从属地位,城乡地域系统的空间复杂性研究几乎空白;(4) 研究方法单一,综合性方法集成研究少见,且模型多忽视空间-行为变量,缺乏地理学意义。

承良是国内较早的从地理学视域开展道路网空间复杂性研究的学者,本书以武汉城市圈为研究区域,对城乡路网系统空间复杂性涌现这一命题进行了较深入的分析,对当前中国交通运输地理学以及都市圈城乡关联空间理论有所裨益。纵观全书,作者在以下几个方面值得肯定,且较有特色。

其一,研究范式上彰显结构主义特色。构建关系(空间复杂性理论认识)-映射(复杂网络模型建模)-反演(复杂性涌现机理挖掘)的研究框架,从构成、形态、结构、功能、组织和演化几个维度,系统归纳和阐述了城乡路网系统复杂性理论(关系),从空间形态+结构(实空间)和空间演化(相空间)两个方面,构建系列加权复杂网络模型(映射),实证分析研究区城乡道路网的空间自组织演化机理(反演)。

其二,研究内容上突出系统性解析。界定"复杂性=要素(构成+形态)+关联(时间+空间结构)"逻辑框架,从城乡网络关系视角介入城乡空间复杂性研究,注重空间形态的多视角透析、空间结构的多维度评价和空间演化的多尺度分析:首先,构建系列加权分维模型,从路网密度分布、覆盖形态、连通程度和伸展形态四个方面,多视角透析城乡路网的空间形态自相似性;其次,运用复杂网络模型,从网络重要性、可达性、集聚性、相关性、模块性五个方面,构建多维度网络自组织信息度量模型,多角度刻画城乡路网的空间异质性特征;最后,归纳不同时段、不同区域(圈域、城域、村域)形态结构的通达性变化(功能效应),时间—空间多尺度分析城乡路网的空间伺服能力和等级层次组织机制。

其三,研究方法上注重前沿计量分析。遵循定性归纳与定量分析相结合、理论总结与实证分析相结合、实地调研与实验计算相结合、还原论和整体论分析相结合、静态分析和动态研究相结合的研究方法,综合图论-拓扑学、空间句法、分形、复杂网络等网络信息挖掘理论和方法,融合GIS空间分析技术和数理统计方法,实现了研究方法上的一定创新和突破。

时隔六年,承良已由当初的敢闯敢拼的青年才俊成长为成熟稳重的学者,其严谨治学、无畏敢为的精神也给他打下了坚实的基础,使他不断登上学术路途的新台阶,我甚感欣慰。为之,欣然作序。

曾菊新

(曾菊新,华中师范大学教授、博士生导师)

2015年7月于桂子山

前　言

美国圣菲研究所（Santa Fe Onstitute，简称 SFI）的创建人 G. Cowan 曾说过，通往诺贝尔奖的堂皇道路通常是由还原论思维开创的（Waldrop，1992、1997）。还原论是当代科学的主流，这种思维方式在一定的时空条件下的确有效（陈昌曙，2000）。然而，在简单性原则和还原论思维（线性方法和机械思维）的指引下，科学发展在取得了辉煌成就的同时，也遇到了难以逾越的障碍：它不能解释自组织和整体功能"涌现"现象，人们不得不逐渐认识复杂性是世界的本质属性（甘国辉和杨国安，2004）。受此驱动，一门专门系统研究复杂系统和复杂性的科学——复杂科学应运而生，成为 21 世纪的"前沿科学"和"科学前沿"，引起物理学、系统学、信息科学、经济学、地理学等学科的广泛关注，掀起阵阵科学研究浪潮。一场新的激烈的国际竞争正在进行，丝毫不亚于 20 世纪的超导技术及当前的纳米技术引导的国际竞争，显然哪个国家能在这方面遥遥领先，它就会在 21 世纪的现代高新科技竞争中掌握主动权（陈彦光，2004）。

交通网络是一个典型的、开放的、复杂的巨系统（胡一竑，2008），其复杂性研究备受交通规划管理、交通系统工程和交通地理等领域学者关注，交通网络形态的分形与自相似特征（Batty M，2008；Benguigui L，1995）、结构的小世界与无标度特征（Latora V & Marchiori M，2002）、演化的自组织性特征（Jiang B，2007）被广泛揭示。然而，作为一复杂适应系统，交通网络系统的发展与演化机制研究仍显薄弱，理论认识还只停留在探索阶段。

20 世纪 80 年代以来，经济全球化、信息化进程加速，城市-区域要素流动频率、规模和范围不断增长。一方面，全球分工和联系日益紧密，形成一种多层次的全球城市网络体系（曹小曙等，2006）；另一方面，城市-区域不断融合扩张，形成巨型化规模、网络化关联的都市圈（群）。传统的城镇等级体系正向竞争协同的城乡网络关系所转变，传统的城镇线性产业布局正被非线性的城乡网络组织所取代,传统的城乡独立极化正为城乡相互依赖共生所代替(曾菊新,2001),道路网空间不断进行重构与转型,伴随着急剧的动态跃迁和螺旋演替,整个城乡道路网系统在组分、结构、功能、演化和相互作用机制方面日趋复杂。

随着社会经济的高速发展和城市化进程的加快,我国机动车拥有量及道路交通量急剧增加(吴建军,2008)。尤其是在人口密集、经济发达的都市圈(群),交通结构性问题和矛盾突出:层次不合理、衔接无序、交通拥堵、交通事故频发、环境污染加剧,成为我国最受关注的"城市病"之一。作为基础设施建设的一个重要环节,道路网的优化与规划亟需当前学科为其提供科学理论分析,其关键是厘清城乡路网空间运行的复杂性机理,即"是什么?知其然"的命题:如城乡路网系统形态、结构、功能和演化的空间复杂性规律有哪些?复杂城乡路网系统的自相似性、自组织性、等级层次性、小世界性、无标度性、非线性、动态性等复杂性规律如何通过分形、复杂网络、空间句法、图论(拓扑学)等理论和方法进行演绎和归纳?

因此,本书试图构建关系(空间复杂性认识)—映射(复杂网络模型)—反演(复杂地理机理揭示)的研究框架,遵循理论与实证分析、定量与定性分析相结合的研究范式,架构了城乡路网系统的空间复杂性理论体系,运用图论、分形、复杂网络、空间句法等网络信息挖掘理论和方法,构建系列复杂网络模型,从形态—结构—功能三个方面,实证研究了城乡路网的空间复杂性规律,论述展开分七章:

(1) 第1章为导论,基于问题域,指出本书的选题背景和依据,研究意义和特色创新,研究目标、框架和内容,研究方法和技术路线,以及研究区域和数据来源。

(2) 第2、第3章为理论研究。通过总结国内外研究成果,运用系统科学—非线性科学—复杂性科学理论,构建城乡路网系统的空间复杂性理论体系。其中,第2章为城乡路网系统空间复杂性的研究进展,从复杂科学、地理系统、城乡系统、交通网络四个方面,梳理国内外空间复杂性研究进展和现状,并指出当前研究的不足和本书研究的出发点。第3章为城乡路网系统空间复杂性的系统学认识。从构成、形态、结构、功能、组织和演化几个维度,系统归纳和阐述城乡路网的系统内涵和空间复杂性理论,并从结构主义视角架构城乡路网的空间复杂性研究体系:实空间(real space,地理空间刻画,对应于几何形态+拓扑结构复杂性)—序空间(ordering space,等级序列描述,对应于功能和组织复杂性)—相空间

(phase space，时间序列表征，对应于演化复杂性）。

（3）第4、第5、第6章为实证研究。复杂网络理论认为，网络形态影响结构，结构决定功能，功能主导演化，并且存在"复杂性＝要素（构成＋形态）＋关联"的框架。因此，这里导入实空间－序空间－相空间的广义空间复杂性研究视角，并考虑序空间＋相空间往往内化于实空间，建立城乡路网系统的形态－结构－功能的空间复杂性研究框架，以实空间分析为主流，融合序空间和相空间分析，以武汉城市圈为例，系统定量揭示城乡路网系统的空间复杂性机理。其中，第4章为复杂城乡路网系统形态的空间自相似性研究，属于形态（morphology）复杂性研究范畴，从点线分布和组合角度，运用分形理论和系列分维模型，从路网密度分布、覆盖形态、连通程度和伸展形态四个方面，力图全面揭示武汉城市圈城乡路网的空间形态自相似性。第5章为复杂城乡路网系统结构的空间关联性研究，属于结构（structure）复杂性研究范畴，从拓扑连接和关联角度，引入图论和统计物理学思想，运用复杂网络模型，着力揭示城乡路网拓扑连接的空间异质性特征，及其内在相关性和外在稳定性等自组织空间结构特征。第6章为复杂城乡路网系统功能的空间通达性研究，属于功能（function）复杂性研究，在第4、第5章几何形态和拓扑结构分析的基础上，从拓扑形态和结构的功能效应角度，以功能的空间结构分析为主线，着力从拓扑分析（空间句法、拓扑网络分析）和距离分析（最短径时空距离通达性）两个方面，揭示武汉城市圈城乡路网的空间伺服能力和效应（通达性）的复杂性特征。

以上三章分别从实空间－序空间－相空间三个视角切入，即综合分析形态、结构和功能的空间分异特征、等级层次组织和时间动态演化，整体以实空间复杂性分析为主线，以序－相空间分析为辅线，在形态和结构的实空间分析基础上（归纳表象），揉合等级层次性的序空间和动态演化性的相空间分析（厘清机制），以剖析这种实空间分异的自－他组织机制（深层控制）。

（4）第7章为结论与展望，总结本书的主要观点和发现，并指出本书研究的不足之处和未来研究方向。

刘承良

2015年6月

于华东师大丽娃河畔

目 录

序言一 ……………………………………………………………………………………… 1
序言二 ……………………………………………………………………………………… 1
前言 ………………………………………………………………………………………… 1

第1章 导论 …………………………………………………………………………… 1

1.1 研究背景 ………………………………………………………………………… 1
1.1.1 还原论研究思维备受学界置疑,面临复杂性科学挑战 ………………… 1
1.1.2 地理系统复杂理论研究滞后,成为"追随"学科 ………………………… 1
1.1.3 城市系统复杂性研究成为中心,乡村"被边缘" ………………………… 1
1.1.4 复杂交通网络研究成为热点,空间研究较薄弱 ………………………… 2
1.1.5 都市圈空间网络化发展迅猛,面临重构和转型 ………………………… 2
1.1.6 城乡道路网结构性问题突出,复杂而苦无良策 ………………………… 2

1.2 研究意义 ………………………………………………………………………… 3

1.3 研究目标、框架和内容 ………………………………………………………… 4
1.3.1 问题的提出 ……………………………………………………………… 4
1.3.2 研究目标 ………………………………………………………………… 4
1.3.3 研究框架 ………………………………………………………………… 5
1.3.4 研究内容 ………………………………………………………………… 6

1.4 研究方法和技术路线 …………………………………………………………… 8
1.4.1 研究方法 ………………………………………………………………… 8
1.4.2 技术路线 ………………………………………………………………… 9

1.5 研究区域和数据 ………………………………………………………………… 10
1.5.1 研究区选择缘由 ………………………………………………………… 10
1.5.2 研究区地域结构 ………………………………………………………… 10
1.5.3 数据来源及处理 ………………………………………………………… 11

第2章 城乡路网系统空间复杂性的研究进展 ……………………………………… 13

2.1 复杂系统和复杂性科学 ………………………………………………………… 13
2.1.1 复杂性科学研究历程 …………………………………………………… 13
2.1.2 复杂系统及相关概念 …………………………………………………… 19

2.2 地理系统空间复杂性 ·· 22
2.2.1 国外地理系统复杂性研究进展 ··· 22
2.2.2 国内地理系统复杂性研究进展 ··· 23
2.3 城乡系统空间复杂性 ·· 23
2.3.1 城市-区域系统的空间复杂性 ··· 23
2.3.2 城市-乡村关联的空间复杂性 ··· 28
2.4 交通网络空间研究 ·· 29
2.4.1 交通-城市系统空间研究 ·· 29
2.4.2 空间通达性研究 ·· 36
2.4.3 空间句法研究 ··· 38
2.5 交通网络空间复杂性研究 ··· 39
2.5.1 国外交通网络空间复杂性研究现状 ·· 39
2.5.2 国内交通网络空间复杂性研究现状 ·· 42
2.5.3 简评 ·· 44
2.6 国内外研究评价 ·· 44
2.6.1 城市-区域系统领域 ··· 44
2.6.2 交通网络系统领域 ·· 44
2.6.3 城乡网络关系领域 ·· 45
2.6.4 研究尺度 ··· 45
2.6.5 研究方法 ··· 45

第 3 章 城乡路网系统空间复杂性的系统学认识 ·· 46
3.1 城乡路网系统 ··· 46
3.1.1 城乡路网系统内涵 ·· 46
3.1.2 城乡路网系统构成 ·· 52
3.1.3 城乡路网系统结构 ·· 56
3.1.4 城乡路网系统功能 ·· 60
3.1.5 城乡路网系统演变 ·· 61
3.2 城乡路网系统空间复杂性 ··· 62
3.2.1 构成多维性 ··· 64
3.2.2 状态多样性 ··· 65
3.2.3 边界模糊性 ··· 65
3.2.4 关联耦合性 ··· 65
3.2.5 结构复杂性 ··· 67
3.2.6 功能复杂性 ··· 70
3.2.7 演化复杂性 ··· 71

第4章 复杂城乡路网系统形态的空间自相似性 ················ 75

4.1 研究框架和方法 ················ 75
- 4.1.1 研究框架 ················ 75
- 4.1.2 分形模型 ················ 75
- 4.1.3 数据来源及处理 ················ 81

4.2 城乡路网的空间密度变化分形——容量维数分析 ················ 82
- 4.2.1 分维测算 ················ 82
- 4.2.2 不同类型城乡路网密度分形比较 ················ 83
- 4.2.3 不同时段城乡路网分形演化比较 ················ 87
- 4.2.4 不同区域城乡路网分形结构比较 ················ 90

4.3 城乡路网的空间覆盖程度分形——覆盖维数分析 ················ 98
- 4.3.1 分维测算 ················ 98
- 4.3.2 节点覆盖度分析 ················ 99
- 4.3.3 线路覆盖度分析 ················ 103

4.4 城乡路网的空间连接水平分形——阻抗维数分析 ················ 109
- 4.4.1 分维测算 ················ 109
- 4.4.2 城乡路网节点通达性分形分析 ················ 109
- 4.4.3 城乡路网节点关联性分形分析 ················ 112

4.5 城乡路网的空间渗滤能力分形——分枝维数分析 ················ 119
- 4.5.1 分维测算 ················ 119
- 4.5.2 城乡路网分枝维数时序分析 ················ 120
- 4.5.3 城乡路网分枝维数空间比较 ················ 123

4.6 小结与讨论 ················ 124
- 4.6.1 小结 ················ 124
- 4.6.2 讨论 ················ 126

第5章 复杂城乡路网系统结构的空间关联性 ················ 128

5.1 研究框架和方法 ················ 128
- 5.1.1 研究框架 ················ 128
- 5.1.2 研究方法 ················ 128

5.2 城乡路网的拓扑复杂性 ················ 131
- 5.2.1 节点重要性的复杂性 ················ 131
- 5.2.2 节点易达性的复杂性 ················ 136
- 5.2.3 节点集聚性的复杂性 ················ 142
- 5.2.4 网络类型的复杂性 ················ 144

5.3 城乡路网的空间异质性 ················ 151

  5.3.1 节点重要性的空间分异 ·············· 151
  5.3.2 节点易达性的空间分异 ·············· 158
  5.3.3 网络集聚性的空间特征 ·············· 166
  5.3.4 网络社团性的空间划分 ·············· 170
 5.4 城乡路网的空间相关性 ················ 173
  5.4.1 节点重要性-重要性的空间相关性 ········· 174
  5.4.2 节点重要性-集聚性的空间相关性 ········· 175
  5.4.3 节点重要性-易达性的空间相关性 ········· 180
  5.4.4 节点易达性-集聚性的空间相关性 ········· 187
  5.4.5 节点易达性-易达性的空间相关性 ········· 193
 5.5 城乡路网的空间稳定性 ················ 200
  5.5.1 研究方法 ···················· 200
  5.5.2 随机性故障 ··················· 202
  5.5.3 恶意性攻击 ··················· 205
 5.6 小结与建议 ····················· 214
  5.6.1 小结 ······················ 214
  5.6.2 空间调控建议 ·················· 216

第 6 章　复杂城乡路网系统功能的空间通达性 ········ 218

 6.1 研究框架和方法 ··················· 218
  6.1.1 研究框架 ···················· 218
  6.1.2 空间句法模型 ·················· 218
  6.1.3 通达性模型 ··················· 221
 6.2 城乡路网连接的空间句法分析 ············· 226
  6.2.1 城乡路网层次性的统计分析 ············ 226
  6.2.2 城乡道路重要性的空间分析 ············ 232
  6.2.3 城乡道路控制性的空间分析 ············ 235
  6.2.4 城乡道路集成性的空间分析 ············ 236
  6.2.5 城乡路网智能性的时空特征 ············ 241
  6.2.6 小结与建议 ··················· 243
 6.3 城乡路网连接的空间通达性分析 ············ 245
  6.3.1 城乡路网的距离通达性 ·············· 245
  6.3.2 城乡路网的拓扑通达性 ·············· 279
  6.3.3 城乡路网的县域通达性 ·············· 287
  6.3.4 小结与讨论 ··················· 300

第 7 章　结论与展望 ···················· 305

 7.1 主要结论 ······················ 305

  7.1.1 城乡路网系统是一开放而复杂的巨系统,具有复杂网络的典型特征 ………………………………………………………………………… 305

  7.1.2 城乡路网的几何形态遵循局部-整体对称,呈现自相似性的有序架构 ………………………………………………………………………… 305

  7.1.3 城乡路网的拓扑结构微观貌似随机无序,宏观涌现复杂行为和秩序 ………………………………………………………………………… 306

  7.1.4 城乡路网的功能要素相互耦合,空间效应呈现对称-对称破缺交替 …… 307

7.2 研究简评及展望 …………………………………………………………… 309

  7.2.1 研究工作小结 ………………………………………………………… 309

  7.2.2 研究不足及展望 ……………………………………………………… 311

图名索引 …………………………………………………………………………… 314

表名索引 …………………………………………………………………………… 319

公式索引 …………………………………………………………………………… 321

参考文献 …………………………………………………………………………… 323

后记 ………………………………………………………………………………… 355

第1章 导　　论

1.1　研究背景

1.1.1　还原论研究思维备受学界置疑，面临复杂性科学挑战

研究表明，近代科学的主旋律是探索自然现象的简单性、和谐性和规律性，并用直观的数学或语言形式来表达（王鸿生，1996）[1]，地理科学也不例外。然而在简单性原则和还原论思维（线性方法和机械思维）的指引下，科学发展在取得了辉煌的成就同时，也遇到了难以逾越的鸿沟：它无法解释自组织和整体功能的"涌现"现象，人们开始认识到复杂性是世界的本质属性[2]。受此驱动，一门专门系统研究复杂系统和复杂性的科学——复杂性科学应运而生，成为21世纪的"前沿科学"和"科学前沿"。

1.1.2　地理系统复杂理论研究滞后，成为"追随"学科

众所周知，地理系统是一个复杂的巨系统，其演化发展表现出自组织性[3]。耗散结构理论的创始人伊·普里戈金（Prigogine I，1987）最早认为城市是社会自组织的宏观有序现象[4]，中国科学家钱学森先生也论述了作为"开放的复杂巨系统"的地理系统[5]。正是因为其过于复杂，地理科学理论研究一直落后于地理学实践，被认为是"追随"学科[6]，基本上处于"借鉴"和"移植"阶段，突出表现为：一是多运用单一理论或方法，缺乏统一理论体系和方法集成，表现出局限性；二是许多复杂性理论和方法一再简化，从理论简化到理念，甚至简化到概念，表现出随意性[7]；三是多侧重借鉴复杂性科学理论和方法，有广度，却缺乏深度，全面性和系统性不够[8]，表现出薄弱性。

1.1.3　城市系统复杂性研究成为中心，乡村"被边缘"

很早就有学者提出将城市-区域作为一个整体进行系统研究[9]，从城市-区域的"统一性"中认识复杂性，普遍认为城市-区域是一个复杂空间系统[10]，主要是要素空间作用、网络关联和随机扰动等因素导致[11]，其空间复杂性应成为人文地理学研究的中心和焦点[12]。然而，无论是国外的自组织城市（耗散城市、协同城市、混沌城市、分形城市、细胞城市、沙堆城市和主体城市）[13]，还是国内的分形城市[14]、自组织城市[15]、元胞城市[16]、虚拟城市[17]、城市系统动力学、城市地理空间系统[7]，多是借鉴系统科学和非线性科学的理论和方法，"从区域论城市"[18]，对城市体系（inter urban）和城市内部（intra urban）空间复杂性展开理论和实证分析，作为区域的重要载体——乡村往往处于从属地位，甚至沦落到被忽略的边缘。

1.1.4 复杂交通网络研究成为热点,空间研究较薄弱

交通网络是一个典型的、开放的、复杂的巨系统[19],交通网络的复杂性研究备受交通规划与管理、交通系统工程和交通地理等学科领域关注,形成交通"管理"和"地理"两大学术阵营:前者不考虑空间变量,大量运用混沌、分形、自组织、元胞自动机、模糊控制和复杂网络的理论和方法,广泛论及交通网络的拓扑结构[20]、动力学行为[21]、演化机制[22]和交通流控制[23]等,成为当前交通网络研究的主流,而后者主要运用分形理论揭示交通网络的形态自相似性[24]。集成复杂性系统科学理论/方法,结合地理信息系统(GIS)和地计算,从地理学角度出发,系统综合分析交通网络空间复杂性规律研究薄弱[25]。

1.1.5 都市圈空间网络化发展迅猛,面临重构和转型

20世纪80年代以来,经济全球化、信息化进程加速,城市-区域要素流动频率、规模和范围不断增长。一方面,全球分工和联系日益紧密,形成一种多层次的全球城市网络体系[26];另一方面,城市-区域不断融合扩张,形成巨型化规模、网络化关联的都市圈(群)。

以交流互动和网络关联为时代特征的全球化和信息化,使得都市圈发展的地域约束越来越小,空间关联约束越来越大,传统的城镇等级体系正向竞争协同的城乡网络关系所转变,传统的城镇线性产业布局正被非线性的城乡网络组织所取代,传统的城乡独立极化正为城乡相互依赖共生所代替[27],这些变革明显地推动着都市圈城乡空间不断重构(reconstruction)和转型(transition),深刻地影响着都市圈空间演化速度和方向。都市圈空间结构、功能、组织、演化的开放性、关联性和自组织性日趋复杂,传统都市圈空间理论逐渐显示出其自身的局限性[7],尤其在都市圈网络化发展背景下,揭示和预测城市要素耦合性、创新"涌现"性、结构非线性、演替自组织性等方面变得十分困难。

1.1.6 城乡道路网结构性问题突出,复杂而苦无良策

诺贝尔奖得主加里·贝克尔曾做过一个测算,全球每年因交通拥堵造成的损失大约相当于全球GDP的2.5%。交通拥堵已成为严重磨损社会运行效率的"顽症",给社会经济运行造成了极大的资源浪费[28]。

随着社会经济的快速发展和城市化进程的加快,我国道路交通需求量急剧增加。尤其是在人口密集、经济发达的都市圈(群)地区,交通结构性问题和矛盾纷呈杂出:层次不合理、衔接无序、交通拥堵、交通事故频发、环境污染加剧,成为我国最受关注的"城市病"之一[19],具体表现为:

(1) 人口高速增长,道路运输压力沉重

改革开放30多年来,我国经济和城市化驶入高速发展轨道,城市化水平由1978年的17.90%迅猛提高到2010年的49.68%,城镇人口达到6.66亿人①,人们出行和物资交流频

---

① 据全国第六次人口普查公报结果:大陆31个省、自治区、直辖市和现役军人的人口中,居住在城镇的人口为665 575 306人,占总人口的49.68%。

繁,城市面临日益沉重的交通压力。

(2) 机动车增长过快,道路容量严重不足

近年来,城市汽车、摩托车等机动车年均增幅超过15%,而城市道路可建设面积仅为城区总面积的20%～25%,人均道路面积仍处于低水平态。尽管近十年,人均道路面积由 2.8 m² 增长至 6.6 m²,但仍无法赶上城市交通需求20%的年均增长速度。全国32个特大型城市中,有27个人均道路面积低于全国的平均水平[29];如北京市二环路以内的面积仅占市区总面积的6%,却集中了全市机动车交通量的30%[30]。

(3) 路网结构不合理,交通管理水平低下

当前,我国大城市传统上较重视主干道的建设,但对小路、辅路重视不够,城市路网密度较低、干道间距较大、支路严重短缺、道路功能混乱,道路流量管控和安全管理水平低下,难以适应现代城乡道路交通需求[31]。

(4) 公共交通萎缩,出行结构不合理

从20世纪80年代后期,城市公共交通日益萎缩;从运营效率到经营绩效,从服务水平到经营管理,出现了全面的衰退。我国600多个城市中,公交出行比率大多在10%以下,只有极少数城市达到20%[32]。虽然公交车辆数量和公交线路平均长度持续增长,但公交车辆运营速度不断下降,运力增长与效率下降相互抵消,交通拥堵,事故频发,许多市民不断寻求其他运行方式,刺激私家车迅猛增加,加剧出行结构的不合理[33]。据北京交通大学毛保华教授披露,目前北京道路交通负荷过大,拥堵点达400个,私家车总量已超过270万辆[34]。

各种交通问题相互耦合、互为关联,呈现明显的复杂性,加上交通网络空间复杂性理论研究滞后,使得人们在面对日益严重而复杂的交通难题时束手无策,严重影响了都市圈社会经济发展和城乡关联效率,也给人们的工作和生活带来了种种不便和损害,已经成为制约都市圈空间可持续发展的主要瓶颈。

1.2 研究意义

作为"21世纪科学的前沿",复杂性科学受到物理学、系统科学、信息科学、经济学、地理学等学科广泛关注,在世界范围内掀起了一场新的科研热潮和新的国际科研竞争,其激烈程度丝毫不亚于20世纪的超导技术及当前的纳米技术引发的国际竞争。显然,谁能在这个领域获得领先优势,就能在21世纪高新科技竞争中掌握主动权。

城乡空间关联的复杂结构正被逐渐认识,已经成为城市地理学研究的热点和前缘,更有学者明确指出:"基于现代系统科学思想,在复杂性科学的理论框架下,应用非线性理论和方法来描述、分析、模拟和预测空间系统的复杂动态行为,并构筑新一代的高级分析模型将是21世纪地理研究的第三次革命"[35]。然而,系统分析城乡地域道路网空间复杂性机理研究仍显薄弱,理论认识还只停留在探索阶段。因此,将视角投向城乡地域系统,以道路网络为载体,构建系列复杂地理网络模型,系统全面分析城乡路网系统形态-结构-功能的空间复杂性机理,架构复杂城乡路网系统研究平台显得十分必要和迫切。

近年,城市-区域一体化进程加速,新农村建设和村镇空间整治力度加大,城乡道路网发

展迅猛,路网空间不断进行重构与转型,伴随着急剧的动态跃迁和螺旋演替,整个城乡路网系统在组分、结构、功能、演化和相互作用机制方面日趋复杂。理论研究滞后于道路网发展的直接结果便是人们面对路网发生拥堵、运行低效、易受攻击、脆弱不稳时,变得束手无策,道路网控制和预警苍白无力。

因此,本研究具有重大理论与现实意义:

其一,以道路网络为载体,从城乡网络关系视角介入空间复杂性研究,在复杂性科学"网络"中将城市地理学"一点"拓展形成人文地理学"复杂树"(以运输地理学、乡村地理学、经济地理学、城市地理学为"分枝"),开拓复杂人文地理学研究平台。

其二,建立拓扑/几何空间-地理实体空间"映射",构建复杂网络模型,从形态-结构-功能多方面系统全面揭示城乡路网系统的空间复杂性规律,可丰富和完善交通系统科学复杂性研究体系,创立地理学"主页"。

其三,融会分形、复杂网络、空间句法、图论-拓扑学等复杂网络信息发掘理论/方法,综合考虑路网等级层次差异,构建加权复杂网络模型,结合地理计算和GIS技术,实现研究方法的创新和突破。

其四,以武汉城市圈为研究区,构建城乡路网空间信息系统,揭示城乡路网系统空间运行的复杂性机理,提出针对性建议,可为我国(尤其是中部)都市圈城乡路网优化和控制提供理论指导和决策依据。

1.3　研究目标、框架和内容

1.3.1　问题的提出

当前,城乡路网结构性问题突出,且复杂多变,尤其是在高密度、近距离、浅分割的都市圈(群)[36],道路拥堵,运行不稳,脆弱易崩,事故频发……,城乡路网系统空间面临转型和重构,优化城乡路网空间结构的关键是厘清城乡路网空间运行的复杂性机理,即"是什么?知其然"的命题:如城乡路网系统形态、结构、功能和演化的空间复杂性规律有哪些?复杂城乡路网系统的自相似性、自组织性、等级层次性、小世界性、无标度性、非线性、动态性等复杂性规律如何通过分形、复杂网络、空间句法、图论(拓扑学)等理论和方法进行演绎和归纳?

1.3.2　研究目标

构建关系(空间复杂性认识)-映射(复杂网络模型建模)-反演(复杂地理机理挖掘)研究框架,通过理论与实证分析相结合(图1.1),旨在:

(1) 构建城乡路网系统研究的新平台

现有复杂地理交通网络研究集中于城市-区域系统,呈现理论建设弱化、研究内容泛化、城乡系统研究淡化的态势。本书通过道路网解析城乡网络关系的复杂性,建立城乡路网系统复杂性的概念体系(内涵-构成-功能-结构-演化),旨在为城乡道路网地理复杂性分析奠立研究框架。

(2) 探索复杂网络理论应用的新领域

现有复杂网络理论应用集中于交通网络系统,网络拓扑性分析缺乏地理学意义。本书建立拓扑网络空间-地理实体空间映射,透析城乡道路网结构及其演变的空间复杂性机理,旨在为复杂交通网络研究,提供"空间"思维研究借鉴。

(3) 延伸复杂城乡路网研究的新视角

当前,传统运输地理学"线性"思维和宏观视域,无法有效揭示交通网络空间结构和演化的复杂性。本书通过复杂拓扑网络的透视,着重分析城乡路网的复杂地理网络图景,试图为城乡道路网空间分析提供新的思路。

(4) 开拓复杂性科学方法运用的新局面

目前,复杂性科学理论和方法运用比较单一,复杂网络建模往往忽视道路网的层次性这一空间变量。本书综合图论-拓扑学、空间句法、分形、复杂网络等网络信息挖掘理论和方法,结合 GIS 技术,通过系列地计算(算法编程),构建加权复杂网络模型,旨在为城乡路网空间复杂性计量提供新的方法。

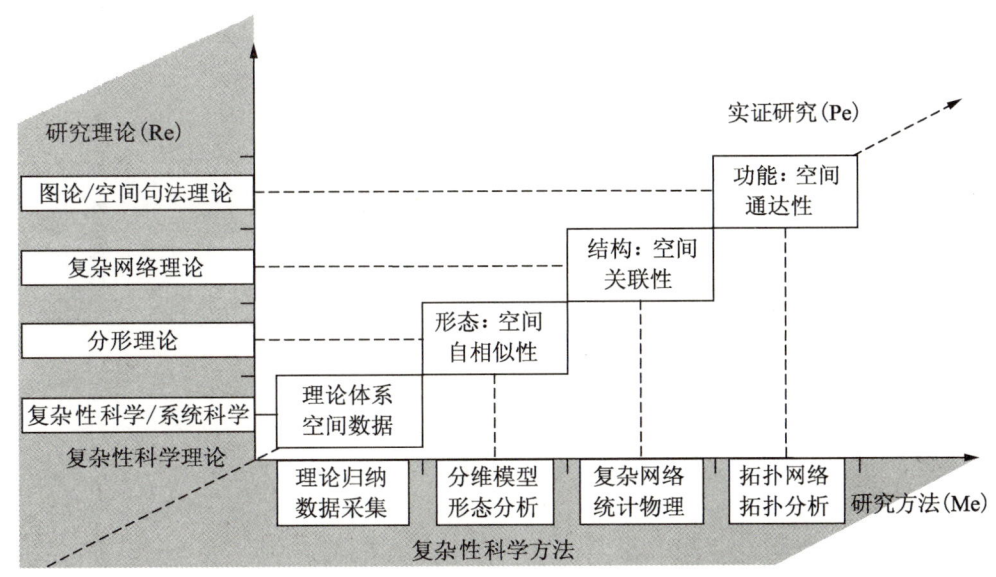

图 1.1　研究目标体系

注:据秦耀辰(2004)改绘[37]

1.3.3　研究框架

整个研究构建关系(空间复杂性认识)-映射(复杂网络模型)-反演(复杂地理机理揭示)的研究框架,遵循理论与实证分析、定量与定性分析相结合的研究范式,架构了城乡路网系统的空间复杂性理论体系,运用图论、拓扑学、分形、复杂网络、空间句法和 GIS 等网络信息挖掘理论和方法,构建系列复杂网络模型,从形态-结构-功能三个方面,分别从实空间-序空间-相空间分析视角,实证研究了城乡路网的空间复杂性规律。本书主要从七个方面展开上述思路(图 1.2)。

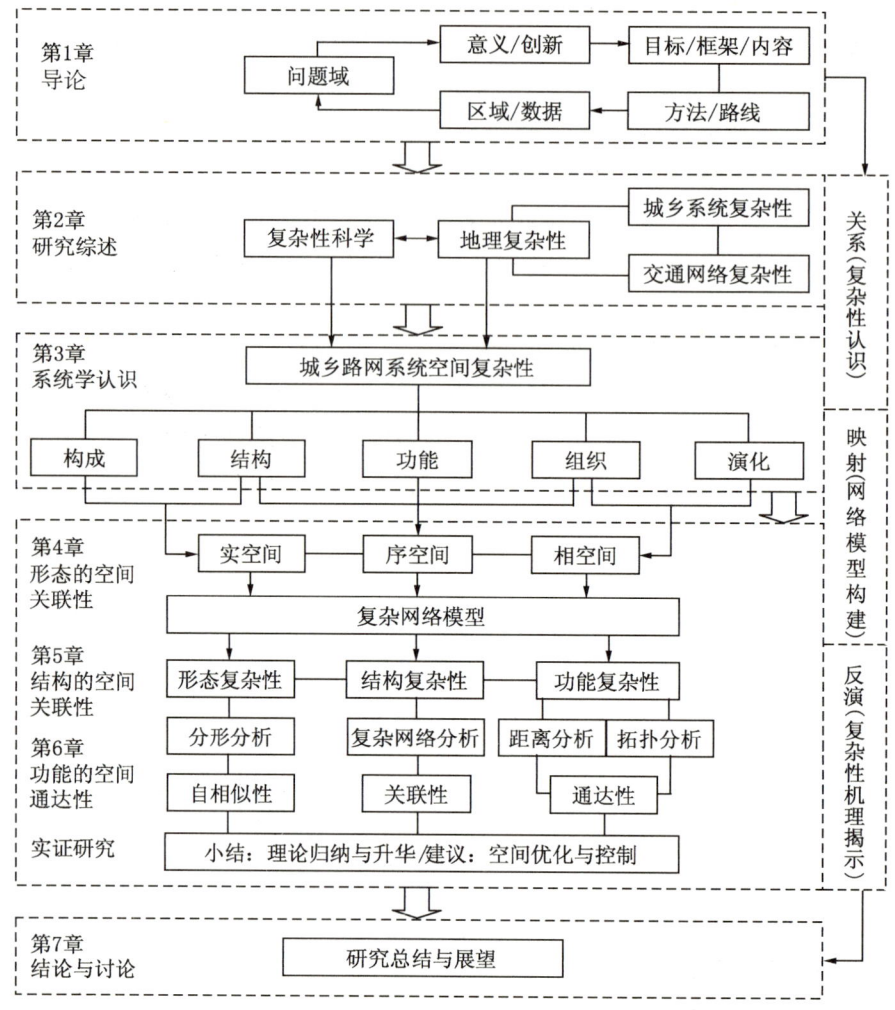

图 1.2 研究框架

1.3.4 研究内容

第1章为导论,基于问题域,指出本书的选题背景和依据、研究意义、研究目标、框架和内容、研究方法和技术路线,以及研究区域和主要数据来源。

第2、第3章为理论研究。通过总结国内外相关研究成果,运用系统科学-非线性科学-复杂性科学理论,构建城乡路网系统的空间复杂性理论体系,并指出其空间复杂性研究范式:实-序-相空间分析体系。

第2章为城乡路网系统空间复杂性的研究进展。从复杂性科学、地理系统、城乡系统、交通网络四个方面,梳理国内外空间复杂性研究进展和现状,并指出当前研究的不足和本书研究的出发点。

第3章为城乡路网系统空间复杂性的系统学认识。从构成、形态、结构、功能、组织和演化几个维度,系统归纳和阐述城乡路网的系统内涵和空间复杂性理论基础,并基于结构主义理论架构城乡路网系统的空间复杂性研究体系：实空间(real space，地理空间刻画，对应于几何形态+拓扑结构复杂性)-序空间(ordering space，等级序列描述，对应于功能和组织复杂性)-相空间(phase space，时间结构表征，对应于演化复杂性)。

第4、第5、第6章为实证研究。复杂网络理论认为，网络形态影响结构，结构决定功能，功能主导演化，并且存在"复杂性＝要素(构成+形态)+关联"的框架。因此，这里导入实空间-序空间-相空间的广义空间复杂性研究视角，并考虑序空间+相空间往往内化于实空间，建立城乡路网系统的形态-结构-功能的空间复杂性研究框架，以实空间分析为主流，融合序空间和相空间分析，以武汉城市圈为例，系统定量揭示城乡路网系统的空间复杂性机理。

第4章为城乡路网系统形态的空间自相似性研究，属于形态(morphology)复杂性研究内容。从点线分布和组合角度，运用分形理论和系列分维模型，从路网密度分布、覆盖形态、连通程度和伸展形态四个方面，力图全面揭示武汉城市圈城乡路网的空间形态自相似性和自仿射性特征。

第5章为城乡路网系统结构的空间关联性研究，属于结构(structure)[①]复杂性研究范畴。从拓扑连接和关联角度，引入图论和统计物理学思想，运用复杂网络模型，着力揭示城乡路网拓扑连接的空间异质性特征，及其内在相关性和外在稳定性等自组织空间结构特征。

第6章为城乡路网系统功能的空间通达性研究，属于功能(function)[②]复杂性研究领域。在第4、第5章几何形态和拓扑结构分析的基础上，从实空间(形态和结构)的功能效应角度，以功能的空间结构[③]分析为主线，着力从拓扑分析(空间句法、网络发育、拓扑通达性)和距离分析(最短径时空距离通达性)两个方面，揭示武汉城市圈城乡路网的伺服能力和效应(通达性)的空间复杂性特征。

以上三章分别从实空间-序空间-相空间三个视角切入，即综合分析形态、结构和功能的空间分异、等级层次组织和时间动态演化特征。整体以实空间复杂性分析为主线，以序-相空间分析为辅线，在形态和结构的实空间分析基础上(归纳表象)，揉合等级层次性的序空间和动态演化性的相空间分析(厘清机制)，以剖析这种实空间分异的自-他组织机制(深层控制)。

第7章为结论与展望。总结本书的主要发现，并指出本书研究的不足之处和未来研究方向。

[①] 很多学者认为空间形态即是空间结构，这里作者认同二者均是表征要素的分布与组合特征，具有一致性，但从英文释义和复杂网络理论来看，形态即morphology，是几何的美学，结构则是structure，是拓扑的艺术，二者显然具有分别；同时，形态仅涉及要素的分布和组合，但结构可能还包括要素的关联，事实上这里单列一章研究的正是关联结构，主要分析拓扑连接(要素)性质的空间分异及其内在关联机制(要素相关性及动力学演化)。

[②] 功能是与结构相对的概念，是要素或系统的职能，强调服务能力或效应；城乡路网的功能宏观上讲是服务于社会经济发展需求，微观上讲是为人们出行提供方便，其根本要求就是通过性和易达性，即通达性。由于路网通达性差异(功能)往往根植于其拓扑连接性，尤其是层次性(结构)，因此，这里将传统属于拓扑结构分析的通达性单列一章，从拓扑连接(关联结构)的功效视角切入，试图融合结构-功能两大范畴，以刻画城乡路网结构发育的功能效应(即什么样的结构决定什么样的功能命题)复杂性规律。

[③] 由于通达性功能通过路网的节点连接性来体现，并物化于路网的拓扑结构中，因此，功能(通达性)也表现出空间的结构性差异，即传统的空间通达性分析。

1.4 研究方法和技术路线

1.4.1 研究方法

1.4.1.1 定性归纳与定量分析相结合

遵循从定性分析到定量建模,再从定量结果到定性反思的研究思路。其中定量研究集中于:

(1) 运用数理统计分析,开展数据整理及相关分析、因子分析、回归分析等。

(2) 运用 GIS 空间分析,建立空间信息专题数据库,进行数据提取、空间插值、统计分析及图示表达等。

(3) 融会图论、拓扑学、分形、复杂网络、空间句法等复杂性科学理论和方法,通过地计算算法的创新,构建一系列复杂网络模型,揭示城乡路网的空间复杂性规律。

1.4.1.2 理论总结与实证分析相结合

在全面梳理国内外复杂系统、地理系统、城市-区域系统、交通网络系统的空间复杂性研究脉络的基础上,从构成-结构-功能-演化等维度,系统构建城乡路网的空间复杂性理论体系,选取武汉城市圈作为实证研究对象,运用系列复杂网络模型,通过地计算,对城乡路网的空间复杂性展开实证分析,力图修证城乡路网空间复杂性理论研究。

1.4.1.3 实地调研与实验计算相结合

(1) 注重地理学的田野调查,通过实地调研、野外数据采集等形式,结合统计数据整理,收集相应第一手、第二手资料和采集大量空间数据,补充城乡路网空间信息数据库。

(2) 强调模型算法的合理性和精确性,运用 Matlab7.0、ArcGIS9.3、Pajek2.7 等技术软件,构建具地理学意义的加权复杂网络模型和相关智能模型。

1.4.1.4 还原论和整体论分析相结合

(1) 从组成-结构-功能-演化四个维度,解构城乡路网系统,自下而上,运用系列复杂科学方法,采用分析、还原的观点,主要从构成及边界、形态及关联、功能及演化等层次结构上提炼整个系统空间复杂性规律。

(2) 城乡路网系统的复杂性来源于系统整体的涌现,因此有必要上升到整体层面,综合借鉴复杂系统相关理论,自上而下,采用系统、综合的观点,主要从整体和宏观层次上把握系统空间复杂性规律。

1.4.1.5 静态分析和动态研究相结合

(1) 从空间结构视角,侧重于地理统计性分析,全面静态描述城乡路网的空间形态自相似性、拓扑结构关联性和连接功效通达性等地理网络复杂性规律。

（2）从时间结构视角，系统动态分析城乡路网系统的形态生长和结构发育的空间演化特征，剖析其内在自-他组织作用机制。

上述五大研究方法，可以用图1.3表示。其中，研究方法前半部分位于大脑左半球，类似于人脑的抽象-逻辑思维，而后半部分位于大脑右半球，相当于人脑的形象-直觉思维，而人脑两半球的抽象思维和形象思维活动的相结合正是通过胼胝体加以协调实现。因此，应用上述五大相结合的研究方法有利于发挥人机个体和左右半球各自优势，实现优势互补。

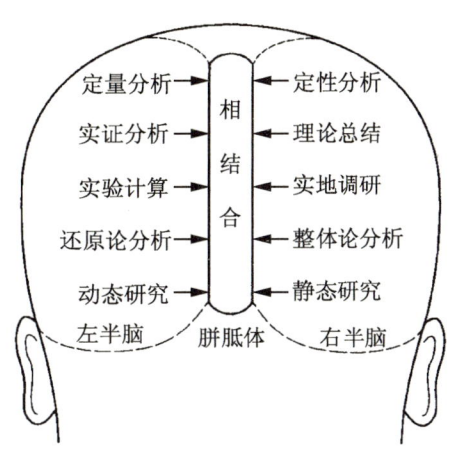

图1.3 综合研究方法

注：据李士勇、田新华(2006)改绘[38]

1.4.2 技术路线

研究技术路线如图1.4所示。

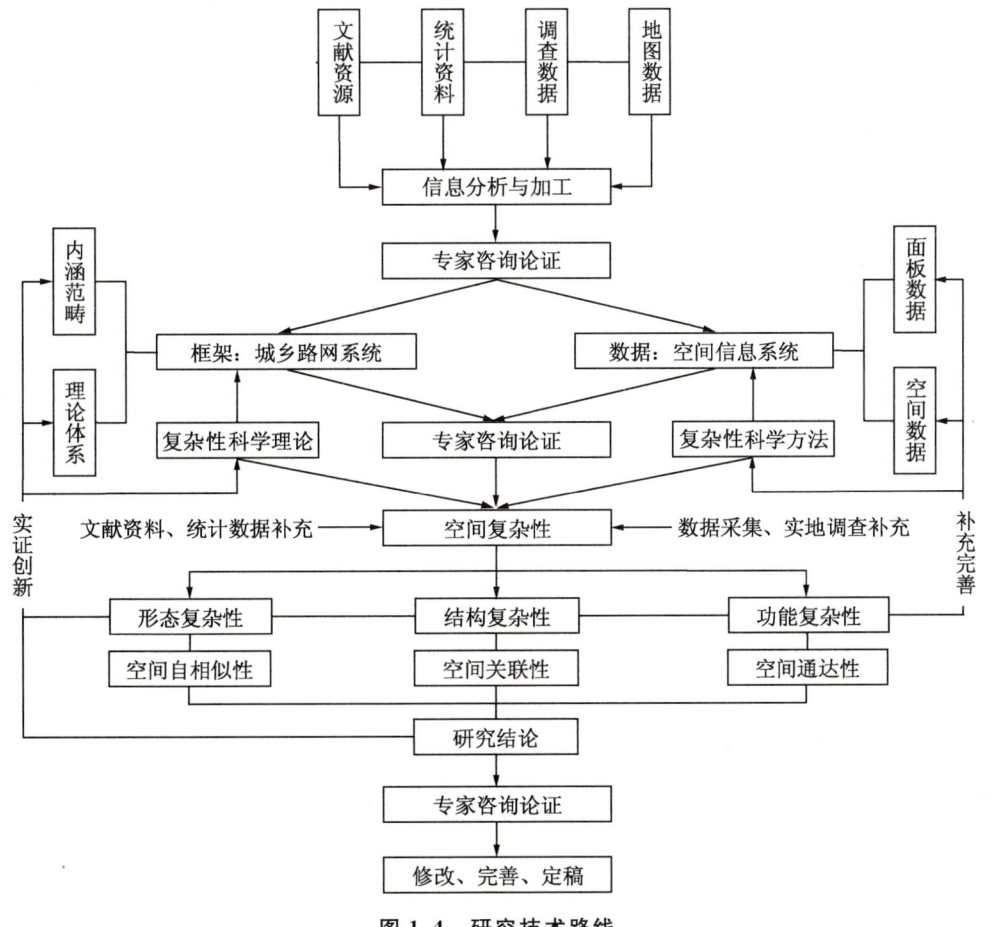

图1.4 研究技术路线

1.5 研究区域和数据

1.5.1 研究区选择缘由

建立理论和实证分析研究路径,通过实证城市-区域的分析论证,洞悉中国都市圈城乡路网系统的空间复杂性机理。以武汉城市圈为主要实证对象,兼考虑沿海三大城市群、中西部主要都市圈(群)的情况,开展实证和比较分析。选择武汉城市圈作为基本研究区,主要基于以下考虑:

一是与相应研究基础和课题相结合,同时方便实地调查和数据采集。其一,导师开创性奠定了城乡网络化发展理论,指导作者密切关注武汉城市圈城乡网络化运行的复杂性机理。其二,作者长期致力于武汉城市圈空间发展理论和实践研究,在道路网空间通达性、空间句法、分形分析、系统耦合-协同发展等方面取得一定研究成果。其三,作者已经初步完成武汉城市圈社会经济发展时序数据(1978~2010年)和武汉城市圈道路网空间数据(1989~2010年),并具备进一步完善数据资料的可行性。

二是武汉城市圈城乡网络化和一体化发展迅猛。20世纪90年代以来,城乡分割日益被城乡融合所取代,传统城乡等级体系逐渐为城乡网络关联所代替。迈入21世纪,武汉城市圈迎来新的发展机遇,随着2002年武汉城市经济圈战略的部署,2005年"五大一体化"空间战略的推进,2006年村村通公路和城际快速通道的建设,2007年"两型社会"国家综合配套改革试验区的获批,武汉城市圈道路网不断由低级向高级、由简单向复杂、由无序向有序递嬗和"突变",整个圈域城乡地域不断融合,呈现城乡网络化和一体化发展态势。

三是武汉城市圈城乡道路网呈日益复杂化态势。受多样的自然地形、融合的社会经济联系、动态的城市规划、多变的交通政策等自组织和他组织机制影响,武汉城市圈道路网日益复杂化,构成要素上呈现人、车、路、环境等要素相互联系、互相制约和共同依赖的共生、协同网络关系,系统内部不断与外部环境间存在着频繁的物质、能量和信息交替,空间形态上表现为方格状、环形-放射状、树枝状、细胞状等多种形态复合叠加的复杂网络,时空演化上表现出由简单到复杂、由低级到高级的渐变和突变交叠的动态螺旋上升过程。

1.5.2 研究区地域结构

武汉城市圈是指以武汉市为圆心,及其周边100 km范围内的8座中心城市(黄石、鄂州、黄冈、孝感、咸宁、仙桃、天门、潜江)构成的联系渐趋紧密、功能日益融合于一体的"1+8"复杂有机地域系统(图1.5、图1.6、图1.7、图1.8)。

当前,武汉城市圈社会经济发展空间极化显著,武汉"一城独大",整个圈域形成明显的"核心-边缘"结构和"众星拱月"态势。为研究的方便,将整个圈域划分为两大空间层次:核心为武汉市域、边缘为8座卫星城。其中核心区依习惯划分为三个圈层:中心城区(中环线以内)-近郊区(中环-外环线之间)-远郊区(外环线之外、市域界线之内),边缘以黄石、鄂州、黄冈、孝感、咸宁、仙桃、天门、潜江8座中心城市市域范围构成,加上核心武汉市,可划分为两大圈层:中心圈层(武汉市、鄂州市域及黄冈、黄石、孝感、咸宁城区)和外围圈层(中心圈层以外圈域范围)。

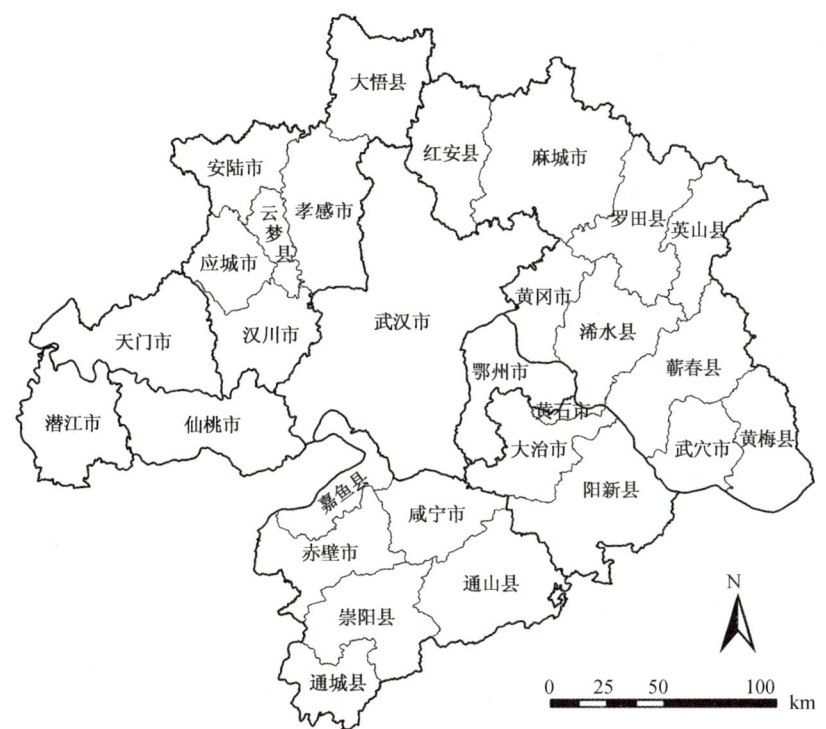

图 1.5 武汉城市圈的地域范围

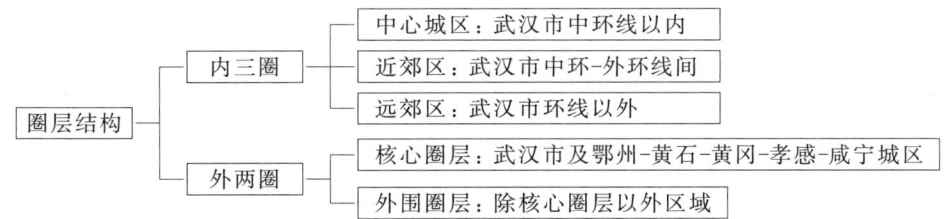

图 1.6 武汉城市圈的圈层结构

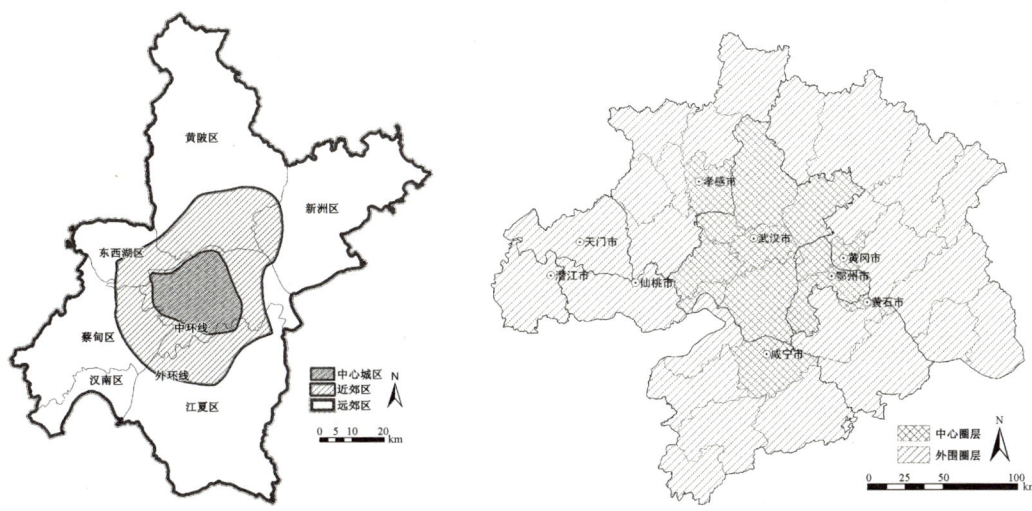

图 1.7 武汉城市圈的"内三圈"结构　　图 1.8 武汉城市圈的"外两圈"结构

1.5.3 数据来源及处理

本书的主要数据来源见下表:

表 1.1 主要数据来源及处理

数据用途	资料来源	处理
社会经济发展时序数据(1995～2010年)	1. 湖北省统计局、国家统计局湖北调查总队编.强省之路-湖北改革开放 30 年(1978～2008).北京:中国统计出版社,2008 年. 2. 湖北省统计局、国家统计局湖北调查总队编.湖北省统计年鉴(1996～2011 年).北京:中国统计出版社,1996～2011 年. 3. 湖北省统计局编.武汉城市圈统计数据(2005～2007、2007～2009 年)(内部资料). 4. 湖北省统计局、国家统计局湖北调查总队编.湖北数据快递(2005～2009 年)(内部资料). 5. 国家统计局编.中国城市统计年鉴(1996～2010 年).北京:中国统计出版社,1996～2009 年. 6. 国家统计局编.中国县(市)经济统计年鉴(1997～2007 年).北京:中国统计出版社,1997～2007 年.	运用 SPSS17.0/Excel 2007 建立时序数据库
道路网空间数据(1989～2010 年)	1. 湖北省测绘局编.湖北省城乡公路图.武汉:湖北省地图出版社,1989 年. 2. 湖北省测绘局、湖北省旅游局编.中国湖北交通旅游地图.西安:西安地图出版社,1995 年. 3. 星球地图出版社编.中国地图册.北京:星球地图出版社,2000 年. 4. 湖北省地图设计院编.中国湖北交通旅游图.2005 年. 5. 刘力,之江仁,等.中国高速公路及城乡公路网地图集(超大详查版).济南:山东省地图出版社,2010. 6. www.meet99.com/map-hubei.html,2010-10-8. 7. www.hbjt.gov.cn/WEBSITE/HBJTT/map/map.html,2010-8-16. 8. www.hb123.net/hbdt/index.html,2008-9-21.	运用 ArcGIS9.3 建立空间数据库,结合 Pajek2.7 建立拓扑数据库

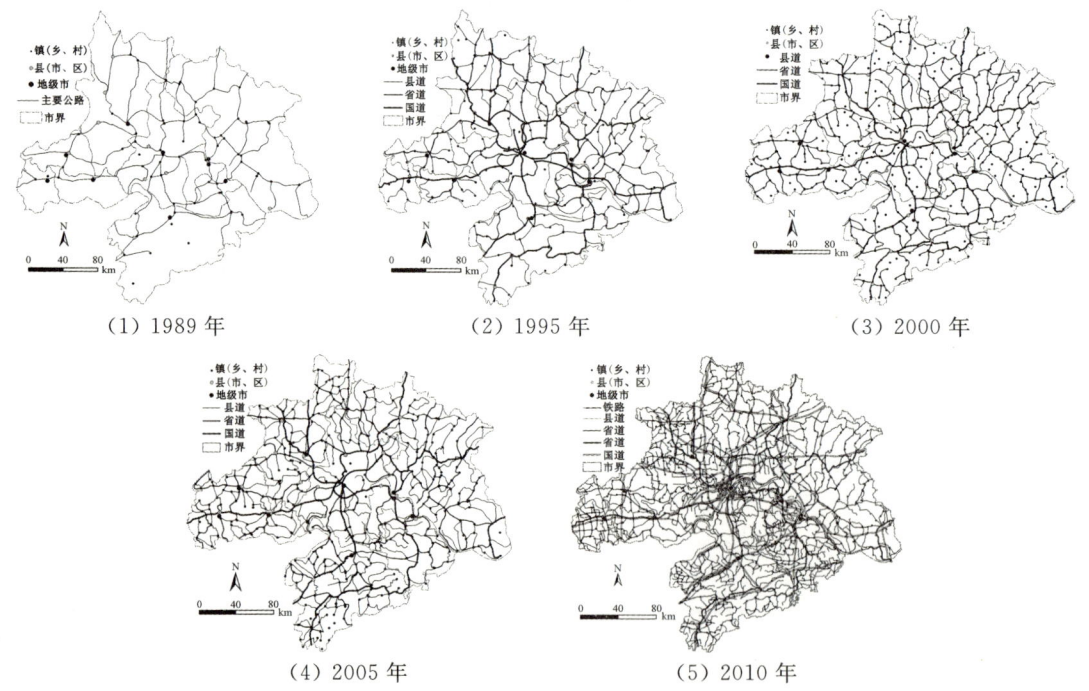

(1) 1989 年　　(2) 1995 年　　(3) 2000 年

(4) 2005 年　　(5) 2010 年

图 1.9 武汉城市圈城乡路网数据库(1989～2010 年)

第2章 城乡路网系统空间复杂性的研究进展

城乡路网是一个动态而非线性的空间网络系统,其"复杂的非线性"特征已在学术界达成共识,相关空间复杂性研究已经成为人文地理学研究的新主题词,与之相关的领域,依次主要集中于复杂系统、复杂地理系统、复杂城乡系统、复杂交通系统等。

2.1 复杂系统和复杂性科学

2.1.1 复杂性科学研究历程

复杂性科学是一门以复杂系统为研究对象的新兴的边缘科学[14],被誉为"21世纪的科学",是系统科学和非线性科学相融合、发展的产物,是现代系统科学的新一轮萌动[7]。综合来看,学术界将复杂性科学的发展演化大体分为三个阶段(图2.1)。

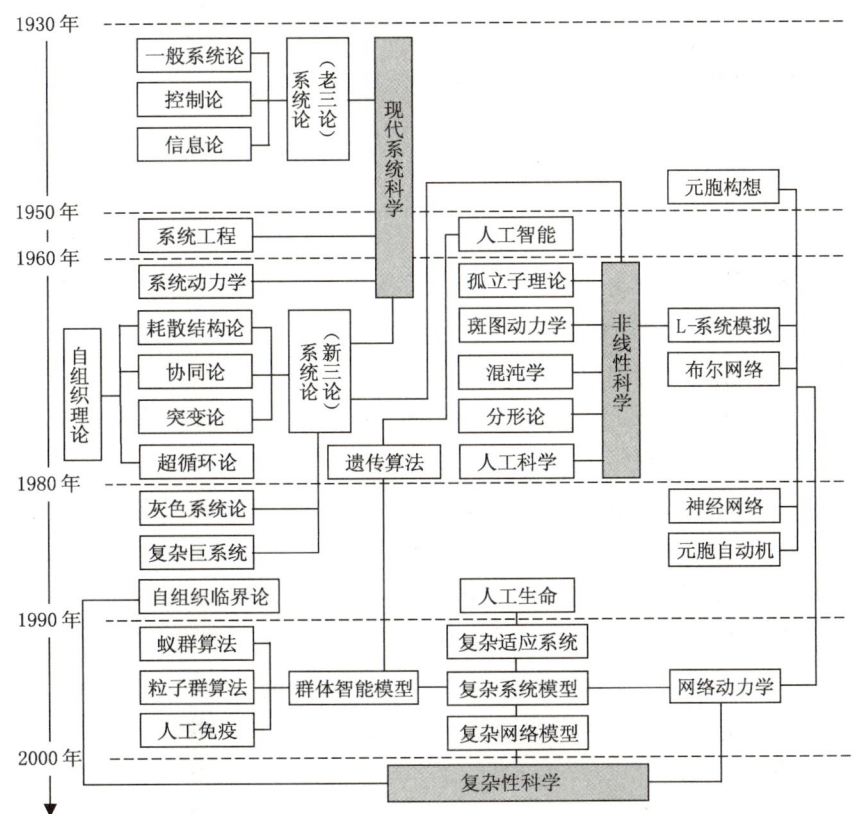

图 2.1 系统科学、非线性科学和复杂性科学发展脉络

注:据周成虎、孙战利、谢一春(1999)改绘[35]

2.1.1.1 复杂性科学源起:系统科学阶段(20世纪30~50年代)

贝塔郎菲的一般系统论、维纳的控制论、香农的信息论和冯·诺依曼的元胞自动机理论等是这一时期复杂性研究的代表性成果,标志着复杂性科学研究的起源和萌芽。

2.1.1.1.1 一般系统论

1937年,奥地利生物学家贝塔郎菲(Von Bertalanffy)对无机界机械论(还原论)提出批判,创立"一般系统论"(General System Theory)[39],指出其任务是"确立适用于系统的一般原则":整体性、关联性、动态性、有序性和目的性等。

2.1.1.1.2 控制论

1948年,美国数学家维纳(N. Wiener)参加火炮自动控制系统研究,发现了反馈(feedback)概念,发表了《控制论——关于在动物和机器中控制和通讯的科学》一书[40],创立了控制论(Cybernetics)。认为目的性行为可以用反馈来代替,生物系统和人工系统具有内在共性和规律,提出输入、输出、信息、反馈、控制行为和目标等概念。

2.1.1.1.3 信息论

1948年,香农(C. E. Shannon)发表了《通信的数学理论》,标志着信息论(Information Theory)的诞生[41]。建立了信源、信宿和信道的信号传输普适模型,定义了信息量,提出了信息编码等定理,为信息通讯奠定了重要理论基础。

2.1.1.1.4 元胞自动机

20世纪40年代末,冯·诺依曼(Von Neumann)建立与生物过程无关的自我繁殖机制,指出元胞系统应按离散时间间隔来演化,元胞状态的转换取决于邻近元胞,这一规则对所有元胞都是适用的,据此设计出元胞自动机(Cell Automatic,简称CA)的一般构想。

2.1.1.2 复杂性科学探索:非线性科学阶段(20世纪60~70年代)

学术界掀起了探索复杂性的研究洪流,并不断地与各种学科交叉和融合,伊·普里戈金的耗散结构论、艾根的超循环论、哈肯的协同论、托姆的突变论以及曼德布罗特的分形论是这个阶段的代表性成果。

2.1.1.2.1 系统动力学理论

1958年,美国管理学家福雷斯特(J. W. Forrester)发表了《工业动力学——决策的一个重要突破口》;1961年,又出版了《工业动力学》(Industrial Dynamics)[42],首次提出系统动力学模型;1968年,他出版了《系统原理》一书,全面论述了系统动力学的基本原理和方法,奠定了系统动力学理论(System Dynamics),架构了研究社会系统动态行为的计算机仿真方法,并在工业动力学基础上架构了城市动力学(Urban Dynamics)、世界动力学(World Dynamics)[43]等分支体系。福雷斯特认为,系统行为与内在机制间的相互紧密的依赖关系,表现为一种信息反馈机制(正负反馈环),借助要素的积累量(ΔL)、变化的速率(R)以及作用延迟(Δt)三个核心概念,透过数学模型的建立与操弄,可以逐步发掘出产生变化形态的各子系统间复杂的因果关系网[44]。

2.1.1.2.2 耗散结构论

1969年,比利时科学家普利戈金(I. Prigogine)本着统一达尔文的进化论和克劳修斯的退化论的矛盾,发表了《结构、耗散和生命》一文,探讨了开放系统由混沌向有序转变的机理、条件和规律,创立了耗散结构论(Dissipative Structure)[4]。认为开放系统在远离平衡态下,通过和外界环境进行物质、能量和信息交换,一旦某个参量变化超出某一阈值,系统就可能从原有的无序状态转化为一种时间、空间或者功能上相对有序的结构,普氏将这种远离平衡态需要耗散物质和能量的有序结构称为耗散结构。

2.1.1.2.3 协同论

1969年,德国理论物理学家哈肯(H. Haken)提出协同论(Synergetic Theory)[45],认为系统从无序转变为有序的关键不在于系统是否平衡,也不在于距离平衡状态的远近,而是系统内部各子系统间的非线性作用和协作,这种协同作用在一定条件下,将促使系统自发地产生在时间、空间或功能上稳定的有序构造。同时,哈氏提出了支配原理,即系统在临界(分支)点附近的行为由少数慢变量决定,系统的慢变量支配快变量。

2.1.1.2.4 突变论

1972年,法国数学家托姆(René Thom)出版《结构稳定性和形态发生学》一书,奠立了研究系统状态随外界控制参数连续改变时发生的不连续变化的数学理论,即突变论(Catastrophe Theory)[46]。托姆运用奇点理论、拓扑理论和结构稳定性等数学工具,系统研究了自然界多种形态、结构和社会经济活动的从一种稳定态到另一种稳定态的"跃迁"现象(非连续性突变)和突变类型,并指出突变类型不取决于状态变量的数目,而是取决于控制变量的数量。

2.1.1.2.5 混沌学

混沌学(Chaos)是研究确定性系统所表现出来的具有貌似随机、无规则性复杂行为混沌运动的非线性动力学,是研究混沌运动中从无序到有序的演化及其反演化规律和控制的科学。早在1904年,法国数学家庞加莱(J. H. Poincare)就从数学角度提出了混沌存在的可能性(Poincare猜想)。直到1963年,美国气象学家洛伦兹(E. N. Lorenz)针对确定性大气动力学方程,用计算机反复模拟发现:在相同初始条件下,重复模拟结果随着计算时间的增加而彼此分离,以致变得毫无相似可言,即大气动力演化存在混沌行为[47]。1975年,美国华人学者李天岩(T. Y. Li)和美国数学家约克(J. A. York)发表了《周期3意味着混沌》的论文,深入描述了从有序到混沌的演变[48]。1977年,第一届国际混沌会议在意大利顺利召开,这标志着混沌科学的建立。一年后,费根鲍姆(M. J. Feigenbaum)发现通过倍周期分岔发展为混沌的两个普适常数,该普适性结果奠定了混沌的科学理论基础。

2.1.1.2.6 分形论

分形(Fractal)是由美国数学家曼德布罗特(B. B. Mandelbrot)于1973年在法兰西学院讲学时提出的。1977年,他公开出版了专著《分形——形、机遇和维数》,创立了分形几何学[49]。主要研究自然界不规则图形的自相似性和递归性,探讨跨越不同尺度的部分与整体的对称性关系,并将这种组成部分以某种方式与整体相似的形体叫分形[50]。分形无特征尺度,其不规则程度的特征量是分数维(即分维),通过分维计算,可以综合反映分形占领空间的能力。

2.1.1.2.7 超循环论

1971年,德国生物化学家艾根(M. Eigen)发表了《物质的自组织和生物大分子的进化》,吸收了进化论和自组织理论思想,初步提出了分子自组织思想。1979年,艾根和理论化学家舒斯特(P.S)共同出版了《超循环:一个自然的自组织原理》,系统阐述了超循环理论(Hyper Cycle Theory)——一种分子自组织进化理论[51]。他们认为,在生命起源和发展的化学进化阶段和生物学进化阶段之间,存在一个分子自组织阶段,即形成了一种具有统一遗传密码的细胞结构,通过放大作用和多重因果循环过程来实现自我选择和复制,从而使系统的组织和功能不断优化。

2.1.1.3 复杂性科学兴盛:复杂性科学阶段(20世纪80年代至今)

1984年,以三位诺贝尔奖得主即盖尔曼(Murray Gell Mann)、安德森(Philips Anderson)、阿诺(Kenneth Arrow)为首的科学家齐聚美国新墨西哥,成立圣菲研究所(Santa Fe Institute,简称SFI),致力于"复杂性"科学研究①,标志着基于自组织理论和非线性科学理论的复杂性科学真正诞生,以钱学森的复杂巨系统论、巴克等的自组织临界论、朗顿的人工生命科学、霍兰的复杂适应系统理论、巴拉巴西和沃兹等人的复杂网络模型为代表。

2.1.1.3.1 开放复杂巨系统论

从20世纪80年代初开始,我国著名科学家钱学森、戴汝为和于景元等系统创立了"复杂开放巨系统"学说[5],提出了还原论和整体论相结合的研究思想[52],架构了"从定性到定量综合集成的方法"和"从定性到定量的综合集成研讨体系"的理论框架[53],提炼了研究复杂性的群体智慧和人机结合智能研究范式,即构建一个高度智能化的、"人机结合"的巨型智能系统[54]。

2.1.1.3.2 人工生命理论

1987年,在美国Los Alamos召开了世界第一次人工生命研讨会,SFI研究所的朗顿(Chris Langton)首次提出了"人工生命"概念。他认为,人工生命是一门研究模拟自然生命系统行为特征的人造系统科学,其致力于抽象出生命现象的基本动力学原理,并借助计算机等媒体实现操纵和接受检验[55]。朗顿认为,地球上的生命是一种具有特定载体的生命形式,其进化也代表着一种特定的生命路径;借助计算机等将其他物质构造为另类载体的生命形式,并赋予其生命特征,使其具备进化、遗传和变异等生命普遍行为[56]。

2.1.1.3.3 自组织临界论

1987年,丹麦科学家巴克(Per Pak)、汤超(Tang Chao)和威逊费尔德(Wiesenfeld Kurt)发表了"自组织临界性:1/f噪声的一种解释",首先提出了自组织临界性(Self-organized Criticality,简称SOC)思想[57]。他们认为,一个开放的耗散的巨系统存在自组织向均衡临界态发展的趋势,一旦偏离了平衡,系统应付表现出不同标度、持续时间长短不一的雪崩事件发生;这种雪崩事件遵从一种"古登堡-里特"(Gutenberg-Richter)幂次统计律

---

① 研究内容主要涉及复杂性适应系统、非适应系统、标度、自相似以及复杂性的度量,以Brian Arthur的报酬递增率、Gell Mann、George Gowan和Philips Anderson等人的自主体和涌现、John Holland的遗传算法和复杂适应系统、Christopher Langdon的人工生命和复杂吸引子、Doyne Farmer的节点关联物模型、Per Pak的自组织临界性、Kauffmann的自组织临界条件等为代表。

（power law），即自组织临界性具有普适性，是产生复杂性的唯一普遍机制，可作为一大类标度不变的复杂现象的普适解释模型[58]。

2.1.1.3.4　复杂适应系统理论

1994年，在美国圣菲研究所成立10周年之际，美国心理学家、遗传算法创始人霍兰（John Holland）作了"Complexity Made Simple"主题演讲，首次提出关于复杂适应系统（Complexity Adaptive System，简称CAS）比较完备的理论体系。1995年，他出版了《隐秩序——适应性造就复杂性》一书，标志着复杂适应系统理论的创立[59]。其核心思想可表述为，系统组成元素——主体具有主动性和适应性，是"活"的实体；主体关联中存在竞争机制和随机机制，这是系统个体的主动和适应性活力的源泉；主体具有聚集特性，能使简单主体形成具有高度适应性的聚集体；主体与主体、主体与环境之间主动交往、互相作用和相互协同，造就复杂性，是系统演化和进化的动力。

2.1.1.3.5　复杂系统模型

20世纪80年代以来，计算机科学大发展，为复杂科学"简单化模拟"①提供技术支撑——计算机模型，除了自组织临界论的沙堆模型、复杂适应系统论的主体模型外，以复杂系统的离散模型——元胞自动机（用以模拟复杂结构和过程）、群体智能模型（以揭示事象智能行为和演化）和网络模型——复杂网络（以揭示网络统计性质的复杂性）三类模型最具影响力。

（1）元胞自动机模型

20世纪80年代初，S. Wolfram在John Von Neumann的元胞自动机（CA）构想基础上，建立了一维元胞自动机规则，并于80年代末构建了FHP模型，成为描述、认知和模拟复杂系统结构和过程的一种强有力的计算机工具[60]，此后相关学者进一步对CA模型几何维度、边界条件、邻居和规则等进行完善，其中细胞、状态集、邻位的定义和状态转化规则构成CA模型的四大标准要素[61]。作为一简单的动态空间系统，CA模型在复杂地理结构和过程仿生模拟方面具有先天的"化繁为简"优势，但存在致命缺陷：模拟的只是可能的世界（possible world），而非现实的世界[62]。White & Engelen（1993）等科学家纷纷利用GIS技术，集成GIS-CA模型，从而有效解决了上述难题[63-64]。

（2）群体智能模型

20世纪90年代以来，计算机仿真极大地推动了人工智能理论和模型创新，逐步奠定了群体智能理论，认为通过局部规则主体间的相互作用，可构造系统整体涌现智能行为，相关模型以进化算法（遗传算法）[65]、蚁群算法[66]、粒子群算法[67]和人工免疫算法为主。

（3）复杂网络模型

近年来，科学研究持续发现，客观世界的大量网络既不是规则网络，也不是随机网络，而是介于二者之间的具有统计特征的网络——复杂网络，以Barabasi & Albert的无标度网络

---

① 复杂系统行为不是组成子系统个体行为的简单叠加，而是其组成个体协同作用所表现出来的整体行为涌现。但自然界中许多复杂结构和过程却可以归纳为大量基本单元的简单相互作用。计算机模型为这种用简单模拟还原复杂性结构和过程提供可能，并成为强有力工具。

(BA 模型)[68]和 Watts & Strogatz、Newman & Watts 的小世界网络(WS 模型和 NW 模型)为代表[69-70]。其中 BA 模型充分考虑实际网络的规模增长(growth)和优先连接(preferential attachment)特性,揭示了许多复杂网络连接度的幂律分布产生机理;后者则从最邻近耦合网络规则图开始,通过随机构造(其中 WS 模型为随机重连,NW 模型为随机加边),得到较短的平均路径长度和较高的聚类系数的复杂网络,即小世界网络[71]。

2.1.1.4 复杂性科学研究简评

总之,复杂性科学不是"突现"出来的一门新科学,而是经历了"二战"前(系统科学主导,研究复杂性存在)、"二战"后(非线性科学主导,研究复杂性演化)和当前(系统科学、非线性科学融合的复杂科学综合研究)三次大的热潮后"渐进"发展起来的。一个世纪来,大量非线性科学和系统科学不断融合创新,形成新的复杂科学研究洪流。研究历程的前两个阶段基本上是传统科学的"嫁接",缺乏自主性,以自然和工程或机械系统为主要对象,以数学和自然科学为背景。而以 SFI 成立为标志的第三阶段研究才算真正的专门而系统的科学,不仅研究领域扩展到生命系统、社会系统,甚至涉足自然-社会复合系统,而且更重要的是,有独立的研究组织(SFI、MIT、NECSI 等)、统一的研究团体、专门的研究刊物 *Complexity*、*Emergence*、《复杂系统与复杂性科学》等),一定程度上表明复杂性科学正在形成统一的范式[72]。

复杂性科学的研究领域涉及物理、化学、生命、生物、政治、经济、社会、地理、管理、天文气象等学科,研究方法呈现还原论与整体论、微观分析与宏观综合、定性判断与定量计算、科学推理与哲学思辨相结合的态势,研究工具包括数学、计算机模拟、形式逻辑、后现代主义分析、语义学、符号学等,研究深度不仅仅限于客观事物的一般描述(知其现在然),而是着重揭示其演化历程及规律(知其所以然),并力图预测其未来(知其未来然)。

研究队伍不断壮大融合,形成较具影响的三大学派:以钱学森等人的复杂巨系统为代表的中国学派,以伊·普里戈金等人的非线性科学论为代表的欧洲学派,以 SFI、MIT 等系列复杂系统研究为代表的美国学派(表 2.1):

表 2.1 复杂性科学研究源流[73-74]

学派	学派名称	代表人物	研究工具	主要成果	主研领域	研究重心
中国学派	复杂巨系统学派	钱学森、戴汝为、于景元等(1986、1990、1992)	定性分析;综合研究	开放复杂巨系统论;从定性到定量综合集成研讨厅、人机智能方法	系统工程、地理科学	体系和理论阐述
	复杂经济管理学派	宋学锋(1992)、黄登仕、李后强(1993)、成思危(1999)、刘洪(2001)等	定量与定性分析相结合	混沌经济学、混沌金融、非线性经济学、复杂系统管理学方法	经济管理科学	
	非线性力学学派	郝柏林(1983)、谢和平(1990、1996)、陈予恕(1992)等	定性分析	混沌-分岔-湍流力学、非线性动力学、自然灾害复杂性	物理、地球等自然科学	

(续表)

学派	学派名称	代表人物	研究工具	主要成果	主研领域	研究重心
欧洲学派	经验科学学派	Prigogine（1969）、Haken（1969）、Eigen（1979）等	非线性微分方程	以耗散结论论、协同论、超循环论为代表	物理、生物、生命系统	系统演化
	演变动力学派	以新英格兰复杂科学研究院（NECSI）为基地的学者	数学形式式主义	动力学网络、生态演变	物理、信息系统、系统工程、组织管理、军事冲突交涉	
美国学派	系统动力学派	Forrester（1965）、Meadows、Senge 等以 MIT 为基地的学者	常微分方程	系统动力学	组织管理、工业经济、城市系统	系统模拟和解释
	适应性系统学派	Gowan、Kauffmann、Holland（1975，1994）、Arthur、Casti 等以 SFI 为基地的学者	偏微分方程	报酬递增、自主体和适应系统、涌现、遗传算法、人工生命、节点关联物、自组织临界条件	经济、生物、认知系统	
	混沌学派	Lorenz（1963）、Li & York（1975）、May（1976）、Feigenbaum（1978）、Gleick（1987）、Picora & Caroll（1990）等	非线性常微分方程	混沌动力学、混沌分形、混沌吸引子、相空间重构、混沌控制与同步	物理、经济系统	
	结构基础学派	Warfield(1958~1999)、Vickers、Piece、Polanyi、Piaget 等	西方形式逻辑	20Laws、5Taxonomies、5indexex(LTI 集)	管理尤其是交互式管理、社会系统	
	暧昧学派	一些独立研究学者	学科交叉或后现代主义	不明确	社会、语言科学等	

（1）欧洲学派：侧重于从能量和相变的角度研究复杂系统（涨落造就复杂性）[75]，多从时间演变角度，采用数学模型、物理实验或模型、计算机模拟等[76]研究方法，研究系统演化性质、行为、从无序到有序以及从一种有序到另一种有序的过程。

（2）美国学派：侧重于从秩序和规则的角度研究复杂系统（适应性造就复杂性）[75]，与欧洲学派强调解决问题、预测和控制相比较，该学派强调解释、理解和模拟，以计算机模拟、隐喻和类比[76]等研究方法为主。

（3）中国学派：侧重于从系统整体以及系统与外部联系的角度研究复杂系统（人的行为造就复杂性）[75]，与美国和欧洲学派主要依靠计算机模拟试验不同，中国学派在研究思路上尚缺乏深入的理论基础支持，所采用的研究手段多是借鉴和"移植"，尚处于定性研究层面。

2.1.2 复杂系统及相关概念

2.1.2.1 复杂系统

复杂系统概念涉及自组织、分形、神经网络、人工生命、网络演化与结构突现、非线性动力学和控制系统等学科领域[77]，较具代表性的观点有：

(1) 基于描述复杂性定义。1999 年，美国《科学》杂志出版"复杂性"专辑时，两位主编 Gallagher 和 Appenzeller "基于系统组成部分的理解"，指出"不能完全解释一个系统的整体性质"为复杂系统[78]。定义实质上认同"复杂系统存在于我们头脑中和研究中"，显然具有一定主观性。

(2) 基于突变性定义。美国的巴克把有巨大变化性的系统称为复杂系统[79]，张嗣瀛认为复杂系统是由大量的单元构成，单元间存在相互作用并涌现巨大的变化的开放系统[80]，均强调系统的突变性。

(3) 基于非线性定义。日本的福田丰生教授将由多个要素构成，要素之间具有复杂的非线性关系的系统称为复杂系统[81]，屈世显等也认为复杂系统是非线性地耦合在一起的大量单元或子系统的集合[82]，李士勇等则强调"整体大于部分之和"，认为"系统的整体行为不能由其组分的行为获得"（即不满足叠加原理）的系统是复杂系统[38]。

(4) 基于适应性定义。认为复杂系统是具有中等数目，基于局部信息做出行动的智能性、自适应性主体的系统，介于随机和简单系统之间；强调此类系统具有个体的智能性、适应性和自组织性[83]。成思危（1999）也持类同观点，他认为其最本质的特征是"组分具有某种程度的智能，即具有了解其所处的环境，预测其变化，并按预定目标采取行动的能力"[84]。

(5) 基于内平衡性和外分离性定义。诺贝尔奖获得者美国学者西蒙（Herbert Simon，也译司马贺）另辟蹊径，界定复杂系统具有内平衡性和外分离性，强调系统内部专化，认为系统与环境及其组分间存在分离，而不强调系统要素的数量[85]。

尽管复杂系统尚没有统一的定义，但普遍将复杂性作为复杂系统的基本特征或属性，着重对复杂系统进行综合描述，较具代表性的有以下两种：

复杂系统是具备"高度结构化的，具有很强的组织性和特殊性；遵循非高斯分布，通常表现为指数分布；呈现耗散结构，是远离平衡态的非线性系统；具有临界相变特征，微小的干扰引起巨大的突变；结构高度变异、时空不对称"等特征的系统[86]。

复杂系统是"组成因素用无数可能的方式在相互作用；有许许多多的来自外部的作用；微观、局部无序的作用能够产生结构；结构是生长的结果，来自于微小初始作用的放大；任何演化都可以通过因果链得到解释，但无法完全预测；在许许多多的作用中存在着关键因素和主要矛盾，一切预测和实践都是找寻关键因素的过程"的系统[87]。

2.1.2.2 复杂性

不同的学派对复杂性的概念有许多不同的认识，但有一点是相同的，就是都力图从不同的侧面和角度使自己的概念与直觉相符合，并尽可能精确地解释这些直觉上的复杂性，梳理国内外复杂性概念内涵，较具代表性的观点主要有三大类：

(1) 第一类，复杂性的哲学思辨。N. Rescher(1998)从哲学观上将复杂性归纳为两类：一是认识论意义上的复杂性（即主体复杂性），他认为"复杂性存在于人的大脑之中"，主要指形式的复杂性(formulaic complexity)，具体分为描述、生成和计算复杂性；二是本体论意义上的复杂性（即客体复杂性），主要指组分（即构成和类别）复杂性(compositional

complexity)、结构(即组织和层级)复杂性(structural complexity)、功能(即操作和规则)复杂性(functional complexity)[88]。

李士勇等(2006)也通过复杂-简单的哲学思辨,界定了复杂性的根本特性。他们认为,复杂是相对简单而言的,简单和复杂是对事物属性的高度概括。简单是指事物所具有的普遍的、基本的、不变的和共同的属性,即共性;而复杂则是指事物所具有特殊的、多样的、变化的和个别的属性,即个性。简单可有统一的形式,而复杂则呈现多种类型[38],如描述复杂性、计算复杂性、有效复杂性、算法复杂性;生态复杂性、生物复杂性、社会复杂性、经济复杂性;时间复杂性、空间复杂性、演化复杂性等。

(2) 第二类,复杂性的系统认识。尼科里斯和伊·普里戈金(G. Nicolis & I. Prigogine)基于系统论,提出存在意义和演化意义上的两种不同的复杂性[89]。前者是指其组成系统具有多种控制参量、多重时间标度、多样作用过程和多层次结构,而后者则是指当系统远离平衡状态,不可逆的非线性动力机制所演化的多样化"自组织"现象。罗素(P. Russell,2004)也持类同观点,将复杂性归结为数量/多样性(quantity/diversity)、组织(organization)和相关性(connectivity)三个基本特性[90]。

(3) 第三类,复杂性的科学视野。坎贝尔(Campbell,2000)总结前人研究,从学科研究背景视角,将复杂性归纳为两个层面,分别对应两大研究流派[91]:

一是以混沌、耗散结构、突变论、分形、自组织临界论等非线性科学为支撑,认为复杂性表现为非线性(nonlinearity)、等级性(hierarchies)、不可还原性(irreducibility)、相干性(interaction/connection)、突现性(emergence)和自组织性(self-organized behavior)。

这部分是研究较多、认识较为深入的领域(terra firma),如著名物理学家、诺贝尔奖得主安德森(P. W. Anderson)将局域化、分形、对称破缺、奇异吸引子等各种现象的"突现"性质归结为复杂性[92],司马贺(Herbert Simon)将复杂性归结为系统组分间无数可能的方式相互作用,导致系统涌现出组分所不具有的整体行为(功能),即"整体大于部分之和"[93],沃尔德罗(M. Waldrop,1992)和中国的郝伯林院士(1999)均认为"复杂性介于随机与有序之间",是在随机背景上无规则地组合起来的某种结构和秩序[94-94]。

二是以人工智能、复杂适应系统等复杂科学理论为支撑,将复杂性归结为:适应性(adaptation)、拟生性(biological/"life-like" behavior)、主体性(intelligent agents)等。这部分研究相对薄弱,依然是未知领域(terra incognita),以霍兰(Holland,1995)的复杂适应系统思想最具代表性[83],认为系统表现出复杂性的根本原因在于其克服局限和适应复杂多变环境的结果[96]。

综观国内外复杂性研究,人们基本上是沿着系统论思维,普遍认同坎贝尔的第一层面复杂性认识,均强调系统组分的相互作用是导致整体行为和功能"涌现"(整体大于部分之和)复杂性的根本机制。海斯(James A. Highsmith)给出"复杂性行为=简单规则+丰富关联"的公式,认为复杂性出现是因为简单组成要素存在自动地相互作用[97]。沃尔德罗普(M. Waldrop)也持类似观点,认为复杂性存在于组织之中:即一个系统的组成因素用无数可能的方式在相互作用[87]。吴晓军等(2007)同样认为,复杂性表现为元素的复杂性和相互作用的复杂性,并且二者存在一种重要关系:随着元素数量成算术级数增加,元素间可能关系决定的状态则成几何级数增加[56]。

2.2 地理系统空间复杂性

2.2.1 国外地理系统复杂性研究进展

早在19世纪40年代,近代地理学奠基人洪堡(Alexander von Humboldt)就提出了自然科学的重要目标是"在研究复杂性中认识统一性",强调区域系统研究的重要意义[98]。

20世纪50～60年代,哈特向(R. Hartshorne)、乔莱(R. J. Chorley)、哈维(D. Harvey)等将系统科学理论和方法引入地理学系统研究[99],创立了系统地理学(systematic geography),为地理系统复杂性研究奠定理论基础。此外,一些学者则试图从空间形态视角,阐述了地理系统的空间形态扩展复杂性,以分形地理系统最具代表性。曼德布罗特(1963,1965)创立分形理论,揭示自然海岸线的分形特征[100-101],Woldenberg等(1967)则发现河流和中心地分布的内在自相似性[102],进而揭示人地的对称性机制。此时的研究多集中于定性描述地理系统的非线性、突变性、自相似性等复杂性规律。

20世纪70年代,地理系统的复杂性规律引起广泛关注。一方面,部分学者全面阐述地理系统复杂性规律,如英国地理学家R. Chorley和B. A. Kennedey(1971)按复杂性顺序,将地理系统划分为形态系统(单纯由地理系统各组成要素的排布、联系及结构网络去体现)、级联系统(按能量、物质和信息在地理系统中所经历的路径去规定)、过程—响应系统(通过系统间的耦合关联实现)和受控系统(对系统关键成分的控制产生的结果)。另一方面,一些学者运用计量模型开展实证研究。Wilson(1970)、Batty(1974,1976)对地理系统演化的熵定律[103-106],Vining(1977)对地理系统层次结构的位序-规模法则[107-109],Tobler(1979)对地理系统的细胞空间模拟[110],Woldenberg(1979)对系统层次的周期性演化[111],Papageorgiou(1980)对城市的"突变"(sudden)生长[112]等复杂性进行了定量和实证研究,揭示出地理系统的突变性、层次性、自组织、自相似、动态性规律。

20世纪80年代,地理系统复杂性研究成为前沿和热点,形成众多有特色的研究"学派",但影响较大的有两个:以非线性自组织理论为核心的欧洲学派和以圣菲研究所(SFI)为代表的美国学派,他们或独立或联合一些地理学家,开展了卓有成效的地理系统复杂性研究,如自组织城市[113-114]、动力学城市[115-116]、分形地理[117-120]、地理系统演化[121-121]等。由于研究方法的限制,地理学家尽管非常关注复杂性科学问题,但并未明确复杂性的研究主题。

20世纪90年代,学界普遍认识到以人为主体的人文地理系统的复杂性[123],相关研究倍受关注[124],集中于城市-区域系统领域[11]。随着计算机仿真技术和GIS空间技术的发展,地理学家面对复杂性不再完全束手无策,为此,White和Engelen(1993)提出"模拟空间复杂性"的概念[125],"空间复杂性"终于成为一个地理学意义的主题词。大量学者运用分形理论[126-127]、CA模型[128-130]、CAS主体模型等,结合GIS技术系统揭示和模拟了地理系统的复杂性规律,研究内容涉及城市-农村聚落居住[131-132]、城市边界-景观-土地形态[133]、地形侵蚀-水文变化-森林大火、城市动态扩展和演化模拟[128]等方面。

2.2.2 国内地理系统复杂性研究进展

早在 20 世纪 80 年代末,我国著名科学家钱学森先生等就提出要将地球表层系统作为一个复杂的巨系统来研究[134],认为地理系统是一包括人类社会系统和地球表层系统的复合系统,是一个"开放的复杂巨系统",并于 90 年代初,系统提炼了"从定性到定量综合集成"的人机智能系统理论和模型[5,135]。

20 世纪 90 年代,地理系统复杂性的理论和模型研究成为热点和前沿[8,136],理论上非线性科学和复杂性科学的理论不断被"借鉴"和"移植"于地理学领域,形成现代地理系统复杂性科学洪流:

(1) 研究领域涉及自组织城市[137-140]及演化[3,141-144]、人地系统复杂性[145](人地协同[146-147]、自组织[148]及非线性[149-151])、动力城市[152]及机制[153]、分形地理[154-157]及分形城市[158-159]、地理元胞[35]及元胞城市[61,160]、地理对称性[161-162]及城市对称[163-164]等,普遍认为地理系统具有高度的复杂性,主要源于和表现于:综合性、层次性和高维性;多尺度性和自相似性;开放性和非平衡性;非线性和突变性;有序性和自组织性[35]。

(2) 研究方法多借鉴国外复杂科学理论和方法,来描述、分析、模拟和预测空间系统的复杂动态行为,呈现定量分析和模型模拟两大体系,其中分维计算和 CA 模拟成为主流。

综观之,当前的地理系统复杂性研究尚处于初级阶段:一是研究内容以城市-区域系统空间复杂性为主导,缺少不同空间尺度(尤其是微观领域的复杂行为分析)、不同学科领域(尤其是地理交叉学科)的理论和实证研究;二是研究理论多停留在借鉴和移植阶段,没有形成统一的空间复杂性理论框架[8];三是研究方法上无疑向精确化科学迈入了一大步,但计量革命洗礼后的地理学方法论却走向了低潮和徘徊,如何在复杂科学理论和方法的根基上,构筑新的空间高级分析模型将是 21 世纪地理研究的第三次革命[35]。

2.3 城乡系统空间复杂性

2.3.1 城市-区域系统的空间复杂性

2.3.1.1 国外城市系统空间复杂性研究综述

城市系统作为一复杂的巨系统,从 20 世纪 50 年代开始,就被学者认识,但直到 80 年代非线性科学和复杂科学理论和方法不断应用于城市系统领域,才真正形成复杂城市系统研究洪流。

追溯其研究源流,有四个主要支流备受关注:一是分形城市,兴起于 20 世纪 80 年代,与异速城市保持研究逻辑同构;二是元胞城市,崛起于 20 世纪 80 年代中期,最早追溯到 20 世纪 70 年代,与动力城市及网格-主体城市存在一定渊源;三是分形与元胞城市于 20 世纪 90 年代合流[165],统一于自组织城市研究主流;四是非线性动力学的发展,和复杂网络理论的兴起,为传统城市网络系统复杂性研究提供新的视角和方法支撑,从而奠定了复杂网络城市研究流派(图 2.2)。

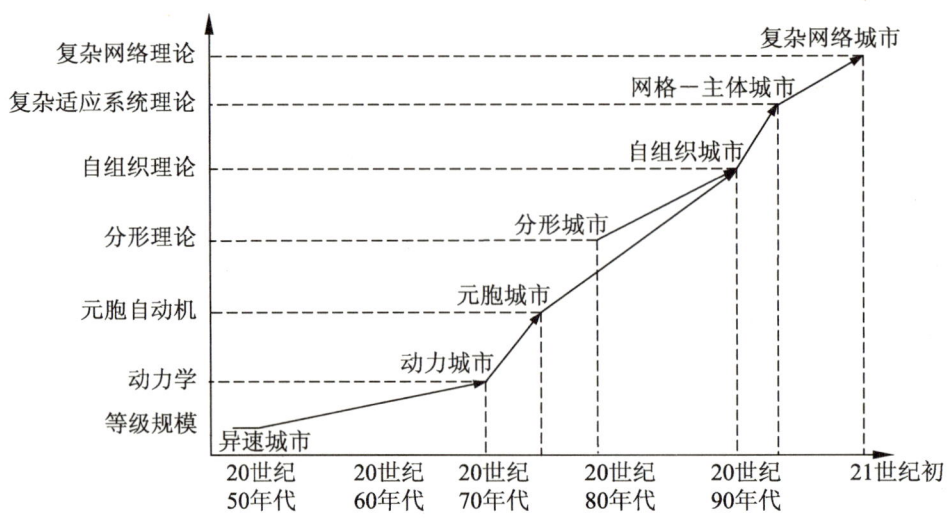

图 2.2 复杂城市系统空间研究渊流

(1) 异速城市。早在 20 世纪 50 年代,Clark(1951)就发现城市人口密度距离衰减的负指数律(Clark 定律)[166],此后许多学者如 Noroll 等(1956)、Smeed(1963)、Nordbeck(1965,1971)、Gould(1966)、Dutton(1973)、Lo(1977)等纷纷通过实验研究证明:城市人口和城市用地之间满足幂指数关系,即城市扩展存在异速生长现象[167-173],系统建立了系列城市异速生长函数,其中以 Smeed 的城市人口负幂律模型和 Nordbeck-Dutton 的城市人口-面积幂指数模型最具影响力,为此 Clark 模型的负指数律受到广泛置疑和批判,尤其是与异速生长律同构的分形学派。近年,我国一些学者(如:陈彦光、刘继生)通过数理推导,统一了幂式异速生长关系与负指数人口分布之间的逻辑不兼容,从而将城市系统纳入简单性与复杂性的对立统一体系中[174]。

(2) 动力城市。从 20 世纪 60 年代末开始,人们开始意识到基于牛顿力学的传统静态空间模型(如引力模型、潜力模型、空间扩散模型、距离衰减模型等)不能有效解释城市自组织的动态演化过程。因此,城市系统的动态演化过程和行为机制受到广泛重视。1969 年,美国麻省理工学院 J. W. Forrester 率先将系统动力学引入城市结构变化研究,创立城市系统动力学模型(Urban Dynamics),即构建一系列反馈城市系统要素关联的微分方程[44];1971 年,A. G. Wilson 引入最大熵原理,进一步改造 Lowry 模型,从而构建了城市动态学模型,即构造一组展示城市系统突变的非线性方程[175]。二者开创和引领动力城市研究潮流:一方面,大量学者从系统动力学视角,系统开展了城市人口、经济、环境、资源、生态等子系统的相互作用机制及可持续发展预测研究;另一方面,一些学者运用突变论、协同学等全面揭示了城市空间变化的动力学过程,如 Amsin(1981)的城市突变方程和 Weidlich & Hagg 的区域迁移动力学方程[176]。

显然,动力城市模型研究多以系统构成要素的关联反馈为主,缺乏位置、距离等空间要素的考量,无法有效反映城市空间的动力演化过程;部分模型尽管开始考量时空变量,但多以宏观尺度为主,缺乏对个体行为和微观结构引致的空间变化分析。这为后来的复杂城市系统研究提出新的课题：如何从宏观到微观、从系统要素关联推演到城市空间演化?，也相应促使分形城市和元胞城市研究的孕育和萌发。

(3) 分形城市。分形城市理论基于分形思想的城市结构、形态的实证与模拟研究，可追溯到最早的城市统计分析，但最终奠立分形城市理论的是 Mandelbrot B. B. (1977)[177]，随后 Batty M. 及其弟子 Longley P. A. 于 20 世纪 80 年代中期至 90 年代中期，长期全面地对城市及城市系统的内部空间结构展开分形理论和实证研究[178-181]，系统奠立全新的分形城市研究的理论体系和计算模型[182]。近年，分形城市研究领域不断扩展，从城市内部形态向内逐渐细化至城市建筑，向外逐渐扩展到城市体系[183]：

微观层次——城市建筑分形，集中于两个方面：建筑的外立面和建筑的空间构成，主要运用分形几何学，从建筑审美和城市设计视角，解析城市公园、城市街区、家居环境、建筑外观等建设和设计理念的"最优形态"。

中观层次——城市内部分形，研究最为广泛，内容涉及城市边界、景观、人口及城市化、土地利用、经济、交通网络结构等方面[184]。如 M. Batty 和 P. A. Longley(1986)测定出加迪夫(Cardiff)市边界为多标度分形，认为分维数值的大小与交通运输技术、城市发展水平和发展过程密切相关[127]。

宏观层次——城市体系分形，以城市等级规模、空间作用、中心地体系为主[126]。如 Wong D.、A. S. Fotheringham 和 P. Frankhouser 等先后研究城市体系的位序-规模法则以及 Pareto 分布与分维的关系。S. L. Arlinghaus 和 W. C. Arnghaus 则在其前期工作的基础上进一步探讨了 Lösch 中心地体系的分形机制[119]。

(4) 元胞城市。元胞思想应用于城市系统研究历史渊远，早在 20 世纪 50~60 年代就有学者零星运用 CA 计算模拟城市土地利用和交通发展过程[185]。70 年代末，Tobler(1979)将 CA 模型引入地理学，创立"细胞地理学"[110]，并率先实证模拟了美国底特律城市扩展过程。受其影响，80 年代中期美国的 Couclelis 和英国的 Batty 等人，率先在城市动态模拟领域开展 CA 理论和实证研究[186-188]，引领一些学者在城市规划领域作了尝试性及至深入性的应用和扩展。90 年代以来，随着 GIS 技术日益成熟，GIS-CA 模型成功实现融合，学术界掀起一股 CA 城市系统研究热潮[189-190]，研究内容集中于城市系统形态生长、土地利用、城市景观、位序-规模等领域[191,128]。

(5) 自组织城市。从 20 世纪 80 年代开始，系统论、耗散结构论、协同论、混沌论、分形理论、人工智能-生命理论、自组织临界论、自适应系统论等复杂科学理论与方法不断应用于城市-区域系统复杂性研究，分形和元胞城市渐趋合流，形成自组织城市研究学派[113,192-193]，集中于耗散城市[194]、协同城市[195-196]、混沌城市[197-199]、自组织城市[200,13]、智能城市[201-204]、网格-主体城市[205]等领域(表 2.2)。

表 2.2 自组织城市系统研究

自组织城市类型	理论基础	奠基者	发展者	核心观点
耗散城市 (dissipative city)	耗散结构	I. Prigogine	P. A. Allen 及其合作者	解释远离平衡态的动态稳定演化机制

(续表)

自组织城市类型	理论基础	奠基者	发展者	核心观点
协同城市（synergetic city）	协同学	H. Haken	J. Portugali, W. Weidlich, H. Haken 及其合作者	"自上而下"地确定系统中的快、慢变量，进而利用役使原理来描述、解释甚至预测城市的宏观发展态势
混沌城市（chaotic city）	混沌数学	E. Lorenz, J. York 等	D. S. Dendrinos, P. Nijkamp 等	城市演化模式是一个相对长时期的稳定和一个短时期的混沌相交替
分形城市（fractal city）	分形几何	B. B. Mandelbrot	M. Batty, P. A. Longley, P. Frankhauser 及合作者	城市的形态、结构、分布的自相似结构
元胞城市（cellular city）	元胞自动机	A. Turing, von Neumann	H. Couclelis, R. White, M. Batty 及其合作者等	采用简单构成单元的相互作用，自下而上地模拟城市系统空间动态演化
沙堆城市（sand pile city）	自组织临界	P. Bak 及其合作者	M. Batty 及其合作者	建立沙崩规模分布稳定性和城市规模分布稳定性之间的相似性法则
网格-主体城市（FACS & IRN city）	元胞空间＋多主体	Von Neumann 等	J. Portugali 及其合作者	结合了元胞空间和多主体技术，建立"自下而上"的城市空间-居民主体之间的相互作用模拟机制

注：据陈彦光（2004）改绘[14]

（6）复杂网络城市。20世纪90年代开始，全球化和地方化交织，世界城市系统研究转向网络化视角[206-207]，从空间实体流（全球航空流、货运流、城际交通流、城市-区域人口流等）[208]和虚拟流（互联网、信息流、社会网络、通讯网络、技术研发区位和扩散、生产性服务业网络等）两个方面[209-210]，揭示城市系统关联的网络复杂性研究成为热潮[211-212]。Taylor（2004）构建"连锁网络模型"（interlocking model），通过跨国生产性服务企业空间联系实证分析，得出全球城市网络的组织方式仍为等级或位序的"累积"[213]。近年，随着图论和统计物理的融合，复杂网络理论取得大发展，一些学者从城域（城市内部）和城际（城市体系）两大视角，从交通联系（交通网络、交通流）、社会联系（人口迁移）、企业联系（公司交流、企业合作）、信息交流和创新扩散（因特网、电话呼叫、技术交流、创新扩散等）等方面，将复杂城市系统抽象为复杂网络，系统分析了城市系统网络拓扑连接的复杂性规律[214]，如无标度性、小世界性等的验证，脆弱性或鲁棒性评价及控制，以及动力学演化与传播特征等[215-216]。如M. Batty（2009）引入复杂网络理论，揭示了城市系统网络的小世界性特征[212]，即城市联系具有空间邻近连接的短路径和节点偏好连接辐射中心的特征。

不难看出，以上整个城市系统空间复杂性研究已经成为当前研究的热点和前沿，相关研究内容概括起来，主要包括理论架构[11]、边界复杂性[217]、形态复杂性（城镇蔓延、异速生长）[218]、景观复杂性（土地利用、生态系统等）[219]和结构复杂性（等级规模、时空结构及演化）[220]等方面。

研究尺度主要为城市内部、城市之间（城市体系、城市-影响区），形成了城内地理学

(Intra-urban Geography)[221]与城际地理学(Inter-urban Geography)两大学术流派[222]。前者侧重城市内部结构、空间形态和演化复杂性研究,热衷于揭示宏观规律与微观行为的动力学关系,开展计算机模拟和控制,如美国 SFI 的 CAS(Complexity Adaptive System)和英国 UCL 的 CASA(Centre for Advanced Spatial Analysis);后者则以揭示区域城市体系等级-规模结构、城镇体系、网络关联、空间分布和动态演化等复杂性规律为重心。

研究方法大体有三个方面:一是哲学思辨,主要从定性的角度论述城市系统的边界、结构、功能、机制、演化等复杂性规律[124];二是数量研究,通常包括三大探索模式:实验模式、计算模式和理论模式[86],从而形成城市系统空间复杂性研究的三重计量方法论(tripartite methodology):即实验数学(experimental mathematics)、高精测度(high precision measurement)和严格数学研究(rigorous mathematics studies)。然而,实验计算因经验数据的精确性难把握,不太适用于城市地理系统领域。因此,数量分析和计算机模拟成为复杂城市系统研究的支柱方法[223]。数量分析,主要利用分形、混沌等后现代数学方法建模,结合地理计算技术,从定量模型的角度探索城市空间结构的复杂演化规律[224];计算机模拟,主要是利用元胞自动机[225]、人工神经网络[226]、遗传算法等复杂性计算工具,结合 GIS 空间技术动态模拟城市空间演化[227-231]。当前,后现代数学方法、CA 模拟和 GIS 技术已成为城市地理学复杂性研究的三大工具[232-236]。

2.3.1.2 国内城市与区域系统复杂性研究综述

国内的城市与区域系统复杂性研究集中于两大视角:一是哲学思辨和定性描述,借鉴复杂科学理论和方法[237],架构城市-区域系统的复杂性理论体系[10],揭示城市-区域系统的非线性[238]、自组织性[239]、突变性[240]等复杂性规律;普遍认为城市系统是一个极为复杂且处于动态变化中的巨系统[241],表现出非平衡性、多尺度性、多层次性、不确定性、非线性、突变性、自组织性、自相似性、随机性、无序与有序交互性等复杂性质[56]。二是计量分析和模型模拟,或者通过实证分析揭示城市-区域系统的空间结构复杂性[242],或者创新性建立城市-区域系统的空间演化模型[142],成为当前研究的焦点和前缘。

与国外一样,国内城市-区域系统复杂性计量研究也以城市系统研究最受关注,成果最为丰富,形成两大阵营:城市内部和城市体系[243],但主要为城市地理学家所关注,与国外的多样研究学科背景不同。同时,研究的内容也相对较窄,主要集中于空间结构[244]和空间演化[144]复杂性研究两个方面。前者侧重于借鉴分形理论、元胞自动机等复杂科学理论,从城市内部景观结构[245]、土地利用[244,246]、人口分布[247-248]、交通网络[249]以及城市体系空间形态[250-251]、分形体系[252]、等级结构[253]、网络联系[254]等方面,揭示城市系统空间结构的复杂性,以分形城市(Fractal City)[255-256]、分形城市系统(Fractal Systems of Cities)[257-158]和元胞城市(CA City)[259]为代表。后者侧重运用突变论、系统动力学、灰关联系统、自组织理论、复杂适应系统论等复杂科学理论,开展城市空间演化过程(相变及突变)和动力机制(自组织和他组织)[197]的定量研究和模拟预测,如动力城市[260]、自组织城市[194]和主体城市[261]。

研究方法上,以静态数学模型(等级体系标度模型、城市统计模型、引力-熵模型等)[262]、动态演化模型(城市空间动力学模型[263]、异速生长模型[264]、网络动力学-细胞城市模型[265]、分形城市模型[266]、自组织城市模型[15]）和智能模拟模型（多主体模型[267-268]、遗传算法[269]、虚拟城市模型[270]等）为主，内容涉及城市土地利用、交通网络、城市规划、人口分布和迁移、景观结构、城市环境、城市就业和居住、城市体系及等级规模分布等方面。张新生（1997）通过归纳城市空间增长的动力学机制，基于个体行为，通过对威尔逊模型的进一步扩展，建立了城市空间的动力学模型[271]。孙战利（1999）将主体（Agent）引入因素控制层和动态交通层，建构了城市动态演化的模型，并实现了微观与宏观、空间变化与属性变化相结合，基于面向对象的软件系统，对美国 Ann Arbor 的动态发展和演变进行了模拟[272]。刘继生、陈彦光（2004）借鉴自组织理论，提出城市系统复杂性检验的三大判据：分形结构、$Zipf$ 定律和 $1/f$ 噪声[273]，并系统运用分形理论，实现实空间-相空间-序空间的统一，构建了系列蕴含静态和动态、功能和结构、自上而下和自下而上、模拟和预测于一体的分形城市系统模型：引力模型及推广模型、异速生长模型、空间动力学模型、等级规模模型、自组织演化模型等[14]。

令人遗憾的是，或许城市发展观和农村发展观激进思想依然存在，或许城市成为增长的中心和关注的焦点，乡村地域处在忽略的边缘[274]，城乡系统关系的空间复杂性研究仍处于呼吁和倡导的阶段[275,27]。

2.3.2 城市-乡村关联的空间复杂性

2.3.2.1 国外城乡关联的空间复杂性研究综述

长期以来，人们通常只是将城市和农村孤立起来分析[276-277]，城乡关系研究薄弱。以至于 20 世纪末，就有一些学者纷纷呼吁重视（城乡）关系复杂性研究，认为关系（经济联系的复杂性）及其空间结构（景观的复杂性）的复杂性规律研究应成为经济地理学研究的重点范畴[278]，经济实体及其相关作用关系所引起的经济地理发展和变化过程应成为研究的中心[279]。

直到近年，以城市为依托的中心发展型面临突出结构性问题和缺陷，城乡之间缺乏有效和有序的联系，表现为"脱臼的经济"（Dislocation Economy）形式[27]，人们才开始重视城乡关系复杂性研究。研究内容集中在"城乡对立"（Urban-rural Independence）[280]、"城乡互动"（Urban-rural Interaction）[281]和"城乡互助"（Urban-rural Partnership）[282]等方面，研究视野和切入点多集中于发展中国家（地区），或许是发达国家的城乡一体化已经成为"过去完成时"[27]。普遍认为发展中国家的城市-区域问题呈日益复杂的态势[283]，解决这种复杂城乡关系失调问题的根本路径是实现"乡村-城市关联观"（Rural-urban Linkage Approach）[27,284]。Cooke（1993）、OECD（1996）、Murdoch Jonathan（2000）等人则从城乡关系网络视角，明确提出城乡协调发展的"网络"化模式[285-287]。

但这种城乡关联复杂性的研究范式多停留在定性描述上，对空间的关注相当有限，更多的只是在城乡经济社会差异（社会问题、健康卫生、政策体制、意识形态等）、经济社会要素流动（人口迁移、产业联系、资源和资本转移）等方面部分提及城乡关系作用的复杂性问题[288]，专门而系统的空间复杂性研究主要集中于城乡交错带（边缘区），普遍揭示出其空间结构的动态过渡性、人口社会学特征多元化、经济发展复合型、土地利用多样化等复杂性特征，以

McGee(1991)的亚洲城乡一体化"Desakota"空间研究为代表[289]。

2.3.2.2 国内城乡关联的空间复杂性研究综述

城乡关联是一个泛合的概念,涉及社会学、规划学、地理学、经济学、人口学、生态学等众多学科。研究视角集中于空间区位关系(地理学)、工业-农业关系(经济学)、市民-农民关系(社会学)、斑块-基质关系(生态学)四个层面[290]。地理视角上的城乡研究备受关注,成为热点,已经形成理论和实证、定性和定量、时间和空间的研究范式。研究理论涉及城乡融合论[291]、城乡协调论[292]、城乡一体化论[293]、统筹城乡发展论、城乡网络化发展论[294]等;研究区域触及中国和外国[295]、东部和中部、西部[296]、发达和欠发达地区[297]、城镇密集区和非密集区[298]、沿海热点地区和少数民族地区[299]等;研究时间尺度以新中国建立后为主[300],并考虑信息时代和数字时代的影响[301];研究方法以定性居多,定量研究不多,以关联协调模型为主[302-304];研究内容主要从城乡联系和作用切入,涉及城乡关联的历史演进[305]、空间差异[306]、影响因素及动力机制[307-308]、协调对策及发展模式[309]等,总体存在两个研究倾向:一是不考虑城乡地域空间差异性,研究二者相互关系的发展变化,忽视城乡关系的空间复杂性;二是研究城乡关系的静态空间分异与组合,而忽视其地理变化过程的自组织性。

当前,尽管许多学者已经意识到城乡关系是由物质、经济、人口迁移、社会、服务供应、政治行政联系相互关联、共同作用而构成的一个动态网络系统,具有复杂性,但城乡关系的空间复杂性研究几乎空白,只有部分学者涉足城乡耦合、关联、协调的非线性规律[310]和城乡关系空间演化的动力机制。打开地理学研究主页,从网络关系系统科学角度,探索城乡关联系统的空间自组织运行规律、交往协同演化机制的复杂性研究相当薄弱。曾菊新(2001)以城乡网络化关联发展为切入点,借助于非线性"网络"关联机制探索中国城乡经济活动的地域组织结构,运用系统论、社会交往论、协同学等理论,系统揭示了城乡网络化相互作用的复杂性机理:城乡系统的整体性、不完全性、开放性,城乡关联的耦合性、协同共生性和动态演化性等[27],可以说是开创了城乡关联复杂性理论研究之先河。

2.4 交通网络空间研究

2.4.1 交通-城市系统空间研究

2.4.1.1 国外交通-城市系统空间研究进展

国外学者对城市交通空间的关注要追溯到19世纪初,但基本从属于城市空间区位和结构相关流派研究中,经历了19世纪的萌芽探索,20世纪上半叶的逐步深化,至20世纪80年代的快速发展阶段,形成交通-城市系统相互关联的研究范式(表2.3)。

2.4.1.1.1 萌芽探索阶段(19世纪20年代至19世纪末)

早在1826年,德国经济学家杜能(J. H. Thunen)在构建农业用地的"杜能圈模式"时,就已经意识到交通条件对城市区位和形态的重要意义,但限于当时的研究条件,只能通过假设条件来对其进行约束[311]。随后,德国地理学家科尔(J. G. Kohl,1841)发表《人类交通、居住地与地形关系》一文,肯定了交通对聚落居住布局的影响[312]。此后,一些学者开始关注城市空间形态研究,西班牙学者索·伊·马塔(Arturo Soria Y. Mata,1882)提出"带状城市"(Linear City)的设想,认为城市应围绕一条较高流量、较高速度的交通干线作为脊椎进行布局[313]。

这一时期,多以聚落空间形态的静态描述为主,集中于从交通布局、建筑风格和土地利用模式三个要素展开分析,初步意识到交通对城市空间形态的雕塑作用。

2.4.1.1.2 深化发展阶段(20世纪初至20世纪40年代)

自杜能的农业区位论诞生以来,西欧地理学家仍然对传统区位理论保持高度的热情。从20世纪初开始,古典经济学派在探索理想市场模式下的经济活动区位时,逐渐深入对交通区位条件的研究,以韦伯的工业区位论、克里斯塔勒的中心地理论和廖什的市场区位论为代表。韦伯(A. Weber,1909)的工业区位论提出交通费用是决定区位的首要基本因素[314]。克里斯塔勒(W. Christaller,1933)的中心地理论,则分别构建了基于市场、交通和行政原则的城镇体系空间模型[315]。廖什(Lösch,1940)的市场区位论也认为交通系统是影响市场区和中心地体系形成的一个重要影响因素。

从20世纪20年代起,美国芝加哥学派对城市内部交通变革背景下滋生的新形态结构产生浓厚兴趣,先后创立了同心圆模式(E. W. Burgess,1923)[316]、轴向-同心圆模式(Babcock,1932)、扇形模式(H. Hoyt,1939)[317]、多核心模式(Ullman and Harris,1945)[318]等理论学说。这些理论模式中,都或多或少地认识到城市交通对其内部空间形态演变的重要影响(图2.3)。

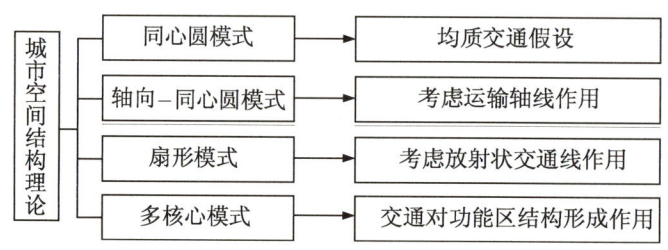

图 2.3 交通对城市内部空间结构理论模式的作用

注:据韩凤(2007)重绘[319]

这一时期,相较萌芽阶段更进一步,学者普遍认识到道路交通雕刻城市形态和区位的核心要素意义(Kevin Liych)[320],侧重建构蕴含交通因素的城市内部区位理论和空间结构模式,以城市空间形态的理论建模为主。

表 2.3 国外交通-城市系统空间研究进展

时间	社会经济形态	交通组织	研究内容	主要成果	代表学者
1820~1890年代	工业化初期	公共马车	交通对城市内部区位和形态的影响	农业区位论、带状城市	杜能(1826)、马塔(1882)

(续表)

时间	社会经济形态	交通组织	研究内容	主要成果	代表学者
1900～1940年代	工业化中期	有轨电车	基于交通因素的城市区位和结构理论模型	工业区位论、中心地理论、市场区位论、同心圆理论、扇形理论和多核心理论	芝加哥学派、古典经济学派
1950～1980年代	工业化后期	小汽车、快速交通、综合交通	交通-城市空间、交通-土地利用的计量模型研究	交通-城市系统要素关联、交通-土地利用相互作用模型及地域空间组织形态等	计量学派、交通-城市相互关系学派、交通地理学
1990年代至现在	信息化社会	汽车、快速交通、通信网络	交通-城市系统理论、实证和定量研究	交通-土地利用、交通-空间形态、交通-空间行为、交通-经济结构、交通-空间演化等	交通地理、城市地理、城市规划、交通系统工程等

2.4.1.1.3 快速发展阶段(20世纪50～80年代)

从20世纪50年代开始,交通地理学逐渐创立和发展,传统交通空间研究的"从属"地位被打破,形成专门系统分析交通空间形态、演化和组织的研究范式,研究领域主要集中于交通-城市系统关联[321]及其地域组织形态[322-323]等方面。

(1) 交通-城市系统要素关联

侧重分析交通系统与城市土地利用[324-325]、空间扩展[326-327]、经济发展[328]和生态环境变化[329-331]的相互关系,初步揭示交通与城市空间系统的非线性耦合作用机制[332]。一方面,分析交通方式、通达性、成本等对城市土地利用、空间形态、人口迁移、居住-企业区位、生态环境[333]等要素的影响[334-336],强调交通建设对城市空间演化的引导作用,归纳出不同交通技术变革下的城市空间形态演变特征:步行城市-轨道城市-汽车城市[326]。另一方面,分析城市空间扩展、人口迁移、就业分布、土地利用状态、地形环境等对交通方式、规模和分布的影响。

(2) 交通-城市地域空间组织

主要分析交通功能地域组织的集散效应和组合形态,以大都市带和交通走廊最具代表性。早在1949年,泰勒(Taylor)就注意到众多城镇、村庄沿着河流连绵100 km长而形成的廊道[337]。1959年,法国地理学家J. Gottman发现更大尺度上的交通干线对城市蔓延的引导性驱动,将美国东岸"波士华"(Boston-Washington)地区城市沿交通干线串珠状展布的连绵形态称为Megalopolis(即大都市带)[338]。随后,许多学者纷纷对交通串连城市的线状地域空间展开理论与实证分析。韦勃(Whebell,1969)将这种通过交通媒介联系城市区域的线状系统描述为走廊(corridor),并架构城市走廊系统理论,将城市走廊发展分为五个历史阶段:初始阶段、商业化的农业阶段、铁路运输阶段、公路运输和都市化发展阶段[339]①。20世

---

① 实质上,戈氏的大都市带对应了韦勃城市走廊的都市化发展阶段。

纪70～80年代,叶芝(Yeates,1975,1984)[340-341]、拜尔沃特(Baerwald,1978,1982)[342-343]、里夫乌(Lefebvre,1989)[344]等学者则对温萨-魁北克(Winsor-Quebec)城市走廊、美国公路走廊、罗马-那不勒斯(Rome-Naples)城市走廊等展开实证分析,内容集中于交通走廊对城市土地利用、城际联系、经济增长、空间结构等的影响及走廊发展模式和演化,初步意识到交通系统对这种带状城市群体空间形态"突现"的重要影响。

2.4.1.1.4 丰富深化阶段(20世纪90年代以来)

进入20世纪90年代,交通方式和组织快速变革,快速交通和信息技术不断发展,交通-城市系统空间处于急剧变革中,城市空间与交通运输发展二者内在关系和相互作用机制研究成为热点。大量城市地理和规划领域的学者从宏观和中观层面对城市系统(城市之间和城市内部)的空间结构与交通运输发展关系进行理论、模型与实证研究。研究内容主要涉及交通-土地利用[345]、交通-城市形态及演化[346]、交通-经济空间及行为[347-348]等方面。

(1) 交通-土地利用

主要包括三个方面:城市交通系统对土地利用类型、价格、规模、强度和格局的影响[349];不同土地利用特征(居住密度、岗位密度、土地混合利用、邻里设计、开发规模等)对交通需求、格局演化和出行方式的影响[350];土地利用和交通组织的互动反馈机制[351],及协调发展模式[352],以彼得·卡尔索尔普的交通引导土地开发(Transit-Oriented Development,TOD)模式最具影响力[353]。

(2) 交通-空间形态

集中两种视角:一是分析快速交通和信息技术发展引致的新城市形态,如逆城市化、城市蔓延、线性城市、边缘城市、网络城市等[354-355]。L. Bertolini(2003)系统揭示出交通技术变革产生强的空间流动性(spatial flow),进而导致整个城市空间联系日益复杂,形态上表现为"城市网络"[356],深入分析了交通和信息技术变革对网络城市形成的重要影响。二是系统研究不同交通发展阶段的城市空间形态的演化(表2.4)。Newman & Kenworthy(1996)深入探讨了交通网络系统对城市空间形态的影响,据此将城市发展分为三个阶段,即传统步行城市、公交城市以及汽车城市[357]。

表2.4 不同交通条件下的城市系统空间演化[368-369]

主要交通方式	社会经济形态	生产力水平	城市职能和规模	城市空间作用	城市和土地形态
步行为主	农业社会	铁器应用,农业、手工业发展	政治、军事职能为主,小区域贸易中心,城市半径不足3英里	流通管理/节点	团块状,内部结构秩序性和等级性强
火车、马车、自行车	工业社会初期	蒸汽机应用,大机器生产、煤铁时代	工业、贸易职能为主,城市半径有所扩大	集聚为主	单核心扩展,向心集聚,居住、工业和商业功能混杂
有轨电车	工业社会中期	电力应用,石油和有色金属工业、现代农业	工业职能为主,服务业职能略有发展,城市半径通常小于5英里	集散交互	圈层(同心圆)结构,功能分区明显,郊区化出现,星形城市形态

(续表)

主要交通方式	社会经济形态	生产力水平	城市职能和规模	城市空间作用	城市和土地形态
汽车、快速轨道交通	工业社会后期	核能和计算机应用，服务业快速发展	服务业职能为主，城市半径扩大至15英里乃至更大	扩散为主	郊区蔓延，多中心结构，轴向生长，卫星城、边缘城出现
汽车、公共交通、快速轨道交通等复合交通	知识信息社会	新能源和新材料应用，知识经济快速发展	知识生产、消费和传播中心，城市边界模糊	网络关联	城市区域化和区域城市化交融，网络城市出现

（3）交通-经济空间及行为

侧重揭示交通成本、布局、方式和通达性等与城市人口、企业、居住、商业、服务业等经济空间布局和区位行为的互动影响[358-359]。研究发现，快速度或大容量交通发展改变了城市空间通达性，进而促进旧城人口外迁和商业中心迁移，最终导致城市的向外扩张与多中心化发展；而多中心、分散型的城市经济空间（人口郊区化、工业开发区、边缘城市等）产生明显的外向型交通需求，促进交通路网的空间格局线状、放射状伸展，改变人们的交通出行方式、距离和行为选择[360]。

研究方法多模型计量分析[361]，以交通-土地相互作用模型（如空间相互作用模型[362]、数学规划模型[363]、竞租模型[364]、投入产出模型[365]、微观模拟[366]）、交通-城市空间变化模型（如交通-城市一体化模型[367]）影响最为深远。

2.4.1.2 国内交通-城市系统空间研究综述

国内学者有关交通-城市系统空间研究主要按三条线展开：一是理论和定性研究，揭示城市交通与空间结构的宏观动态关系[370]；二是定量和实证研究，用数学模型揭示二者的内在作用机制；三是区域协调政策研究，从解决两者矛盾角度去探讨相互协调的区域政策和优化路径[371]。

2.4.1.2.1 理论和定性研究

首先，认为交通网络系统和城市空间系统存在着相互影响、相互制约的循环作用及相互反馈关系（图2.4）。城市交通网络是城市空间形成及发展的物质基础和支持系统，是城市内部、城市与区域之间物质流、能量流和信息流的主要通道[372]，不同交通连接方式往往适用于不同城市空间形态（2.5）。而城市空间发展则是交通需求和发展的根源及动力，它决定了城市的交通源、交通量及交通方式，从总体上确定了城市交通的结构和基础。

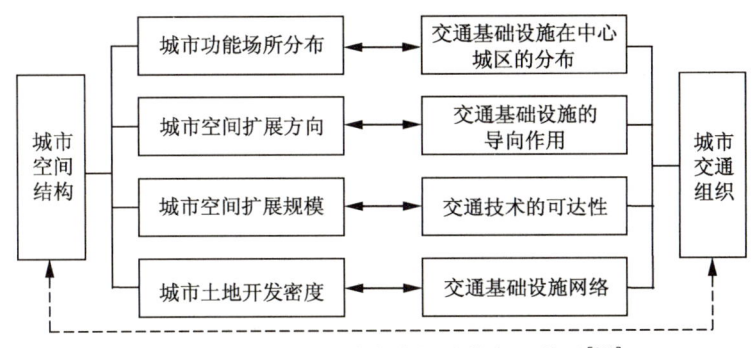

图2.4 交通组织-城市空间结构相互关系[319]

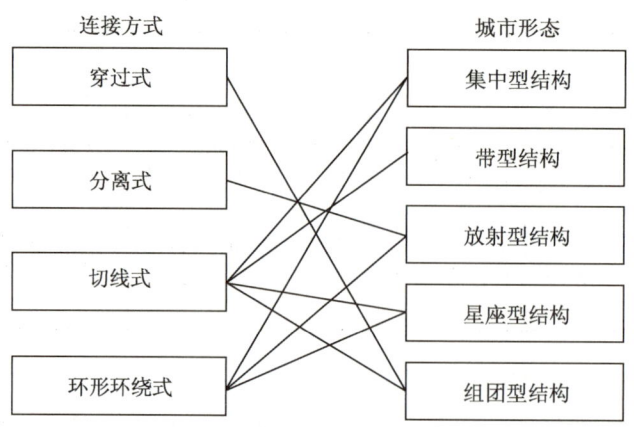

图 2.5　交通连接方式与城市形态的匹配[373]

其次,城市系统演化过程与交通网络发展和完善是一种空间上的互动过程[374],一方面交通技术创新促使整个城市空间通达性发生变化,不断促使城市空间规模向外扩张(图 2.6),进而促进整个城市空间形态和结构不断实现由团块状-星状-带状-圈状演化和递嬗[375-376](图 2.7),另一方面城市空间结构的变化将引起整个交通需求的变化,进而通过空间规模、经济结构和土地利用等变化,对城市交通组织、发展模式产生决定性影响[377](图 2.8)。

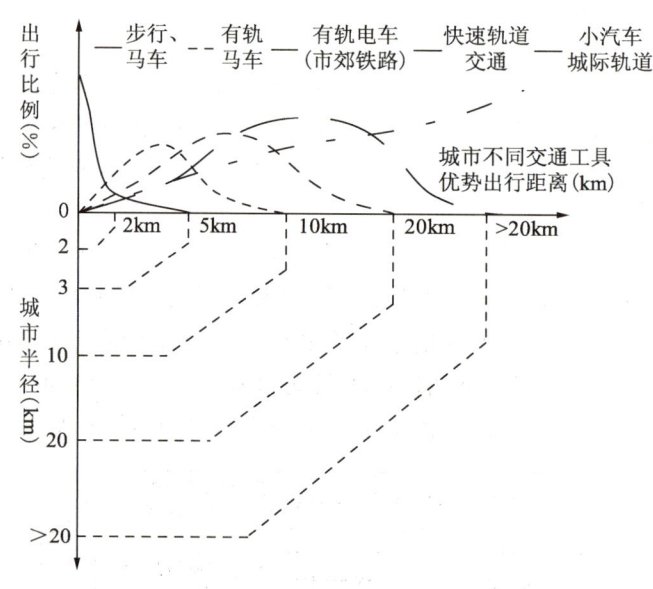

图 2.6　交通变革与城市空间规模变化

注:据姜克锦(2009)改绘[378]

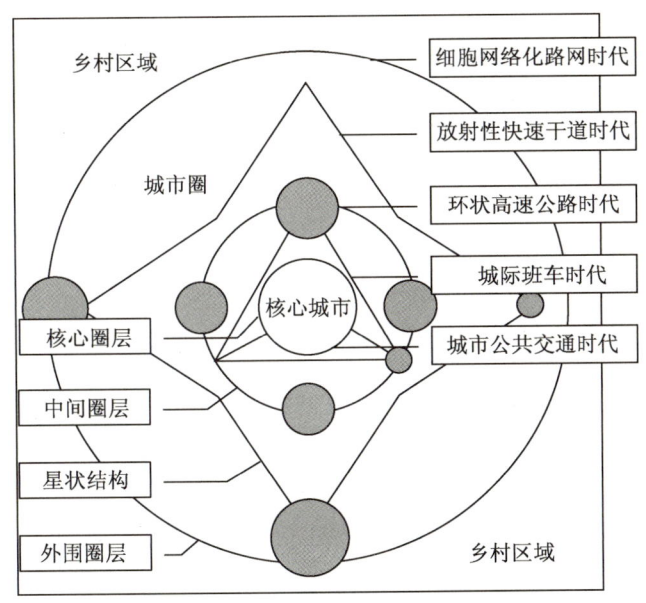

图 2.7 交通变革与城乡系统空间演化

注:据杨荫凯,金凤君(1999)改绘[376]

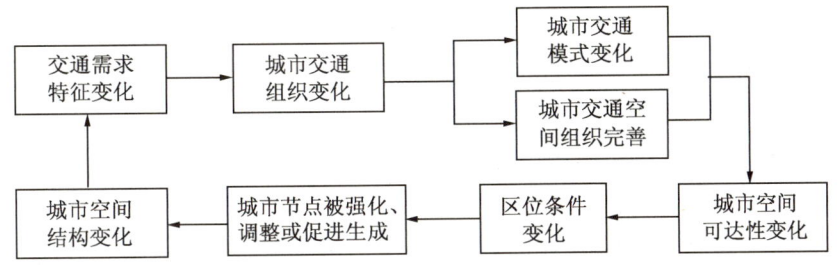

图 2.8 交通组织-城市空间结构耦合机制

2.4.1.2.2 定量和实证研究

交通-城市空间相互关系的定量研究,刚刚起步,处于"引进"和"嫁接"阶段。一方面,许多学者系统介绍了西方城市交通-空间系统相互关联的理论及数学模型[379-380];另一方面,一些学者尝试应用国外交通-土地利用、交通-城市空间一体化模型,开展实证创新性研究。杨励雅(2007)构建了基于灰色系统和马尔可夫链的组合预测模型,发现城市轨道交通沿线的土地利用方式的空间分布规律[381]。成峰等(2006)则基于遗传算法建立了城市用地与路网设计一体化双层优化模型,定量分析了用地功能空间布局与道路等级的关系[382]。王春才(2007)建立城市交通与城市空间互动演化模型,并选取东京和洛杉矶进行了实证分析[377]。胡华颖(1987),邓毛颖(2000)以广州、南京等城市为例,建立了居民出行与土地利用之间的多元回归模型[383-384]。

2.4.1.2.3 区域政策和发展模式研究

针对国内交通发展及政策调控存在的问题,借鉴国外理论模式,结合中国城市发展实践,创新性提出了轴向发展、以公共交通为导向的开发(TOD)、公交优先、一体化交通等城市交通发展模式[385-389]。

现有交通-城市系统空间研究成果丰富,着重揭示了城市交通与城市空间结构的反馈作用机制与协调发展模式;但主要从宏观角度、静态角度、实证角度进行研究,定量的、动态的和连续的研究略显不足,尤其是缺乏专门系统的交通-城市系统空间复杂性研究,仅部分学者论及交通-城市空间耦合的非线性关系[319,378]。

2.4.2 空间通达性研究

2.4.2.1 国外交通网络空间通达性研究进展

2.4.2.1.1 理论探索阶段(20世纪60~80年代)

1959年,Hansen首次提出交通"通达性"概念[390]。随后,通达性研究受到城市规划、交通地理以及从事区域和空间研究的众多学者长期而持续的热情参与和关注[391-393]。

(1)研究内容主要涉及两个方面:一是通达性定义和界定,第一层为客观层面,即区位通达性(place accessibility),指交通各节点之间交通、交流的便捷程度,第二层为主观层面,即心理可达性(personal accessibility)[394],指按人的意愿产生的对某一空间点或区域的主观选择优先级,强调个人需求、能力、机会、效用等所致的交通选择差别;二是通达性度量模型[395-396],提出相对(relative accessibility)[397]和综合通达性(integral accessibility)模型[398],开创四种计量分析视角——基于空间阻隔(等值线法)[399]、基于机会累积(累积机会法[396,400-401])、基于空间作用(重力模型法、潜能模型法)[402]、基于心理认知(效用法、平衡系数法)[403]。

(2)研究对象集中于城市内部和城市体系[404-405],乡村空间较少涉及[406]。

2.4.2.1.2 深化创新阶段(20世纪90年代以来)

(1)研究视角:多从交通网络与作用可进入性角度,通过通达性定量分析评估城市-区域运输联系的空间形式成为焦点[407-408]。

(2)研究内容:主要集中于五个重要的命题:如何运用通达性分析空间形式;如何运用通达性分析新的交通与通讯技术变革;通达性如何影响形成未来城市空间形态[409];通达性给城市经济、社会和环境带来怎样的影响;通达性的影响因素有哪些?具体表现在:

① 通达性空间格局分析,普遍认为城镇网络通达性存在空间差异性,与交通网络设施建设、中心城市等级体系密切正相关,揭示航空网络的"轴-辐"状[410-411]、道路网络的环形-放射状、铁路网络的同心圈层状空间结构[412],以及交通网络通达性的空间结构演化[413-414]。

② 交通技术变革带来的通达性变化及其影响,着重分析高速干道交通(公路、铁路等)建设对都市区城际联系通达性的影响。吉维尔·盖特瑞(Gutierrez J.,1997,2001)分别以马德里M-40交通线和马德里-巴塞罗那-法国边界高速交通线为例,实证揭示了高速交通线引致的中心城市时空收敛现象,进而评价了快速交通变革对大都市域空间发展不均衡的重要影响[415-416]。Li S.和Shum Y.(2001)则分析了高速公路项目对地区通达性影响的时间与空间差异,认为高速公路投资对区域通达性的影响作用随着时间推移将逐步减弱,对不同地区通达性变化影响作用强度存在差异,即内陆城市通达性影响较沿海城市显著[417]。日本学

者系统探讨了1868年至1990年间日本的铁路发展对城市系统通达性的影响：铁路交通网络的扩展促使通达性与城市体系相互融合[418]。

③ 通达性与城市形态变化研究，认为通达性变化引起区域内相对区位价值的变化，进而导致城市-区域经济发展、空间形态和等级体系的差异[409,419]，强调交通运输与信息网络技术的快速发展，在区域人口、组织、中心地等相互作用与联系的可能性方面的重要作用，着重分析交通运输网络收敛作用下的网络城市、走廊城市、边缘城市等城市新形态形成与发展[356,145,420]。

④ 通达性的经济、社会和生态环境影响效应[416,421]，重点揭示通达性变化对城市-区域经济发展、社会文化交流、生态环境的影响效应[414,422]。林奈克和斯宾塞（Linneker & Spence,1996）揭示了伦敦的环形公路通达性变化对区域经济发展具有的积极作用[423]，Sasaki K.(1997)研究了日本新干线对经济活动扩散和人口移动的影响[424]。

⑤ 通达性的影响因素，着力揭示城市-区域通达性的影响机制，包括城市政策、经济结构、土地利用、交通系统变革、个体需求差异等，涉及宏观和微观、经济、社会和技术、政府和个人等各个层面，以土地利用、交通系统、时间和个体差异等四个因素影响研究居多[425-427]。

（3）研究方法。主要思路是运用图论，将交通网络抽象成几何网络或拓扑网络，从空间阻隔、空间作用、机会累积、心理认知、拓扑连接五个方面构建通达性模型[364,391,428-430]，并且出现方法的集成和融合，部分学者运用GIS技术[431-432]、空间句法思想[433]分析交通网络的拓扑连接性特征[431,434-436]。

（4）研究对象。此时，随着经济全球化和城市-区域一体化发展，通达性研究对象已经由20世纪70~80年代的城市内部[437]，开始拓展到城市体系[438-439,429]、全球城市走廊[440-441]和乡村地域[442-444]。Gutierrez Javier对欧洲铁路网的通达性变化进行定量评价，揭示了各节点间铁路旅行时间和运输距离的变化所引起的相对距离改变，进而导致城市体系通达性变化的规律[416]。F.Bruinsma在归纳总结通达性定量方法的基础上，分析了欧洲城市体系的通达性[413]。

2.4.2.2 国内交通网络空间通达性研究现状

国内相关研究侧重构建拓扑网络模型，以城市-区域交通网络的空间通达性定量分析为主，主要从两个方面展开：

（1）一是采用多指标体系，系统对交通网络发育和结构进行定量评价。以杨涛(1995)的可动性、易达性、通达性"三大性质"指标体系[445]、程连生(1998)的连接率、环路指数、伸展指数等"七大功能"指标体系[446]和金凤君等(2008)的以"质"、"量"、"势"为三维度的交通优势度指标体系[447]较具体表性。

（2）二是从时间、距离、拓扑连接三个方面，构建节点通达性模型，对区域（如中国[448-449]、江苏省[450]、陕西省[451]等）、城市内部（如江苏省扬中市[452]）及城市体系（如穗深港城市走廊[453-454]、长三角城市群[455]、武汉都市圈[456-457]、京津冀都市圈[458]等）等展开实证分析，主要论及城市区位、城际联系、交通设施（铁路[459]、公路[460]、机场[461]、港口[462-463]、快速交通[464]）[465]、服务设施（公园[466-467]、景点景观[468-470]、医疗卫生[471-472]、[473-474]、小学、商业区[475])、通信网络[476]等通达性的空间结构、演化规律[477-480],以及交通技术变革(如快速交通建设)、社会经济与通达性的相互影响及内在机制研究[481-486]。

2.4.3 空间句法研究

2.4.3.1 国外空间句法研究进展

2.4.3.1.1 探索总结阶段(20世纪70~80年代)

20世纪70年代末至80年代初,以英国学者比尔·希利尔(B. Hillier)为代表的部分学者运用拓扑学和图论方法,建立交通-城市空间形态研究范式,首次提出了空间句法(Space Syntax)理论[487-488]。这是一种建立在"图底关系"、"联系理论"和"社区分析"综合基础上的城市空间形态分析方法,是希利尔曾经进行"环境范型"和"逻辑空间"研究的延续[489]。空间句法是在城市和建筑两个层次上,用客观、精确的描述方法,把社会可变因素和建筑实体严格地联系起来,并借助计算机进行模拟,以此作为形态分析、城市设计的工具。希利尔引入了3个变量作为指标体系:一是从特定空间观察的一维视线长度,称为"轴线";二是城市空间中具有宽度的二维空间,称为"凸空间";三是三维的"深度格局"[490]。这一时期的研究多从交通空间视角描述城市内部空间形态和区位选择特征,部分学者对不同城市空间格局和形态结构进行了对比分析,多以理论模型实证研究为主。

2.4.3.1.2 深化创新阶段(20世纪90年代以来)

进入20世纪90年代,空间句法研究成为城市地理学研究的前沿与热点[491],研究内容不断深化,广泛应用于伦敦[492]、亚特兰大[493]、海牙[494]、曼彻斯特、威尼斯、东京等城市的交通网络形态特征的实证研究中,研究内容主要集中于城市交通规划设计[435]、城市犯罪[495-496]、城市文化及社会等级[497]、城市土地利用与地价[498-499]、城市系统行人流量[500]、交通污染分布、街道路灯布局等众多的领域[501]。随着GIS、图灵机等技术广泛引入[436,502],研究方法不断创新,对城市交通网络表征方法研究模型逐渐完善:轴线图法(axial map)、特征点法(characteristic map)[503]、基于名字的街道法(named street)[504]。另外,城市街道网络拓扑建模时相关指标的选取和收集数据方法的改进也得到了学术界的普遍重视[505]。由此可见,此时的交通-城市空间句法研究内容日益丰富,研究方法不断革新,研究结论不断深化。

2.4.3.2 国内空间句法研究现状

空间句法在国内的研究起步较晚。最初主要应用于建筑科学领域,21世以后才被逐渐引入城市交通网络形态研究中来。

(1)研究内容上,运用空间句法理论,对交通网络拓扑关系开展实证分析,以城市内部道路拓扑结构[506-507]、通达性[508]、建筑形态[509-510]及城市空间形态分析[511-512]为主。如刘宾等通过对青岛市老城区有序而有特色的空间形态进行梳理,总结出青岛市老城区的空间类型构成[513]。

(2)研究尺度上,以城市内部空间为主,如武汉[514]、南京[515]、济南[516]、芜湖、北京[517]、扬州[518]、苏州[519]、伯明翰等城市,少数学者开始关注乡村道路空间[520-521],个别学者将空间句法拓展至城市群体空间[522],初步对城市—区域道路网络通达性进行了创新研究。

(3) 研究方法上,部分学者结合 GIS 技术,对空间句法变量进行创新性改造[523-524]。陈明星引入空间句法理论,提出通达能力 CC_i 与集成程度 CA_i 两个新的变量,以安徽省芜湖市为例,将空间句法模型用于城市交通网络的定量化实证研究[525]。唐宇等在深入分析空间句法理论的基础上对其数据组织、存储和访问等进行了重点研究,突破了空间句法中原有的基于文件进行数据组织管理的局限[526]。

(4) 整体上,交通网络空间句法分析,多借鉴英国空间句法研究所的相关理论成果,对我国的城市交通开展实践和实证研究,集中于空间句法理论和方法的多侧面解读和讨论[527],研究内容与国外相比较窄,集中于交通通达性和城市空间形态领域。

无论通达性模型,还是空间句法变量,均是一种拓扑网络模型,即将现实中的城市交通和城镇体系抽象为点和线的几何关系。这种单纯的几何网络透视多忽略交通系统的等级层次性、区域分异性和行为选择差异性,加权网络模型、自主体选择模型少见,无法有效揭示交通网络的等级层次、自组织、自适应的复杂性规律的研究,以致陷入线性思维泥潭。

2.5 交通网络空间复杂性研究

20 世纪 90 年代以来,分形、混沌、协同、元胞自动机、自组织、复杂网络、复杂适应系统等复杂科学理论与方法不断应用于交通网络空间理论和实践研究,形成复杂交通网络空间研究学派,研究内容以分形交通网络、混沌交通、协同交通、复杂交通网络研究为主,研究方法以图论(graph theory)、数学规划(mathematical programming)、地理信息系统(geographic information system)、复杂网络(complex networks)、模拟仿真(simulation)、基于智能体的模型(agent-based modeling)六大复杂拓扑分析方法为主[528]。

2.5.1 国外交通网络空间复杂性研究现状

交通网络空间系统是一由道路系统、流量系统和管理系统组成的一复杂开放系统[529],表现出形态-相关-过程和响应-受控的渐进式复杂性规律,受到交通系统管理学(侧重交通流系统和复杂交通网络)、城市地理和交通地理学(侧重分形交通网络,揭示交通网络关联和织构分形性)等学科的高度关注。

2.5.1.1 交通流复杂性

交通流系统复杂性刻画倍受系统工程与管理、交通系统规划与管理学科领域的学者青睐。一方面运用混沌[530]、分形[531]、自组织[532]、模糊理论[533],多运用非线性模型[534]、多维交通流模型[535]、重力模型、关联模型[536],定量判剧交通流系统的混沌[537]和自组织形象[538]。如 Nagel(1995)通过研究交通堵塞的涌现行为,提出交通堵塞的流出量会自组织地形成一个最大流量的临界状态,任何在下游的微小扰动都会造成新的交通堵塞,且其概率服从指数分布[539]。另一方面,结合元胞自动机[540-541]、时间序列、模糊评判[533]、遗传算法等系统仿真计算开展交通流系统的混沌预测和控制[542,537]、分形模拟[543]、自组织相变[544-545]、模糊预测[546]。Biham 等(1992 年)运用元胞自动机建立二维点阵模拟城市交通,揭示出随着交通流密度上升,系统会发生相变:在相变点下,系统终态是车流自组织畅通模式,而在相变点之上是自组织阻塞模式[545]。

2.5.1.2 分形交通网络

分形理论诞生于 20 世纪 70 年代中期[172],80 年代开始,分形理论迅速应用于城市领域,形成以城市个体为对象,以研究城市的边界(轮廓)[547]、形态(土地利用形态、城市边界形态)[174]、等级结构(位序规模、Pareto 分布、中心地体系)[117]、空间结构、空间生长(扩展)[176]和时间演化机制[548]等复杂性机制为内容的分形城市学派[177]。

20 世纪 90 年代,分形和分维在测度表征城市交通网络特征、解释城市交通网络发展演化等方面较具理想[549],城市内部交通网形态的分形测度迅速成为分形城市研究的重心[550],部分学者先后对法国 Lyon[551]、德国 Stuttgart 郊区[552]、法国 Paris 郊区[553]、韩国 Seoul[554]的城市道路交通网络进行分形实证分析,普遍揭示城市道路网是一种具有自相似的等级结构,具有分形性质:1987 年,蒂波特(S. Thibault)和马坎(A. Marchand)在研究城市空间形态时采用分形方法对法国里昂市的公共交通路网、郊区铁路网以及给排水管网设施进行了系统的测算,揭示了道路等级数量 $N(L)$ 与各等级的长度 L 之间的双曲线函数关系[551];不久,富兰克豪泽(P. Frankhouser,1990)通过研究德国斯图加特市郊的铁路网络,揭示了铁路网络长度 $L(r)$ 与回转半径 r 之间具有幂指数关系的关系[552];同时,L. Benguigui 和 M. Daoud(1991)研究了巴黎郊区的铁路系统,发现铁路网络显示枝状分形结构特征[553]。先后构造了适应于交通网络的三种分维:等级维数、长度维数、分枝维数,提炼了分形交通网络计算的两种模型:受限扩散凝聚模型(Diffusion-limited Aggregation,DLA)[555]和电介质击穿模型(Di-electric Breakdown Model,DBM)[182]。

2.5.1.3 复杂交通网络

早在 20 世纪 60 年代,就有学者对现实联系网络的复杂性进行了模型和实验探讨,以 ER 随机图模型和"六度分离"实验最具影响力。1960 年,匈牙利数学家 Erodös 和 Rényi 应用随机图论,构造了 ER 随机图模型,开创随机网络复杂性研究先河[556]。1967 年,美国社会心理学家 S. Milgram 基于信件传递实验发现:信件到达最终收信人之前平均要经过 6 个人之手,从而揭示出社会关系网的"六度分离"规律。

此后,科学研究不断发现许多网络均具有复杂性,但鲜见论及交通网络的复杂性。20 世纪末,交通运输系统的网络复杂性引起关注。1997 年,Helbin & Keltsch 提出了交通运输网络的非线性问题[557],随后 Bossomaier & Green(1998)探讨了交通网络的自组织和"货郎担(TSP)问题"的复杂性[558],但此时的交通网络复杂性研究并未受到广泛重视。

1998 年,Barabási 和 Albert 合作研究万维网时,力图发现一个随机网络,统计结果推翻了预测,网页连接图景揭示出令人惊异的事实:万维网基本上是由少数高连接性的页面串连起来的,80%以上页面连接数不到 4。即网页连接分布遵循所谓的"幂次定律":任何节点与其他 k 个节点连接的概率与 1/k 成正比,表现出一个无标度网络系统(scale-free networks)[69]。1999 年,Watts 和 Strogatz 在研究人类社会关系网时,建构了小世界网络模型,发现:网络节点数和边数巨大,但任意两点最短路径却比较小,即存在"小世界性"(small worlds)[68]。这两篇开创性论文的相继发表立即在学术界掀起一股广泛而深远的交通复杂网络研究热潮[559-560],Barabási(2002)将其称之为"网络的新科学"[561]:

(1)研究内容集中于三个方面:

一部分学者尝试构建交通网络复杂性问题研究的方向和体系[562-563],定性归纳交通网络的复杂性特征:网络行为的统计性、结构的复杂性、时空演化的动态性、连接的多样性和稀疏性以及动力过程的协同性等。

一部分学者着重研究城市交通网络的拓扑结构,主要针对城市内部街道网络、公交网络的无标度性[564]、小世界性[565,216]、可靠性[566-567]、中心性[568]、稳定性(抗击性和脆弱性)[569-571]等展开大量实证分析。值得关注的是,P. Crucitti 等(2006)建立 4 个集中性指标(紧密度指标、介数指标、直线度指标、信息集中性指标),分别针对自组织城市和规划型城市道路网进行对比分析,结果显示,自组织的城市路网展现了几乎和非空间网络一致的无标度特性[572]。令人遗憾的是,现有城市交通复杂拓扑结构的统计分析多以城市内部交通网络为主,城际交通网络复杂性研究少见。

另一部分学者则运用复杂网络理论,构建网络演化模型[573],侧重研究交通网络的动力学过程[574],模拟并揭示交通网络的自组织演化及其动力机制[575]。V. Kalapala 等(2007)在研究美国、丹麦和英国 3 个国家的路网时,建立了网络度分布指数与分形维数之间的关系演化模型,通过分形维数的时间演化特征,推导出网络度分布指数随时间变化的趋势、原因及其路网生长过程[576]。

研究对象涉及地铁[216]、街道[577]、公共交通[578]、道路[215]、高速公路[579]和航空网络[580-581],研究尺度包括:局域网[Local Network,包括省级区域、都市圈(群)、城市内部][582]和广域网(Globe Network,包括全球范围、经济一体化区域和全国范围)[583-584],普遍揭示出交通网络是一介于规则网络和随机网络间的复杂网络,在拓扑结构和统计上具有小世界性、无标度性、自组织性、非线性作用等复杂性特征,涉及空间结构的复杂性研究少见[585]。

研究方法多样,表现出计算的复杂性,一方面网络拓扑构造过程呈现"混沌"——二部图、设施网络、换乘网络等网络构建方法纷呈,以 L 空间(space L)、P 空间(space P)和 C 空间(space C)三种网络建构模型为主[586-587];一方面网络拓扑统计模型不断革新,集中于小世界网络[588]、无标度网络[589]、复杂加权网络[580]等网络理论模型,如 Zhang(2009)引入社会学的自我网络分析方法,研究了基于加权自我网络分析的城市道路网等级构建方法[590];另一方面,不断融合复杂系统理论方法进行模型创新,如运用混沌、自组织等非线性动力学方法[591],复杂网络与人工智能、控制论、混沌论等日益融合,成为复杂系统研究的重要工具[592]。

但融合图论、分形、CA、人工智能等后现代数学方法,引入空间变量,构建更具地理意义的复杂网络模型研究仍处于起步阶段,以地理网络的制图综合、最短路线设计、路径选择行为研究居多,如 Li & Dong(2010)设计了道路网示意性地图的渐进性算法[593]。

研究视角表现为将交通网络抽象为拓扑网络[594-595]和复杂加权网络[580,596-597]两种类型,往往运用原始法(primal approach,即将道路交叉口视为节点、将道路视为边)[598,560]和对偶法(dual approach,即将道路映射为网络中的节点、将道路间的交叉口映射为节点间的连边)[560]两种方式为主。如 P. Sen 等(2003)运用对偶法,以印第安铁路网络(IRN)P 空间为例,网络节点是公交线路而不是站点,研究发现 IRN 的度分布服从指数分布[599],之后 Jiang & Claramunt(2004)运用对偶法,建构了城市街道网络的 P 空间模型,即指定街道交叉路口为边、街道为节点,通过计算网络连通性、平均路径长度和簇系数等指标,验证了城市街道网络的小世界特性,但并不具备无尺度特性[595]。Li 等(2003)和 Guimera 等(2005)分别针对中国[581]和世界[600]航空网络 L 空间,运用原始法抽象成网,拓扑统计性质计算发现它们的度分布都服从幂率分布或截距幂率分布,平均最短距离与网络节点数均成正比,簇系数则明显高于同等完全随机网络,具有小世界特性[601]。

然而,集成复杂系统科学理论/方法,结合 GIS 技术和地计算方法[602-605],从地理学角度出发,系统综合分析交通网络系统的层次-组分多样性、关联作用非线性、结构自相似性、无标度性、机制自组织性、演化混沌性、功能开放性的空间复杂性规律研究薄弱[606]。

2.5.2 国内交通网络空间复杂性研究现状

2.5.2.1 论著文献研究现状

20 世纪 90 年代以后,随着我国城市化进程加快,呈现城市群体化和都市圈化特征,城市-区域交通网络结构日益复杂,城市交通问题日益突出,复杂性科学不断引入城市交通领域,主要集中于分形交通网络、复杂交通网络、复杂交通系统三个方面。

2.5.2.1.1 分形交通网络

(1) 研究内容上,主要借鉴国外分形理论,对主要城市(上海[607]、武汉[249]、南京[608]、大连[609]等)、区域(中国[610]、广东[611]、河南[612]、辽宁[613]等)的公路网络、铁路网络和航空网络等开展实证研究,揭示中国城市及区域交通网络空间形态的自相似性、无标度性和动态性特征[24],部分学者论及交通流的时序分形特征[614-616]。

(2) 研究尺度上,以城市内部和行政区域为主,涉及城市群体空间研究不多见[250]。

(3) 研究方法上,主要是构造拓扑网络模型,运用粗细化分割和逐步分形递归[617],多借鉴国外成熟分维模型:容量维数、覆盖维数、阻抗维数等[618]。部分学者创造性构造了的分枝维数[619]、相似维数[620]等分形模型,认为长度-半径维数、分枝数目-半径维数和空间关联维数是较好反映城市交通网络分形特征的三种基本分维[374];部分学者认识到道路的等级差异性,构建加权长度-半径分维模型[621]。

总体上,分形交通网络研究成果丰富,但以实证研究为主,缺乏考虑交通网络等级的空间变量影响,在理论和方法的创新上仍显薄弱。

2.5.2.1.2 复杂交通网络

作为一门刚刚兴起的交叉学科,复杂网络(小世界网络、无标度网络)也备受国内学者关注,激起了物理学、社会学、经济学、计算机通信、地理学等多领域学者的研究兴趣。研究成果如同"雨后春笋",主要集中于系统工程、交通管理、管理科学与工程等学科,采用复杂网络模型,对中国交通网络的拓扑结构统计性质[19-20](小世界性、无标度性、稳定性和脆弱性、集中性和社团性等)、动力过程及演化机制[21-22]、优化路径[622]进行理论和实证研究,涉及空间复杂性研究的成果不多见[25],研究对象涉及铁路[623]、公路[624]、航空[625]、街道[626]等交通网络,集中于城市内部(如北京[627]、上海[628]、广州[629]、无锡[630])和区域(全国[631]),涉及乡村[632]和城市体系研究几乎空白。

2.5.2.1.3 复杂交通系统

主要为交通系统与工程、交通管理与规划等领域学者高度关注,研究主要从三个方面展开:

一是定性描述,运用复杂科学理论,定性刻画交通系统的复杂性:组分多样性、作用非线性和开放性、结构层次性、演化自组织性和动态性等。卢守峰和杨兆升等(2006)侧重于从复杂适应系统角度,将城市交通系统的复杂性归结为:① 城市路网中的车辆数、路段、交叉口、交通工程设施等数量众多,且各组分之间的联系紧密,构成了一个网络;② 交通系统的组分(人-车交通流)具有智能性,能够对周围环境做出反应,具有自组织、自适应、自驱动能力;③ 路网中运动的车辆之间存在非线性相互作用,同时交通系统具有层次性和整体性;④ 城市交通系统处于非平衡状态,具有动态性、随机性,处于不断地发展变化之中;⑤ 积累效应、奇怪吸引性和开放性进一步加深了交通系统的复杂程度[633]。李士勇、田新华(2006)则认为交通系统的复杂性表现为五大方面:① 系统性,人、车、路和环境四大要素相互联系、相互制约和相互依赖;② 开放性,系统与外部环境存在着物质、能量和信息的交替;③ 突变性,交通高峰时,控制参数的微小变化可能导致交通堵塞的突变;④ 非线性,人、车、路之间相互关系不成比例;⑤ 动态性,人、车的动态变化导致整个系统处于动态变化中[38]。

二是定量测度,着重运用混沌[634]、自组织[635-636]、复杂适应系统[637]、元胞自动机[638]、分形等复杂科学理论,定量揭示交通系统的混沌、自组织机制,集中于交通流的混沌、自组织判据和动态模拟预测[639-641]。研究模型涉及功率谱[642]、相空间重构[643]、Lyapunov 指数[644]、关联维数[645]、替代数据法[646]等方法。

三是控制优化,运用自组织理论,定性和定量相结合,提出系列交通系统自组织控制模型[647]和优化战略[23,648]。

与国外一样,国内交通复杂性研究的洪流也集中于交通物理、交通管理和交通工程等领域,如果说交通"管理"领域的复杂性研究"门庭若市",那么可以说交通"地理"领域的空间复杂性研究却有些"门可罗雀"。

2.5.2.2 项目立项研究现状

查阅1999~2009年国家自然科学基金相关研究项目资助情况,立项明显形成两大学科阵地:一是以城市地理学、经济地理学为代表的城市-区域系统阵营,侧重运用分形和自组织理论揭示城市-区域系统空间结构及其演化复杂性,部分涉及交通网络空间复杂性,代表人物为刘继生(项目编号:49771035、40371039)、陈彦光(项目编号:40071035、40771061 和

41171129)、周一星(项目编号：40335051)和杨开忠(项目编号：49971027)；二是以交通科学与系统工程等学科背景为支持的城市内部交通系统阵营，近三年开始关注复杂网络理论，主要有70601026、60774034、40801058、60804041等项目，集中方法创新层面，侧重交通网络的动态演化模拟和控制，空间复杂性机理透析几乎空白，交通网络复杂性理论研究薄弱。真正涉足交通网络地理复杂性研究的，仅见项目40671164和41101361(运用GIS技术，侧重于交通网络结构测度和演化模拟)，仍然似有方法创新研究之嫌。

由此可见，路网系统的空间复杂性项目研究不断深入，研究尺度主要集中于城市内部、城市体系和区域系统三个方面，乡村空间系统未受重视；同时，研究方法以分形、复杂网络和自组织理论方法为主，综合融会分形、空间句法、复杂网络、动力系统、自组织演化、仿生科学等复杂系统科学理论/方法，系统分析城乡地域道路网的层次-组分多样性、关联作用非线性、形态自相似性、结构无标度性、机制自组织性、演化混沌性、功能开放性的空间复杂性机理研究薄弱，理论认识还只停留在浅层次阶段。

2.5.3 简评

普遍认为，城市道路交通网络是一个开放的复杂巨系统，是典型的复杂网络，综合利用复杂网络理论、动力系统理论及现代控制理论等多学科的方法和理论，在探索城市交通网络的时空复杂性及其演化机理具有重大的科学理论意义与实际应用价值。

可见，无论从城市交通系统本身的复杂性出发，还是从系统科学、动力学与地理学"水乳交融"的天生本能来看，地理学理应在复杂网络科学中建立自己的主页。

然而事实上，相较其他学科，地理学尤其是城市地理学，对复杂交通网络的空间结构研究仍显滞后，只有少数城市地理学者和理论地理学者在"坚守阵地"，大部分成果缺乏原创性的理论和方法突破，表现为"追随型"学科。

2.6 国内外研究评价

可以看出，城乡路网系统空间复杂性研究成为热点和前沿，但某些方面仍显不足。

2.6.1 城市-区域系统领域

以复杂科学研究为主导，城市地理学研究为辅。国际上城市-区域系统空间复杂性理论主要由复杂科学理论创始人及其跟随者，或独立或联合一些城市地理学家创立，呈现理论与实证、定性与定量相结合的研究范式；国内地理学涉足空间复杂性研究则是在一些系统科学家(钱学森等)倡导下逐步开展的，以实证研究居多，理论研究薄弱，表现为"追随型"学科。

2.6.2 交通网络系统领域

系统管理学研究居多，人文地理学研究不够全面。城市地理学、交通运输地理学多集中于交通网络空间分形/通达性领域，研究不如管理科学与工程、系统工程与管理、交通系统规划与管理等管理学科研究广泛和深入，尤其在流量系统和复杂网络复杂性分析，地理学鲜有涉及,交通网络系统的空间复杂性研究不够全面系统。

2.6.3 城乡网络关系领域

停留在呼吁阶段,地理学还未入局。城乡关系表现为复杂的关联网络系统,具有关联的耦合性结构。当前地理学已经开始重视和认识城乡关系的复杂性,但还未全面系统架构城乡关联网络系统复杂性研究体系,仍然停留在呼吁阶段,关联网络结构及演化的复杂性理论与实证研究薄弱。

2.6.4 研究尺度

以城市-区域系统为主,乡村空间系统研究甚少。绝大部分学科将复杂性研究视角投向城市个体、城镇体系、区域系统三个方面,或许城市发展观和农村发展观激进思想在发达国家依然存在,或许城市增长偏向成为发展中国家的重心,乡村地域处于从属地位,城乡地域系统的空间复杂性研究几乎空白。

2.6.5 研究方法

(1) 单一方法研究居多,综合性方法集成研究少见。多借鉴分形、空间句法、复杂网络等某一理论方法开展实证研究,集成复杂系统科学多个理论/方法,结合 GIS 和地计算,从组分、功能、结构、组织、演化等方面建模,定量系统综合分析薄弱。

(2) 模型多忽视空间-行为变量,缺乏地理学意义。交通网络复杂性定量刻画多是将其抽象成拓扑/几何网络,网络透视往往忽略交通系统的等级层次性、区域分异性和行为差异性,复杂性规律研究陷入"线性思维泥潭",考虑道路和节点等级的加权网络模型、综合主体选择行为的多自主体演化模型很少见,运输地理学热衷的道路网通达性分析严格意义上不是复杂性命题。

第3章 城乡路网系统空间复杂性的系统学认识

3.1 城乡路网系统

3.1.1 城乡路网系统内涵

3.1.1.1 基本内涵

城乡路网系统是一个高度综合而复杂的概念。从内涵范畴上来看,包含三个关键词:城乡(地域)、路网(道路网络)和系统(城乡关联),它们确立了城乡道路交通的空间、供给和需求三个维度。

从空间划分来看,城乡路网系统是指城市-区域范围内,统筹城市-乡村地域的路网交通系统,综合反映了城市之间、乡村之间、城市与乡村之间的人、物以及附着其上的资金、信息技术和能量流动(即空间流)。

从交通供给来看,城乡路网系统是指为城乡空间流提供支撑的道路网络运输系统,包括道路物理网络、配套运输设施和交通管理,以协同完成城乡地域的人、财、物及信息、能量流动为载体,即狭义上的城乡路网系统。其中道路网络是由不同功能、等级和区位的道路,以一定的密度和适当的形式组织的网络结构,配套运输设施包括停车场、交通枢纽、交通指示和调度设施等,交通管理则是调节道路网络运营,以实现道路网络有序进行的管理措施。

从交通需求来看,城乡路网系统是指通过道路网络运输实现的城乡耦合作用和相互联系的关联系统。城乡耦合作用和相互交互在地域空间上表现为一系列的社会经济要素空间流,如人流、物流、资金流、信息流、技术流和能量流等,流的强度、速率、方向和效果取决于城乡系统空间要素的差异性-互补性(即存在梯度供需差)和机会性-阻抗性(即人为和自然的阻力);在经济学上,系列空间流往往通过乘数效应(multiplier effect)和再循环效应(recycling effect),导致城乡路网系统规模和效能上产生"涌现"和"涨落"。

从系统论的观点分析,供与需本身就是一对不可分割的矛盾统一体,是系统的两个重要组成部分,不可孤立对待(事实上,城乡经济社会要素流动网络和道路运输实体网络相互依赖、互为条件),显然狭义上的城乡路网系统割裂了供需的统一,往往易导致交通网络结构失衡。

因此,基于供需匹配和系统完善性,广义的城乡路网系统是指城市-区域范围内,由不同功能、等级和区位的道路,以一定的密度和适当的形式组织而成的,为城乡关联作用的空间流提供支撑的道路网络系统,表现为人-车-路耦合的人工复杂巨系统。从内涵范畴方面,城乡路网系统内涵可解读为三大方面:一是供给层面,即路网的质量和能力,表现为路网的形态结构及其引致的区域经济社会发展的支撑和伺服能力差异(称为城乡路网供给子系统);二是需求层面,即路网的发育和演化,表现区域社会经济要素对路网发育的影响(称为城乡路网需求子系统);三是空间层面,即路网的空间流,反映了城乡路网的空间结构形态及空间伺服能力和效率(称为城乡路网空间子系统)。

3.1.1.2 相关概念内涵

3.1.1.1.1 道路

道路,从词义上讲,就是供各种无轨车辆和行人通行的基础设施,按其使用特点分为城市道路、公路(连接城市、乡村聚落和其他工矿、林区基地的道路)、乡村道路及其他道路(如厂矿道路、林区道路)等[649]。

从法律上讲,《中华人民共和国道路交通管理条例》规定:"道路,是指公路、城市街道和胡同(里巷),以及公共广场、公共停车场等供车辆、行人通行的地方",包括公路、城市道路和公众通行场所三部分。显然,法规上的道路不包括乡村道路。

3.1.1.1.2 公路

(1) 内涵

公路是指连接城镇、乡村和工矿基地,主要供汽车行驶的道路。法律意义上的公路,是指在中华人民共和国境内,按照国家规定的《公路技术标准》修建,并经公路主管部门验收认定的城间、城乡间、乡间可供汽车行驶的公共道路。不难看出道路内涵比公路宽泛,二者区别在于公路一般较窄、交叉路口较少、路两旁房屋建筑较少,主要行驶机动车亮,不设人行道,地下管线较少,利用路边沟排水[650]。

(2) 分类

一是行政分类。按照国家的行政系统划分、服务范围、在整个公路网中所处的地位及其在政治、经济上所起的作用进行分类。例如:日本分为高速汽车国道、一般国道、都道、府县道和市町村道五类;美国分为州际公路、州公路和地方公路三类。中国的公路分为:

① 全国性公路(国道):从首都通往各省、市、自治区的政治、经济中心的干线公路,纵贯南北和横贯东西的省际或自治区之间的干线公路以及通往各大型港口、铁路枢纽、重要工矿基地和边(海)防据点的干线公路;

② 区域性公路(省道):省或自治区以内重要城市之间的联络路线以及某些大城市与其卫星城或工业区、风景区、港口、机场等的联络路线;

③ 地方性公路(县、乡道):县际、县与乡、镇之间的联络线以及农村道路。

④ 专用性公路(机场公路)。

二是技术分类。按照公路所适应的年平均昼夜交通量及其使用任务和性质,将公路分为若干技术等级。根据中国交通部于1981年颁发的《公路工程技术标准》,公路相应分为两大类:汽车专用公路和一般公路;五个技术等级:高速公路、一级公路、二级公路、三级公路、四级公路(表3.1):

表 3.1　各级公路的主要技术指标

技术指标 \ 等级 地形	高速公路 平原微丘	高速公路 山岭重丘	一级公路 平原微丘	一级公路 山岭重丘	二级公路 平原微丘	二级公路 山岭重丘	三级公路 平原微丘	三级公路 山岭重丘	四级公路 平原微丘	四级公路 山岭重丘
设计行车速度（km/h）	120	80	100	60	80	40	60	30	40	20
行车道宽度(m)	2×7.5	2×7.0	2×7.5	2×7.0	9	7	7	6	3.5	3.5
路基宽度(m)	26	23	23	19	12	8.5	8.5	7.5	6.5	6.5
平均曲线极限最小半径(m)	650	250	400	125	250	60	125	30	60	15
停车视距(m)	210	110	160	75	110	40	75	30	40	20
最大纵坡度（%）	3	5	4	6	5	7	6	8	6	9
路面等级	高级	高级	高级	高级	高级或次高级	高级或次高级	次高级或中级	次高级或中级	中级或低级	中级或低级
桥涵设计车辆载荷	汽车-超20级，挂车-120	汽车-超20级，挂车-120	汽车-超20级，挂车-120或汽车-20级，挂车-100	汽车-超20级，挂车-120或汽车-20级，挂车-100	汽车-20级，挂车-100	汽车-20级，挂车-100	汽车-20级，挂车-100或汽车-15级，挂车-80	汽车-20级，挂车-100或汽车-15级，挂车-80	汽车-10级，履带-50	汽车-10级，履带-50
桥面车道数	4	4	4	4	2	2	2	2	2 或 1	2 或 1

① 高速公路：能适应年平均昼夜汽车交通量 25 000 辆以上。具有特别重要的政治、经济意义，专供汽车分道高速、连续行驶，全部设置立体交叉和控制出入，并以长途运输为主的公路。

② 一级公路：能够适应年平均昼夜汽车交通量 5 000～25 000 辆，连接重要政治、经济中心，通往重要工矿区、可供汽车分道快速行驶、部分控制出入和部分设置立体交叉的公路。

③ 二级公路：能适应按各种车辆折算成中型载重汽车的年平均昼夜交通量 2 000～5 000 辆，连接政治、经济中心或大型工矿区以及运输繁重的城郊公路。

④ 三级公路：能适应按各种车辆折算成中型载重汽车的年平均昼夜交通量 2 000 辆以下，沟通县与县或县与城市的一般干线公路。

⑤ 四级公路：能适应按各种车辆折算成中型载重汽车的年平均昼夜交通量 200 辆以下，沟通县与乡、镇之间的支线公路。

三是功能分类。根据公路提供的服务特性进行分类，其中服务特性包括机动性和可达性两个方面，机动性越强，功能级别越高；可达性越强，功能级别越低。可将公路网分为干线公路(体现机动性)、集散公路(兼具机动性和可达性)和地方道路(体现可达性)，其中干线公路又可细分为主干线、次干线及一般干线，集散公路又可细分为主集散公路和次集散公路[651]。

一般而言，干线公路往往为高速公路、一、二级公路，以国道、省道为主，集散公路多为三、四级公路，以省道、县道为主，地方道路多为四级和等外级公路，以县道、乡道和农村公路为主，其中不同行政等级道路可能功能特性和技术标准不一样，各级分类体系不是严格的一一对应，主要取决于区域经济社会发展和地理环境条件差异(图 3.1)。

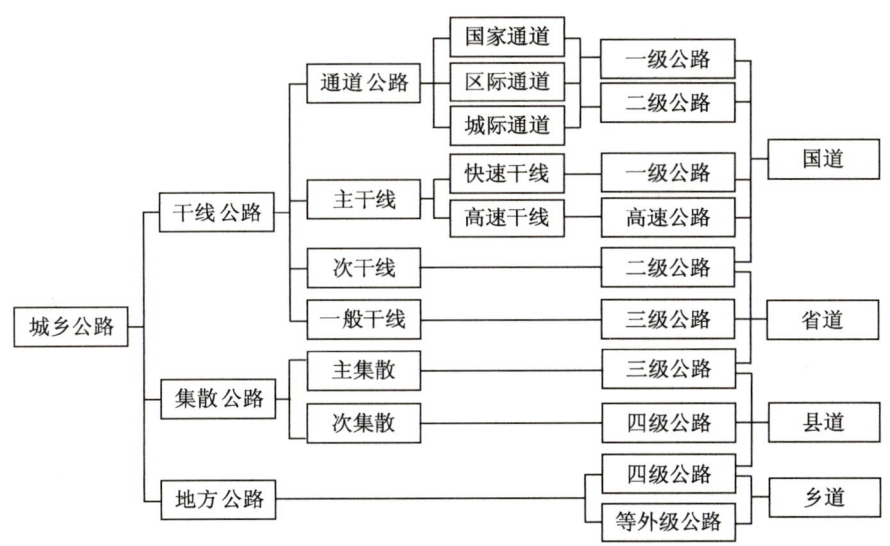

图 3.1 城乡公路分类体系对应

注：据李娟（2008）改绘[373]

3.1.1.1.3 轨道

轨道（rail transit），是指用条形的钢材铺成的供火车、电车等行驶的路线。根据定义，轨道供有轨车辆行驶，而道路则供无轨车辆和行人使用。按照需求主体、行驶速度差异，可以分为城市轨道交通（服务地方城市、<80 km/h）、常规铁路（服务全国、80～200 km/h）、高速铁路（多采用固定编组动车组牵引，也称高速动车组，服务全国、>200 km/h）三大类；其中，城市轨道交通按照运力流量和用途，可以分为城市铁路（railway）、地铁（subway，单向高峰小时客流量为 3.0 万～6.0 万人次）、轻轨（light rail transit，单向最大高峰小时客流量 1.5 万～3.0 万人次）、有轨电车、独轨交通、磁浮（high speed surface transport）等。

其中，城市铁路、有轨电车、常规铁路、高速铁路多建于地面，磁浮系统采用高架，而地铁和轻轨则可建于地下、地面或高架，两者区分主要视其单向最大高峰小时客流量。

3.1.1.1.4 路网

（1）内涵

根据现在研究成果，学术界普遍习惯将道路网络（road network）简称为路网或道路网[652-655]①。从道路生态学（road ecology）上理解，道路网络是由节点和交通廊道按照一定空间规则组合起来的空间网络。

（2）分类

按照地域范围不同，可分为城市路网（urban road networks）、乡村路网（rural road networks）、城乡公路网（urban-rural road networks）及其他道路网。按照几何形态不同，可

---

① 当前，许多人常识上将铁路轨道网络称为铁路网，并认为铁路网、公路网、水路网均属于路网的一种类型，但从英文的释义上对应，铁路网为 rail ways or rail transit network，水路网为 water ways，均不具备 road network 含义。为了保持中外一致，这里认同路网为道路网络的简称，并认为文章研究的城乡路网不包括铁路网和水路网。

分为规则路网和不规则路网(自由式路网),其中规则路网亦可按照其连通程度①划分为树形、格子形、三角形、放射形、环形、混合形(方格+对角形状、环形+放射状等)(图 3.2)。

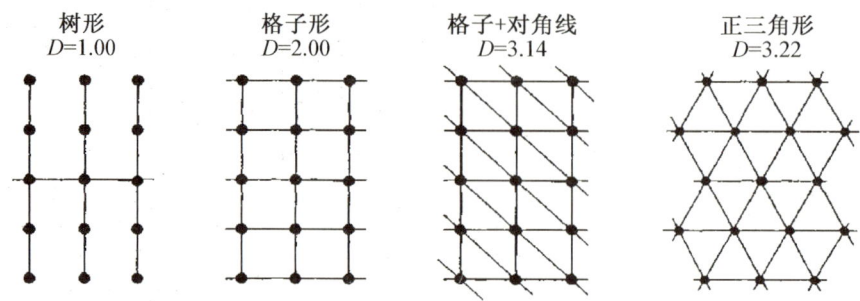

图 3.2　部分规则路网连通度示意图

(3) 城市路网

《规划术语》注释:"城市范围内由不同功能、等级、区位的道路,以一定的密度和适当的形式组织的网络结构。"根据路网格局可以分为几种模式:方格式(又称棋盘式)、放射式、环形-放射式、方格-放射式、方格-环形-放射混合式、自由式[656](图 3.3)。

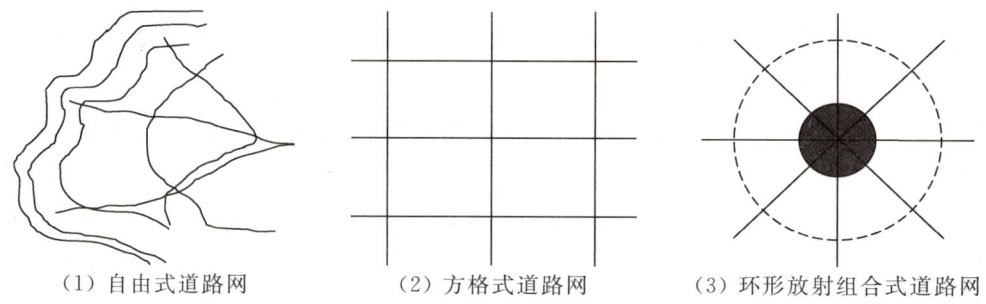

(1) 自由式道路网　　　(2) 方格式道路网　　　(3) 环形放射组合式道路网

图 3.3　城市路网主要布局形态

① 方格式:整个路网分布如同棋盘,形成大大小小的格网状,这是我国城市道路网最普遍的一种布局形式。多在地形平坦的中小城市和大城市的中心区采用。如 50 年代新兴工业城市洛阳和六朝古都西安市[图 3.4(2)]。

② 放射式:多以城市中心广场或对外交通车站等主要交通交叉口为中心,向外呈星形或扇形放射展布,主要包括星形和扇形两种形态[图 3.4(4)]。扇形式城市干道网以对外交通车站或港口前的中心广场为轴向外布置成扇形。如本溪市道路网就是以本溪站为中心呈扇形布置。星形组合式路网则是指由以一个或数个对外交通枢纽为轴,向四周呈星形状放射状干线组合而成。如长春市的干道网就是由 8 个星形广场和多条放射干道组合而成。

③ 环形-放射组合式:放射式道路网如果以环状道路或环形广场为中心,向外展布往往形成环形-放射式组合形态,其中中国的环形-放射式道路网的放射干道多起自环形干道(多

---

① 当 D_N 接近 1.00 时,路网呈树状,节点多为二路连通;D_N 为 2.00 时,路网呈方格网状,节点多为四路连通;D_N 为 3.14 时,路网布局为方格十对角线型;当 D_N 为 3.22 时,路网呈正三角形;D_N 略大于 3.0 时,路网呈三角形网状,节点多为六路连通。

在老市区外)[图3.4(1)],如成都市和天津市的道路网属此类型,前者由整个干道网由8条放射干道和2条环城路组成,后者由内环、中环和外环(三环)及14条放射干道构成。而欧洲城市的环形-放射式道路网的放射干道多起自市中心广场[图3.4(6)],与中国城市的环放交汇多垂直相交相比,欧洲城市主要以锐角和钝角相交。

④ 方格-放射组合式:往往在规模较大的城市,由方格状和扇形(星形)两种以上道路结构组合而成。如沈阳道路网由方格式的老城区、铁西区道路网与沈阳站前东侧的扇形道路网组合而成。大连市道路网由东部放射状路网(10条放射型干道交汇于中山广场)和西部方格式路网组合而成。

⑤ 方格-环形-放射混合式,实为内方格外放射,并以环线相联的布局形式。是我国众多棋盘式道路网向现代城市交通体系发展的主要途径之一。如北京以老城区棋盘式路网为核心,发育四条环状干道,并以二环路为起点,形成9条主干放射路和14条次要放射路[图3.4(3)]。

⑥ 自由式:是指城市根据地形特点,或依地势高低展筑而成的、无一定的几何形状的道路网。主要形成在山丘地带或沿海沿河的城市。如山城重庆位于嘉陵江与长江汇合处,道路主要沿等高线开辟,形成了不同高程的道路网,并以几条干道(包括隧道)将其相连。又如青岛市地形起伏,三面环绕岸线曲折的大海,道路依山傍海呈不规则的自由式网络[657][图3.4(5)]。

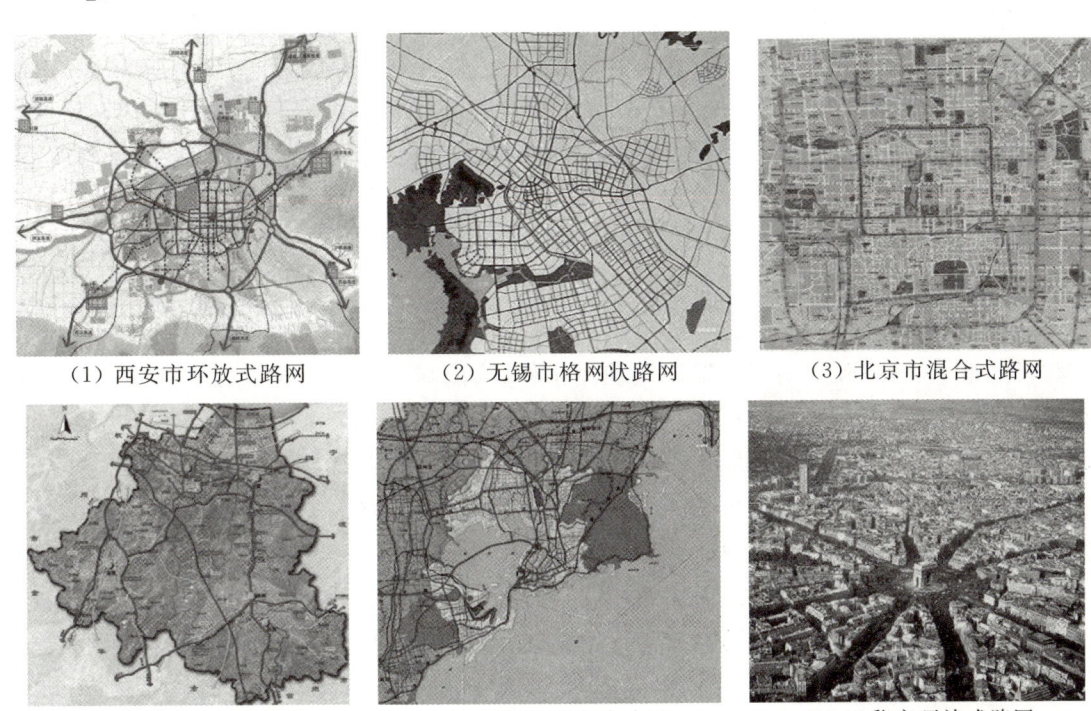

(1) 西安市环放式路网　　(2) 无锡市格网状路网　　(3) 北京市混合式路网

(4) 绍兴市放射式路网　　(5) 青岛市自由式路网　　(6) 巴黎市环放式路网

图3.4　城市路网主要形态的典型案例

(4) 乡村路网,是指建在乡村或农场,主要供行人及各种农业运输工具通行的道路网络。其布局形态主要有:树枝状、纵横状、图式网络状、环放式等(图3.5)。

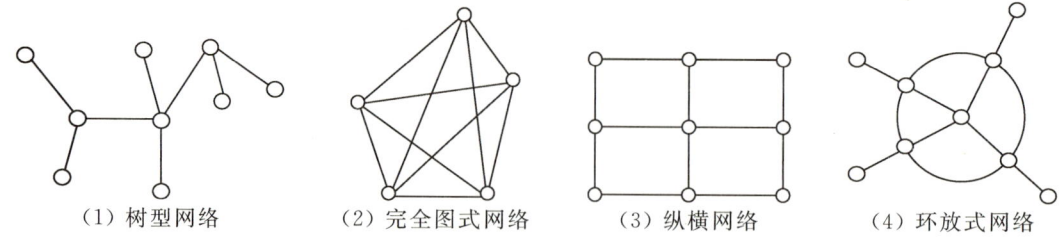

(1) 树型网络　　　(2) 完全图式网络　　　(3) 纵横网络　　　(4) 环放式网络

图 3.5　乡村路网主要布局形态

3.1.2　城乡路网系统构成

从系统发生学角度来看,城乡路网的产生和发展源于人类经济社会发展的交通需求推动,这种区域社会经济要素交流和发展的需求是城乡路网供给结构、质量和能力不断优化的根本动力;其中,交通需求强度主要取决于城乡交流和互动的作用程度,在交通需求主导下的城乡交往在地域空间上表现为基于城乡路网的空间流。因此,城乡路网系统是一复合的巨系统,是一由道路运输需求"源"(城乡关联作用,与城乡地域差异性、互补性和机会性紧密相关)、道路运输供给"宿"(包括相应的道路网基础设施、运载工具及管理配套设施)和道路运输空间"流"(城乡空间组合和关联)组成的实现人、财、物、信息及能量安全、便捷、高效移动的系统总和,相应包括城乡关联系统、道路网络系统和空间系统三个子系统(图 3.6)。

从空间构成维度角度来看,圈域城乡路网系统表现为"点"、"线"和"面"三个维度,其中"点"指城乡节点及其表现出的优势和影响程度,"线"指道路线路及其空间影响程度和内外联系程度,二者共同反映了整个城乡路网系统的形态发育及其对社会经济要素空间联系的支撑和载现;"面"指路网系统所依附的地域空间及其载现的区域社会经济发展优势程度,以及整个区域社会经济发展对路网供给的影响和作用,反映了整个城乡路网系统发展的社会经济动力机制。其中点-线系统构成了城乡路网供给子系统的组织关联格局("骨架"),而面系统则构成了整个城乡路网需求系统的功能地域空间("肌理")。

从网络主客体结构角度来看,城乡路网系统明显包括两大主体和两大客体:运输组织管理主体(组织、管理和规划)、运输网络使用主体(人的城乡经济社会交流)、运输网络设施及设备客体(线路、交叉口及车辆等)和地域空间客体(城乡地域系统)。相应,可将城乡路网系统从网络视角划分为:城乡路网需求网络、设施(供给)网络、组织网络和空间径路(空间流)网络四大类[658](图 3.7)。其中城乡路网需求网络来源于城乡路网使用主体的城乡经济社会交流需要,以引导城乡经济社会要素交流(替代性)和路网设施网络联动(互补性),对应于上述城乡关联子系统的网络组织形式,其结构形式在一定范围内呈现为完全图(complete graph)式;城乡路网设施网络是城乡路网系统完成任务和发挥功效的必要条件,是城乡关联系统运行和交互的根本支撑,由节点(城市、城镇、乡村及一般道路交叉口等)、线路(城市街道、公路、铁路、乡村道路等)等基础设施以及车辆等运输设备构成,是一由人、车、路、站(枢纽)构成的复合系统,与城乡路网组织网络一起构成了上述道路网络子系统的网络组织形式;城乡路网组织网络是根据城乡关联子系统发展的要求,对整个道路网络子系统(服务主体)、地域空间子系统(支撑载体)和城乡关联子系统(服务对象)运行进行宏观调度管理的组织形式,包括自组织、半组织和全组织三种形式;城乡路网空间径路网络是交通设备在运输设施网络中运行的空间轨迹,运输组织在运输设施网络中的空间组织,以及运输设施网络不断通过自组织和他组织而呈现的空间形态,三者的空间耦合体现。

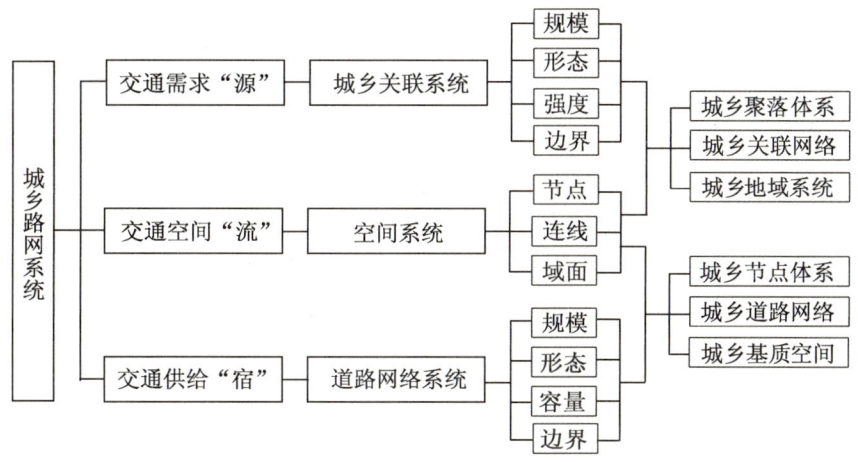

图 3.6　城乡路网系统构成

注:据姜克锦(2009)改绘[378]

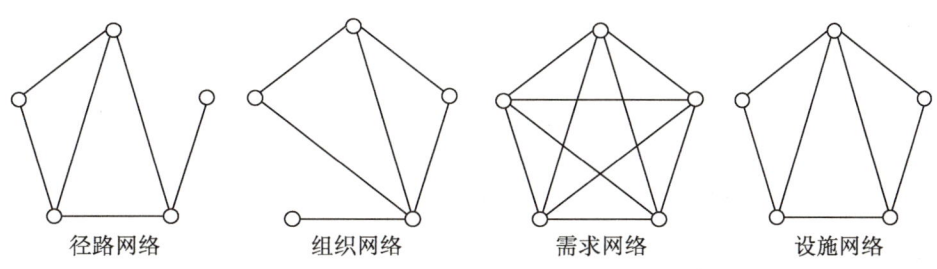

图 3.7　城乡路网系统的网络结构

注:据莫辉辉,等(2008)改绘[658]

3.1.2.1　道路网络系统

道路网络系统是城乡作用和联系的基础支撑,它为城乡关联活动提供根本的通道和介质,是城乡社会经济活动空间横向拓展的先决条件和时间纵向运行的基础部件[27],主要由有形的道路网络、运行工具(硬件)和无形的控制管理(软件)构成。

(1) 道路网络

从图论视角,城乡道路网络可以抽象为理想化的图(graph):① 节点(node),主要由城镇乡节点、道路交叉口或枢纽、车站或停车场等配套设施构成;② 连线(edge),主要由城乡公路、城市街道和乡村道路等线路构成。因此,整个道路网络概念化为一个二维空间:区位(spatial location)和联系(geographical association),分别对应图的节点和连线。

(2) 运载工具

道路网络通道功能的有效发挥必然依赖于系列运载工具,主要包括机动车和非机动车等。其中机动车是指以动力装置驱动或者牵引,上道路行驶的供人员乘用或者用于运送物品以及进行工程专项作业的轮式车辆,一般是指本身具有动力装置,可以单独在公路及城市道路行驶,并完成运载任务的车辆,主要包括汽车、电车、电瓶车、摩托车、农用运输车及拖拉机等[659];非机动车是指以人力或者畜力为驱动,上道路行驶的交通工具,以及虽有动力装置驱动但设计最高时速、空车质量、外形尺寸符合有关国家标准的残疾人机动轮椅车、电动自行车等交通工具,主要分为自行车、三轮车、电动自行车、残疾人机动轮椅车和畜力车等[660]。

(3) 管理系统

任何道路网络系统的有序运行离不开合理而高效的控制管理,主要包括三类:一是采取工程技术管理措施(如设置标线和交通标志,选用安全设施),设计信息化、智能化和自动化交通控制系统,实现科学合理的道路建设规划(如规划专用车行道、单向车行道等);二是制定、执行交通法规及政策,建立车辆监理机构,进行法制管理和政策引导;三是广泛开展教育与培训,加强车辆和行人交通的安全和规范引导[661]。

3.1.2.2 城乡关联系统

城乡关联系统尽管外在呈交织成网的类"麻纱"组织形态,但其内在运行机制却保持相当复杂的可识别性[27]:一是城乡关联实体要素的相互依存形成的空间配置体系;二是城乡关联功能要素的有序流动形成的空间关联体系;三是城乡关联地域要素的人为干预形成的空间组织体系。

(1) 空间配置体系

即城乡关联的空间实体要素,主要由城市体系及非农业区、乡镇体系及城乡混合区("灰色区",grey area or desakota)、农村体系及农业区构成的空间实体体系。其中城镇和乡村是异质同构的地域实体,是城乡关联活动的主体,与城镇和乡村相关的非农业区、混合区和农业区是城乡关联作用活动的基本空间。

(2) 空间关联体系

即城乡关联的空间流动要素,主要由城乡社会经济要素流动形成的空间关联网络。"流"实质是一种"耦合",城乡关联耦合体系常常是某种载于节点(nodes)之间的连接(links)上的流(flows),其实质是生产力要素的空间流动[27]。按照流的自然社会属性,可划分为自然关联、经济关联、人口关联、技术关联、社会关联、服务关联和管理组织关联等城乡关联类型;按照流的物质形态属性,可划分为有形联系(如货物流、人口流等)和无形联系(如资金流、信息流和技术流等)的城乡关联流;按照流的地域组织属性,可划分为城乡贸易、城乡协作和城乡投资等一系列城乡相互作用(表3.2)。

表3.2 城乡空间关联体系

城乡关联	城乡空间流	城乡相互作用
自然关联	交通运输网、生态系统网	交通、生态作用
经济关联	资本流、收入流、商品流、原材料-中间产品流、能源流	生产、销售和采购作用、交叉关联
人口关联	人口迁移、劳动力流	人口作用

(续表)

城乡关联	城乡空间流	城乡相互作用
技术关联	技术流、知识流、通讯流	技术创新扩散、知识溢出、通讯关联
社会关联	文化流、意识流、社会团体流、习俗、仪式、宗教传播	文化、价值观念和社会思潮的相互渗透；习俗、宗教、仪式互相交流；社会群体相互作用
服务传递	信用-金融服务流、教育-培训服务流、商业-技术服务流	信贷-金融作用、教育-培训交流、商业-技术服务交流
管理组织关联	政治决策链、管理及实施流程	机构-组织关联、权力-批准-监察交互

注：据吴传钧、侯锋（1990）[662]和 Potter & Unwin T.（1989）[663]改绘

（3）空间组织体系

即城乡关联的地域组织要素，表现为以城市体系及非农产业区为中心，以乡村体系及农业区为边缘的中心-腹地构造（图3.8）。这种地域组织具有内聚性（cohesion）和普遍性（universality），是城乡关联系统最基本的发展动力和组织关系，它不会随着城乡关联网络化发展而消失，却有可能最终在实现城乡功能完善和融合基础上的现代化"变形"[664]。

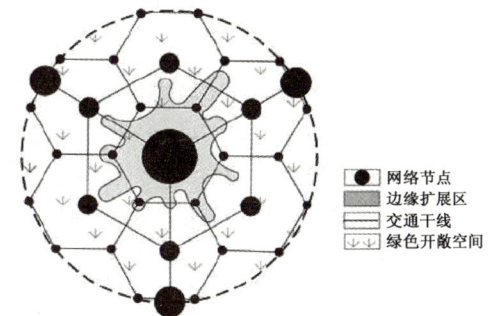

图3.8 城乡关联系统的中心-边缘空间组织模式

注：引自张萱（2008）[368]

同时，尽管这种地域组织具有"永不消逝"的恒久性，但是它会随着城乡关联性质和程度的改变而具有时间的动态性，一般可以将其中心（城市）-腹地（乡村）构造关系划分为三个阶段：① 城乡二元孤立阶段，农业社会城乡关联的主体特征，城乡关联作用微弱，地域系统相对独立，城乡之间形成稳定的"核心-边缘"二元和谐关系；② 城乡二元极化阶段，工业社会城乡关联的主体特征，城乡关联作用强烈，工业大生产导致城乡间生产要素剧烈的流动，物质、资本和劳力的消耗以及资源索取和环境破坏是社会经济增长的主要方式，城乡之间呈现"核心-边缘"的二元极化关系；③ 城乡一体化三个阶段，后工业社会城乡关联的主体特征，城市的持续发展以乡村的健康成长为基础，城乡之间实现了多种功能要素的相互组合流动，乡村的主体地位得到确认，城乡之间的"核心-边缘"构造呈现集散化和网络化（图3.9）[665]。

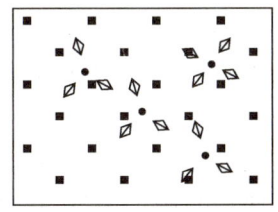 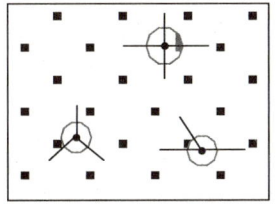 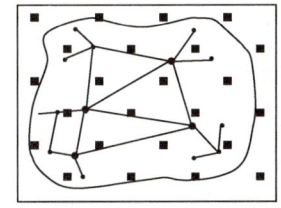

（1）城乡二元独立阶段　　（2）城乡二元极化阶段　　（3）城乡一体化阶段

图3.9 城乡关联系统的中心-边缘空间组织模式演化

注：据张京祥（2000）重绘[605]

3.1.2.3 空间系统

(1) 构成

根据空间系统运行状态,空间系统有静态和动态系统之分;根据空间系统分布组合,空间系统可划分为空间形态、密度、间距、连接和方向;根据空间系统几何要素,空间系统表现为节点(城乡节点)、连边(交通线路)和域面(城乡地域)三个方面。

从构成要素来看,空间系统表现为四个维度:构成(道路网络形态)、位置(道路网络密度)、矢量(距离和方向,道路网络衔接和间距)和时间(道路网络变化);其中构成、位置、矢量构成空间结构,隐含静态结构,时间对应时间结构,具有动态结构。

(2) 类型

从空间规模来看,城乡空间系统由小到大可划分城市内部空间、城市外部空间(城市群体空间、乡村基质空间)、城乡地域空间三类(图 3.10)。从社会经济要素来看,可划分为交通空间、生态空间、经济空间、社会文化空间等。从系统作用来看,结构是系统各组成部分之间通过物质、能量和信息传递实现的空间关联方式,满足"结构=构成+关联"等式,因此空间系统结构可归纳为空间分布组合(外在形态)+关联方式(内在机制),是空间系统诸要素按一定的组合方式结合而成的空间分布规则(空间序)及按一定的内在关联形式而产生的空间相互作用规则(功能序),是系统优化的内在要求反映[666]。张京祥(2000)也持类似观点,认为空间体系表现为物质性的空间要素和关系性的空间联系两个维度[665],陆玉麒(1998)则进一步将空间结构分解为实体空间分异组合(形态结构)、等级规模体系(层次结构)和要素流动(关联结构)三个方面,其中后两者对应前述的空间关联方式[667]。

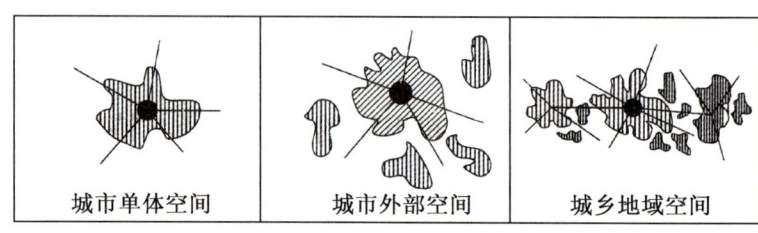

图 3.10 城乡路网系统的空间规模序

注:据谢守红(2004)重绘[668]

3.1.3 城乡路网系统结构

从哲学角度认识,任何事象现存结构凝结着关于自身历史、现状、未来的三重信息中,是其自身演化的时间、空间结构的全方位互化中建构出来的,这种建构依赖于事物内部和事物之间的普遍的相互作用(组织结构)[669]。

从结构主义视角,城乡路网系统时刻存在着纵向的城-镇-乡层次组织和横向的城-镇-乡耦联作用机制(组织),在时间轴上表现为城乡路网系统由低级向高级、无序向有序的动态涨落、循环演替过程(表象),在空间域上表现为串行树枝状、并行链状和蔓延网络状等不同形态分异(表象),实际是城乡路网系统"自下而上"的自组织和"自上而下"的他组织所控制(控制)的结果。

因此,城乡路网系统结构可以表现为三个维度:时间结构、空间结构和组织结构,分别对应陈彦光的相空间(时间结构,time structure)、实空间(空间结构,spatial structure)和序空间(等级结构,cascade structure),其中等级(组织)结构内化于系统的时空结构之中(图3.11)。

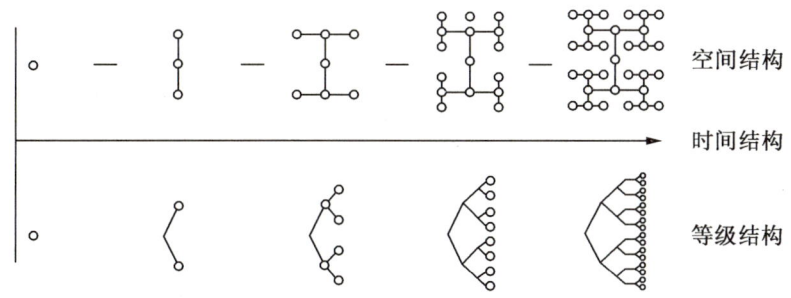

图 3.11 城乡路网系统的结构集:时间-等级-空间

注:据陈彦光,王义民,靳军(2004)改绘[670]

3.1.3.1 时间结构

城乡路网系统的时间结构(time structure)是指系统各要素和各组成部分以及它们之间的相互作用沿时间轴发展演化的关系[671]。根据城乡道路网络在发展过程中点线的组合状况,可划分为四个阶段:孤立径道网络(萌芽期)、树状网络(早期发展)、格状网络(中期发展)、网格-放射状(成熟期)[672],综合反映了城乡路网由无序向有序、由低级向高级、由迂回到直接、由疏散到密集、由简单到复杂的演化态势(图 3.12)。

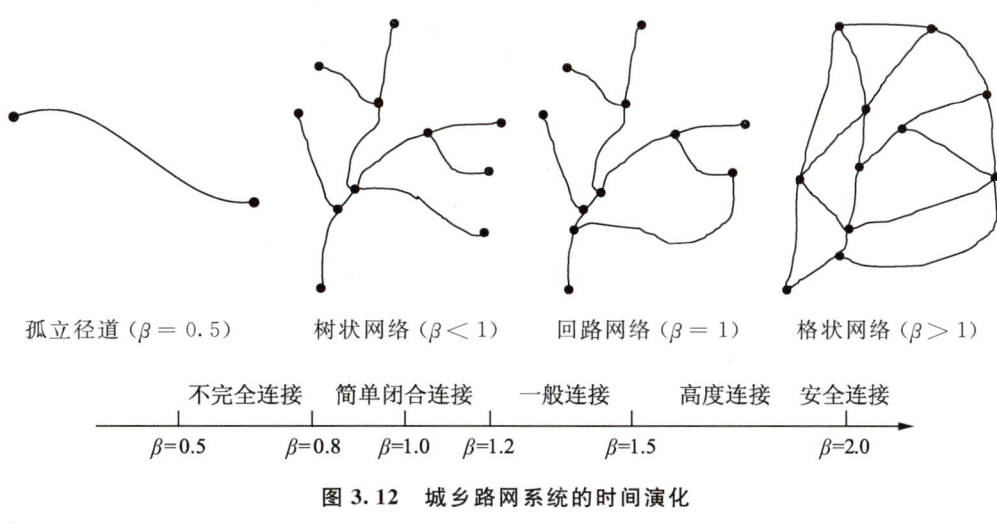

图 3.12 城乡路网系统的时间演化

注:据杨万钟(1992)改绘[611]

(1) 孤立径道网络,主要特点是交通图中仅有两个点被一条线路所联接,是最简单的,代表萌芽时期的路网类型。

(2) 树状网络,主要特点是交通图中线路数目少于点的数目,连接率=路网线路数/节点数小于1,任意两点间可能都有线路,并且仅有一条线路连接,代表早期发展中的路网类型。

(3) 回路网络,主要特点是交通图中线路数目正好等于点的数目,连接率＝路网线路数/节点数为1,仅有两个端点间存在两条交通线,有较高的运网效率,代表发展中期的路网类型。

(4) 格状网络,交通图中线路数目大于点的数目,连接率＝路网线路数/节点数大于1,有多个闭合环路和很高的连通效率,代表成熟时期的路网类型[673]。

3.1.3.2 空间结构

城乡路网系统的空间结构(spatial structure)是指其构成要素相互作用、共同影响所表现出来的组织形式和配置关系。可见,系统各组分依赖于空间分布、组合所决定的关联方式,即"空间结构＝空间关联方式＋分布组合",其中空间关联方式表现为城乡地理实体之间依托道路网络进行的生产力要素流(由节点和枢纽组成,既包括人口、物质等实体要素流,也包括信息、技术、知识、能量等非物质性流),空间分布组合则表现为城乡-道路地理实体呈现的点、线和面组合关系,同时二者存在内在的等级-规模体系(表3.3);有学者将前者称为流动空间,后者称为场所空间[674];有学者认为要素的分布组合即是形态空间[665],那么不妨称要素的关联作用为关联空间。简言之,城乡路网系统空间结构实为节点、线路、域面、要素流和等级-规模体系及扩散六要素[675]构成(图3.13),这些要素通过复杂的相干性,构造形成系列组合"矩阵",表现出空间结构的多样性。

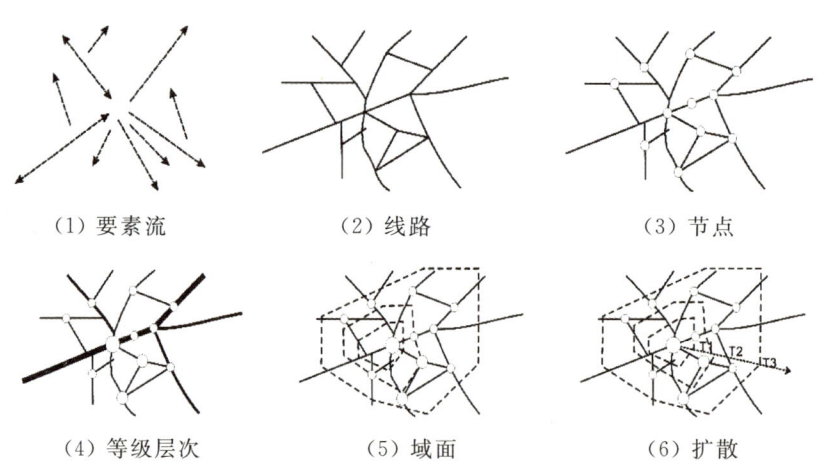

(1) 要素流　　(2) 线路　　(3) 节点

(4) 等级层次　　(5) 域面　　(6) 扩散

图 3.13　城乡路网系统的空间结构要素

注:据 Haggett P.,etc.(1977)和甄峰(2004)[676]改绘

表 3.3　空间结构要素组合模式

区位要素	空间子系统	空间结构类型
点-点	节点系统	城市体系、村镇体系、集镇体系、城乡体系
点-线	枢纽系统	交通枢纽

(续表)

区位要素	空间子系统	空间结构类型
点-面	城市-区域系统	城镇集聚区、城市经济区
线-线	网络系统	道路网络
线-面	带状区域系统	交通走廊、交通经济带、交通伸展轴
面-面	功能地域系统	城市-乡村体系
点-线-面	一体化系统	城乡关联网络、等级规模体系

注：据陆玉麒(1998)整理[667]

3.1.3.3 组织结构

按照自组织理论，城乡路网系统是一复杂自组织系统，整个系统处在不断由无序向有序、由简单向复杂的演进过程中，最终自发形成一种序结构，即表现出层次性和相干性特征：系统组分适当整合形成子系统，子系统整合形成较高一级子系统，层层叠叠，大系统套小系统，最终形成整个城乡路网系统，表现出一定等级构成性关系，呈现纵向的树枝状层级结构；系统从元素到整体存在非线性耦联作用，这种相干性关系看似"错综"实则"有序"，不同层次相互作用表现出不同性质的涌现，不同性质涌现形成不同等级层次，呈现出横向的网络状结构、城-镇-乡多重原子结构；同时，不同等级层次节点和线路，其空间伺服能力和功效也存在差异，如不同道路的技术等级、不同节点的能级规模等，即城乡路网系统的通达性存在等级-规模分异，在构成序结构基础上，相应形成功能序结构，可以说系统等级组织结构决定了自身的功能效度。

不难看出，这种组织结构(organizational structure)，决定了城乡路网系统组分或子系统间的排列、位置、状态和关联方式，是系统各要素耦合和协同的基本"框架"，也奠定了系统的伺服功效和能力，是系统结构由无序向有序、功能由低级至高级演化的根本动力，是城乡路网系统自组织和他组织共同作用的结果。

3.1.3.4 时-空-序结构模型

城乡路网系统的组织结构(序结构)通常以空间范围(规模)和时间状态等级的形式出现，往往对整个城乡路网生长发育、城乡节点关联作用进行自-他组织控制，是整个系统时空结构的内在约束(time-space constraints)。因此，城乡路网系统的时间-空间-组织结构三个层面相互耦合、共同作用，构成一种复杂的类似哈格斯特朗的时间地理模型的"城乡网络模型"(图3.14)。在这个模型中，城乡路网个体或系统既表现出空间的运动(如经济社会要素空间流)，也呈现出生命的轨迹(节点或线路的自组织生长)，但其时空的运行轨迹既受到自身的发展需求(微观需求)影响，也受到整个社会经济发展的影响(宏观需求)，即城乡路网系统的时空结构由某种通用、绝对的行为准则(表现为某种组织结构)决定，主要集中于三个方面：自身能力、群体关联和"权力"控制约束。其中，能力约束除了包括城乡路网个体或系统

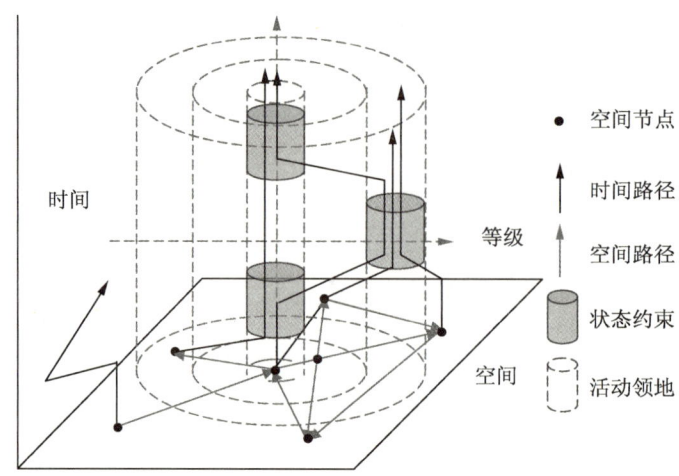

图 3.14 城乡路网系统的时间地理模型:时间-空间-组织结构的网络模型

的时间取向(如人们出行的时间限制和取向)外,还包括城乡路网个体或系统作用的距离取向,表现为一系列具有不同等级通达性的同心环,对应于图 3.14 中的同心管状体,呈现出空间上的序结构;关联约束则是城乡路网节点或系统之间的交流和作用而形成的群体结构"框架",表现为各个具有密切关联作用和同步时间状态的节点个体运动轨迹"束",对应于图 3.14 中的时间状态束,呈现出时间上的序结构;权力约束则是以范围等级的形式出现,表现为一种"权力"控制,是自觉维持或惯性保持"空间范围"(活动领地)和"时间状态束"稳定的内部机制[677]。

3.1.4 城乡路网系统功能

按照功能理论,城乡路网系统功能综合反映了其在运输系统环境中所起的功效,即担任的角色和发挥的作用。城乡路网系统的主要角色是交通功能,并兼具形成国土结构功能、公共空间功能、防灾功能、繁荣经济功能[678]和组织景观功能等功用。

按照服务对象,城乡路网系统作为综合交通运输系统的子系统,其直接服务对象为道路运输系统,为道路空间流(如客货流、信息流等)提供载体;间接服务对象为城乡关联系统,为城乡关联的交通需求提供网络支撑(连通、覆盖和引导),同时城乡关联作为一地域组织系统,表现出等级性,进而要求路网系统体现出层次特性(网络层次、行政层次和技术层次);此外,城乡路网系统也为城乡关联系统交通需求发展提供技术支持,主要通过工具变革和技术革新实现。

城乡路网系统一般具有两大网络特性:通过性(或交通性)和到达性(或接入性),合称通达性。两种特性与道路网络系统的等级层次密切相关:等级越高的道路,在路网中的主要作用是实现快速的交通,即交通功能占主导地位;等级较低的道路在路网中主要是为了实现方便的接入,即接入功能占主导地位[679]。简言之,道路的通过功能取决于其在路网中扮演的角色和所处的等级,往往等级层次越高的节点或道路,在城乡交通流动和交互的过程中扮演的角色越重要,发挥的功效越明显。因而,从服务性质上看,城乡路网系统功能可归结为通达性和层次性(图 3.15),并且这种路网伺服服务能力和功效取决于自身的拓扑连接结构性特征,路网形态和结构发育越完善,城乡节点交流和作用越频繁,则其承载的服务流越强烈而高效,即结构决定功能。

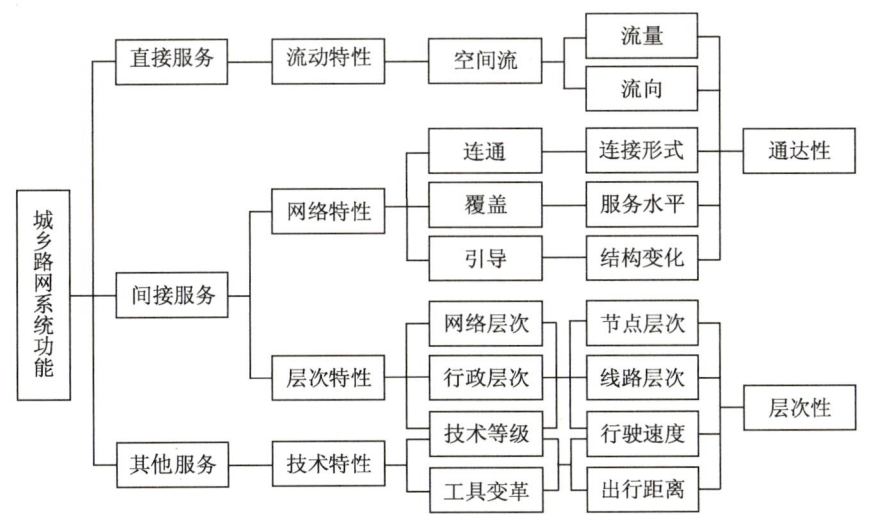

图 3.15 城乡路网系统的功能体系

注:据奚少(2005)、李娟(2008)改绘[680,373]

3.1.5 城乡路网系统演变

城乡路网系统是一开放的巨系统,不断与外界环境进行物质、能量、信息的交互,整个系统就像一个形态和结构不断变化的"核反应堆"[681],其累积效应必然导致城乡路网系统发生量变("涌现"),即外部物质、能量、信息不停地输入系统中,引起系统内部不停地振荡、涨落和激化,生成并向外部输出和辐射新的熵流,促使系统不断孕育和成长,其发展演化过程表现为一倒"S"形周期性生长曲线(Pearl 曲线),表述函数为:

$$y = \frac{K}{1+ae^{-bx}} \tag{公式 3.1}$$

公式 3.1 中,y 为发展值,K 为参数 y 的极限值,x 为时间,a、b 为模型参数。当 $x \Rightarrow -\infty$ 时,y_x 的初始值为 0;当 $x \Rightarrow \infty$ 时,$y_x = K$。整个生长函数划分为缓慢发展-快速发展-缓慢发展-饱和发展四个阶段,当 $x < x_0$ 时,y 增长缓慢,称为缓慢发展期;当 $x_0 < x < x_2$ 时,生长曲线斜率较大,y 增长较快,介于 x_0 和 x_2 间为快速发展期;当 $x_2 < x < x_3$ 时,又转入缓慢发展期;当 $x > x_3$ 时,y 的增长更加缓慢,且接近极限值 K,称为饱和发展期(图 3.16)。

城乡路网系统的生长过程主要是系统自组织和他组织共同作用的产物[15],一方面受自然地理环境发育影响"自下而上"呈现自组织过程,一方面带有明显"自上而下"的人为"特定性"干预,表现出他组织过程,整个系统在自组织和他组织共同作用下,由低级向高级、由无序向有序,通过突变和渐变交互递嬗演化成动态螺旋上升曲线,整个系统结构通过要素相互作用实现有序-混沌-有序的周期性递演,功能则通过涨落机制实现进化-退化-进化的动态性嬗变(图 3.17)。

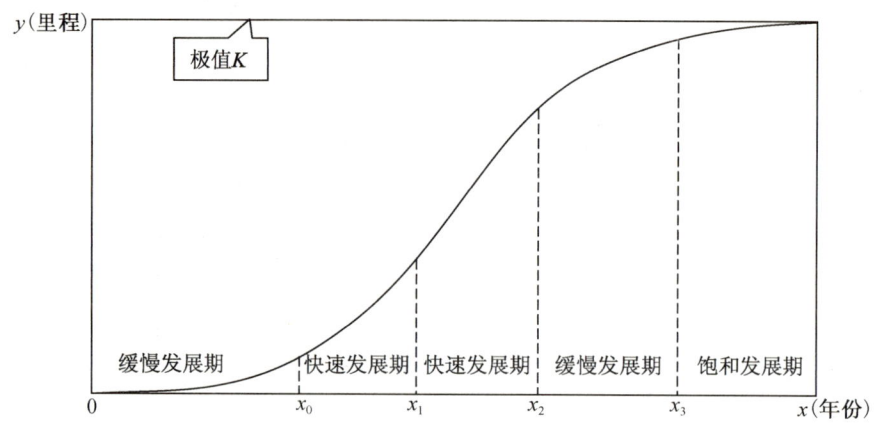

图 3.16 城乡路网系统演化的生长曲线

注：据蒋斌（2004）重绘[651]

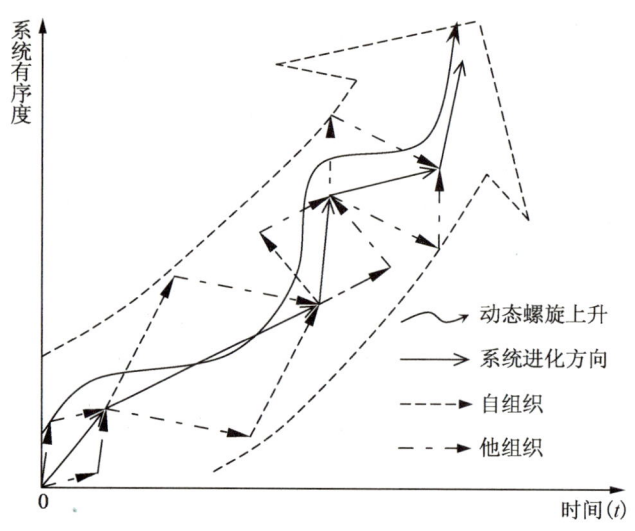

图 3.17 城乡路网系统演化的螺旋上升曲线

注：据姜克锦等（2008）改绘[682]

3.2 城乡路网系统空间复杂性

从本体论来看，城乡路网系统是一种复杂的自适应系统（Complex Adpative Sysetm，简称 CAS），是人类-社会经济-自然环境三大系统耦合作用的结果。其中以城乡关联为核心的社会经济系统为城乡路网系统提供需求动力，人类系统成为城乡路网系统的缔造者和管理者，而以空间为主旨的自然环境系统则为城乡路网系统提供基础支撑。在特定地理边界约束下，三大系统互为开放、互为相干地进行着人口、物质、能量和信息的交换，相互联系、相互协调、共同作用[683]，从而形成自我调节、自我进化的动态复合的城乡路网系统（图 3.18）。

从系统论来看，城乡路网系统是一由城乡关联系统、道路网络系统和空间系统构成的动态开放巨系统。整个系统运行表现出功能和结构两大基本属性的相互转换和互相协同的动态关联过程：通过涨落系统实现功能的无序-有序循环式、退化-进化往复式、渐进-突变交替式地演化，通过随机性干扰和确定性调节促使系统结构不断呈现多样性、动态性和层次性。在结构和功能的动态演化过程中，城乡路网系统各子系统不断通过功能-结构的耦合作用和相互关联，表现出异常的复杂性（图3.19）。

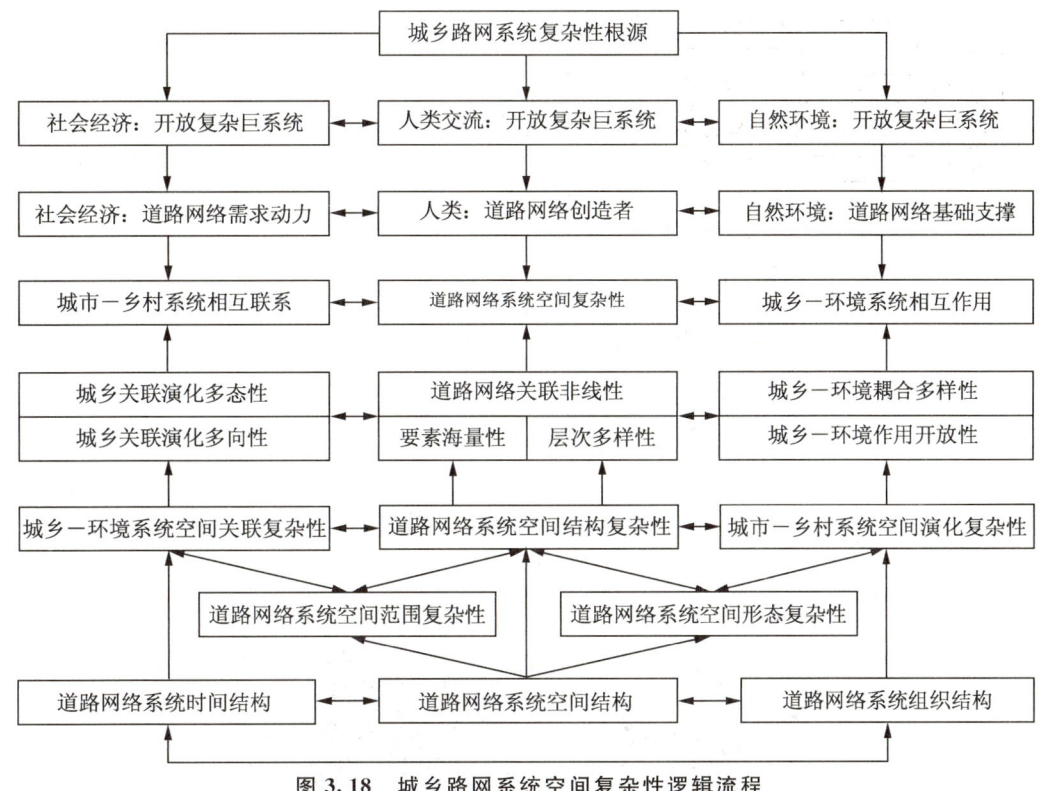

图 3.18 城乡路网系统空间复杂性逻辑流程

注：据杨大伟（2007）改绘[76]

空间作为城乡路网系统运行的物质载体（"容器"和"指示器"[684]），各种要素（行人、机动车、道路、环境等）、各子系统（城乡要素关联网络、道路物质实体网络等）在地域空间上互相联系、互相制约、互相依赖，决定其功能和结构不可避免地"物化"显示出空间复杂性：(1) 构成要素众多，既拥有车、路、交叉口等道路网络设施要素，又包含城市、城镇、乡村等地域空间实体要素，还涵盖人口、物质、能量、信息技术、资金等实体空间流要素；(2) 关系复杂，千头万绪，机动车、道路等道路网络设施系统和人类城乡经济社会联系系统等子系统相互耦合、互相交织，形成了多种多样、错综芜杂的网络关系（图3.19）；(3) 网络动态万变，各元素之间的关联随时可能断开，或者连接，网络结构处于不断变化中；(4) 临界突变性，某些因素的微小变化，例如某一路口交通事故或局部路段冰雪、地质灾害，就可能导致整个交通网络交通堵塞的"突变"现象；(5) 自适应性，尽管路是非主体，但因为人的参与和渗透，整个路网系统各个组成要素构成了智能体，具有强适应性和智能性，通过人的主动性行为作用，整个系统不断衍生各种各样的互动关系。

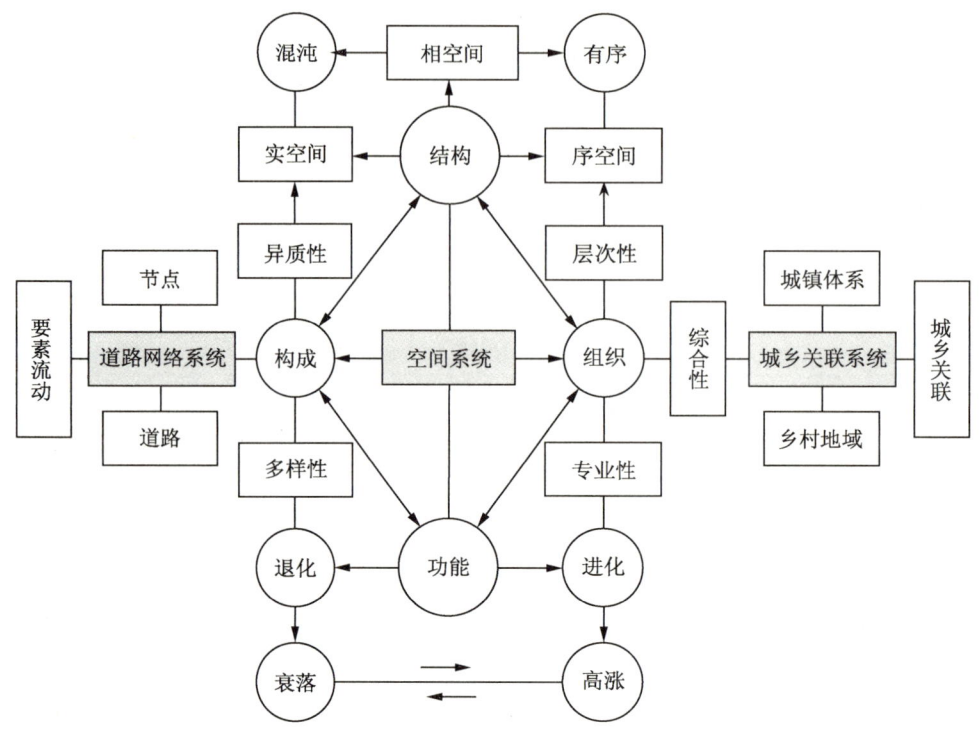

图 3.19 城乡路网系统的运行结构

注：据曾菊新（2001）改绘[27]

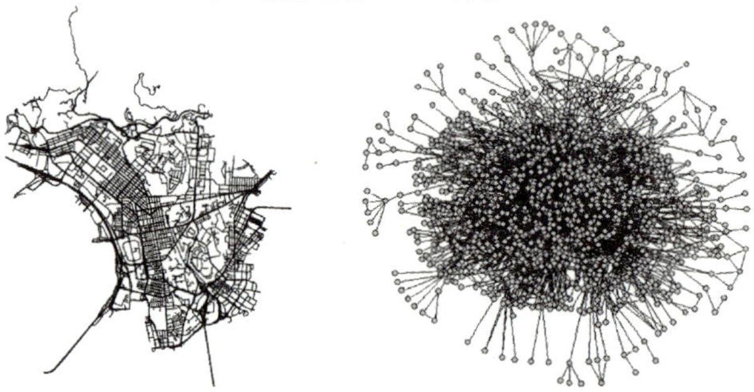

(a) 城市 KSY 街道网　　(b) 生成的拓扑连接图

图 3.20　城市 KSY 路网形成的关联复杂性

注：引自 Zhang & Li(2011)[590]

概括起来，整个城乡路网系统空间复杂性主要表现为：空间构成要素的丰富性和多样性[685]、演化进程的多态性、多向性、动力机制的自组织和他组织性[686]、关联作用的非线性和开放性（图 3.20）。

3.2.1　构成多维性（compositioal multi-dimension）

不同于简单系统，描述其构成的变量可能只需要 3 个坐标和 3 个动量，而对于复杂巨系统而言，其构成可能有海量级结构。W. 福雷斯特（Tay. W. Forest）在城市系统动态模型中，提出 320 多个主要变量。A. G. 威尔逊（A. G. Wilson）在城市系统分析中认为，如果系统含有10万人,那么与人有关的就有500万个代数变量。实际上今天城乡路网系统构成变量远不止这些,每个变量在一个尺度上又可分为多种层次,变量之间可相互交叉、相互生成的无限多个变量群[687]。

如果将城乡路网系统的每一个子系统、每一个构成要素、每一种要素关联都看作是一"维",那么,整个系统就构成一个N维的巨系统。假设城乡路网系统构成为N个层次,每个层次上又有N个要素,而N个要素间存在N种关联,根据随机涨落模型,城乡路网系统的构成维度S具有阶乘结构,表现出多样性:

$$S = \frac{N_1! \times N_2! \times N_3! \times \cdots \times N_n!}{N!} \quad \text{(公式 3.2)}$$

通常,一个具有多于三个系统变量的非线性动力学系统就会表现出分岔、突变、混沌等复杂行为,对于具有海量级构成的城乡路网系统而言,其高维性决定了其空间发展运动更具复杂性。

3.2.2 状态多样性(state diversification)

假设每个构成要素可能的状态值为 n_i,则系统的复杂度可表述为系统各种要素的所有可能的状态数(系统多样性),表现为所有变量可取状态的乘积:

$$C = \prod_{i=1}^{N} n_i \quad \text{(公式 3.3)}$$

假设某一时刻 t,系统取某种状态 n_i 的概率为 P_i,则描述城乡路网系统状态(随机变量)综合复杂性(set complexity)的信息熵 H 为[688]:

$$H = -\sum_{i=1}^{N} P_i \log P_i \quad \text{(公式 3.4)}$$

3.2.3 边界模糊性(fringe fuzziness)

城乡路网系统是一个混沌复杂系统,突出表现为其空间界限的不确定性,原因可能有两方面。一方面,构成要素的耦合作用非线性导致边界的随机扰动。作为一个自然、社会、经济各要素相互作用的综合体系,其空间边界充满了各种随机因素的扰动,导致城乡路网系统边界既非完全随机,又非完全确定,介于随机性与规律性,确定性与非确定性之间,表现出不定性。另一方面,构成要素的时空尺度多样性决定边界的尺度差异。城乡路网系统内部元素和子系统往往具有时空尺度的差异性,如城市和乡村、生产和生活、节点和线路等各空间要素具有明显不同的时空尺度和特征,在发展时序和空间尺度上自成体系,客观上造成了系统边界的多样性。

3.2.4 关联耦合性(connectivity coupling)

复杂性=要素+关联,系统复杂性产生于系统中元素的相互作用强度(相干性)。定义系统复杂度 $C = m/(n-1)$,其中 m 为系统中元素间的关系数目,n 为系统中元素的数目。

不难看出,系统的复杂性取决于系统组成要素间的相互作用关系,子系统正是通过这种非线性相互作用和自组织过程而在更大尺度上"突现"出非叠加的功能、结构、行为和秩序[160]。

具体而言,城乡路网系统是一道路网络系统和城乡关联系统构成的复合系统,其中前者是后者运行的最直观外在表现,承担着"供给方"任务,而后者则是前者运行的最根本内在动力,扮演着"需求方"角色,二者构成一供需矛盾的统一体。以超循环方式稳定共存,并通过系统之间、系统组成要素之间的非线性相互作用,形成一相互依存、紧密联系、互相影响、动态反馈的超循环(图 3.21)。

城乡关联系统因其内在差异性和互补性,产生强大的交流和联系需求(交通需求),驱动人们的出行决策(目的地选择-方式选择-路径选择),决策不同必然会导致道路网络系统的出行时间、费用和距离产生差异性,进而道路网络通达性也存在分异,也引起城乡节点的区位发生变化,最终导致城乡经济不断发展,节点不断发育,城乡差距性和互补性持续增强,整个系统形成一个闭路反馈环。同时,反馈环上各个构成要素之间相互耦合,共同作用,互为因果,表现为一系列正负反馈机制的复杂耦合,整个系统、子系统及构成要素间形成复杂的相互作用关系束,这些关系链条是海量级的,必然导致整个系统复杂异常和敏感多变。

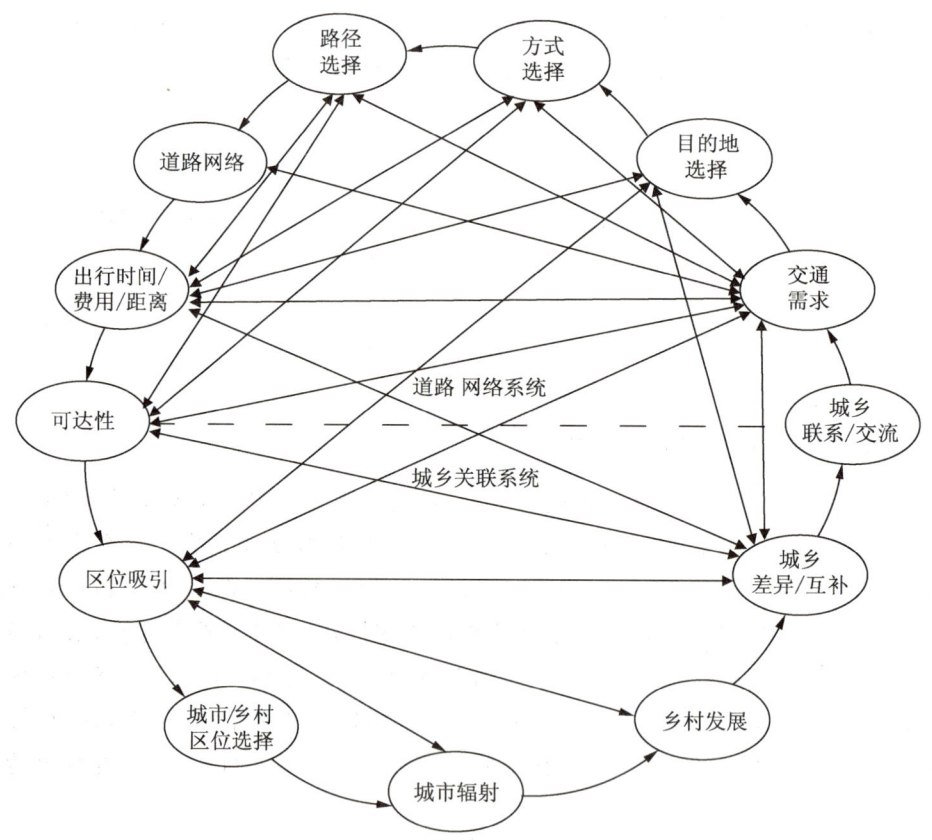

图 3.21 城乡路网系统要素耦合反馈

注:据姜克锦(2009)改绘[378]

3.2.5 结构复杂性(structural complexity)

按照复杂网络理论,城乡路网等技术网络是一个介于规则网络与随机网络之间的复杂网络,具有自组织、自相似、吸引子、小世界、无标度中部分或全部性质[689],主要表现为:

3.2.5.1 形态的自相似性(self-similarity)

世界上没有也不可能有两个相同的城乡路网,但其内在具有共同的本质特征和生成规律,空间结构充满了支离破碎、没有规则的地理现象及对其不可积分的非线性过程,这些过程在空间上、时间上常常表现部分与整体的自相似性[7]。如城乡道路网从城市道路、主干道、次干道、支路、园路,一分再分,各组分在形态和密度呈现出分形特征(图3.22);或者随着规模的适当放大或缩小,或者随着时间的推移或演化,道路网的整体结构保持不变,整个城乡道路网形态保持时间和空间维下的不同层次结构("分枝")的集合,这些层次结构具有无限类似的细节,虽时空尺度不同,却有着惊人的统计意义上的自相似特点(图3.23)。

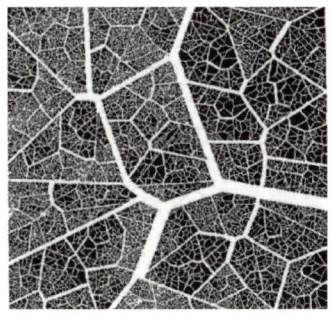

图 3.22 城乡路网形态的自相似性

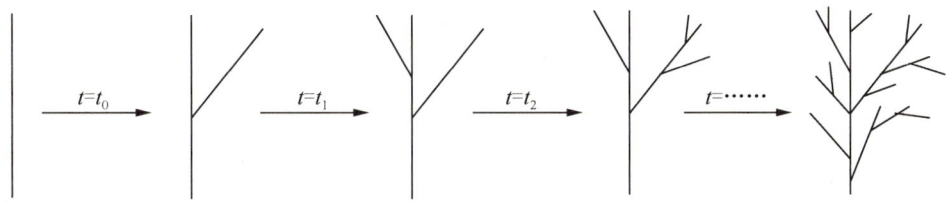

图 3.23 城乡路网生长的自相似性

其根本机制在于,城乡道路网具有自继承机制,存在"路径依赖"或初始惯性,整个系统每次突破均会继承和"遗传",整个系统演化遵循迭代机制,同时系统不断受到外界环境或因素的影响或干扰,而出现变化甚至出现突变,受偶然涨落作用呈现差异继承,使得整个城乡道路网系统迭代递归突破严格意义上的自相似,而表现出统计意义上的自相似性[690];同时这种外界因素的制约,也会抑制城乡路网形态生长,使其不能无限扩展,表现出一定界限,即存在无标度区间(受最小和最大尺度限制)。

3.2.5.2 连接的无标度/小世界性(scale-free/small-world)

城乡道路网络内是一介于随机网络和规则网络之间的复杂网络,貌似随机,实则有序。

微观运动"杂乱无章"(布朗运动),宏观统计"井然有序",是道路网络自组织和人为干预他组织耦合作用的结果,相较同等规模的随机网络,其节点关联和连接不存在典型节点,各节点间连接数目按照幂律分布的情况,缺少一个特征尺度,普遍表现出无标度性。同时,节点连接表现出强群体集聚性和弱连接分离性,具有较大的集聚系数和较小的平均路长,是一无标度网络和小世界网络[①],在形态上呈现分形性,在连接上凸现无标度性、小世界性、高聚集性和强鲁棒性(表3.4)。

表 3.4 城乡路网的网络特性比较

网络类型		随机网络	无标度网络	小世界网络	规则网络
标志		存在典型节点,即连接数出现频率最高节点,标志网络的特征尺度	不存在典型节点,但有集散节点(hub),即网络的中心和次中心,连接数占绝对优势	较小的特征路径长度和较大的聚集系数	大的聚集系数与特征路径长度
连接特征	连接性	高度民主:绝大多数节点的连接数不相上下,连接数偏多和偏少的节点较少	高度集中:少数节点拥有绝大多数连接,绝大多数节点只有较少的连接	高度连接:具有增长性(growth),即节点随着网络规模不断扩张	同一性:任何一个节点的连接边数都相同
	聚类性	弱集聚性:连接数具有主导的地位的节点很少	较强集聚性:紧密连结的小型节点集群彼此相连,形成较大且较不紧密的大集团	强集聚性,即存在偏好依附性(preferential attachment);最初连接较多的节点可以形成更多的连接,"富者愈富",出现社团结构	最大集聚性(全局耦合网络为1)、较大集聚性(最近邻耦合网络约为3/4)最小集聚性(星形网络为0)
	强韧性	易脆弱性:若有较大部分节点被去除,网络必然溃散成彼此无法通讯的小型孤岛	强鲁棒性(robust):随机去除网络的大量节点,网络仍保持较高的连通性	易脆弱性:若有较大部分节点被去除,网络必然溃散成彼此无法通讯的小型孤岛	
统计		80%的典型节点拥有中流状态的连接数,另外10%的节点连接数偏多,10%的节点连接数偏少	20%以内的集散节点拥有80%以上的连接,80%的普通节点只有20%以内的连接	两点之间最短路径的长度一般远远小于同等规模随机网络的大小,聚集系数却大于同等规模随机网络	两点之间最短路径长度和网络聚集系数一般远远大于同等规模随机网络
特性		简单性、均匀性	复杂性、不均匀性	复杂性、不均匀性	简单性、均匀性
结构		简单无序	层次性有序	聚集性有序	简单有序
度分布		二项式分布	幂指数分布	双段幂律或指数分布	Delta 分布

---

① 总结前人交通复杂网络研究发现,许多交通网络表现出无标度性,却不具备小世界性,许多交通网络表现出小世界性,却不是无标度网络。实际上,许多交通网络不具备完全意义上的标度性和小世界性,作者认为它实质是一介于规则网络和随机网络之间的"类无标度或小世界"网。

(续表)

网络类型	随机网络	无标度网络	小世界网络	规则网络
统计图示	钟型泊松分布（尖峰正态）	幂次曲线（双对数成直线）	截尾幂律分布（双标度结构）	单尖峰形态
网络图示				

3.2.5.3 连接的自组织性(self-organization)

按照自组织理论,城乡路网系统各构成要素或子系统通常遵循某种既定规则,各尽其责、协调共生,自动形成一定的有序结构[691],表现为整个系统由随机→混沌→耗散(有序)结构的进化,结构上突出表现出连接的层级性(hierarchy),表现为整个网络从局部向整体、由模体(motif)到模块(module)[692]、由子图(subgraph)到全图,层层迭代生成的一个等级网络(hierarchical network)(图 3.24)。

究其内在机制,整个城乡路网节点-线路、节点连接规模具有无标度性,服从幂律分布。一方面,在一定时空尺度上,城乡路网节点-线路体系满足位序-规模法则,通过时间的演化自动形成某种空间等级秩序:乡村-城镇-城市体系、村道-乡道-县道-省道-国道(高速),这些不同等级的点-线及其网络在社会经济要素空间流量上满足内在统计性标度定律;另一方面,城乡路网节点连接的线路数(如度、连接率等)和线路串连的节点数也遵循这种位序-规模无尺度特征,如 Gävel 市路网节点连接在流量规模上存在明显的等级层次性(图 3.25),遵循良好的幂律分布(幂指数为 2.95,判定系数 R^2 为 0.97)。

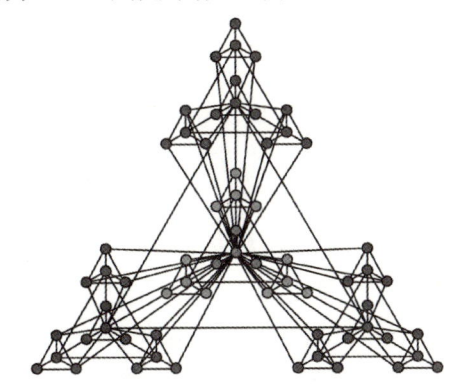

图 3.24 城乡路网连接的等级网络生成机制

注:引自 Barabási(2004)[693]

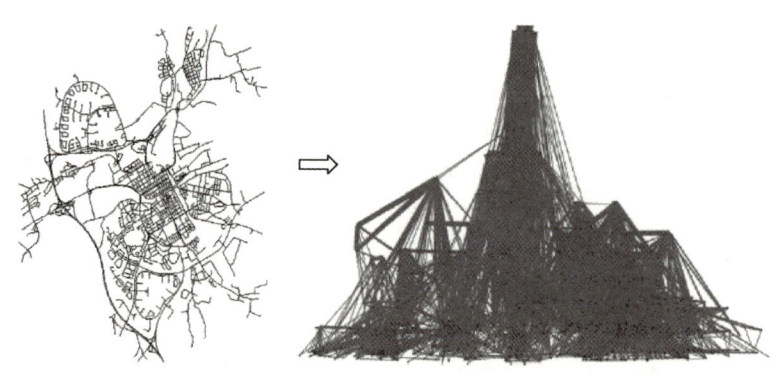

图 3.25 Gävel 市路网连接的等级层次性

注：引自 Jiang(2008)[694]

3.2.6 功能复杂性(functional complexity)

3.2.6.1 服务主体的自主性(agent)

按照复杂适应系统理论，城乡路网系统的使用者是具有强适应性和自主性的智能体，具有能动性(activity)、自治性(autonomy)、相互作用(interaction)、社会能力(social ability)、响应性(responsiveness)等特征[695]，其行为表现出聚集的层次性、决策的随机性、作用的非线性、构成的多样性和交互的流动性特征：

一是聚集成群，形成层次性。每个服务主体小到一个人，中到一个乡村，大到一个城市，均具有强"黏合"性，往往自组织聚集形成更高一级——介主体(meta-agent)，进而衍生不同的结构形态和形成明显的层次组织，宏观上表现出大城市-中城市-小城市-城镇-乡村的城乡节点体系和国道-省道-县道-乡道-村道的节点连接线路体系。

二是决策多变，具有不确定性。每个城乡路网系统的服务主体接受管理系统发出的信息，并根据自身经验选择出行时间和路线，这一过程是动态的、时变的和非线性的，不同个体的决策结果可能差异较大，具有明显的不确定性，这种路网服务主体的自主性(agent)进而决定了道路网络服务决策的模糊性和动态性。

三是个体相干，表现非线性。无论是个人或组织，还是城市或乡村，存在显著的交互作用，这不是线性的、简单的、被动的和单向的因果链，而是表现出一种相互适应、互相协调、互为因果，存在正负反馈作用的非线性关系，各行为主体通过非正式渠道建立一种网络系统（即所谓的"影子系统"[696]）。

四是动态适应，表现多样性。无论是个人或组织等个体，还是城市或乡村等地域，系统每个服务主体的持存都依赖于其他主体提供的环境，即是每个主体间存在自组织的相干作用，形成自适应的合适生态位(生境，niche)。一旦系统中的主体发生空间位移时(即产生空间流)，产生的"空位"为新主体占据，并不断适应修复（提供）失去的相互作用，正是通过这种内在的动态适应模式，整个系统表现出规模和等级的不断"增殖"，形成多样性的构成结构。

五是交互成网，表现通达性。整个系统服务主体之间，及其与环境之间存在着大量的物质、能量和信息交换，表现出一种{节点(主体)，连接(交互)，网络(空间流)}三元组合方程，即存在一类似流的空间连接网络，具有通达性差异。

3.2.6.2 功能演化的动态性(dynamic)

城乡路网系统功能是动态自组织的，其发展和演化经历了一个从单一到多元、从简单到复杂、从低级到高级的发展过程，根本上是一缓慢驱动、空间相互作用占主导(slowly driven and interaction-dorminated)的阈值(threshold)系统[223]。

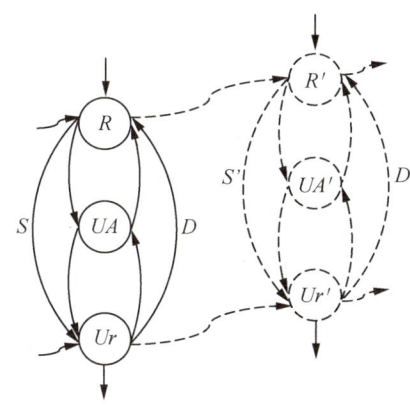

Ur-城乡关联系统；R-道路网络系统

S-运输服务；D-交通需求；UA-功能系统

图 3.26 城乡路网系统功能演替的超循环联系

注：据姜克锦等(2008)改绘[682]

从超循环论来看，城乡路网系统是一城乡关联系统 Ur 和道路网络系统 R 构成的复杂巨系统，其中城乡关联活动系统 UA 构成道路网络系统 R 与城乡关联系统 Ur 之间耦合的纽带，是城乡路网系统功能服务的根本体现。各子系统之间以及与外部环境之间存在大量的物质流和能量流交换，当这种熵交换一旦达到某一阈值，必然会促使城乡关联系统 Ur 和道路网络系统 R 的突变体——拟种 Ur' 和 R' 的出现，相应系统功能 UA 也通过各子系统及构成要素的自我增进、相互增进的耦合作用方式，实现"突变"，整个系统最终通过其内在的非线性相互作用聚成更高层次的超(级)系统 Ur'-UA'-R'(图 3.26)。

3.2.7 演化复杂性(evolutional complexity)

3.2.7.1 周期性(periodicity)

城乡路网系统根植于城乡关联体系，这种关联和联系是多种因素共同作用的结果，其根本源动力是客体供给(道路)-主体需求(人类)耦合相变，促使城乡地域道路供给(设施、用地)和需求(经济发展、要素流动等)系统在内部随机涨落作用下，不断经由不平衡-平衡-不平衡循环式跃迁，呈现产生-发展-繁荣-衰退-毁灭或复兴的周期性客观规律。

道路设施、道路用地和人类发展是城乡路网系统演化的三大基本力量。这三种要素根据投资活动,产生相应的资本货物周期长度,相互联系,交替作用,叠加累积,共同决定了城乡路网系统演化的生命周期。其中,道路设施系统本身具有不断生长、新陈代谢的需求,表现为年代久远道路的损坏淘汰和新道路设施的开工建设的自组织周期性变化;同时随着人口不断发展,城乡交流不断加强,经济社会发展需求不断变化,进而推动道路系统的性质、规模和用地不断他组织嬗变以适应外界要求。在客体供给(道路自组织)-主体需求(人类他组织)内外动力机制作用下,形成正负反馈,使城乡路网系统具备系统演化的基本要素,并与外部环境进行物质、能量及信息的交换,实现自身的动态周期性发展[697]。

3.2.7.2 多向性(multi-direction)

城乡路网系统是由众多非线性要素相互作用构成的不可积系统,这种非线性耦合作用导致了城乡路网系统在演化发展过程中的多方向性。整个系统通过 SOC 进入哪一个方向,不仅取决于客观规律的限制,而且受到随机涨落机制的影响;在时间轴上,不断产生分岔,表现出演化方向的不确定性和多样性(图 3.27)。从长远来看,其演化方向是不确定、不可预测的,甚至是混沌的,表现出对初始条件的敏感性、状态不可测性和路径不可确定性[698]。

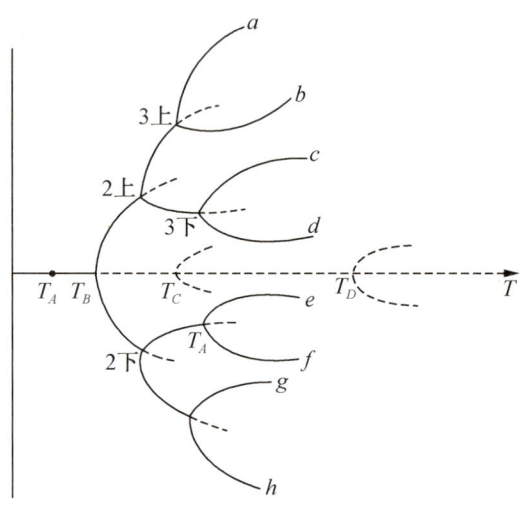

图 3.27 城乡路网系统演化的分岔树[699]

常态下,城乡路网系统因相干性表现出产生-发展-繁荣-衰退-复兴的周期性发展态势,一旦遭遇偶发性、随机性事件干扰,其发展状态可能就会改变,使其可能走上截然不同的发展道路:如果涨落保持在一定限度内,系统可以通过自组织"治愈",保持内部组织的连续性和继承性;如果涨落超过弹性限度(阈值),系统就会失稳或失衡;如果熵增加可能促使系统崩溃甚至覆灭,如果负熵增加可能引起系统由失稳的临界状跃迁至新的有序态,推动系统向更高一级层次进化(图 3.28)。

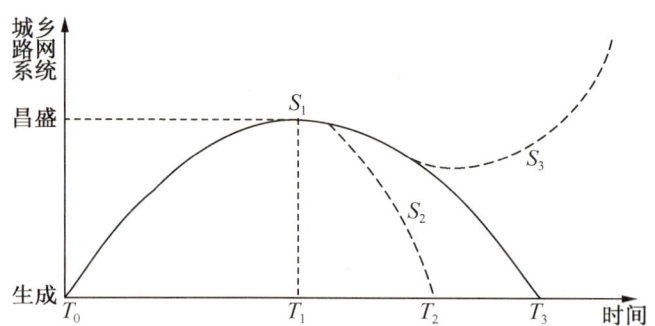

S_1 为系统的一般规律　S_2 为熵增加时的发展曲线　S_3 为负熵增加时的发展曲线

图 3.28 城乡路网系统演化的多方向性

注:据杨大伟(2007)重绘[76]

3.2.7.3 多态性(multi-state)

城乡路网系统通过城乡关联系统和道路设施系统及其要素之间的非线性相互作用,保持活力,不断发展,并以子系统间耦合的外在形式呈现渐变与突变、混沌与秩序、循环与进化,这种长程相干性可能产生3种状态:或者推动整个复杂系统朝健康发展的方向逐步演变;或者引发整个复杂系统的微小扰动,但仍保持稳态;或者导致整个复杂系统向病态、失稳的方向演化,甚至崩溃。

当外界环境相对保持稳定,城乡路网系统演化的动力主要来自于子系统内部的遗传突变。通常,城乡关联系统(需求)和道路设施系统(供给)的发展具有连续性和渐进性,在一段时间内城乡路网各子系统基本处于某局部逼近解的吸引域,因此,微小的突变无法引起稳态的跃迁,此时系统仍处于稳态(回到初始态);但若在新的稳定状态下,城乡路网各子系统与区域经济、社会和生态环境系统同化微扰动,基本实现稳态耦合,则系统结构可进一步优化(回到初始态,产生叠加效应);若子系统稳态的跃迁带来的扰动在整体功能耦合网中被不断放大,逐步形成整体的宏观巨涨落,一旦触发正反馈机制,必将导致整个系统由某一稳态跃迁到另一个稳态或者直接导致系统的崩溃(即达到新态,发生质的变化)[697],这表明系统中某一微小"涨落"都有可能导致整体系统的巨大变化(图3.29)。如都市圈某处的微小交通事故可能会引发都市圈城乡路网交通的瘫痪。

值得一提的是,在外界环境发生改变或内在耦联作用产生积累时,整个系统演化发生相变的状态具有不确定性和不可预估性。

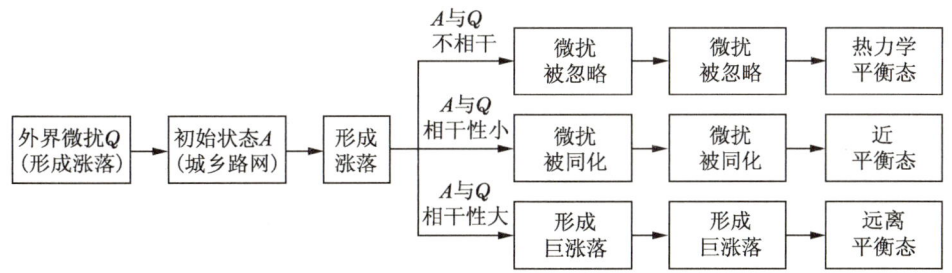

图3.29 微扰导致的城乡路网多态性演化

3.2.7.4 不可逆性(irreversible)

当将城乡路网系统相变过程(道路设施、用地、出行行为、空间形态等)高度抽象为一系列"状态"时,不难发现系统无法从现在返回到过去,即我们永远不能原样复制过去的"步行-马车-有轨电车"时代。这种时间的不可逆性与系统的自组织机制紧密相关,即主体(个人或组织等行为者)的交通决策决策过程或行为成为"序参量"(控制变量),很大程度上决定了系统的未来结构及其变化路程的"突变",这种突变显然具有明显的不可逆性;同时,城乡路网系统演化的时间不可逆、结构转变和熵过程还与"路赖依赖"密切相关,即系统的相变往往伴随主导变化的力量消失,系统自然不会完全回到最初状态。

3.2.7.5 初值敏感性(initial sensitivity)

城乡路网系统对输入的初值具有极度的敏感性(sensitive dependence on initial conditions),即初始条件下微小的差值,长期积累效应导致系统产生悬殊的结果,具有"蝴蝶效应"(butterfly effect)[698],研究发现由于城乡路网系统内部的非线性作用,初始条件的差异性、不确定性会随着时间呈指数式放大。现实中许多城乡路网系统的初始状态差别不大,如中西方早期城市多为格网状(规则网络),即使在相同的确定性演化规则下,经过几百年的发展演替,今天的路网系统演化格局却可能呈现迥然的不同:中西方城市之间或西方城市之间或者中国城市之间的道路网络结构表现出不同的复杂特性,有的整体具有自相似性,部分却不具分形特征,有的存在小世界性,却不具有无标度性,有的是一无标度网络,却缺乏小世界性,有的甚至都不具有小世界性和无标度性,等等。究其原因有三:

一是城乡路网系统的演化是一种创新性或选择性的继承。即在继承初始条件基础上,出现突破或突变,产生具进化优势突变体,这种突变体通过正反馈机制逐渐"越生越多",同时众多突变体相互竞争和互相协同产生负反馈机制,二者共同作用,促使系统实现自我选择机制,进而产生累积效应,相轨道不断偏离初始态势,即一个细小的改变或进化,时间积累的结果,导致系统发生巨变化:渐变和突变螺旋交替,更迭上升。

二是城乡路网系统的演化表现出连锁-回荡效应。城乡路网系统不断在自组织和他组织作用下渐变和突变交替演进,新的选择或变化(如新的突变体产生),往往会与原来的发展态势产生交叠,产生连锁-回荡反应[有学者形象称为"多米诺效应"(domino effect)],并向整个系统各个方面扩散和蔓延,如同在水面投下石子,激起无数涟漪,与先前的波纹相交,时而强,时而弱,时而重叠混合,时而消散无迹,变化无穷,先前的渐进演化态势不断经受微涨落作用,突变不断类随机性的强化叠加,系统演化形成巨涨落,与初值条件大相径庭。

三是城乡路网系统的演化遵循分岔机制。整个系统始终处在驱动力和耗散力两种力量的共同作用的动态平衡下,呈 Logistic 演化过程:

$$x_{n+1} = \mu x_n(1-x_n) = \mu x_n - \mu x_n^2 \tag{公式3.5}$$

其中,线性项 μx_n 是系统由状态 x_n 到 x_{n+1} 的驱动力,非线性项 $-\mu x_n^2$ 为耗散力,μ 为控制参数[38]。各要素持续的相互作用、互相耦合,往往促使 μ 值不断增加($0\rightarrow 4$),整个系统的非线性程度持续增强,驱动力与耗散力力量对比发生变化,系统不断由灭绝→定常态→倍周期分岔→混沌态演进,系统演化选择具有多样性、随机性和不确定性。意味着,初始值尽管具有很小差别(相同或相近状态),但内在相干性积累作用却导致整个系统状态选择形成不同分支,乃至走向混沌。

第4章 复杂城乡路网系统形态的空间自相似性

4.1 研究框架和方法

4.1.1 研究框架

运用分形理论和方法,引入传统计盒维数、相似维数、关联维数等,构造四种分维:容量维数(侧重路网分布形态,揭示其密度空间变化特征)、覆盖维数(侧重路网覆盖形态,揭示其空间扩展和充填特征)、阻抗维数(侧重路网连接形态,揭示其空间连通和作用程度)和分枝维数(侧重路网伸展形态,揭示其空间伸展和渗滤能力),综合揭示城乡路网的局部-全局空间形态(morphology)自相似性(图4.1)。

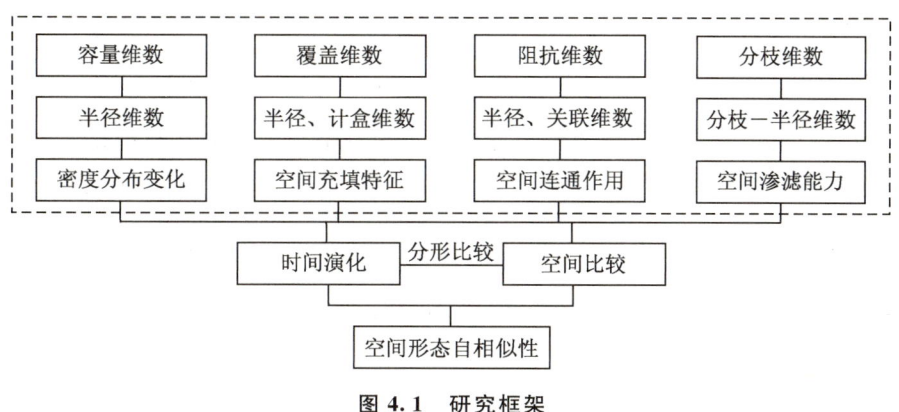

图 4.1 研究框架

4.1.2 分形模型

4.1.2.1 容量维数

(1) 道路长度-半径维数

道路长度-半径维数从一般测度关系中可以引申出来。通常而言,对于一个几何体,其长度、面积和体积有如下比例关系:

$$L^{1/1} \propto S^{1/2} \propto V^{1/3} \propto M^{1/d} \quad \text{(公式 4.1)}$$

公式4.1中,L为几何体的长度,S为面积,V为体积,M为广义的体积,可替代L、S、V中的任意一个,d为欧氏维数。当$M=L$时,即有$d=1$,以此类推。假定该几何体具有分形特征,相应的d值则为非整数,此时,$d \to D$即为分维值。

考察面积为 S 的区域，如果其交通网具备分形特征，则根据公式 4.1，交通网总长度 $L(S)$ 与面积 S 存在以下关系：

$$L(S)1/D \propto S^{1/2} \quad （公式4.2）$$

若区域为圆，则有 $S \propto r^2$，公式 4.2 可简化为：

$$L(r) = L_1 r^{D_L} \quad （公式4.3）$$

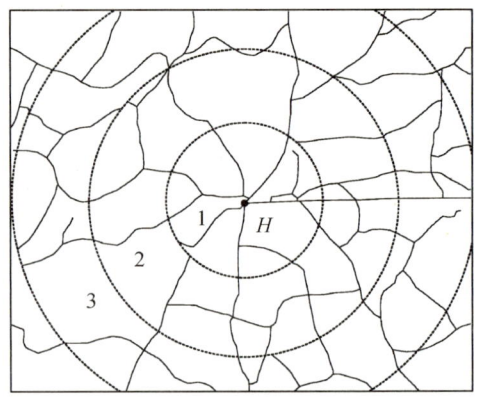

图 4.2 交通网络-回转半径示意图

公式 4.3 中 r 为圆的半径，$L(r)$ 为半径为 r 的区域内交通网总长度，L_1 为常系数，D_L 即为分维值。因其由网络长度和区域半径共同定义，故其被称为长度-半径维数，通常简称"长度维数"。其中区域半径通过 GIS 缓冲区分析导出系列回转半径(缓冲圆环半径)获得(图 4.2)。

（2）加权长度-半径维数[621]

在面积为 S 的区域内，设 n 种类型的道路长度分别为 $L_0(S)$，$L_1(S)$，…，$L_i(S)$，…，$L_n(S)$，组成公路长度向量：

$$L(S) = [L_0(S), L_1(S), \cdots, L_i(S), \cdots, L_n(S)]^T \quad （公式4.4）$$

高速、国道、省道、县道和乡村公路等各种类型的道路对整个网络的贡献不同，则赋予不同的权重，设其权重依次为 $P_0(S)$，$P_1(S)$，…，$P_i(S)$，…，$P_n(S)$，组成权重向量：

$$P(S) = [P_0(S), P_1(S), \cdots, P_i(S), \cdots, P_n(S)]^T \quad （公式4.5）$$

因此，在面积为 S 的区域内，公路总长度为 $L_W(S) = P(S) \times L(S)$，则式 4.3 可变换为：

$$L_w(r) = P(r) \times L(r) = L_1 r^{D_{WL}} \quad （公式4.6）$$

公式 4.6 中，r 为圆形区域的半径，$L_w(r)$ 为半径为 r 的区域内的权重网络总长，L_1 为常系数，幂指数 D_{WL} 即为分维数，将其命名为加权长度-半径维数（Weighted Radial Dimension）。当 $L_i(S)$ 为单位向量时，加权半径维数即为长度-半径维数，可看作是长度-半径维数的一般推广。

（3）网络饱和指数

加权长度-半径维数反映了交通网络密度从测算中心（一般是交通枢纽）向周边的变化特征，D_L 值越高，表明交通网络密度从测度中心向周边下降得越慢甚至是上升。对公式 4.6 进行求导变换，可得道路交通网络密度空间距离衰减的一般公式为：

$$\rho(r) \propto r^{D_{WL}-d} \quad （公式4.7）$$

公式 4.7 中，$d = 2$ 为欧氏维数，D_{WL} 为加权长度-半径维数。

当 $D_{WL} < 2$ 时，表明交通网密度与复杂程度从测算中心向周边递减，此时区域交通网络尚未发育饱和；当 $D_{WL} = 2$ 时，交通网密度与复杂程度从测算中心向周边均匀变化，交通网

络基本饱和；当 $D_{WL} > 2$ 时，交通网密度与复杂程度从测算中心向周边递增。显然，若测算中心为交通枢纽，这种维数是不正常的。

4.1.2.2 覆盖维数

(1) 节点覆盖度：节点个数-半径维数

节点个数-半径维数与长度-半径维数的推算基本相同，由半径维数推导可建立：

$$M(r) = M_0 r^{D_N} \tag{公式 4.8}$$

两边取对数，得到双对数坐标图：

$$\ln M(r) = D_N \ln r + \ln M_0 \tag{公式 4.9}$$

通过线性回归，构造点列 $(r, M(r))$ 双对数坐标图，拟合直线斜率（回归系数）即得分维 D_N，或者通过下式计算获得：

$$D_N = \frac{\sum_{i=1}^{n}[\ln r_i \times \ln M(r_i)] - \frac{1}{n}\sum_{i=1}^{n}\ln r_i \times \sum_{i=1}^{n}\ln M(r_i)}{\sum_{i=1}^{n}(\ln r_i)^2 - \frac{1}{n}[\sum_{i=1}^{n}\ln r_i]^2} \tag{公式 4.10}$$

公式 4.8、公式 4.9、公式 4.10 中，$M(r)$ 为半径 r 的地域范围内的交通网络节点个数，M_0 为常数，D_N 为节点个数-半径维数，反映整个路网节点的覆盖程度。

(2) 线路覆盖度：有线网格个数-网格维数[700]

网络个数-网格维数可以通过相似维数推导，设整个圈域路网可分为 N 个局部，每个局部按相似比 β 与整体相似，则其相似维数 D 为：

$$D = \frac{\ln N}{\ln(1/\beta)} = -\ln N / \ln \beta \tag{公式 4.11}$$

用网格边长为 R 的方格网覆盖整个圈域，设其中有交通线路通过的网格数为 $N(R)$，当 R 变化尺度时（如取 $R_2 = R_1/2$），$N(R)$ 也随之变化，这样就形成 $R \sim N(R)$ 曲线（Housdorff 变换），采用 $[R, N(R)]$ 曲线的变化率定义分维，则公式 4.11 变为：

$$D(R) = -d\ln[N(R)]/d\ln(R) \tag{公式 4.12}$$

采用差分代替微分，则有：

$$D(R_i) = -\ln[N(R_i)/N(R_i - 1)]/\ln(R_i/R_i - 1) \tag{公式 4.13}$$

公式 4.13 中，R_i 为第 i 次细分网络后的网格边长，$N(R_i)$ 为第 i 次细分网络后有交通线路通过的网格数，$R_i - 1$ 为第 $i-1$ 次细分网络后的网格边长，$N(R_i - 1)$ 为第 $i-1$ 次细分网络后有交通线路通过的网格数，$D(R_i)$ 为分维数，因其主要由网格个数和划分网格边长决定，故称为"网格个数-网格维数"，主要反映交通网络（线路）对网格空间的填充和占据能力：分维数越大，网络中有线路通过的网络数越多，网络的覆盖形态就越好，当

$D=[1.58496,2)$ 时,称之为相对于观测尺度 R 具有基本覆盖相似特性,当 $D=2$ 时,每个方格内均有道路通过,路网具有完全自我相似性。

（3）加权覆盖度

与容量维数一样,覆盖维数也可以实现加权。在面积为 S 的区域内,设 n 种类型的节点、线路个数为 $N_0(S),N_1(S),\cdots,N_i(S),\cdots,N_n(S)$,组成路网节点-线路个数向量：

$$N(S)=[N_0(S),N_1(S),\cdots,N_i(S),\cdots,N_n(S)]^T \quad \text{（公式 4.14）}$$

不同等级道路和节点（如高速、国道、省道、县道、等外公路等各种类型道路,特大城市、大城市、中城市、小城市、城镇、乡村等各种类型节点）对整个网络的贡献不同,赋予不同的权重,设其权重依次为 $P_0(S),P_1(S),\cdots,P_i(S),\cdots,P_n(S)$,组成权重向量：

$$P(S)=[P_0(S),P_1(S),\cdots,P_i(S),\cdots,P_n(S)]^T \quad \text{（公式 4.15）}$$

则面积为 S 的区域内,路网节点、线路的个数为 $N_W(S)=P(S)\times N(S)$,则加权节点个数-半径维数为：

$$M_w(r)=P(r)\times M(r)=M_1 r^{D_{WM}} \quad \text{（公式 4.16）}$$

加权线路个数-网格维数为：

$$D_W(R_i)=-\ln[P(R_i)N(R_i)/P(R_i-1)N(R_i-1)]/\ln(R_i/R_i-1)$$

（公式 4.17）

公式 4.16 中,r 为区域半径,$M_w(r)$ 为半径为 r 的区域范围内的加权节点个数,M_1 为常系数,幂指数 D_{WM} 即为加权节点个数-半径分维数,当 $M_w(r)$ 为单位向量时,加权节点个数-半径维数即为节点个数-半径维数,可看作是其一般推广形式。

公式 4.17 中,R_i 为第 i 次细分网络后的网格边长,$P(R_i)N(R_i)$ 为第 i 次细分网络后有交通线路通过的加权网格数,R_i-1 为第 $i-1$ 次细分网络后的网格边长,$P(R_i-1)N(R_i-1)$ 为第 $i-1$ 次细分网络后有交通线路通过的加权网格数,$D_W(R_i)$ 为加权有线网格个数-网格维数。

（4）网络覆盖深度

不断缩小 R 值,当出现路网不再具有基本覆盖相似特性的临界值 R' 时,称为路网覆盖深度,由相对于 $D(R)=1.585$ 的临界值 R 表示,即当网络中平均有约 3/4 的小区内有线路通过时的最小网格边长,以反映出路网密度情况,即每隔多少距离有一条线路。

4.1.2.3 阻抗维数

（1）节点可达性-半径维数[618]

通过半径维数推导建立：

$$A(r)=A_0 r^{D_A} \quad \text{（公式 4.18）}$$

公式 4.18 中，$A(r)$ 为半径为 r 的圆形区域内节点通达性值，A_0 为常数，D_A 为节点可达性-半径维数。两边取对数，得到双对数坐标图：

$$\ln M(r) = D_N \ln r + \ln M_0 \qquad \text{(公式 4.19)}$$

通过线性回归，构造点列 $(r, M(r))$ 双对数坐标图，拟合直线的斜率(回归系数)即得分维 D_N。

(2) 节点关联性-码尺维数[374]

假定某区域有 N 个节点，则这些节点间的空间关联函数可由下式定义：

$$C(r) = \frac{1}{N^2}\sum_i^N \sum_j^N \theta(r - d_{ij}) \qquad \text{(公式 4.20)}$$

公式 4.20 中，$C(r)$ 为关联函数，r 为码尺(yardstick)，d_{ij} 为 i、j 两节点之间的距离，θ 为 Heaviside 函数，其基本性质为：

$$\theta(r - d_{ij}) = \begin{cases} 1, & \text{当 } d_{ij} \leqslant r \text{ 时} \\ 0, & \text{当 } d_{ij} > r \text{ 时} \end{cases} \qquad \text{(公式 4.21)}$$

若 $C(r)$ 与 r 之间满足关系：

$$C(r) \propto r^{D_S} \qquad \text{(公式 4.22)}$$

则交通网络系统存在分形性，一般情况下，点列 $(r, C(r))$ 并不完全呈对数线性分布，而是存在无标度区(non-scaling range)。

在公式 4.20 中，d_{ij} 可取直线距离(亦称乌鸦距离，crow distance)，也可取实际交通里程(亦称乳牛距离，cow distance)，当 d_{ij} 取直线距离时，分维 D_{S1} 反映的是网络节点的空间分布特征；只有当 d_{ij} 取实际交通里程时，分维 D_{S2} 才反映交通网络节点间的连通性状。

(3) 网络直通度

城市交通网络的空间关联维数可以表征城市之间的连通程度，即网络的通达水平。一般说来，基于实际交通里程的关联维数越接近于直线距离的关联维数，表明城市之间的连通性越好。定义网络直通度(亦称牛鸦维数比)为：

$$\rho = \frac{D_{S2}}{D_{S1}} \qquad \text{(公式 4.23)}$$

因 $0 \leqslant D_S \leqslant 2$，$D_{S2} \leqslant D_{S1}$，一般有 $0 < \rho \leqslant 1$。可以认为：当 $\rho < 0.5$ 时，表明节点之间的网络连通性较差；当 $0.5 < \rho < 1$ 时，表明节点之间的网络连通性较好；当 $\rho \to 1$ 时，表明各节点之间接近于直线式连通；当 $\rho = 1$ 时，表明节点之间的交通网络连通度达到极限，但由于受自然地理等因素的影响，导致交通线不能完全经济地直线向前而出现曲折，形成偏差，故此种情况几乎不存在。

4.1.2.4 分枝维数

(1) 道路分枝数-半径维数

借用刘继生、陈彦光(1999)的分枝维数,构造道路分枝数-半径维数[374]:

$$N(r) = N_1 r^{D_b} \quad \text{(公式 4.24)}$$

其中,$N(r)$ 为半径为 r 的圆形区域内路网分枝数目,N_1 为常数,D_b 为道路分枝数-半径维数。通常由回转半径法获得,即改变 r,将区域划分为若干(等宽的)同心环带 $k(k \in n)$,$n(k)$ 为第 k 个环带内路网分枝数目,则有:

$$N(r) = \sum_{k=1}^{r} n(k) \quad \text{(公式 4.25)}$$

这里,分枝数目的计数方法采用实际点数法,以节点作为核心,计算其分叉个数,即从一个节点出发分出的枝头个数(图 4.3);具体操作方法为,将所有道路交岔处记为节点,利用 ArcGIS9.3 在所有节点处将线路(道路)切断,统计各缓冲区内分枝数目。

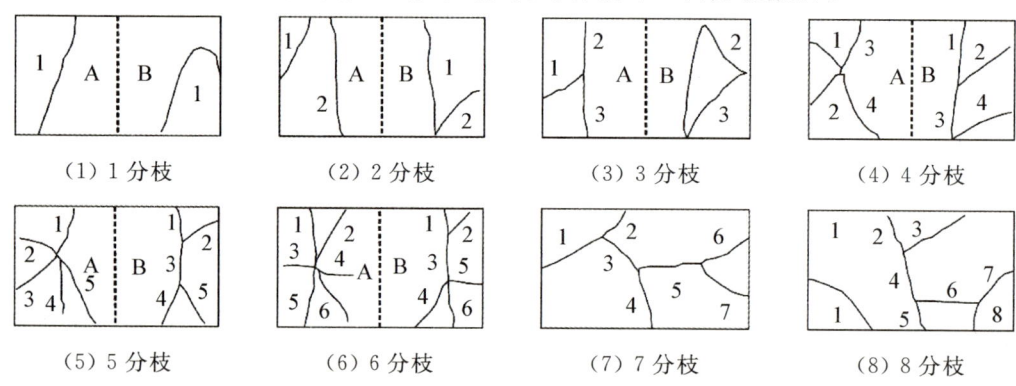

图 4.3 分枝维数计数方法——实际点数法

(2)地理意义——渗滤能力

分枝维数系由交通网络的分枝数目变化率确定,故可揭示交通网络的纵横交叉特征及其复杂性的空间变化。分维越高,反映网络分叉数从测算中心向周围地域变化递增越快;分维越低,则网络分叉的递增率越小。在某种意义上就是交通网络的复杂性和渗透能力的量度。

表 4.1 路网分形测度指标

内容	指标	公式	涵义	地理意义
容量维数	长度-半径维数	$L(r) = L_1 r^{D_L}$	r 为圆半径,$L(r)$ 为半径为 r 的地域范围内交通网络总长度,L_1 为常系数,D_L 即为分维	交通网络密度中心-外围变化
	加权长度-半径维数	$L_w(r) = P(r) \times L(r) = L_1 r^{D_{wL}}$	r 为区域半径,$L_w(r)$ 为半径为 r 的区域范围内的加权网络总长度,L_1 为常系数	道路等级区域差异变量的影响
	网络饱和指数	$\rho(r) \propto r^{D_{wL}-d}$	$d=2$ 为欧氏维数,D_{wL} 为加权长度-半径维数	整个网络占据空间的发育情况

(续表)

内容	指标	公式	涵义	地理意义
覆盖维数	节点覆盖度	$M(r) = M_0 r^{D_N}$	$M(r)$ 为半径 r 的地域范围内的交通网络节点个数，M_0、M_1 为常数，D_N 为节点个数-半径维数，R_i 为第 i 次细分网络后的网格边长，$N(R_i)$ 为第 i 次细分网络后有交通线路通过的网格数，R_i-1 为第 $i-1$ 次细分网络后的网格边长，$N(R_i-1)$ 为第 $i-1$ 次细分网络后有交通线路通过的网格数，$D(R_i)$ 为有线网格个数-网格维数，$P(R_i)$、$P(R_i-1)$ 为相应权重	网络节点的覆盖程度
	线路覆盖度	$D(R_i) = -\dfrac{\ln[N(R_i)/N(R_i-1)]}{\ln(R_i/R_i-1)}$		网络线路的覆盖程度
	加权覆盖度	$M_w(r) = M_1 r^{D_{ww}}$ $D_W(R_i) = -\dfrac{\ln\dfrac{P(R_i)N(R_i)}{P(R_i-1)N(R_i-1)}}{\ln(R_i/R_i-1)}$		节点、线路的等级影响
阻抗维数	节点可达性-半径维数	$A(r) = A_0 r^{D_A}$	$A(r)$ 为半径为 r 的圆形区域内节点平均通达性值，A_0 为常数，D_A 为节点可达性-半径维数	节点通达性的中心-外围的空间变化
	节点关联性-码尺维数	$C(r) \propto r^{D_S}$	$C(r)$ 为关联函数，r 为码尺（yardstick），d_{ij} 为 i、j 两节点之间的距离，D_S 为节点关联性-码尺维数	交通网络节点间的连接和分布
	网络直通度	$\rho = \dfrac{D_{S2}}{D_{S1}}$	D_{S1} 为 d_{ij} 取直线距离时的分维，d_{ij} 取实际交通里程时分维为 D_{S2}，ρ 为网络直通度	交通网络节点间的连通性状
分枝维数	分枝数-半径维数	$N(r) = N_1 r^{D_b}$	$N(r)$ 为半径为 r 的圆形区域内路网分枝数目，N_1 为常数，D_b 为道路分枝数-半径维数	交通网络的纵横交叉特征及其复杂性的空间变化

4.1.3 数据来源及处理

（1）研究区选择

以武汉城市圈为基础，选择成渝城市群、中原城市群、长株潭城市群、珠三角城市群、京津冀城市群、长三角城市群作为区域比较研究对象，其中单核城市群两个（武汉城市圈、中原城市群），双核城市群三个（珠三角城市群、京津冀城市群、成渝城市群）、三核城市群两个（长三角城市群、长株潭城市群）。

（2）数据来源及处理

七大都市圈（群）数据均来源于中国城乡路网空间数据库（2010年）（图1.9）[①]，以保证数据的可比性。借助 ArcGIS9.3 地理信息系统软件，通过缓冲区分析、格网分析和距离测算分析，不断调整回转半径、格网边长和码尺距离数据，分形递归获取不同空间序列单元，统计不同空间单元内路网的空间属性，根据表4.1系列公式计算普通分维值和加权分维值（具体数据处理见各部分"分维测算"分述）。

[①] 数据来源：刘力，之江仁，等.中国高速公路及城乡公路网地图集(超大详查版)[M].济南：山东省地图出版社，2010.

4.2 城乡路网的空间密度变化分形——容量维数分析

4.2.1 分维测算

(1) 测算中心选择

单核城市群(武汉城市圈和中原城市群)为中心城市(武汉市和郑州市)的中心城区几何中心;双核城市群(京津冀城市群、珠三角城市群)选择其两大核心城市(分别为北京-天津、广州-深圳)中心城区几何中心连线中点或者各核心城市中心城区几何中心为测算中心,三核城市群(长三角城市群、长株潭城市群)选择三大核心城市)分别为上海-南京-杭州、长沙-株洲-湘潭)中心城区连线所围成三角形几何中心或各核心城市中心城区几何中心为测算中心。

(2) 缓冲区分析

通过 ArcGIS 9.3 软件作缓冲区分析,获取不同半径范围内(以 10 km 基准,10 km 为间隔,将整个城市群空间划分为系列圆形区域(仅列武汉城市圈回转半径分割图(1989～2010年:图 4.4),以及其他都市圈(群)回转半径图(2010 年,仅列以最大核心城市中心城区几何中心为测度中心的回转半径分割图:图 4.5),相应提取各城市圈各半径圆形内不同等级城乡道路(国道、省道和县道)的累计长度值。

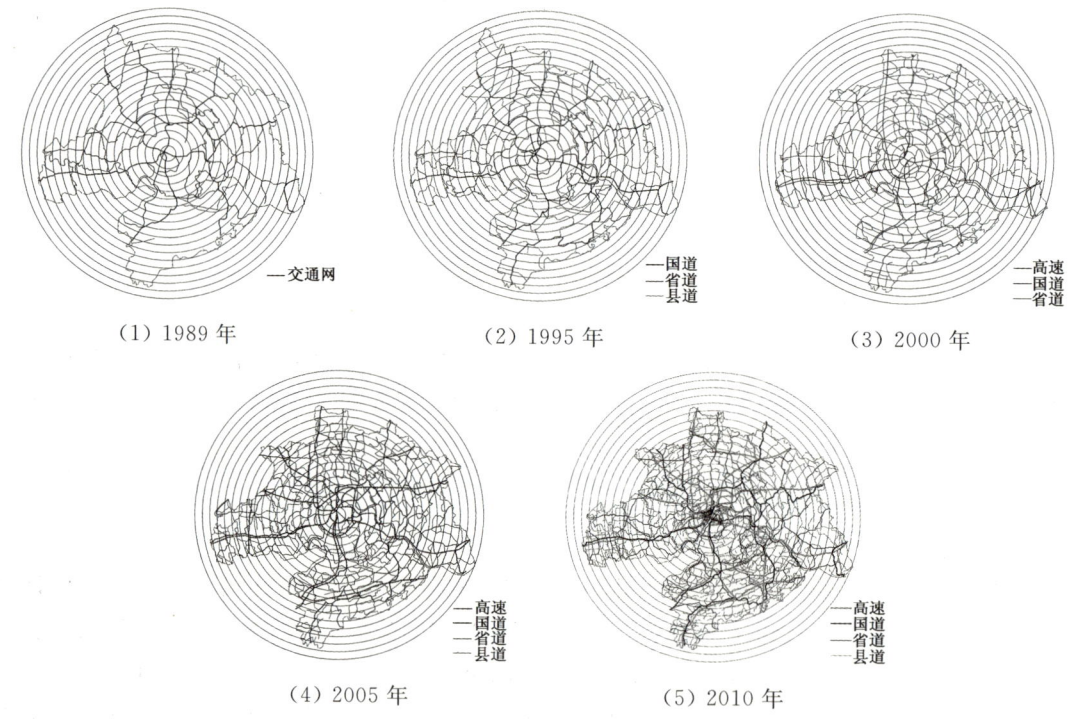

(1) 1989 年 (2) 1995 年 (3) 2000 年

(4) 2005 年 (5) 2010 年

图 4.4 武汉城市圈城乡路网、回转半径与缓冲区图(1989～2010 年)

(3) 道路长度赋权

借用 SPSS17.0 和 MATLAB7.0 分别采用层次分析法和熵值赋权法(具体计算步骤见参考文献[701]和[36]),以避免主观因素带来的偏差,获得不同城市群国道、省道和县道权重,

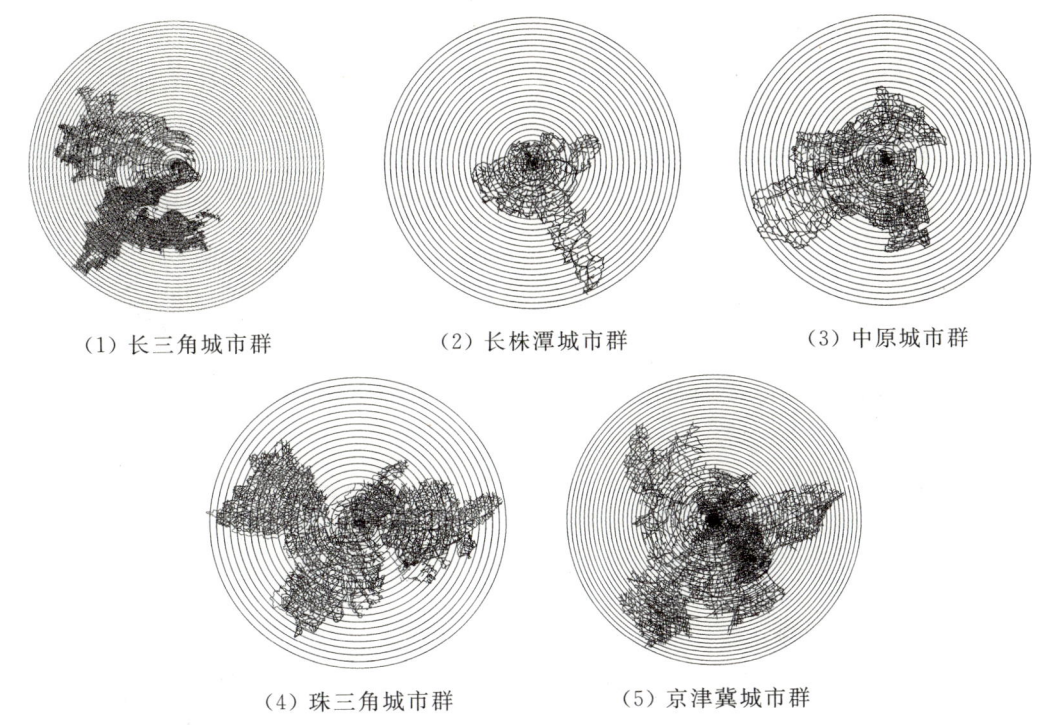

(1) 长三角城市群　　　　(2) 长株潭城市群　　　　(3) 中原城市群

(4) 珠三角城市群　　　　(5) 京津冀城市群

图 4.5　不同城市群城乡路网、回转半径与缓冲区代表示意图(2010 年)

注：仅列以各都市圈(群)最大核心城市中心城区几何中心为测度中心的缓冲示意图

计算不同城市群道路线路加权长度汇总数据。

(4) 对数线性方程拟合

分别对半径和相应的城乡路网长度取对数,在双对数坐标系中获得武汉城市圈及其他都市圈(群)的$[\ln L(r),\ln r]$散点图,点列在整体上呈现出双对数线性分布,采用最小二乘法进行拟合测算,得到不同道路等级、不同城市群和不同时段城乡路网的长度-半径分形维数(仅列武汉城市圈数据处理结果：图 4.6～4.9、表 4.2～4.6)。

4.2.2　不同类型城乡路网密度分形比较

(1) 普遍遵循距离衰减规律,具有较大扩展潜力

所有等级道路点列呈对数线性分布,存在无标度区(non-scaling range),表明城乡路网中心-外围密度变化具分形特征,且形态十分良好(曲线拟合度均超过 0.95)(图 4.6)。整个圈域路网普通长度-半径维数 $D_L < 2$,一方面说明武汉城市圈城乡路网的密度、完善度及复杂度从武汉市向其周边区域呈现出"随空间距离的增加而逐渐降低"的变化规律,城乡路网受距离影响不同程度存在空间收敛效应,其基本属性表现出以武汉市为中心的圈层衰减,呈现核心-边缘结构;另一方面,整个圈域大部分类型路网长度-半径分形维数均不超过 1(除了省道网和县(乡)道网),远小于交通网络分维平均值 1.7,一定程度表明武汉城市圈城乡路网空间结构不够严谨,网络密度较低,空间形态松散,路网演化不够成熟,尚未达到饱和状态,处于稳步推进态势,路网扩展潜力巨大(表 4.2);究其原因,主要是整个圈域地形地貌类型多样,形态复杂,山地、丘陵(岗地)、河流湖泊、平原等纵横交错,使区位条件相差较大,从而导致容量维数整体不高。

(2) 点列第一点均偏离下方,测算中心设定合理

所有等级路网系统的分形形态良好,点列中的第一点均不同程度偏离拟合直线,且都位于拟合直线下方(图4.6),作为测算中心,其附近区域的路网半径维数高于区域整体水平,路网密集,通达性好,是整个圈域路网的核心枢纽,一方面表明整个城市圈城乡路网的密度重心很可能位于武汉市中心城区以内,另一方面也说明测算中心设为武汉市中心城区几何中心的设定比较合理。

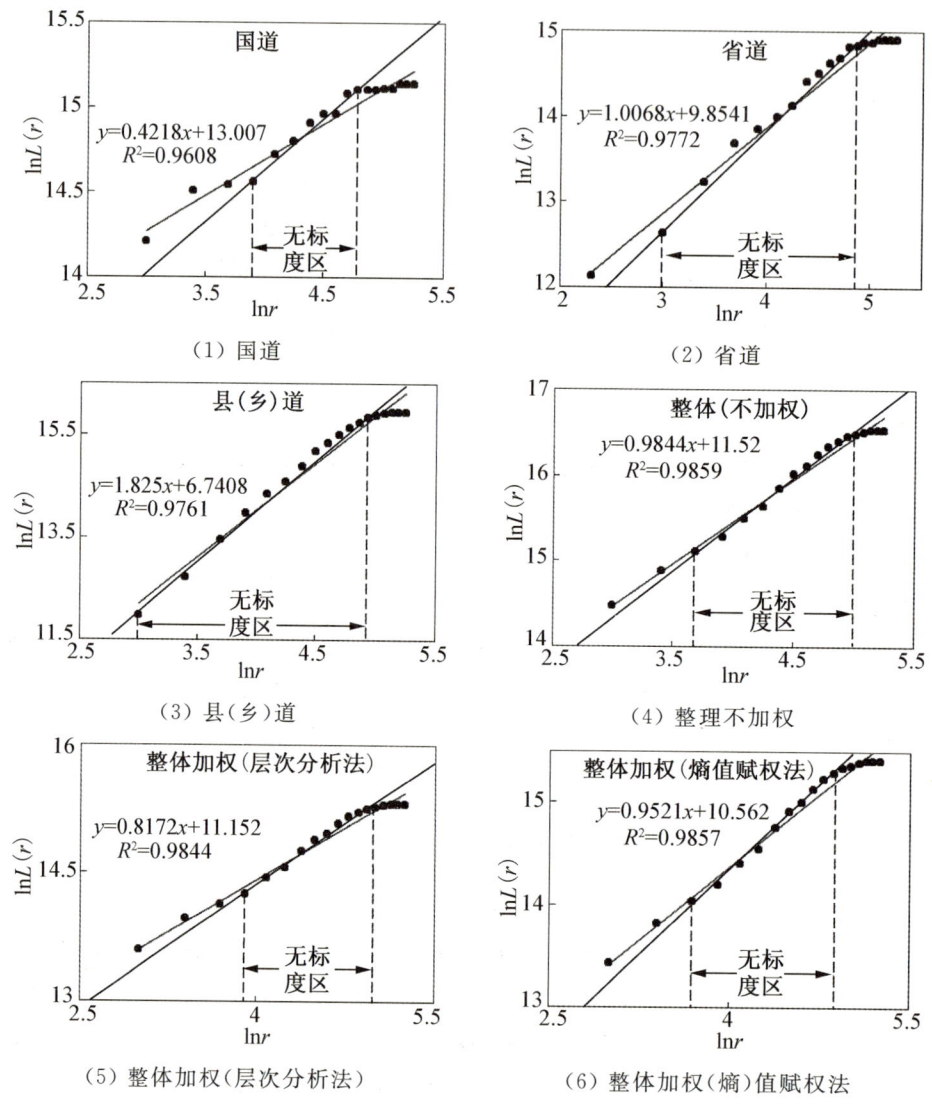

图4.6 武汉城市圈城乡路网不同等级道路长度-回转半径双对数坐标图(2010年)

(3) 均存在明显标度分叉,拐点位于核心-外围圈交界处

所有等级路网分维曲线不同程度出现分叉现象:国道网在第12环带($r=120$ km),省道网在第13环带($r=130$ km),县(乡)道网则在第14环带出现拐点($r=140$ km),拐点基本介于120～140 km间(图4.6),大致位于武汉城市圈核心圈层与外围圈层交界处附近,一定程度表明路网外向扩展趋势明显;同时整个外围圈层路网普遍落入"无标度区"外,路网分

形特征不明显,结构有待发育完善①。

(4) 不同等级道路,发育程度和充填能力不一

一般而言,形态分维在 $D = 1.7$ 附近往往最理想②,甚至存在理论期望值"1.701 ± 0.02"[177],交通网络 1.7 左右的分维值可能是网络形态成熟的一个较为适宜的判定指标[24]。

数据显示三个等级道路分维值遵循国道(0.687)<省道(1.006)<县(乡)道(1.825)序列(表 4.2),道路等级越高,发育程度和充填能力往往越低。其中,县(乡)道发育成熟,超过理想期望值水平,而省道和国道距离理想值尚有不少差距,高等级路网发育迟缓,充填能力较差,覆盖水平较低。

究其原因,国道和省道网络建设相对较晚,同时线路串连倾向大中城市,尽管改革开放以来迅速发展,但其网络的图形强度、路网密度、交通线路设置、通达性与通达能力仍然落后于县(乡)级公路,表明低等级路网具有成熟的历史延续性。

(5) 不同等级道路,中心-边缘密度衰减不一

分维值大小可以反映出路网自中心向外围密度变化的速度,一般分维值越大,密度衰减变化越缓;当 $D = 1$ 时,网络成直线状密度分布,当 $D = 2$ 时,网络成平面状密度分布,当 $1 < D < 2$ 时,网络介于直线与平面间的密度分布。

三大等级道路中,国道分维值最小,呈放射状展布,由中心向四周的密度迅速变小,衰减较快,分维值小于 1,国道网呈线状密度衰减;省道次之,中心-外围密度变化相对较快,分维值略大于 1,整个省道网呈放射+格网状格局;而县(乡)道分维值最大,达到 1.825,基本呈格网状布局,中心-外围密度变化衰减平缓,体现出网状结构较放射结构分布均匀,覆盖效果好的特点(表 4.2)。

表 4.2 武汉城市圈城乡路网的长度-半径维数(2010 年)

分形对象	拟合曲线	维数 D_L	相关系数 R^2	无标度域(km)	数据处理
国道网络	$y = 0.421x + 13.00$	0.687	0.960	50~110	剔除异值区[0,10]
省道网络	$y = 1.006x + 9.854$	1.006	0.977	20~120	/
县(乡)道网络	$y = 1.825x + 6.740$	1.825	0.976	20~130	剔除异值区[0,10]
普通路网	$y = 0.984x + 11.52$	0.984	0.985	30~140	剔除异值区[0,10]
加权路网(层次分析法)	$y = 0.817x + 11.15$	0.817	0.984	40~140	剔除异值区[0,10]
加权路网(熵值赋权法)	$y = 0.952x + 10.56$	0.952	0.985	40~140	剔除异值区[0,10]

注:层次分析法赋国道、省道和县(乡)道的权重分别为 0.45,0.34,0.21;熵值赋权法赋国道、省道和县(乡)道的权重分别为 0.353 7,0.337 9,0.308 4

(6) 不同等级道路,中心-边缘分布形态不同

同样,半径分维值大小也可以反映出路网自中心向外围的密度分布形态:当 $D = 2$ 时,城乡

---

① 作者向我国分形城市研究的开创者之一的北京大学陈彦光教授请教时,十分认同其提出的"分形是大自然的优化结构,真实反映了分形体占据和利用空间的有效性"论断。

② 有些学者,如北京大学的陈彦光教授研究认为,真正的分形最优值不一定存在,但存在一个最优区间,即分形值不宜过大或过小。但相当一部分学者(包括陈彦光教授)还是认同 Batty 院士,当分形值在 1.7 左右,分形体形态相对完美,结构相对成熟。

路网沿武汉向四周均匀分布,越接近2,路网形态分布越均匀;当$D<2$时,路网沿武汉向外围呈凝聚态分布,具有向心特征;当$D>2$时,路网中心-边缘形态展布呈离散态,具有离心趋势。

三大等级道路中,国道和省道网分维值不超过1.5(表4.2),高等级路网主要围绕圈域核心——武汉市呈强凝聚态分布,表明武汉市受历史基础、政治地位、经济发展、政策规划等因素共同作用,在路网建设和布局上,尤其是国家宏观公路干线网(高等级路网),具有"马太"效应,高等级路网通过自组织和他组织作用,形成特有的"向核心凝聚"态势。

县(乡)道网分维值D达到$1.825>1.5$(表4.2),主要围绕武汉市中心城区呈弱集聚态分布,实际上相较国道和省道网建设的"刚性指令",县(乡)道网建设和布局受政策和规划的影响较弱,多在自然联系基础上发育而成,表现出强自组织性,进而导致整个县(乡)道网发育较均匀,渗滤能力更强。同时,经过"十一五"期间的"村村通"等大规模公路建设,县(乡)道网已经趋于饱和,尤其是核心圈,不宜再进行大规模的建设开发,重点应拓展外围圈空间。

(7) 普通-加权路网局部结构相似,保持类同趋势

研究客体的自相似性往往是分段(局部)保持的,采集的信息在双对数图上可分成三段:第一段区间$[d_0,d_1]$对应部分的分维称为织构分维(textural fractal),描述路网的精细结构和纹理特征;第二段$[d_1,d_2]$对应部分的分维称为结构分维(structural fractal),描述路网严格的自相似性特征;第三段$[d_2,d_3]$对应部分的分维为态势分维(state fractal),描述路网总的变化趋势[617]。

比较全点列城乡路网$[\ln L(r),\ln r]$曲线变化态势,普通和加权路网均表现出三段分维值分异,三段分维值区间一致:织构分维区间均落入第1至12环带,结构分维区间均为第13至16环带,态势分维为第17至19环带(图4.7)。

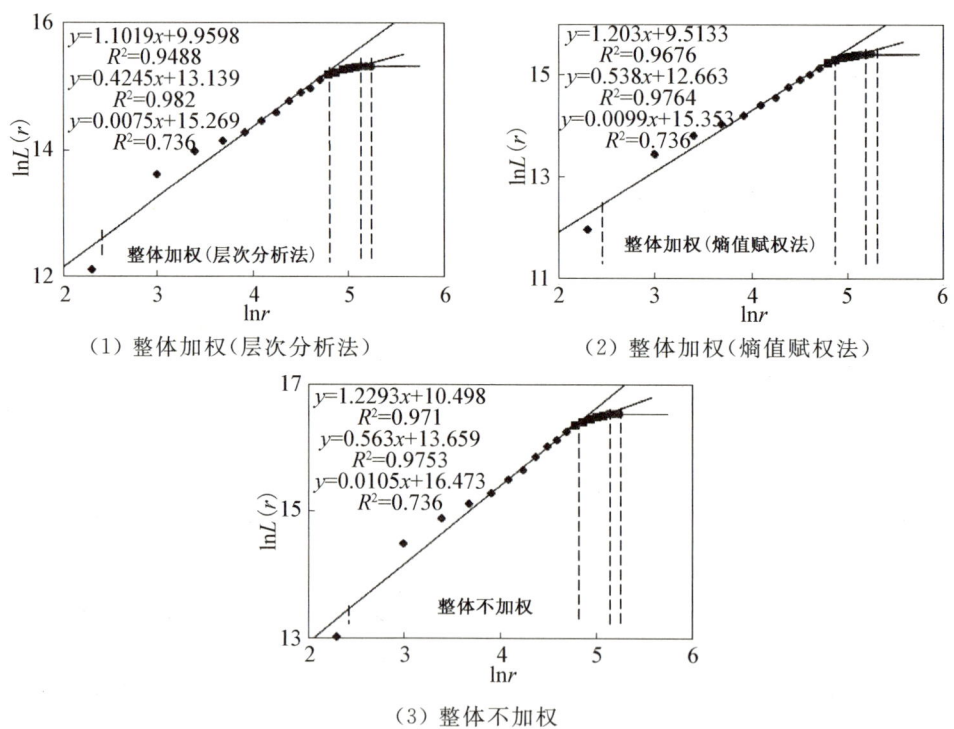

图4.7 武汉城市圈普通和加权长度-半径分维特征指标(2010年)

国道、省道和县(乡)道三段分维值基本保持同步下降幅度,即随回转半径增大,城乡路网保持梯度式密度下降的动态变化过程,明显划分为三大圈层:(1) 核心密集圈(第 1~12 环带间,$\ln r = 2.3 \sim 4.70$,此区域基本对应 1.5.2 部分的武汉城市圈核心圈层范围),普通和加权长度-半径维数超过 1,此区间路网密度相对整体水平较高,中心-外围路网密度下降速度较慢,但与 1.7 的期望值差距明显,整个路网密度尚未饱和,具有一定上升空间;(2) 中间稀疏圈(第 13 至 16 环带区间,$\ln r = 4.78 \sim 5.08$),长度-半径维数不到 0.6,此区间路网并未发育良好的分形形态,网络密度较整体水平小,下降速度较快;(3) 外围稀薄圈(第 17 至 19 环带区间,$\ln r = 5.14 \sim 5.25$),长度-半径维数不超过 0.01,网络密度迅速下降(表 4.3)。

表 4.3　武汉城市圈城乡路网普通和加权长度-半径维数的精细结构(2010 年)

分维	织构分维 D_{L1}	区间范围	结构分维 D_{L2}	区间范围	态势分维 D_{L3}	区间范围
普通	1.101	1~11 环带 ($\ln r = 2.3 \sim 4.70$)	0.424	12~16 环带 ($\ln r = 4.78 \sim 5.08$)	0.007	17~19 环带 ($\ln r = 5.14 \sim 5.25$)
加权(层次分析法)	1.203	1~11 环带 ($\ln r = 2.3 \sim 4.70$)	0.538	12~16 环带 ($\ln r = 4.78 \sim 5.08$)	0.009	17~19 环带 ($\ln r = 5.14 \sim 5.25$)
加权(熵值赋权法)	1.229	1~11 环带 ($\ln r = 2.3 \sim 4.70$)	0.563	12~16 环带 ($\ln r = 4.78 \sim 5.08$)	0.010	17~19 环带 ($\ln r = 5.14 \sim 5.25$)

4.2.3　不同时段城乡路网分形演化比较

(1) 普通分维值逐步上升,路网结构渐趋优化

1989~2010 年,武汉城市圈城乡路网的普遍具有分形特征,全点列基本具有良好的幂律分布,统计自相似性比较明确,整个圈域城乡路网具有分形性质[702]:

1989~2010 年,武汉城市圈城乡路网的分维值渐趋上升,路网发育不断成熟。整个圈域路网分维值由 1989 年的 0.717 增加到 2010 年的 1.256,5 个年份的路网分维值整体呈上升趋势:0.717(1989 年)→1.278(1995 年)→1.158(2000 年)→1.249(2005 年)→1.256(2010 年),除了 1995 年(表 4.4)。一方面,表明武汉城市圈城乡路网通过自组织演化,结构渐趋优化,不断进化;另一方面,1995 年分维值达到时序列最大值,1995~2000 年,城乡路网分维值不同程度下降,城乡路网分形发育出现局部年份的退化。

1989~2010 年,武汉城市圈城乡路网分形整体性态逐步变好。分析表 4.4 可知,城乡路网幂函数方程拟合度 R^2 总体上有渐趋上升态势,分维标准误差 δ 则有不断下降倾向。1989~2010 年间,方程拟合度值由 0.912 迅速上升至 2010 年的 0.980,逐渐趋向完美拟合值 1,而标准误差则由起初的 0.47 快速下降到 2010 年的 0.09,逼近最优值 0。值得一提的是,分形性态在局部年份也出现波动,2000 年模型拟合度达到全序列最大值,标准误差为最小值,与分维值的波动变化态势类同,在个别时段(2000~2005 年)出现退化倾向。

(2) 普遍存在双标度区,具有双分形(bi-fractals)结构

1989~2010 年,武汉城市圈城乡路网普遍具有分形特征,存在无标度性,并且无标度区均较狭窄,普遍在半径 110~130 km 处出现转折点(图 4.8),即随着回转半径逐步变大,路网长度变化溢出无标度区,网络标度出现间断,形成一新的无标度网络,整体表现为两种类

型网络耦合的复杂网络,呈现近似的"双标度"结构。

半径 110~130 km 处正好界于武汉城市圈核心-外围圈的交界地段,城乡路网密度出现由密向疏的间断,即交界地段内的核心圈,城乡联系紧密,路网密度较高,发育较成熟,而交界地段外的外围圈层多山地、丘陵地形,尤其是黄冈东北部、黄石阳新、咸宁南部、孝感北部等山区,城乡地域分散,路网稀疏,密度衰减迅速。

由此可判断:第一,武汉城市圈城乡路网分形发育具有时间连续性(即存在时间惯性),路网发育多以渐变态势为主,具有"路径依赖",形成一种复杂而有序的结构,即局部(分界点内外)近似为无标度,而整体去"涌现"尺度迹象。第二,武汉城市圈城乡路网空间发育呈现集聚趋势,大多数城乡路网集中于少数区域(武汉城市圈核心圈及城镇密集区),大多数区域城乡路网分布稀疏,呈现路网分布的核心-边缘格局。这种空间上的不均衡性,恰恰也是城乡路网结构化和非随机性的基本特征[223]。第三,武汉城市圈城乡路网自组织性发育不成熟和不协调,少数地域范围具有高度的城乡路网连接,即核心城镇密集区路网高度发育,分维值接近 1.7 的理想值,而外围圈层多数中小城市路网连接较弱,形成明显的两级分化。与发达国家都市圈和中国沿海都市圈路网发育相比[①],武汉城市圈路网独有的双标度结构是当前路网发育不成熟的重要体现,解决的关键是加大外围圈层城乡路网建设,完善路网连接程度,以形成相对较成熟的单标度结构,即形成等级有序、分布均衡的路网结构。

(3) 分形不具严格意义,存在一定时空尺度限制

上述分析不同程度表明,城乡路网分形特征存在一定的无标度区,并且表现出随时间不断发育演化,即城乡路网的自相似特征只有在一定的时空范围内才会出现。

按照 Benguigui 等(2000)的城市分形演化的时空范围判据:当维数 D 的标准误差低于临界值 $\delta=0.04$ 时(相当于模型的拟合度达到 0.996 以上)即认为城市形态是分形的[703],不难看出整个时间序列的路网分形距离严格意义上的分形判据("完美值")相差不小,模型拟合度均未"达标",表明在 1989~2010 年的时间尺度范围内,在全圈域的空间尺度范围内(全点列),整个城乡路网并未演化发育形成严格意义上的分形,表明时空尺度对分形发育具有重要影响:

随着时间推移,城乡路网分维拟合度整体持续增加,不断通过自组织演化逼近完美值,整个城乡路网由起初(1989 年)的 0.912 迅速增加到期末(2010 年)的 0.980,整体上呈迅速上升态势(表 4.4),可以预见在不久的将来,武汉城市圈城乡路网通过自组织进化,可以发育形成严格意义上的分形特征(即拟合度达到 0.996 以上)。

1989~2010 年期间,五个幂函数拟合曲线图均不同程度出现,初始数据点和最后数据点部分偏离拟合曲线,前几个数据点及后几个数据点对整个圈域全点列幂函数拟合曲线稳定性均产生明显影响,整个城乡路网自相似性存在无标度区,尽管不同年份的无标度区间存在一定差异,但普遍在距武汉中心城区 30~60 km 处进入无标度区,在 100~130 km 处溢出无标度区,整个圈域城乡路网自相似性无标度区介于 30~130 km 间,这个区间范围内的长

---

① 发达国家的都市圈和中国沿海三大都市圈路网在双数坐标图上是一条直线,尽管分维值测算方法可能不一,但反映出的分维特征基本雷同。

度-半径维数点列幂函数拟合效果出现一定幅度的增加,普遍达到 0.99 以上,接近"标准值"(0.996),表明武汉城市圈在这个区间范围内具有严格意义的自相似性,路网结构合理,自组织发育较成熟(图 4.8)。

表 4.4 城乡路网长度-半径维数的时序变化(1989～2010 年)

指标\年份	1989 年	1995 年	2000 年	2005 年	2010 年
分维值 D	0.717	1.278	1.158	1.249	1.256
测度系数 R^2	0.912	0.978	0.987	0.979	0.980
标准误差 δ	0.077	0.021	0.013	0.020	0.019

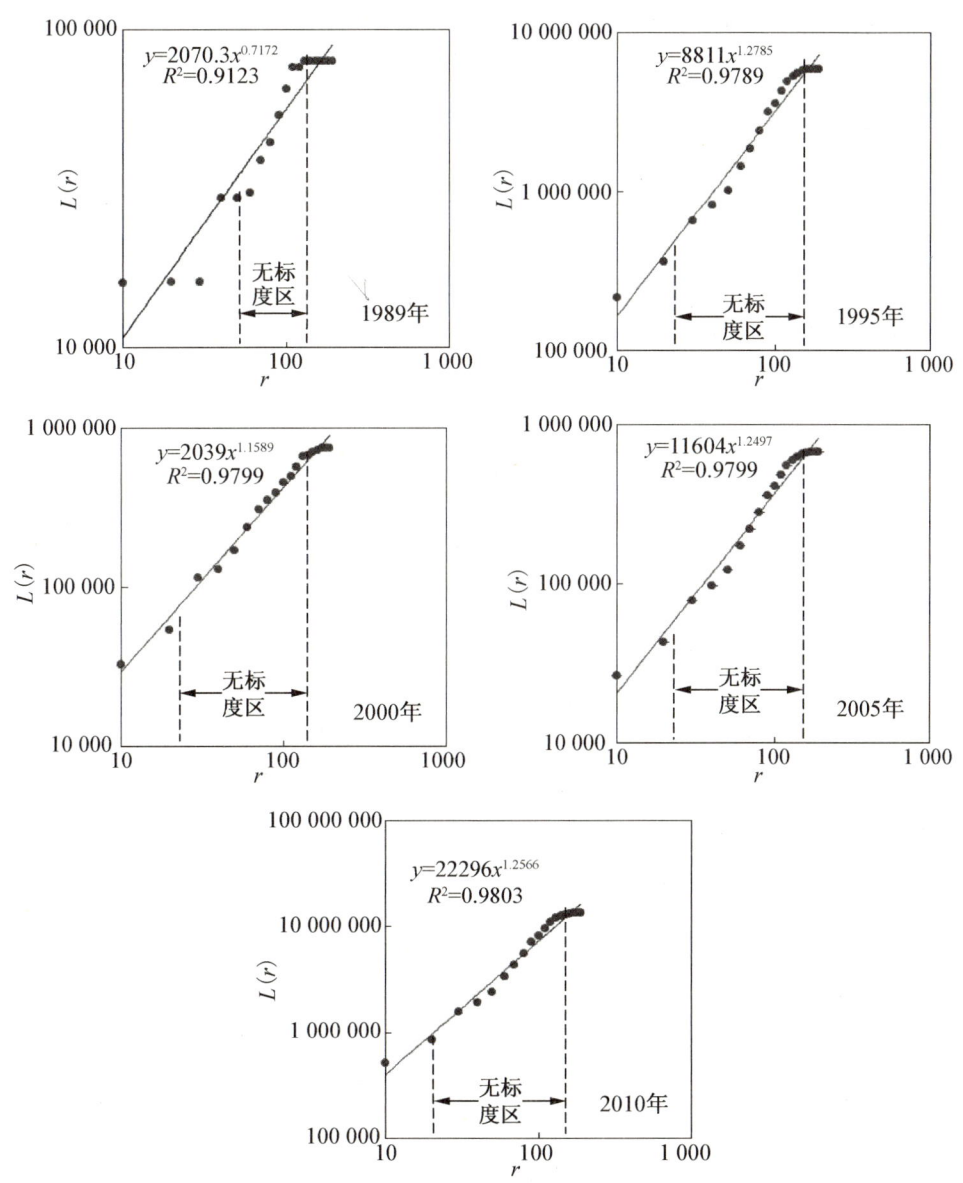

图 4.8 武汉城市圈城乡路网道路长度-回转半径双对数坐标图(1989～2010 年)

4.2.4 不同区域城乡路网分形结构比较

4.2.4.1 城际比较

(1) 整体路网分维值城际相差不大,表现出共性发育特征

武汉城市圈各中心城市路网的长度-半径分形维数差异不大,主要介于 1.0～1.5 之间,普遍具有分形特征(图 4.9)。一定程度印证:城市路网作为城市形态生长演化过程中的一种表征[704],必然具有分形特征,是城市形态分形的共性表现[372]。具体来看,整个圈域城乡路网的长度-半径分形维数多不超过 1.5(除了黄冈市),表明各市城乡路网由密度重心(全部落入各中心城市中心城区以内)向周边区域密度下降较快,呈较强的空间收敛和衰减效应,城市内部明显形成核心(城区路网高密度)-边缘(郊区路网低密度)的城乡密度分异。而黄冈、咸宁、黄石、潜江等市长度维数整体水平相较其他城市略高,城乡路网空间布局相对分散和均衡,中心-周围的城乡路网密度下降变化不如其他城市显著。主要是因为这些城市周边多为山地或湖泊,受自然地形影响,广泛发育低等级县(乡)道网,密度较其他城市周边地区高,而这些城市的城区整体路网相较其他城市城区发育稀疏,进而导致其中心-外围的城乡路网密度收敛不明显。理论上,这意味着这些城市城乡路网发育水平相对完善,城际交流和联系方便迅捷;实际上由于高速、国(省)道等高等级快速干道发育的不均衡,往往导致城郊居民出行不够快捷和便利。

(2) 城际路网尚未饱和,扩展潜力巨大,均围绕核心呈强凝聚态分布

城际不同类型路网分维值基本介于 1～1.5 间,平均值均不超过 1.5,无论是高等级路网(1.187),还是县(乡)道低等级路网(1.476),还是整体路网(1.308)(图 4.9),距离饱和临界值 2,差距明显。说明整个圈域不同等级路网均未饱和,遍布大量空间"空隙"和伺服"空洞",路网扩展潜力巨大;当前武汉城市圈城乡关联作用不强,城乡路网发育不够完善,没有形成协调有序的城乡一体化和网络化结构。

同时,不同类型路网城际分维值相差不大,空间分异系数都不超过 0.3,不同类型路网分维值统计显示仅少量城市分维值较大外,整个城市圈城际长度-半径分维值多不超过 1.5(表 4.5),许多分维值甚至小于 1,城际路网普遍围绕各中心城市城区(密度重心)呈强凝聚态分布。

(3) 城际路网分形发育与其形态密切相关,大小遵循分枝状＞网格状＞混合式＞环放状＞放射状规律

根据不同城市城乡路网的结构形态,可将其分为四种类型:放射状为主(仙桃、天门、鄂州)、环形放射状为主(武汉)、放射＋格网状混合式(孝感)、网格状为主(潜江)、分枝状(黄冈、黄石、咸宁)(图 4.10)。比较各城市容量分维值大小,基本分为三个等级区间:① $D>1.4$,包括黄冈、咸宁、黄石、潜江,主要为分枝状和网格状城乡路网;② $1.4>D>1.3$,代表城市为孝感,属于混合式城乡路网;③ $1.3>D>1.0$,包括仙桃、天门、武汉、鄂州四市,主要为放射状和环放状城乡路网。不难看出,宏观具有放射状和环放状形态(多为高等级城乡路网,如高速、国道和省道网)的城乡路网容量能力从城市中心向四周的空间衰减速度和幅度较大,城乡路网的密度大小分布、充填空隙程度和伺服空间能力具有典型的中心-边缘结构,

即自中心向四周城乡路网空间分异明显,尤其是高等级快速干道网,其伺服规模和能力形成明显的等级梯度格局;而分枝状和格网状(多为低等级城乡路网,如县乡道网),容量分形维数较大,城乡路网自中心-外围的承载能力和容量水平由内向外、由核心向边缘的递减速度更缓,幅度更小,其密度分布相对放射状和环放状更加均匀(容量分形维数比其更接近于2),这种城乡路网容量分维值大小与其结构形态的内在关系,已经为一些学者所证实[618]。

(4) 高等级路网分维值存在一定城际差异,呈现一定弱空间集聚

引入空间分异系数:

$$\delta = \frac{\sqrt{\sum_{i=1}^{n}(D_i-\overline{D})^2/n}}{\overline{D}} \quad \text{(公式 4.26)}$$

公式 4.26 中,δ 表示空间分异系数,其中 $\overline{D}$ 为城际分维值 D_i 的算术平均值,n 为城市个数(取 9),δ 值 $\in[0,1]$,越接近于 1,则城际分维值空间分异越显著,分布越不均衡。

计算五种类型网络(整体、高速、国道、省道和县(乡)道)的空间分异系数(表 4.5),分析可知:整个城乡路网城际分维值相差不大,空间分布较均匀,路网对整个空间的密度充填较完善;高速(0.226)、国道(0.164)和省道(0.253)的城际空间分异系数较整体(0.132)和县(乡)道(0.145)两种路网大,高等级路网相对集中,导致大部分圈域未能享受"高速"的便捷,整个网络整体空间伺服效率不高;高等级路网分维值城际差异(空间分异系数为 0.163)相较县(乡)道网明显,空间分布并不均衡,存在一定的空间集聚效应,明显形成三大板块:武汉-鄂州-黄石集聚板块、仙桃-天门-潜江集聚板块和孝感-黄冈-咸宁集聚板块(表 4.5)。

表 4.5 武汉城市圈城乡路网长度-半径维数的区域比较(2010 年)

类型	城市	武汉	鄂州	黄石	黄冈	孝感	咸宁	仙桃	天门	潜江	平均值	空间分异系数
测算中心		重心	重心	重心	重心	重心	重心	重心	重心	重心	/	/
整体	维数 D_1	1.120	1.081	1.467	1.529	1.315	1.498	1.203	1.110	1.451	1.308	0.132
	相关系数 R^2	0.960	0.964	0.981	0.982	0.937	0.984	0.996	0.952	0.965	0.969	/
高等级路网	维数 D_2	1.130	1.006	1.192	1.504	1.304	1.475	1.007	0.923	1.141	1.187	0.163
	相关系数 R^2	0.963	0.927	0.984	0.985	0.932	0.983	0.997	0.875	0.942	0.954	/
高速	维数 D_3	1.382	1.166	1.145	1.483	1.278	1.700	1.060	0.881	0.780	1.208	0.226
	相关系数 R^2	0.930	0.850	0.985	0.973	0.918	0.977	0.992	0.699	0.947	0.919	/
国道	维数 D_4	1.228	0.852	0.901	1.070	0.797	1.220	0.913	/	0.842	0.978	0.164
	相关系数 R^2	0.980	0.924	0.986	0.982	0.837	0.972	0.985	/	0.926	0.844	/
省道	维数 D_5	0.913	0.987	1.355	1.799	1.591	1.579	1.030	0.884	1.174	1.257	0.253
	相关系数 R^2	0.977	0.986	0.974	0.963	0.935	0.983	0.996	0.953	0.942	0.968	/
县(乡)道	维数 D_6	1.115	1.164	1.792	1.561	1.322	1.512	1.574	1.597	1.648	1.476	0.145
	相关系数 R^2	0.946	0.982	0.969	0.975	0.939	0.984	0.979	0.955	0.968	0.966	/

注:所有城市按 5 km 递增回转半径,天门市无国道数据

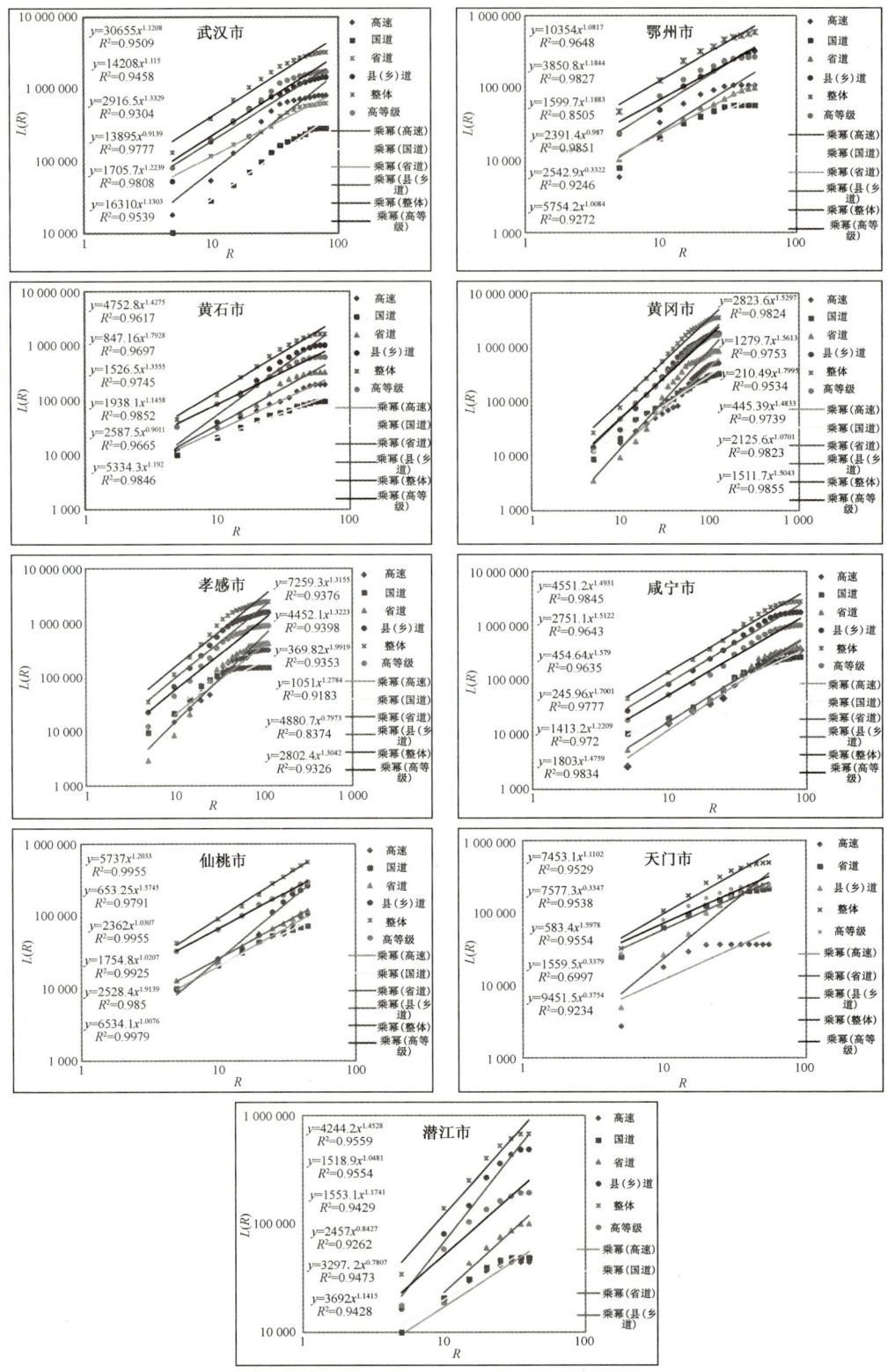

图 4.9　武汉城市圈中心城市城乡路网道路长度-回转半径双对数坐标图

(5) 低等级路网分维值普遍较高，广泛发育于外围圈层

由表 4.5 可以分析得知：县(乡)道网不到 0.15，相较高速、国(省)道网等高等级路网空间分布较均衡，长度维数值普遍较高，各城市路网中心-边缘分布较均匀。除武汉、鄂州和孝感外，其他城市普遍超过 1.5(图 4.9)，大部分城市县(乡)道网中心-边缘路网密度下降不快，空间收敛和衰减缓慢，外围圈层低等级路网发育较成熟，空间分布较密集，多为山地丘陵(黄冈东北部的大别山区、咸宁-黄石南部的幕阜山区)和河湖平原地区(仙桃、天门、潜江等)，突出反映自然地形条件对低等级路网发育的重要影响。

4.2.4.2 圈际比较

(1) 城乡路网分布密度普遍形成中心-外围梯度衰减

正常情况下，各都市圈(群)城乡路网道路长度-半径维数普遍不超过 2(表 4.6、图 4.10)。一方面，城乡路网容量普遍不超过理想阈值(1.7～1.8)，各都市圈(群)整体上城乡关联作用不够紧密，一体化和网络化水平较低，存在大量伺服空隙，城乡路网扩展潜力巨大；另一方面，城乡路网密度和容量从测算中心向周围地域呈不同幅度递减，城乡交流承载能力逐渐降低，城乡路网形成明显的分布密度中心-外围梯度结构。

(1) 武汉(环放状)　　(2) 鄂州(放射状)　　(3) 黄冈(分枝状)　　(4) 孝感(混合式)

(5) 潜江(格网状)　　(6) 黄石(分枝状)　　(7) 咸宁(分枝状)

(8) 仙桃(放射状)　　(9) 天门(放射状)

图 4.10　武汉城市圈中心城市城乡路网结构形态

(2) 城乡网分形发育程度存在一定结构性差异

尽管城乡路网自测算中心向四周密度梯度递减，普遍具有良好的分形结构。但不同都

市圈（群）结构，形成不同测度中心，导致整体密度分形发育性态和结构存在明显差异。按分维值大小，可以判定各都市圈（群）城乡路网密度空间衰减幅度和速度大小大体遵循"单核＞双核＞多核"序①。

2010年，中原城市群、武汉城市圈等单核都市圈（群）城乡路网长度-半径维数均超过1.2，京津冀、珠三角等双核都市圈（群）长度-半径维数基本介于1.0～1.2间，略小于武汉城市圈，而长株潭城市群[三核都市圈（群）]长度-半径维数不到0.8，城乡路网分维值大小在保持自中心向四周的空间衰减同时，其衰减速度和幅度基本遵循"单核＞双核＞多核"的规律。当然，长三角城市群是个例外，一方面当以三核围成三角形几何中心为测度中心时，其分维值超过2，城乡路网密度呈现中心-四周缓慢递增态势，主要原因是测度中心落入"太湖"，经修正后分维值接近2，城乡路网发育比较均匀，承载能力比较均衡；另一方面，如果将长三角视同为以上海为中心的单核都市圈（群）时②，以上海市中心城区几何中心为测度中心的容量分维值达到1.414，仅次于中原城市群，大大高于其他双核和三核都市圈（群），似乎也契合了"单核＞双核＞多核"的规律。

表 4.6 城乡路网长度-半径维数的区域比较（2010 年）

城市群		范围	核心	测算中心	拟合曲线	维数 D_L	相关系数 R^2	无标度域（km）
单核	武汉城市圈	武汉、鄂州、黄石、黄冈、咸宁、孝感、仙桃、天门、潜江	武汉	武汉中心城区几何中心	$y=22.29x^{1.256}$	1.256	0.980	10～170
	中原城市群	郑州、洛阳、开封、焦作、新乡、许昌、平顶山、漯河、济源	郑州	郑州中心城区几何中心	$y=7.695x^{1.508}$	1.508	0.949	10～130
双核	京津冀城市群	北京、天津、（河北省）唐山、保定、廊坊、张家口、承德、沧州	北京、天津	北京-天津连线中点	$y=61.63x^{1.198}$	1.198	0.972	30～170
				北京中心城区几何中心	$y=52.74x^{1.224}$	1.224	0.989	10～270
				天津中心城区几何中心	$y=56.23x^{1.187}$	1.187	0.976	10～250
	珠三角城市群	（广东省）广州、深圳、珠海、惠州、东莞、肇庆、佛山、中山、江门	广州、深圳	广州-深圳连线中点	$y=58.97x^{1.151}$	1.151	0.965	20～110
				广州中心城区几何中心	$y=102.4x^{1.074}$	1.074	0.991	10～170
				深圳中心城区几何中心	$y=23.30x^{1.288}$	1.288	0.976	10～150

---

① 当然这种长度-半径分形发育理论上是否严格遵循"单核＞双核＞三核"？是否与测算中心有关？是否与城乡体系发育、核心空间距离有关？是否是普适机制？等等，仍然有待通过大量实证和数学模型推导进行验证。

② 上海市无论是人口规模，还是经济能级均大大高于长三角其他中心城市，整个长三角城市群首位度较高，上海市在圈域呈"一极独大"格局，因此，某种意义上可视长三角城市群是以上海为核心的单核都市圈（群）。

(续表)

城市群		范围	核心	测算中心	拟合曲线	维数 D_L	相关系数 R^2	无标度域 (km)
多中心	长三角城市群	上海、(浙江省)杭州、嘉兴、湖州、绍兴、宁波、舟山、(江苏省)南京、扬州、常州、泰州、镇江、无锡、南通、苏州	上海、杭州和南京	沪-宁-杭三角形区几何中心	$y = 0.176x^{2.335}$ ($y = 1.131x^{1.971}$)	2.335 (1.971)	0.909 (0.946)	40～160
				上海中心城区几何中心	$y = 15.53x^{1.411}$	1.411	0.991	30～190
多中心	长株潭城市群	长沙、株洲、湘潭	长沙、株洲和湘潭	长-株-潭三角形区几何中心	$y = 183.2x^{0.739}$	0.739	0.904	10～70
				长沙中心城区几何中心	$y = 309.8x^{0.631}$	0.631	0.915	10～80

注：括号内为去掉异常值后的计算结果；珠三角城市群因数据可获得性未考虑清远市和港澳地区

(3) 多核都市圈(群)分维测算受测度中心和城乡体系影响，表现异常

长三角、长株潭等多核都市圈(群)分维值或者超过 2，或者小于 1，城乡路网中心-外围密度分形发育较差。

首先，就长三角城市群城乡路网而言，当测算中心为沪-宁-杭三市围成三角形几何中心时，容量维数值超过 2，剔除异常点(测算中心正好位于太湖，导致 r＝10～20 区间路网长度数据出现异常)，分维值也接近 2，整个城乡路网的容量水平从测算中心向周围地带基本呈不断递增或近似均匀分布的空间衰减态势，网络组织呈离散态。可能原因一方面在于选择三核围成三角形的几何中心，偏离圈域城乡路网密度重心，受地形地貌(太湖水系)影响，测算中心周边路网分布密度相对较小，三核围成的中心圈层的外围地带城镇体系广泛发育，路网纵横交错，分布密度相对较高，导致路网中心-外围密度变化出现"递增序"现象，同时这种测度中心下的城乡路网无标度区范围普遍比以最大中心城市中心城区几何中心为测度中心下情况小，表明这种测度中心选择存在明显缺陷，有待获取密度重心进行修正；另一方面，可能是长三角城市群城乡整体社会经济关联水平较高，路网发育和充填较完善，中心-外围路网密度差异不显著，空间分布较均匀。

当测算中心为上海市中心城区几何中心时，容量维数值为 1.414＜2，整个城乡路网的容量水平从测算中心向周围地带呈不断递减态势，网络组织呈凝聚态。一定程度说明，当前长三角城市群城乡路网受上海市强中心势能影响明显，仍然以上海市为中心，城乡路网分布密度和充填程度保持渐进式递减，尽管其周边存在南京和杭州等大城市，但与上海市的圈域极核地位相差较远，并未改变宏观有序的分形发育性态；同时上海市的强极效应和"独大"地位，导致南京和杭州处于"阴影"地带，客观上强化了整个长三角城市群的"单核"地位，也在一定程度上印证了前述研究结论，即长三角这种"单核"(尽管普遍将其划分为三核都市圈(群))都市圈(群)理应有较高的分维值，形成良好和有序的中心-外围密度分形结构。

其次，就长株潭城市群城乡路网而言，其点列 $[r, L(r)]$ 在双对数坐标图折断为二，表现为两条直线，具有双分形(bi-fractals)结构，呈现出自仿射(self-affine)形式，一方面可能暗示出长株潭城市群城乡路网结构发育不佳，路网分布密度太小，尚存在大量伺服空隙，城乡路网结构发育处于初级阶段，出现一定程度退化；另一方面可能是测度中心选择不当，长株潭

三市路网建设和发育水平相当（长沙略强），无论是三市几何中心，还是长沙市中心城区几何中心，均可能偏离路网密度重心，从而导致中心-外围路网密度分形数据异化出现。

（4）双核都市圈（群）分维受测算中心变化影响不大，分形发育不佳

京津冀、珠三角等双核都市圈（群）长度-半径分维值均较小，相差不大，基本介于 1.0~1.3 之间，变异系数不到 0.2。一方面说明，自测算中心向周边路网密度分布呈弱凝聚态，城乡路网分形发育不够完美，整个路网以线状组织（分枝结构、放射结构等）为主，存在大量的伺服"空洞"，类似磁盘中的"碎片"空间。另一方面，在不同测算中心下的分维值差距较小，说明两大都市圈（群）分维值大小受测算中心变化的影响较小，可能原因是这两大都市圈（群）的双核空间邻近，双核连线中点与双核的空间距离较小，三个测算中心基本接近整个城乡路网的密度重心。

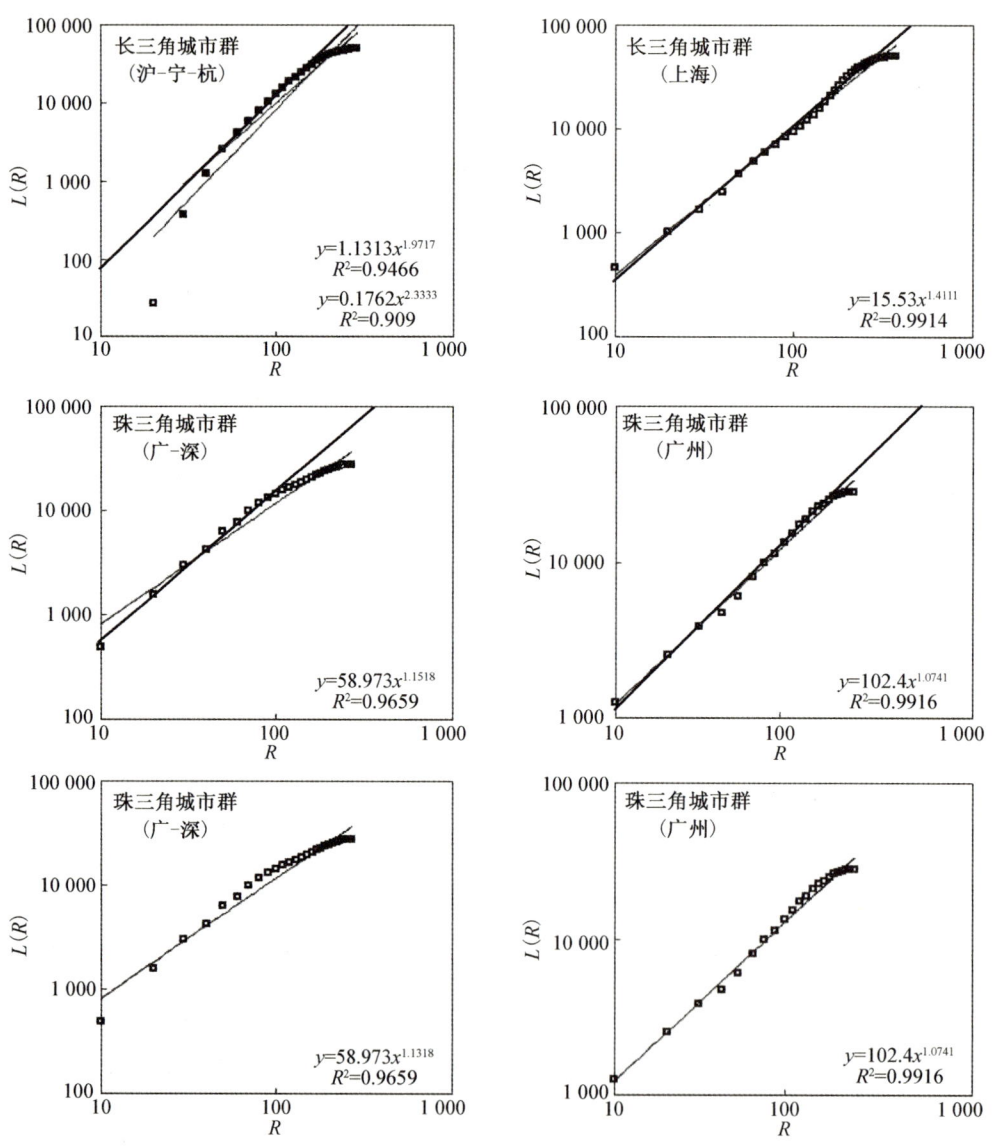

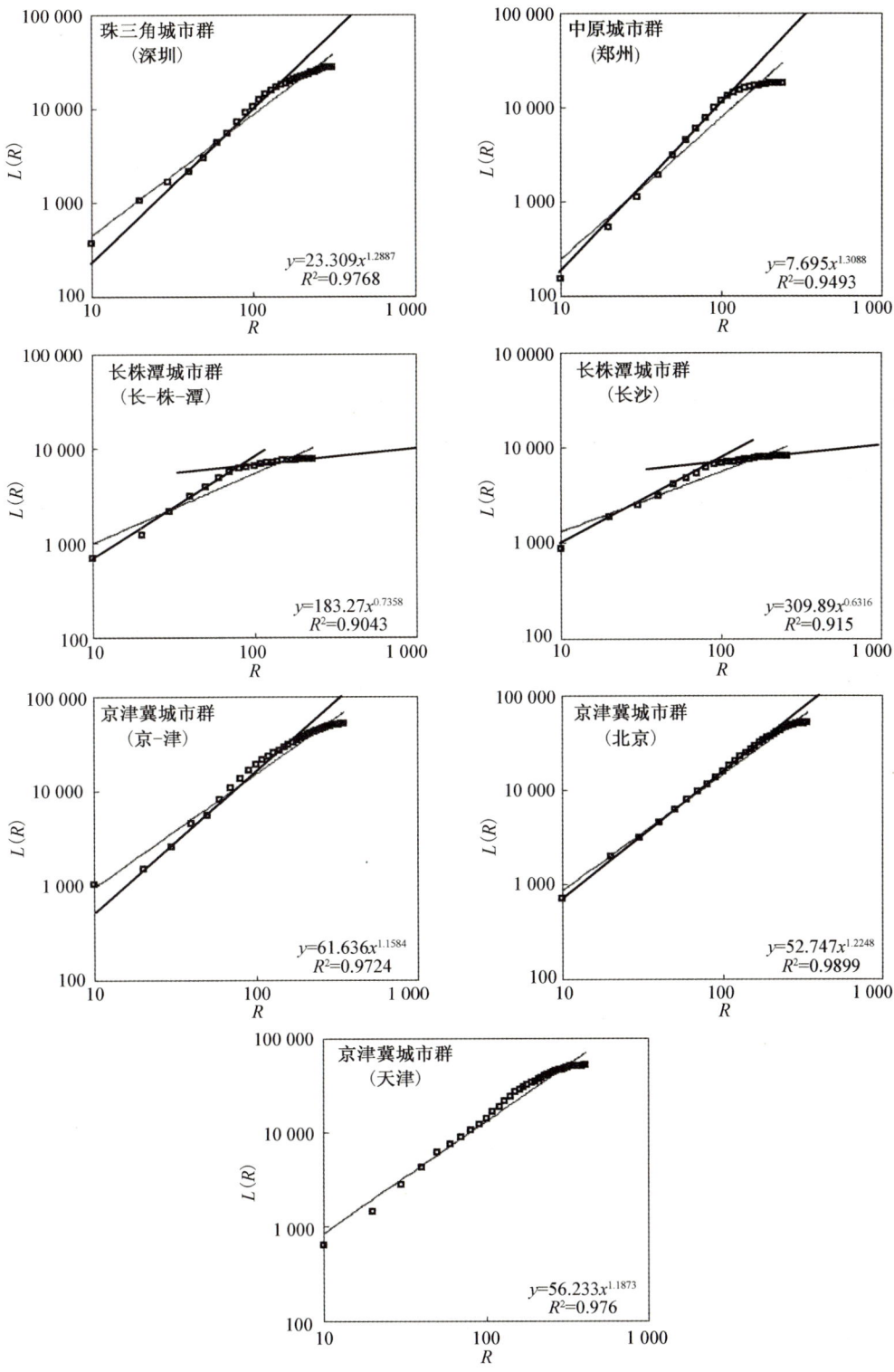

图 4.11　不同都市圈（群）城乡路网长度-半径维数比较（2010 年）
注：图中括号内为半径维数的测算中心

4.3 城乡路网的空间覆盖程度分形——覆盖维数分析

长度-半径维数可以有效揭示城乡路网自中心向外围的密度分布变化,但它不能确定性表明城乡路网形态覆盖能力和充填空间程度。也就是说,城乡路网密度高,但不一定具有良好的覆盖形态和空隙充填能力。因此,有必要构建覆盖维数,从城乡路网形态充填和占据空间视角展开分析。

4.3.1 分维测算

(1) 缓冲分析

对武汉城市圈原始路网(1989～2010 年)以 10 km 为初值,10 km 为间隔,依次递增半径长,作系列缓冲区($R_i = [10,190]$,单位:km),获取各个半径范围内的系列节点个数 $M(R_i)$。

(2) 格网分析

对武汉城市圈原始路网(1989～2010 年)分别以系列边长 $R_i(R_i = 12,10,9,\cdots,2,1)$ 进行格网分析[仅列 2010 年格网分析结果(12 km×12 km～1 km×1 km);图 4.12],获取系列有路(国道、省道和县(乡)道)格网数 $N(R_i)$;对长三角城市群、珠三角城市群、京津冀城市群、长株潭城市群、中原城市群、成渝城市群等六大都市圈(群)进行边长 r_i 为 1～15 km 系列格网分析,统计各码尺下的有线格网数 $n(r_i)$。

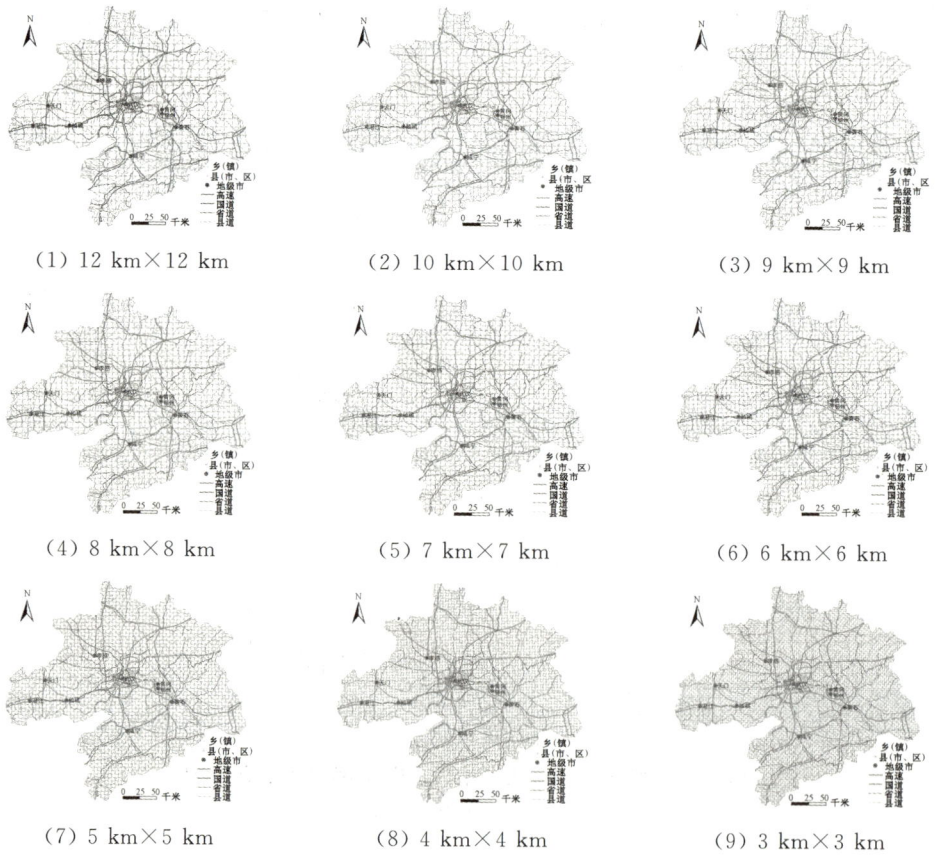

(1) 12 km×12 km　　(2) 10 km×10 km　　(3) 9 km×9 km

(4) 8 km×8 km　　(5) 7 km×7 km　　(6) 6 km×6 km

(7) 5 km×5 km　　(8) 4 km×4 km　　(9) 3 km×3 km

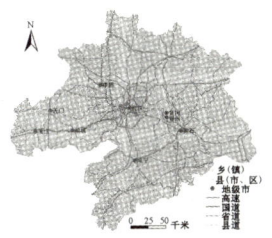 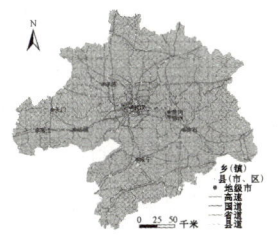

(10) 2 km×2 km　　　　(11) 1 km×1 km

图 4.12　武汉城市圈城乡路网格网分析(2010 年)

（3）加权计算

其中线路权重采用 SPSS17.0 层次分析法,国道、省道和县(乡)道分别赋权 0.45,0.35,0.20;节点权重采用自身行政等级赋权,设定 6 地级市(武汉、鄂州、黄石、黄冈、孝感、咸宁)和 3 省直管市(仙桃、天门、潜江)中心城区节点权重为 0.4,地级市郊区(县)、县级市及县城区范围内节点权重为 0.3,镇、乡行政所在地节点权重为 0.2,其他乡村节点及道路交汇口权重为 0.1,计算加权有点格网数 $Mw(R_i)$ 和有路(国道、省道和县(乡)道)格网数 $Nw(R_i)$。

（4）分维值测算

采用公式 4.8 通过幂指数方程拟合,近似计算普通节点覆盖维数值,运用公式 4.13 和公式 4.17 分别计算线路覆盖分维值 $D(R_i)$ 和加权覆盖分维值 $Dw(R_i)$ 序列,求其算术平均值作为整个路网线路覆盖度。

（5）覆盖深度值界定

对普通线路覆盖维数值 $D(R_i)$ 和加权线路覆盖维数值 $Dw(R_i)$ 序列进行降序排序,获取最接近 1.585 临界值时的 R 值,即为覆盖深度值 R'。

4.3.2　节点覆盖度分析

（1）节点覆盖度发育不高,不具显著自相似性

1989～2010 年,城乡路网节点线路覆盖度均不超过 1.58 的自相似性临界值,一定程度表明 20 多年来,整个武汉城市圈城乡路网发育仍不够成熟,节点覆盖度不具备明显的自相似性,路网节点发育不够完善,充填空间能力较弱,路网点状覆盖形态不佳,自组织结构处于较低水平。

（2）节点覆盖度逐年提高,结构渐趋优化

覆盖度的取值区间为[0,2],当覆盖度 $D(R_i)=2$ 时,意味着路网具有最佳的覆盖性,即达到了局部与整体完全的自相似性[705],表明整个路网结构形态达到最优状态。

1989～2010 年,整个城乡路网节点的覆盖数量和质量持续提高。一方面,武汉城市圈域节点覆盖数量由 1989 年的 53 个,持续增长到 2010 年的 1 015 个,增长了近 200 倍;另一方面,节点覆盖分维值也保持同步提高,由起初的 0.971 增长到期末的 1.534(表 4.7、图 4.13),路网节点覆盖质量不断提高,路网结构逐步优化,占据和利用空间的有效性不断提升,印证了一些学者的研究观点"人文系统,如城市体系和交通网络的分维是随着时间逐步上升的"[706]。

(3) 高等级节点覆盖程度不高，导致加权路网节点覆盖形态较差

2010年，加权城乡路网的节点覆盖度(1.329)小于普通路网的节点覆盖度(1.534)(表4.7、图4.13)，考虑路网节点等级的空间充填效应差异，实际路网节点覆盖度较差，节点空间发育不均衡，充填空间和伺服覆盖的能力较弱。

表 4.7　武汉城市圈城乡路网节点覆盖度变化(1989～2010年)　　(单位:个)

年份 半径(km)	1989年	1995年	2000年	2005年	2010年	2010年(加权)
10	5	7	7	10	13	33
20	6	12	15	21	36	82
30	9	16	31	31	93	154
40	11	23	41	40	138	253
50	14	28	55	53	184	320
60	17	42	71	92	245	442
70	23	51	88	115	309	515
80	27	67	109	154	408	637
90	32	92	137	210	508	741
100	38	106	158	253	596	836
110	44	130	191	308	694	952
120	47	148	222	355	798	1 048
130	51	162	242	388	876	1 128
140	51	167	256	405	923	1 262
150	52	175	264	422	959	1 377
160	52	178	276	435	983	1 426
170	53	181	288	444	1009	1 455
180	53	181	288	444	1014	1 463
190	53	181	289	445	1 015	1 467
拟合方程(幂函数)	$y=0.38x^{0.971}$	$y=0.250x^{1.288}$	$y=0.296x^{1.350}$	$y=0.246x^{1.471}$	$y=0.433x^{1.534}$	$y=1.716x^{1.329}$
分维值 D	0.971	1.288	1.350	1.471	1.534	1.329
拟合度 R^2	0.961	0.969	0.992	0.973	0.986	0.992

主要原因在于市级、县级等高等级节点(多为各区域局部网中心城市)的由中心-外围的圈层空间扩展不平衡，存在主要城市联系走廊或扇区，如南北向沿京广铁路的城市走廊、东西向沿沪蓉高速的城市走廊及沿汉十高速的城市走廊，因而整个高等级节点覆盖程度较低，形态较差，区域伺服效率不高，考虑等级差异的加权放大了高等级节点的空间覆盖效能，进

而导致整个加权路网节点覆盖度整体下降较明显。

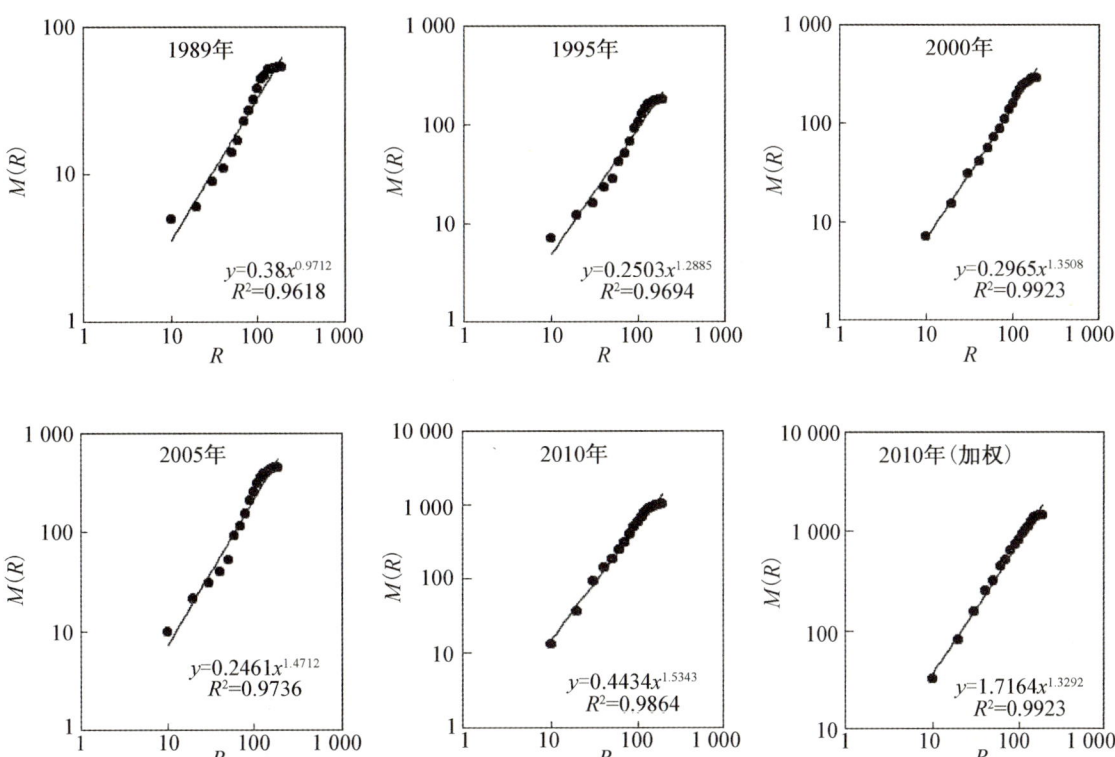

图 4.13　武汉城市圈城乡路网节点覆盖度变化（1989～2010 年）

（4）城际节点覆盖程度差异较小，与城镇体系与社会经济水平呈负相关关系

考虑城乡路网建设多对社会经济发展具有滞后效应，选择 2009 年城际社会经济发展主要指标（从空间流强度、人口规模、经济水平和城乡节点规模三个方面），开展统计相关分析，揭示出：城际节点覆盖程度差异较小（图 4.14），空间变异系数超过 0.2，远远小于圈域社会经济要素的差异性（普遍超过 0.90），表明城乡节点覆盖程度城际分布相较社会经济要素分布更加均衡和离散；同时，城际节点覆盖度与圈域城镇体系规模并未呈现高度同构，城际节点覆盖度与人口和节点规模间相关系数绝对值不超过 0.1，城际节点的覆盖度与自身的人口和节点规模基本无关；而城际节点覆盖度与其自身的经济发展水平呈现一定的负相关（具有较好的对应关系），具体表现为城际节点覆盖度与自身的空间流强度（民用汽车拥有量、邮政业务量，分别表征人流、物流和信息流）保持较高负相关，Pearson 相关系数达到－0.45 以上（呈中高度负相关水平），与社会消费品零售总额和 GDP 等商品经济水平也表现出一定的负相关，Pearson 相关系数处于－0.40 左右，基本其呈中度负相关（表 4.8）。

城际节点覆盖度与自身的社会经济发展水平并没有表现出理想的正相关关系，二者间存在一定程度的负相关，即空间流强度较大、经济发展水平较高的城市，其节点覆盖度相对较低，道路网络发育与社会经济发展呈现"异配性"结构，武汉、鄂州等具有较发达的城乡关联和交流的核心圈城市，其城乡路网节点覆盖程度却处于低水平态，城乡路网分形发育较差，面临突出而强烈的路网"结构性约束"。

表 4.8　武汉城市圈城际节点覆盖度及其相关指标位序-规模分布（2009 年）

指标 城市	节点覆盖度	民用汽车拥有量（辆）	邮电业务总量（亿元）	社会消费品零售总额（亿元）	常住人口数（万人）	地区生产总值（亿元）	节点数（个）
武汉	0.718	668 523	293.82	2 164.09	978.54	4 620.86	498
鄂州	0.767	196 885	22.51	126.68	104.87	308.54	57
黄石	1.290	64 153	13.64	256.09	242.93	597.78	170
黄冈	1.434	90 010	17.48	340.07	616.21	700.32	195
孝感	1.323	70 474	1.39	326.89	481.45	681.20	197
咸宁	1.191	65 932	9.37	165.88	246.26	405.15	214
仙桃	0.954	14 742	3.89	127.87	117.51	261.93	40
天门	0.754	20 260	2.13	135.21	141.89	208.99	28
潜江	1.408	22 646	17.48	86.36	94.63	234.01	66
整体（平均）	1.534	134 847.22	42.41	414.35	336.03	890.98	162.78
空间变异系数	0.193	1.539	2.230	1.599	0.897	1.585	0.898
与节点覆盖度相关系数	/	−0.512	−0.463	−0.404	−0.061	−0.394	−0.097

数据来源：九市生产总值、客货周转量数据来源于 2009 年国民经济和社会发展统计公报，黄石和孝感客货周转量数据缺失，以 2008 年相应数据按 10% 增长速度推算；邮电业务总量、社会消费品零售总额数据来源于 2010 年湖北省统计年鉴；人口数据为 2010 年数值，来源于湖北省 2010 年第六次全国人口普查主要数据公报（http://www.stats-hb.gov.cn/structure/index.htm）

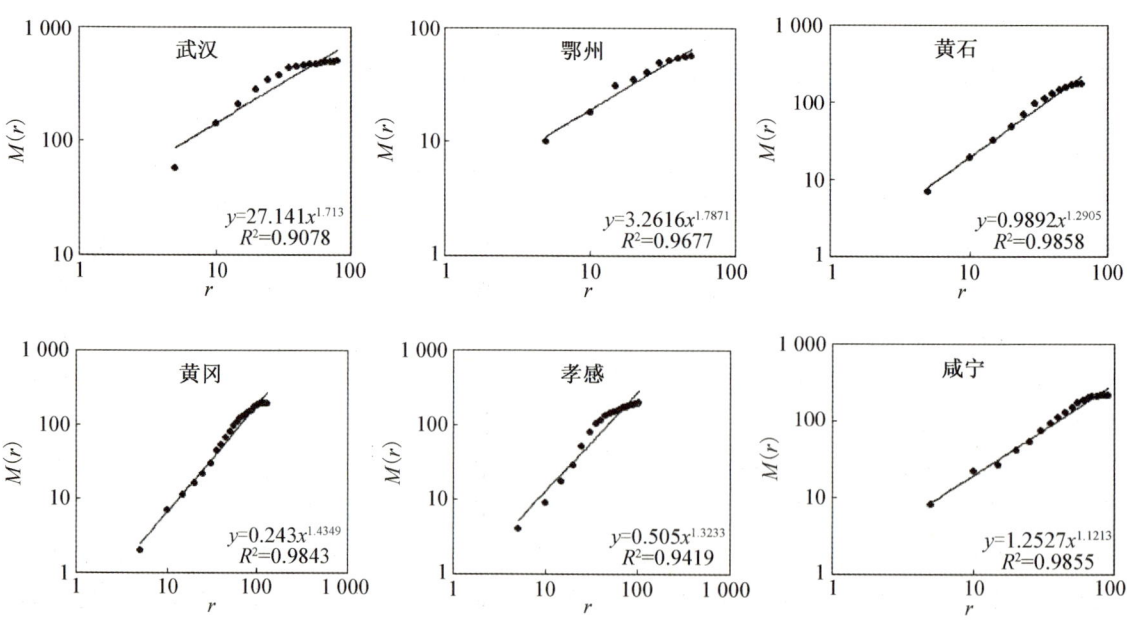

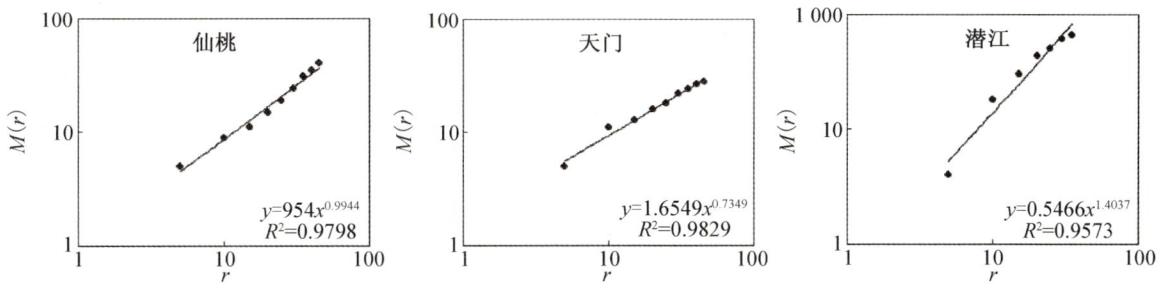

图 4.14 武汉城市圈城际城乡路网节点覆盖度(2010 年)

4.3.3 线路覆盖度分析

(1) 普通路网线路覆盖度与节点保持同步发育,规律趋同

1989~2010 年,5 个年份普通城乡路网线路覆盖度均大于 1(表 4.9、图 4.15),与节点覆盖度一样,距离 1.58 的自相似性临界值差距较明显,整个武汉城市圈城乡路网发育处于低水平态,覆盖形态产生的自组织效应和空间伺服效能较低;但 20 年来,整个城乡路网线路覆盖分维值与节点一样逐年提高,路网结构通过自组织发育和他组织调控不断优化,整个系统呈动态螺旋上升态势。

(2) 普通路网整体分维严格上不具备覆盖分形

剔除异常值,普通路网整体分维值估计为 1.46<临界值 1.584 96(表 4.10、图 4.15),严格意义上不具备基本的覆盖相似性。城乡路网覆盖度较低,充填空间不够充分,存在大量空隙和碎块,路网伺服存在大量"空洞",不具分形优化结构,城乡路网建设和布局即不经济也不合理。

(3) 国道网覆盖不具备分形性,结构有待优化

国道网分维估计值为 2.34,大于 2(表 4.10、图 4.15),突破或溢出了分形嵌入空间(embedding space)的欧氏维数的上限,缺乏物理意义,整个双对数线性关系不明显,在双对数坐标图上,点列实际上排成抛物线型的曲线。究其原因可能是整个国道网主要受国家交通宏观规划控制,他组织机制较强,往往突破水系、地形等自然环境的自组织作用力,路网建设和布局通过人为规划调控,多基于大中城市体系展开,导致偏远的圈域外围圈路网发育稀疏,路网空间填充和占据不均衡,覆盖形态溢出分形空间维,结构有待优化。

(4) 县(乡)道网覆盖具有分形特征,但覆盖形态不均

县(乡)道网覆盖度估计值为 1.280 8,具有一定的分形特征,但低于整个圈域的平均值,并且远小于覆盖自相似性临界值 1.584 96 和整个路网整体覆盖度 1.468(表 4.10、图 4.15),表明县(乡)道线路对整个圈域空间的填充和占据不够,覆盖形态空间分布不均,受地形和水系等自然条件发育的影响作用明显,圈域黄冈东北部(大别山区)、咸宁南部(幕阜山区)和孝感西北部(大洪山区和大别山区)等山区,以及江汉平原(仙桃、潜江、天门及孝感的汉川)河湖密集地区,县(乡)道网络的覆盖形态较差,存在大量伺服"空隙"和"空洞"。

(5) 省道网介于国道和县(乡)道间,分维处于临界点

省道的情况介于县(乡)道和国道之间,分维处于临界点上,D 值约为 2.006(表 4.10、图

4.15),但双对数坐标图上点列不成直线。因此,省道总体上也未发育为分形结构。与国道演化机制类似,整个高等级城乡路网建设和布局的他组织力＞自组织力,城乡路网覆盖和充填趋向于人为规划调节,但考虑城镇密集区和经济发达区,城市圈外围圈层(如黄冈西北部、咸宁南部、孝感东北部、天门等)国(省)道等高等级路网发育稀疏,城乡空间连接和组织性能较差,结构有待优化。

(6) 加权路网分维值接近理想值,覆盖形态较优

相较普通路网分维值(仅为 1.468),加权路网分维值达到 1.587 5(表 4.10、图 4.15),接近 1.67~1.75 最优区间,接近 1.7 的理想值[①],覆盖形态接近理想完美状态,并且 D 略大于临界值 1.584 96,表明整个武汉城市圈加权城乡路网相对于观测尺度 R 具有基本覆盖相似特性;一定程度也说明加权路网分维值测算充分考虑城乡路网组织的等级层次性,能全面反映普通覆盖度无法反映出的结构特征。

表 4.9　武汉城市圈城乡路网线路覆盖度变化(1989～2010 年)

年份 格网边长(km)	1989 年	1995 年	2000 年	2005 年	2010 年
1	3 581	7 174	8 015	11 079	16 827
2	1 760	3 488	3 900	5 258	7 505
3	1 158	2 276	2 505	3 330	4 448
4	862	1 653	1 822	2 343	2 951
5	680	1 272	1 415	1 750	2 077
6	556	1 025	1 119	1 355	1 555
7	476	853	915	1 086	1 192
8	398	708	777	868	956
9	358	611	658	717	761
10	309	529	555	596	631
12	252	394	420	441	457
拟合方程(幂函数)	$y=3\,691x^{-1.06}$	$y=7\,775x^{-1.15}$	$y=8\,889x^{-1.19}$	$y=12\,842x^{-1.29}$	$y=20\,121x^{-1.46}$
分维值 D	1.06	1.15	1.19	1.29	1.46
拟合度 R^2	0.999	0.996	0.991	0.991	0.992

(7) 路网线路覆盖深度受线路等级影响显著,表现层次性分异

比较不同等级路网线路覆盖深度,存在县(乡)道＜省道＜国道的数值关系(表 4.10、图 4.16),表明:路网线路覆盖形态遵循层次性差异,道路等级越低,覆盖深度越小,路网发育

[①] 英国科学家 Batty 院士及其弟子 Longley 等曾借助受限扩散模型(DLA)和电介质击穿模型(DBM)对一系列城市形态演化进行分形模拟分析认为,城市形态的分形存在理想值,即分维理论平均值为 1.701±0.025。

形态越好,即路网分布比较密集,路网覆盖比较均匀,充填空间比较充分。同时,国道和省道网覆盖深度相当大,超过9,覆盖形态比较差,覆盖度超过阈值2,整个高等级路网发育不成熟,分布稀疏且不均衡,基本不具有良好的覆盖有效性。

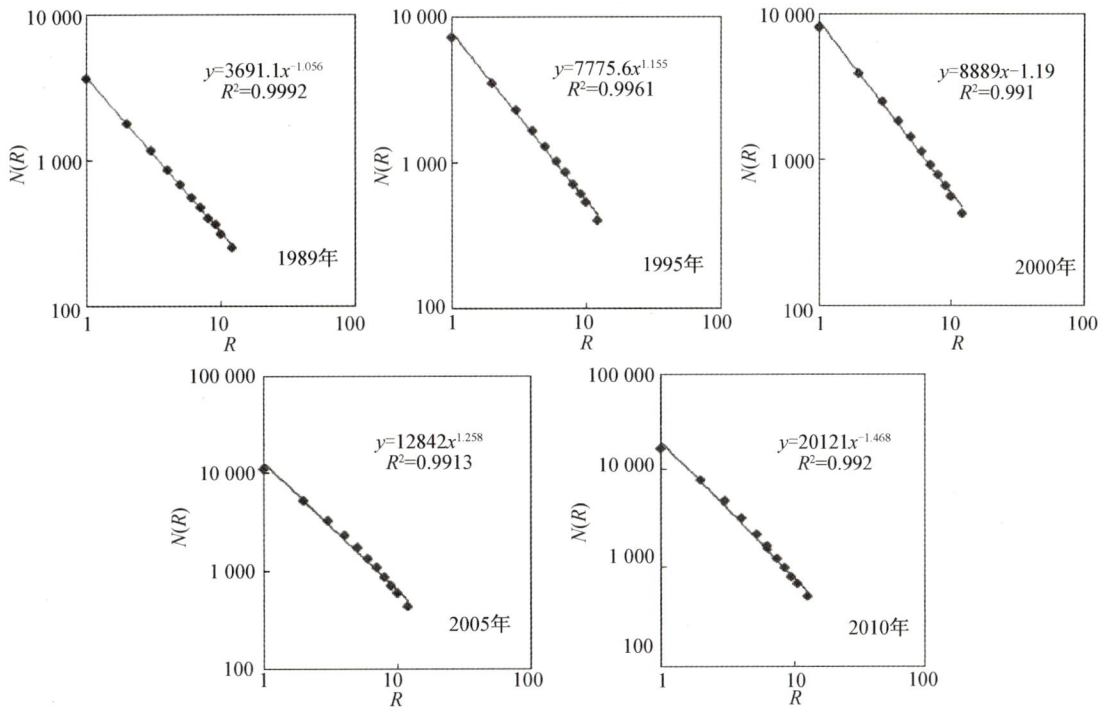

图 4.15　武汉城市圈城乡路网线路覆盖度变化(1989~2010 年)

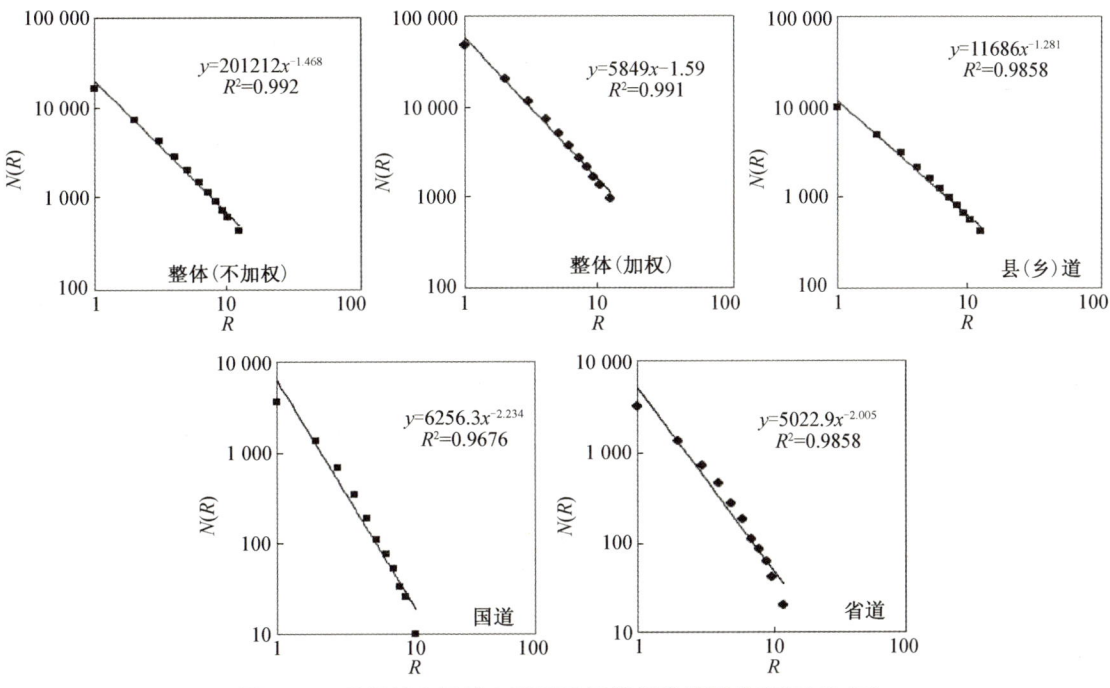

图 4.16　武汉城市圈城乡路网不同等级线路覆盖度(2010 年)

表 4.10　武汉城市圈城乡路网不同类型线路覆盖度(2010 年)

类别	普通路网	国道网	省道网	县(乡)道网	加权路网
覆盖度 D	1.467 9	2.340 5	2.006 3	1.280 8	1.587 5
覆盖深度 R'	7 km	10 km	9 km	2 km	8 km

(8) 城际路网线路覆盖度空间差异不明显,发育形态类似

整体路网线路覆盖度空间分异系数仅 0.066,接近于 0,城际覆盖分维值相差很小,区域差异不显著,路网发育形态比较类同,平均覆盖度接近 1.387(表 4.11、图 4.17),不具基本覆盖相似特性,城际路网整体分布密度普遍较低,充填能力有待提高,空间结构有待优化。

表 4.11　武汉城市圈分城市城乡路网线路覆盖度比较(2010 年)

类型		城市	武汉	鄂州	黄石	黄冈	孝感	咸宁	仙桃	天门	潜江	空间分异系数	相关系数
人口密度(人/km²)			1 071	649	529	383	526	255	486	523	468	0.066	0.227
整体	维数 D_1		1.48	1.38	1.49	1.34	1.43	1.46	1.28	1.20	1.42		
	拟合度 R^2		0.997	0.997	0.995	0.993	0.992	0.993	0.995	0.998	0.995		

注:人口密度数据来源于《湖北省统计年鉴》(2010 年)

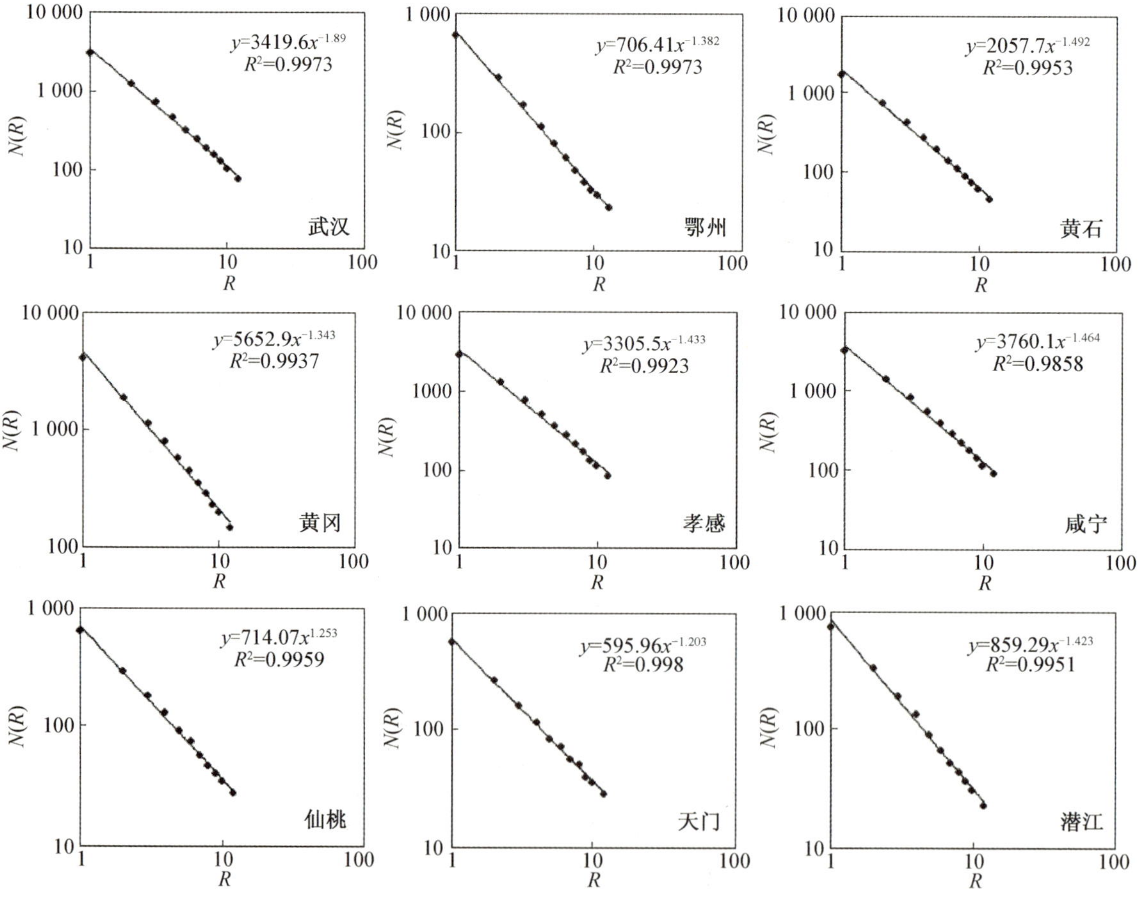

图 4.17　武汉城市圈中心城市城乡路网线路覆盖度(2010 年)

(9) 城际路网线路覆盖的人口伺服有效性差,发育不成熟

判断城乡路网的覆盖度有效性的关键是评判线路的覆盖程度与人口分布形态是否吻合。选择区域人口密度度量城市人口分布形态,比较城际人口密度与其分维值的相关程度,Pearson 相关系数仅 0.227,呈弱关联(表 4.11)。严格上讲,当前武汉城市圈城际城乡路网线路覆盖度不够理想和有效,空间发育水平较低,伺服能力比较有限,人口出行不够便捷和迅速。

(10) 圈际路网线路覆盖度空间差异较显著,呈现一定的东中西地带分异

七大都市圈(群)线路覆盖度普遍介于 1.4～1.8 之间,城乡路网结构与功能几乎接近分维值为 1.7～1.8 的最佳结构形态[24],表明圈际城乡路网形态与结构、功能与效率的达到一个较高水平;分维值介于 1～2 之间,整个圈际城乡路网处于一维线状和"二维平面"间的网络组织形态,宏观呈现出由众多回路网络组成的网格状结构。

但以覆盖深度(1.585)和最佳形态(1.701)两大阈值作为评价指标,不难看出,圈际城乡路网覆盖分维值差异较明显,网络内在结构和功能存在质的差异,明显可以划分为三种层次:最优充填形态结构(分维值处于 1.7～1.8)、基本覆盖相似结构(1.585～1.7)、缺乏覆盖相似结构(分维值小于 1.585),相应可将七大都市圈(群)划分为三大空间类型:最优充填型(包括珠三角、长三角、京津冀城市群)、基本相似型(中原城市群)和相似缺失型(长株潭、成渝城市群和武汉城市圈),整个圈际覆盖度大小依次排列为珠三角城市群($R=1.81$)>长三角城市群($R=1.79$)>京津冀城市群($R=1.71$)>中原城市群($R=1.64$)>长株潭城市群($R=1.53$)>武汉城市圈($R=1.47$)>成渝城市群($R=1.39$)(图 4.18),宏观上呈现东部沿海(都市圈(群))>中部(都市圈(群))>西部(都市圈(群))的地带性分异。

(11) 圈际路网覆盖度受圈域人口规模、经济水平、交流强度影响明显

考虑路网分形发育与社会经济发展水平间的滞后性,选择 2005 年七大都市圈人口规模、经济水平、要素交流强度三大类相关指标进行 Pearson 相关分析,各指标与分维值的相关系数普遍超过 0.7,个别指标达到 0.8 以上,揭示出:

圈际城乡路网分形发育性态与自身社会经济发展水平保持较高的正相关。即,经济越发达,城市化水平越高,人口密度越大,社会经济要素交流越强烈,则城乡路网的分形发育越良好,路网充填和伺服社会经济空间程度越紧密,城乡路网生长与社会经济发展保持较高的共轭协同性和较强的耦合关联性。

同时,各社会经济发展指标对都市圈(群)城乡路网分形性态的影响程度略有差异:以人口密度、邮电业务量、人均 GDP 和外商直接投资对城乡路网分布密度、充填能力和伺服效能的影响较明显(相关系数均超过 0.8),而客、货运强度指标对城乡路网分维值大小的影响相对较弱(不到 0.7),其他社会经济发展指标处于中间水平(相关系数介于 0.7～0.8 之间)。其中,人口密度成为圈际城乡路网发育的首要影响因子,反映出圈际城乡路网生长发育的人口需求引导性和分布指向性特征;邮电业务量和外商直接投资也成为其关键影响因素,体现出信息化和外向型经济在城乡路网建设和布局方面所扮演的重要作用;货运强度与路网分形发育呈中度负相关,一定程度表明了当前都市圈(群)城乡路网发育与城际货运强度不匹配,珠三角、长三角城市群城乡路网拥有良好的空间充填能力,却伺服较低的货运强度(均只

有 0.73 左右),表现出城乡路网伺服效率低下,长株潭城市群、成渝城市群和武汉城市圈城乡路网分形发育不佳(分维值均小于 1.701 的理想值),存在大量的路网充填"空隙"和伺服"空白",却承担着较大的货运量(普遍超过 7,甚至达到 11 以上),城乡路网发育-货运交流强度普遍存在着一定的"异配性"(disassortativity)(表 4.12)。

表 4.12　七大都市圈(群)社会经济发展水平与线路覆盖度相关关系(2005 年)

要素层	评价指标层	七大都市圈(群)							与分维值的 Pearson 相关系数
		武汉城市圈	中原城市群	长株潭城市群	成渝城市群	京津冀城市群	长三角城市群	珠三角城市群	
人口规模	人口密度(人/km²)	510.61	678.17	410.01	469.84	627.86	764.05	812.75	0.898
	城市化水平(%)	30.97	16.75	36.79	25.11	66.57	53.62	79.56	0.752
经济水平	GDP(亿元)	3 805.9	4 932	4 189.5	4 656.6	12 485.5	27 601.6	12 111.9	0.740
	人均 GDP(元)	12 300	12 389	10 534	9 359	44 191	36 053	67 432	0.836
	工业总产值(亿元)	2 967.46	4 608.75	2 875.63	3 028.17	15 721.38	47 401.93	23 121.65	0.779
	固定资产投资(亿元)	1 376.44	1 815.93	1 544.6	1 874.2	4 451.6	11 230.8	4 515.3	0.709
	社会消费品零售额(亿元)	1 656.58	1 623.7	1 522	1 736.8	4 457.9	7 956	4 064.9	0.760
	外商直接投资(万美元)	199 905	57 085	129 800	63 497	683 433	251 7911	1 252 252	0.806
	对外贸易总额(万美元)	1 006 600	754 400	667 400	483 359	4 550 736	29 225 100	18 244 300	0.772
要素流	客运强度(客运量/人口)	10.75	11.2	16.63	17.78	33.45	26.89	69.7	0.689
	货运强度(货物量/GDP)	8.67	8.04	11.57	9.18	9.41	7.33	7.22	−0.570
	邮电业务量(万元)	1 161 438	2 128 410	489 735	1 753 781	7 011 004	9 575 685	7 809 796	0.884

数据来源:刘承良.武汉都市圈空间发展机理与调控战略[M].北京:科学出版社,2009:57,59~60.

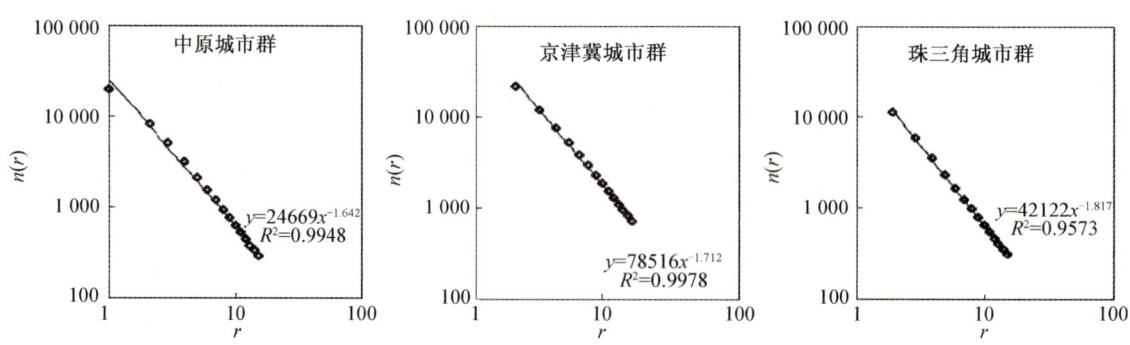

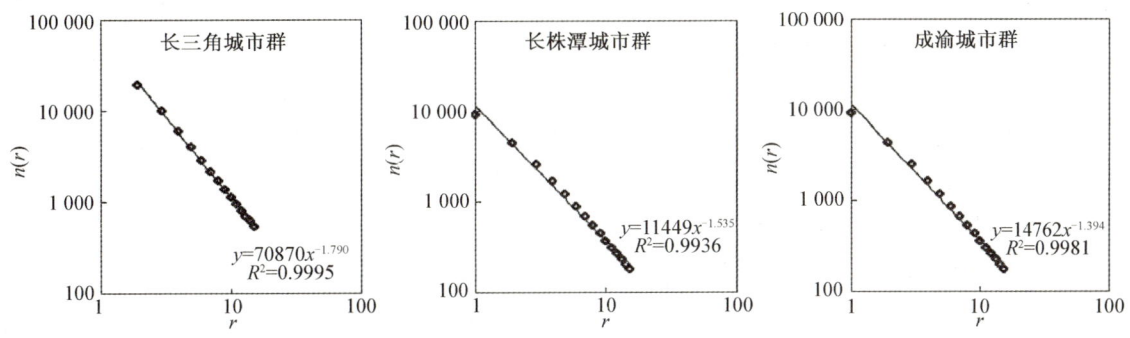

图 4.18　不同都市圈(群)城乡路网线路覆盖度(2010 年)

4.4　城乡路网的空间连接水平分形——阻抗维数分析

前面的分析揭示城乡路网的节点、线路在密度分布和覆盖充填方面表现出分形性质,具有局部与整体的自相似性;许多学者研究发现,交通网络节点连接的通达性能和关联强度也具有递归的自相似性,而对于城乡路网而言规律是否同样存在?这里采用阻抗维数和关联维数进行实证分析。

4.4.1　分维测算

(1) 缓冲区分析

基于武汉城市圈城乡路网空间数据(1989~2010 年),以中心城市中心城区的几何中心为圆心,以 10 km 为间隔,运用 ArcGIS9.3 进行缓冲区分析,划分出系列回转半径 r_i,统计计算各半径圆形内所有节点的最短路径距离总和 $A(r)$,建立系列 $r_i - A(r_i)$ 映射。

(2) 距离测算

基于武汉城市圈城乡路网空间数据(1989~2010 年),设计步长 $\Delta r = 1(5 \text{ km})$,构建系列码尺 [5,395],运用 ArcGIS9.3 进行直线距离测算和最短路径计算,统计不同码尺 r_i 的空间尺度下的武汉城市圈、城际城乡路网节点间的直线距离和最短径距离 $C(r_i)$;以武汉城市圈、京津唐城市群、长三角城市群和珠三角城市群(2010 年)城乡路网空间数据为基础,选取主要中心城市节点,构建直线距离-码尺维数,由于各城市群规模不一,码尺步长有所区别,其中武汉城市圈、珠三角城市群采用步长 $\Delta r = 1(10 \text{ km})$,长三角城市群、京津冀城市群采用步长 $\Delta r = 1(20 \text{ km})$ 来取距离标度,获取不同城市群的系列中心城市点对 $[r_i, C(r_i)]$。

(3) 分维值计算

将系列 $[r_i, A(r_i)]$ 和 $[r_i, C(r_i)]$ 绘制双对数坐标散点图,通过幂指数函数拟合,近似获得各年份、各中心城市和各都市圈(群)的节点通达性-半径维数和节点关联性-码尺维数(牛鸦维数)。

4.4.2　城乡路网节点通达性分形分析

(1) 城乡路网城乡节点体系发育较成熟,表现出 SOC 性质

1989~2010 年,城乡路网节点通达性分维值普遍介于 1.7~2.0 之间(除 1989 年仅

1.479外),判定系数 R^2 介于 0.977～0.989 之间,接近分形发育理想值 1.7(表 4.13、图 4.19),整个圈域城乡路网具有良好分形,城乡节点关联作用较强,节点体系发育较成熟。

同时,按照 Hergarten(2002)的"在地球系统相空间中,各规模事件发生概率服从幂律"的 SOC 性质判据准则[707],当前整个相空间(1989～2010 年)的城乡路网城乡空间关联作用均服从良好幂律(判定系数较高)和伸缩标度关系,城乡节点空间分布具有标度不变性质,暗示城乡节点体系具有自组织临界性。

(2) 城乡路网通达分维双对数曲线出现转折,且保持空间的强惰性

1989～2010 年,圈域城乡路网通达性-半径双对数坐标图均出现不同程度转折,表现出一定的双标度区形态(表 4.13、图 4.19)。

一方面这种双分形结构与当前一些学者研究结论吻合,可能是因某种自然因素作用而导致全域分形出现退化或异化,但各局域分形却表现出良好的性态,即说明分形存在无标度区,与前述容量维数、覆盖维数等研究结论一致,表明分形普遍具有无标区间,印证了一些学者的"分形是有时空条件的"观点。

另一方面城乡路网转折处基本位于外围(r＝150～160 km 处),并未随着时间推移而出现外向移动,20 多年来整个城乡路网节点关联作用具有强时间惯性。细究发现,从转折处开始正好是大别山和幕阜山系地带,这种空间上的惰性主要是地形地貌等自然条件作用的结果,此时周边分维不超过 0.4,城乡节点关联作用自中心向外围下降十分迅速,通达性很低,城乡节点的空间阻抗较强,城乡节点体系发育差。

(3) 城乡节点关联作用普遍呈核心-边缘空间梯度衰减

1995 年、2005 年两个年份,城乡路网通达阻抗维数大于 2 实际是未剔除异常点下的结果,去除 10～20 异值区,整个城乡路网节点通达性分维值小于 2,与 1989、2000、2010 年三个年份分维值保持一致趋势(不超过 2)(表 4.13、图 4.19),表明整个城乡路网通达性自中心向外围呈梯度衰减,说明当前武汉城市圈城乡路网等级分布、道路流量、节点关联作用及通达水平表现出自测算中心向四周的渐进式衰减,受空间距离磨擦作用形成典型的核心-边缘圈状层次性结构。

表 4.13 武汉城市圈城乡节点通达性-半径维数(1989～2010 年)   (单位: km)

尺度 \ 年份	1989 年	1995 年	2000 年	2005 年	2010 年
10	4 229.406	16 965.27	69 177.45	23 925.95	125 330.8
20	8 720.427	16 965.27	116 953.2	49 564.11	285 162.6
30	24 144.91	189 965.6	249 528	280 368.7	549 523.3
40	34 683.6	251 971.9	400 775.1	389 195.3	926 558.3
50	39 948.59	424 648.9	619 347.2	499 310.7	1 512 913
60	60 069.45	623 896	811 903	1 022 631	2 321 560
70	60 069.45	834 559.2	1 177 659	1 391 946	3 057 091
80	89 100.28	1 101 830	1 493 201	1 991 485	3 980 895

(续表)

年份 尺度	1989年	1995年	2000年	2005年	2010年
90	120 097.4	1 493 665	1 983 327	2 418 439	5 127 627
100	133 490	1 756 329	2 669 132	3 070 919	6 249 421
110	160 813.6	2 129 024	3 214 356	3 949 996	7 611 536
120	196 928.1	2 456 173	3 787 176	4 920 814	8 947 016
130	212 070.1	2 826 452	4 372 052	5 795 670	9 876 404
140	229 021.5	3 163 063	4 912 944	6 243 271	10 566 571
150	229 021.5	3 416 271	5 429 227	6 764 935	11 423 536
160	238 166.6	3 513 453	5 733 702	7 133 184	12 232 569
170	246 587.2	3 648 741	6 075 437	7 322 754	12 600 655
180	246 587.2	3 648 741	6 118 165	7 368 912	12 723 717
190	246 587.2	3 683 371	6 162 834	7 420 198	12 857 030
无标度区	20~160	30~160	20~170	30~160	10~180
拟合函数	$y=135.4x^{1.479}$	$y=121.9x^{2.043}$ ($y=462.2x^{1.764}$)	$y=808.3x^{1.734}$	$y=155.2x^{2.123}$ ($y=282.5x^{1.998}$)	$y=1865.x^{1.733}$
R^2	0.985	0.957(0.982)	0.985	0.983(0.977)	0.989
D	1.479	2.043(1.764)	1.734	2.123(1.998)	1.733

注：1995年、2005年分维值出现异常，维数超过2，括号中为去掉异常点10~20后的散点幂函数拟合方程及其拟合度

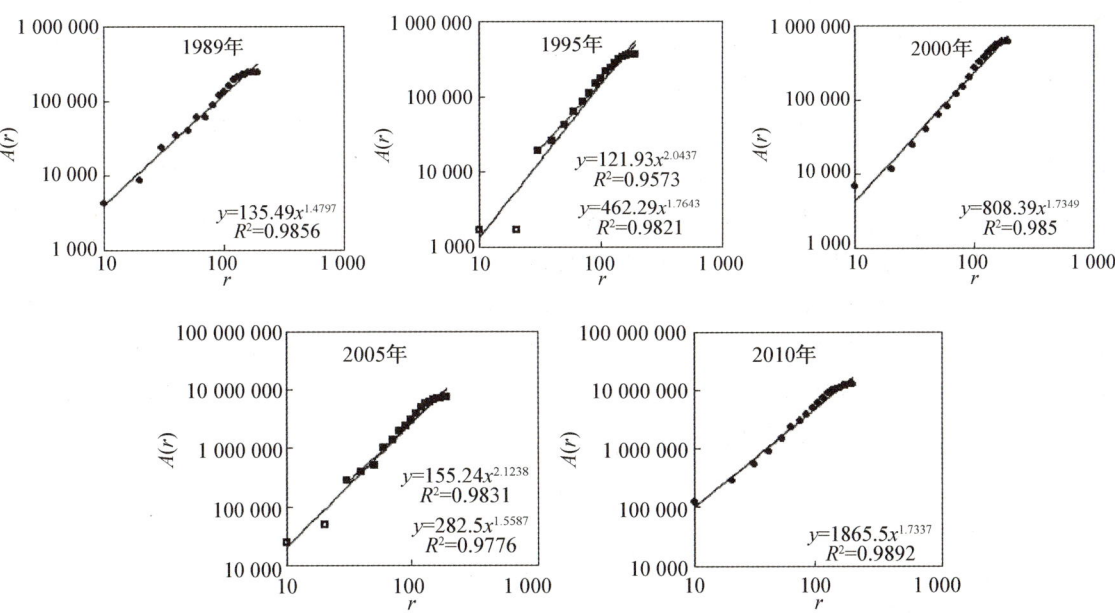

图4.19 武汉城市圈城乡节点通达性-半径维数拟合图（1989~2010年）

4.4.3　城乡路网节点关联性分形分析

4.4.3.1　城乡路网节点关联性分形时序分析

(1) 城乡路网节点关联维数较高,城乡节点体系发育较成熟呈网状

1989～2010年,无论是最短径距离-码尺维数,还是直线距离-码尺维数,城乡路网节点关联维数均超过1,介于1.5～2之间(表4.14、图4.20),整个城乡路网已经由线状组织发育演变为树枝状和网络状组织形态;城乡路网均接近或达到1.7的理想值,节点关联网络发育较成熟,路网已经于20世纪90年代开始表现出较优的通达性能。

同时,20多年间城乡路网节点关联维数时序变化幅度较小,一方面表明20世纪90年代以来,整个城市圈城乡路网节点关联作用强度和通达性能保持良好态势,节点关联作用具有时间上的稳定性;另一方面节点连接和作用始终处于较优状态和构型,说明20多年的城乡路网建设和布局相对合理,区域路网规划和政策调控保持良好连贯性,且相对科学而有效。

(2) 城乡路网节点近似呈直线式连接,路网通达性和经济性强

1989～2010年,城乡路网直通度较高,除2000年出现一定幅度下滑外,其他年份均超过0.91(表4.14、图4.20),基于最短路径距离的关联维数接近于直线距离的关联维数,表明整个城乡路网节点关联具有良好的通达性能,城乡节点之间联系接近于直线式连通,城乡路网发育度较高。

这种近直线的连接方式,一方面表明当前城乡路网连接的"经济性"和"趋利性"特征,即整个城乡节点连接近直线式,建设成本相对较低,通达性能相对较好,节点联系相对便捷经济,连接成本趋向经济;另一方面节点多"自发"式地沿两点直线式靠近,空间距离的阻力小,这与当前整个圈域"多平原地形或路网纵横发达"有关。

(3) 城乡路网均在同一地方出现标度转折现象,具有"时间惯性"

1989～2010年,节点关联性-码尺点列成局部的对数线性分布,均存在明显的无标度区(表4.14、图4.20),在码尺 $r=140～150$ km处,即武汉城市圈中心-外围圈交界处或者外围圈内边界,节点距离-码尺曲线在双对数坐标图上出现转折,呈"下垂拖尾",整体"溢出"无标度区,形成新的幂律分布曲线。20多年来,整个转折位置并没有外向扩展,城乡节点关联具有强"时间惯性",武汉城市圈城乡路网的"理想范围"[①]并没有生长,仍然保持稳定。

主要原因是,第一标度区外边界 $r=140～150$ km对应武汉城市圈的外围圈层,多为山地、丘陵或河湖地形,对路网节点关联产生巨大的阻隔,导致节点关联作用西强东-北-南部弱(相对核心城市——武汉市的方位),节点西向空间拓展明显,同心圈层扩展发生西向"摄动变形",导致整体节点关联作用在各个方向上强度不一,进入相对无效区间,无法有效评判节点连接通达性。

[①] 姜世国和周一星(2006)在研究北京城市形态分形特征时,发现双标度区,认为第一标度区是能够接受北京城市形态演化特点的有效标度区,并建立了以第一标度区为界的新城市范围定义,具体见文献:姜世国,周一星.北京城市形态的分形集聚特征及其实践意义[J].地理研究,2006,25(2):204～211。

表 4.14　武汉城市圈城乡路网乳牛-乌鸦距离关联维数变化(1989～2010 年)

年份	1989 年	1995 年	2000 年	2005 年	2010 年
乳牛距离关联维数	1.687	1.662	1.593	1.631	1.613
乌鸦距离关联维数	1.809	1.785	1.890	1.775	1.742
直通度	0.933	0.931	0.843	0.919	0.926

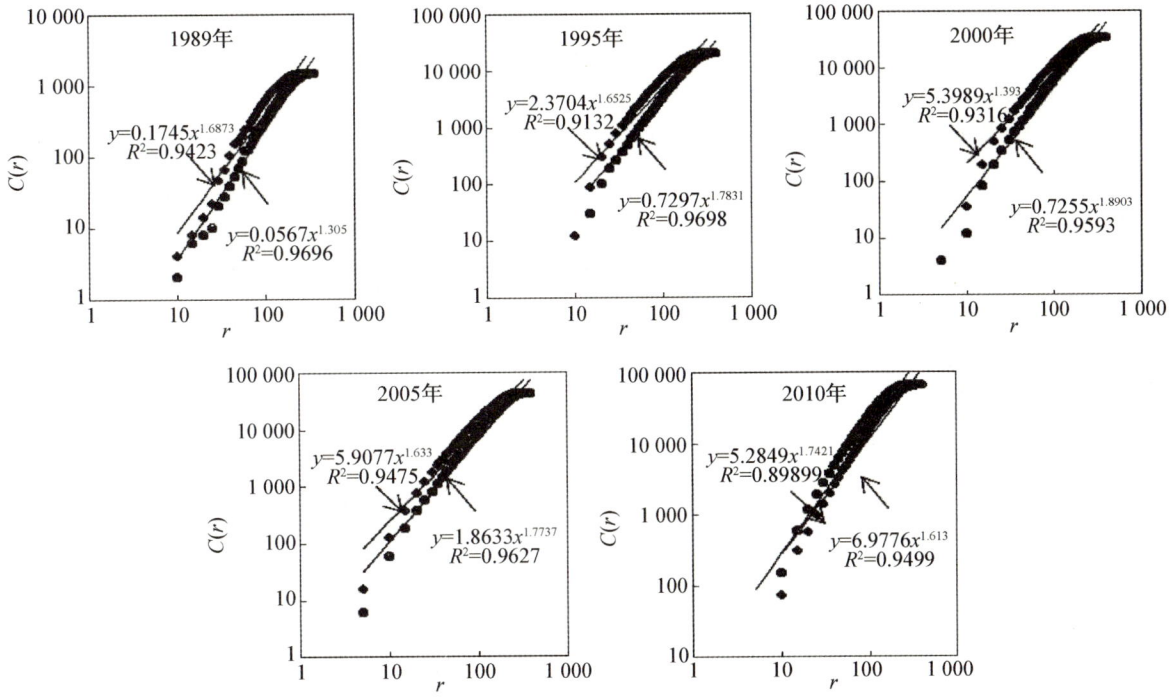

图 4.20　武汉城市圈城乡路网节点关联性-码尺维数双对数坐标图(1989～2010 年)

注：实心菱形方块为最短径距离-码尺维数，实心圆点为直线距离-码尺维数

4.4.3.2　城乡路网节点关联性分形空间分异

（1）城际节点关联性分形发育较差，存在明显无标度区

分形发育好坏可从对数线性拟合度、分维值大小等方面直观判据，九市节点最短径距离-码尺维数双对数拟合度均不超过 0.996(图 4.21)，且相差较远，节点最短径距离-码尺的双对数线性形态较差，均存在部分节点偏离拟合直线较远情况；所有节点最短径距离-码尺的双对数曲线末端均不同程度出现"下垂"，分维值溢出无标度区间；同时，所有城市的最短径距离-码尺维数均不超过 1.7，距离理想值相距不少，分形构型不够理想，结构有待优化。

（2）城际节点关联性分维值相差较大，形成两大空间阵营

当节点关联性分维值小于 1 时，节点关联呈线状连接；当节点关联性分维值大于 1，小于 2 时，节点关联呈网状连接；当节点关联性分维值接近于 2 时，节点关联比较复杂，呈面状组织(图 4.21)。

武汉城市圈九市城乡路网节点关联性分维值相差明显，武汉、鄂州、仙桃和天门四市阻

抗分维值不超过1,节点关联呈线状组织结构,其中仙桃市接近放射状关联形态,武汉、鄂州和天门则多表现出直线状关联性质,这种线性组织性态很容易因部分节点故障而出现关联作用"中断"现象;而黄石、黄冈、孝感、咸和潜江五市城乡路网节点连接则呈网状组织架构,但距离相对成熟的"细胞状"网络组织形态仍较远,五市城乡路网仍处于低等级的网状组织。整个武汉城市圈城乡路网因节点关联组织形态差异,而呈现线状和网状组织两大阵营,空间上这两大阵营相对集聚,除潜江分布比较跳跃外,其他相对近邻连片,形成武汉-鄂州、仙桃-天门、孝感-黄石-黄冈-咸宁三大板块。

(3) 城际城乡路网节点关联性与区域范围/路网规模存在依赖关系

城际城乡路网节点关联性分维值差异显著,黄冈、孝感、咸宁、黄石等市地域范围较大,县(乡)道网分布密集,其节点关联性维数相对较高,武汉市县(乡)道网发育相对稀疏,仙桃、天门等市地域范围相对较小,则其维数值相对较低,一定程度表明城乡路网节点关联维数与各中心城市的地域范围及其低等级路网发育密集程度密切相关:中心城市区域范围越大,低等级路网发育程度越好,则节点关联性分维值相对较高,相对接近于1.7的理想值。

同时,各城市节点关联性分维值普遍小于整个圈域整体(1.613)(图4.21),可以发现:当地域范围增大时,城乡节点关联作用的"最优"或最短路径选择的可能性大大提高,进而其分维测算也随区域范围和路网规模增大而出现增长,进一步揭示出节点关联性分形-区域范围或路网规模之间的强依赖关系[223]。

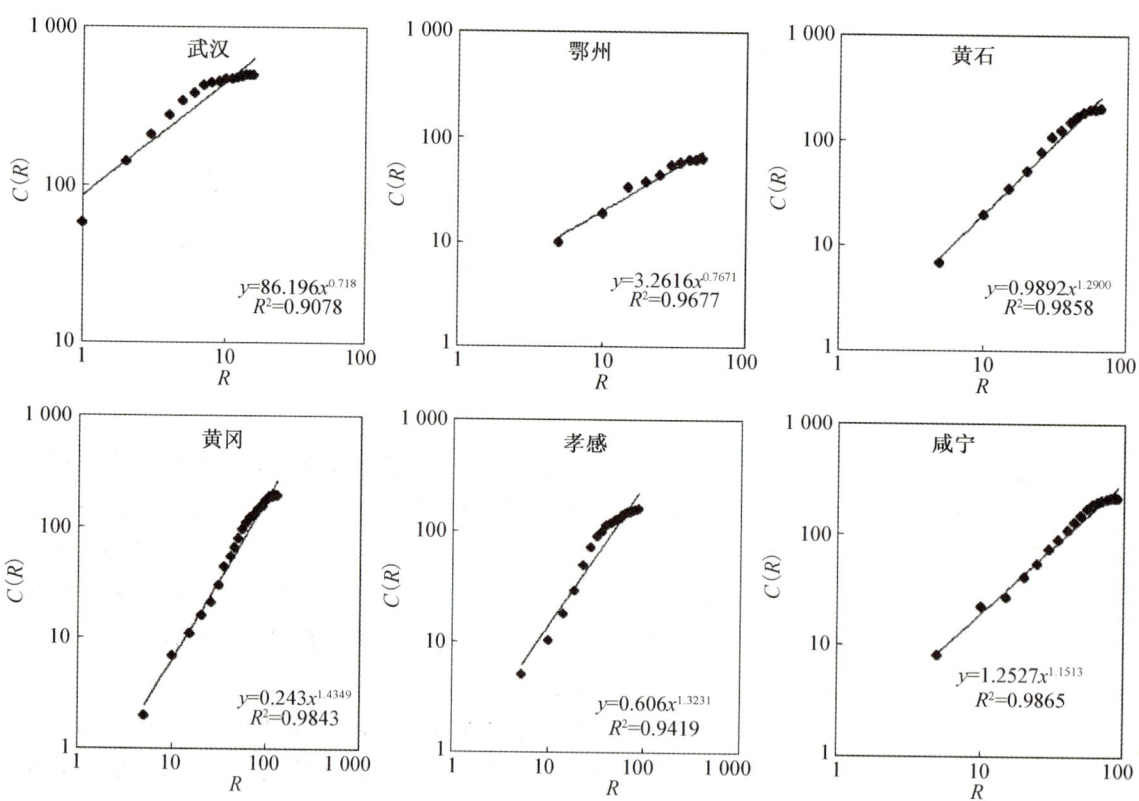

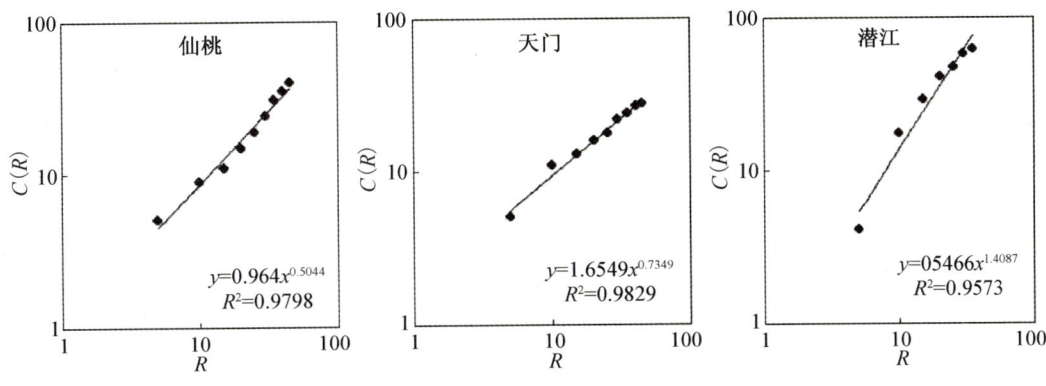

图 4.21　城际城乡路网节点最短径距离-码尺维数双对数坐标图(2010 年)

4.4.3.3　城乡路网节点关联性分形圈际比较

通过 ArcGIS9.3 空间量算,构建各城市群中心城市节点对直线距离矩阵(表 4.15~4.18),统计各码尺 r 尺度下的中心城市节点对外关联平均直线距离 $C(r)$,构建系列 $[r,C(r)]$ 双对数坐标散点图,进行幂律拟合(图 4.22),分析图表可知:

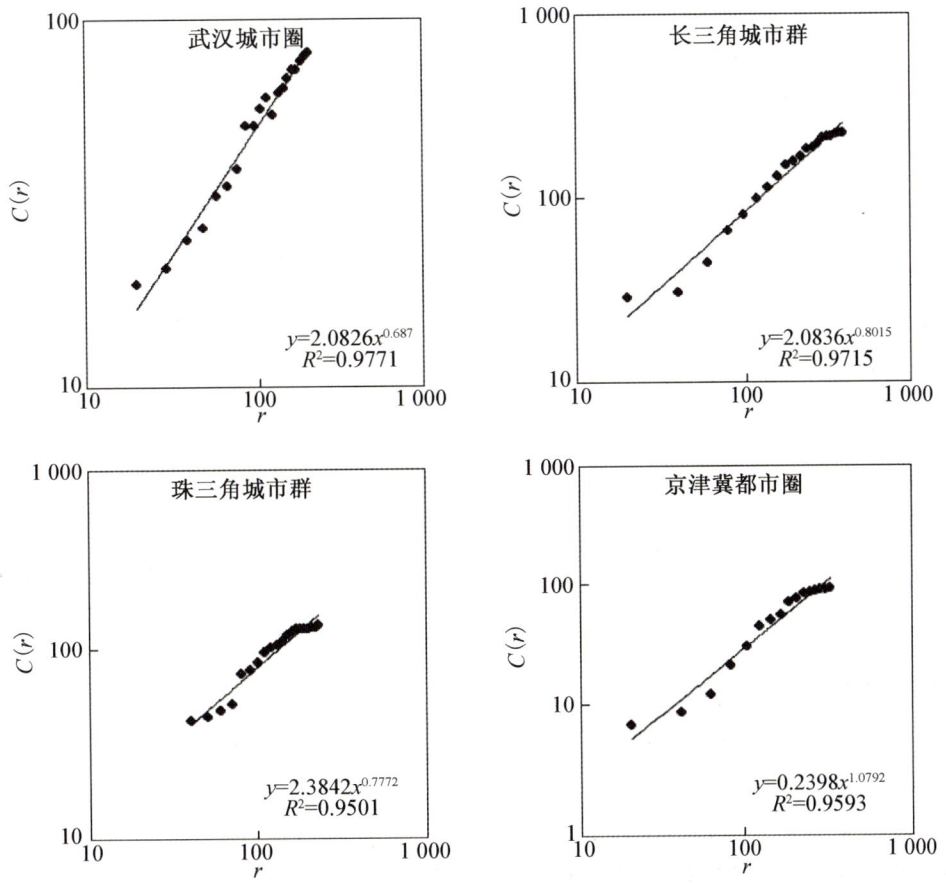

图 4.22　圈际城乡路网节点直线距离-码尺维数双对数坐标图(2010 年)

(1) 都市圈(群)城乡路网节点空间关联均具有自相似性

各都市圈(群)城乡路网节点关联-码尺双对数曲线拟合程度均很好,相关性都在0.94以上(图4.22、表4.19),城乡路网在一定尺度范围内,节点关联标度不变,服从幂律,可能意味着都市圈(群)城乡路网发育接近自组织临界态①。值得一提的是,武汉城市圈城乡节点关联维数的拟合程度最高,分形结构最为明确,城乡路网相较其他三个都市圈(群)最为接近自组织临界态,但距离Benguigui, et al. (2000)的理想值0.996存在不小差距,所有都市圈(群)城乡路网并没表现出典型的自组织临界态。

(2) 都市圈(群)城乡节点关联比较松散,空间分布比较均匀

四大都市圈(群)空间关联分维普遍超过1,仅京津冀都市圈的值略大于1(图4.22、表4.19)。一方面,表明所有都市圈(群)城乡节点空间发育较为分散,不够集中,系统内空间自相似性不强;京津冀城市群相较其他三大都市圈(群)空间分布较为紧密,空间发育程度较好,系统存在不同程度的内部自相似性,空间竞争力较强。另一方面,也说明当前中国都市圈(群)城乡节点体系空间发育比较均衡,但城乡关联作用比较分散,城乡社会经济交流与作用不够强烈,距离城乡一体化和网络化发展态势差距明显。

(3) 空间尺度和城镇建制对城乡路网节点关联维数影响较大

按照D值排序,武汉城市圈城乡路网节点关联分维值最小(图4.22、表4.19),表面上说明了武汉城市圈城乡节点空间分布较集中,节点关联作用较强;但实际上,武汉城市圈的良好空间发育主要源于其较小的地域范围和独特的"一极独大"城乡体系。

表4.15 武汉城市圈9城市直线距离矩阵 (单位:km)

城市	武汉	黄石	黄冈	仙桃	潜江	天门	孝感	咸宁	鄂州
武汉	0	85.495 4	58.635 6	85.498 5	135.458 1	109.154 1	51.364 3	85.305 6	62.294 4
黄石		0	32.018 3	154.065	207.826 2	188.959	136.122 8	80.561 7	25.551 7
黄冈			0	136.842 3	189.692 5	166.677	107.100 9	85.809 8	7.06
仙桃				0	53.784 8	45.814 3	76.124 6	100.749 8	137.767 7
潜江					0	37.791 9	112.381 8	150.913 6	190.999
天门						0	77.445	145.088 5	169.140 5
孝感							0	127.354 9	111.826 7
咸宁								0	81.334 1
鄂州									0

---

① 根据刘式达,刘式适(2004)和陈彦光(2008)研究表明,对于非临界的自组织自组织网络理论,关联函数服从指数律而非幂律,只有接近临界状态,幂律才会显现出来。具体参见:刘式达,刘式适.孤波和湍流[M].上海:上海科技教育出版社,1994.和陈彦光.分形城市系统:标度·对称·空间复杂性[M].北京:科学出版社,2008:222.

表 4.16 长三角城市群 15 城市直线距离矩阵 (单位: km)

城市	上海	杭州	南通	南京	苏州	无锡	宁波	扬州	泰州	绍兴	嘉兴	常州	镇江	湖州	舟山
上海	0	154.669 1	101.995 5	280.723	80.962 3	123.604	142.965 2	164.223 1	200.742 2	161.934 3	88.253 3	164.223 1	224.217 3	139.292 5	147.796
杭州	154.669 1	0	186.541 3	232.937 4	111.355 8	130.9	131.417 4	231.267 3	229.151 6	50.724	66.636 4	161.386 5	231.548 5	57.705 5	186.387 2
南通	101.995 5	186.541 3	0	205.369 9	75.545 7	72.865 6	234.368	140.172	102.983 8	217.806 4	133.591 4	95.109 4	138.897 3	140.104 5	248.213 8
南京	280.723	232.937 4	205.369 9	0	202.344 5	157.177 5	357.593 4	80.836 4	124.101 8	283.659 9	239.899 3	117.793 2	70.348 2	183.162 4	395.333 7
苏州	80.962 3	111.355 8	75.545 7	202.344 5	0	46.724 2	174.537 8	162.979 9	142.600 5	143.133	60.805 1	89.909 9	152.091 9	70.978 4	200.757 2
无锡	123.604	130.9	72.865 6	157.177 5	46.724 2	0	218.079 6	117.13	101.856	172.626 2	99.375 2	43.241	105.466 5	75.973 6	246.960 4
宁波	142.965 2	131.417 4	234.368	357.593 4	174.537 8	218.079 6	0	334.819 8	317.136 2	97.344 3	120.009 7	260.104 8	321.292 3	175.088 7	53.725 9
扬州	164.223 1	231.267 3	140.172	80.836 4	162.979 9	117.13	334.819 8	0	44.543 8	279.330 7	215.192	74.747	20.413	174.060 1	363.736 5
泰州	200.742 2	229.151 6	102.983 8	124.101 8	142.600 5	101.856	317.136 2	44.543 8	0	273.631	200.552 4	68.619 9	55.043 9	171.690 1	340.575 5
绍兴	161.934 3	50.724	217.806 4	283.659 9	143.133	172.626 2	97.344 3	279.330 7	273.631	0	84.782 8	207.404 7	262.272 1	105.427 5	150.158 5
嘉兴	88.253 3	66.636 4	133.591 4	239.899 3	60.805 1	99.375 2	120.009 7	215.192	200.552 4	84.782 8	0	140.450 6	201.311 4	63.800 6	155.576 9
常州	164.223 1	161.386 5	95.109 4	117.793 2	89.909 9	43.241	260.104 8	74.747	68.619 9	207.404 7	140.450 6	0	62.227 9	103.705 7	290.124 7
镇江	224.217 3	231.548 5	138.897 3	70.348 2	152.091 9	105.466 5	321.292 3	20.413	55.043 9	262.272 1	201.311 4	62.227 9	0	156.844 9	352.308 9
湖州	139.292 5	57.705 5	140.104 5	183.162 4	70.978 4	75.973 6	175.088 7	174.060 1	171.690 1	105.427 5	63.800 6	103.705 7	156.844 9	0	216.539 7
舟山	147.796	186.387 2	248.213 8	395.333 7	200.757 2	246.960 4	53.725 9	363.736 5	340.575 5	150.158 5	155.576 9	290.124 7	352.308 9	216.539 7	0

表 4.17 珠三角城市群 10 城市直线距离矩阵 (单位: km)

城市	广州	深圳	香港	东莞	佛山	江门	肇庆	惠州	中山	珠海	澳门
广州	0	122.205 3	149.589	55.882 5	19.833 5	67.694 9	90.950 1	134.554 4	74.688 3	107.448 7	116.167 8
深圳	122.205 3	0	35.52	74.117 8	132.068 5	112.453	201.708 6	71.762 1	88.964 1	75.617 2	81.176 5
香港	149.589	35.52	0	106.910 1	156.307 9	135.105 2	221.232 6	101.872	100.269 7	74.712 2	76.222 1
东莞	55.882 5	74.117 8	106.910 1	0	72.029 1	93.050 1	145.639 5	79.815 4	75.973 2	93.915 1	103.373 3

(续表)

城市	广州	深圳	香港	东莞	佛山	江门	肇庆	惠州	中山	珠海	澳门
佛山					0	54.513 9	73.635 8	151.716 6	70.244 3	105.165 4	113.069 8
江门						0	90.464	166.587 5	34.846	66.446 8	71.438
肇庆							0	225.191 8	123.082 7	156.760 3	161.885 2
惠州								0	140.100 9	140.171	147.626 7
中山									0	35.406 9	42.860 4
珠海										0	9.517
澳门											0

表 4.18 京津冀城市群 10 城市直线距离矩阵　　（单位：km）

城市	北京	天津	保定	石家庄	唐山	沧州	张家口	廊坊	承德	秦皇岛
北京	0	63.912 8	94.954 6	169.550 5	101.891 4	118.798 9	103.665 5	32.098 7	112.445 6	176.293 5
天津		0	102.634 1	172.506 7	60.388 3	71.575 6	167.107	34.498 1	129.288 6	142.725 4
保定			0	75.096 9	162.865 9	71.575 6	144.629 9	84.127 5	206.221 8	245.206 9
石家庄				0	232.591 9	132.595 1	197.544 7	158.599 2	197.544 2	314.513 3
唐山					0	118.457 4	200.694 3	85.291 5	101.257	82.356 5
沧州						0	209.493 8	87.930 4	200.807 3	193.950 5
张家口							0	167.107	164.311 2	264.002 5
廊坊								0	125.582 7	165.755 2
承德									0	117.212
秦皇岛										0

表 4.19　圈际城乡路网节点直线距离-码尺维数值(2010 年)　　　　　　（单位：km）

序号		1	2	3	4	5	6	7	8	9	10	11	12	13	14	15	16	17	18	19	20
武汉城市圈	码尺 r	210	200	190	180	170	160	150	140	130	120	110	100	90	80	70	60	50	40	30	20
	$C(r)$	81	79	77	73	73	69	65	63	55	61	57	51	51	39	35	33	27	25	21	19
长三角城市群	码尺 r	400	380	360	340	320	300	280	260	240	220	200	180	160	140	120	100	80	60	40	20
	$C(r)$	225	223	221	215	213	211	195	187	183	167	157	151	131	115	99	81	67	45	31	29
珠三角城市群	码尺 r	230	220	210	200	190	180	170	160	150	140	130	120	110	100	90	80	70	60	50	40
	$C(r)$	144	140	140	138	138	138	138	134	128	118	112	108	102	90	82	78	54	50	46	44
京津冀城市群	码尺 r	320	300	280	260	240	220	200	180	160	140	120	100	80	60	40	20	/	/	/	/
	$C(r)$	100	98	98	96	94	92	84	78	62	56	50	34	24	14	10	8	/	/	/	/

细察可以发现,各都市圈(群)城乡节点关联维数与其地域范围保持高度相关性(相关系数达到 0.928),都市圈(群)地域范围越小,其城乡节点分布自然相对密集,空间关联作用强度相对较大,城乡节点关联维数则越小;同时,武汉城市圈拥有最低的关联维数值,也可能是由其城乡建制等级结构决定:一个副省级城市作为中心,其余均为地级市和省直管市,规模等级相对集中,而珠三角城市群存在两个特别行政区、两个经济特区以及一个副省级城市,长三角城市群则是地跨两省一市,区域内含一个直辖市和三个副省级城市,京津冀城市群则由两个直辖市和一个省份组成,城镇空间分布深受城镇建制影响,呈现出相对分散的状态。当然,有待考察长三角、珠三角或京津冀都市圈(群)中某一个副省级城市为核心的城乡节点关联分维,以比较分析其空间形态和致密程度。

4.5　城乡路网的空间渗滤能力分形——分枝维数分析

容量维数、覆盖维数和关联维数可以有效揭示城乡路网伺服的等级规模结构、覆盖和充填空间能力以及城乡节点空间关联作用等方面的自相似性特征,但对于路网空间伸展的形态复杂性仍显薄弱,这里引入刘继生和陈彦光创立的分枝-半径维数模型[374],以刻画武汉城市圈城乡路网自中心向外围的空间渗愈复杂性特征。

4.5.1　分维测算

(1) 缓冲分析

选择武汉城市圈城乡路网(1989～2010 年)的重心——武汉市主城区几何中心为圆心,以 10 km 为初值,10 km 为间隔,依次递增半径长度,作系列缓冲区($r_i = [10,190]$,单位:km),获取各个半径范围内的系列分枝数目各 $N(r_i)$（表 4.20）。

(2) 分维值测算

建立 $N(r_i) - r_i$ 双对数散点坐标图(图 4.23),采用公式 4.24 通过幂指数方程拟合,近似计算路网分枝维数值。

表 4.20　武汉城市圈城乡路网分枝维数变化(1989～2010 年)

年份 半径(km)	1989 年	1995 年	2000 年	2005 年	2010 年
10	14	22	19	38	11
20	16	31	28	59	84
30	22	43	46	78	298
40	27	53	71	95	429
50	32	66	95	127	582
60	45	91	126	202	765
70	52	108	151	252	943
80	60	141	185	326	1 216
90	67	186	229	432	1 511
100	80	213	270	512	1 752
110	90	257	328	612	2 058
120	94	286	378	702	2 344
130	103	314	408	762	2 577
140	104	325	429	786	2 765
150	105	340	441	818	2 904
160	106	344	459	843	2 992
170	107	347	472	855	3 079
180	107	347	472	855	3 095
190	107	347	472	856	3 104
拟合方程(幂函数)	$y=1.466x^{0.843}$	$y=1.112x^{1.120}$	$y=0.780x^{1.254}$	$y=1.319x^{1.265}$	$y=0.425x^{1.779}$
分维值 D	0.843	1.120	1.254	1.265	1.779
拟合度 R^2	0.960	0.961	0.982	0.958	0.955

4.5.2　城乡路网分枝维数时序分析

(1) 分枝维数保持升维过程,路网整体呈现进化态势

1989～2010 年,武汉城市圈城乡路网分枝维数保持稳定增长势头,由期初的 0.843 迅猛增加期末的 1.779,分维值翻了一番,整个时序路网保持稳定的升维过程(表 4.20、图 4.23)。

表明路网自中心向外围的分枝生长速度迅猛提高,连接结构不断优化,分枝形态渐趋完美和复杂,渗透和充填空间能力日益增强,整个城乡路网呈现快速的进化发展态势。

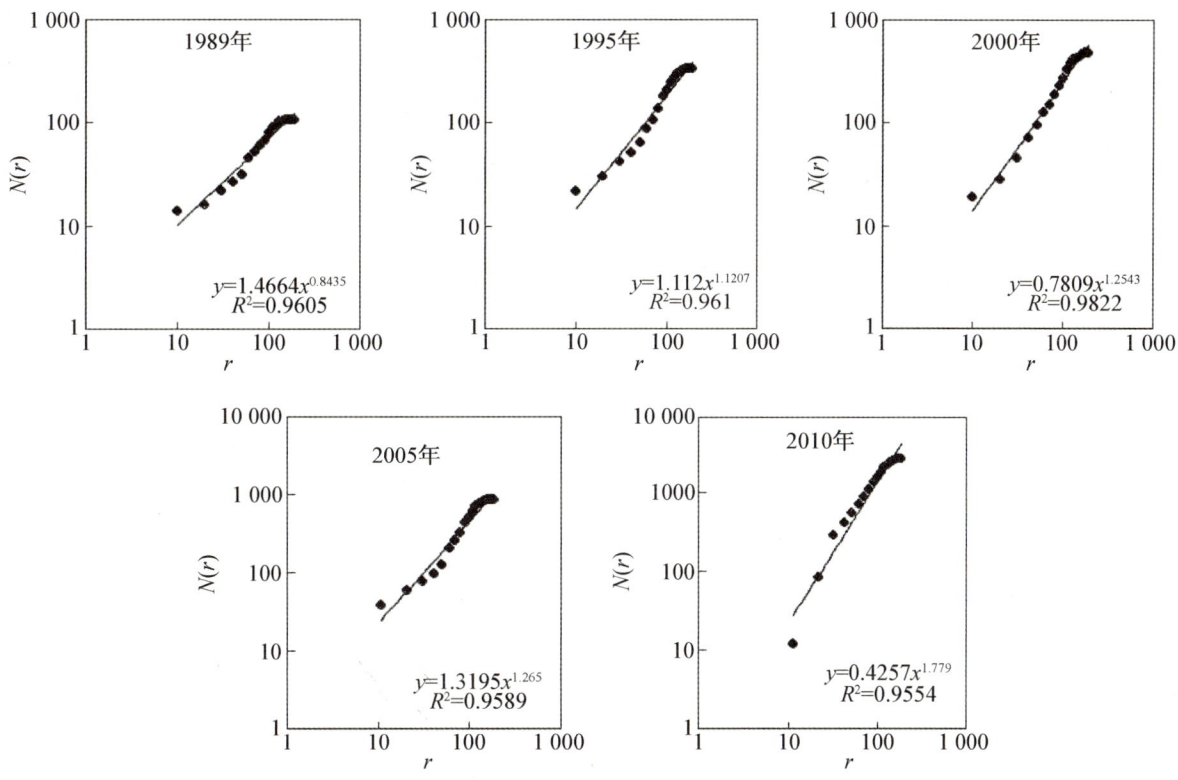

图 4.23 武汉城市圈城乡路网分枝-半径维数双对数坐标图(1989~2010 年)

2010 年城乡路网分维值突破最优区间值[1.67,1.75],接近 1.7 的理想值,表明当前武汉城市圈城乡路网发育已经较成熟,中心-外围的分枝生长速度较快,充填能力和渗逾效应不断增强,覆盖性和连通性逐步提高,形态和连接复杂性日益显现。

(2) 分枝维数增长时快时缓,路网生长发育呈波动性

20 多年来,城乡路网分枝维数整体呈快速增长势头,但局部增长速度时快时慢,存在显著差异,呈现动态阶梯状抬升,明显划分为三个阶段:1989~1995 年的快速上升、1995~2005 年的缓慢爬升和 2005~2010 年的迅猛提升,整个路网演化呈现波动性特征(表 4.20、图 4.23)。

分维值 1 和 1.7 可以算是分枝维数的临界值,其中分维值小于 1,表明城乡路网发育呈线状组织,线路基本没有相连,并未成网;分维值大于 1,小于 1.7 表明城乡路网发育呈网络状组织,但不够成熟和完美;分维值存在 1.7 的理想值区间,越接近于 1.7,则表示整个路网发育越理想和完美;分维值大于 1.7,小于 2,则整个路网处处连通,完全发育成网络状,但结构并不是最优的。不难看出,整个城乡路网期间保持渐变增长态势,但在 1995 年和 2010 年出现巨大质的变化("突变"涌现),1995 年分维值由 1989 年的 0.843 跳跃式增长到 1.120,整个路网由线状组织向网状组织跃迁,2010 年分维值由 2005 年的 1.265 抬升式跃迁到 1.779,城乡网整体呈现渐变和突变交替运行的递嬗演化过程。

(3) 城乡路网发育受城乡集散和自然环境自组织作用显著

1989~2010 年,整个城乡路网分枝维数除 1989 年外均超过 1,路网中心-外围分枝生长发育普遍存在分形性质(表 4.20、图 4.23)。

分析无标度区间，可以发现：整个时序内武汉城市圈城乡路网均存在无标度区，在城市圈外围圈层 140～150 km 处，分枝生长速度达到临界值（表 4.20），路网生长溢出无标度区，进而揭示出：城乡路网线路自中心向外围的分枝生长速率呈先较快后趋慢的增长态势，渗透空间能力不断加强至稳定态。究其原因，城乡路网分枝发育与中心-外围的城乡交互作用强度紧密相关，实质是中心城市——武汉市的圈域集散辐射效应的空间收敛作用的结果，即武汉市向周围城市的城乡辐射效应在不断放大的同时，受空间距离衰减作用日益增加，线路分枝生长阻力整体呈先减小后加大的变化趋势，突出反映出城乡路网发育与城乡集散作用的共轭机制。

对比线路分枝生长和水系、地形地貌发育形态，可以看出线路分枝生长纵横交错，如同水系状，甚至与武汉城市圈水系发育成高度相似性；实际中，城乡路网发育也多是以水系伸展和地形起伏为空间基质背景的，路网分形受水系、地形自然环境自组织作用影响深刻，可以看作是这些自然分形体上的支体（support），这也从侧面也印证了一些学者的"城市体系与水系分形同标度定律"研究结论[223]。

（4）城乡路网线路分枝呈现"放电"式伸展，局部-整体具有强自相似

1989～2010 年，城乡路网线路分枝维数值增长明显，2010 年达到 1.779，比较接近场维数 $d=2$、参数 $\eta=1$ 时的 DBM 模拟图案的平均分维 $D=1.75\pm0.02$，并且具有向参数 $\eta=0.5$ 时的 DBM 平均分维 $D=1.89\pm0.01$ 演化的态势（图 4.24）。不难看出，武汉城市圈城乡路网已经形成以中心城市为中心的分枝（dendrite）结构，这种结构已经在许多省（市）交通网络发育中得到体现（图 4.25）[372]，它与电介质击穿模型实验室模拟的 SF_6 放电图非常相似，表现出 Laplacian 分形特征；同时整个分枝"放电"式伸展表现出整体-局部的自相似性，整个圈域整体表现出以武汉市为中心的宏观分枝伸展结构，在 8 个地级中心城市局域网上，则表现出以地级市为中心的中观分枝形态，而在地级中心城市局域网中，又大量嵌套着以县级或镇级中心城镇为中心的微观分枝结构，层层嵌套，整体不断递归分割，表现出惊人的局部-整体自相似性（图 4.26）。

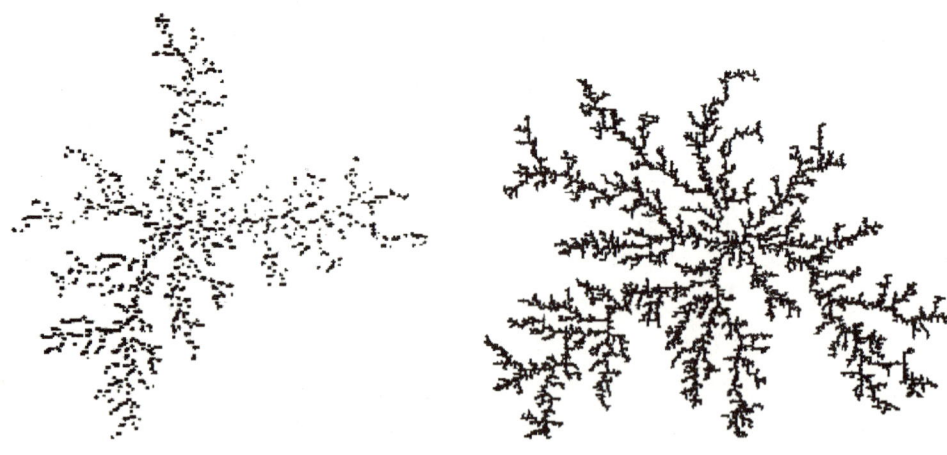

（1）节点的 DBM 模型生长模拟　　　　（2）线路的 DBM 模型生长模拟

图 4.24　路网分枝的 DBM 模型模拟

图 4.25 河南省交通网络的"放电"式分枝形态

图 4.26 武汉城市圈城乡路网分枝的局部-整体"放电式"自相似

4.5.3 城乡路网分枝维数空间比较

(1) 城际城乡路网分枝维数无标度区间普遍狭窄,分形几何性质较弱

$\ln r - \ln N(r)$ 曲线上点列分布的无标度区比较狭窄,分枝维数值均不超过1.3,许多城市分维值甚至小于1(图4.27),反映出城乡路网连接的线性特征(接近线状结构组织,如树枝状、放射状等,缺少回路),一方面可能因为城际统计的样本较少,多不超过16,另一方面也反映了武汉城市圈主要城市城乡路网空间分布的分形几何性质较弱,分枝生长不够发育,空间渗透和充填能力较差。

(2) 城际分枝维数值相差不大,路网空间分布相对均衡

9市分枝维数值介于0.8~1.3之间,最高值为1.292(咸宁市),最低值为0.829(天门),极差R不大,仅0.463;9市分枝维数值,方差$S^2=0.03$较小,表明在不计公路质量的前提下,城际城乡路网伸展的空间分布差异较小,路网生长发育水平接近,可能原因在于整个圈域隶属于湖北省,受宏观交通规划的统筹布局他组织机制影响深远(图4.27)。

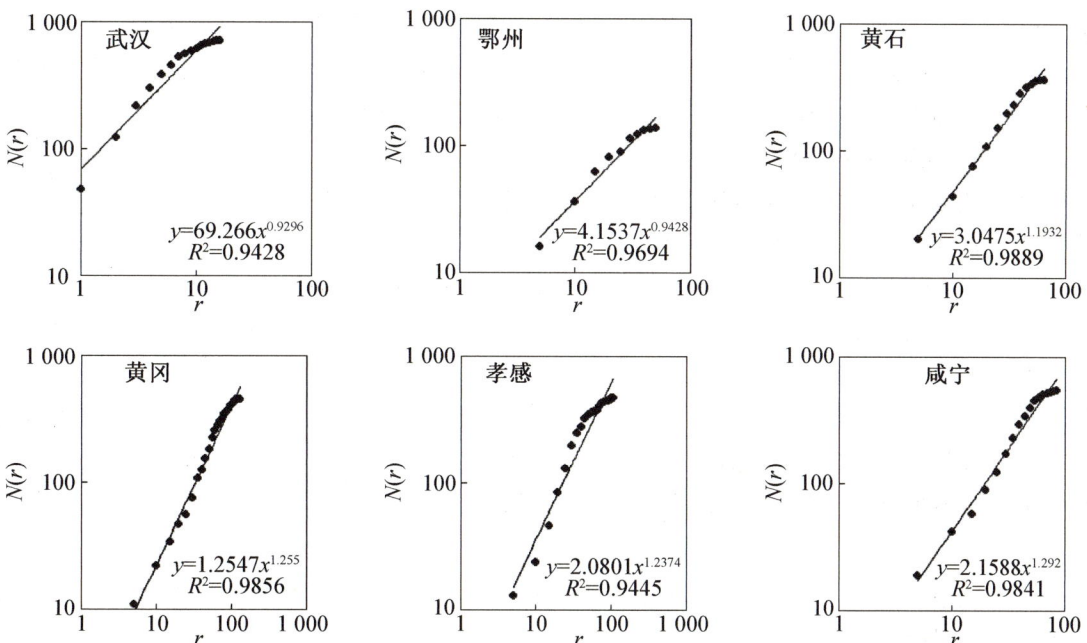

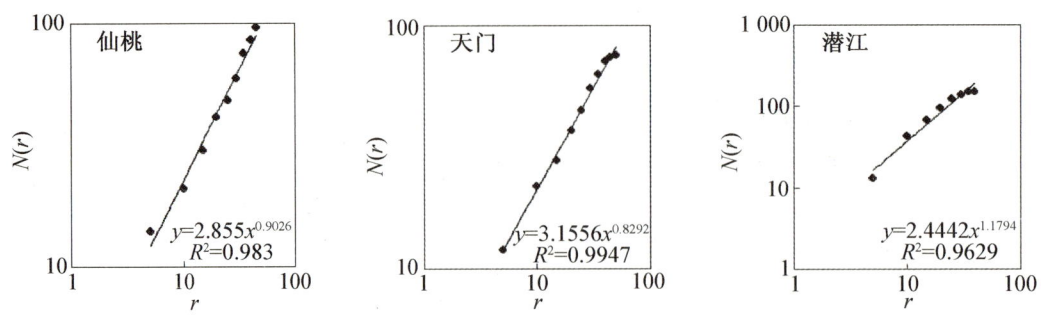

图 4.27　武汉城市圈城际城乡路网节点分枝-半径维数双对数坐标图(2010 年)

4.6　小结与讨论

4.6.1　小结

(1) 分形是大自然的优化结构,分形体能够最有效地占据和利用空间。城乡路网普遍具有分形性质,但在不同等级类型和不同时空尺度下存在一定的差异。通过容量、覆盖、关联和分枝维数的计算均表明,武汉城市圈城乡路网不同程度表现出分形性即具有结构自相似性,是一正在发展的分形体,表明城乡路网正处于混沌的边缘——介于几何混沌和欧氏几何之间的临界状态,具有空间复杂性。

(2) 城乡路网分形存在一定最优区间,通常认为在[1.67,1.75]区间,城乡路网分形性质较完美。分形是否存在一个最优值或理想值 1.701±0.025,仍饱受争论;但通过武汉城市圈城乡路网分维值的时空分异情况,结合路网发展实践,仍可以观察到,分维值过小,或过大,城乡路网的伸展构型和充填能力往往较差。事实上,一些学者通过凝聚扩散模型和电子击穿模型的计算,推算出分形存在一个最优区间,即分维值介于[1.67,1.75]之间。

容量、覆盖、关联、分枝四大维数的时空分异结果表明,往往城市经济社会发展水平较高城市,其分维值较其他城市接近最优区间,其城乡路网具有较佳伸展结构形态,较强充填和渗透能力;往往随着时间推移,城乡路网分维值日益逼近最优区间,城乡路网发育日益成熟,2010 年无论是节点-线路规模,还是网络形态连接强度,均表明当前的武汉城市圈城乡路网具有较大伺服空间效应和较复杂的连接特性。

(3) 城乡路网分形存在一定时空尺度,即存在一个何时、何地才具有分形的条件判断[703]。在空间上,存在一个无标度区间,在时间上存在一个分形体不断发育成熟的过程;尺度太大,或太小①,自相似性都会出现"溢出"而失效。

研究发现,一方面当分形递归尺度不断增大,武汉城市圈城乡路网节点-线路随之增大到一定规模时,此时的节点-线路规模超过尺度"阈值",部分维数计算出现失效,即在双对数坐标图上显示出下垂的"拖尾",甚至出现"双尾幂律分布";另一方面,1989~2010 年,武汉

---

① 正如陈彦光在其专著《分形城市系统:标度·对称·空间复杂性》第 223 页中提到:当尺度太大,城乡无力关联,当尺度太小,没有城乡关联。

城市圈城乡路网分维值逐步增大,趋近于理想值,路网结构向最佳形态靠近,但也可以看到在个别年份,部分局域网(高等级城乡路网)分维值超过2,整个城乡路网空间溢出分形几何最大欧式嵌入空间,此时的城乡路网不具备严格意义上的分形,分形在时间尺度上具有"选择性",而非一般理论变换算子的尺度"不变性"①。

(4) 城乡路网分形表现出时间演化性,即分形是演化的分形,是其自组织和他组织机制共同作用、相互影响发育的结果。

无论是全域还是局域,武汉城市圈城乡路网的分形性正呈自下而上(bottom-up)地演化,这种演化在尺度和速度上尽管有所差异,但均是一种正向的演化,分维值上表现为升维的过程,表明整个城乡路网正向着自组织增强、构型趋优的方面动态进化。与此同时,路网也受到自上而下的(top-down)的行政干扰或调节,往往可能产生两种截然不同的效应:一是强化有序,推动城乡路网结构不断趋优;二是破坏规则,抑制城乡路网构型和性能的发育。

(5) 城乡路网分形呈现等级层次性,不同等级路网空间的分形性能存在差异。即道路和节点等级越高,分形性质越是不发育,国道、省道网有待借助分形思想,优化交通网络连接结构。

究其原因,整个城乡路网发育在自下而上的自组织演化过程中,时常伴随着区域交通政策、规划和调控等他组织机制作用,如国家、省市的交通政策调控和路网规划布局等,尤其是国道和省道等高等级路网受这种自上而下的扰动作用明显,城乡路网有序的规则常被破坏,致使高等级路网发育迟缓,空间结构松散且失衡,占据和充填空间的能力和效率低下,从而形成路网分形性质发育与路网等级的反比例关系。

(6) 城乡路网分形具有空间分异性,不同等级和发展水平的城乡空间,城乡关联和交互强度存在差异,城乡路网发育程度不一,城乡路网分形性质相应不同,即分形体的充填、占据和伺服空间的能力和效能存在区域差异。

圈(群)之间,城乡路网分形性质(占据和伺服空间的效能)发育程度与经济社会发展水平呈现一定的相关关系:在统计关联上,一般遵循"社会经济发展水平越高,城乡经济社会要素交流强度越大,城乡路网空间关联作用强度越强,路网分形性质发育越趋于完美"的机制;在空间分布上,分形发育程度遵循东部沿海都市圈(群)>中部都市圈(群)>西部都市圈(群)的渐进式地带分异。圈域内部,城际空间的社会经济发展水平(构成城乡路网系统的需求机制和动力源)仍然存在显著差异,城乡道路网络(构成城乡路网系统的供给机制和支撑体系)分形发育与城际社会经济发展水平保持一定正相关关系,城际城乡路网分形发育呈现一定的空间分异,分维值大小基本遵循核心圈(城市)>外围圈(城市)排列序,但由于城际社会经济发展水平不如圈际差异程度明显,其城际城乡路网发育表现出一定的空间"同质性",这种相对空间均衡也与"各中心城市均隶属于湖北省,不同程度受到全省交通规划统一调控的影响"存在一定的关系。

(7) 城乡路网分形性态较差,且不具有时空分异性。按照 Benguigui et al.(2000)标准:

---

① 陈彦光在其专著《分形城市系统:标度·对称·空间复杂性》中提到:"一个函数在某种变换算子下的不变性在理论上是没有尺度范围的,即理论尺度自始至终都应该满足某种不变性质。"

只有维数 D 的标准误差低于临界值 $\delta = 0.04$（即测定系数大于或等于 $R^2 = 0.996$）时，才认定具有分形。四大维数计算结果表明，几乎所有维数的测定系数（拟合度）R^2 都不超过 0.996，严格意义上讲，武汉城市圈城乡路网不具典型分形性质，分形性态较差。同时，无论是 1989～2010 年时间序列上，还是 9 市城际、中心-外围及 7 大城市圈际空间尺度上，所有维数判定系数 R^2 并未表现出突出的分异性规律，即 1989～2010 年所有维数测定系数 R^2 并没有出现一致的随时间而递增或递减的态势（即使是长度-半径维数，也仍然出现个别年份的波动），不同城市、圈层、城市圈群之间的维数测算判定系数 R^2 也没有出现随城市经济社会发展水平的差异而出现明显不同，表明整个武汉城市圈城乡路网分形性态不具有时空分异性规律。

(8) 城乡路网分形是系统在混沌的边缘所展现的自组织优化构型，其周期递嬗表现为有序-混沌的交替过程。如城市化一样，城乡路网的这种周期演化过程也可以通过分维值来刻画，城乡路网系统何时步入有序，何时步入混沌，都以分维的变化或相对大小的改变为征兆[223]。1989～2010 年，武汉城市圈城乡路网的容量、覆盖、阻抗和分枝分维值动态变化态势不完全统一，整体上呈现上升-下降交替、先快速增加后缓慢下降的变化态势，一定程度表明城乡路网的分布、充填、关联和渗滤能力和形态的经历了自组织效应加强-减弱的周期性变化过程。

(9) 城乡路网较符合分形定义和理论模型赋值区间，具有良好的环境包容性。一方面，四大维数分维值多介于 [1,2] 间，即城乡路网整体空间维数大于 1，突破线性拓扑维数，但未溢出欧式空间维数极限，并且逐步接近理论值（约为 1.7 左右），整个城乡路网整体呈良好的网络状组织形态，同时分形具有良好的环境包容性和适应性；值得一提的是，部分城市、个别年份的关联维数和分枝维数不到 1，表明局部年份或局域城市城乡路网某些性质存在一定的线状组织结构；此外，城乡路网高等级路网（国道和省道）覆盖维数值超过阈值 2，高等级城乡路网不具备分形性质，具体原因，有待进一步解析。

(10) 传统交通网络分形研究一般不考虑节点-线路要素的等级特征，这并不意味着城乡路网的空间结构与等级组织无关；引入加权分形模型，通过赋权将所有线路折算为同一规格计算的分维值往往较普通（不加权）情况下小，导致这一结果的根本原因是高等级城乡路网分维值普通较低等级城乡路网小，表明加权折算后的高等级路网往往对整体分形性质发育具有"放大"效应（真实还原了不同等级路网对整体分形性质发育的影响机制）。

4.6.2 讨论

(1) 地理分形具有相对意义，大量采用时序、空间和类型对比分析是可行的，也是科学的。其关键在于：分维估值的方法是统一的，即同一种定义和同样方法计算分维数；计算维数时使用相同的参数，选用相同的无标度区间，计算误差的方法相同，误差范围量级相当；保持数据来源的一致性，采用相当的比例尺和投影方式，对武汉城市圈及其他城市圈群等不同的地学对象进行分维估值。

(2) 尽管注重分维值的时序分析，但分形预测分析薄弱。选择 1989～2010 年的时间序列较短，只有五个时间截面，计算出的系列分维值尽管足够分析其变化特征，但对未来的发展趋势的判据很难确保有效和科学。根据一定时期内的网络分形特征的变化规律分析来预测和模拟未来城乡路网形态的变化趋势研究有待加强。

（3）尽管注重分维值的空间分析，但空间分异及内在影响机理分析薄弱。以武汉城市圈 9 市为局域，比较分析各局域城乡路网的分形发育特征，一定程度揭示出城际城乡路网分形发育的空间分异特征，采用相关分析法，尝试揭示出这种分异与经济发展水平、人口分布、城乡分布等因素的相关关系，但对这种分异规律的内在影响机制分析仍显不够。

（4）尽管考虑等级变量的影响，但赋权方法仍显随意，不够科学。考虑不同道路等级影响，通过赋以一定权重，纳入统一尺度，进行分维测算，结果更加符合客观交通状况，具有更强的可比性；但由于部分权重的赋值采用层次分析法和主观评价法，仍显随意，不够科学，有待通过大量时序数据，开展权重赋值算法的革新。

（5）城乡路网分维值的空间差异性与其城际城乡分布及经济发展水平，并没有表现出强共轭协同的关系。表明除城乡路网分布格局外，还有许多其他因素影响城乡经济关联作用，如何以经济发展状况指导城际城乡路网交通发展仍是一个值得探究的问题；二者之间的不相关性存在于何种尺度，以及是否在某种空间尺度中二者之间会存在某种相关性等问题，有待深入讨论。

第 5 章 复杂城乡路网系统结构的空间关联性

5.1 研究框架和方法

5.1.1 研究框架

从城乡路网的拓扑结构视角,基于复杂网络理论,引入系列度量节点拓扑连接结构指标(重要性、易达性、集聚性和社团性等),借助 GIS 空间分析手段,系统分析城乡路网节点连接性质的空间分异程度和相互作用机制,以及网络遭受攻击(连接破坏)时的空间稳定性(关联失效时的动力学变化)(图 5.1)。

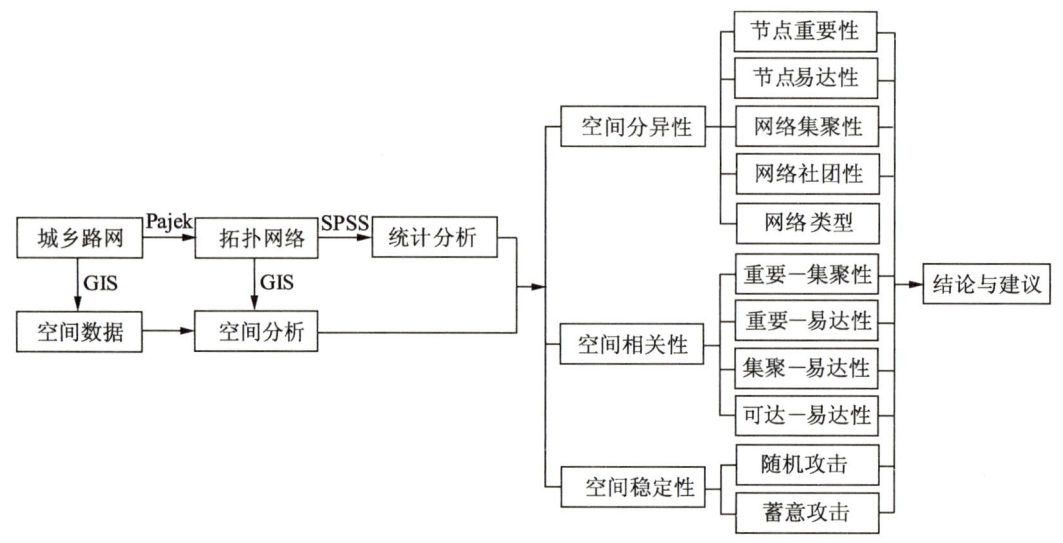

图 5.1 研究框架

5.1.2 研究方法

5.1.2.1 引入复杂网络模型[692]

表 5.1 复杂网络相关指标

内容	指标	公式或定义	涵义	地理意义
节点重要性	度(degree,D)	$k_i = \sum_{j=1}^{n} a_{ij}$(公式 5.1)	节点 i 的度 k_i 定义为与该节点连接的其他节点的数目	节点对外联系程度
	度分布(degree distribution,DD)	$Pk = \sum_{k'=k}^{\infty} P(k')$(公式 5.2)	$P(k)$ 表示的是一个随机选定的节点的度恰好为 k 的概率	节点度值的统计性质

(续表)

内容	指标	公式或定义	涵义	地理意义
节点易达性	平均路径长度(average path length, L)	$L = \dfrac{\sum\limits_{i \neq j} d_{ij}}{N(N-1)}$ （公式5.3）	N为网络节点数, d_{ij}定义为网络中两个节点i和j之间的距离即连接两个节点的最短路径的边数	网络的通达效率
	紧密度指标(closeness, C)	$C_c(i) = 1/\sum\limits_{j=1}^{n} d_{ij}$ （公式5.4）	节点i到达其他节点j的距离之和的倒数	网络通达的难易程度
	介数指标(betweenness, B)	$C_b(x) = \sum\limits_{j<k} g_{jk}(x)/g_{jk}$ （公式5.5）	g_{jk}表示节点j和k之间的最短路径数, $g_{jk}(x)$表示节点j和节点k之间经过节点x的最短路径数	边的交通流负载
网络集聚性	簇系数(clustering coefficient, CC)	$C_i = \dfrac{E_i}{k_i(k_i-1)/2}$ （公式5.6）	节点i有n个近邻点,那么这n个节点之间最多有$k_i(k_i-1)/2$条连线,以这n个点之间的实际连线数目E_i除以$k_i(k_i-1)$得出的值定义为i点的簇系数	节点与相邻节点连接的集聚性
网络的稳定性	鲁棒性(robustness tolerance)	$S = S(f), L = L(f)$ （公式5.7）	f为受到攻击节点的比例,S为最大连通集团的节点占网络节点总数的比例,L为网络特征路径长度	衡量整个网络应对攻击的连通性
社团结构	网络模块(community structure)	$Q = \sum\limits_{s=1}^{m}\left[\dfrac{ls}{L} - \left(\dfrac{ds}{2L}\right)^2\right]$ （公式5.8）	m表示网络所分解成的模块数; ls表示位于模块s内的连接边数; L表示网络中总的连接边数; ds表示模块s内所有节点的度值之和	衡量社团划分的满意度
		$NMI(A,B) = \dfrac{-2\sum\limits_{i=1}^{cA}\sum\limits_{j=1}^{cB} N_{ij}\log\left(\dfrac{N_{ij}N}{N_i N_j}\right)}{\sum\limits_{i=1}^{cA} N_i \log\left(\dfrac{N_i}{N}\right) + \sum\limits_{j=1}^{cB} \log\left(\dfrac{N_j}{N}\right)}$ （公式5.9）	N中的元素N_{ij}表示应该在社区i中却被划分到社区j的结点个数。真实存在的社区个数为cA, 划分的社区个数为cB, N_i表示第i行所有元素的和, N_j表示第j列所有元素的和	衡量社团划分的真实性

5.1.2.2 数据处理

（1）自动增点。以1989～2010年武汉城市圈城乡路网空间数据库为基础,运用ArcGIS9.3软件在线路交叉口处自动添加节点,建立新的节点和道路的空间属性数据库(图5.2)。

（2）去环和重边。不考虑城乡路网线路起讫点为同一个节点的线路,即去环;对于起点和讫点都相同的城乡路网线路,只记一条,即去重边,如果各条线路等级不相同,取最高等级线路为边。

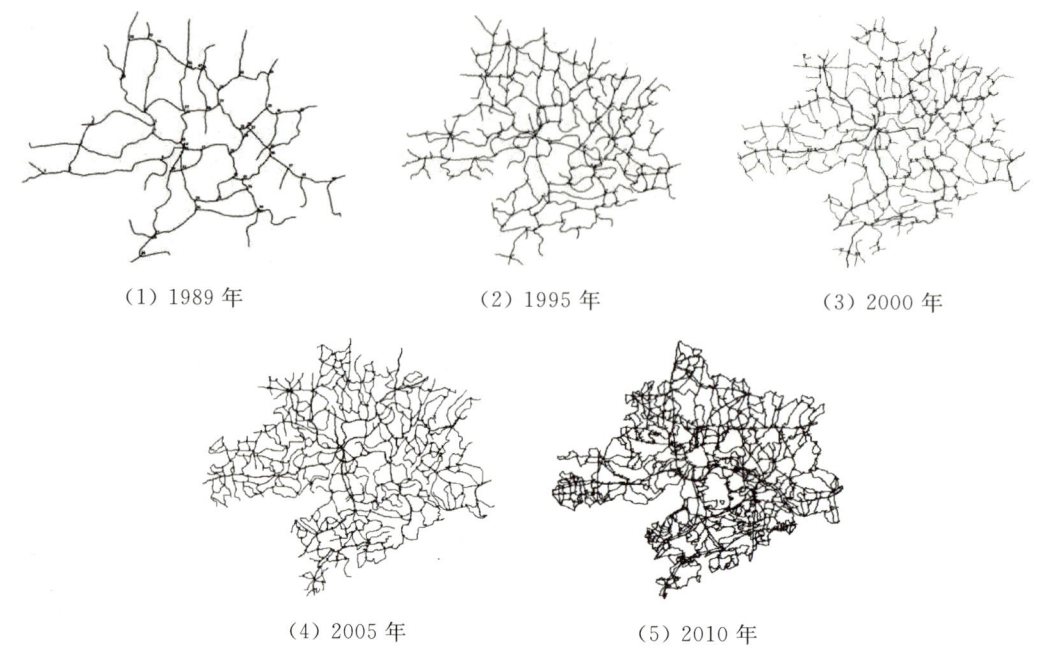

图 5.2 武汉城市圈城乡路网空间数据库(1989～2010 年)

注：图中节点为道路交叉口,通过 GIS 自动加点生成。

(3) 去孤立点线。不考虑圈域内的独立线路和节点,将超出圈域范围的节点去掉。

(4) 无向网络。不考虑城乡路网节点间的往返,设计成无向城乡路网。

(5) 连接权重加权。考虑网络中的连接权重问题,构建加权复杂网络模型,设定国道、省道和县(乡)道权重为 3,2,1[①],运用原始法[②],通过 pajek2.7 软件进行编程,获得整个圈域 1989～2010 年城乡路网加权拓扑结构图[③](图 5.3)。

(1) 1989 年(未加权)　　　(2) 1995 年(加权)　　　(3) 2000 年(加权)

[①] 本书这里"先入"假设国道、省道、县(乡)道的重要性存在优先级差别,主要是基于本书探讨的城乡节点联系实际是外向交通,普遍存在这种优先级差别,后述通过实证分析也发现,加权城乡路网的无标度性(层次性)较未加权路网明显。

[②] 相较对偶法,数据可以直接通过 GIS 获得,同时充分考虑数据的空间网络和地理长度属性。

[③] 1989 年,由于原始数据缺少道路等级信息,故未考虑权重,生成非加权路网。后述分析,如果没有特别注明,均是以 1989 年(未加权网)、1995～2010 年(加权网)展开分析。

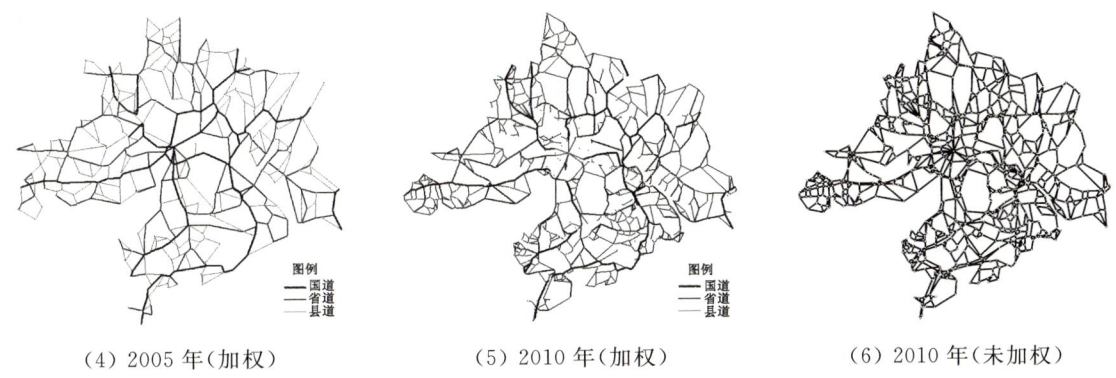

(4) 2005 年(加权)　　　　　(5) 2010 年(加权)　　　　　(6) 2010 年(未加权)

图 5.3　武汉城市圈城乡路网的拓扑结构图(1989～2010 年)

5.2　城乡路网的拓扑复杂性

5.2.1　节点重要性的复杂性

节点度是表征节点连接程度的重要指标,定义节点 i 的度 k_i 为与该节点连接的其他节点数目,主要反映出一个节点对其他节点的直接影响力。通常节点度越大,则意味着节点在整个网络中的地位越"重要"[692]。统计整个圈域城乡路网度及度分布指标(1989～2010 年)(表 5.2)来评价城乡节点在整个路网时序发育中的重要程度变化,结果表明:

表 5.2　武汉城市圈城乡路网节点度统计表(1989～2010 年)

年份	度	频数	概率	累积概率
1989 年	1	3	5.6	5.6
	2	17	31.5	37
	3	31	57.4	94.4
	4	3	5.6	100
	平均	2.63	/	/
	合计	54	100	/
1995 年	1	6	3.5	3.5
	2	44	25.6	29.1
	3	102	59.3	88.4
	4	19	11.0	99.4
	6	1	0.6	100
	平均	2.80	/	/
	合计	172	100	/

(续表)

年份	度	频数	概率	累积概率
2000年	1	10	4.7	4.7
	2	54	25.1	29.8
	3	126	58.6	88.4
	4	21	9.8	98.1
	5	4	1.9	100
	平均	2.79	/	/
	合计	215	100	/
2005年	1	7	1.8	1.8
	2	71	18.3	20.2
	3	220	56.8	77.0
	4	79	20.4	97.4
	5	6	1.6	99.0
	6	2	0.5	99.5
	7	1	0.3	99.7
	8	1	0.3	100
	平均	3.05	/	/
	合计	387	100	/
2010年	1	107	12	12
	2	221	24.7	36.7
	3	479	53.6	90.3
	4	77	8.6	98.9
	5	8	0.9	99.8
	6	1	0.1	99.9
	8	1	0.1	100
	平均	2.52	/	/
	合计	933	100	/

（1）路网节点度均值波动变化，整体连接水平不高，以中低度节点为主

1989～2010年，整个城乡路网平均度值明显成波动变化，呈现先增后降、再增再降的循环式变化态势，明显形成1989～2000年、2000～2010年两个周期。

同时，整个城乡路网平均度值介于2.5～3.1之间，普遍不超过3（仅2005年），表明整个武汉城市圈每个城乡节点平均仅与其他2～3个节点有直接的公路连接，城乡路网节点关联的线路设置和建设比较经济，路网节点关联的线路选择比较集中；同时也表明了城乡路网作

为一种二维网络[①],"受到二维平面的限制作用",整个网络节点度值不可能很大。

界定近似等于平均度值$\langle k \rangle$的节点为中度节点,度值远大于平均度值的节点为高度节点,是圈域城乡路网的重要节点,占据主导和核心地位,远小于平均度值的节点为低度节点,为相对不重要节点,处于依附和从属地位。1989~2010年,城乡路网平均度值介于2.5~3.1之间,中度节点为度值等于3的节点,比例均超过50%,介于51.3%~59.3%之间,而高度节点普遍不到12%,仅2005年突破20%(23%),整个圈域城乡路网节点以中低度节点为主(二者和普遍超过77%,甚至达到95%左右)(表6.2),导致整个城市圈城乡路网节点连接比较均匀,面对随机故障(random fault)时具有鲁棒性(robustness or tolerance)。

(2) 节点度分布曲线整体近似为泊松分布,但出现不同程度偏离

1989~2010年,整个城乡路网节点度分布曲线基本呈正态分布,网络中绝大多数节点的度值分布于均值附近,只有极少数节点具有较大的度值,节点度累积概率分布曲线的指数拟合程度较高($R^2 \geqslant 0.72$),近似服从泊松分布,表现出随机网络的性质,这与航空网络、公交网络的无标度性及地铁/铁路网络的类高斯分布(峰值偏离平均值的偏态分布)形成鲜明对比,也与许多学者的研究结论基本一致[②]。究其原因,首先,城乡路网是一"平面图"(后面有专门论述),不同于航空网和公交网连接的"超平面"性质;其次,为城乡路网节点添加一条连接边的成本比较高昂,路网节点充分连接的经济性和必要性决定了城乡路网呈随机性发育,从而阻止了其向无标度网络方向发展。

但部分年份节点的随机性度分布曲线并不典型,存在一定程度的偏离。1989~2010年,除了2005年节点度分布曲线几乎与泊松分布曲线保持高度近似性外(指数函数拟合程度达到0.938),其他年份度分布曲线均不同程度"左倾",即低于度均值节点相对多于高于度均值节点(图5.4)。一方面印证整个城乡路网节点整体连接水平不高,以中低度节点为主;另一方面也体现出整个城乡路网度值较高节点数量增长不明显,路网并未随着时间推移,网络节点规模增大,而出现"择优连接"性提高的现象。

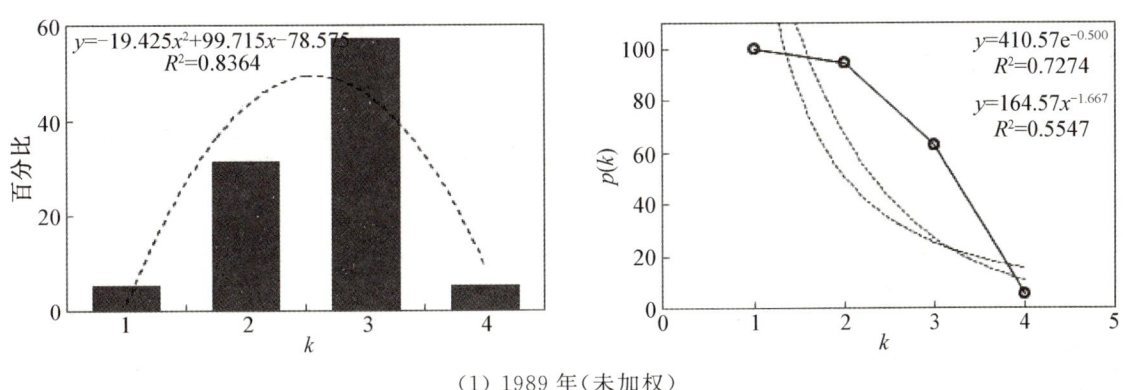

(1) 1989年(未加权)

[①] 这里及后述的"二维平面"网络均忽略了武汉城市圈内城乡节点间(特别是城际)的一些高速立交桥的存在,对路网交通平面性的影响。事实上,这些立交桥在一定程度上克服了交通网对平面交通的依赖性,并且一定程度上改变了网络的结构特征。

[②] 文献:Barabási A L. Linked:The New Science of Network[M]. Massachusetts:Persus Publishing,2002.认为,按照标准的自组织网络理论,地面交通网络往往不是无标度网络,不具备典型的无尺度特征。

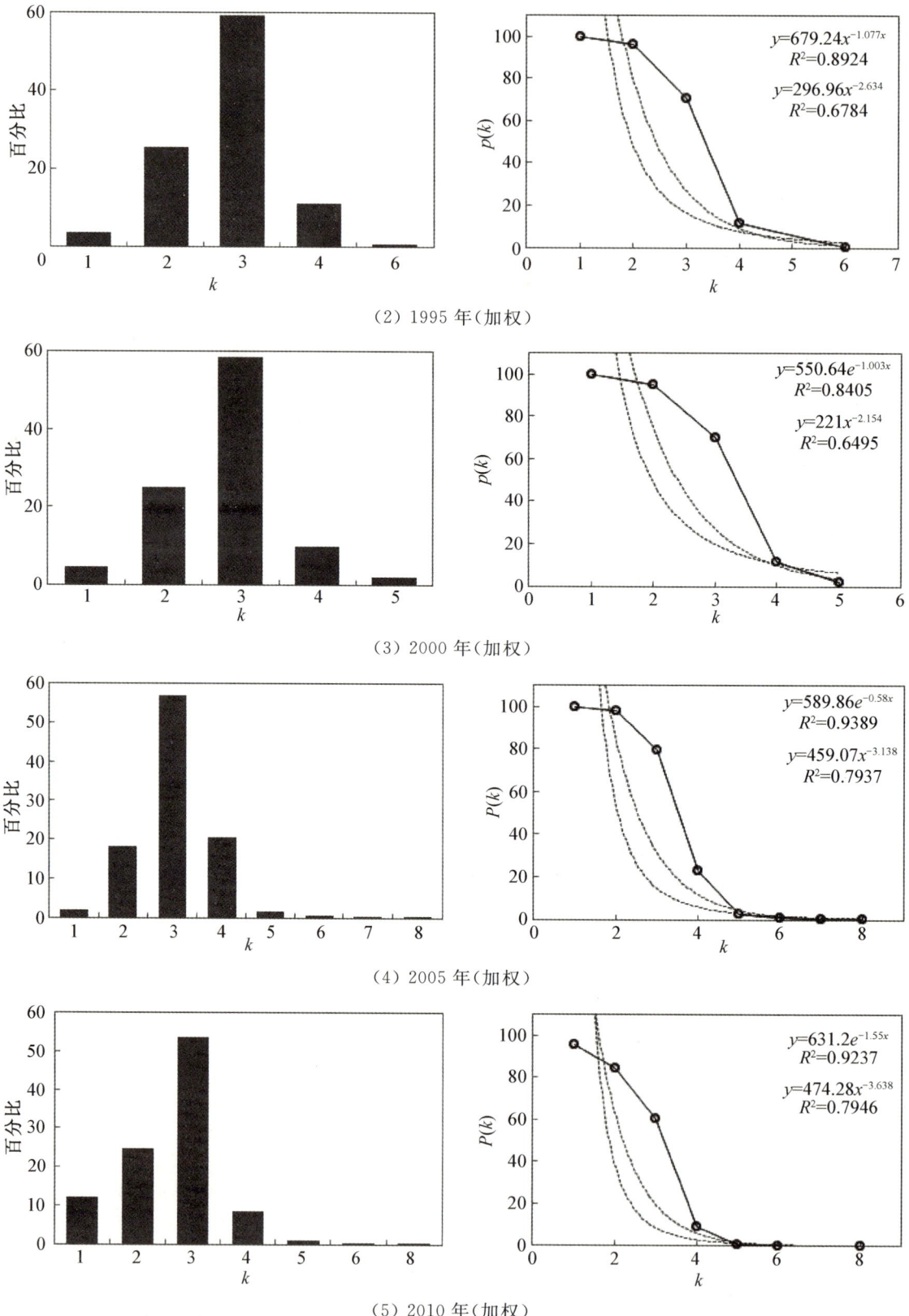

（2）1995 年（加权）

（3）2000 年（加权）

（4）2005 年（加权）

（5）2010 年（加权）

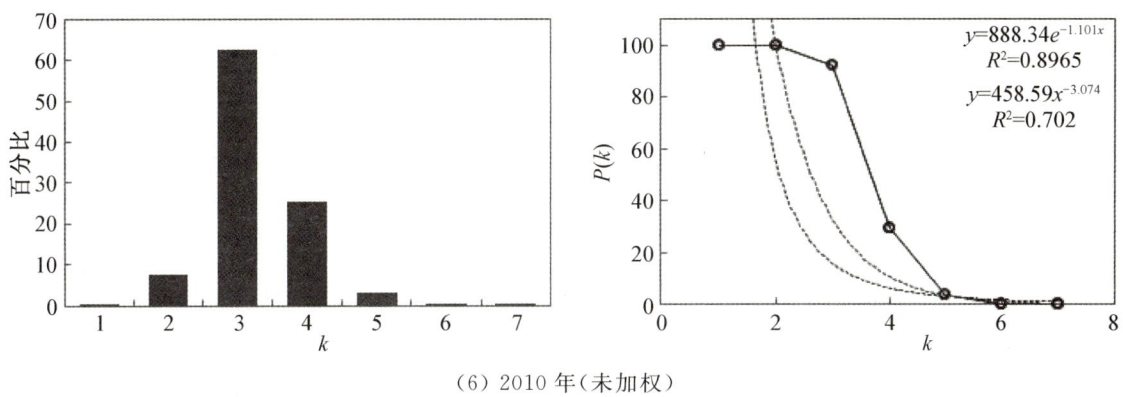

(6) 2010年(未加权)

图5.4 武汉城市圈城乡路网节点度分布及累积分布(1989～2010年)

注：图中节点度分布去掉了小量 $k=0$ 的悬挂或孤立节点；图右曲线分别为指数拟合曲线、幂函数拟合曲线

(3) 节点度分布曲线峰宽存在一定变化，基本呈变宽后变窄的态势

1989～2010年，城乡路网节点度分布曲线均呈单峰形态，但不同年份峰宽幅度不一，随着网络规模的增长，度分布曲线峰宽呈先变宽(1989～2005年)后变窄(2005～2010年)的态势(图5.4)。按照自组织网络理论，整个城乡路网呈现一般随机网络→完全随机网络→复杂网络的自组织演化机制：

从点度统计分布来看，城乡路网度分布在整个时序基本呈正态分布。度量正态分布有两个参数，即均数 μ 和标准差 σ，可记作 $N(\mu,\sigma)$。其中，均数 μ 决定正态曲线的中心位置，标准差 σ 决定正态曲线的陡峭或扁平程度，即 σ 越小，曲线越陡峭；σ 越大，曲线越扁平。计算1989～2010年间点度标准差分别为：0.681、0.723、0.747、0.834 和 0.662(2010年未加权城乡路网点度标准差为 0.761)，整个标准差大小呈现先增大后减小的态势，表明整个度分布曲线峰宽先增大(1989～2005年)后减小(2005～2010年)，曲线先趋于扁平后变得陡峭。

① 峰加宽阶段(1989～2005年)，随着节点规模增大，峰宽不断增大，整个度分布曲线峰宽不断增大，逐渐由近泊松式分布向完全泊松式分布演化(度累积概率分布曲线的指数拟合程度 R^2 基本呈上升趋势，图5.4)。1989年，节点度分布曲线接近一般正态分布(拟合方程为：$y=-19.42x^2+99.71x-78.57$，拟合度 $R^2=0.836$)，度累积概率分布曲线指数发育形态较幂指数律好，呈现一般随机图结构特征(图5.5)，表明当前城乡网络各节点的连接程度或倾向(概率)相差不大，度值不超过4，缺乏高连接数节点(极核点)，城乡路网结构比较简单；2005年，节点度分布曲线接近泊松分布(图5.4)，较低和较高(相较平均节点度值)度值节点数量相当(分别只有78和89个)，且不占主导地位(二者之和占总量的43.2%)，度累积分布曲线的指数律发育良好($R^2=0.938$)，但距离完全理想的随机网络-泊松分布曲线(度分布均值附近节点数量达到70%～80%及以上，标准差很小；度累积分布具有99%以上的指数拟合性态)形态差距明显(图5.5)；

② 峰变窄阶段(2005～2010年)，节点度分布曲线均值出现较大幅度的"上扬"，峰宽变小，度累积分布幂指数拟合性态较好，无标度性增强。2010年，节点度分布曲线相较1989～2005年，峰宽变小，接近度均值的节点数量占据主导(接近70%)，低于或高于平均度值的节点数量很少，度分布开始出现趋近平均度值 $\langle k \rangle$ 的趋势，峰宽出现较大幅度缩减，度分布接

近一般随机网络分布形态(图5.5);同时,2005~2010年,度累积概率分布曲线逐步出现曲线下半部分向内凹陷,指数式分布形态持续下降,开始呈现"进化"到类"幂律"式趋势(累积度分布曲线幂函数拟合程度不断增大,指数函数拟合程度不断下降),具有一定的无标度性,整个城乡路网局部具有复杂性,表明城乡路网受随机性的干扰作用不断弱化,受政策规划的组织性调控作用渐趋明显,呈现复杂性不断增长[①],由完全随机网络向一般随机网络乃至复杂网络进化的态势。

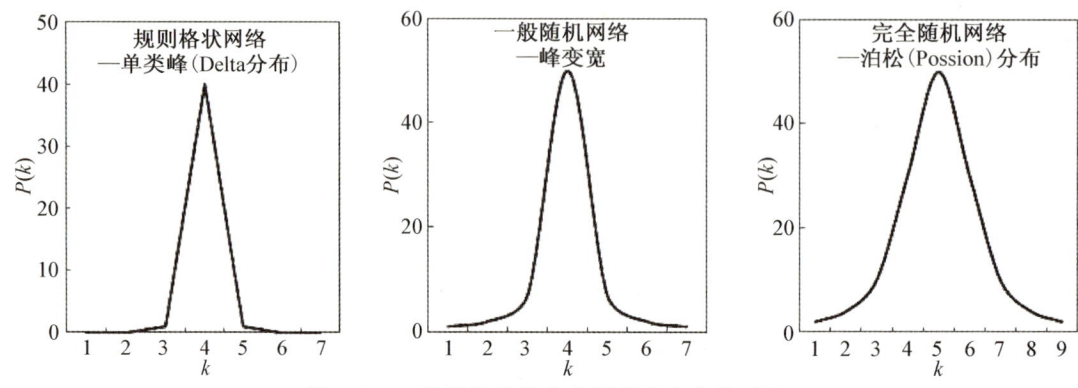

图5.5 三种网络的常态度累积分布曲线对比

注:某些随机网络的节点度累积概率分布可能不一定是正态的,上图仅绘出常态形式

不难看出,整个城乡路网是一个介于随机网络和规则网络、完全确定和完全不确定两种极端形势之间的复杂网络,这种复杂网络随着时间的推移,规模的递增,不断接收外界随机因素干扰作用,内在组成原则(organizing principle)和自组织机制不断发生嬗变,最终导致整个城乡路网节点关联表现出复杂性。这种复杂性态实质是整个城乡路网随着时间逐渐根据一定的效用函数自我优化和自我组织的结果,即整个城乡路网表现出随机外表下的内在自组织性,处于随机性和确定性的动态统一变化中。

(4) 加权路网度累积概率分布幂指数律性态较好,较有效揭示层次性

比较1989~2010年,加权-非加权路网度分布和累积概率分布曲线,发现加权城乡路网度累积分布曲线的幂指数拟合度普遍较非加权情况下高,尤其是2005~2010年加权路网幂指数函数拟合度 R^2 较非加权情况下高出10%~15%(图5.4,限于篇幅仅列2010年未加权路网度分布-累积分布数据),突出表明考虑城乡路网等级差异的加权路网能较好地反映出城乡路网内在的层次性分异,相对具有较强的无标度性。

5.2.2 节点易达性的复杂性

(1) 平均路径长度普遍较大,节点连接不够方便快捷

网络平均路径长度定义为任意两点间距离的平均值,往往代表着城乡路网的深度,即要

---

① 学者普遍认为幂次分布、负指数分布、高斯分布(或泊松分布)在表征复杂性程度方面遵循"依次递减"规律,即相对于高斯分布(Gaussian distribution),指数分布是复杂系统的分布特征;相对于幂次分布,指数分布又是简单系统的行为标志。具体见文献:刘继生,陈彦光.城市密度分布与异速生长定律的空间复杂性探讨[J].东北师大学报(自然科学版),2004,36(4):139~148.

求网络中任意两点用尽可能少的通过线路相连接,着重刻画网络节点间连接的通达性。

1989～2010年,武汉城市圈城乡路网的平均路径长度随着节点规模的增大而持续增加(图5.6),普遍超过5,五年均值 $L=12.45$,大大超过同等规模下的随机网络均值($L'=4.64$),相较社会关系网、生物交流网、信息通信网等网络,整个圈域网络平均路径长度相对较大,节点间中转平均需要12～13个节点(表5.3);2010年,城乡路网节点间平均距离更是超过23,路网分离具有"二十三度"特征,路网整体连接深度较大,路网传导性较差和动态性较慢,一方面说明城乡交流不够方便快捷,另一方面节点或线路突发交通拥堵时,其连锁效应传播蔓延较缓慢。

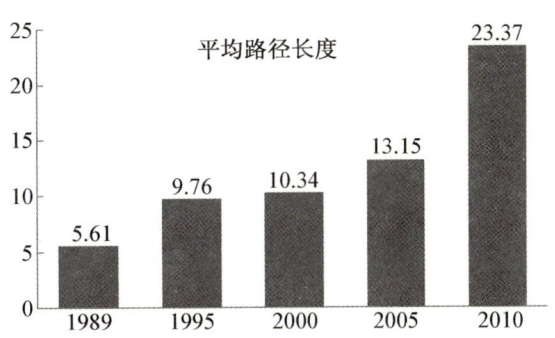

图 5.6 武汉城市圈城乡路网平均路径长度变化(1989～2010年)

表 5.3 不同类型网络的平均路径长度比较[708]

网络		类型	节点总数 N	边总数 M	平均度 $\langle k \rangle$	平均路径长度 L	幂指数 γ	簇系数 CC
社会网络	电影演员	无向	449 913	25 516 482	113	3.48	2.3	0.78
	公司董事	无向	7 673	55 392	14.4	4.6	/	0.88
	物理学家合作	无向	52 909	245 300	9.27	6.19	/	0.56
	电子邮件	有向	59 912	86 300	1.44	4.95	1.5/2.0	0.16
	学生关系	无向	573	477	1.66	16	/	0
信息网络	WWW(nd.edu)	有向	269 504	1 497 135	5.55	11.3	2.1/2.4	0.29
	引用网络	有向	783 339	6 716 198	8.57	—	3.0/—	—
	罗氏词典	有向	1 022	5 103	4.99	4.87	/	0.15
技术网络	电力网	无向	4 941	6 594	2.67	19	/	0.08
	铁路网	无向	587	19 603	66.8	2.16	/	0.69
	软件包	有向	1 439	1 723	1.2	2.42	1.6/1.4	0.08
生物网络	代谢网络	无向	765	3 686	9.64	2.56	2.2	0.67
	蛋白质网络	无向	2 115	2 240	2.12	6.8	2.4	0.07
	海洋食物网	有向	135	598	4.43	2.05	/	0.23
	淡水食物网	有向	92	997	10.8	1.9	/	0.09
	神经网络	有向	307	2 359	7.68	3.97	/	0.28

注:如果符合幂律,则给出度分布指数(幂指数);对于有向网络,则分别给出入度分布指数和出度分布指数;如果不符合幂律,则标示"/";如果没有可靠数据,标示"—"

(2) 路径长度分布保持时空惯性,城乡节点作用存在阈值,以短程连接为主

用 l 代表城乡路网中边的地理长度(取直线距离,通过 ArcGIS9.3 空间量算获得),建立路段长度分布函数 $P(l) = M(l)/M$,$M(l)$ 是当边的长度位于以 5 km 为间隔的各区间(如 $0 \sim 5$ km,$5 \sim 10$ km,$10 \sim 15$ km…)内边的数量,M 为网络中边的总数量。

可以看到,1989~2010 年武汉城市圈分布曲线形态非常相似,路径长度分布集中在[0,50 km]的区间内,并未随时间而发生变化,表现出阈值的稳定性(图 5.7a);另外,胡一弦等(2009)研究了不同城市的路段长度分布,发现峰值区与城市(群)本身规模大小也无关(图 5.7b)[709],即路网路径长度分布不随空间范围不同而变化,认为[0,500 m]峰值区间可能是城市中行人行为和建筑形态的自然最适合长度,此外 Crucitti(2002)实证研究也发现西方城市 1 平方英里存在最佳长度区间:[0,50 m](图 5.7c),客观说明了城乡路网路径长度分布形态受时空范围的影响不明显,表现出一定程度的时空无标度性,也似乎暗示了不同规模城市或城市体系存在一个人车行走和建筑布局的最优长度区间。就武汉城市圈而言,[0,50 km]正是其城乡节点关联作用自组织最适应长度区间,一旦距离超过 50 km 整个城乡节点作用陡然由强变弱(出现"突变")。当然对于其他都市圈(群)或城市内部空间的城乡节点作用是否存在路径长度阈值,且阈值是否保持相对稳定,有待开展大量实证研究和理论模型推导。

同时,1989~2010 年,城乡路网平均路径长度不断下降(表 5.5),城乡节点连接日益紧密,所有年份路网几乎在 30 km 左右处城乡节点路径长度达到极值,并且随着时间推移,峰值不断向内退缩,路径长度及其所占比例不断减小,城乡节点连接日益紧密,以 $20 \sim 30$ km 的短程连接为主。

(3) 路径长度分布均服从单峰形态,城乡路网表现出强自组织性

比较典型计划型城市[两个建设前经过完善规划的城市:洛杉矶(Los Angeles)和里士满(Richmond)]和自组织型城市[以自组织布局为主的城市:阿默达巴德(Ahmedabad)和开罗(Cario)]1 平方英里区域的路径长度分布[568],发现武汉城市圈路径长度分布曲线具有典型的单峰形态,比较接近自组织型城市,与规划型城市形成鲜明的对比,经过完善规划的城市呈现多峰分布[图 5.7(3)],一定程度表明武汉城市圈城乡路网具有较强的自组织性特征。

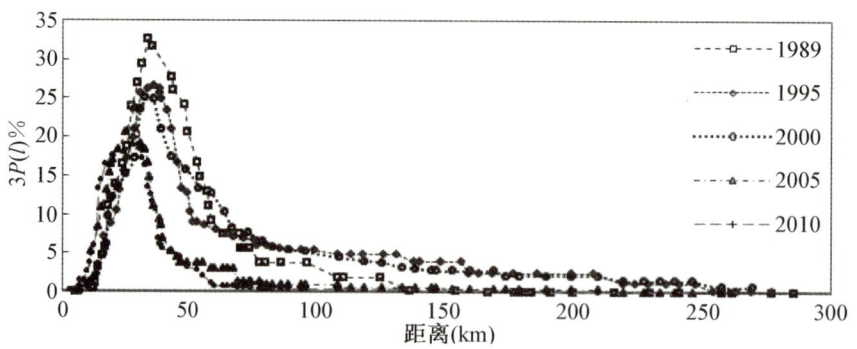

(1) 武汉城市圈城乡路网路径长度分布(1989~2010 年)

注:为了更好显示各年份差异,纵坐标值相应×3 倍

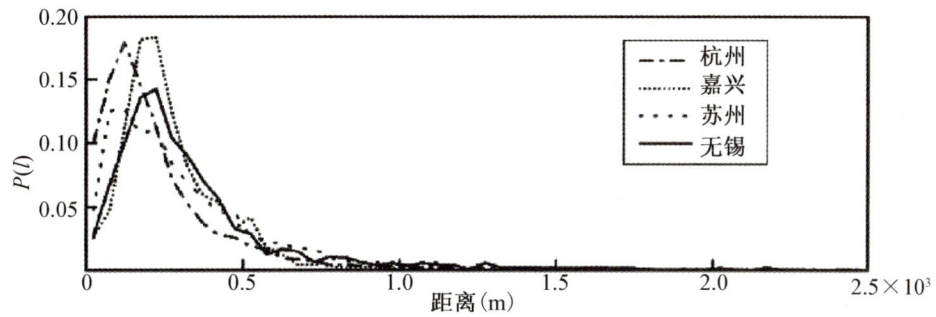

(2) 四座城市道路网络路径长度分布[709]

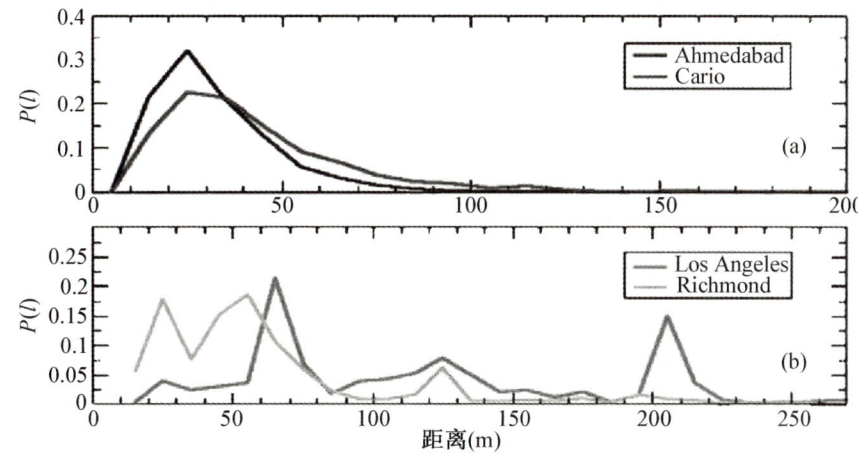

(3) 自组织型-规划型城市道路网络路径长度分布[568]

图 5.7 不同时空尺度下的道路网络路径长度分布

(4) 随着时间推移和空间范围增大，平均路径长度不断增加

1989~2010年，整个城乡路网平均路径长度不断增加，表明随着整个圈域网络规模的增加（节点规模由期初的54增长到期末的984），网络的平均路径长度保持同步增长态势（由期初的5.61增长到期末的23.37，图5.6），二者呈高度相关，Pearson相关系数高达0.995。

同时，比较9市局域网平均最短路长度发现，城际平均路径长度与自身规模及范围呈一定正相关关系，城际平均路径长度与城市总人口、地区总产值、国土面积的相关系数分别为：0.512、0.467、0.679，基本随着城市自身规模的增长而出现不同程度的增加。

因此，可以揭示出网络规模（节点和线路的数量）与其平均路径长度保持严格的数理正相关：网络规模越大，节点和线路连接越多，节点联系的路径长度相应增加，联系的方式更加复杂。

(5) 紧密度持续减小，节点整体呈分散化和独立化趋势

紧密度定义为节点到达所有其他节点距离和的倒数，主要刻画网络中节点相互连接的难易程度，以及节点对其他节点的影响力，是度量节点在网络中的通达性的重要指标。

1989~2010年，整个圈域平均节点紧密度持续减小，节点间紧密度差距日益缩小，节点相互关联和影响程度日益减弱，路网节点联系不断趋向分散化和独立化。其中，圈域城乡路

网节点紧密度均值下降明显,由期初的 0.183 直线下滑至期末的 0.043,下降至期初的 1/4;节点间紧密度差异微小,标准差不超过 0.035,且保持持续下降态势,由期初的最高值 0.03 减小到期末的不足 0.01(图 5.8)。20 年间,整个城乡路网城乡节点间相互影响和连接程度不断减弱,对外联系日益松散,城乡关联不断由集中化向分散化、由集聚性向扩散性演化,城乡关联结构不断由"城乡融合"向"城乡独立"方向演进,路网关联结构演进不断偏离经济社会城乡一体化的发展需求;同时,20 多来路网的平均紧密度指标普遍很小,不足 0.2,均不超过同等规模下的随机网络,如 2010 年节点紧密度均值仅 0.009,较随机网络的紧密度(0.121)小(图 5.8、表 5.5),表明当前城乡节点"局域独立"态势明显,与后述节点簇系数分析结论一致(大量节点簇系数为 0,路网平均簇系数不到 0.13,路网节点多为孤立节点),城乡路网节点间交通联系相互影响很小,城乡节点间具有独立的对外关系,整体路网结构呈均匀化和随机化趋势发展。

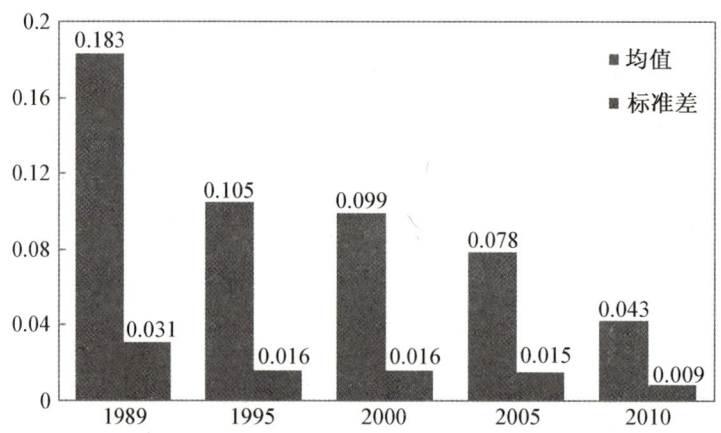

图 5.8 武汉城市圈城乡路网紧密度分布变化(1989～2010 年)

(6) 介数指标呈幂律分布,路网呈现等级层次性和自组织性

介数是指所有节点对的最短路径中经过该点的数量比例,反映了节点在整个网络中的影响力和交通流量承载力。

1989～2010 年,城乡路网以介数为 0 的节点为主,多集中于 0～0.1 之间,突出反映出具有强对外影响力和流量承载力的节点不占优势,多集中于少数几个 Hub 节点和关键性线路上,不难看出,高介数线路均为高等级干道(国道、省道),一方面说明高等级路网在圈域城乡节点联系上承担较大的流量,另一方面,流量过度集中于少数干线,路网结构失衡,比较脆弱,容易在高等级干道上形成拥堵。

1989～2010 年,整个城乡路网节点介数分布近似服从指数分布(图 5.9),在单对数坐标图(去掉介数为 0 的节点)上表现为一条负斜率(向下倾斜)的直线(1989～2010 年节点介数累积分布曲线指数拟合方程依次为:$y_{1989} = 98.10e^{-10.4x}(R^2 = 0.969)$、$y_{1995} = 85.03e^{-15.9x}(R^2 = 0.963)$、$y_{2000} = 73.17e^{-15.7x}(R^2 = 0.941)$、$y_{2005} = 69.78e^{-20.7x}(R^2 = 0.927)$ 和 $y_{2010} = 57e^{-20.9x}(R^2 = 0.912)$,随机连接性较强,且随机性呈现减弱趋势(指数律拟合度不断减小)。

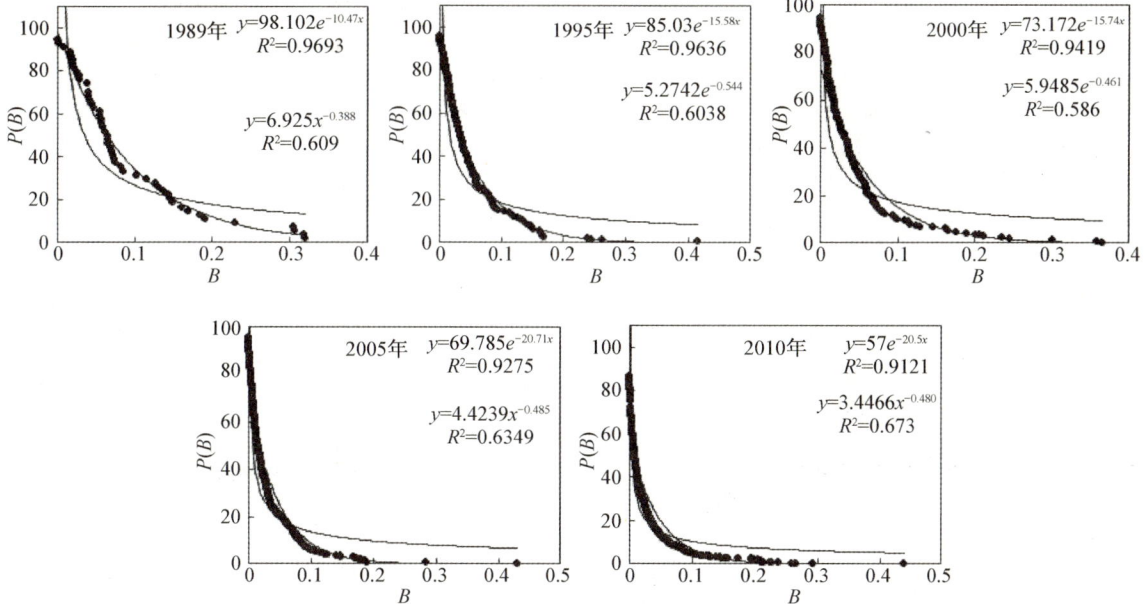

图 5.9 武汉城市圈城乡路网节点介数累积分布变化(1989~2010 年)

注:两条曲线分别为指数拟合、幂函数拟合

20 年间,整个城乡路网节点介数指数拟合程度不断下降,节点介数累积分布曲线形态逐步偏离指数分布。节点介数-累积概率双对数分布形成一条弯折的曲线,近似由两条直线组合而成(图 5.10),两段曲线的幂律拟合程度均较高,尤其是下半段,城乡路网节点介数分布近似呈"双截尾幂律"分布规律,研究曲线局部细微发现:

① 当节点介数 $B <$ 平均值(1989~2010 年,节点介数平均值依次为 0.093、0.051、0.047、0.032、0.029)时,节点介数累积分布表现出一定的幂律分布。1989~2010 年,节点介数累积分布曲线幂函数拟合方程依次为:$y_{1989} = 27.68x^{-0.22}(R^2 = 0.559)$、$y_{1995} = 28.40x^{-0.18}(R^2 = 0.629)$、$y_{2000} = 26.83x^{-0.17}(R^2 = 0.643)$、$y_{2005} = 21.79x^{-0.19}(R^2 = 0.682)$ 和 $y_{2010} = 16.74x^{-0.21}(R^2 = 0.725)$,值得一提的是,此时的节点介数累积分布具有明显的指数律分布(指数函数拟合度普遍超过 0.91),表现出随机性,且随机性呈现减弱趋势(指数律拟合度不断减小),无标度性增强(幂函数拟合度不断上升);

② 当节点介数 $B >=$ 平均值时,节点介数累积分布表现出强的幂律分布。1989~2010 年,节点介数累积分布曲线幂函数拟合方程依次为:$y_{1989} = 0.362x^{-2.09}(R^2 = 0.896)$、$y_{1995} = 0.185x^{-1.83}(R^2 = 0.937)$、$y_{2000} = 0.205x^{-1.67}(R^2 = 0.972)$、$y_{2005} = 0.117x^{-1.70}(R^2 = 0.930)$、$y_{2010} = 0.112x^{-1.58}(R^2 = 0.933)$,呈现无标度性,遵循 Zipf 法则,整个路网形成有序的等级层次结构,节点路径选择具有"集核偏好性",一定程度揭示出圈域城乡路网节点具有规模的等级层次性和交通路径选择的自组织性,整个城乡路网系统是一自组织系统[①]。

---

① Crucitti P, Latora V, Porta S. Centrality in networks of urban streets[J]. Chaos, 2006, 16: 015113-9. 认为自组织的城市介数分布服从指数分布,而计划型城市服从高斯分布(Gaussian distribution)。

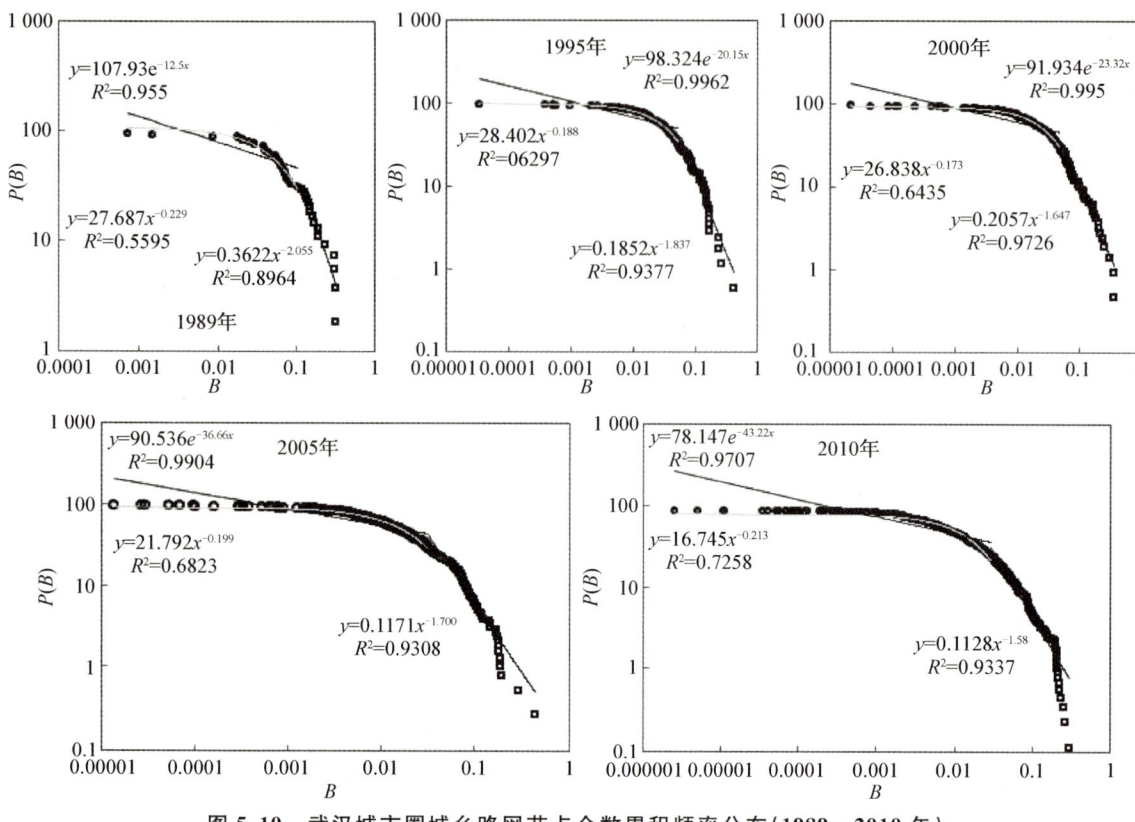

图 5.10　武汉城市圈城乡路网节点介数累积频率分布(1989～2010 年)

注：其中三条直线分别为上半段的幂律拟合、指数拟合、下半段曲线的幂律拟合

令人惊奇的是,这种介数分布的"双段幂律"(two-regime power-law)与 1989～2010 年的度分布"双段幂律"高度保持一致,也与节点关联-半径维数的"双段幂律"有些类同,这似乎暗示着城乡路网的介数(节点影响力)、度(节点重要性)和关联(节点连接和作用)存在"同构";实际上,已经有学者研究发现:在许多实际交通网络中,介数和点度具有高度的幂律关联[710]。

5.2.3　节点集聚性的复杂性

簇系数即聚类系数(集聚系数),定义为节点之间实际存在的边数与总的可能边数的比值,主要反映节点类社会网络的"物以类聚,人以群分"的聚类特性。

(1) 簇系数呈偏态分布和弱集聚性,路网整体接近树枝状结构

1989～2010 年,城乡路网节点簇系数分布均呈现偏态分布,形成多个峰值区,与节点度分布的类正态、单峰分布曲线明显不同(图 5.11)。一方面,以簇系数＝0 节点为主,占绝大部比例,形成最高峰值区(图 5.11)。其中簇系数为 0 的节点占节点总数的比例普遍超过80％,仅 2005 年例外(其簇系数为 0 的节点介于 60％～70％之间,未达到 80％),绝大多数节点的簇系数为零,整个城乡路网簇系数为 0 和大于 0 节点较稳定地遵循"80/20"原则①。另一方面,以簇系数＝0.3333 节点次之,接近 15％～20％,形成另一峰值区(图 5.11)。

---

① 王姣娥等学者研究中国航空网络节点度分布时,也发现节点连接性的"二八"规律。

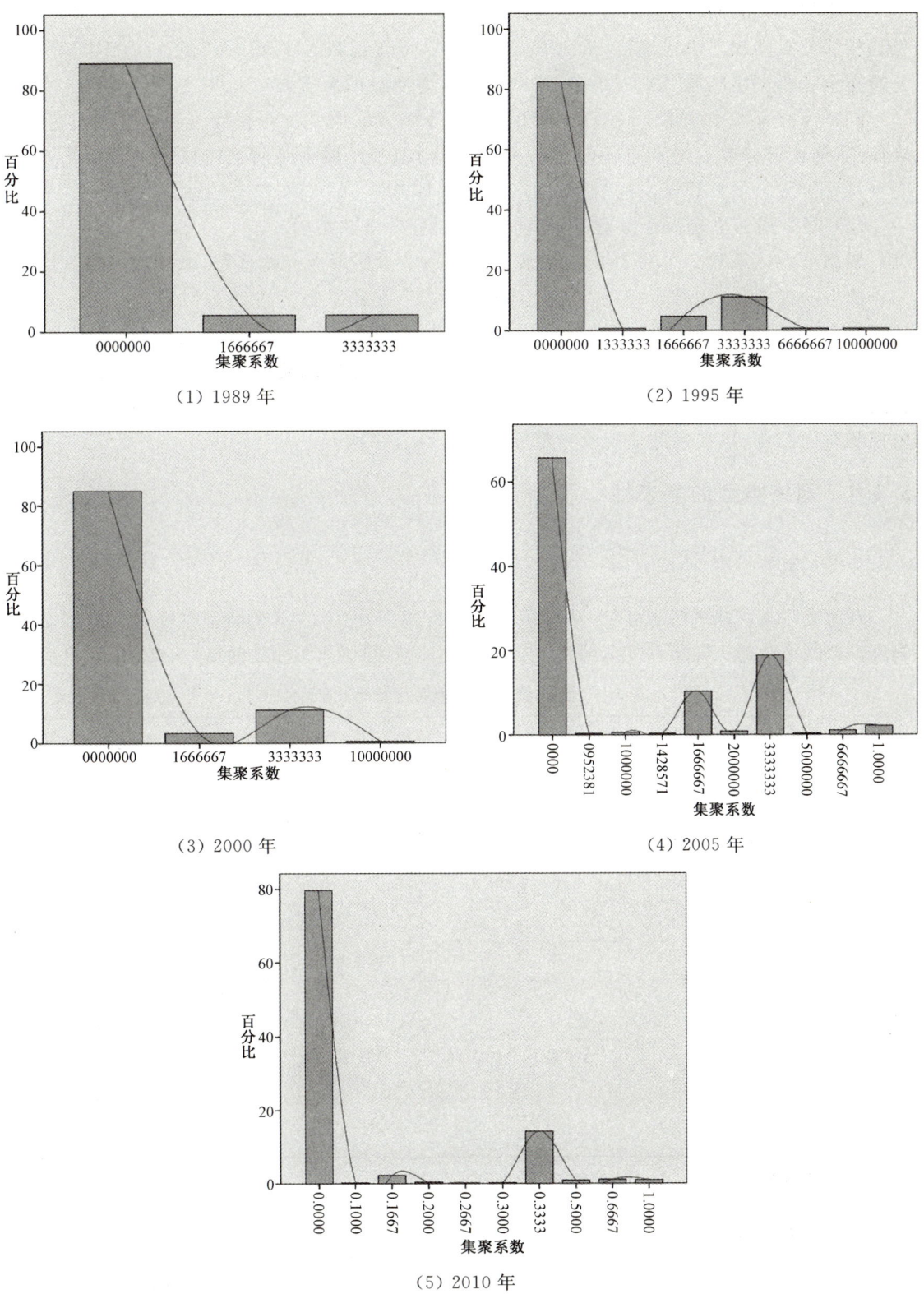

图 5.11 武汉城市圈城乡路网节点簇系数分布变化(1989~2010 年)

五个年份，整个网络的平均簇系数⟨CC⟩介于0.07~0.13之间，近似为零，大部分节点与其相邻节点间缺乏直接连接，成为孤立节点；尽管簇系数远小于1，接近0，但比同等规模下的完全随机网络的簇系数大很多，路网整体具有明显的聚类效应。

同时节点平均度基本不超过3，表明任意三个节点间通常没有直接连通的轨道使它们形成环路，绝大部分节点间平均只有2~3条线路连接，整个城乡路网呈树枝状宏观格局，并未完全发育生成大量环路镶嵌的"格状网络"结构（具体见3.1.3.1部分论述）。

（2）网络局部呈现耦合性质，局域网表现出网格-环状结构

网络节点簇系数为1，往往反映出节点与周边节点间形成直接环路，表现出网格状结构。

值得一提的是，1995~2010年，城乡路网中均存在簇系数为1的少数节点，有5~15个（图5.11），这些城乡节点"抱团成群"，构成一个局部网络，形成一个完全连通图，呈现出一种全局耦合的性质，在节点连接上表现出"环环相扣"的网格状结构，可以较清晰的得出整个城乡路网在随机连接基础上不断趋于有序，接近规则网络组织形态，既在整体上表现出稳定的树枝状有序结构，也在局部呈现出一定的网格状耦合结构。

5.2.4 网络类型的复杂性

5.2.4.1 分类标准

在考虑现实网络的稀疏特征，从复杂网络分析角度，网络的结构模型主要有规则网络（最邻近耦合网络）、随机网络和复杂网络（主要包括小世界网络和无标度网络）三类（表5.4）。

表5.4 网络模型的三大特征指标比较情况

	网络	平均路径长度	簇系数	度分布
规则网络	最邻近耦合网络	非常大（约为 $n/2\langle k.\rangle \to \infty$）	大（约为3/4）	Delta函数
	全局耦合网络	小（为1）	非常大（为1）	Delta函数
	星形耦合网络	小（约为2）	非常大（约为1或0）	Delta函数
	网格状网络	小	非常大（约为1）	直线分布
	树枝状网络	大	非常小（约为0）	直线分布
随机网络	ER图	小	非常小（为$\langle k\rangle/n$，远小于1）	二项分布或泊松分布
复杂网络	小世界网络	小（远小于最邻近网络）	大（接近最邻近耦合网络）	指数分布
	无标度网络	小（约为 $\log n/\log(\log n)$）	—	幂率分布

注："—"依赖于具体网络，结论不一；$\langle k \rangle$为平均点度，n为节点个数

5.2.4.2 类型判断

利用Pajek2.7，生成1989~2010年整体、不同等级和不同点度的城乡路网随机网络（图6.12，仅列2010年），计算武汉城市圈不同类型城乡路网实体网络-随机网络的有关拓扑特

征值(表 5.5、表 5.7),比较分析揭示:

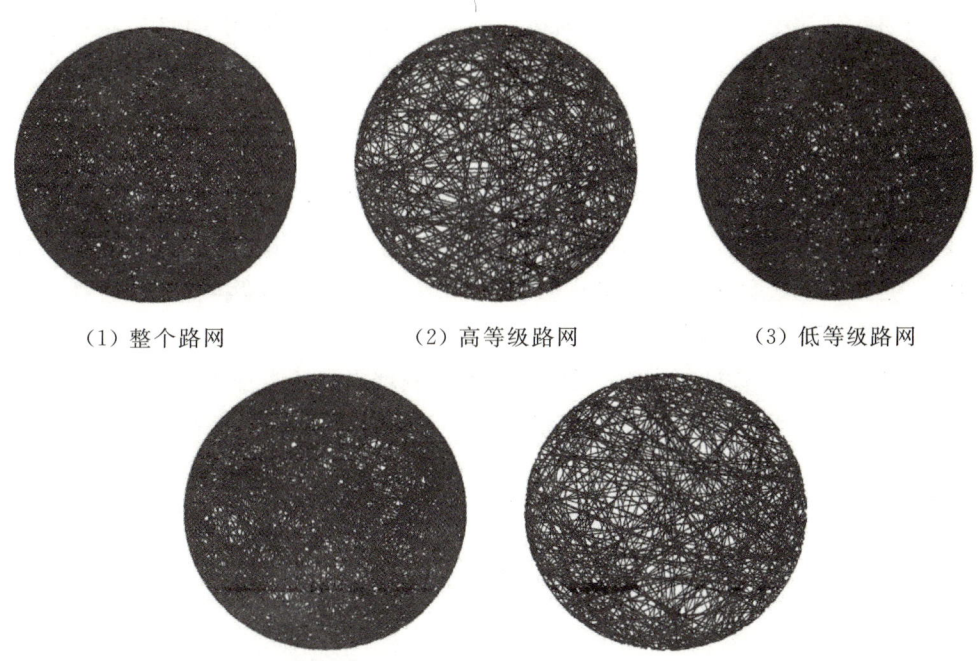

图 5.12 武汉城市圈不同类型城乡路网的同等规模随机网络图(2010 年)

表 5.5 武汉城市圈城乡路网的基本拓扑性质(1989~2010 年)

网络类型	指标	1989 年	1995 年	2000 年	2005 年	2010 年
城乡路网	节点数(个)	54	172	215	387	933
	边数(条)	98	306	378	662	1 570
	e 值(/)	1.81	1.78	1.76	1.71	1.68
	网络直径	13	22	23	32	52
	平均点度 $\langle k \rangle$(/)	2.63	2.80	2.79	3.05	2.52
	平均路径长度 $\langle l \rangle$(条)	5.61	9.76	10.34	13.15	23.37
	平均路段长度 $\langle d \rangle$(km)	41.21	39.77	37.65	36.43	34.29
	平均簇系数 $\langle CC \rangle$(/)	0.028	0.055	0.047	0.111	0.085
	平均点介数 $\langle b \rangle$(/)	0.089	0.052	0.044	0.031	0.028
	平均紧密度 $\langle C \rangle$(/)	0.183	0.105	0.099	0.078	0.044
同等规模随机网络	平均点度 $\langle k \rangle$(/)	2.259	2.465	2.772	2.943	2.595
	平均路径长度 $\langle l \rangle$(条)	5.451	5.240	5.233	5.487	6.793
	平均簇系数 $\langle CC \rangle$(/)	0.037	0.008	0.006	0.005	0.002
	平均点介数 $\langle b \rangle$(/)	0.076	0.161	0.017	0.010	0.005
	平均紧密度 $\langle C \rangle$(/)	0.175	0.021	0.170	0.167	0.121

(1) 城乡路网不具有小世界性，但呈现典型的"二维平面"特征

1989～2010年，相较同等规模下的随机网络，整个城乡路网的平均路长和簇系数均较大；同时，节点度值尽管相差不大，但谈不上严格的近似相等，整个路网不具小世界性特征（表5.5）。

同时，整个城乡路网具有典型的平均度较小（基本不超过6）①、平均路径长度较大、直径较大和倾向于短边连接②的"二维平面图"特性③，并未表现出航空网络、通信联系网络等二维图的"超平面性"：一是路网直径随着网络尺寸的平方根而变化，与节点规模保持高度线性正相关；二是路网的边数几乎是随节点数呈线性增长，整个城乡路网节点-直径规模和节点-边规模并没有呈现典型的幂律发育（图5.13、表5.5）。

(2) 城乡路网整体为类随机网络，但随他组织机制增强趋于有序性

计算1989～2010年城乡路网的e值（定义为$e=m/n$，代表城乡路网道路数目和道路节点数量之比），发现：

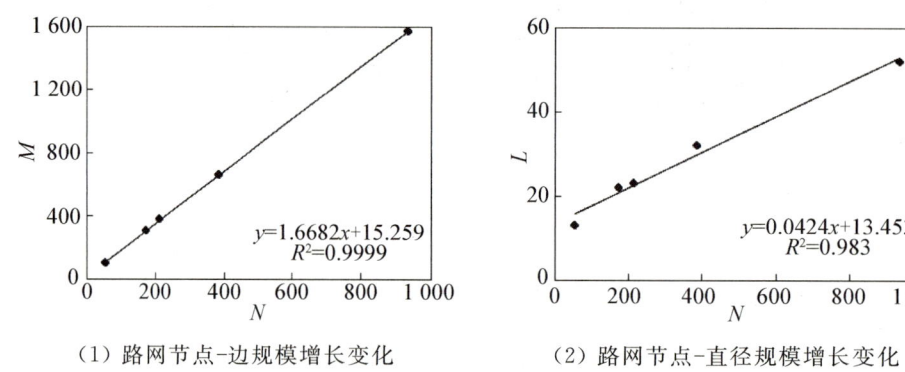

(1) 路网节点-边规模增长变化　　　　(2) 路网节点-直径规模增长变化

图 5.13　武汉城市圈城乡路网边数和直径长度随节点增长演化

20多年间城乡路网的e值均位于[1.68, 1.81]区间，在[m,n]图上表现为所有年份城乡路网e值点均落在斜率为1和2的两条直线间，即武汉城市圈城乡路网e值大于规则路网（网格状和树枝状）的e值（为1），小于随机ER图的e值（13/7≈1.857）[20]，表明整个城乡路网是一介于规则网络和随机网络之间的复杂网络，通过局部的迭加效应而涌现出整体性质的复杂性。

同时，5个年份的城乡路网的平均e值仅1.749非常接近ER随机网络阈值13/7，表明整个城乡路网整体性质发育趋近随机性，这与前面的类似泊松的度分布曲线结论基本吻合；从网络结构拓扑性质可知，随机网络往往逾渗点很高，这意味着网络遭受攻击后具有抗毁性。

此外，1989～2010年，城乡路网e值不断减小，由起初的1.81降到期末的1.68（表

---

① 文献：West D. B. Introduction to Graph Theory[M]. New Jersey: Prentice Hall, 1996. 认为，所有平面图平均度严格意义上不超过6。

② 地理位置的自然作用结果。

③ 第4章的城乡路网分形分形维数基本介于1～2之间，接近但不超过2，也印证了城乡路网的二维平面图性质。

5.5),城乡路网整体性质缓慢地逐渐偏离 ER 随机性,不断向规则网络靠近,整体呈现由近随机性向规则有序性方向演化的态势;表明 20 世纪 90 年代以来,通过"大包干"、"通乡达村"、"城市圈综合交通规划"等政策、规划及战略的实施(表 5.6),整个城乡路网的规划和布局建设的宏观组织作用机制不断增强,随机性干扰不断减弱,路网结构发育日益表现出他组织驱动型的有序性。

值得一提的是,作为一个平面图,节点连接边数受到严格的物理空间所限,有学者研究发现在 N 个点的平面图中能容纳的最大边数是 $3N-6$[711],即 e 值存在阈值 $3-6/N$(随着节点规模的增长,无限接近 3)。1989~2010 年,城乡路网 e 值均小于 2,距离极限 3,差距明显,路网节点连接尚未饱和,存在较大拓展空间。

表 5.6 武汉城市圈城乡路网建设的他组织机制(1978~2008 年)

阶段	恢复振兴阶段(1978~1992 年)	加快发展阶段(1993~2002 年)	科学发展阶段(2003~2008 年)
规划战略	建立黄石-宜昌-襄樊"大三角"交通骨架	客货运输市场化、交通基础设施商品化、行业管理规范化;"湖北省加快公路建设发展五年规划"	《湖北省公路水路交通发展战略规划》《湖北省骨架公路网规划》《湖北省交通发展"十一五"规划纲要》《武汉城市圈综合交通规划》
体制机制	实现三个转变政策导向:变"重陆轻水"为"水陆并举",变"要我修"为"我要修",变独家办为多家办	交通基础设施建设投入产出目标责任制("大包干");制定《关于贯彻省委、省政府＜决定＞精神,加快湖北交通改革开放和发展的实施意见》;《湖北省农村公路建设管理办法》等	《关于加快交通发展的决定》、"四个转变"、"八个转向"改革、《湖北省道路运输条例》、《湖北省农村公路条例》出台等
基本成效	六路七桥国省干线公路;武黄高速公路;公路基础设施基本通畅	宜黄高速公路、黄黄高速公路、京珠高速公路湖北段贯通通车,总里程逼近千公里;开工建设 6 座长江大桥(建成通车 4 座);路网建设大规模启动	高速公路和国省干线建设几乎全覆盖,通村公路覆盖了全省 74% 左右的农村人口

资料来源:据湖北省交通厅《当好"先行"铸辉煌 科学发展谱新篇——湖北交通改革开放 30 年》整理

(3) 节点累积度分布曲线渐变趋势类同,整体呈现随机性,但存在向无标度性演化趋势

从 1989~2010 年节点度分布曲线变化来看,突出体现两大特征:

一是各个年份节点累积度分布曲线变化趋势基本一致,整体服从指数分布(图 5.5),呈现宏观随机性格局:① 随着度值增加,累积度均保持先缓慢下降后迅速下跌的态势,即整个节点累积度分布曲线并未像一般无标度网络那样呈现"随着度值增加,累积度分布概率下降态势先迅速后缓慢"特征,表明整个城乡路网不是典型的无标度网络;② 所有年份的城乡路网大部分节点度值集中于 3,且普遍不超过 3,高度(大于 3)和低度(小于 3)节点比例很低,度值 3 成为一个"割点"(比例处于峰值),即对外连接 3 条公路的节点总节点的比例较高,而当节点度超过为 3 时,其分布概率呈现骤然下降态势,度分布曲线和累积分布曲线接近随机网络的分布形态(指数函数拟合度高于幂指数、线性和多项式等)。

二是各个年份节点累积度分布曲线外形不断由外凸向内凹过渡,不断接近无标度网络

累积度分布曲线形态,路网具有向无标度性演化的趋势。在累积概率-度值双对数坐标图中,累积度分布曲线不断逼近直线,整个城乡路网的随机性作用不断减弱,幂指数函数拟合程度不断提高,有序性发育开始强化,显现一定的向无标度性演化趋势。

(4) 局域网性质分异显著,导致整体涌现出"类随机性"的复杂特征

采取两种方式获取局域网:一是根据边等级属性,分别去掉国省道或县乡道,重新通过 pajek2.7 编程,建立新的高等级-低等级局域网;二是根据节点度值,分别去掉高度或低度节点,通过自动重连方式,建立新的高度-低度节点局域网[①],分析各自局域网拓扑指标性质揭示出:

① 低等级路网随机性较强,高等级路网呈现一定的无标度性。

1989~2010 年,分析县(乡)道次级路网的节点度分布曲线,发现:1989~1995 年,度分布曲线形态成较明显的钟形泊松正态分布,平均度值接近 3,近 60% 节点度值处于中间值 3,二项式拟合函数的判定系数普遍达到 0.8 以上;2005~2010 年,整个度分布曲线发生明显突变:由正态分布转向偏态分布,大部分节点度值仅为 1,整个城乡路网发育呈现"线状"组织形态。但是,节点度累积分布曲线单对数坐标图呈较显著的指数拟合,判定系数普遍超过 0.85,个别年份达到 0.95 以上,城乡县(乡)道网遵循一定的随机网络分布特征(图 5.14)。

同时,国(省)网主干级路网的节点度分布曲线也呈现较"强势"的幂指数分布,2000~2010 年节点度累积概率分布双对数坐标图幂指数拟合程度相较指数律高(图 5.15),说明主干级路网节点重要性分布曲线呈一定的无标度律特征,路网组织相较县(乡)道网复杂而有序;同时遵循度分布指数 $\gamma > 3$ 的幂律(图 5.14),客观表明高等级城乡路网度分布之间差异较大,大多数节点度值很接近,并集中于低度范围(小于平均值的点度超过 68%),点度空间异质性程度低,呈现一定类随机网络性质[②],高度节点(交通枢纽)发育稀少,抵御随机故障的能力较低(一定程度印证了后面空间稳定性论述结论),运行效率较低,有待培育一定的 Hub 节点。

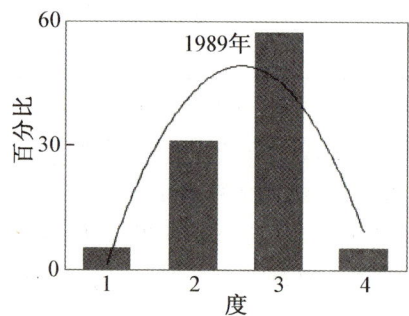
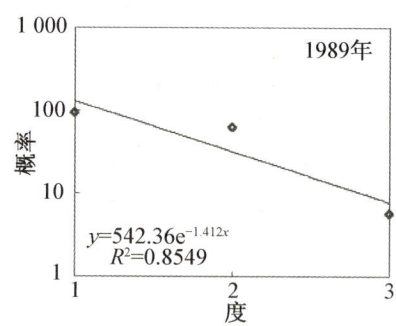

[①] 具体做法为,去掉高度节点后,剩余低度节点出现零散,采取自动重连方式,建立新的低度节点网络;建立高度节点网络方法类同。

[②] 这与高等级路网前述的"遵循幂律,具有无标度性"貌似矛盾;实质上,现实交通网络往往表现出随机性-确定性、无标度性-小世界性等性质间的动态"涌现",时而表现随机性,时而具有无标度性,时而又呈现小世界性。

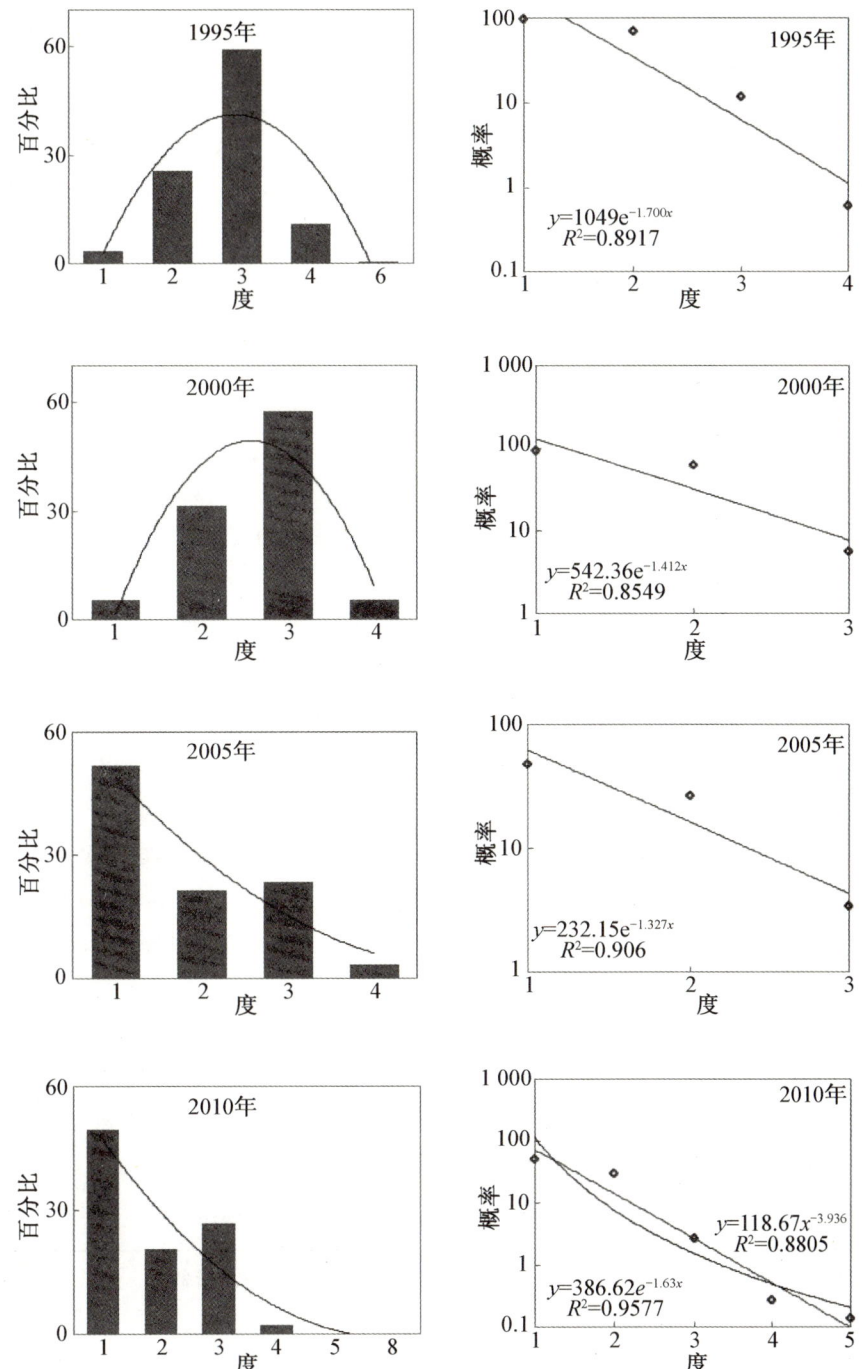

图 5.14　武汉城市圈低等级路网度-累积度分布(1989~2010 年)

② 低度节点网接近随机网络,高度节点网具有一定无标度和小世界性。

去掉所有低度节点(小于度平均值节点),保留高度节点(大于平均度值 3.27 的节点)并自动连接成网,获得高度节点网络,主要在分布于主干道上,其平均路径长度为 5.24,簇系数 0.29。与随机网络[图 5.12(5)、表 5.7]相比,其平均路径长度较小,簇系数较大(是随机网

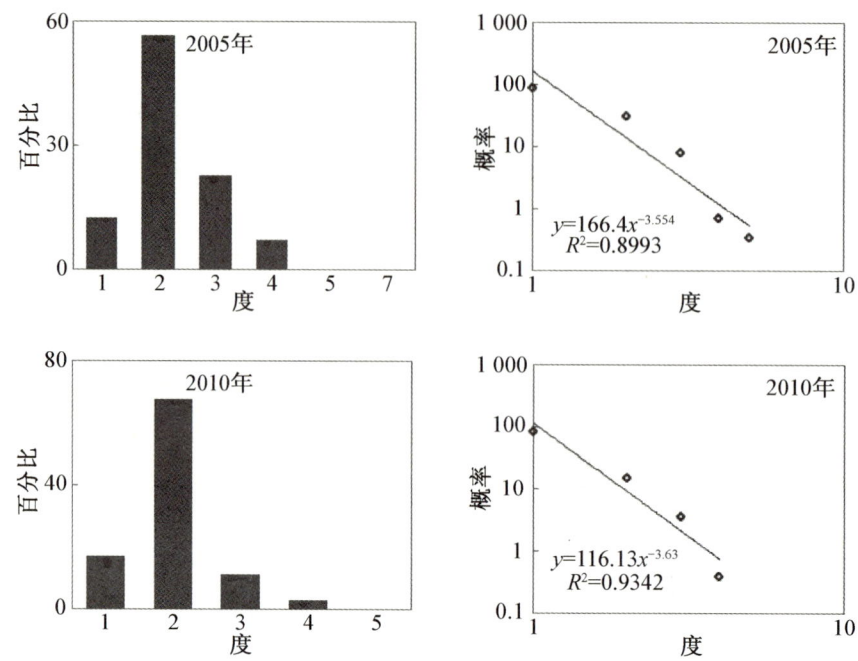

图 5.15　武汉城市圈高等级路网度-累积度分布(2000~2010 年)

注：2000 年以前，没有国(省)道网

络的 2 400 多倍)，并且度分布呈一定幂律分布(度分布指数为 3.41)，可以得出该网络具有无标度性和小世界网络的特征。

去掉相对高度节点，将不超过 3.27 的节点保留，剩余节点主要分布在次级干道上，自动连接成网，计算相关拓扑统计指标，发现其平均路径长度为 19.18，与其同等规模的随机网络[图 5.12(4)、表 5.7]的平均长度相比较大，簇系数较小，度分布呈泊松分布，进而判断该网络具有一定的随机网络特征。

因此，整个城乡路网局部(不同等级路网域和不同点度路网域)呈现随机性、无标度性和小世界性的特征，这种随机性-无标度性/小世界性相互迭加和共同作用，最终导致整个城乡路网整体突现出类随机性特征：貌似随机，实则有序，即度分布曲线呈现一定的近泊松正态曲线，累积度分布曲线不断逼近幂指数曲线。

表 5.7　武汉城市圈不同路网拓扑统计特征值(2010 年)

网络	平均路径长度	簇系数	度分布指数	无标度性显著程度 R^2
整个圈域网络	23.37	0.085	3.63(3.01)	0.794(0.809)
同等规模随机网络	6.79	0.002	/	/
高度节点网络	5.24	0.29	3.41	0.823
同等规模随机网络	4.14	0.017	/	/
低度节点网络	19.18	0.07	/	/
同等规模随机网络	/	/	/	/

(续表)

网络	平均路径长度	簇系数	度分布指数	无标度性显著程度 R^2
高等级路网	40.18	0.009	3.63	0.934
同等规模随机网络	8.11	0.0017	/	/
低等级路网	16.79	0.029	3.93	0.880
同等规模随机网络	8.84	0	/	/

注：括号中数据为未加权网数值

5.3 城乡路网的空间异质性

5.3.1 节点重要性的空间分异

(1) 节点度值空间分异不明显,整体呈现日益均衡化和多核化态势

1989~2010 年,点度空间分异程度很小,变异系数不超过 0.26,并且不断减小,由 1989 年的 0.26 持续下降到 2010 年 0.23,城乡节点平均度值整体呈下降趋势,城乡节点连接程度差距不断缩小,城乡节点联系日益呈网络化和均衡化发展趋势。

1989~2010 年,点度大于 3 的节点数量由 3 个(比例占总数的 5.56%)增长到 86 个(比例占总数的 9.22%,许多节点度值甚至超过 6),局域形成多个核心;同时,局部(武汉、黄石、咸宁等)节点的度值出现一定程度的增加,相邻节点及局部城乡路网体系度值并未出现明显增加,相反呈现一定程度下降,城乡路网局部出现一定程度的空间极化态势,形成相对独立的城乡路网体系(子图)。

(2) 高度节点时间上保持持续,具有区位分布的连贯性和连接方向的稳定性

1989~2010 年,高度节点主要集中于武汉-咸宁-黄石-孝感城镇密集区和仙桃-天门-潜江江汉平原区,其空间位置基本保持连贯性(表 5.8、图 5.15),表现出惰性和惯性,其主要对外连接方向(邻近节点联系)也保持一定的稳定性,同时这些高度节点的度值也出现一定程度的增长,分析发现这些高度节点多是圈域要素交流的集散地(极核)和道路网络的交叉口(枢纽)。

一方面,说明高度节点存在"优先连接倾向性",节点的自组织生长和发育倾向联系和连接于高度城乡节点,不存在明显的他向城乡节点最大连接,形成"高者愈高"(high get higher)的马太效应(Matthew Effect),一定程度印证了城乡路网演化的"择优链接"(preferential attachment)特性。

另一方面,也似乎说明人为路网建设和调控等他组织机制也遵循类似"富人俱乐部"的"极化"效应,因为高度节点往往是城乡路网连接的集散核(Hub)、路网故障或攻击的重点及地区经济社会发展的增长极,路网建设和布局受上述因素的耦合作用影响深远。

(3) 空间分布均匀,呈点状特征,高度节点呈明显间断性和跳跃性散布

1989~2010 年,除核心圈域外,度小于或等于 3 的节点(低度节点)空间分布较为均匀。受整个圈域经济发展、自然条件、历史基础和政策体制差异影响,度值大于 4 的高度节点相

对集中于武汉、鄂州、黄石、黄冈等核心城市市区及其周围,如武汉中部、咸宁北部、孝感南部、天门、潜江;东部黄冈和黄石等大部分,其他乡镇地区相对较低,相对低度节点的均质分布,高度节点分布比较间断,具有跳跃性(图5.16)。

究其原因:圈域西部地带地处江汉平原,社会经济发达,交通道路发育较为完善,成格网状,节点对外联系强度较大;东部地区主要是山地和丘陵,地形复杂,路网发育不完善,多成树枝状,节点对外联系强度小(图5.16)。

(4)极值度节点主要集中于核心圈层,形成典型的核心-边缘结构

1989~2010年,统计具有最大节点度节点的迁移路径,发现最大度值节点迁移变化不明显,主要集中于圈域核心圈层(如武汉、孝感、黄石等市局部地区),个别时段保持稳定停滞(基本稳定于武汉城区及其周边),极值度节点空间分布具有很强的时间"惯性"和"惰性"。

其中,武汉中心城区自发形成圈域集散核(外围圈层点度普遍较低),属于整个圈域的极核和第一等级,成为圈域网络的"集线器(hub)",促使整个圈域路网呈现以武汉为中心的"轴-辐状"伺服组织(图5.16),而咸宁、黄石、鄂州、孝感四市平均度值高于整个圈域平均水平,位于圈域的第二等级,其周边邻近节点度值相对不高,多处于平均值附近,整个路网形成多个以其为核心的"核心-边缘"式城乡-路网结构(表5.8、图5.16)。

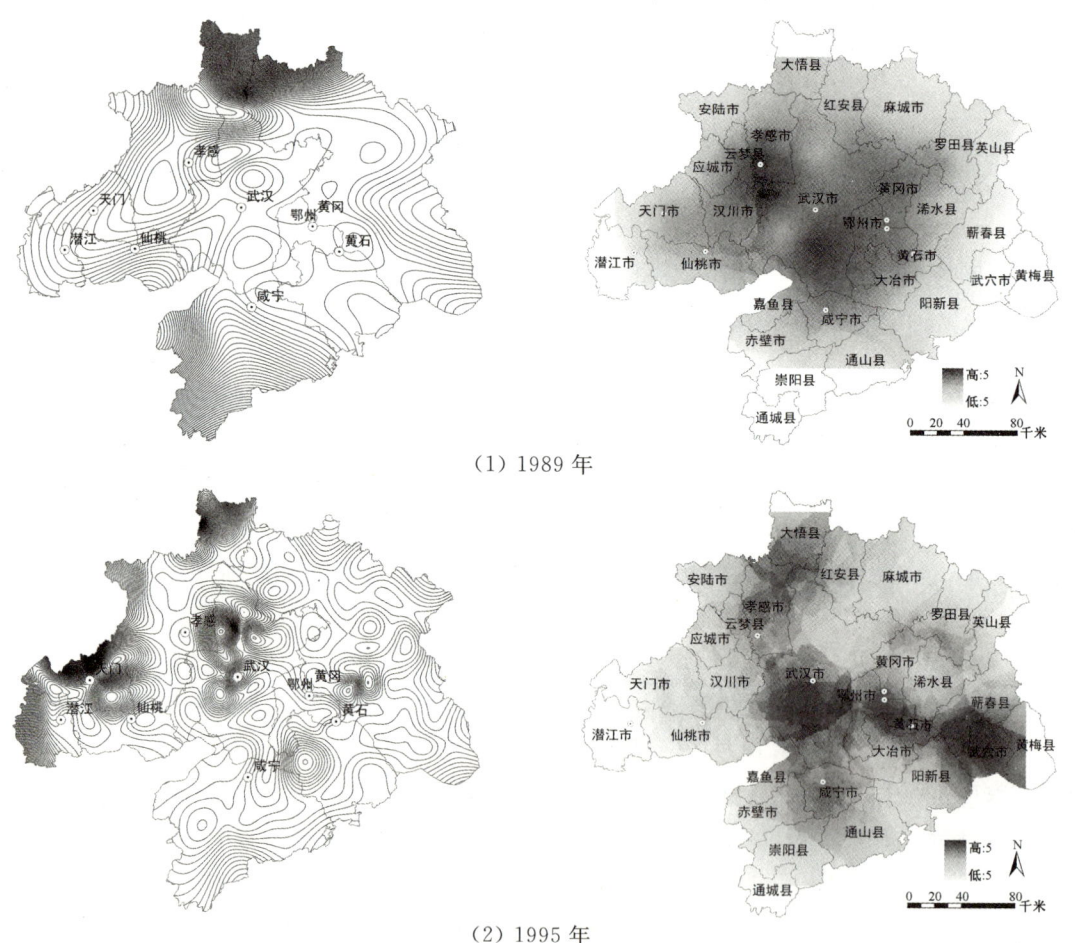

(1) 1989年

(2) 1995年

第5章 复杂城乡路网系统结构的空间关联性

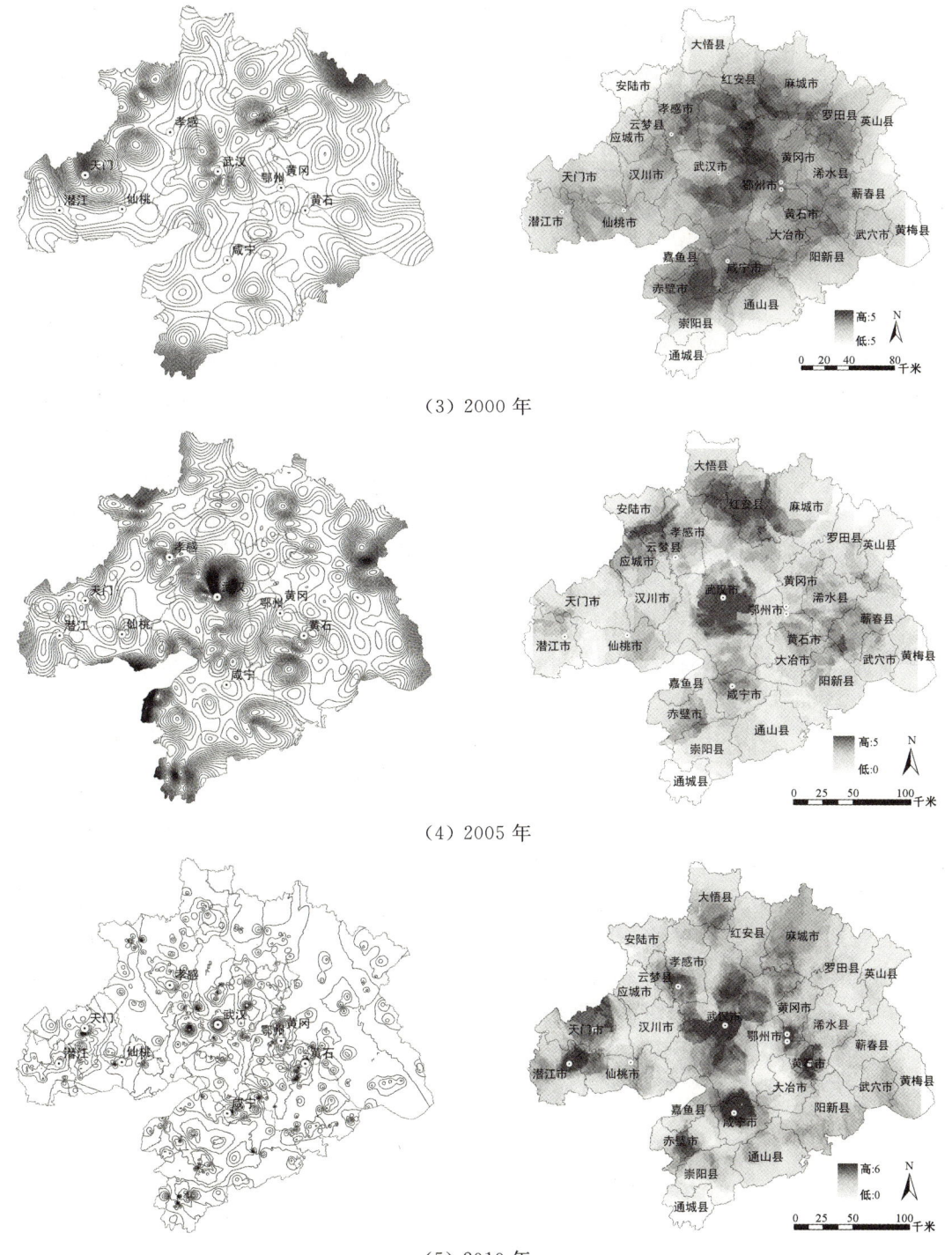

(3) 2000年

(4) 2005年

(5) 2010年

图5.16 武汉城市圈节点度空间分布及变化(1989~2010年)

注：左图为等值线图，右图为KRIGING空间插值图

同时，最大度值节点度值增长缓慢，基本保持细微增加，表明路网节点连接受随机干扰作用较强，新增节点连接不具有中心节点和高度节点连接偏好性，这似乎与前面研究的"高

153

度节点连接偏好"相悖,但细究起来,极值度节点保持稳定不变,也表明人为规划调控的重要意义,对路网"优先连接"自组织规律产生"摄动",实际上存在其合理性。

(5) 呈现弱集聚性,表现出一定的中心-边缘和等级圈层复合结构

1989~2010年,节点的度值具有一定的空间分异,表现出一定的集聚性分布。

一方面,从空间自相关来看,利用 ArcGIS9.3 分析空间集聚的全局 Moran's I 指数[①],发现 1989~2010 年"全局空间聚类为随机分布的可能性小于 1‰",Moran's I 指数介于 −0.09~0.30 之间,采用正态分布 90% 置信区间双侧检验阈值为界限,其系列正态统计量均略大于 Moran's I 检验值(图 5.17),表明点度在特定区域和特定时段(时空尺度范围)存在一定集聚性,而在其他地区和时段存在随机分布性。

同时,全局 Moran's I 指数依次下降,点度全局空间集聚性日益减弱,空间分布日益分散化和均衡化。其中,1989~1995 年,点度全局空间自相关 Moran's I 指数超过 0,尤其是 1989 年,点度较高的节点倾向于特定区域集聚成群,即高-高点度值区域空间邻接,聚集成团,明显在圈域的中部形成连片分布,并且这种连片邻接保持时间上的相对稳定性,局部 Moran's I 指数[②] LISA(Local Indicators of Spatial Association)图揭示这种高-高类型区主要集中于武汉市、鄂州市、黄冈、黄石、孝感及咸宁城区等构成的核心圈层;而 2000~2010 年,点度整体上呈极弱负相关(Moran's I 指数介于 −0.09~−0.01 之间),点度较高节点与低度节点弱倾向空间邻接,全局上以高-低、低-高集聚较显著,主要集中于黄冈东部、咸宁南部、孝感西北部及仙天潜地区(图 5.18),只在个别局域出现较高显著性的高-高、低-低集聚区。

另一方面,从空间分布上来看,高度节点相对集中分布于武汉市及周边核心城镇。其中,点度极值区域基本位于武汉市城区,成为整个圈域路网的极核;其外围地区,随距离增加,度值逐渐降低,普遍不超过 5,处于发展的边缘,呈依附地位,形成一定的中心-边缘结构(图 5.16)。同时,整个圈域城乡路网发育具有一定的环状分异,形成以武汉为中心的等级圈层结构,明显可以划分为四个等级区间:度值极值区(度值处于最大值区间)、度值高度区(度值普遍超过平均值)、度值中度区(度值接近平均值)、度值低度区(度值普遍小于平均值),空间上相应形成三大圈层:核心圈层——武汉城区(度值极值区和高度区);中间圈层——咸宁、孝感、黄石等城区(度值中度区);外围圈层——黄冈东北部、孝感北部、仙桃、潜江、天门、咸宁南部(度值低度区)。

---

① 全局 Moran's I 指数通过下式求得:$I = \dfrac{n \sum_{i=1}^{n} \sum_{j=1}^{n} w_{ij}(x_i - \bar{x})(x_j - \bar{x})}{\sum_{i=1}^{n} \sum_{j=1}^{n} w_{ij} \sum_{i=1}^{n} (x_i - \bar{x})^2} = \dfrac{\sum_{i=1}^{n} \sum_{j \neq i}^{n} w_{ij}(x_i - \bar{x})(x_j - \bar{x})}{S^2 \sum_{i=1}^{n} \sum_{j \neq i}^{n} w_{ij}}$,其中 $\begin{cases} S^2 = \dfrac{1}{n} \sum_{i=1}^{i} (x_i - \bar{x})^2 \\ \bar{x} = \dfrac{1}{n} \sum_{i=1}^{n} x_i \end{cases}$,具体内涵详见前面 5.3.1.2 部分论述。

② 局部 Moran's I 指数通过公式 $I_i = \dfrac{(x_i - \bar{x})}{S^2} \sum_j w_{ij}(x_j - \bar{x})$ 求得。

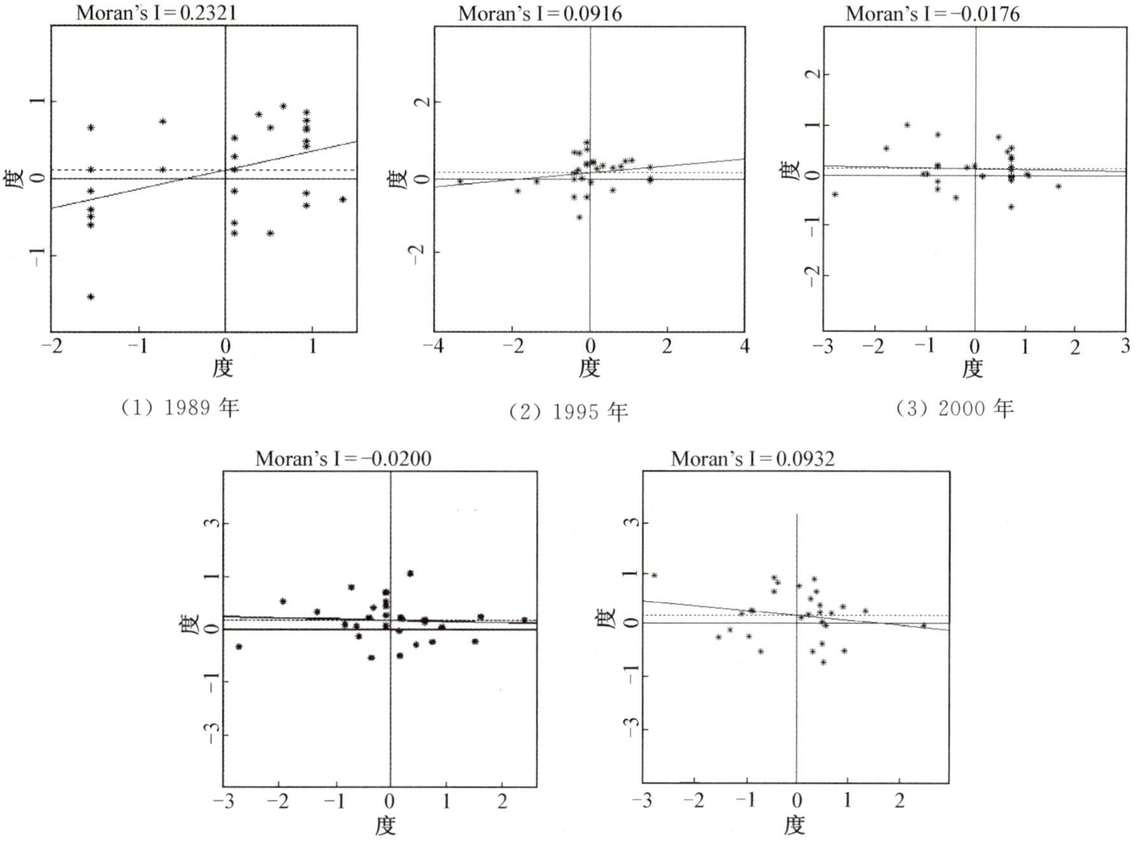

第 5 章　复杂城乡路网系统结构的空间关联性

(1) 1989 年　　(2) 1995 年　　(3) 2000 年

(4) 2005 年　　(5) 2010 年

图 5.17　武汉城市圈点度全局空间自相关 Moran's I 指数散点图及推断

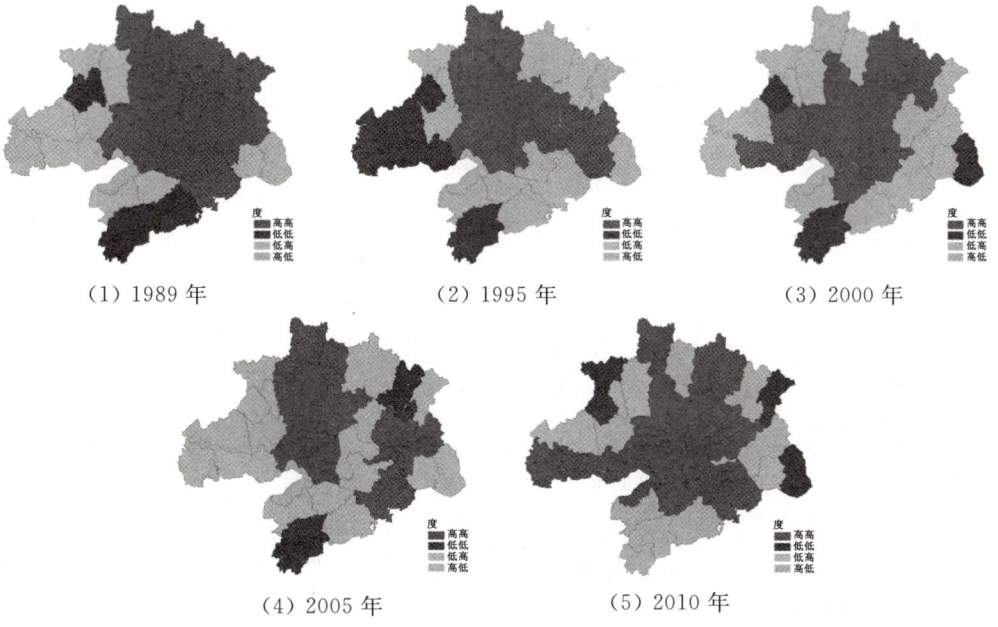

(1) 1989 年　　(2) 1995 年　　(3) 2000 年

(4) 2005 年　　(5) 2010 年

图 5.18　武汉城市圈点度局域空间自相关 Moran's I 指数集聚性

(6) 节点度值与其等级规模存在一定关联,具有被组织效应

从点度空间分布来看,1989~2010年高度节点多为高等级城镇(地处中心城市城区),如2010年度为6或7的5个节点,分别为武汉、咸宁、黄石、鄂州、孝感五市城区(表5.8),这些都是圈域交通对外集散流较大的节点,其中咸宁、黄石、鄂州是圈域网络与东部发达地区交通往来的关键城镇,孝感、施岗等城镇是路网与西部地区对外联系的核心城镇,成为整个圈域内外联系的重要枢纽。

从要素相关性来看,选取大量城镇级以上城乡节点,开展其点度与总人口的相关分析,二者相关系数达到0.473,城乡路网节点度值与其城镇等级规模呈现一定的正相关,揭示出城乡路网发育与城乡人口分布保持一定的共轭协同关系,整个路网的度值等级规模分布受城镇人口等级组织影响显著,呈现一定的以人类活动为主体的被组织效应;也体现了城乡道路网在圈域空间发展中的交通伺服功能和对其组织结构的"雕刻"作用。

(7) 节点度值受地形地貌影响比较明显,呈现自组织机制

从点度规模分布来看,1989~2010年整个城乡路网节点度主要为3,表明整个圈域多数城乡节点之间无直通公路,城乡路网缺少众多环路,原因在于建设两两城乡节点对的直通路和城乡环路,一来不经济,二来受复杂多样的地形条件限制,既无必要,也无可能,整个网络发育一定程度表现为地形地貌多样化下的自组织形态。

从局域网络来看,整个圈域城乡路网可划分为六大局域网:鄂(州)黄(石)、黄冈、武汉、仙(桃)天(门)潜(江)、咸宁和孝感局域网。其中平均节点度超过3的局域网为武汉、仙(桃)天(门)潜(江)两大局域网,而鄂(州)黄(石)、黄冈、咸宁、孝感四个局域网平均度值均小于3(表5.9)。究其原因,武汉和仙(桃)天(门)潜(江)两局域多地处江汉平原,地形地貌多为平原和低丘,地形地貌相对简单,而鄂(州)黄(石)、黄冈、咸宁、孝感区内地形地貌复杂,山地、岗地、丘陵、河湖等多种地貌类型混合,整个圈域城乡路网"自发"受地形地貌的微观"控制"作用明显,导致城乡节点度值大小遵循一定的"平原>丘陵>山地>河湖"规律,具有强自组织效应。

表5.8 武汉城市圈重要节点分布变化(1989~2010年)

年份	高度节点	高簇系数节点	低平均路长节点	高介数节点
1989年	浠水、蕲春、黄石城区	黄冈、武穴、鄂州、浠水、蕲春、黄石等城区	大冶城区、咸宁通城县城、东西湖区、崇阳县城、汉阳区、黄石城区	大冶城区、崇阳县城、东西湖区、咸宁通城、蕲春县城
1995年	武汉江岸区、天门、黄陂城区、孝感孝南区、孝感大悟县城、孝感河口镇、武汉郑店、咸宁咸安区、鄂州鄂城区、鄂州华容区、黄石黄石港区、黄冈蕲州镇、四里镇、梅川镇、大河镇、罗田城区、英山城区	孝感长岭镇、武汉江岸区、武汉爹山、武汉蔡甸城区、武汉硚口区、武汉江岸区、孝感泃水镇、武汉广水、咸宁城区、鄂州城区、黄石、大冶城区、黄冈四里镇、蕲州镇、三里畈镇、贾庙、盐田河	武汉江岸区、郑店、青山区、硚口区、江汉区、汉阳区、鄂州城区、东西湖区、咸宁东山头、武汉贺站镇、武汉滠口、咸宁渡普镇、黄石港区、孝感城区、武汉横店	武汉江岸区、郑店、黄石港区、黄冈散花镇、江岸区、东西湖区、江岸区、咸宁东山头、武汉青山区、孝感城区、武汉贺站镇、硚口区、鄂州城区、武汉滠口、浠水县、黄陂城区、鄂州城区、浠水、新洲县城

(续表)

年份	高度节点	高簇系数节点	低平均路长节点	高介数节点
2000年	咸宁赤壁市、通山县、黄陂城区、麻城城区、潜江周矶、天门城区、潜江到河、安陆城区、孝感孝南区、军山长江大桥、武汉郑店、武汉武昌区、武汉江岸区、黄冈红安县城、黄冈宋埠镇、鄂州葛店镇、咸宁担山镇、武汉阳逻镇、武汉李集镇、罗田县城、黄冈古庙河、黄石城区、黄石浮屠、黄冈蕲春县城	咸宁周郎咀、仙桃三副潭、仙桃城区、孝感新堰、天门宅市、孝感应城区、咸宁车埠、江夏城区、武昌城区、新洲区、武汉大埠镇、鄂州葛店镇、武汉青山城区、鄂州杜山镇、鄂州城区、黄冈八里湾、武汉甘棠铺、黄冈木子店、胜利、蔡店河、罗田县城、武穴市区、梅川镇、黄冈大地坳	武汉武昌区、江岸区、军山长江大桥、湛家矶、三里桥、鄂州葛店、武汉郑店、青山区、咸宁老官咀、武汉横店、武汉麦山、鄂州城区、武汉阳逻	武汉江岸区、武昌区、军山长江大桥、黄石城区、武汉湛家矶、黄冈丁司垱、武汉三里桥、武昌区、鄂州葛店、武汉阳逻、鄂州城区、咸宁法泗、老官咀、武汉柏泉、赤壁县城、黄冈蕲春、浠水、汉川、黄陂县城
2005年	武汉汉阳区、黄冈麻城区、孝感浠水镇、咸宁赤壁城区、仙桃城区、孝感新城镇、武汉江夏区、黄石下陆区、黄冈彭思镇、黄冈英山县城	天门拖市镇、孝感杨河镇、孝感汤池镇、孝感城区、孝感陈店、黄冈乘马岗镇、麻城县城、黄冈孔垄镇、赤壁舒桥咸宁通山县在、咸宁闯王镇、黄冈英山、武汉南湖	武汉汉阳、青山区、军山长江大桥、江夏区、郑店、硚口区、左岭镇	武汉汉阳区、青山区、新洲区、黄冈彭思镇、武汉硚口桥、黄冈巴驿、鄂州城区、武汉安山镇、黄冈路口镇、武汉左岭镇
2010年	武汉城区、孝感新堰、咸宁咸安区、黄石城区、黄石大冶城区、武汉新建、孝感安陆城区、天门渔薪镇、天门侯口镇、仙桃毛嘴镇、潜江范新场镇、潜江杨市镇、潜江别家台镇、仙桃城区、孝感护镇、武汉郑店、武汉江夏城区、咸宁横沟桥、咸宁谢梨头、赤壁城区、赤壁凤凰山、黄石富山、黄石城区、黄陂县城、黄石城区、黄冈杨叶、咸宁城区、孝感城区、天门城区	赤壁陆水湖、赤壁七家庄、咸宁小柏山、咸宁新店、武汉豹澥、黄冈罗田县城、仙桃城区、黄冈城区、天门城区、孝感下辛店、江夏县城、武汉施岗镇、安陆施土湾、杨兴街、黄石武穴县城、黄冈蕲州镇、黄冈雀山镇、黄石城区、鄂州城区、潜江城区、咸宁横沟桥镇、赤壁凤凰山、鄂州城区、鄂州巴河、黄石果子浪、皮家山、咸宁城区、孝感城区、天门渔薪、仙桃城区、咸宁横沟桥、黄冈城区	武汉城区、后湖、园艺场、张家嘴、天兴洲大桥、花山、军山、郑店、湖口、汉阳、葛店、武汉新建、东西湖区、阳逻、白沙洲大桥、流芳、咸宁四邑、武汉九峰、孝感新堰、武汉蔡甸、滠口	武汉郑店、咸宁四邑、武汉军山、新建、阳逻、黄冈城区、浠水、团风县城、天兴洲大桥、咸宁官埠桥、黄石城区、武汉后湖、鄂州蒲团、咸宁咸安区、军山大桥、武汉东山、侏儒、安山、汉阳区、蔡甸区、汉南区、咸宁贺胜桥

注：按各统计指标值排序，取前 5%～10% 左右，超过平均值的节点

表5.9 武汉城市圈不同局域城乡路网复杂网络指标值(2010年)

区域	鄂黄	黄冈	武汉	仙天潜	咸宁	孝感
度	2.83	2.71	3.33	3.14	2.74	2.89
簇系数	0.11	0.13	0.23	0.17	0.10	0.10
紧密度	0.11	0.10	0.15	0.12	0.09	0.10
介数	0.06	0.07	0.05	0.07	0.05	0.07
平均路径长度	9.44	9.97	7.14	8.66	10.27	10.28

5.3.2　节点易达性的空间分异

(1) 节点紧密度值差异日益缩小，空间渐趋均衡化和离散化

1989~2010 年，与点度空间变化类似，节点紧密度值差异不断缩小，标准差由 1989 年的 0.031 持续下降到 2010 的 0.009，城乡节点连接程度日益松散和均衡；同时随着路网连接性的提升，节点平均紧密度不断减小（由 1989 年的 0.183 快速下滑到 2010 年的 0.043），节点关联作用强度不断减弱，节点紧密度等值线圈不断破碎化，形成多个局域核心-边缘圈，等值线不断从密集向稀疏演进，路网紧密度核心数量不断增加，整个圈域路网节点形成多个核心及其外围组成的局域网。

(2) 节点紧密度值存在空间分异，呈现典型的等级圈层格局

1989~2010 年，节点紧密度值空间分布不均，存在一定的集聚性。

从空间自相关来看，空间单变量全局自相关 Moran's I 指数普遍超过 0.3，局部年份达到 0.45 左右(图 5.19)，节点紧密度表现出较明显的群体空间集聚特征，即高-高、低-低紧密度值节点局部空间倾向于"抱团成群"分布，相对稳定形成以圈域核心圈层(集中于武汉、鄂州、黄石城区及大冶市、黄冈城区及团风县等县域)为主的高-高类型和以圈域外围圈层(集中于仙桃、天门、潜江、黄冈东北部大别山区、咸宁南部幕阜山区县域)为主体的低-低类型两大连片集聚区(图 5.20)。

从空间分布来看，高紧密度节点高度集中于圈域核心城市——武汉市主城区，路网发育呈现"垄断性"伺服，成为整个圈域的核心圈层，而中间圈层(武汉周边城镇，如咸宁、鄂州、黄石等城区)，凭借良好的对外快速交通条件、中心-近邻区位优势，城乡节点作用较紧密而强烈，具有相对较高的紧密度值，而外围圈层(如大别山区、幕阜山区)的城乡节点相互关联作用较弱，紧密度多低于圈域平均水平，成为城乡路网易达性服务的"边缘"，整个圈域城乡节点紧密度值呈现三大等级圈层结构(图 5.21)。

(3) 节点介数分布向心极化明显，但存在一定离心化趋势，呈侧 N 形伸展

1989~2010 年，与随机网络相比，整个网络介数较高，交通流较大，实际网络介数分布差异明显；城乡节点介数空间分布不均衡，具有强向心集聚性。

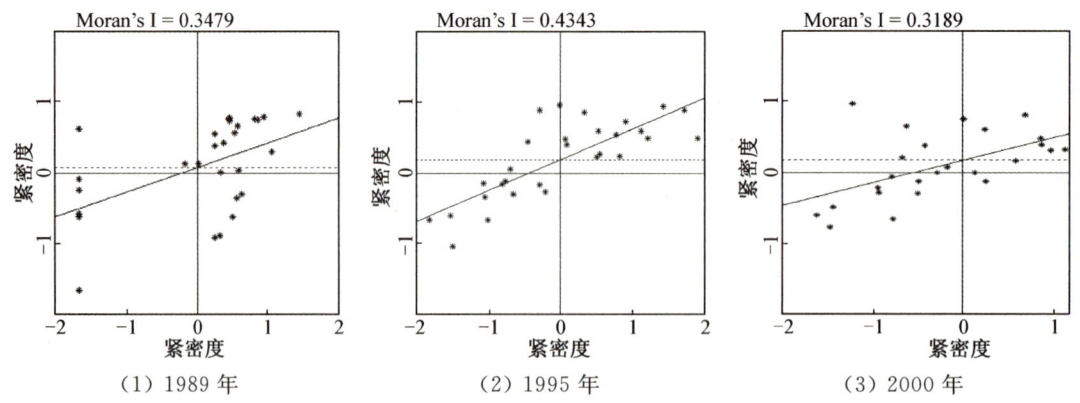

(1) 1989 年　　　　(2) 1995 年　　　　(3) 2000 年

第 5 章 复杂城乡路网系统结构的空间关联性

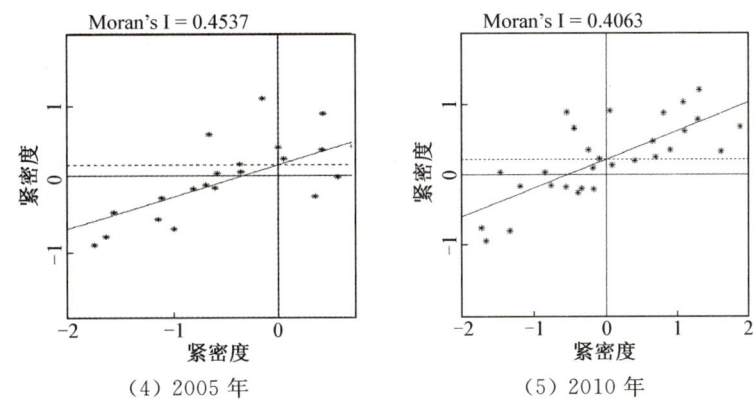

(4) 2005 年　　　　　　　(5) 2010 年

图 5.19　武汉城市圈节点紧密度全局空间自相关 Moran's I 指数散点图及推断

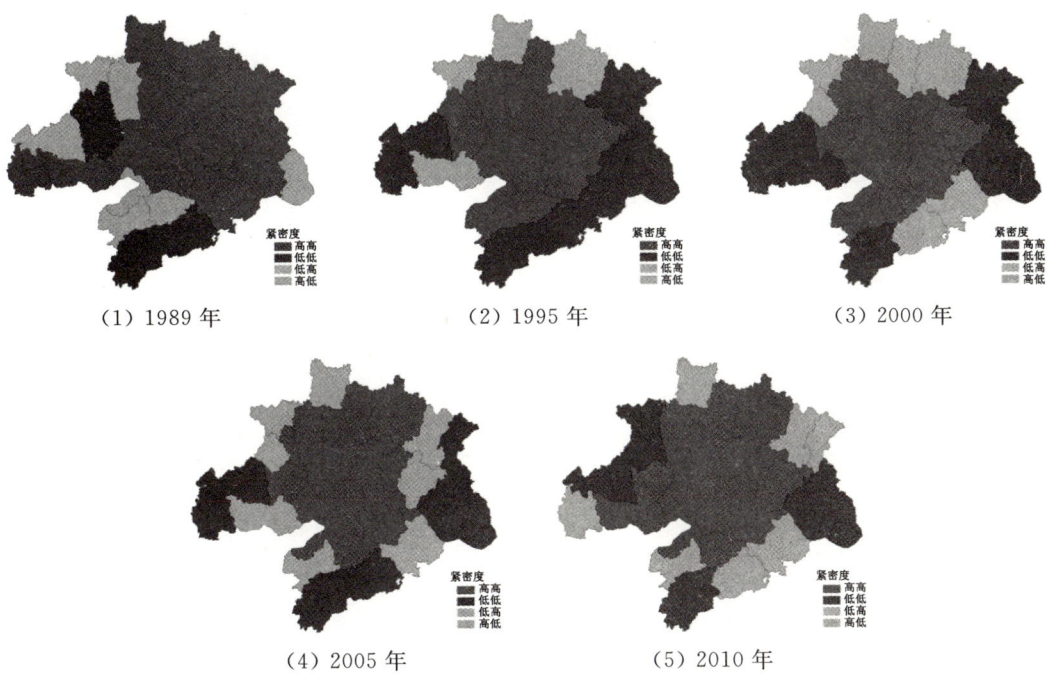

(1) 1989 年　　　　　　　(2) 1995 年　　　　　　　(3) 2000 年

(4) 2005 年　　　　　　　(5) 2010 年

图 5.20　武汉城市圈节点紧密度局域空间自相关 Moran's I 指数集聚性地图(LISA)

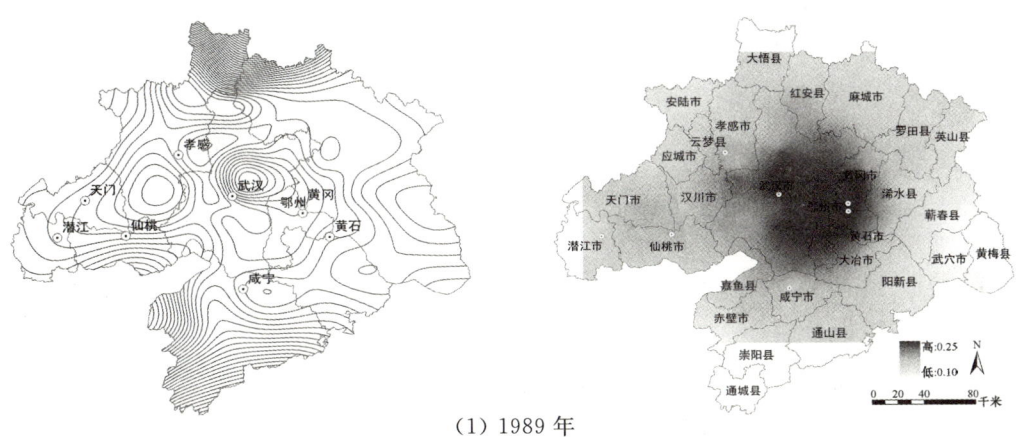

(1) 1989 年

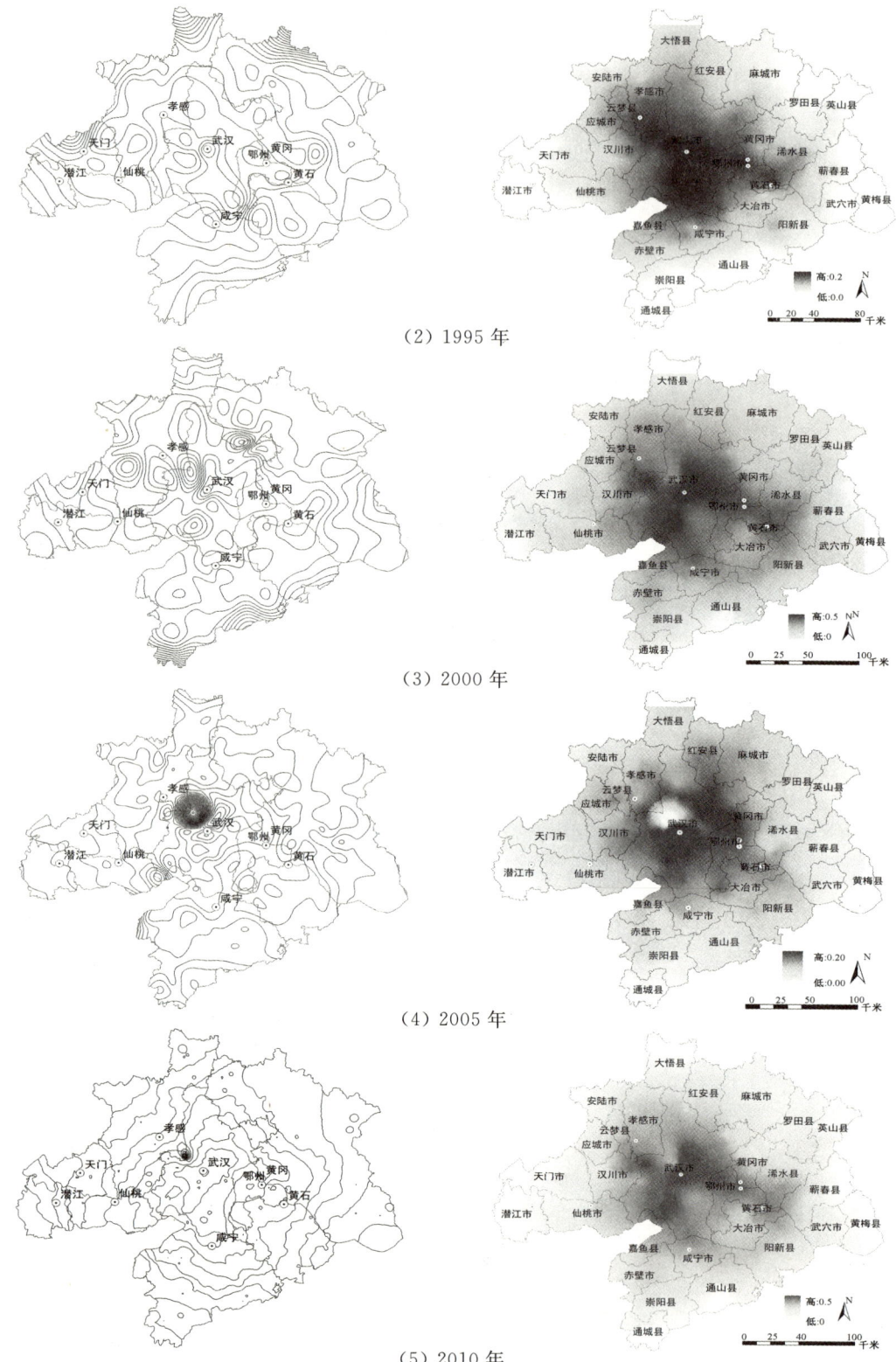

图 5.21 武汉城市圈节点紧密度的空间分布及变化 (1989~2010 年)

注：左图为等值线图、右图为 KRIGING 空间插值图

一方面，从全局自相关来看，单变量全局空间自相关指数(Univariate Moran's I 指数)介于 0.07～0.42 之间(图 5.22)，节点介数分布表现出较强的空间正相关，局部时期(1989～1995 年)具有明显的群体集聚性，并保持空间的稳定性和时间的连续性，即形成一个稳定的、空间邻接的高-高值区(主要集中于鄂州、黄石城区、黄冈城区和团风县等区域，多为圈域核心圈层范围)和低-低值区域(主要稳定于仙桃、天门、潜江、孝感西部、咸宁-黄石南部幕阜山区等县域，多为圈域外围圈层范围)(图 5.23)。同时，节点介数全局空间自相关 Moran's I 指数整体上呈下降态势，表明城乡节点介数空间分布的集聚性不断减弱，分散性不断凸现，城乡路网稳定性渐趋增强。

(1) 1989 年　(2) 1995 年　(3) 2000 年

(4) 2005 年　(5) 2010 年

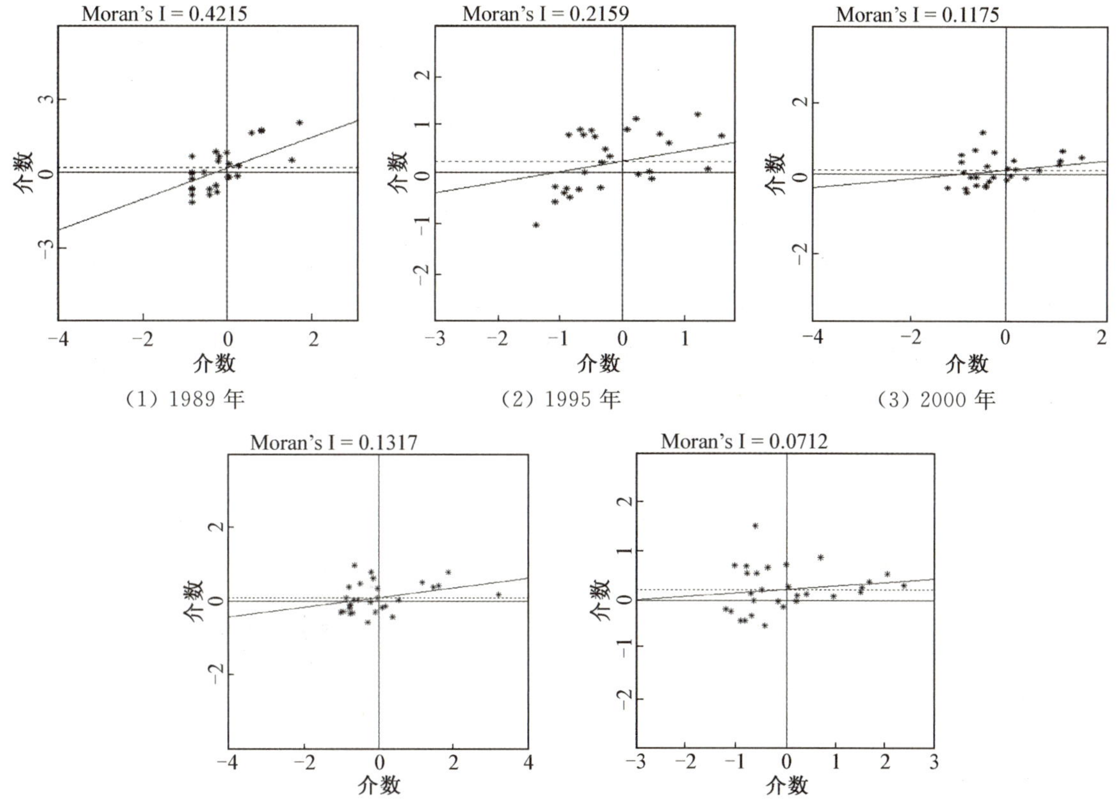

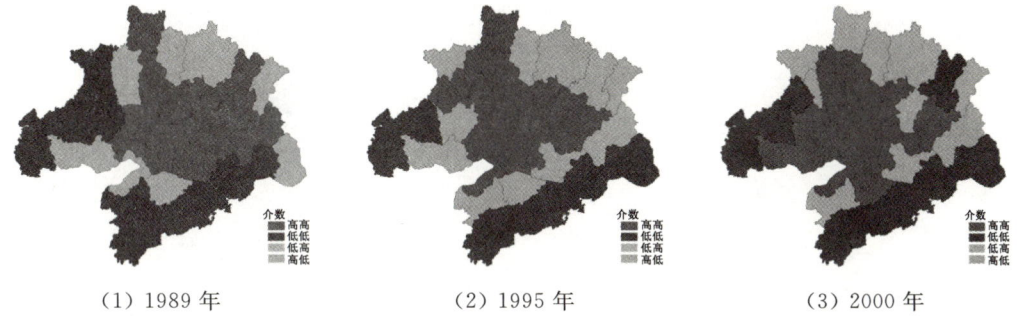

图 5.22　武汉城市圈节点介数全局空间自相关 Moran's I 指数散点图及推断

(1) 1989 年　(2) 1995 年　(3) 2000 年

城乡路网系统的空间复杂性

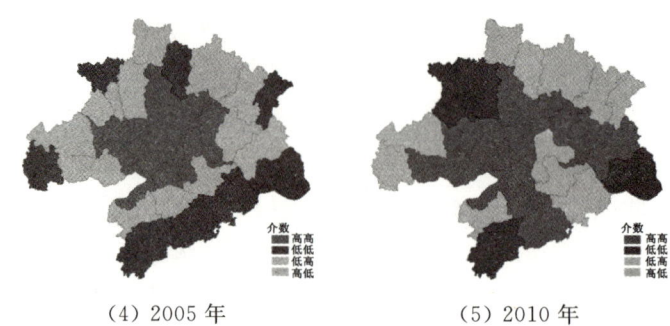

(4) 2005 年　　　　　(5) 2010 年

图 5.23　武汉城市圈节点介数空间局域自相关 Moran's I 指数集聚性地图

另一方面,从空间分布上看,高介数节点高度集中于圈域核心圈层,而外围圈层介数分布较为均匀,城乡节点等级及其对外服务辐射能力相差不大,空间较均衡,绝大多数节点的介数指标小于 0.1,表明路网中绝大部分节点对全网不具备绝对影响(图 5.24)。

期间,整个高介数节点向心集聚的极化程度不断减弱,高介数节点分布逐渐由武汉中心城区[图 5.24(1)]向鄂州、黄冈、黄石城区及咸宁嘉鱼等四周呈东北-西南方向倾斜的"侧 N 形"伸展[图 5.24(5)],圈域节点介数空间极化程度不断减弱,呈现一定的离心化扩散趋势,广泛分布于潜江-仙桃-武汉-鄂州-黄石-咸宁-赤壁城区一线,这些节点多为各中心城市城区、重要县城所在地、路网重要交叉口等,交通网络发育相对较完善,对外服务辐射范围广,交通流汇聚潜力较大,介数指标与城乡节点等级规模成正比(图 5.24)。

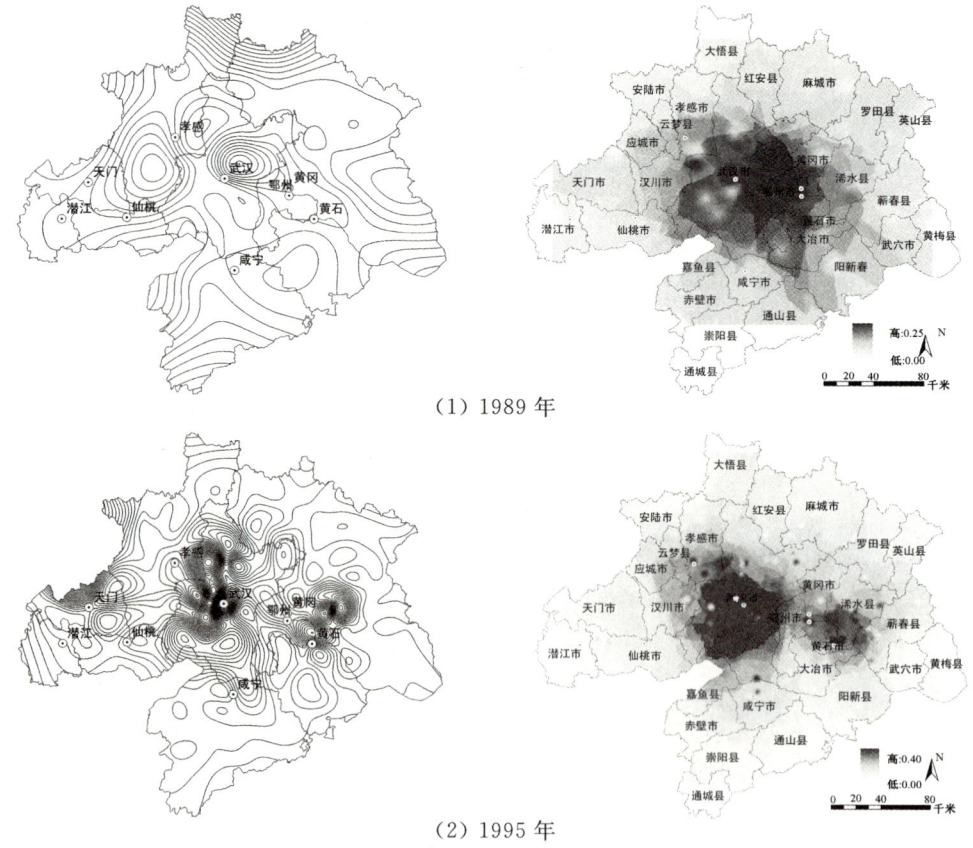

(1) 1989 年

(2) 1995 年

162

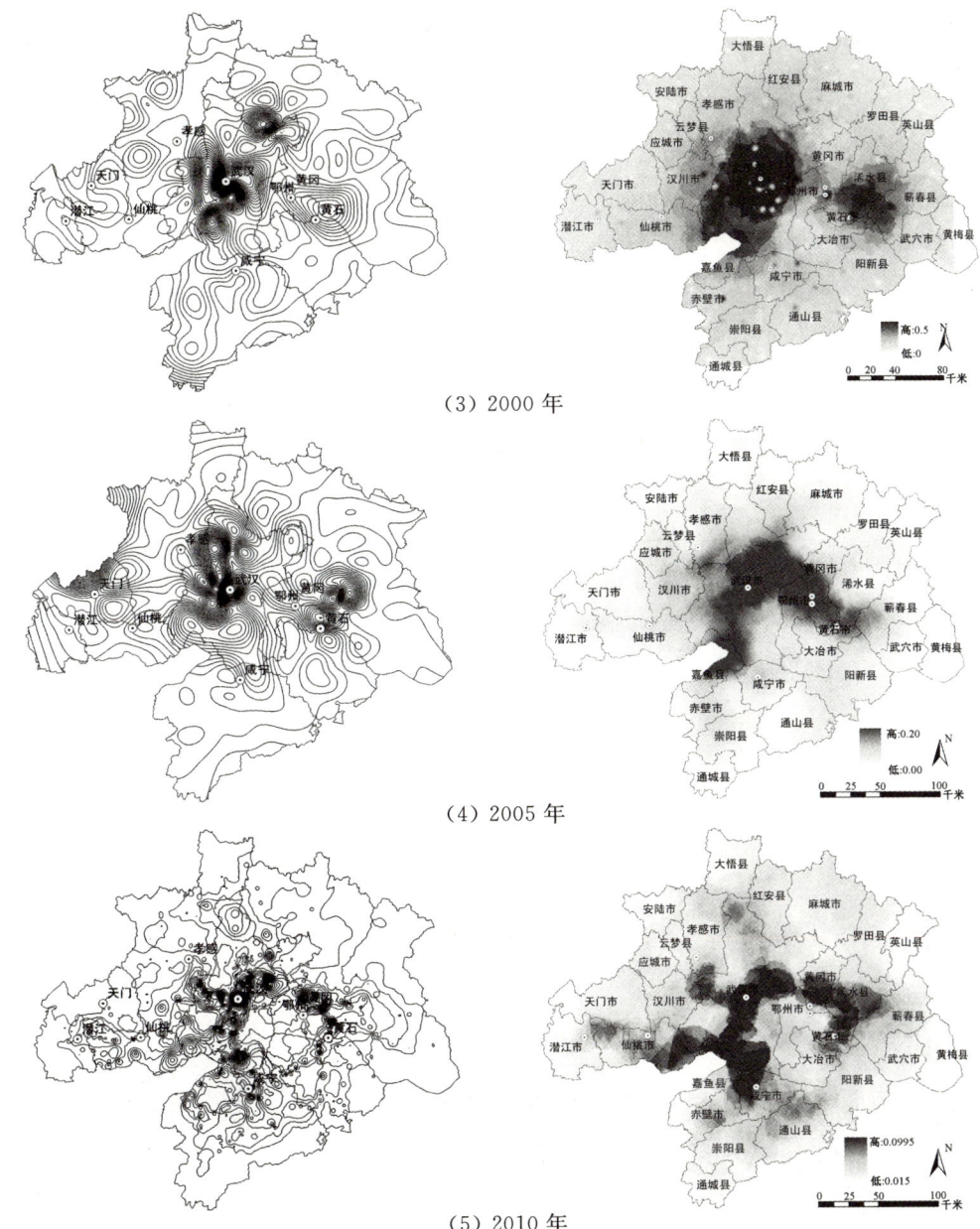

(3) 2000 年

(4) 2005 年

(5) 2010 年

图 5.24　武汉城市圈节点介数空间分布及变化（1989～2010 年）

注：左图为等值线图、右图为 KRIGING 空间插值图

（4）平均路长由武汉向周围梯度递减，呈明显的等级圈层结构

1989～2010 年，圈域节点平均路长空间分布不均，高易达性节点表现出较明显的向心集聚性。

从空间自相关来看，期间节点平均路长的 Moran's I 指数基本介于 0.3～0.5 之间（图 5.25），空间全局上基本处于弱-中正相关水平，节点平均路长较高或较低县域普遍倾向于与同质县域邻接成片，形成平均路长高-高关联和低-低关联集聚成群，在空间上相对稳定形成两大空间邻接的集聚区：低-低平均路长集聚区（集中于圈域核心圈层范围，形成的高-高易达性圈层)和高-高平均路长集聚区(展布于圈域外围圈层,构成一个低-低易达性圈层)(图5.26),集聚区内通达性空间差距程度低,形成稳定、典型的核心-外围圈层结构。

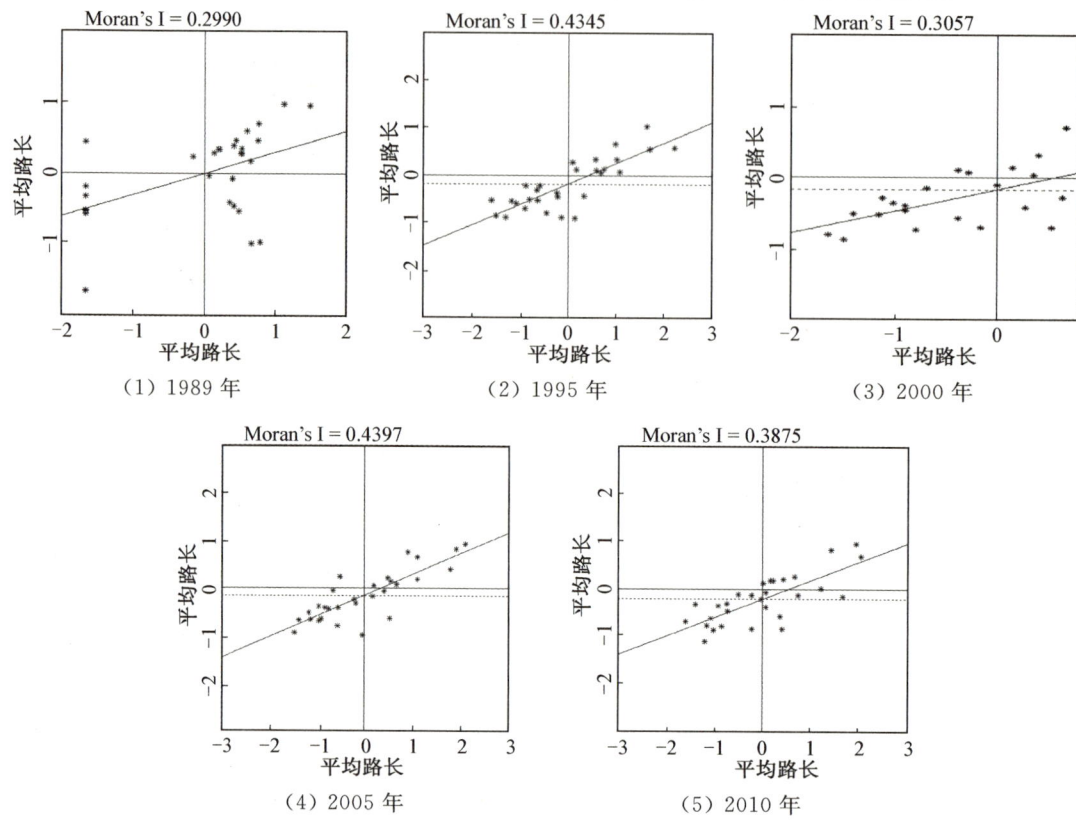

图 5.25　武汉城市圈节点平均路长全局空间自相关 Moran's I 指数散点图及推断

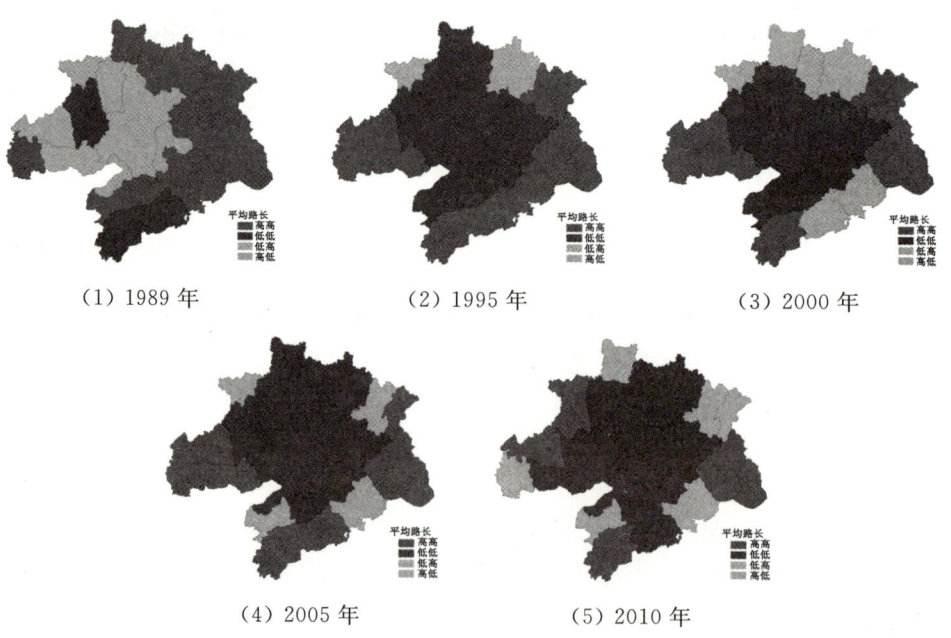

图 5.26　武汉城市圈节点平均路长局域空间自相关 Moran's I 指数集聚性地图

这种空间内在的集聚性宏观上决定了整个圈域城乡节点易达性基本遵循"距离衰减律",呈现以武汉为中心的不规则圈层结构,具有明显的时间惯性,与圈域城镇体系空间"靶形分布"一致。具体表现为:距武汉中心城区由近至远,易达性系数值逐渐增大,形成较明显的三大圈层:高通达性圈(圈域核心圈层:武汉市区及其周边城镇)、中通达性圈(圈域中间圈层:武汉市边缘及鄂州、黄石、咸宁、黄冈等市区)、低通达性圈(圈域外部圈层:如潜江、仙桃、孝感、黄冈东北部、黄石东部、咸宁南部等地区)(图5.27)。

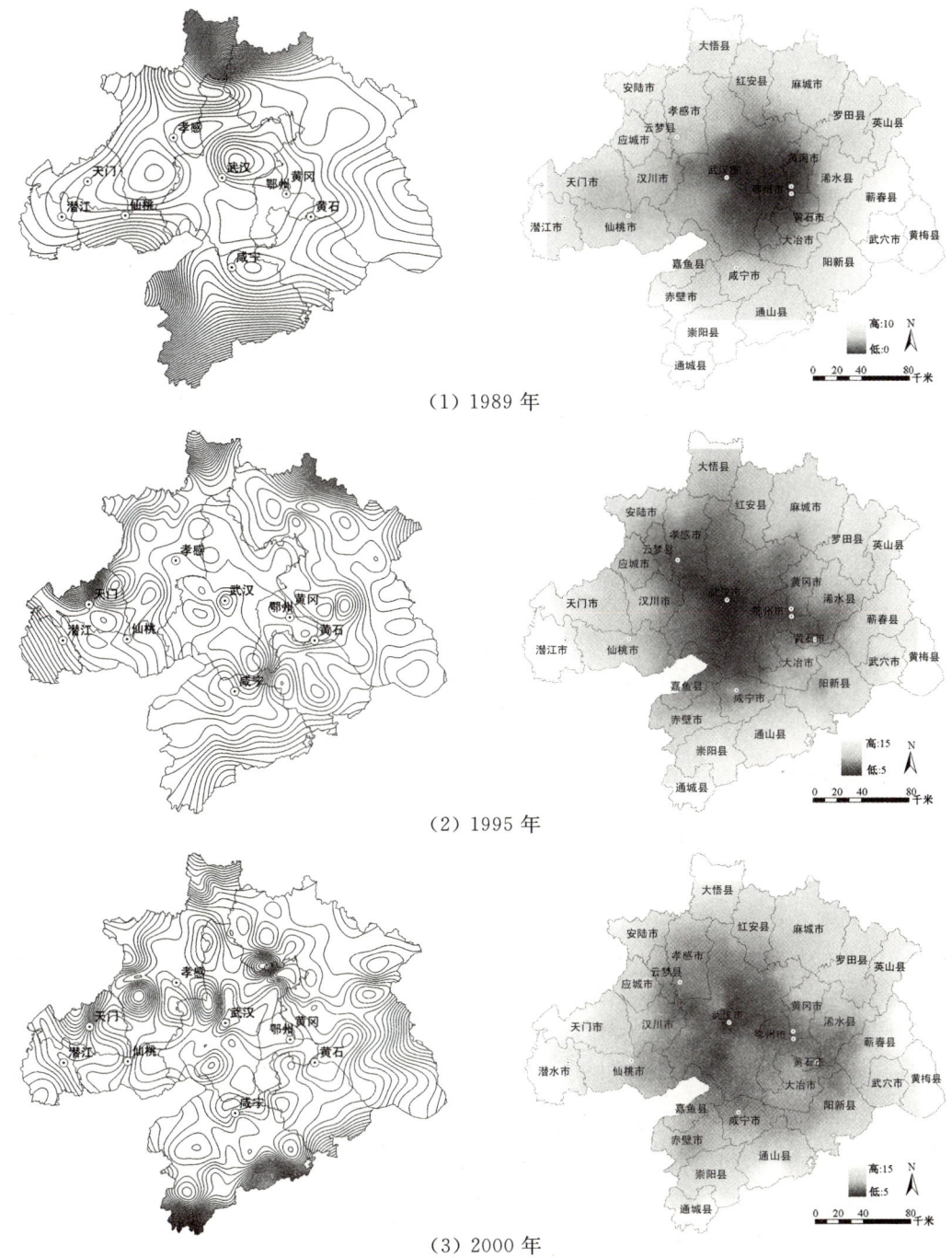

(1) 1989 年

(2) 1995 年

(3) 2000 年

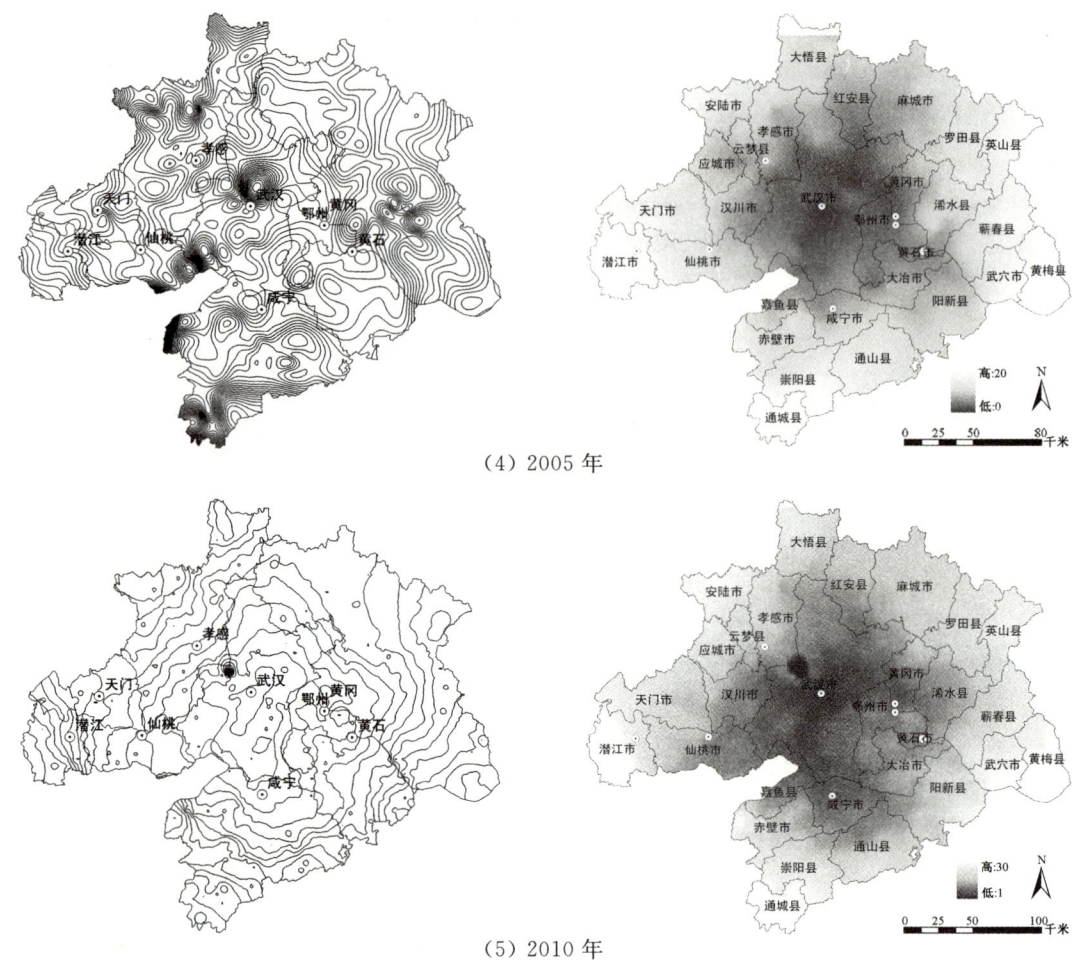

(4) 2005 年

(5) 2010 年

图 5.27　武汉城市圈节点平均路长的空间分布及变化(1989～2010 年)
注：左图为等值线图、右图为 KRIGING 空间插值图

5.3.3　网络集聚性的空间特征

(1) 节点簇系数整体较低，且持续减小，空间分布离散成片

时间演化上，20 多年来，整个圈域城乡路网大部分节点簇系数没有显著增长，整体平均节点簇系数不超过 0.23，部分年份甚至不足 0.1，并且均值逐步减小。一方面说明整个城乡路网节点内部连接强度不高，"对外服务择优"特性[254]不断减弱；另一方面，表明城乡路网节点连接呈现分散化趋势，节点关联不断向外向性联系转化。结合前述的点紧密度分析，可知，这种外向型联系强度并不强，节点外向关联相对独立和分散，圈域节点关联距"城乡一体化和网络化"方向差距不小。

空间分布上，节点簇系数相较度值，空间分布均匀离散，节点连接空间发散成面状均质片区，相对集中分布于潜江、黄冈东北部、孝感、咸宁南部、黄石东南部等地区；同时，这些区域节点簇系数在时间上持续保持较高水平，具有较强的空间"惰性"和"惯性"，空间分布上表现出一定的"时间延续性"，整体形成"板块"分布(图 5.28)。

第 5 章 复杂城乡路网系统结构的空间关联性

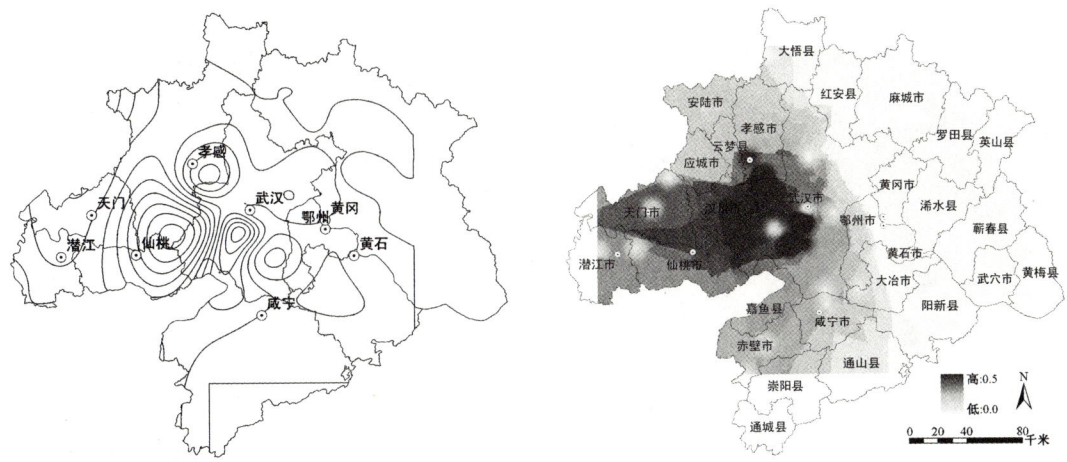

(1) 1989 年

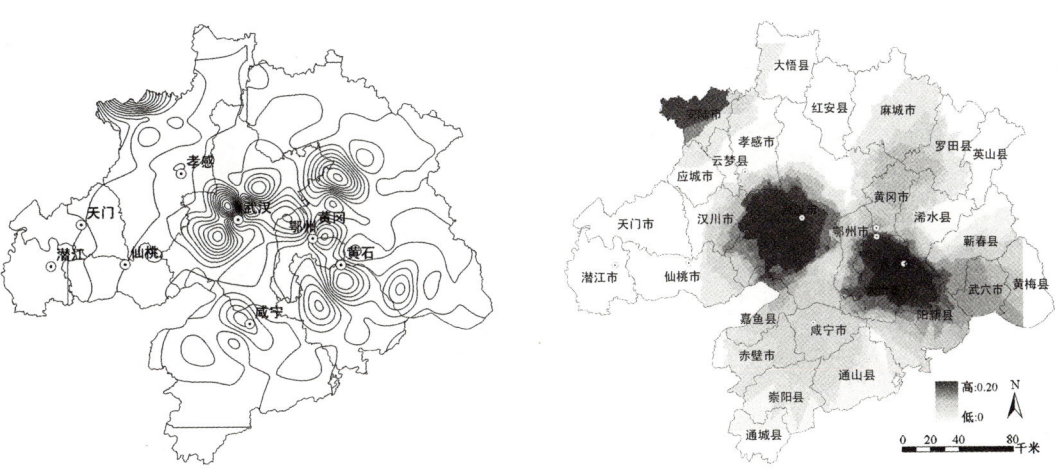

(2) 1995 年

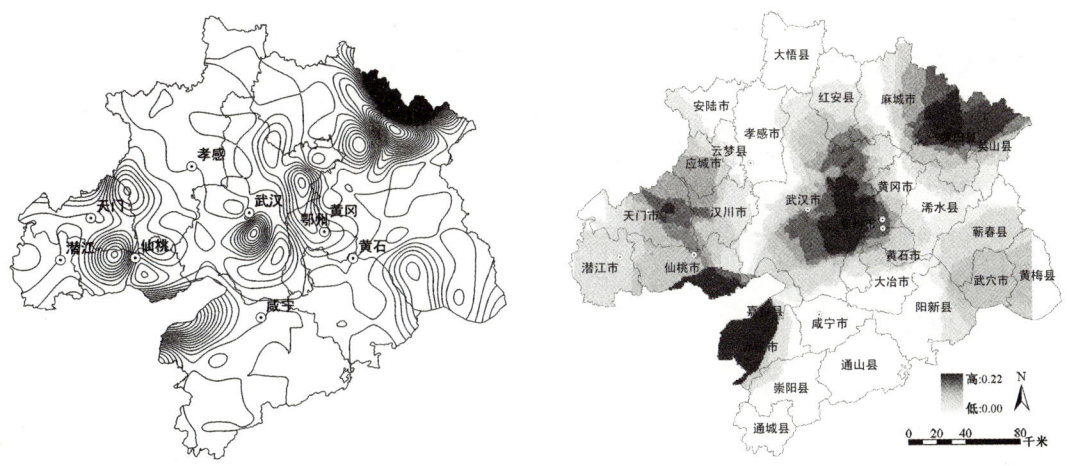

(3) 2000 年

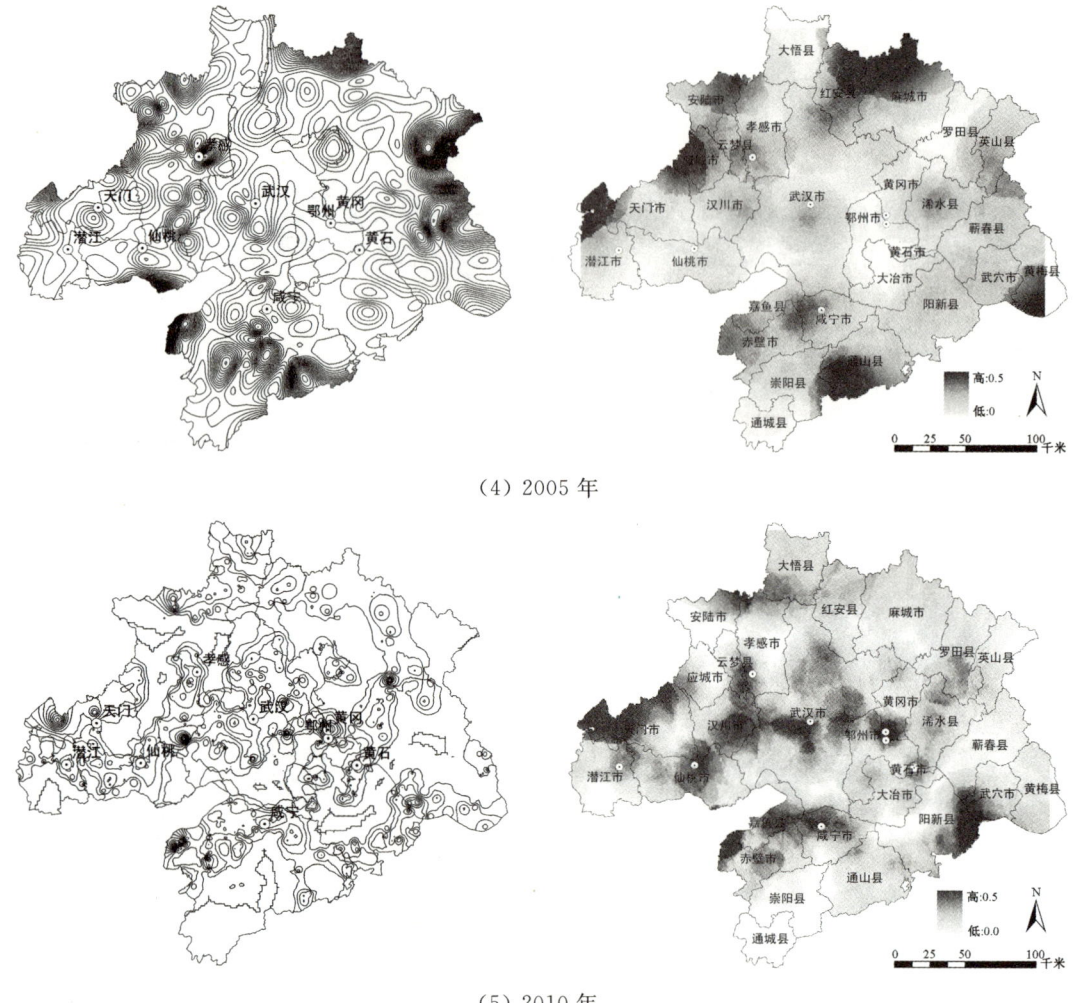

(4) 2005 年

(5) 2010 年

图 5.28 武汉城市圈节点簇系数空间分布及变化(1989～2010 年)
注：左图为等值线图、右图为 KRIGING 空间插值图

(2) 整体呈弱集聚性，局部出现空间收敛，高簇系数节点呈"半月形"展布

选择随机网络和空间近邻网络作为参照系[①]，五个年份节点平均簇系数相较同等规模下的随机网络大许多，完全不同于随机网络的分散均匀连接，城乡路网节点整体连接呈现弱集聚性；同时，节点平均簇系数也略大于空间近邻网络的平均簇系数，表明城乡节点连接呈现一定的"局部空间收敛"，在空间上恰恰表现为形成几个高簇系数节点集团(团块)。

从城乡节点簇系数空间自相关来看，全局空间自相关 Moran's I 指数处于 $-0.2 \sim 0.2$ 的动态变化中(图 5.29)，说明在统计显著性 1‰～5‰水平上，城乡节点簇系数全局上表现出复杂的空间自相关关系，局部时期(1995、2010 年)较高、较低簇系数的城乡节点在空间上

---

① 其中随机网络通过 pajek2.7 生成和计算，空间邻近网络则是借鉴了复杂网络中"每个节点只和周围的邻居节点相连"规则网络的构建经验，仅考虑最短拓扑距离联系构建网络，具体通过 ArcGIS9.3 和 Matlab7.0 生成计算。

倾向于集聚成片,形成高-高集聚区(集中于圈域核心圈层,主要是武汉市及其周边中心城市城区范围)和低-低集聚区(基本位于圈域外围圈层,集中于仙天潜等江汉平原地区)(图5.30);值得一提的是,1989年、2000年、2005年三个阶段,Moran's I指数均小于0,但具体情况略有不同:1989年和2005年,Moran's I指数几乎为0,接近期望值$E(I)$,城乡节点间基本不表现出集聚倾向,县域-邻域间簇系数空间差异微弱,圈域城乡节点间簇系数空间分异程度很低,比较均衡分散,类似随机网络性质;2000年,Moran's I指数为-0.198,城乡节点簇系数表现出一定的低-高集聚倾向,即低簇系数节点倾向与高簇系数节点集聚,县域-邻域平均点簇系数空间差距较明显,主要在圈域外围圈层形成广泛的高-低集聚区(集中于黄冈英山-黄冈城区(团风)-黄石城区-大冶、咸宁通城-通山、潜江-天门三大片区),生成大量以较高簇系数节点为集散核的星形或枝状局域网(图5.30)。

从城乡节点簇系数空间分布来看,高簇系数节点空间分布上比较集中于一个中心地带(宜黄高速沿线及武汉城郊地段),以及一个边缘地带(阳新东部、赤壁西部等)。节点间的相互联系较强,实现了资源共享和局部耦合,形成一个城乡道路"局域",有利于网络社团发育,明显形成以武汉城区为中心,黄冈-鄂州-黄石城区、孝感西北-仙桃中部、赤壁-嘉鱼-咸宁城区三个"半月形"集团(图5.28)。

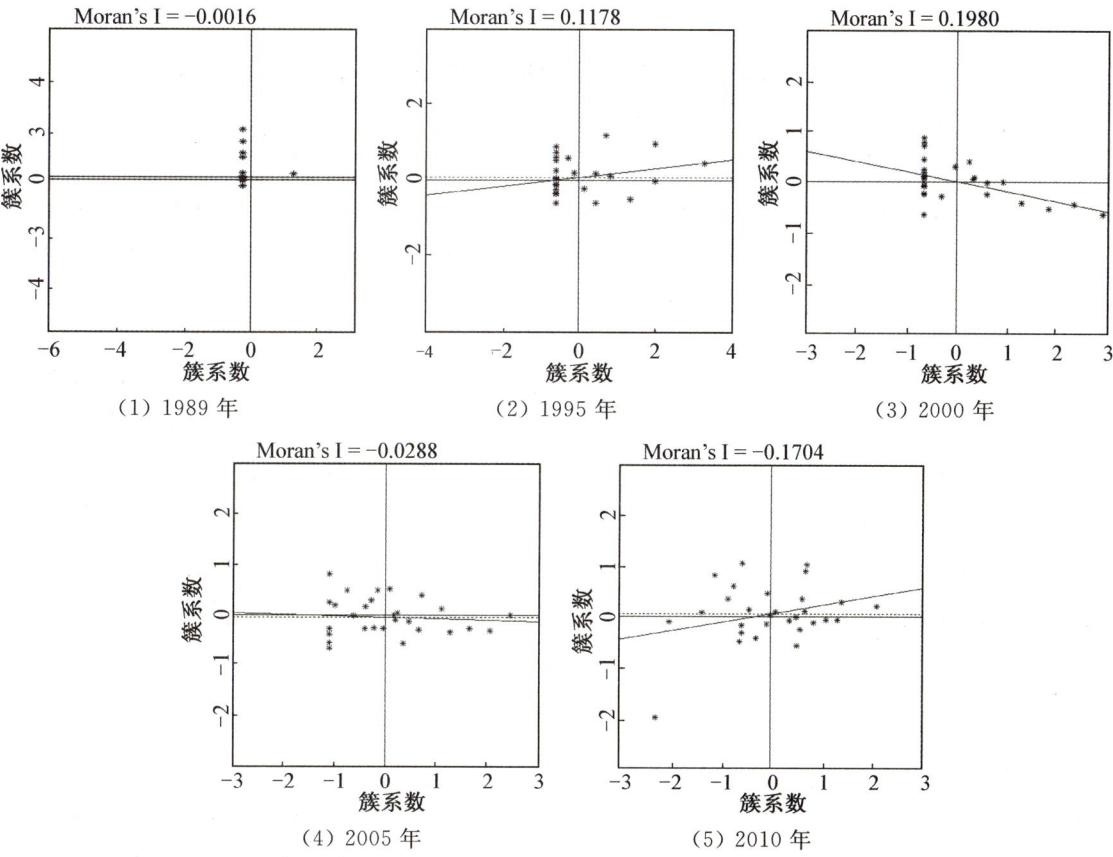

图 5.29 武汉城市圈节点簇系数全局空间自相关 Moran's I 指数散点图及推断

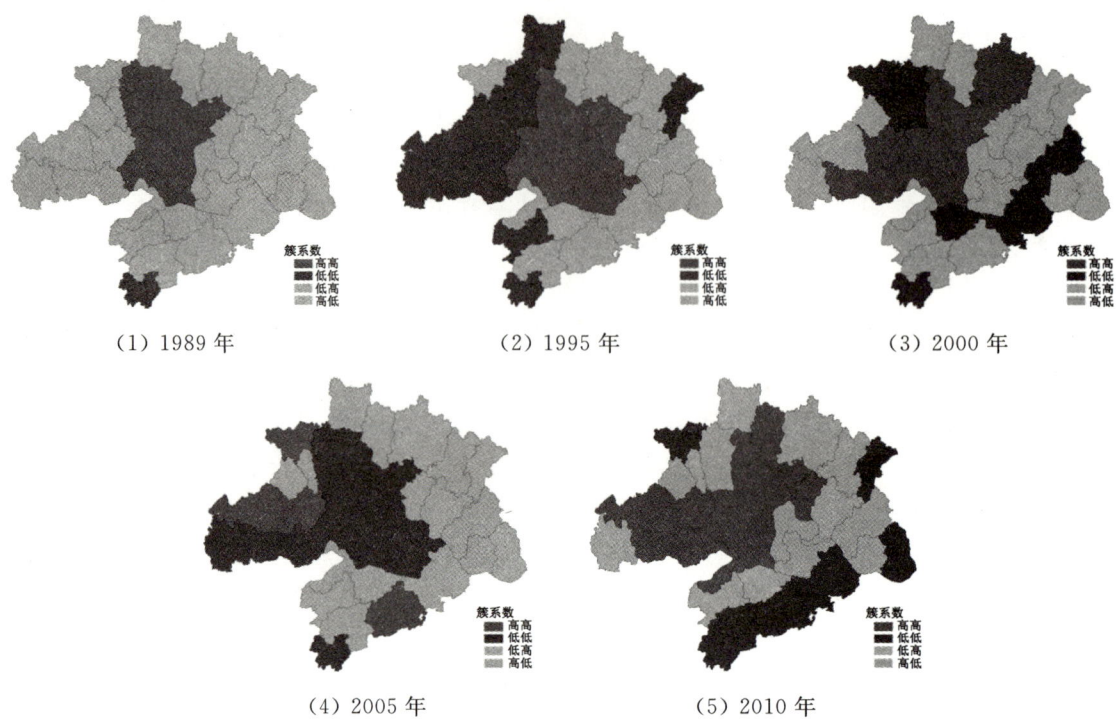

图 5.30　武汉城市圈节点簇系数局域空间自相关 Moran's I 指数集聚性地图

（3）区际存在一定差异，形成三大等级板块

将整个圈域划分为武汉、仙（桃）天（门）潜（江）、鄂（州）黄（石）、黄冈、孝感和咸宁六大局域网，比较六大区域 2010 年节点平均簇系数，可知：各局域网平均簇系数整体水平不高，城乡节点分布较分散，空间上呈弱集聚性；但存在一定程度的分异，武汉局域网整体经济水平较高，城乡节点发育较发达，城乡节点平均簇系数处于极值地位，表现出较大的集聚性；仙天潜局域网地处江汉平原，城乡节点簇系数相对较高，分布密集成簇，而咸宁和孝感两大局域网地形地貌复杂多样，尤其是其外围地带以山地、丘陵为主，城乡节点簇系数较低，连接松散，受城乡经济基础、发育水平和自然地形地貌条件影响，整个圈域城乡节点集聚性存在一定分异，空间上形成三大等级板块：第一等级板块——武汉（簇系数超过 0.23）、第二等级板块——仙天潜（簇系数为 0.17）、第三等级板块（簇系数介于 0.09~0.14）——鄂黄、黄冈、孝感和咸宁（表 5.8）。

5.3.4　网络社团性的空间划分

5.3.4.1　划分流程

（1）社团划分

利用 Girvan 和 Newman 提出的 G-N 算法[712]，结合城乡路网的边介数（Freeman 点介数[713]的推广）指标值，构造网络分裂流程：① 计算网络中所有边介数（定义为经过每条边的最短路径数）；② 删除累积边介数和最大的边；③ 重复①②，以避免局部极值；④ 采用

Radicchi 等的强社团结构限定[714]①,直至整个网络被划分为许多子社团,社团中节点具有相同的性质,且联系较为紧密(图5.31)。

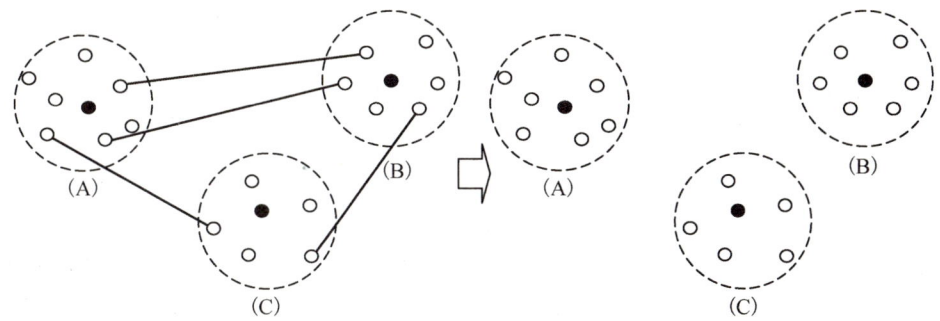

图 5.31　社团划分模拟图

(2) 子社团归并和检验

在武汉城市圈城乡路网进行自然分解的基础上(即每个节点就是一个社团),根据贪婪算法原理,进行子社团归并[715]:① 每次合并应该沿着使模块度 Q②增大最多或者减少最小的方向进行;② 每次合并后,对相应的元素 e_{ij}(定义为网络中连接社团 i、j 中所有节点边数所占的比例)更新,并将 i、j 社团相关的行和列相加;③ 重复计算步骤①②,不断合并社团,直到整个网络都被合并为一个社团。

5.3.4.2　划分结果

(1) 社团规模分布接近正态分布

根据 G-N 算法,将武汉城市圈城乡路网划分为 32 个小社团。定义包含 0~10 个节点的社团为小社团,包含节点 11~30 个节点的社团为中社团,包含 30 个以上节点的社团为大社团(表 5.10)。整个城乡路网以包含 11~30 个节点数的中等社团为主,接近 75%,超过 30 个节点的大社团和小于 11 个节点的小社团比重很小,整个网络社团规模近似成泊松正态分布(图 5.32)。

表 5.10　社团类型统计

包含的节点数	社团数量	占总社团数比例	累积百分比	备注
0~10	1	0.031 25	0.031 25	小社团
11~20	12	0.375 00	0.406 25	中社团
21~30	12	0.375 00	0.781 25	中社团
30~40	4	0.125 00	0.906 25	大社团
40 以上	3	0.093 75	1.000 00	大社团

---

① 子社团内任一节点与社团内节点连接的平均度值,比它与社团外其他节点连接大,即满足: $k_i^{in}(V) > k_i^{out}(V), \forall i \in V$。

② 根据 Newman 等的模块度定义和公式 5.8 计算获得。

（2）社团等级规模差异较大，形成良好的位序-规模分布

建立社团等级-规模曲线图（图5.33），综合社团规模分布图（图5.32），分析表明：武汉城市圈城乡空间社团等级规模差异较大，遵循良好的位序-规模法则。

一方面，整个分裂社团规模差异明显，子社团规模的变异系数达到0.26；"首位度"较大，武汉局域网（最大社团）城乡节点广泛发育，包含67个节点，与最小社团（包含5个节点）的社团规模极值达到62，形成"一城独大"局面。

另一方面，整个网络社团呈现一定的等级-规模差异，有3.125%的子社团节点数量小于10，有9.375%的子社团节点数量大于40，位序-规模曲线遵循良好的幂律，判定系数达到0.835；武汉、孝感、潜江、咸宁和黄石社团规模较大，等级较高，天门、仙桃、黄冈和鄂州社团结构较小，等级较低，社团等级规模与核心城市经济社会发展、城乡关联作用水平密切相关（图5.34）。

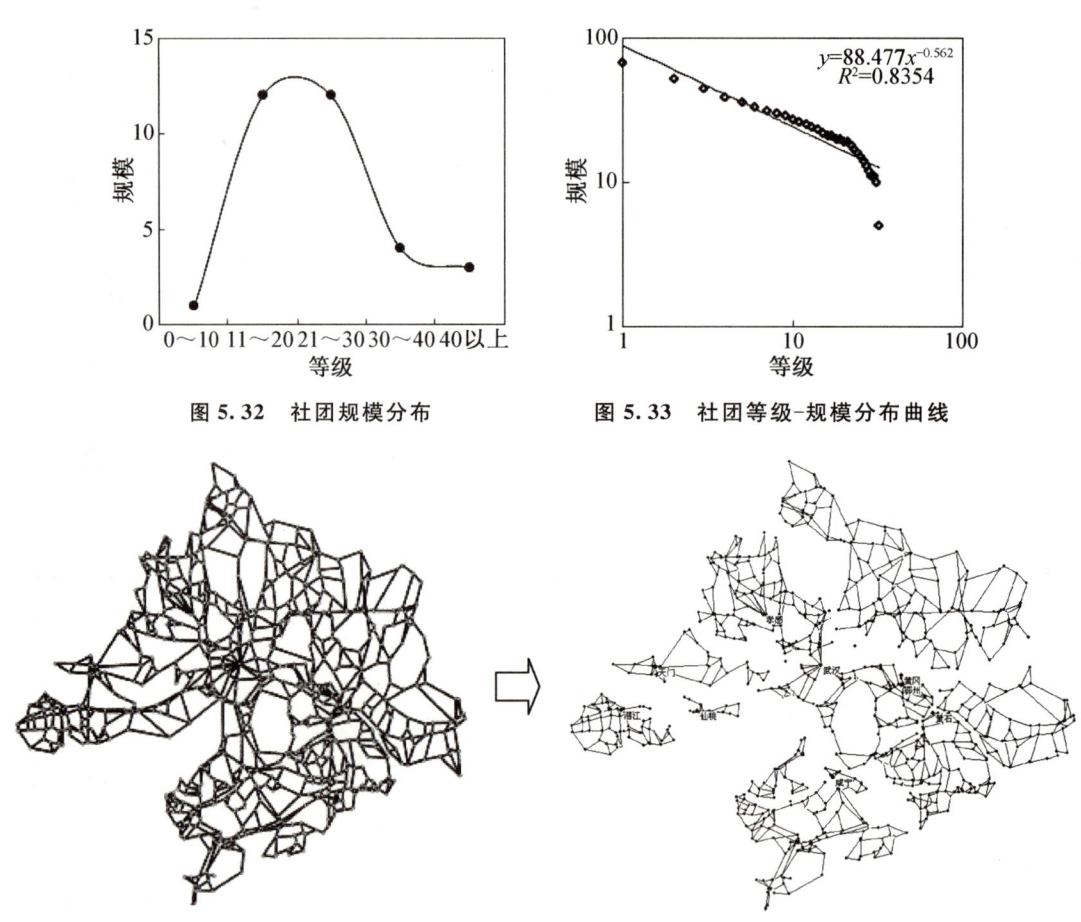

图5.32 社团规模分布　　图5.33 社团等级-规模分布曲线

图5.34 实际社团划分

（3）边介数较大的边主要是桥梁和快速干道，成为路网的关键路径

结合武汉城市圈路网边介数指标值发现，2010年边介数值排序前10%的、较平均值大的边主要是桥梁（如武汉长江大桥、武汉长江二桥和江汉三桥等武汉市主城区桥梁）、高速公路（京珠高速孝感城区-武汉-咸宁城区段，宜黄高速汉川-武汉-黄石城区段）和国道（107国

道大悟-孝昌-孝感城区-武汉段、318 国道武汉-仙桃段、316 国道武汉-鄂州段、106 国道黄冈-鄂州-黄石城区段)等主要交通干道。

(4) 子社团间连接性较单一,子社团内连接性较差

子社团间主要通过边介数较大边相连,但各社团间连边数量很少,多为一到三条关键边,社团间联系不够稳定,易因高介数边失效而出现关联中断,进而导致整个路网出现崩溃瓦解。同时在子社团内,节点度值平均不超过 4,较高度值的节点数量较少,社团内节点连接较弱,这主要归因于整个路网整体节点度值不高,路网连接结构比较均匀。

(5) 社团划分较理想,与城市地域空间具有良好对应性

在社团自然划分的基础上,子社团合并后主要形成以武汉、潜江、仙桃、天门、孝感、黄冈-鄂州、黄石、咸宁等节点为核心的 9 大子社团。通过 Newman 和 Girvan 提出的模块度 Q,利用公式 5.8 计算网络分解的满意度,实际数据计算 Q 值为 0.414 8①,整个社团划分比较较满意;使用 Normalized Mutual Informational(NMI)标准,通过公式 5.9 对理论划分社团与实际划分社团进行比较,实际数据计算的 $NMI=0.874$②,真实的社团与划分的社团基本相同。

同时,自然划分和模块归并后的 9 大社团分别位于武汉、孝感、黄冈-鄂州、黄冈东北部、黄石、咸宁、仙桃、天门和潜江市及其附近(图 5.34),基本对应于武汉城市圈 9 个城市地域范围,除黄冈市破碎成两个片区,城区与鄂州合并外,整个城乡路网形成明显的组团结构。

值得一提的是,黄冈市破碎成两大模块,主要是因为该市城乡道路交通连接较差,删除主要边介数较大道路后,黄冈东北部大别山区节点与整个社团分离成"岛状",而黄冈市城区节点与鄂州市节点联系较为紧密。一方面,表明黄冈城区因路网建设滞后,结构不够均衡,与所辖周围城乡节点联系不够紧密,相反与鄂州市关联作用强烈;另一方面,也说明自然地形条件对城乡路网发育的重要影响,往往也为地区路网发育提供一个天然的"分割线",将其割裂成块,形成"独立王国"。

5.4 城乡路网的空间相关性

分别对武汉城市圈城乡路网中各节点的度、介数、紧密度、簇系数和平均路径长度之间进行两两空间相关性分析,统计发现:各拓扑属性相互之间表现出一定程度(或强或弱)的相关性(表 5.11)。

表 5.11 路网各指标之间的相关系数

目标	指标	1989 年	1995 年	2000 年	2005 年	2010 年	平均
重要性-重要性	度-度	0.321	0.251	0.237	0.220	0.188	0.243
重要性-集聚性	度-簇系数	0.348	0.172	0.130	0.149	0.220	0.204

---

① 当 Q 值介于 0.3~0.7 之间时为满意值。
② 如果真实的社团和划分的社团相同,则 NMI 最大值为 1;如果真实的社团和划分的社团没有任何关系,则 NMI 取最小值 0。

(续表)

目标	指标	1989	1995	2000	2005	2010	平均
重要性-易达性	度-介数	0.591	0.509	0.475	0.449	0.254	0.455
	度-紧密度	0.710	0.387	0.453	0.304	0.404	0.452
	度-平均路长	−0.767	−0.401	−0.485	−0.260	−0.046	−0.392
集聚性-易达性	簇系数-介数	0.024	0.021	−0.027	−0.167	−0.084	−0.046
	簇系数-紧密度	0.163	0.135	0.074	−0.088	0.002	0.057
	簇系数-平均路长	−0.188	−0.117	−0.074	0.096	0.003	−0.056
易达性-易达性	平均路长-介数	−0.777	−0.682	−0.612	−0.521	−0.507	−0.620
	平均路长-紧密度	−0.976	−0.984	−0.981	−0.923	−0.979	−0.969
	介数-紧密度	0.862	0.739	0.689	0.585	0.566	0.688

注：度-度相关性是指节点度及其邻近节点度的相关程度

5.4.1 节点重要性-重要性的空间相关性

选择节点度-邻近点度的相关性统计，来度量城乡路网节点重要性-重要性的空间相关特征，揭示出：

(1) 度-度整体空间上弱正相关，局部出现无相关

1989~2010 年，武汉城市圈城乡路网节点度-邻近点度相关系数介于 0.2~0.3 之间（图 5.35），即各节点度值与其所有直接联系的邻节点的平均度值整体表现为弱程度正相关，即度值相对较高，其邻近点的度值也相对较高，这也在一定程度证实了一些学者研究的结论"在点度范围较小的情况下（点度普遍不超过 8），节点度-邻近点度表现出正相关"[716]①。

但在城乡路网局部出现较大偏离：一是度值越高的节点（高度节点），其邻节点的平均度值却相对较低，如高度节点-武汉的郊区存在大量低度节点（许多点度值为 0）；二是具有相同度值的节点，其邻节点的平均度值却不相同，如武汉的郊区和黄冈东北部，存在相当数量的相同度值节点，但其邻接节点度值却相差较大，基本遵循：邻近大城市的节点，其邻节点度值也相对较大，而相对偏远地方的节点，其相邻节点度值相应较小。

整个城乡路网整体呈空间弱正相关，相关系数不足 0.3，个别年份相关系数甚至不到 0.2。究其原因，一方面，可能是高度或相同度值的节点所处的地理位置、社会经济发展水平、地形地貌等差异明显，进而导致其相邻的节点度值差异性明显；另一方面，城乡路网整体为类随机网络（前面已有详细论述），度连接接近完全随机，没有表现出强的邻点度选择偏好性。

(2) 度-度空间发育具有"马太效应"，呈现"异配性"结构

一方面，城乡路网高度节点（即"富节点"，rich nodes）间连接紧密，其对外直接联系倾向度值相对较高的节点，形成"富人俱乐部"（rich-club）效应，而邻节点则构成了其对外辐射的

---

① 值得一提的是，该文作者实证研究的是航空网络和海运网络，关于道路网络的研究结论还有待采取更多样本展开实证分析。

中转站。

另一方面,绝大多数节点为低度节点,其相邻节点度值却较平均值高,一定程度反映了低度节点具有连接较高度值节点的倾向性,既强化了"富者愈富"的俱乐部效应,也呈现出"趋优性"的连接偏好,引致整个空间发育呈现明显的"马太效应",形成一定的"异配性"(disassortativity)结构[692]。

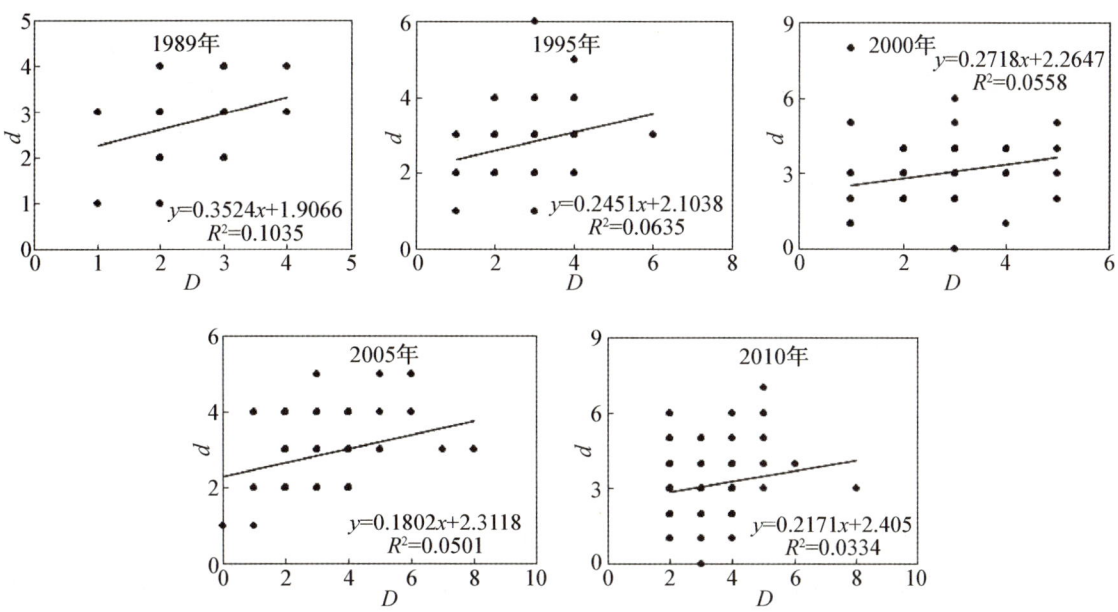

图 5.35 武汉城市圈城乡路网节点度-邻近节点度相关关系

5.4.2 节点重要性-集聚性的空间相关性

(1) 度-簇系数空间呈弱正相关,集聚性受自然条件影响显著

分析度-簇系数的平均统计相关性可知,1989～2010 年,二者的相关系数介于 0.13～0.35 之间,表现为弱正相关(平均度-簇相关系数为 0.2)①,即节点度值与其自身的簇系数满足微弱的正比例线性关系:$CC(k) \propto ak+b$(表 5.11、图 5.36),与一般"超平面"层次网络的点度-簇系数关系 $C(k) \propto k^{-1}$ 相悖,一定程度表明城乡路网作为一种"地面交通网络",因强地理因素作用缺少有效的层次性[717]。

同时,除 1989 年外,1995～2010 年度-簇系数相关系数均不超过 0.3,表明节点连接重要性对整个圈域城乡节点聚集成网的影响性较弱,城乡路网局部成网并不完全取决于节点度值大小。究其原因,主要是城乡路网集聚性受整个圈域空间异质性的影响明显,即地势复杂多样——平原、湖泊、江河、丘陵、山地等交错,对于城镇分布及其道路连接有着不可忽视的影响,导致大量节点因地形地势的自然阻隔出现簇系数值为 0,这也是城乡路网层次性不

---

① 据文献:(美)埃维森等(Iverson Gudmund R. and Gergen Mary). 统计学:基本概念和方法[M]. 吴喜之,程博,柳林旭,等译. 北京:高等教育出版社;海德堡:施普林格出版社,2000:222. 界定,相关系数 $r \leqslant 0.3$ 为弱相关,$0.3 < r \leqslant 0.7$ 为中相关,$0.7 < r \leqslant 1$ 为强相关。

强的根本原因之一(图 5.36)。

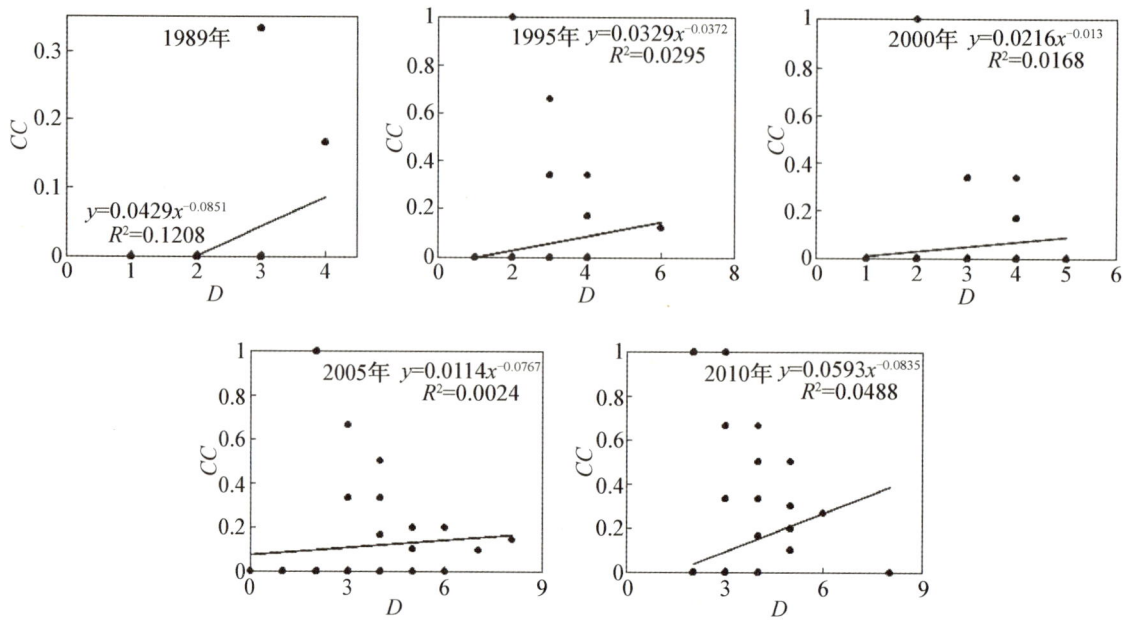

图 5.36 武汉城市圈城乡路网节点重要性-集聚性相关关系

(2) 城乡路网表现出社会网络-技术网络的共融性

既有的研究认为,社会网络(如演员合作网络、电子邮件网络、公司董事网络等)节点具有正的度-度相关性和负的度-簇相关性,与技术网络、信息网络和生物网络所表现出来的性质完全相反。因此,两种相关性被认为是社会网络区别于其他三类网络的重要判据特征[718]。

城乡路网作为一分配网络,从属于技术网络[719]。1989~2010 年,城乡节点关联表现出正的度-度相关性和度-簇相关性,既显现出社会网络的部分特征——正的度-度相关性,也表现出技术网络的部分性质——正的度-簇相关性,整体呈现出社会-技术网络的融合性质。这里,作者比较认同汪涛(2009)的观点:城乡路网不应被看作是一个单纯的分配网络或技术网络,而是由社会网络和技术网络相互作用、相互影响而形成的复合网络[720]。

(3) 度-簇系数全局近随机空间关联,但局部低度点显示较强的"抱团"性

从节点度-簇系数空间自相关来看,1989~2010 年度-簇系数全局空间自相关 Moran's I 指数时正(1995 年、2010 年)时负(1989 年、2000 年、2005 年),且绝对值不超过 0.07(图 5.37),基本接近 Moran's I 的期望值 $E(I)$(1989~2010 年分别为:-0.018 9、-0.005 8、-0.004 7、-0.002 6、-0.001 1),点度-簇系数全局上不具备空间自相关性,城乡节点度-簇不存在显著的空间集聚状态,二者点值排列近乎随机。但局部时段(1989 年、2000 年、2005 年)度-簇系数全局上存在微弱的低-高、高-低集聚倾向,尤其是在鄂州、黄石大冶、黄冈部分县市、孝感大悟等局部表现得尤其明显,其统计显著性均高于 5%,长期形成显著的低-高集聚分布(全局空间聚类为随机分布的可能性均小于 5%)(图 5.38),即这些区域点度较低,却具有较大的簇系数,成为整个圈域城乡点度-簇系数低-高关联区的低值集聚中心。

从节点度-簇系数空间分布来看,1989~2010 年,整个城乡路网中均存在 5~15 个节点

的簇系数为 1，其节点度值较平均度值小，分析其空间位置发现这些节点都是一些小城镇和乡村，而处于交通关键位置(枢纽)的高度节点，如武汉城区、孝感城区、咸宁城区、黄石城区等节点度值普遍达到 4 以上，但受地形影响，其对外连接的簇系数多不超过平均值，甚至低于 0.1，集聚性较弱。

由此分析得知：在圈域局部存在一定簇系数较大的节点，对外联系的节点数目普遍较少，这表明部分局域低度节点比高度节点更倾向于集聚成团，更容易连接成网，而全局上点度大小与其外向连接规模关联不显著，空间随机排列。

(1) 1989 年

(2) 1995 年

(3) 2000 年

(4) 2005 年

(5) 2010 年

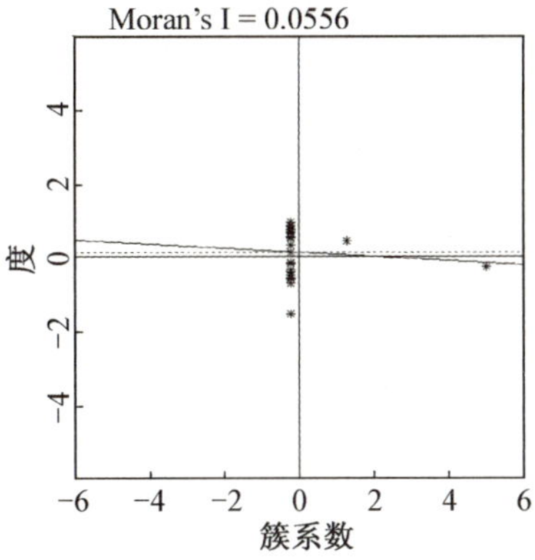

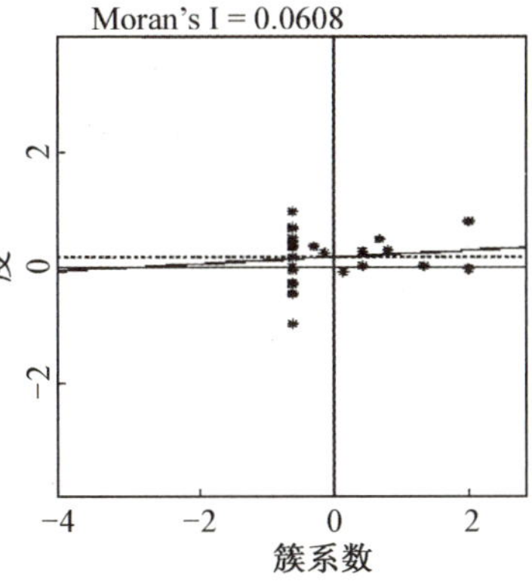

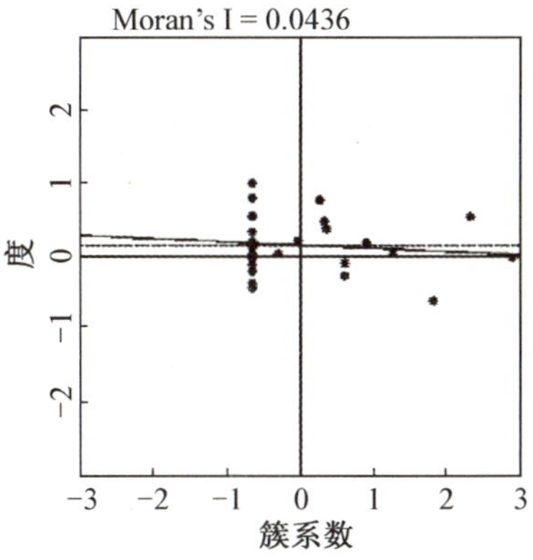

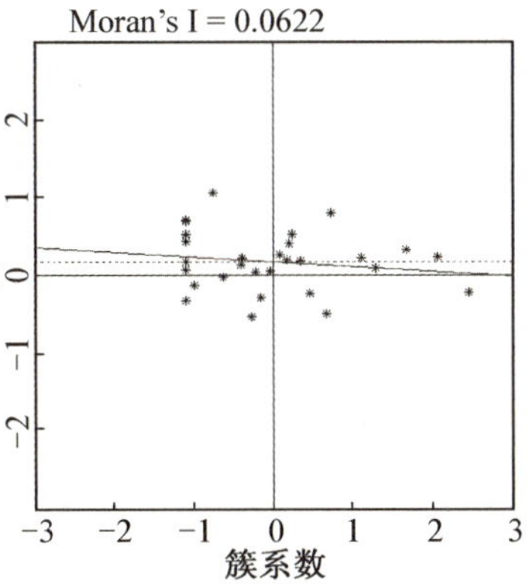

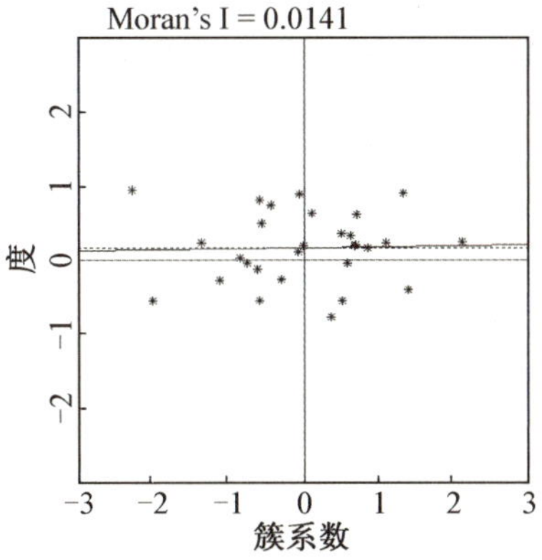

图 5.37　武汉城市圈城乡路网节点度-簇系数全局 Moran's I 指数散点图及推断

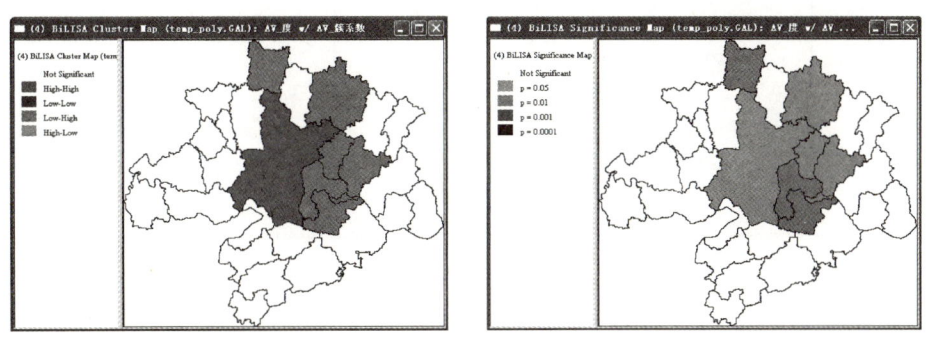

(1) 1989 年

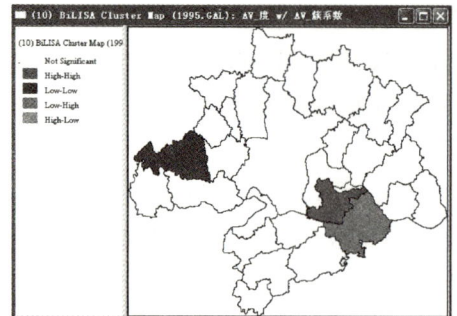
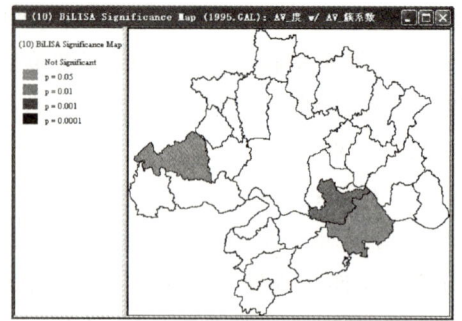

(2) 1995 年

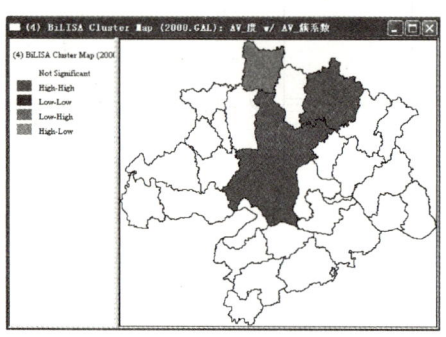
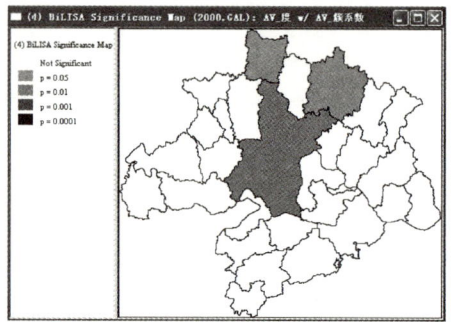

(3) 2000 年

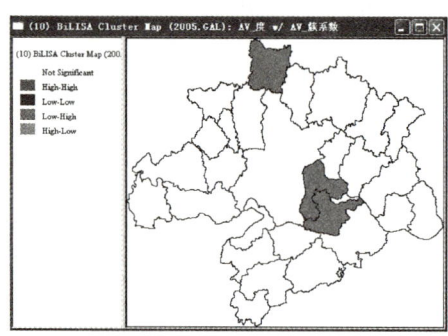
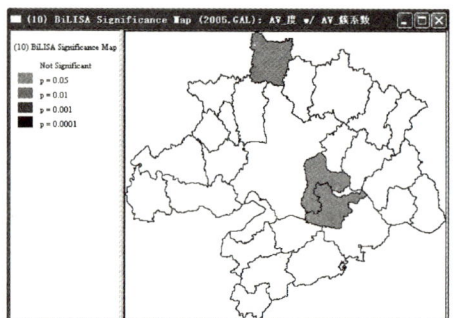

(4) 2005 年

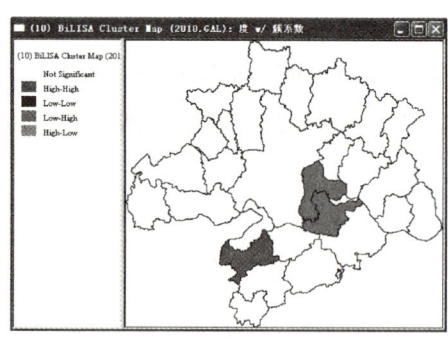
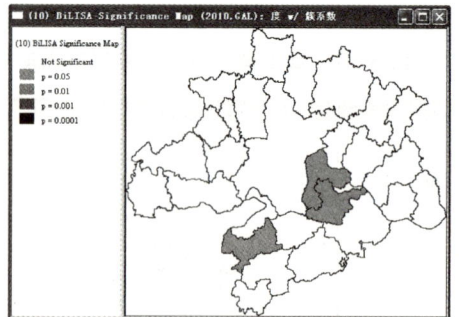

(5) 2010 年

图 5.38 武汉城市圈城乡路网节点度-簇系数局域 Moran's I 指数集聚性-显著性图

注：左图为集聚性图，右图为显著性图

(4) 度-簇系数局部空间相关作用复杂,形成四种基本类型

尽管点度-簇系数全局空间上不具备显著的相关性,整体节点重要性-集聚性缺少相应空间模式,但在局部空间上,各县域平均点度与其邻近县域节点平均簇系数间存在某种复杂的空间相关性,度-簇双变量局部自相关系数(Bivariate LISA)空间聚类(图5.39)表明:

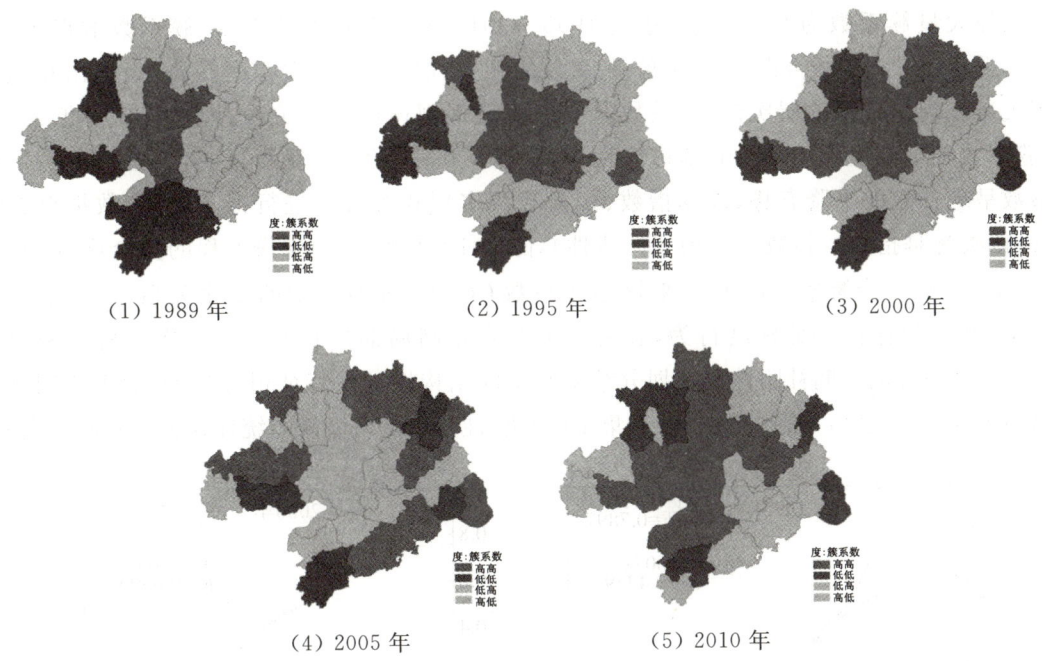

图 5.39 武汉城市圈城乡路网节点度-簇系数空间自相关四分位图

1989～2010 年,度-簇空间关联模式整体保持较大的空间惰性和时间惯性,即四种类型区县域分布和组合比较稳定。一方面,高-低、高-高和低-低三大类型区,在各个时段部分县域基本重叠,如高-高类型区的武汉,低-低类型区的咸宁崇阳、通城等县域,高-低类型区的孝感大悟、黄冈红安、浠水、黄石阳新及咸宁通山等县域,基本保持稳定不变(相对而言低-高类型区数量少,分布有些不确定)。

1989～2010 年,度-簇空间关联模式整体上由核心—外围圈层呈现出 1-4-2 类型区转化的过渡结构,即高-高类型区主要"抱团"集聚于圈域核心圈层,高-低类型区则基本连片展布于圈域的外围,而低-低类型区则点缀于外围圈层的边缘地带;而 3 类型区空间上基本呈镶嵌结构,空间复杂性明显高于前三者,基本呈散点状随机分布。值得一提的是,2010 年,整个圈域度-簇空间关联模式呈现:以"十字状"高-高类型集聚区为轴,西北方向基本为低-低类型集聚区,东南、东北方向为高-低类型集聚区,而低-高类型区则呈零散点状布局。

1989～2010 年,度-簇空间关联模式存在一定空间差异,表现出不同的集聚分布态势。其中,高-低类型区基本位于圈域的外围圈层,集中于黄冈的东北-东部、黄石的阳新、咸宁的通山、孝感的大悟等山区,相对连片,呈半圆形展布,这些地区节点多为低等级城乡,尽管具有较高的度值,拥有足够的外向连接,但却缺乏强大的外向吸引力和集散力;高-高类型区相对"抱团"集中于核心圈层(除 2005 年,空间分布比较分散外),近似呈块状分布,主要是武汉市、鄂州市、黄石城区、黄冈城区等区域,往往城乡节点体系发育,关联作用较强,节点外向连

接数量较大,与相邻节点倾向集聚成群,在核心圈层及其周边形成紧密的城乡关联局域网;而低-高、低-低类型区数量较少,不占主导优势,空间分布比较零散,呈跳跃式分布,并未形成大规模连片的集聚区,仅见低-低类型区全时期内在咸宁南部形成良好的集聚态。

(5) 随节点度的增加,具有明显的幂律递减趋势,表示出较强层次组织

去掉大量簇系数为0节点后,建立1995~2010年城乡路网节点度-簇系数散点图(图5.40),揭示出:整个城乡路网节点度-簇系数的相关程度较之前大幅度提高(表现出较强的负相关),表现出较强的层次性,簇系数随节点度呈现规律性变化关系,即:当节点度 $k \leqslant 2$ 时,簇系数随节点度的增加没有渐进式变化,保持在0~1的离散跳跃式变化;但当 $k \geqslant 2$ 时,簇系数呈现一定的下降态势,选择指数、幂指数及多项式等方程进行拟合,幂指数拟合程度略好(依次为幂指数>指数>二项式>线性),除2010年外,其他年份方程的拟合度 R^2 均大于0.7,可以用一个幂次函数 $D^{-\gamma}$ 来描述簇系数 $CC(D)$ 随节点度的变化关系,其中 γ 介于1~3间,簇系数存在局部标度行为,表明整个城乡路网局部具有明显的层次结构和模块性质[721],这与前面的空间社团性良好划分结果和空间结构性层次特征很好吻合,似乎说明城乡路网的宏观空间秩序:层次(等级)性和集聚(团块)性是由网络微观的统计物理性质所决定的。

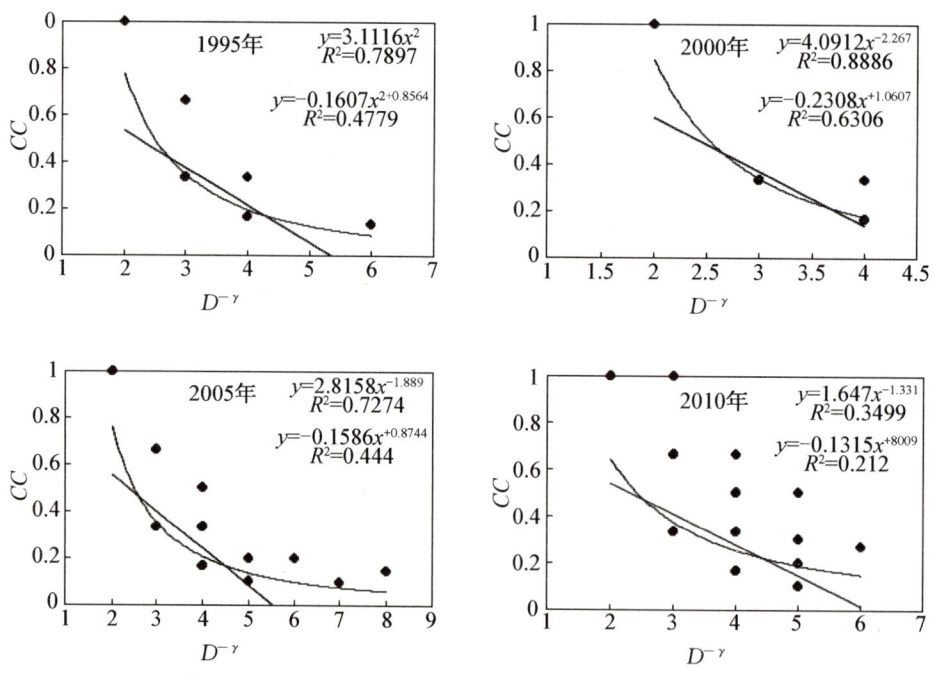

图 5.40 武汉城市圈城乡路网节点度-簇系数关联变化(1995~2010年)

5.4.3 节点重要性-易达性的空间相关性

5.4.3.1 节点重要性-易达性的统计相关性

(1) 节点度-平均路长呈现一定的负相关

1989~2005年,武汉城市圈城乡路网节点度-平均路长的相关系数介于 $-0.77 \sim -0.04$

之间,表现为一定程度的负相关性,其中 1989 年为强负相关,1995～2000 为中度负相关,2005 年为弱负相关;而 2010 年,城乡路网节点度-平均路长基本不相关(相关系数为 −0.046 1)[图 5.41(1)、表 5.11]。总体而言,度越大的节点,对外连接的可能路径选择较多,其易达性相对越好(点度-平均路长平均相关系数达到−0.39)。

但 2010 年是个例外,节点度和平均路长相关系数接近 0,并没表现出一定的相关性,说明节点度是影响易达性的重要但并非唯一指标。可能原因是 2010 年路网连接整体水平不高,相当均匀(平均节点度值不到 2.7),大量高度节点并未占据优区位,导致节点度值与平均路长并未呈现"经验预期"的负相关。

(2) 节点度-紧密度保持较高的正相关

1989～2010 年,武汉城市圈城乡路网节点度-紧密度的相关系数介于 0.30～0.72 间[图 5.41(2)、表 5.11],其中 1989 年为强相关,1995～2010 年为中相关,可以看出城乡路网节点度值与紧密度值表现出较强的相关性,即节点的度值越高,其对外连接水平越高,相应对外连接程度更容易,其紧密度值则越高(二者平均相关系数为 0.45)。

根据二者的定义内涵,节点度反映的是一个节点对于周围其他节点(局域)的直接影响力,而紧密度则反映的是一个节点通过网络(全局)对其他节点施加可能影响的能力,二者的相关性能有效地揭示出路网局部与全局连接性的相关程度。

不难看出,近 20 年,城乡路网节点对局部与全局的连接影响力的相关程度不断减弱(表 5.11),节点的局部连接作用影响引致的全局变化效应持续降低,一方面说明城乡路网节点连接结构日益均衡化,另一方面二者关联性弱也说明局部连接往往易导致整体连接性质的"涌现"。

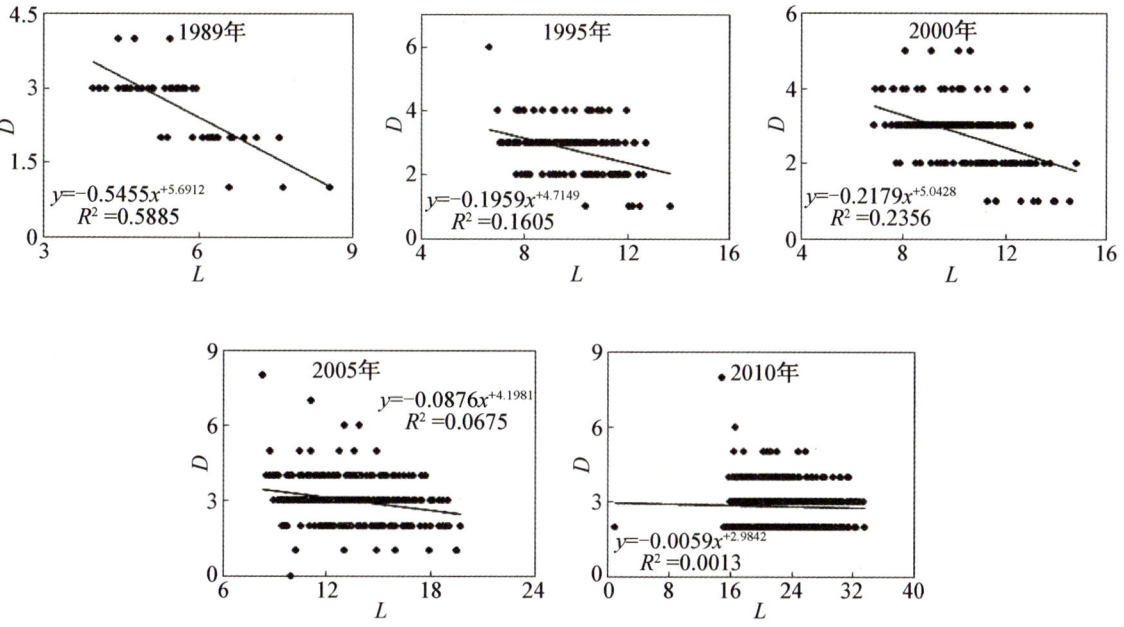

(1) 度-平均路长相关关系

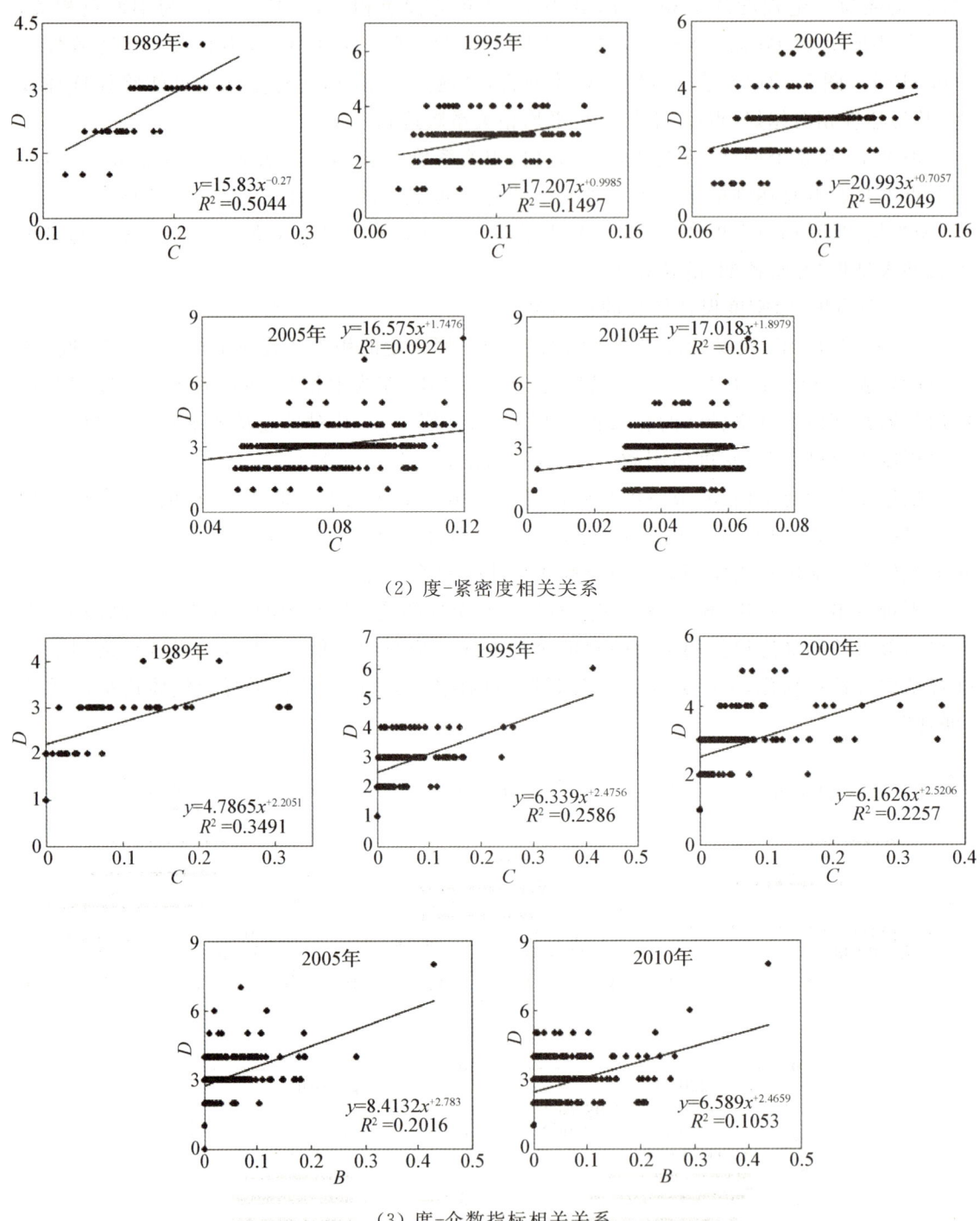

(2) 度-紧密度相关关系

(3) 度-介数指标相关关系

图 5.41 武汉城市圈城乡路网节点重要性-易达性的相关关系

(3) 节点度-介数指标具有较强的正相关

1989～2010年,武汉城市圈城乡路网节点度-介数值的相关系数介于 0.25～0.59 之间[图 5.41(3)、表 5.11],其中 2010 年为弱相关,1989～2005 年表现为中相关,表明节点度值越高,任意两节点最短路径经过的可能性越大,其介数值相应越大,其易达性和影响力相应较高(二者平均相关系数为0.46)。

根据二者定义,介数通常刻画出节点一定的空间流承载能力,往往节点介数指标值越大,其流经的空间流强度或可能性越大;而节点度则反映出节点的对外连接水平和在网络连接中的地位,往往节点度值越大,其在网络拓扑连接中的地位越高。

分析数据可得,1989~2010年,点度-介数相关性逐步减弱,节点连接性和自身承载力开始出现一定的"异配"和失调(2010年间二者相关系数为0.25,表现为弱相关),高度连接的中心节点不一定是空间流负载繁重的节点,表明当前许多节点对外连接发育或建设并未很好地契合整个城乡关联网络的空间流分布,相当一部分连接性弱(weak ties)的节点承载着较繁重的空间流[正如某些社会学者所揭示的"弱连接更能发挥作用"(strength of weak ties)[722]所言],这也是当前武汉城市圈城乡路网脆弱不稳(后述的空间稳定性有专门论述)的重要原因之一。

5.4.3.2 节点重要性-易达性的空间自相关

选择平均路长、紧密度和介数指标,通过最小值无量纲化处理,通过ArcGIS9.3空间分析,计算节点度-易达性指数值的Moran's I空间自相关系数值,以刻画节点重要性-易达性的空间局部-全局自相关及集聚特征,揭示出:

(1) 度-易达性全局基本保持较明显的正空间自相关

1989~2010年,度-紧密度、度-介数的双变量全局Moran's I指数基本介于0.1~0.3之间[图5.42(2)—(3)],在全局空间上度-紧密度和度-介数存在一定的正空间自相关,同类度-易达性值倾向聚集成"板块"结构,在空间上形成高-高、低-低两种类型集聚区。

而度-平均路长Moran's I指数时序变化较为复杂:局部时段(1989~2005年)为正值,介于0.1~0.3之间[图5.42(1)],表现出正的空间自相关,同类度-平均路长在节点和县域层面上倾向空间邻接,形成高-高、低-低两种类型集聚区,表明在此时间段,圈域一些县域大量弱连接节点与短平均路长节点相邻,占据近邻区位优势,具备良好的对外易达性,体现出节点对外连接的易达性"质量";局部时段(2010年)为负值,介于-0.3~-0.2之间[图5.42(1)],异类度-平均路长值节点或县域倾向聚集成片,形成低-高和高-低两种类型集聚区,节点对外连接数越大,相应与短平均路长节点连接的可能性越大,其易达性则越好,体现出节点对外连接的"数量"对易达性的重要影响。

不难看出,度-易达性具有较复杂的空间自相关关系,基本保持一定的正空间自相关,即高度节点倾向于与高易达性节点近邻、聚集。

(2) 度-易达性局部表现出连片成群的高-高类型集聚区

计算度-易达性双变量空间自相关系数,揭示出:

1989~2010年,从分布规模来看,度-易达性形成高-高、低-低、高-低、低-高四种类型集聚区,以高-高类型集聚区分布县域范围最广,面积最大,占据主导地位,其他三种类型分布范围较小,三类区域面积总和不到圈域的一半,处于从属地位。

从分布格局来看,点度-易达性高-高类型区具有明显的集聚态势,几乎连片成块分布,呈板块结构,主要集中于整个圈域的核心圈层(武汉市、鄂州市、黄石城区、孝感城区、黄冈城区、咸宁城区)及其周边县域(如孝感和黄冈北部),值得一提的是高-高类型区集聚形态有渐趋复杂,由1989~1995年的团块状向2000~2010年的星状转化,逐渐呈不规则化演进。点度-易达性的高-低、低-高和低-低三种类型区,以圈域外围圈层县域为主,空间分布相对离散,除个别年份出现集聚成群外,呈一定的跳跃式间断分布。

整个圈域度-易达性空间自相关性明显形成两大圈层分异:以高-高类型区为主的核心圈层和其他三种类型区充填的外围圈层,核心圈层的节点度值高,易达性好,外围圈层节点度值与易达性相关性复杂多样;整体呈现出核心圈层的高-高类型"集聚成块"和外围圈层(潜江、仙桃、孝感北部、黄冈东北部、黄石东部、咸宁南部)的多种类型"混杂镶嵌"格局(图5.42)。

(3) 度-易达性局部以武汉市为中心,依次向四周呈现1-3-4-2类型区渐进式展布

1989~2010年,整个圈域度-易达性以高-高类型区为主,基本占据圈域核心圈层,依次向四周呈破碎环状展布高-低类型区、低-高类型区和低-低类型区,形成不规则而破碎的四大圈层结构。

时序上,个别年份这种圈层结构出现类型区的缺失,如1989年高-低类型区范围狭窄,圈层退化成点状,呈跳跃式分布图[5.42(1)]。

空间上,除高-高类型区邻接集聚成块外,其他三种类型区均不同程度出现碎化,圈层多退化呈半环状,带状,甚至表现出点状间断格局。其中,高-低类型区主要紧邻高-高类型区,以圈域核心圈层周边县域为主(如黄冈的麻城、孝感的大悟、安陆、应城、汉川、咸宁的嘉鱼、赤壁等),基本呈块状间断分布,低-高类型区则紧邻高-低类型区,分布更加零散(如黄冈的罗田、武穴及天门等),呈点状跳跃式分布,相对而言低-低类型区的空间集聚效果较好,大部分类型县域空间邻接展布于咸宁南部-黄石阳新(隶属于幕阜山区)-黄冈东缘,成带状分布[图5.42(2)—(3)]。

(4) 度-易达性三种指标空间自相关发育状态存在差异

点度-平均路长、点度-紧密度、点度-介数三种指标的空间自相关发育存在一定差异,整体上点度-紧密度和点度-介数空间自相关的时序发育比较良好,空间格局比较吻合,而点度-平均路长空间自相关关系比较复杂,出现局部年份和局部县域的"异常"。

一方面,比较点度-紧密度和点度-介数的局部LISA图(1989~2010年)(图5.43),每个时段四种类型区的空间分布格局保持高度的统一,尤其是高-高类型集聚区,一定程度说明圈域大部分节点和邻接节点间的点度和紧密度、介数保持高度共轭协同,即点度越大,节点在圈域城乡路网中的重要性越高,对圈域节点关联和通达的作用和影响力越大。

另一方面,点度-平均路长的空间自相关关系的时空结构比较复杂。1989~2000年,点度-平均路长保持正的空间自相关,在圈域核心圈层稳定形成高-高类型集聚区,点度较大节点倾向与高平均路长节点相邻集聚,武汉等核心圈层尽管拥有"强连接"水平,但其并未表现出"预期"的对外连接的高通达性。而在2010年,点度-平均路长表现出一定的负空间自相关,圈域广大县域范围形成低-低类型集聚区(由2005年的外围圈层渗透至核心圈层),低度节点与其邻域低平均路长节点具有集聚倾向,城乡路网的"弱连接"节点因其邻近-集聚高易达性节点而对圈域关联作用发挥出强作用力。

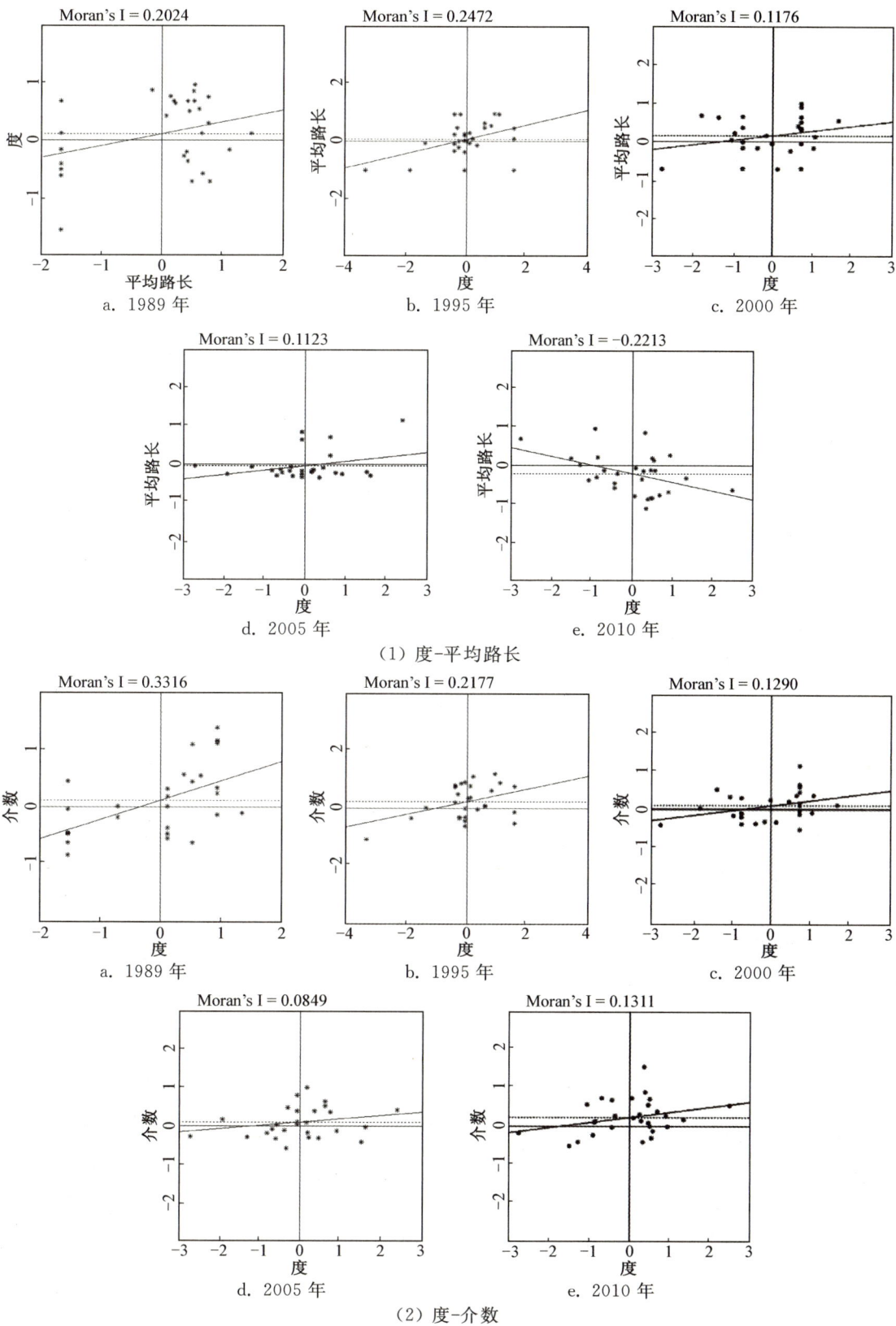

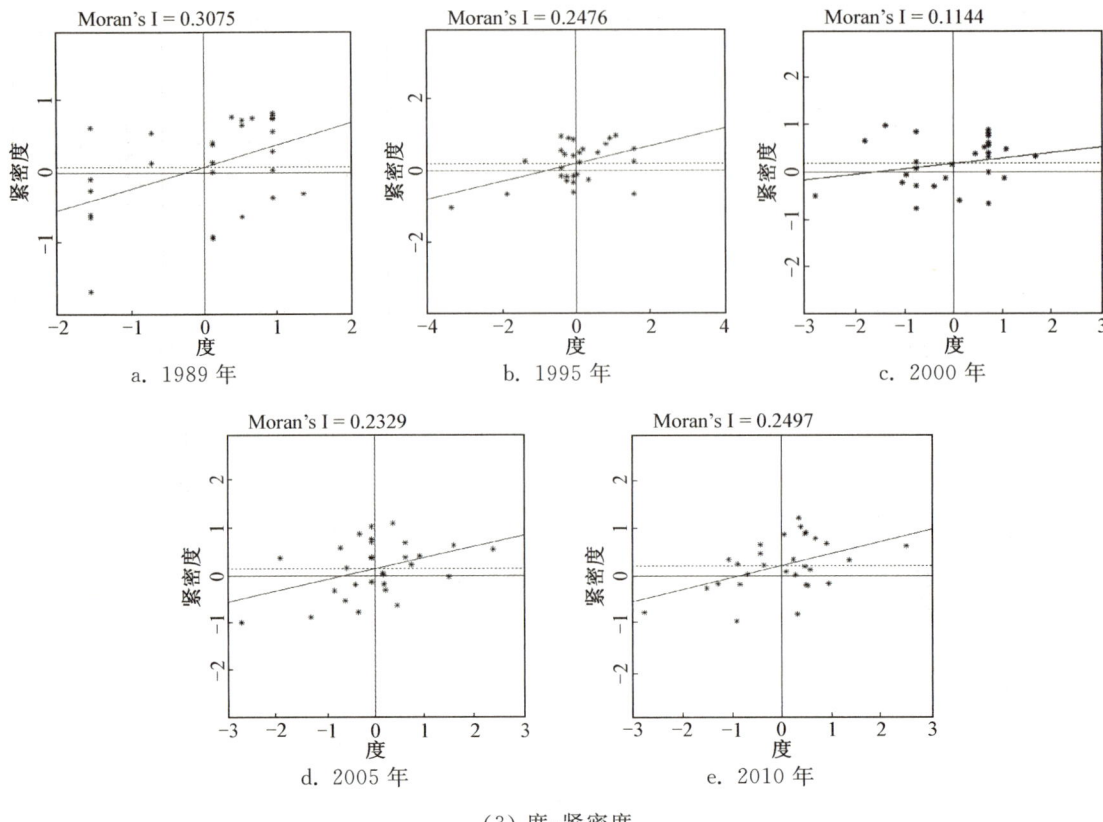

(3)度-紧密度

图 5.42 武汉城市圈城乡路网节点度-易达性全局 Moran's I 指数散点图及推断

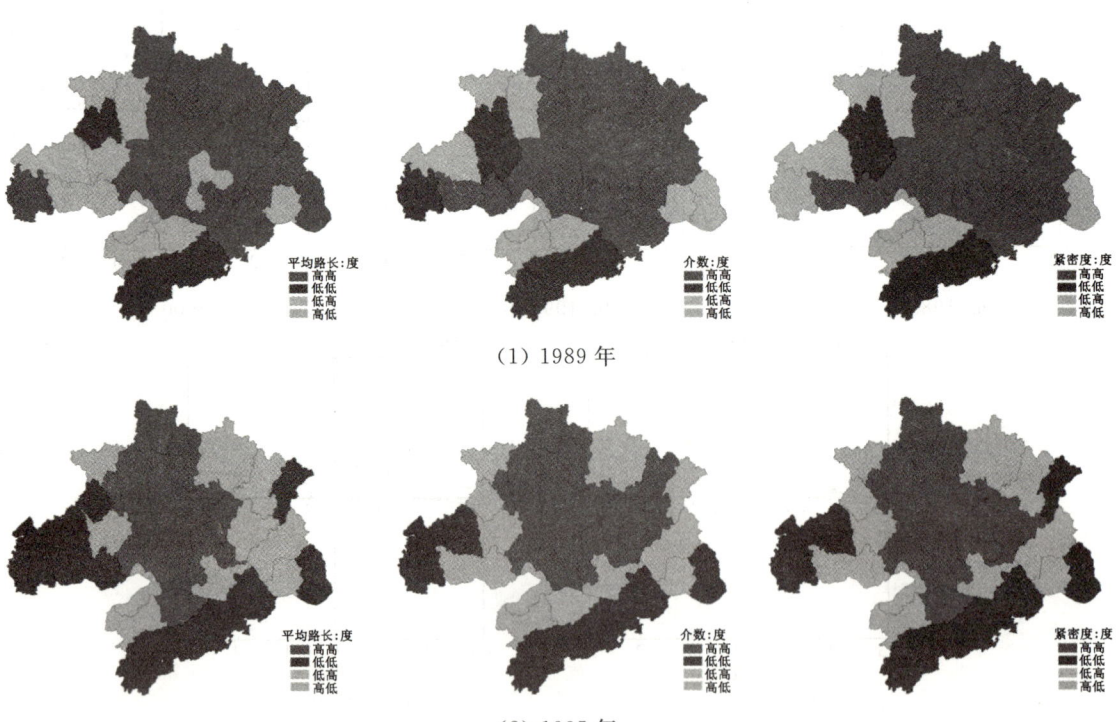

(1) 1989 年

(2) 1995 年

第 5 章 复杂城乡路网系统结构的空间关联性

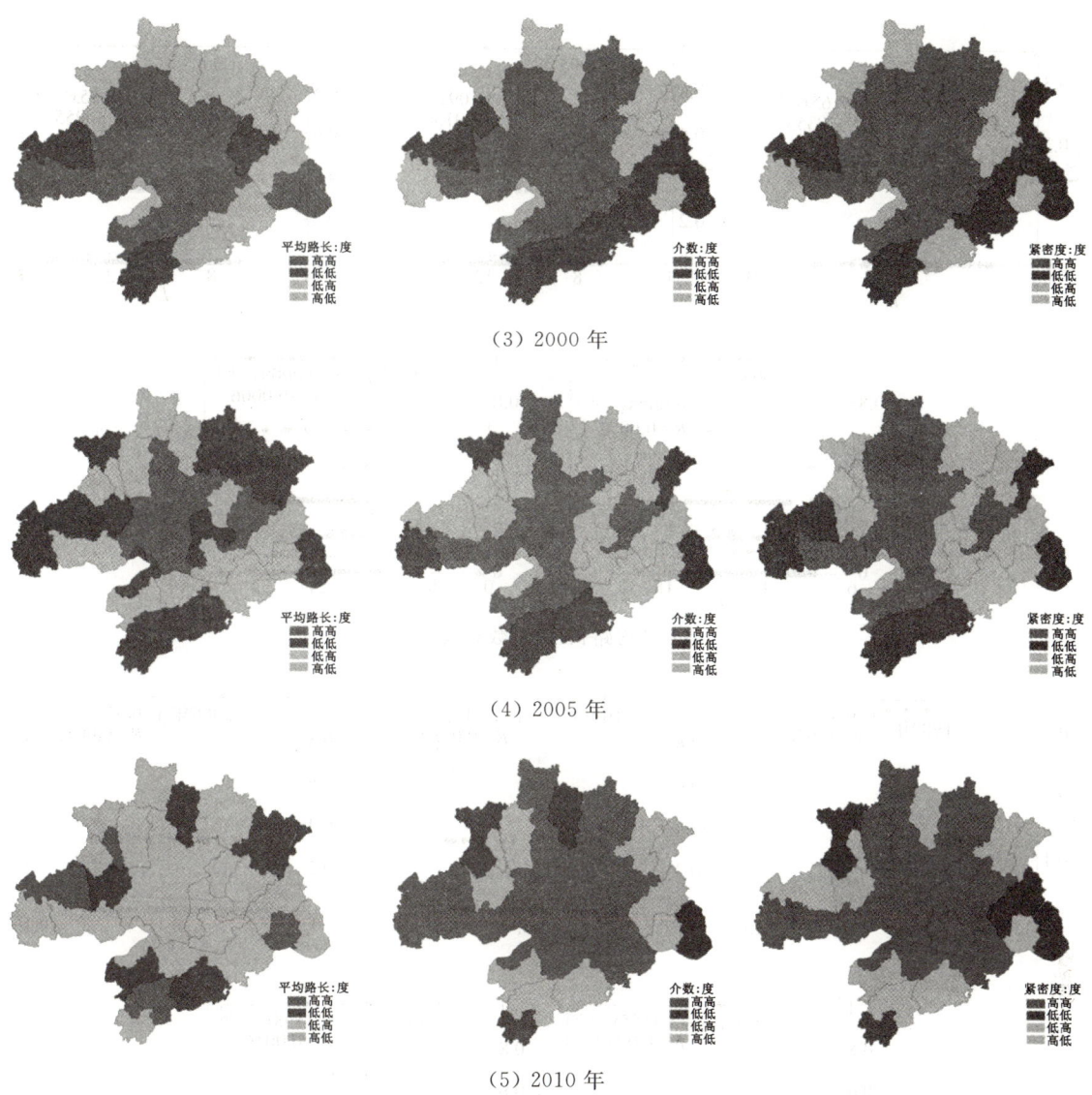

图 5.43 武汉城市圈城乡路网节点度-易达性空间自相关四分位图(1989~2010 年)

5.4.4 节点易达性-集聚性的空间相关性

(1) 节点易达性-集聚性的空间统计相关性复杂,表现为弱相关

从节点易达性-集聚性指标 Pearson 相关分析来看,1989~2010 年,节点簇系数-介数相关系数介于-0.17~0.03 之间,节点簇系数-紧密度相关系数处在-0.08~0.16 之间,而节点簇系数-平均路长相关系数则位于-0.18~0.10 之间(图 5.44、表 5.11),二者整体上呈一定弱相关或无相关,即易达性在相当弱的程度上影响簇系数,易达性较好的节点,往往是路网的枢纽,与其联系的节点形成的三角组相对较多;同时,相关系数在负值和正值间跳跃式变化,且差距较小,一定程度表明 20 多年间城乡路网节点易达性-集聚性空间关系演化比较复杂,但整体相对稳定在低水平。

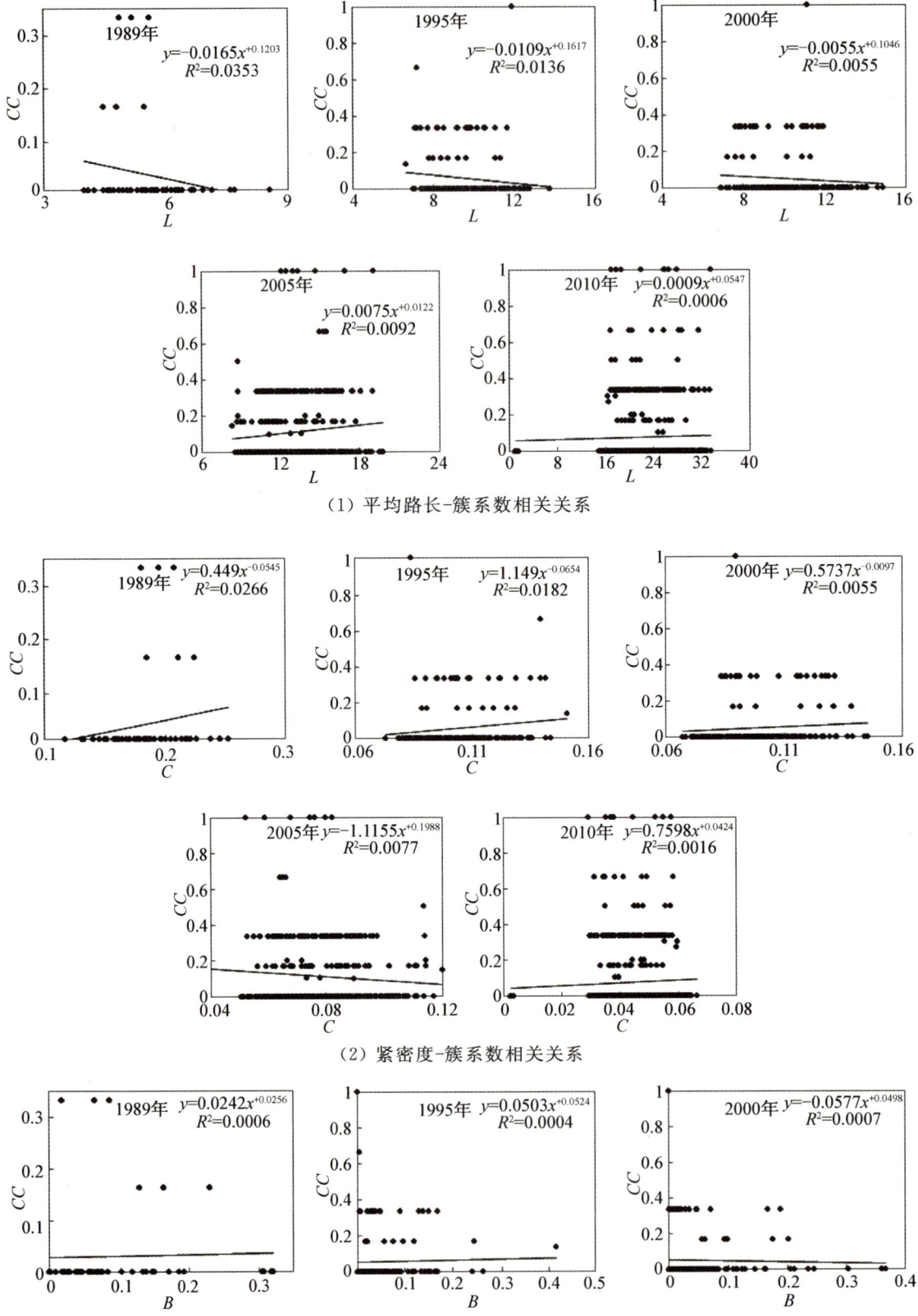

(1) 平均路长-簇系数相关关系

(2) 紧密度-簇系数相关关系

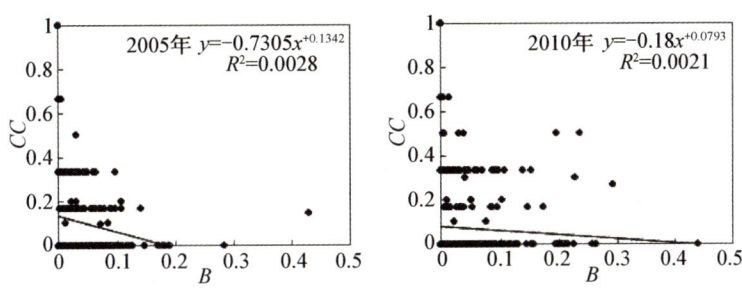

(3) 介数值-簇系数相关关系

图 5.44　武汉城市圈城乡路网节点易达性-集聚性的相关关系

(2) 节点易达性-集聚性的空间自相关呈现动态性演化复杂性

从节点易达性-集聚性指标的空间自相关分析来看,1989～2010 年,平均路长-簇系数、紧密度-簇系数、介数-簇系数三者的 Moran's I 指数时负时正,时小时大,动态变化明显(图 5.45),表现出演化复杂性。整体上,易达性-簇系数空间自相关关系变化可以划分为四个阶段:无自相关阶段(1989 年)、弱正自相关阶段(1995～2000 年)、弱负自相关阶段(2005 年)、弱正自相关阶段(2010 年)。一方面,易达性—簇系数的 Moran's I 指数表现出负-正的周期性变化态势:负(1989 年)-正(1995～2000 年)-负(2005 年)-正(2010 年);一方面,全时序易达性-簇系数空间自相关程度较弱,Moran's I 指数绝对值均不超过 0.2,处于弱相关水平,节点易达性-簇系数并未表现出明显的同类或异类集聚倾向,但在个别时段、圈域个别局部仍表现出一定的同类-异类集聚倾向的交替演化:同类集聚较显著(1995～2000 年)、异类集聚较显著(2005 年)、同类集聚较显著(2010 年)。

(3) 节点易达性-集聚性空间自相关局部表现出空间形态复杂性

节点易达性-集聚性局部空间聚类分析表明,节点易达性-集聚性各指标两两局部空间自相关生成的空间聚类形态具有复杂性(图 5.46):

① 紧密度-簇系数和介数-簇系数的四种类型区空间分布格局相似,保持时序一致性。1989～2010 年,紧密度-簇系数和介数-簇系数各自形成的高-高、低-低、低-高和高-低四种类型区的空间分布具有良好的对应性,二者的各类型区空间聚类分布范围基本一致,尤其是高-高类型区的空间吻合程度相当高。构造空间相似系数:

$$S_{A-B} = \sum_{i=1}^{n} \frac{A_i}{B_j} \Big/ n, i \geqslant j, 满足 \begin{cases} 如 A_i = B_j, 则 A_i/B_j = 1 \\ 如 A_i \neq B_j, 则 A_i/B_j = 0 \end{cases}（公式 5.10）$$

公式 5.10 中,A_i 为集聚区(比后者大一些的区域)A 中第 i 个县域范围(或属性),B_j 为集聚区 B 中第 j 个县域范围(或属性)。空间形态相似系数介于 0～1 之间,系数值越大,相似程度越高;反之,相似程度越低。计算 1989～2010 年二者的高-高类型区空间相似系数分别为 1、0.86、0.75、0.71、0.80,二者的高-高类型区空间相似程度均超过 70%。

② 紧密度-簇系数和介数-簇系数自核心向四周依次呈 1-4-2 类型区渐进展布。1989～2010 年,紧密度-簇系数和介数-簇系数的高-高类型区基本位于圈域核心圈层,而其他三种类型区主要分布于外围圈层;从核心武汉向四周,高-高、高-低和低-低三种类型区依

次递进分布,其中高-高类型区集聚成团块结构,高-低类型区紧邻高-高类型区成不规则而破碎的环状结构,低-低类型区则展布于高-低类型区外围,呈团块状或带状或点状结构分布,整体上并未集聚成片,而低-高类型区分布范围很小,在外围圈层呈点状跳跃式镶嵌结构。

总之,整个圈域局部空间自相关性存在差异:核心圈层易达性-集聚性呈现正的空间自相关,表现为高-高类型的集聚,外围圈层紧邻核心圈层地段存在一定负的空间自相关关系,广泛发育高-低类型,而在外围圈层的边缘山区地带则存在一定正的空间自相关,以低-低类型区为主。主要原因可能是,易达性除了受簇系数一定影响外,与其地形地貌、社会经济条件有着一定程度的联系。武汉城市圈圈域核心圈层簇系数相对较高,并且社会经济条件较好,其易达性较好;外围圈层由于其地形影响,一些高簇系数节点区域却相对封闭,进而影响其易达性的提高。

③ 紧密度-簇系数和介数-簇系数高-高类型区集聚成片,空间不断伸展和碎化。1989～2010年,紧密度-簇系数和介数-簇系数高-高类型区,主要集中于武汉市及其周边县域(2005年是个例外,高-高类型区碎化成"飞地"状,跳跃式分布于外围圈层),表现出强的向心集聚性;并且这种集聚保持高度空间连续性,基本成片布局,但随着时间搬移,空间形态不断发生演化:1989年的块状→1995年的星状+"飞地"→2000年的东北-西南带状+"飞地"→2005年的碎化成点状→2010年东西向-南北向"十字型"带状,整体呈现由期初的团块状分布不断扩展和碎化,演化形成期末的"十字型"带状伸展。

④ 平均路长-簇系数局部空间自相关复杂多变,基本形成三个阶段。1989～2010年,平均路长-簇系数局部空间聚类分布变化剧烈,基本可划分为三个阶段,表现出三次大的"突变"(尤其是高-高类型区)。

1989年的异类集聚为主阶段:以高-低、低-高两大异类集聚成片,占据圈域"大壁江山",低-低类型区分布较集中,不够广泛,同时出现间断,此阶段最重要的特征是高-高类型区缺失。1995～2000年的同类集聚为主阶段:高-高、低-低两大同类区范围相较前阶段有了较大"增容",高-高类型区集聚分布于圈域核心圈层,高-低类型区保持一定比例,但空间不够连续,出现间断,低-高类型区分布很少,1995年更是出现缺失。2005～2010年的低-高集聚为主阶段:相较前两阶段,这一时期低-高类型区范围有了显著的扩大,几乎覆盖圈域大半,高-低类型区范围有了明显减小,高-高类型区比例下降迅猛,基本呈单点镶嵌。

此外,在三大阶段演替中,除了表现出四种类型区分布范围的"渐变"外,同时还伴随着各空间单元(县域或集聚区)关联类型的"突变",尤其是高-高类型区分布。1989～1995年,圈域核心圈层由1989年的低-高类型和高-低类型突变至1995年的高-高类型,外围圈层局部由1989年的高-低类型突变至1995年的低-低类型;2000～2005年,核心圈层(如武汉、鄂州)由2000年的高-高类型突变到2005年的高-低和低-低类型,外围圈层的大部分由2000年的高-低类型突变至2005年的低-高类型;2005～2010年,核心圈层又由2005年的高-低类型进一步变化为2010年的低-高类型,外围圈层一些局部也出现了低-低和低-高的相互转化。

第 5 章 复杂城乡路网系统结构的空间关联性

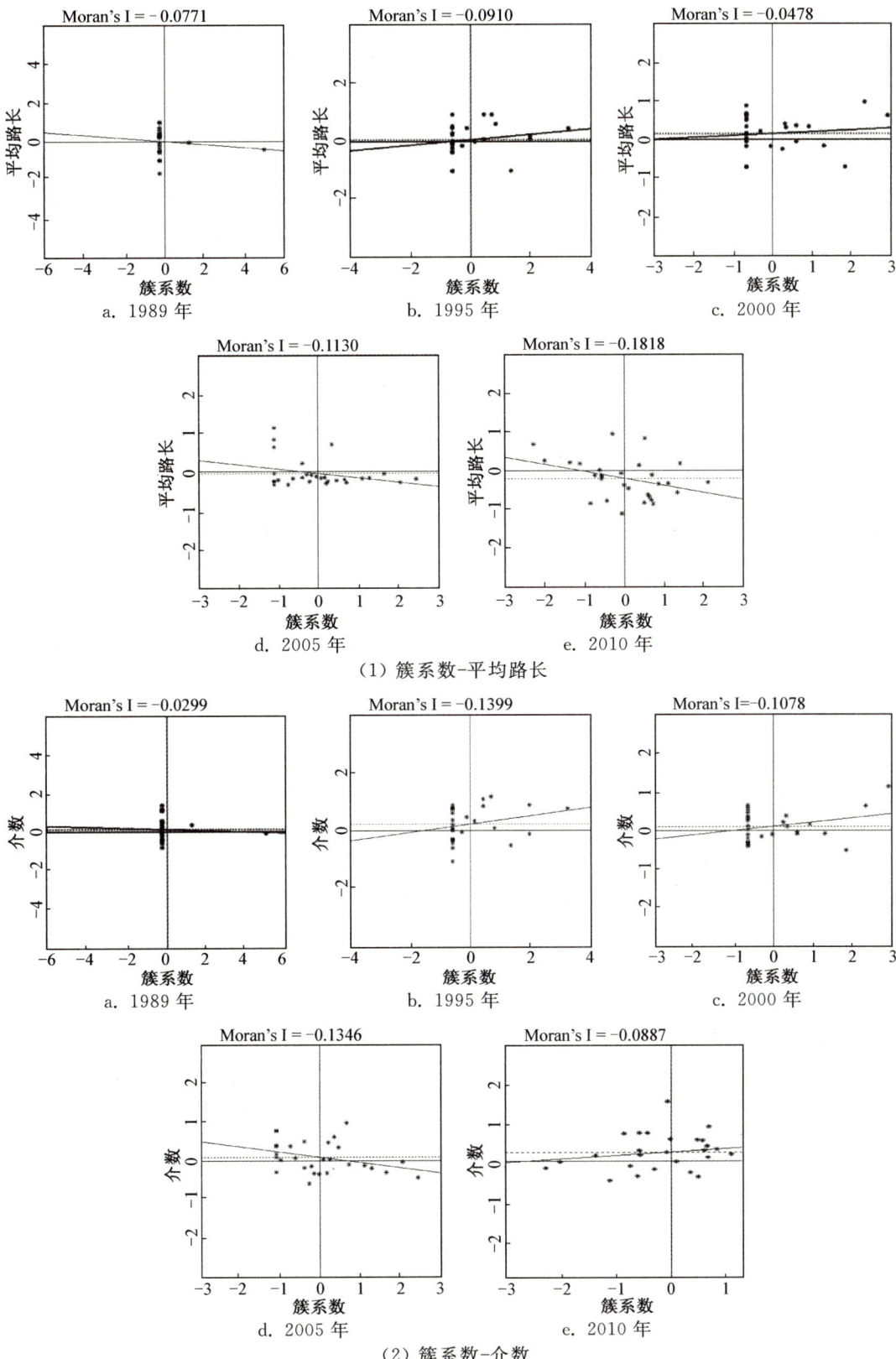

(1) 簇系数-平均路长

(2) 簇系数-介数

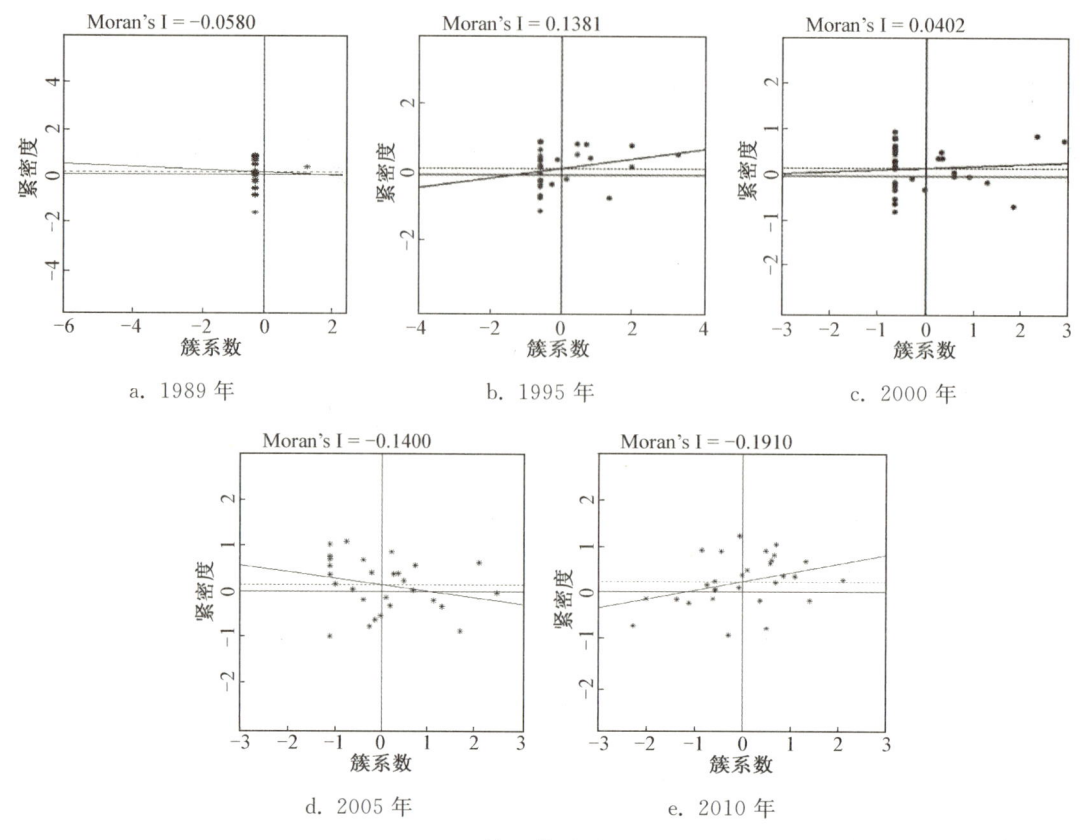

(3) 簇系数-紧密度

图 5.45 武汉城市圈城乡路网节点易达性-集聚性全局 Moran's I 指数散点图及推断

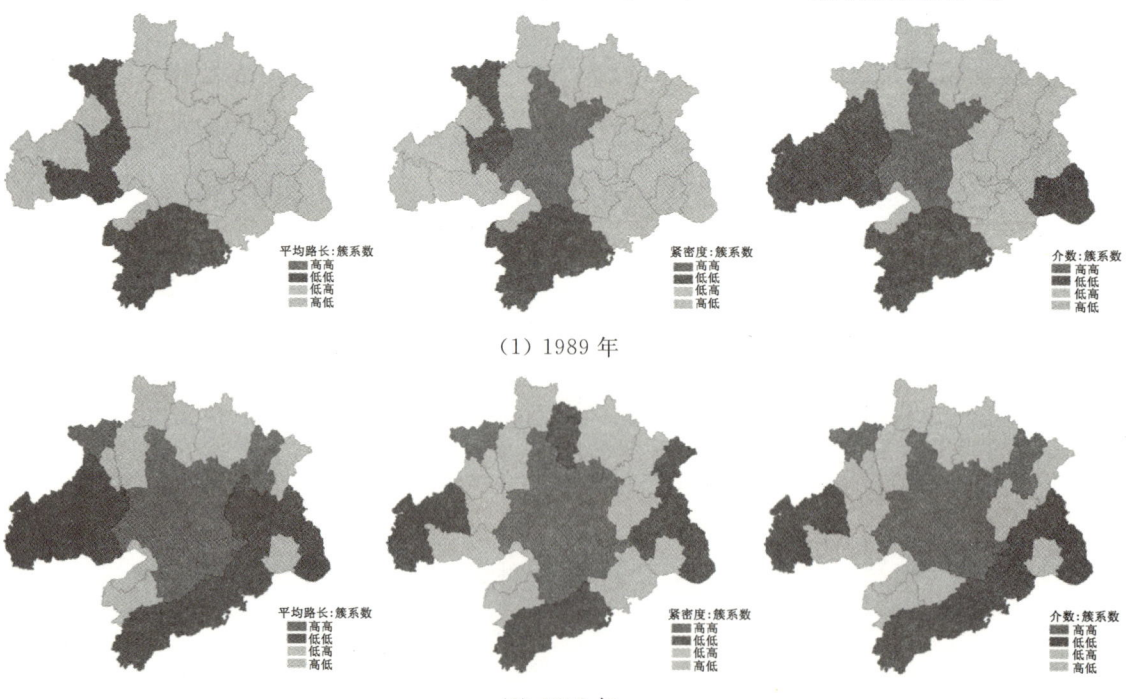

(1) 1989 年

(2) 1995 年

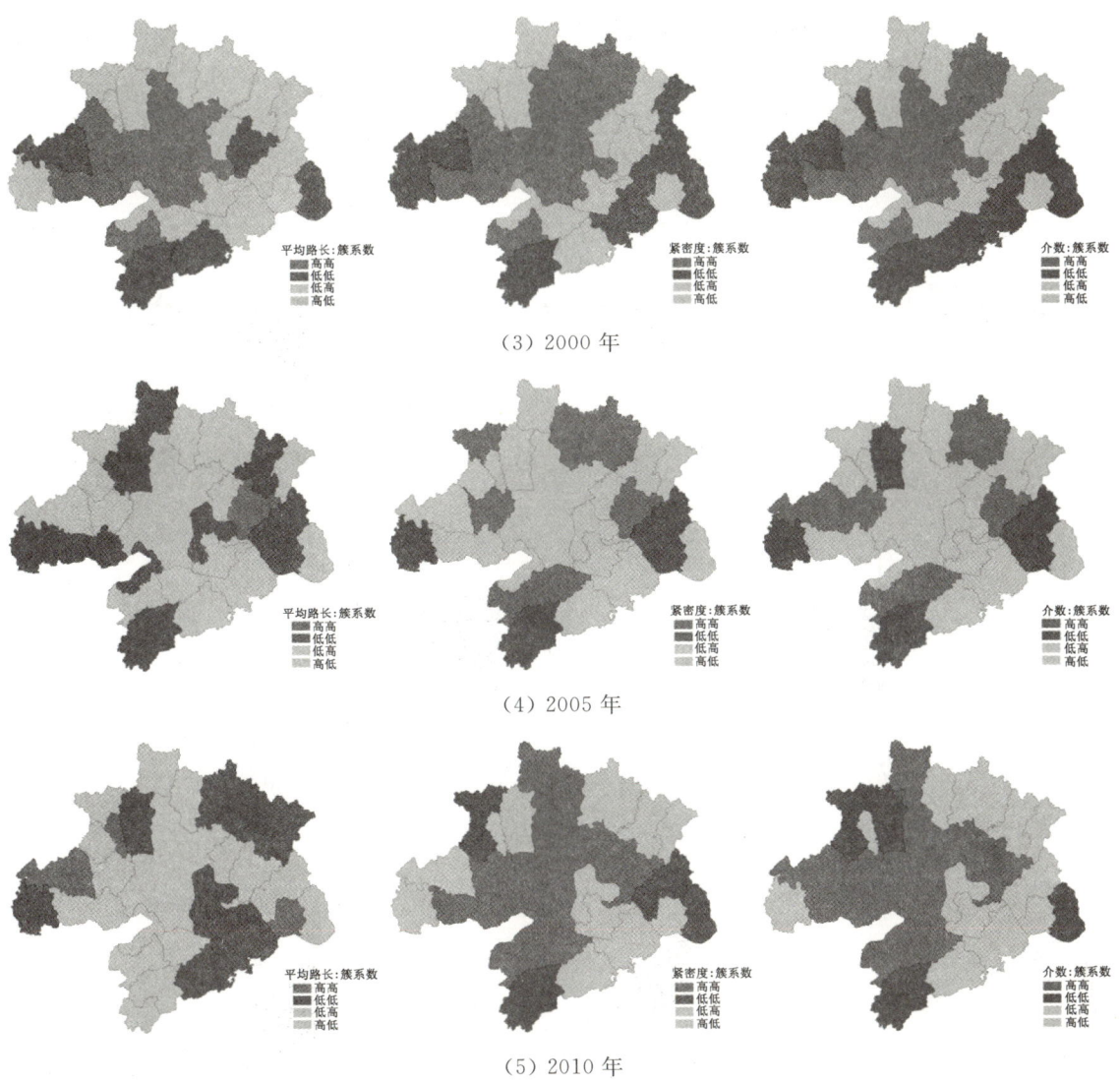

图 5.46 武汉城市圈城乡路网节点易达性-集聚性空间自相关四分位图

5.4.5 节点易达性-易达性的空间相关性

(1) 易达性指标间关系紧密,保持较高的相关程度

就易达性三指标间的 Pearson 统计相关性而言,1989~2010 年,平均路长与紧密度、介数指标间保持高度的负相关,相关系数均超过-0.50,处于负的中-强度负相关水平;紧密度-介数指标相关程度则超过 0.56,达到中-强度正相关水平(图 5.47)。数据相关性分析表明,整个城乡路网三大指标间确实存在较高的相关性,即平均路长越短,紧密度、介数值则越大,整体易达性水平则越高,一定程度也证实了三者的理论内涵①。

---

① 平均路长、紧密度和介数定义表明,三者间理论存在高度相关性,均在一定程度表征了路网的易达性水平。

1989~2010年,三者间的相关水平整体不断呈下降态势(相关系数的绝对值越来越小,尤其是平均路长-介数、介数-紧密度的相关性),尤其是在2010年,整个路网节点易达性指标间的相关程度降到最低水平(平均路径-介数、介数-紧密度的相关系数绝对值不超过0.6),路网节点连接的难易程度、紧密程度和影响程度相互作用日益减弱(表5.11、图5.47)。

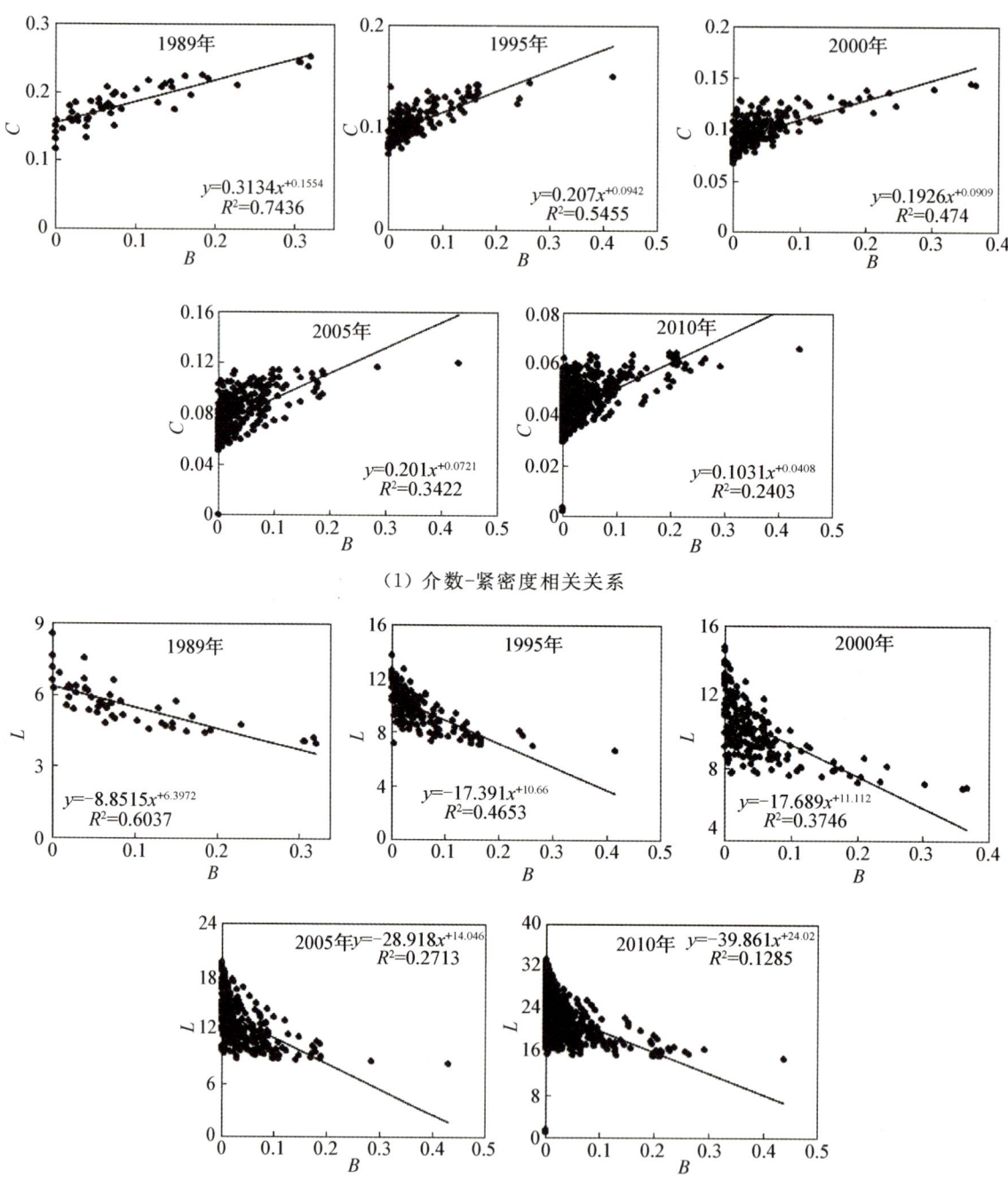

(1) 介数-紧密度相关关系

(2) 介数-平均路长相关关系

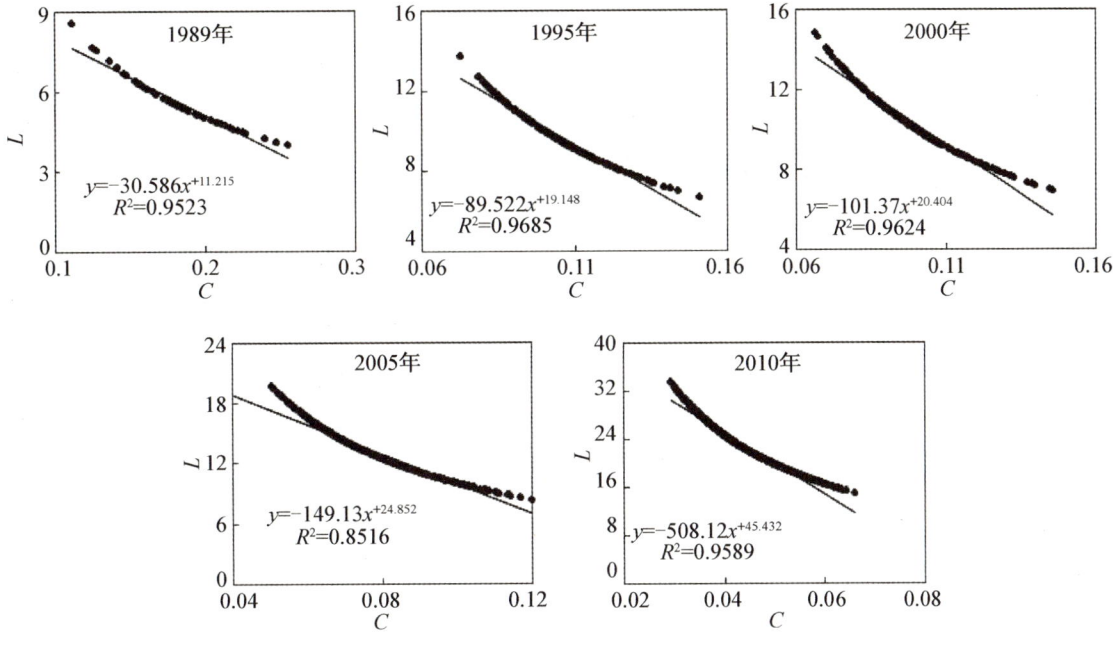

(3) 紧密度-平均路长相关关系

图 5.47　武汉城市圈城乡路网节点易达性-易达性的相关关系

(2) 易达性指标间的空间自相关机制较复杂,存在一定的时序变化

1989~2010 年,与紧密度-介数相比(全局 Moran's I 指数全时期为正,基本介于 0.2~0.4 间,表现出弱程度且相对稳定的空间自相关关系),紧密度-平均路长、介数-平均路长空间自相关关系相对复杂多变(图 5.48)。全局 Moran's I 指数呈现由正向负变化的态势,相应可划分为两个阶段:正的空间自相关阶段(1989~2005 年)和负的空间自相关阶段(2010 年)。

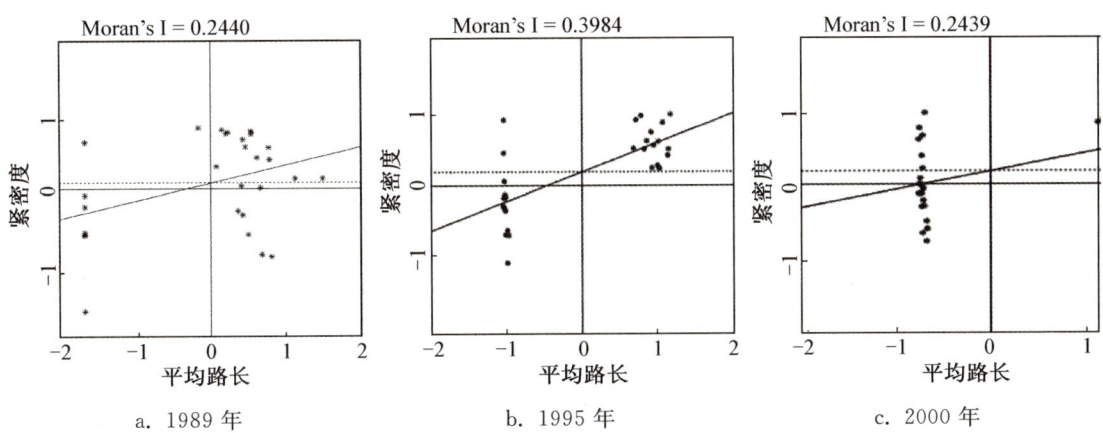

a. 1989 年　　　　　　　b. 1995 年　　　　　　　c. 2000 年

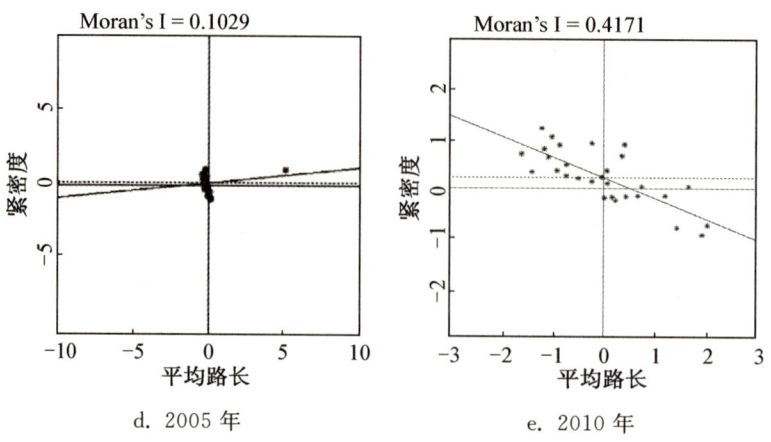

（1）紧密度-平均路长

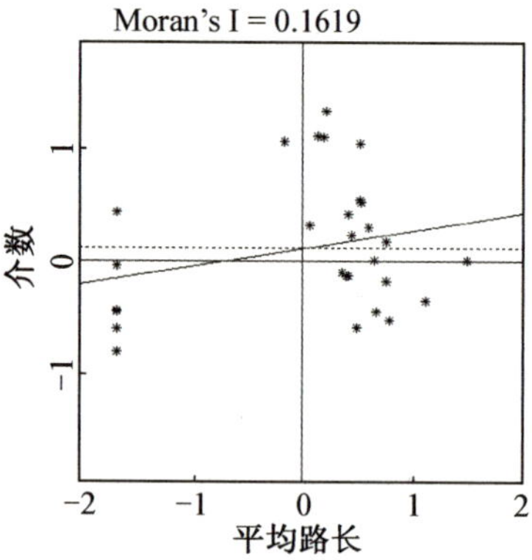

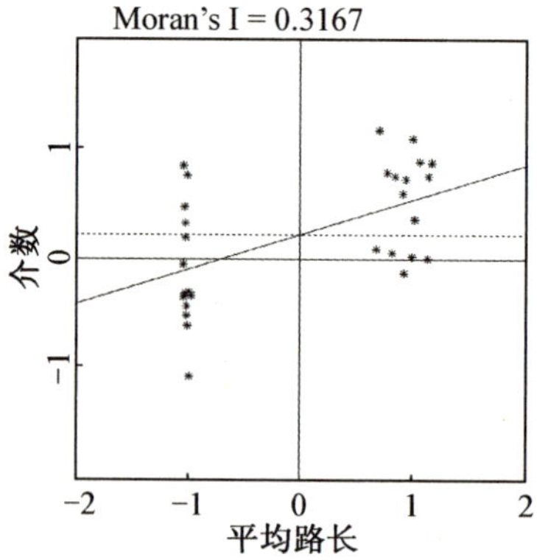

（2）介数-平均路长

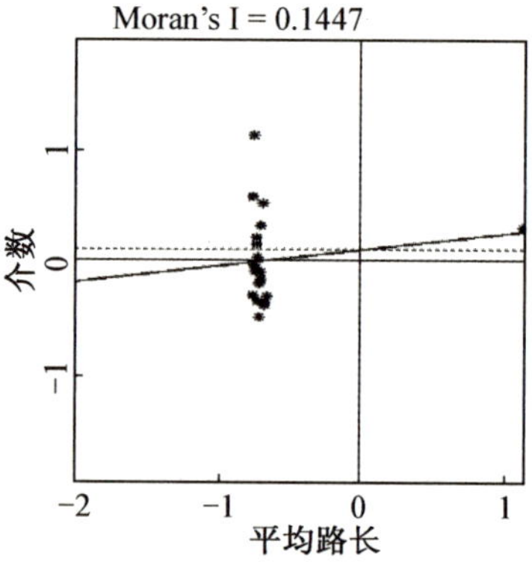

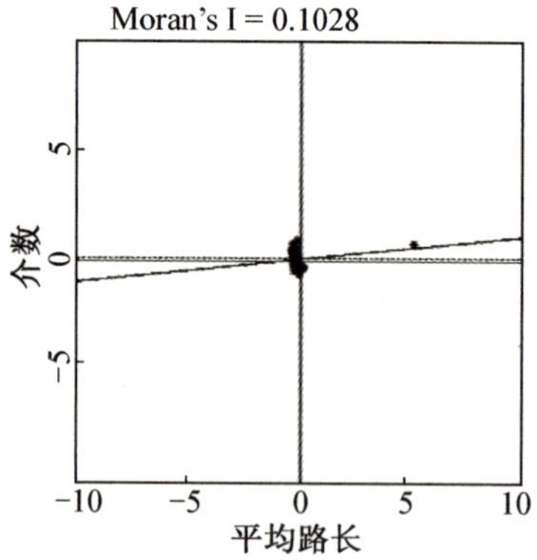

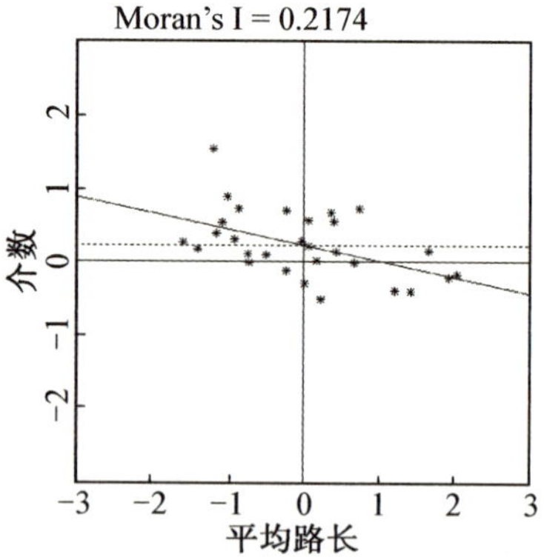

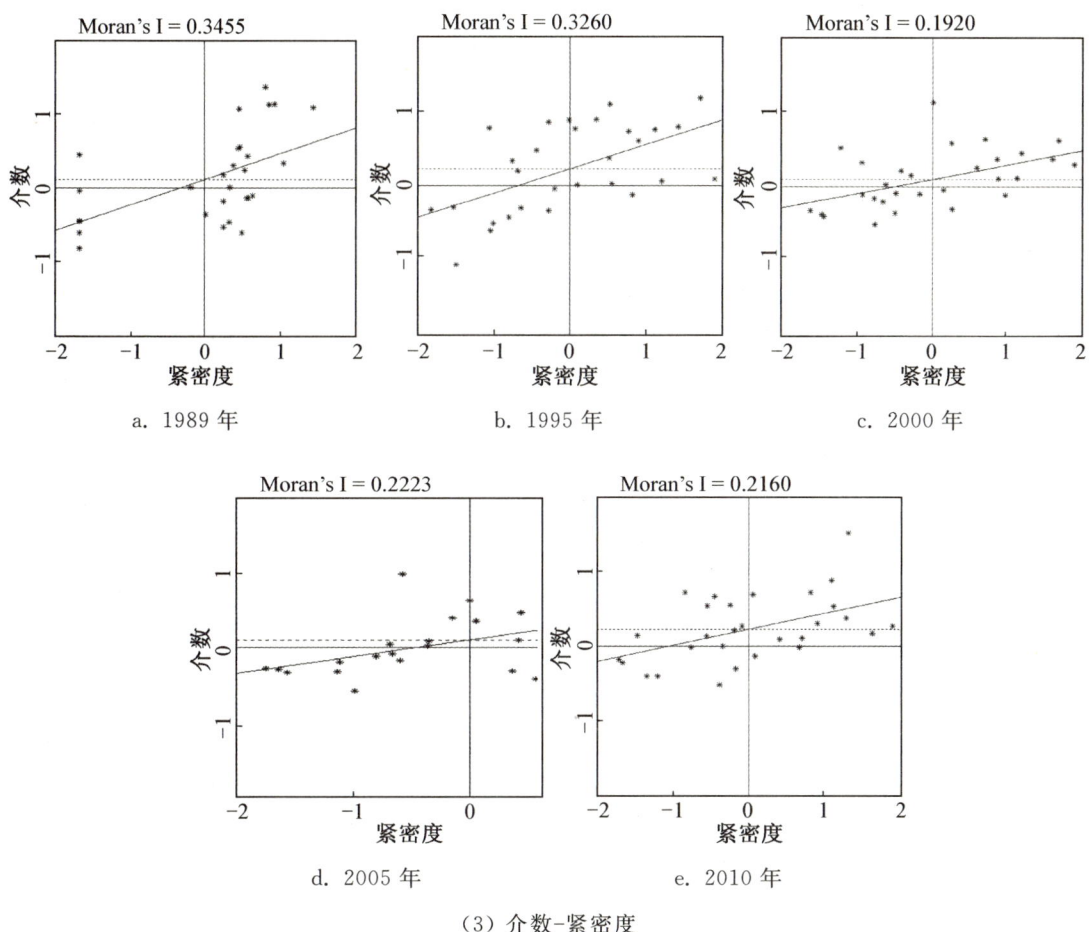

(3) 介数-紧密度

图 5.48　武汉城市圈城乡路网节点易达性-集聚性全局 Moran's I 系数散点图及推断

1989~2005 年,紧密度-平均路长和介数-平均路长呈现同类集聚倾向,即紧密度较高的节点倾向与平均路长较大的节点邻接,介数值较大的节点偏好与平均路长较长的节点集聚;这种高-高和低-低的集聚倾向,必然会使二者之间产生一定的负强化作用机制,即拥有较高紧密度和介数值的节点,一方面,在其周边邻域多倾向连接较大平均路长节点;另一方面,这些平均路长较大节点将对其外向关联作用和影响程度产生抑制作用,具体表现出:高(低)紧密度核心节点→邻接高(低)平均路长周围节点→对外通达性效率和影响力降低(升高)→对外关联程度变难(易)→紧密度值减小(增大);高(低)介数值核心节点→邻接高(低)平均路长周围节点→最短径路通过效率和概率降低(升高)→对外关联影响力和流量承载力减小(增大)→介数值缩减(增加)。

这种负强化机制累积作用的结果便是二者的空间自相关关系发生"突变",导致 2010 年进入负的空间自相关阶段,整个紧密度-平均路长和介数-平均路长全局 Moran's I 指数为负且绝对值达到较高水平,呈现较显著的高-低和低-高集聚倾向,即紧密度(介数)较大节点倾向与平均路长较小节点连接,从而产生一种正的强化机制,可以大胆预见未来一段时间内这种正强化机制将进一步发挥作用,形成稳定而显著的高-低和低-高集聚态势,直至新的某种

"序产量"或"奇怪吸引子"出现,产生新的"巨涨落"。

(3) 易达性指标间局部空间集聚模式存在阶段性变化,并保持演化的同步性

根据1989~2010年易达性指标间局部EBI值散点图分布,可以将整个圈域城乡路网易达性指标局部空间差异划分为四种类型:高-高、低-低、高-低和低-高,比较四种类型区的空间分异及其演变,可以划分为两个阶段:以同类集聚为主的阶段(1989~2000年)和以高-低类型集聚为主的阶段(2005~2010年)(图5.49)。

1989~2000年,高-高和低-低类型县域占据主导(和大部),表现出明显的集聚性分布,尤其是高-高类型区高度集中"扎堆"于核心圈层(武汉市、鄂州市、黄石城区、黄冈城区、孝感城区、咸宁城区)及其周边邻接县域(黄冈的团风、咸宁的嘉鱼、孝感的汉川、黄石的大冶等),而局部时段(1995~2000年)低-低类型县域也呈现出强外缘集聚倾向,基本沿圈域外围圈层形成两大集聚区:江汉平原集聚区(主要包括天门、潜江)和东南半环集聚带(主要包括咸宁南部的崇阳、通城、通山、黄石的阳新、黄冈的黄梅、武穴、浠水等),前者集聚成团块状,后者延绵成带状或半环状。

2005~2010年,除紧密度-介数的局部EBI值的空间聚类分布变化不大外,其他两种双变量间的空间集聚模式出现明显变异。具体而言,高-低、低-高的异类区数量有了明显增加,特别是高-低类型区范围占据大半,呈明显的集聚分布,主要集中于圈域的核心圈层及其周边县域;而双变量值相似的同类区数量出现大幅减小,2005年高-高类型区范围迅速由2000年的团块状(集中于核心圈层)减小碎化成孤立点状(仅鄂州市),2010年低-低类型区范围则表现出"突变",由2000年的两大环带状(集中于外围圈层的东南和西北缘,包括幕阜山区、黄冈大别山东缘、天门和孝感应城、汉川等)锐减至2010年的孤立点状(如孝感城区和黄冈红安)。

同时,每个时期三种指标两两局部空间自相关类型保持较大的空间相似性,体现出三者两两空间自相关模式时序演化的同步性,尤其是1989~2000年。而2005~2010年三个指标两两空间自相关呈现的高-高类型集聚区形态差别较大,具体表现为介数-紧密度的高-高类型区范围与介数平均路长、紧密度-平均路长的相差甚远,前者高-高类型区形态保持时序演化的相对稳定性,高度集中于核心圈成团块状分布,而后二者的高-高类型区空间形态相较1989~2000年阶段出现"碎化",呈离散点状格局(2005年更是出现孤点分布)。

(4) 易达性指标间局部空间集聚模式形成较典型的核心-外围结构

比较1989~2010年武汉城市圈核心-外围的局部空间集聚模式,发现核心-外围间空间关联类型存在较大分异,形成典型的核心-外围空间结构,并且这种核心-外围结构表现出一定的时间差异性(动态演化),相应划分为两个阶段:1989~2000年的核心圈高值指向性-外围圈低值指向性和2000~2010年的核心圈低值指向性-外围圈高值指向性(图5.49)。

1989~2000年,核心圈表现出高-高类型区集聚充填格局,外围圈则呈现出其他三种类型区合围镶嵌态势,其中低-低类型区相对集聚成带状(1995~2000年),低-高类型区由1989年的半环状(集中于圈域西翼)迅速"裂化"成孤立点状,高-低类型区则由1989年的孤立点状"进化"成1995~2000年的块状镶嵌结构。

2005~2010年,紧密度-介数的核心-外围结构相较第一阶段(1989~2000年)基本保持不变,核心圈呈现高-高类型集聚成块形态,外围则表现出三种类型区镶嵌间断布局;相对而言,紧密度-平均路长、介数-平均路长的核心-外围结构发生"质"变:一方面,核心圈由第一阶段的高-高类型充填演化成第二阶段的高-低类型集聚成块,高-高类型区由向心团块状集聚演化成向心孤立点状分布,外围圈基本保持不变,仍以其他类型区块状镶嵌为主;另一方面,2005~2010年,核心圈持续保持高-低类型充填,而外围圈层出现一定程度变化——低-低类型区由外缘带状展布迅速演化成孤立点状分布,高-高类型区由向心孤立点状分布演化成向缘系列点状离散分布。

(5) 易达性指标间局部高-高类型集聚区空间结构不断"内缩"和"碎化"

1989~2010年,高-高类型区空间范围和形态变化剧烈,表现出阶段性"渐变"和"突变"相结合的演化特征,可以划分为1989~2000年的团块内缩阶段和2005~2010年的碎化成点阶段(图5.49)。

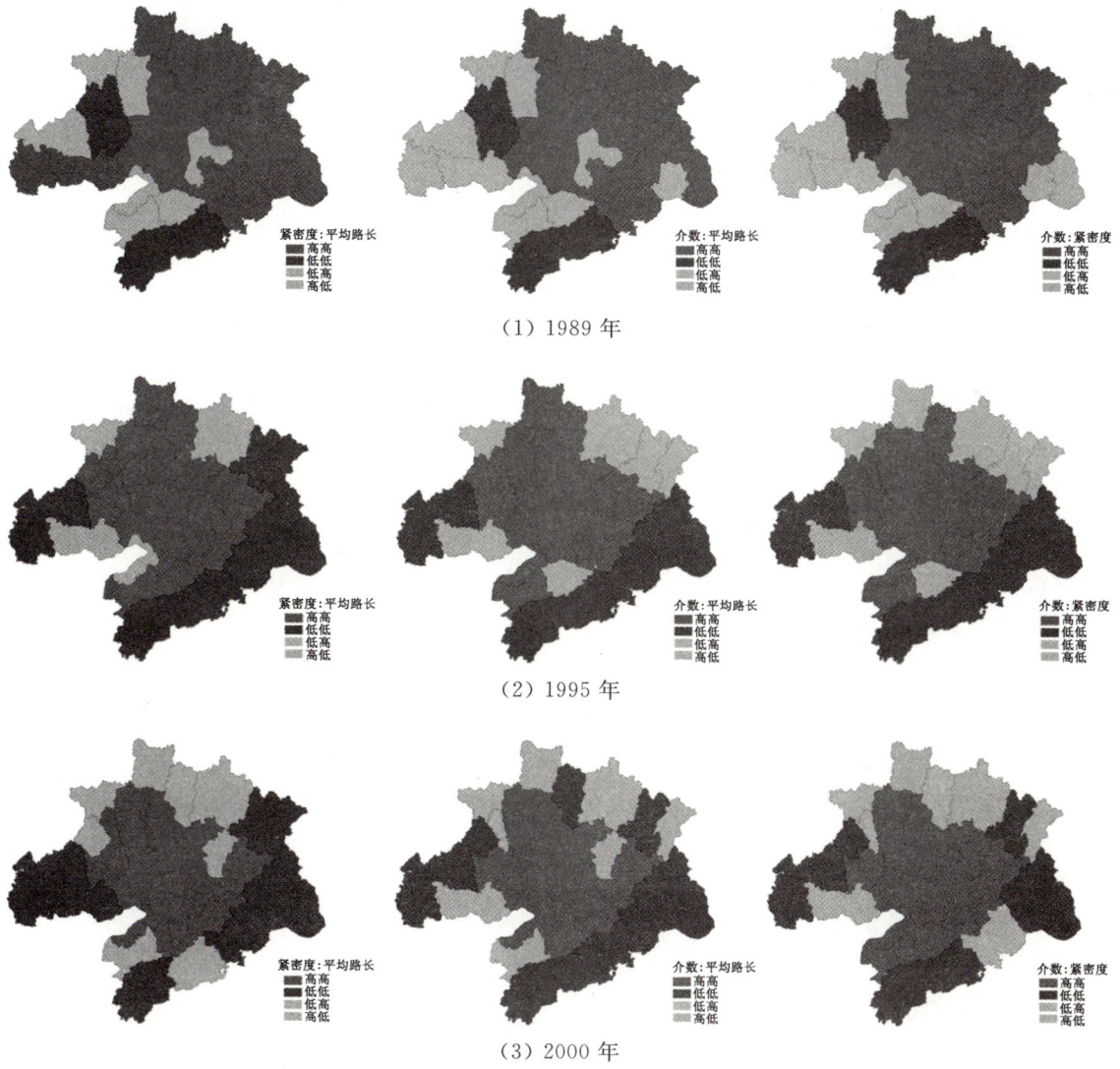

(1) 1989 年

(2) 1995 年

(3) 2000 年

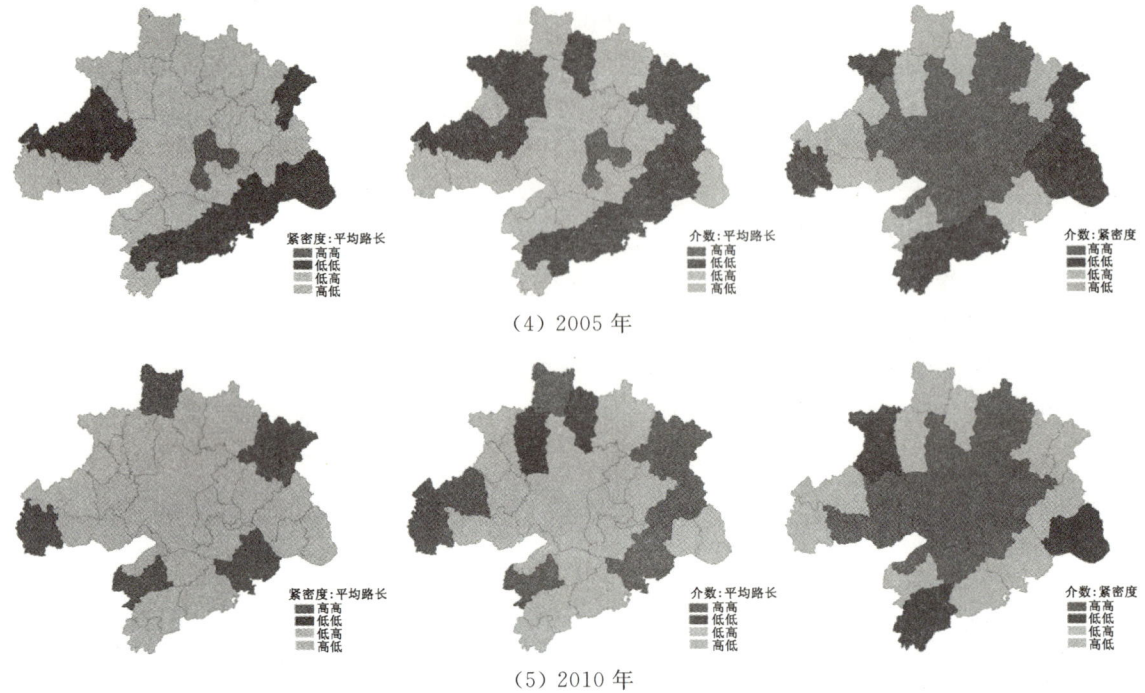

图 5.49 武汉城市圈城乡路网节点易达性-易达性空间自相关四分位图

1989~2000年,高-高类型区空间范围不断缩小,整体由圈域东北大半壁(包括核心圈+孝感大悟+黄冈绝大部分县域+黄石阳新等)的半圆形不断内缩至核心圈及其周边部分县域(包括核心圈+黄石大冶+咸宁嘉鱼+孝感汉川等),原有外围圈层县域高-高关联类型主要由低-低和高-低类型区取代。

2005~2010年,高-高类型区空间范围相较第一阶段,迅速减小,由起初的"板块"集聚结构"裂化"成系列或孤立"碎片",空间形态出现"裂变"。其中,2005年,高-高类型区空间范围迅速减小,由2000年的核心圈团块状急剧"碎化"("裂化")成孤立节点状,高-高类型区空间形态出现第一次"突变"。2010年,高-高类型区空间范围有所增加,由1989~2005年的向心集聚成团或孤立成点分布迅速向外扩散,在外围圈层呈系列点状离散分布,高-高类型区空间形态出现第二次"突变"。

5.5 城乡路网的空间稳定性

5.5.1 研究方法

(1) 研究假设

根据复杂网络稳定性研究理论,遵循"复杂问题简单化,逐步深入"的原则,为研究城乡路网的空间稳定性,做出以下假定:

① 遭受攻击的节点或边被删除;

② 删除节点或边的同时,与该节点相连接的边或节点也受到破坏;

③ 开展恶意攻击时,了解路网的全部信息开展;

④ 开展随机攻击时,不能获得有关网络的任何信息,只能采取漫无目的的攻击方式;

⑤ 当有一个节点或边失效时,经过该节点或边的运输流可以通过其他路径,设置一些临时站点或边,保持起始站和终点站基本不变。

(2) 攻击策略

网络攻击策略包括两个方面:攻击目标和攻击方式。

一是攻击目标,包括网络的节点和边,其中攻击网络节点,意味着打击城乡路网中的城市、城镇、乡村及岔路口等,攻击网络边,意味着毁坏城乡路网中的公路路段或桥梁。

二是攻击方式,包括随机攻击(故障,failure)和恶意攻击(攻击,attack),其中随机攻击与攻击目标的先后次序没有关联,目标选择与其本身的重要属性(节点度、介数、网络效率等)也没有关联;而恶意攻击为达到最大限度地破坏路网,特设置:节点度优先,按照节点度值由大到小的顺序依次删除网络节点;节点(边)权重优先,按照节点(边)权重值由大到小的顺序依次删除网络节点(边);节点(边)介数优先,按照节点(边)介数值由大到小的顺序依次删除网络节点(边)。

(3) 评价指标

选择最大连通子图、平均路径长度和网络效率等指标度量和判据城乡路网面临随机或恶意攻击时的稳定性:

① 最大连通子图又称最大集团,指的是把图中所有节点用最少的边将其连接起来的子图,其相对大小 S 是指最大连通子图中的节点数与网络中所有节点数目的比值,相应分离出去的小集团相对大小为 s。如破坏图 5.50 的网络中的两个节点 A、B,则原来的一个连通网络分裂成为一个主要的连通集团和 4 个独立的小集团。

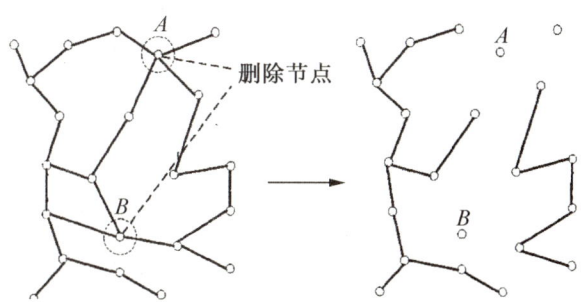

图 5.50 节点失效或移除对网络的影响

② 平均路径长度,指整个网络所有节点遍历任一节点的路径长度平均值,反映网络整体的连通性。

③ 网络效率,包括全局效率和局域效率两个指标,定义网络中节点 i 和 j 之间的效率 ε_{ij} 为 i 和 j 两点间的距离 d_{ij} 的倒数,当 i 和 j 之间不连通时,$d_{ij}=+\infty$,则 $\varepsilon_{ij}=0$。对于整个网络而言,将所有节点对之间的效率的平均值定义为全局效率,用 $E_{glob}(G)$ 表示,如公式 5.11 所示;定义局部效率为网络中节点 i 的相邻节点 j 构成的子图 G_i 的网络效率 $E(G_i)$ 之和的平均值,用 $E_{loc}(G)$ 表示,如公式 5.12 所示,其中 d_{lm} 是子图 $E(G_i)$ 的节点 l 和节点 m 间的最短路径。

$$E_{glob}(G) = \frac{\sum_{i \neq j \in G} \varepsilon_{ij}}{N(N-1)} = \frac{\sum_{i \neq j \in G} 1/d_{ij}}{N(N-1)} \quad \text{(公式 5.11)}$$

$$E_{loc}(G) = \frac{\sum_{i \in G} E(G_i)}{N} = \frac{\sum_{l \neq m \in G} 1/d_{lm}}{k_i(k_i-1)} \quad \text{(公式 5.12)}$$

5.5.2 随机性故障

5.5.2.1 网络特征

利用随机软件Packo,从武汉城市圈城乡路网中按照一定比例(其中1989～2005年每次移除5个,2010年每次移除10个)随机移除节点,分析其引致的路网平均路长、最大子图、网络效率等动力学变化来分析整个网络的空间鲁棒性(图5.51),研究发现:

(1) 面对随机攻击相对稳健,抗随机攻击能力较强

1995～2010年,遭遇随机攻击时,整个城乡路网的最大连接子图的节点数 S 随移除节点比例 f 增加,基本呈一条缓慢下降的负斜率直线,最大连通子图的相对大小普遍在移除节点比例 f 较大时(80%左右)接近零。整个城乡路网随着所移除节点比例的增加,最大连通分支的节点规模只是缓慢减小,只有当绝大多数节点(约为80%)被移除时,路网才出现解体和崩溃,被分离出去的小集团所具有的平均节点数 s 仅1.76,基本破碎成散点,表明整个城乡路网对随机失效情况的抗击功能良好,面临小规模节点失效时整体结构形态保持较完整。

同时,1995～2010年,在随机攻击下,城乡路网的平均路径长度随着 f 增大,整体呈波状起伏(先快速上升后缓慢下降)和阶梯状(staircase)下降变化态势。当 f 值接近于20%时,城乡路网平均路径长度快速上升至峰值,当 f 值逐渐趋向于100%时,城乡路网的平均路径长度缓慢下降,逐步逼近1。总体上, f 的变化对整个城乡路网的影响较弱,但随节点失效比例变化,随机攻击影响效果略有不同。具体而言,当移除较少节点时(不到20%节点, f 存在阈值0.2)时,城乡路网的平均路径长度增加幅度较大,速度较快,连通性显著下降,网络效率降低到初始值的一半(2010年);当移除节点较多时(超过20%时),城乡路网的平均路径长度缓慢下降,节点失效对城乡路网的连通性影响较弱。一定程度说明武汉城市圈城乡路网具有较高的鲁棒性,在大规模随机攻击下网络仍可保持基本的连通性。

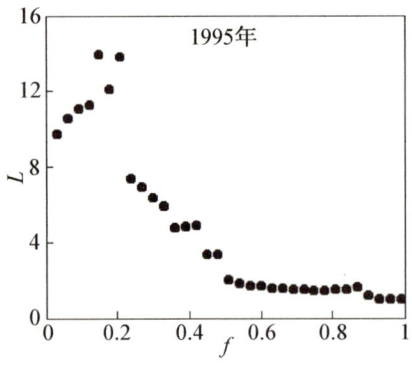
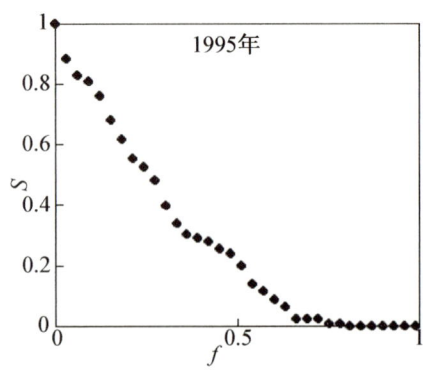

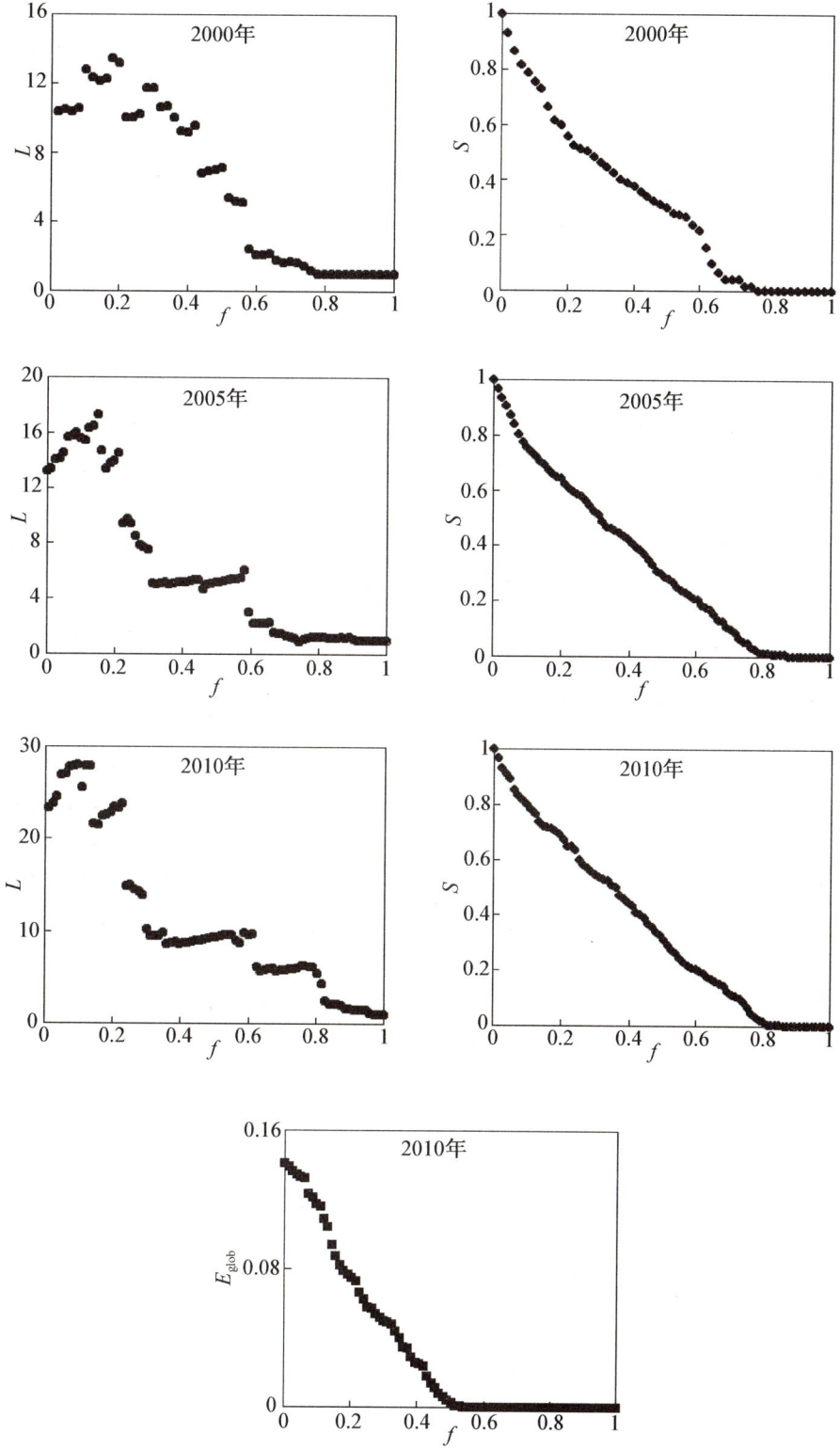

图 5.51　武汉城市圈城乡路网的随机故障（1995～2010 年）

注：限于篇幅仅计算列出 2010 年的 $E_{glob}-f$ 曲线图

(2) 移除节点比例 f 阈值较大，抗随机攻击性质类随机网络

整个城乡路网最大连接子图中节点规模随移除节点比例变化，与一般 ER 随机网络遭遇随机网络攻击时 S-f 曲线类同。面对随机移除节点时，城乡路网和 ER 随机网络一样，随着所移除节点比例 f 增加到 70%～80% 时，最大连接子图的节点数 S 近似为 0，分离小集团平均节点数 s 接近于 1，整个最大连接子图节点规模缓慢下降，存在一个移除节点阈值(约为 0.80)①(图 5.52)，即随机去除大量节点，城乡路网的"碎化"(形成子网)不明显，路网仍可以保持基本的连通。说明，整个城乡路网遭遇随机攻击时，其网络碎化变化类同随机网络，即当随机去除到一定节点时(70%～80%)，整个城乡路网如同同规模的随机网络，破碎成多个孤立的子网，一定程度表明城乡路网具有"类随机"性质。

同时，整个城乡路网平均路径长度、网络全局效率②随移除节点比例变化的情形，也与一般 ER 随机图 L-f 单峰曲线和 E_{glob}-f 直线下滑态势类似。与无标度网络不一样的是，无标度网络(遭遇随机攻击时)平均路径长度随着移除节点比例增加，并没有出现显著的上升，整体保持为一条平滑的直线；网络全局效率随移除节点比例增加呈直线缓慢下滑，移除节点比例达到 80% 时，网络效率值趋于 0。而城乡路网面临随机攻击时的 L-f 和 E_{glob}-f 曲线则明显不同于无标度网络，与一般 ER 随机图类似，前者表现为一明显的单峰曲线，即随着移除节点比例增加，平均路径长度先增加而下降，普遍存在移除节点阈值区(平均路径长度为峰值的移除节点比例)；后者表现为一相对较快的下滑直线，即随着移除节点比例增加，网络全局效率持续下降，表明城乡路网遭遇随机攻击时，其节点通达性和连接效率随节点失效变化情形接近随机网络特征，整体趋向"随机性"，与前述研究结论保持一致。值得一提的是，城乡路网 L-f 的波动变化和 E_{glob}-f 的下降速度在局部与随机网络存在一定差异，整个城乡路网平均路径长度随着移除节点比例增加，保持先快速上升后缓慢下降的变化趋势(f 存在阈值 0.2)，这与 ER 随机图的先缓慢增长后迅速下降(f 存在阈值 0.6)形成鲜明对比，而城乡路网全局效率下降态势相较 ER 随机图，速度更快，幅度更大，f 阈值 0.5 相较 ER 随机图的 0.8 小许多，基本介于 ER 随机图的随机攻击和恶意攻击情形下的 f 阈值之间(0.3～0.8)，整体上此时的变化态势比较接近 ER 随机图遭遇恶意攻击时的情形[570,723](图 5.52)。

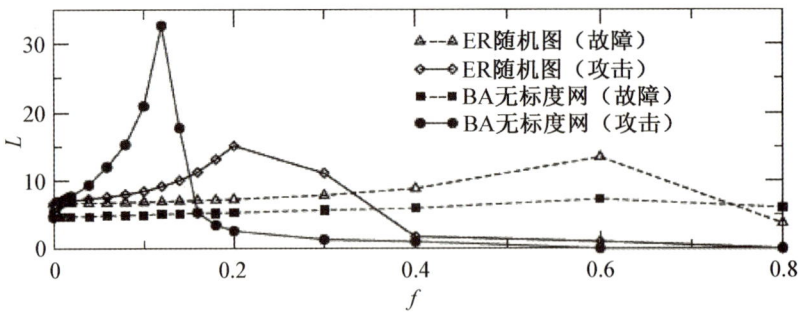

---

① f=0.8 接近 1，也可以说，不存在什么移除节点临界值。
② 通过公式 6.11 计算局部效率 E_{loc} = 0，随着节点移除比例的增加，E_{loc} 始终为 0，故不予考虑。

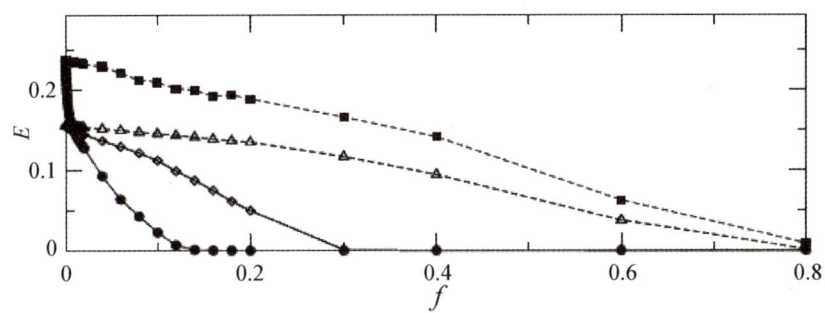

图 5.52　ER 随机图和 BA 无标度图抗随机故障和恶意攻击情况[723]

5.5.2.2　特征归因

强鲁棒性归因于城乡路网分布相对均匀,节点连接随机多样城乡路网呈现出很高的鲁棒性,普遍需要有攻击 50%～60%的节点时,才能使得整个网络碎化分裂成众多节点规模仅不到 20%的分散连通集团。究其原因是因为圈域内城乡分布较为均匀,整个城乡网络紧密度较低,节点连接相对随机和多样,网络节点到达另一节点的路径不是唯一的,路网可以通过绕道而行以保证网络的畅通;同时,城乡路网绝大部分节点点度低(度值不超过 3 的节点比例普遍达到 80%以上),连接路径少(多半只有 1～3 个线路),随机去除方式所破坏的主要是这些不重要的节点(因为它们的数目远大于关键性道路的路口),不对整个网络拓扑结构产生重大的影响。

5.5.3　恶意性攻击

5.5.3.1　关键节点(高度节点)攻击

(1) 基本特征

针对度值较高的节点(武汉、咸宁、鄂州、黄石等地区)按照度值由大到小顺序,进行恶意攻击,以此分析和判断城乡路网的空间脆弱程度,分析 f 与 L、S 和 E_{glob} 的关系(图 5.53)可知:

在恶意攻击高度节点到一定程度后,其最大连通图的相对大小 S 和网络全局效率值 E_{glob} 下降很快,并趋于零,其平均路径长度 L 迅速增大并逐渐消失,路网抗攻击能力较弱,具体表现为三个方面:

一是采取恶意攻击,对高度节点进行选择性失效时,造成的路网最大连通子图节点规模和全局效率值下降要比随机失效迅速的多。当失效节点达到 20%左右时,最大连通子图尺寸和网络全局效率值骤降到原始尺寸的一半,可以认为当最大连通子图的相对尺寸不足 50%时,网络功能接近瘫痪;当失效节点达到 30%～35%时,整个路网最大连通子图尺寸和全局效率值趋近 0,路网完全崩溃,整个路网解体时的失效节点比例存在临界值 $f = 0.30\sim 0.35$,整个城乡路网面临恶意攻击时的 f-S 和 f-E_{glob} 曲线变化比较接近 BA 无标度网络遭受恶意攻击时变化情形,但 f 临界值普遍大于 BA 无标度网络($f_{BA} = 0.1$),其抗恶意攻击相较无标度网络稳健,接近 ER 随机网络情形($f_{ER} = 0.3$),但城乡路网-ER 随机图二者 f-E_{glob} 变化趋势略有不同,前者曲线变化接近幂律分布,后者类同负斜率线性分布(图 5.52)。

二是与随机失效类同的是,遭遇恶意攻击时,城乡路网的平均路径长度均出现不同程度的先上升后迅速下降的态势,同时也呈现阶梯状反复的演化特征,但仍存在两点不同:

① 抵达峰值的节点失效临界值较小,当恶意攻击高度节点比例达到10%时,五个年份城乡路网平均路径长度普遍达到峰值,即是认为城乡路网遭遇恶意攻击网络失效的移除节点临界值 $f=0.1$,相较随机攻击情况下的移除节点临界值0.2小,表明城乡路网面对恶意攻击相较敏感,一旦部分高度节点失效时,整个网络效率下降明显。

② 平均路径长度下降态势较猛,与随机攻击时的城乡路网平均路径长度缓慢下降不同的是,随着失效高度节点数量增加,整个网络的连通效率下降速度更为迅猛。面对随机攻击时,城乡路网需要移除80%左右的节点才能致使整个网络完全失效和崩溃,而遭遇高度节点恶意攻击时,只需要攻击40%左右的节点,就可以使整个网络分裂成诸多碎片(子图),众多子网平均距离减小趋于0,表明城乡路网面临高度节点选择性失效时更脆弱不稳,说明了高连通性节点在保持路网系统正常运营中的支配地位。

三是度值超过5的节点成为整个城乡路网的重要防护性节点,并且保持时间的连续性。当高度节点失效比例达到10%时,剩余节点的度值普遍不超过5,度值5似乎成为武汉城市圈城乡路网的稳定性的"拐点",即度值≥5的节点成为整个城乡路网的具有重要防护性意义的节点。统计度值排序前10%节点出现概率,惊人发现:度值较高节点重复比例高达50%～70%,20多年来基本不变,保持强时间连贯性,具有很大的惰性(表5.9)。究其原因,一方面节点的对外连接和发育往往倾向高度节点,遵循"择优连接偏好",具有马太效应("富人俱乐部"),整个路网自身的自组织均存在较强的"趋优性"演化机制;另一方面,少数高度节点失效后会产生强大的连锁(波及)效应,如同"水中投石",不断放大迭加其失效后的网络失稳效应,最终引致大范围交通堵塞或故障,甚至导致整个网络崩溃,进而促使路网人为规划调控重点"指向"高度节点,增强对外连接,形成马太效应,从而从他组织机制上保持高度节点的时间连续性,同时也强化了这些节点的失效引致的后果。

总体上,城乡路网面临随意攻击和恶意攻击下的网络效率情况明显不同,整体性质接近BA无标度网络,"鲁棒而又脆弱(robust yet fragile)"[①],即面对随意攻击时整个路网相当稳健,而遭遇恶意攻击时路网变得相对脆弱,原因之一可能是网络中节点连通性整体上相差不大,随意性故障对全局的影响较小,但由于发展水平、历史基础、交通规划等原因,某些连接值很大的节点承担着圈域城乡交流的枢纽作用,不仅影响着局部交通运输的通达性,也影响着全局系统的稳定性。

(2) 原因解析

面对故意攻击,城乡路网往往不如随机攻击下稳健,呈现出一定的脆弱性,其根本原因在于整个城乡路网对于高度(集散)节点存在高度依赖。

选择性失效节点是高度节点,一方面高度节点是连通性较好的节点,往往具有较多的对外连接(边),一旦失效或移除,很容易导致大量与之相连的节点成为孤立节点,整个网络很快就

---

① 许多学者认为"鲁棒而脆弱"的对立统一是复杂系统的最基本特性之一,详见:汪小帆,李翔,陈关荣,等.复杂网络理论及其应用[M].北京:清华大学出版社,2006:15.

破碎成众多小规模的子图,因此,恶意攻击下的最大连通子图节点规模下降幅度和速度要较随机攻击情况下大得多。另一方面高度节点也是平均路径长度较小的节点,且数量过少,一旦遭到破坏,往往造成众多城乡节点 OD 对间的最短路径失效,使得城乡节点联系不得不选择相应的次短路径出行,最终造成整个网络平均距离的增加速度和幅度较随机攻击时大,从而导致整个城乡路网的相对连通效率要比随机失效时低。而随着失效节点数的继续增加,众多高度节点被移除,直接连接关联的节点不断破碎成孤立节点,整个网络不断分裂成多块碎片,网络规模缩小迅速,从而网络平均路径长度下降速度和幅度也较随机网络大。

与此同时,整个城乡路网节点连接多呈树枝状结构(见前述),大部分节点连接缺少环路,加上拓扑建模时的人为"去环"处理,导致整个城乡路网面临高度节点失效时,高度连接关系瞬间破坏,一方面,整个路网在未完全破碎前,平均路径长度迅速增加,路网连接效率迅速下降;另一方面,持续性的高度节点失效引致网络破碎形成大量碎片(子图),一定程度也强化了城乡路网面对恶意攻击时的脆弱性。

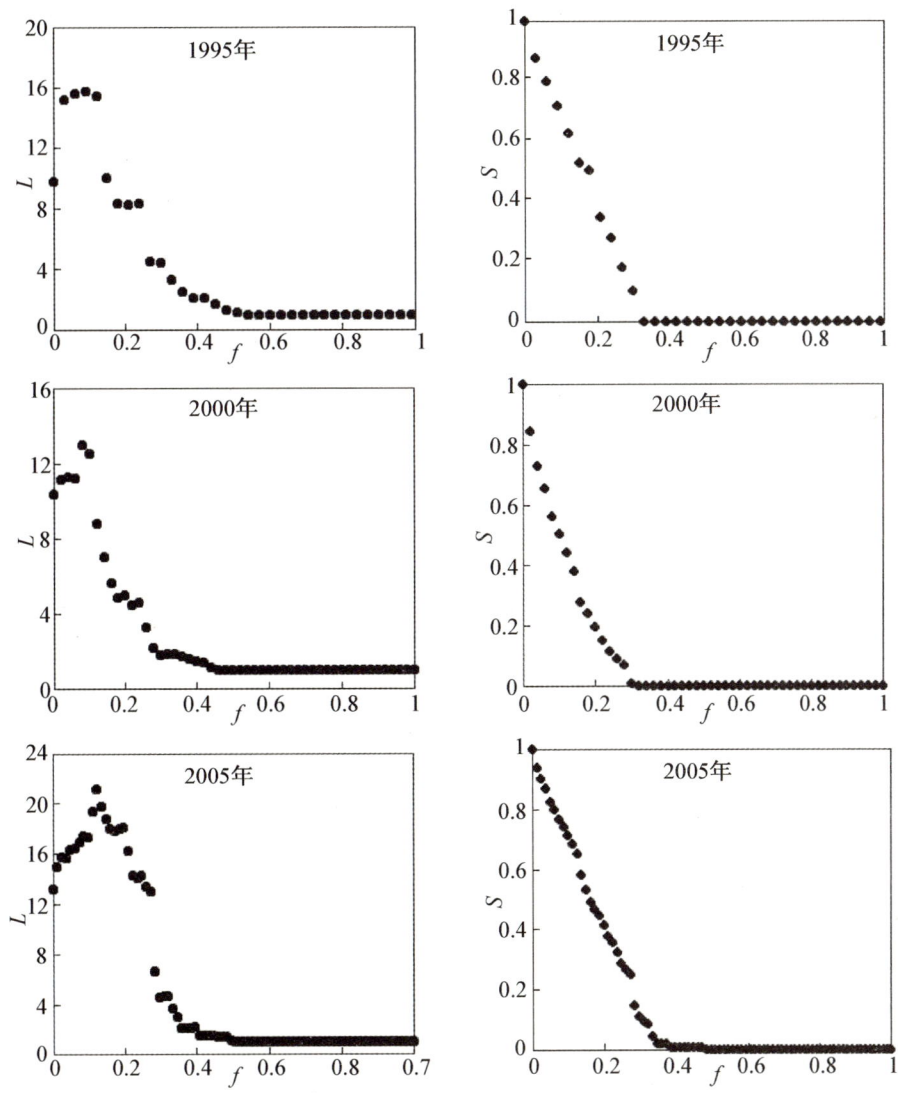

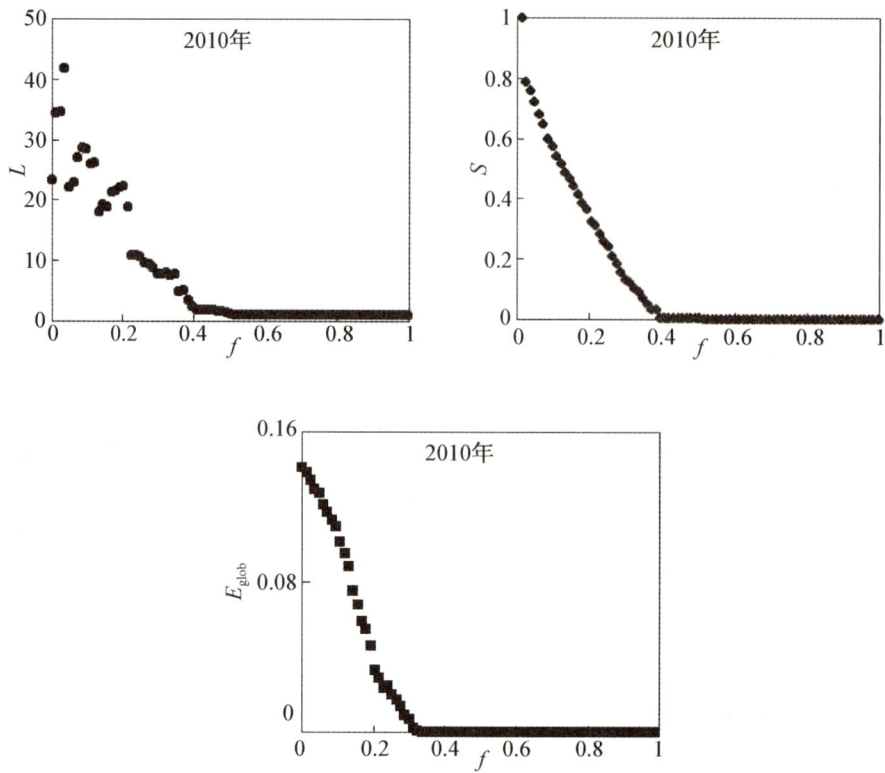

图 5.53 武汉城市圈城乡路网高度节点的蓄意攻击（1995～2010 年）

注：限于篇幅仅计算列出 2010 年的 E_{glob}-f 曲线图

5.5.3.2 关键节点（高介数点）攻击

针对介数指标值较高的节点（武汉、咸宁、鄂州、黄石等地区）进行恶意攻击，以此分析和判断城乡路网的脆弱程度，分析 f 与 L、S 的关系（图 5.54）可知：

（1）与随机攻击相比，高介数点失效时，路网抗攻击能力弱

当高介数节点逐步失效时，路网平均路径长度短暂上升后迅速缓慢下降，最大连通子图节点规模持续下降，整个路网遭遇攻击后，与随机故障相比，其稳健性差，抗攻击能力弱。

与随机故障情况下的城乡路网 f-S 和 f-L 曲线情况截然不同，城乡路网遭遇恶意攻击时，高介数节点失效比例存在临界态：即当高介数节点移除比例达到 40%～50% 左右时①，整个城乡路网平均路径长度趋近极限值 1，最大连通子图节点规模接近 0，此时整个路网完全破碎，以众多节点形态存在；当高介数节点移除比例达到 20% 时，整个城乡路网平均路径长度仅 3～5，最大连通子图节点规模不到 50%，此时整个路网基本成碎块，路网连通效率非常低。因此，相较随机故障时节点移除比例高达 80%，城乡路网面临高介数节点失效时抗攻击能力较弱。

---

① 个别年份节点移除比例达到 40% 或 60%，但总体上介于 40%～60% 之间，接近 50%。

(2) 相较高度节点失效,高介数点失效时,路网抗击能力更弱

与高度节点失效时的城乡路网 f-S 曲线情况相比,高介数节点失效时,最大连通子图节点规模下降幅度和速度较高度节点失效时略小。其中,高度节点失效时曲线 f-S 下降部分的斜率(1995～2010 年高度节点失效时曲线 f-S 下降部分斜率分别为:−2.931, −3.078,−2.800,−2.269),普遍小于高介数节点失效时曲线 f-S 下降部分斜率(分别为 −1.89,−2.436,−2.212,−2.005),进而导致整个城乡路网高度节点失效临界值较高介数节点小(前者为 35%～40%,后者为 40%～50%),一定程度表明攻击高度节点时较高介数节点,对整个城乡路网的破碎化影响效应略明显。

但与高度节点失效时的城乡路网 f-L 曲线情况相比,高介数节点失效时,城乡路网平均路径长度瞬间上升后,转向快速下降,几乎不存在峰值,与高度节点失效时的平均路径长度快速上升下降态势略有不同。导致二者差异的原因可能是"高度节点不一定是高介数节点",大量学者研究发现度值较高节点,其介数指标值不一定较高,甚至许多中心节点的介数指标值相当低。进一步分析高介数节点失效时 f-L 曲线变化可知,当高介数节点移除比例不到 5% 时(小于高度节点失效阈值 10%),整个城乡路网平均路径长度迅速增加到极值(2010 年出现节点一移除,平均路长就到达峰值),路网出现分裂,形成大量碎块(社团),表明城乡路网高介数节点相较高度节点失效时更易破碎、断裂。

这似乎表明,在破坏网络结构方面,攻击高度节点比高介数节点效果更明显;但在降低网络效率方面,攻击高介数节点比高度节点更为有效。此外,这种分异也暗合了度和介数的定义:度值意味着对外连接节点规模,对路网的拓扑连接结构具决定性意义;而介数则意味着享有最短路径长度规模,对路网的平均路径长度具决定性影响。

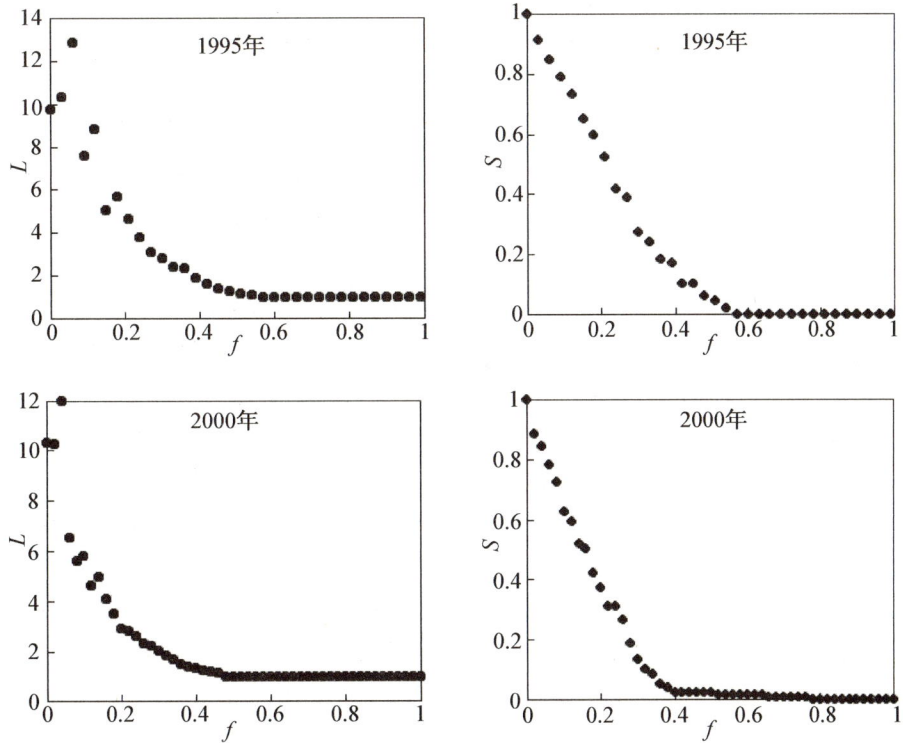

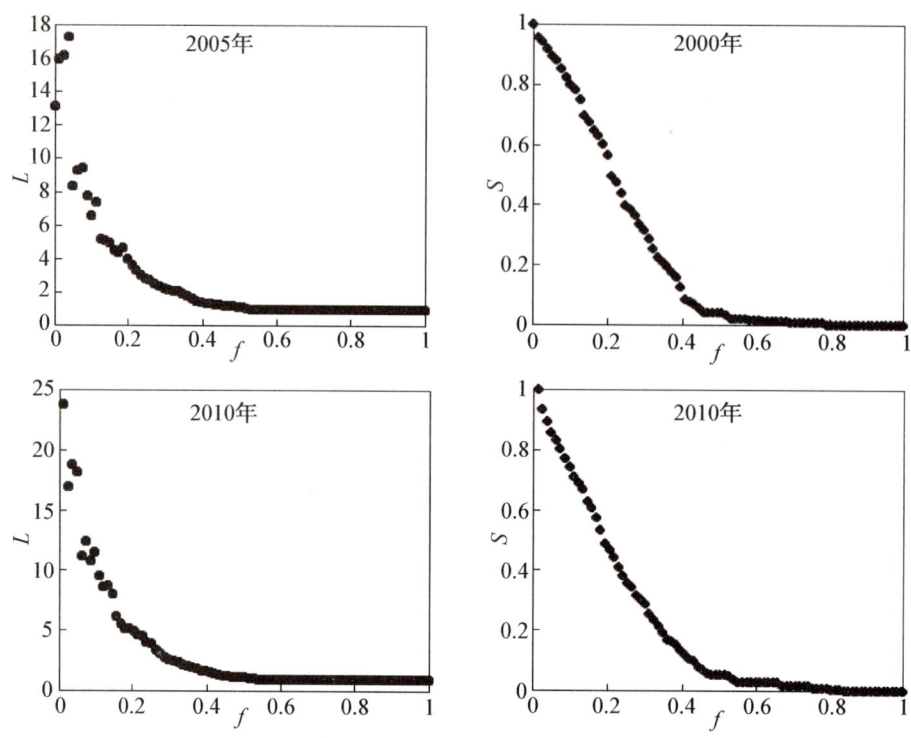

图 5.54 武汉城市圈城乡路网高介数边的蓄意攻击(1995~2010 年)

（3）随着高介数点逐步失效，路网不断碎化，形成几大相对独立的团块（子网）

按照介数降序排序，依次移除相应高介数节点，整个城乡路网破碎化迅速而明显，经过 3~4 步后，路网最大连通子图开始分离，形成几大网络集团；经过 7~8 步后，明显肢解碎化成点，路网基本崩解（图 5.55）。

当移除 20 个高介数节点时，圈域核心（武汉）及一些重要节点（黄冈、鄂州等）相继失效，城乡路网迅速分解成两大集团：一是由武汉东西湖区、孝感汉川、仙桃、天门、潜江等区域城乡节点交织成网的西部社团，二是由孝感大部分、黄冈、黄石和咸宁等地区城乡节点织构而成的东部社团[图 5.55(2)]。

当移除 40 个高介数节点时，城乡路网进一步分解形成六大集团：潜江、天门-汉川、武汉新洲-黄陂-孝感云梦-安陆-应城-大悟、黄冈黄梅-武穴-英山-罗田、咸宁嘉鱼-赤壁-咸安、咸宁崇阳-通城-通山-黄石阳新等六个相对独立的社团，并且出现一些孤立节点（主要位于黄冈的麻城、红安、孝感的安陆、咸宁的崇阳、黄石的阳新等）[图 5.55(4)]。

当移除 60 个高介数节点时，城乡路网已经开始呈现破碎化形态，形成较大大小不一的网络集团，比较大的社团主要集中于黄冈东部、咸宁南部、孝感西北部等山区[图 5.55(6)]，突出反映出相对封闭的山地自然条件对城乡路网发育成团的"天然隔断"作用。

当移除 80 个高介数节点时，城乡路网已经支离破碎，形成众多节点规模为 3~5 个的小型连通子图，以及大量孤立节点[图 5.55(8)]。不难看出，整个城乡路网面临高介数节点失效时相当脆弱，只须不到 10% 的高介数节点失效，就可以使整个路网完全崩溃瘫痪。

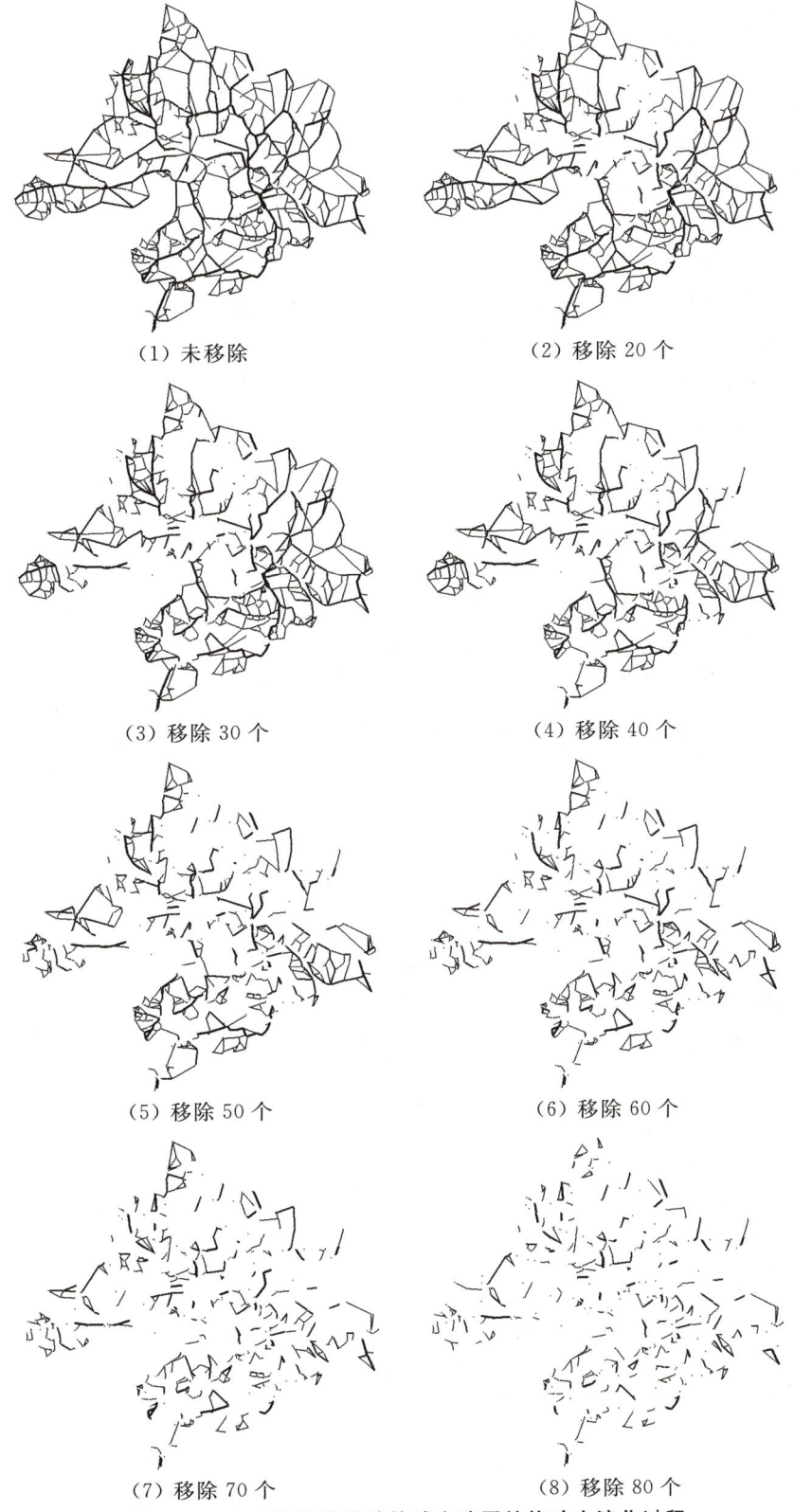

图 5.55　点介数失效引致的城乡路网结构动力演化过程

5.5.3.3 关键边攻击——桥梁和高速

武汉又称"江城",河流是其重要的自然地理要素,整个圈域被长江、汉江天然分割成三个区域,各区域间联系主要以桥梁为主;同时,高速公路已经成为当前武汉城市圈城乡联系的首要选择路径和重要快速通道,承载着大量的城乡人口、货物等空间流,桥梁和高速已经成为整个城乡路网的弱点和关键点。

以2010年武汉城市圈城乡路网(未加权)数据为基础,选择武汉城市圈八座长江桥梁和五条高速公路作为攻击对象,采取两种思路:"去一法"和"留一法"[①],进行恶意攻击,以模拟关键边——桥梁和高速失效对整个路网效率的影响,分析可知:

(1) 武汉中心城区桥梁对于圈域城乡路网连接具有重要意义

无论是采取"去一法",还是"留一法",圈域桥梁对于城乡路网连通均具有一定的意义,遭遇恶意攻击时,不同程度引致城乡路网平均路长发生改变,尤其武汉长江大桥、二桥在该网络的地位较为突出,仅武汉长江大桥或二桥有效时,其网络平均路径长度(19.48)接近初始路网所有桥梁有效时的平均路径长度(17.97),而二者无效时,其平均路径长度相较原网络平均路径长度(17.97)增加幅度较其他桥梁明显(图5.56、表5.12)。一定程度反映出:两座桥梁已经成为武汉城市圈城乡路网连接(尤其是武汉市与周边卫星城镇的城乡连接)的"阿喀琉斯之踵(Achilles' heel)",对于整个城乡路网通达性具有重要决定意义。

表 5.12 桥梁及高速失效引致的城乡路网平均路径长度变化

指标 桥	"留一法" 平均路径长度	"去一法" 平均路径长度
武汉长江大桥	19.481 69	19.120 95
武汉长江二桥	19.481 69	19.120 95
军山长江大桥	22.718 62	18.306 47
白沙洲长江大桥	23.085 98	17.999 44
天兴洲长江大桥	22.153 45	17.983 28
阳逻长江大桥	22.885 52	17.988 72
鄂黄长江大桥	23.272 73	18.003 54
黄石长江大桥	23.225 55	18.534 41
京港澳高速	22.593 71	18.488 65
沪蓉高速	23.092 15	18.122 35

---

① 其中,"去一法"是指去除一座桥梁,保留其他桥梁;"留一法"则是指保留一座桥梁,去除其他所有桥梁。

(续表)

桥 \ 指标	"留一法" 平均路径长度	"去一法" 平均路径长度
武汉外环	22.979 59	18.280 22
汉十高速	23.670 03	18.020 16
大广高速	21.353 85	18.388 54

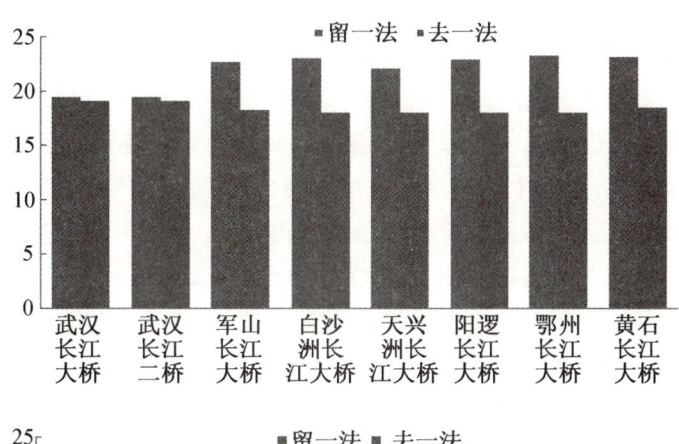

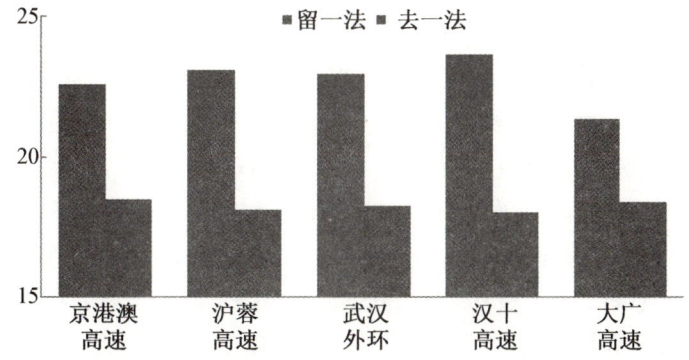

图 5.56　桥梁和高速对整个城乡路网易达性的影响

(2) 南北向高速成为整个城乡路网连接的重要交通廊道

无论是采取"去一法",还是"留一法",遭遇恶意攻击时,圈域高速失效对城乡路网连通性的影响作用程度很小,并且其失效引起的平均路径长度变化幅度也较桥梁略小(不如桥梁明显),主要原因在于高速失效后,节点连接可以通过国(省)道等其他公路实现;而受河流自然分割的武汉城市圈,桥梁对其节点连接具有不可替代性意义(轮渡毕竟承载车流有限)。

同时,面临恶意攻击时,南北向的京港澳高速(即京珠高速)、大广高速圈域段对于整个城乡路网通达性影响较明显:两条高速失效时路网平均路径长度较其他三条高速的增幅大。主要原因可能是,南北向高速沿线道路发育相对不均衡(地形相对复杂,具有山地、丘陵、岗地、平原、河流、湖泊等多样形态),而东西向的沪蓉高速、汉十高速沿线路网相对密集(地形相对单一,以平原为主),一旦南北向高速失效后,其路网"替代"连接性较弱,从而呈现较高脆弱性,而东西向高速失效后可以通过其他城乡道路实现整个路网的有序连通;同时武汉外环由于范围有限,对于整个圈域城乡路网的连通影响作用相应较小。值得一提的是,近年建成的大广高速对于武汉城市圈城乡节点连接,尤其圈域东部,发挥重要的连通作用,也反映出圈域东部的路网连接还不够优化,缺少边介数大的重要交通要道。

5.6 小结与建议

5.6.1 小结

(1) 城乡路网是一典型的二维平面图,缺乏"超平面性",整体呈类随机网络性质

1989~2010年,如其他地面交通一样,城乡路网的网络直径、连接边规模随节点生长呈线性增长态势,并且节点度普遍较小(均值不超过6)、倾向短边连接、网络直径和平均路长较大(大大超过一般社会、信息和生物网络),整体表现出典型的二维平面图特征,与航空网络、公交换乘网络等二维网络相比,并没有表现出明显的"超平面性"(边连接不交叉)。

同时,相较同等规模下的随机网络,平均路长和簇系数普遍较大,节点连接度分布函数呈指数型,整个路网不具备典型的小世界性和无标度性,整体表现出强的类随机网络性质。

(2) 城乡路网是一介于随机网络和规则网络间的复杂网络,路网整体表现出随机性和有序性的交互耦合

一是时间上,路网不断由无序性向有序性、随机性向无标度性演化,层次性日益显现。1989~2010年,一方面,城乡路网的度、介数、紧密度、平均路长、簇系数等拓扑统计指标值的累积分布曲线尽管在整体呈指数律,但具有不断由指数型向幂律式逼近趋势,路网不断由随机性向无标度性进化,形成较明显的等级-规模结构;另一方面,城乡路网 e 值持续减少,不断远离随机临界点13/7,路网的随机性和无序性持续减弱,有序性不断增强。

二是空间上,路网局部表现出随机性、无标度性、小世界性和层次性等复杂性质,形成规则网络(星形网络、环状网络、树枝状、格网状、耦合网络、非随机网络)、随机网络(不规则网络)复杂的耦合,导致整体性质不断涌现。一方面,高度节点、高等级网络等局域网表现出类无标度性或小世界性特征,而低度节点和低等级网络则体现出强随机性作用机制,高-低度节点网络和高-低等级网络耦合作用形成的城乡路网整体性质既不具备明显的无标度性,也不呈现强烈的小世界性,而是表现出一定的随机性。另一方面,城乡路网局部既有全局耦合网络(簇系数为1)和最近邻耦合网络(呈现格网-环状网络规则形态),也有星形网络(以各中心城市为中心的放射型路网),还有大量不规则随机网络形态,众多规则网络和随机网络复合迭加,导致整个城乡路网结构形态呈现表现出一定的局部-全局自相似性,宏观上呈现树枝-分枝状网络形态(平均点度和紧密度值很小,仅2~3条连接)。

(3) 城乡路网系统的复杂性演化是自组织和他组织机制共同作用的结果,是局部随机性干扰和规则性调控在作用强度上相互交互、此消彼涨演替的过程(图5.57)

一是整个城乡路网经历长时间的"自组织"演变,形成一定的基础结构,表现出局部和整体的自相似性,城乡连接和关联的有序性和非线性。

二是在城乡节点交互需求变化、交通技术革新等快变量影响下,形成了"规划引导"为主的路网空间组织机制。正是在人类需求-路网供给的多样性、经济性、空间理性等变量的耦合作用下,致使控制出行需求的路网自构-被构组织在"系统最优"-"用户最优"-"随机用户需求"-"供给最优"间"周旋"[658],据此形成交织而复杂的城乡路网组织网络结构。

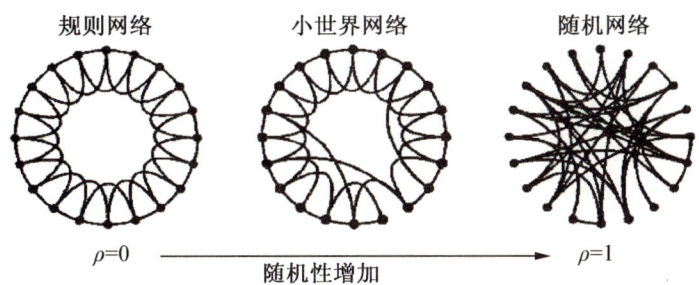

图 5.57　复杂网络动力学演化机制

(4) 城乡路网节点关联日益分散化和均衡化,但仍存在一定的空间分异

1989~2010 年,节点间度、介数、紧密度、平均路长、簇系数等拓扑指标值差异日益缩小,空间关联不断均衡和分散;但受自然环境、经济社会发展水平、历史发展基础、规划政策管理等因素共同作用,城乡路网节点关联作用仍存在明显的空间异质化:① 节点度值空间分布较均匀,呈现点状特征和弱集聚性,具有明显间断性和跳跃性,表现出一定的"中心-边缘"和"等级圈层"的复合结构;② 节点平均路径长度较大,节点交通联系呈线状组织,遵循距离衰减律,但受快速干道影响明显,发生"摄动"变形,形成两条以南北京珠高速和东西宜黄高速为轴的城市交通走廊;③ 节点紧密度系数较随机网络小,但高紧密度节点在空间分布上较为集中,呈现出一定的"中心-边缘"空间格局;④ 节点介数指标相对较高,呈现幂律分布,具有层阶性,空间分布较均匀,但仍呈现出一定的"等级圈层"分异;⑤ 网络的集聚性空间差异显著,形成多个大型网络社团,高簇系数节点空间弱集聚成半月形展布,低簇系数节点分布则较为离散;整个网络在空间上社团性比较明显,社团的等级规模差异较大。

(5) 网络拓扑性质关联性存在一定的时空分异

数理统计相关性分析表明,重要性—重要性、重要性-集聚性、重要性-易达性、集聚性-易达性、易达性-易达性各指标之间整体的相关程度存在差异,指标间的 Pearson 相关程度基本遵循易达性-易达性(中、强度相关)>重要性-易达性(中相关)>重要性-重要性(弱相关)>集聚性-易达性(几乎为无相关);且表现出时序的动态变化,整体上呈下降态势,局部出现波动。同时,空间自相关分析发现,全局上武汉城市圈城乡路网各拓扑统计指标间形成良好的空间关联性,存在一定的空间集聚性,基本符合托普勒(Topler)地理学第一定律①,并且随着时间的推移这种空间集聚态势呈现波动式变化;局域上,空间集聚模式总体上维持良好的稳定机制,一方面在各个年段,各个指标关联均表现出高-高、低-低、高-低、低-高四种关联类型,基本呈现核心圈的高值指向性和外围圈的低值指向性特征,武汉市基本成为拓扑

---

① 即距离越近,某一地理现象或者属性的相似程度越大;相反距离越远,相似程度越小。

变量的高值集聚中心;同时这种空间集聚模式也表现出空间结构的动态性变化,各种关联类型集聚形态出现"渐变"-"突变"的交替演化,在局部年段、局部区域既呈现良好的时间延续性和空间稳定性,又蕴含剧烈的空间跳跃式迁移和空间形态碎化。

(6) 面对不同攻击,网络空间稳定性存在差异

整个网络应对随机性攻击,鲁棒性较高;遭遇恶意性攻击,脆弱性较为明显,整个网络表现出一定的无标度性特征。高度节点、高介数节点失效时,引致的城乡路网效率和结构变化程度不一,高介数节点失效往往更容易导致路网破碎和效率降低(形成众多子图)。桥梁和高速成为整个圈域城乡路网的关键边,不同桥梁或高速路段相对网络稳定性的重要程度不一样:圈域中心城区的大桥和二桥、南北向的京港澳、大广高速成为整个城乡路网的关键路径。城乡路网空间稳定性的差异源于其节点的连接结构性质:一方面,城乡路网的二维平面性质决定了整个城乡路网的宏观随机性格局,节点连接相对均匀且松散,路网抗随机攻击能力强;另一方面,圈域复杂的自然地形条件导致整个城乡路网节点连接空间局部不均匀(存在高度节点和高介数节点),面临恶意攻击(攻击重要节点)时,整个城乡路网的高度连接容易瞬间丧失,路网效率下降和结构破碎明显。

5.6.2 空间调控建议

(1) 东翼乡村道路改造升级,提升节点对外连接性

从城镇节点度空间分布来看,低度节点主要集中于圈域东翼(如黄冈东北部及东部、咸宁东南部、黄石东南部),超过平均值的节点分布较少。解决结构失衡的关键在于:根据地理和经济条件,修建节点对外公路,改造和升级相关乡村路段,不断扩大节点的对外连接度,增强节点的连接性,以改善整个网络的薄弱环节(增加度值较小节点的对外连接性)。

(2) 西翼提高节点连接效率,提升节点等级规模

高度节点主要集中于整个圈域西翼(如武汉、汉川、仙天潜),当前关键在于提高这些节点的连接效率与节点内部规模。一方面,适当增加某些节点的度值,以提升节点等级规模,形成有序的城乡节点体系和连接网络(发育成无标度网),以优化节点联系;另一方面,适当降低高等级城乡节点介数(降低其负荷承载量),优化局部网络。

(3) 提升组团间道路等级,辅助建设城际快速干道

根据城乡节点的经济、政治、文化要素差异以及道路网络连接分异,整个城乡路网自发形成多个交通网络局部(社团)。针对当前社团之间的主要联系路径较少,网络运行效率较低,一方面对原有县(乡)道和省道进行升级或拓展,提高社团间的快速通行能力;另一方面,在同等级社团间建设城际快速交通,减少城乡关联的空间阻力,推进整个城乡路网社团内部一体化、社团之间高速化。

(4) 优化路网的结构,实现道路向网络化演变

快速城市化和城乡一体化发展势必加速当前圈域城乡道路基础设施建设,城乡路网在提挡升级的同时,关键是加强空间结构调整和优化,改变原有城乡路网空间格局,促进整个城乡路网由树枝状、格网状→三角形状、环状→环放状+格网状+树枝状复合式演变,从而改善网络空间布局,提高网络的簇系数、易达性。

(5) 丰富交通方式,实现路网立体化和多元化

在对现有城乡网络中进行改造升级的同时,加强城乡高速公路、铁路及城际轨道交通建设,配以河流运输为辅,加强隧道、航空等交通建设,强化不同交通方式的衔接成网,形成立体化城乡路网;建设完善从武汉至周边 8 市城乡关联"一小时经济圈",打造圈内城乡节点间的快捷交通干线,形成快捷城市圈。

(6) 桥梁/高速是圈域城乡路网的关键边,要加强圈内桥梁和高速的规划建设,尤其是南北向高速和各中心城市城区桥梁,优化空间布局,提升防护等级,以保证圈内交通的畅通。

第6章 复杂城乡路网系统功能的空间通达性

6.1 研究框架和方法

6.1.1 研究框架

从城乡路网拓扑连接的功效视角,引入空间句法(space syntax)和通达性理论和方法,前者侧重空间的感知分割,运用系列空间连接变量,从路网边的连接视角,透析空间目标间相互连接的通达性和认识性;后者关注节点的自然间隔,着重运用时空、拓扑通达性模型,从路网点的连接程度,分析城乡节点间相互连接的通达性和对称性结构。

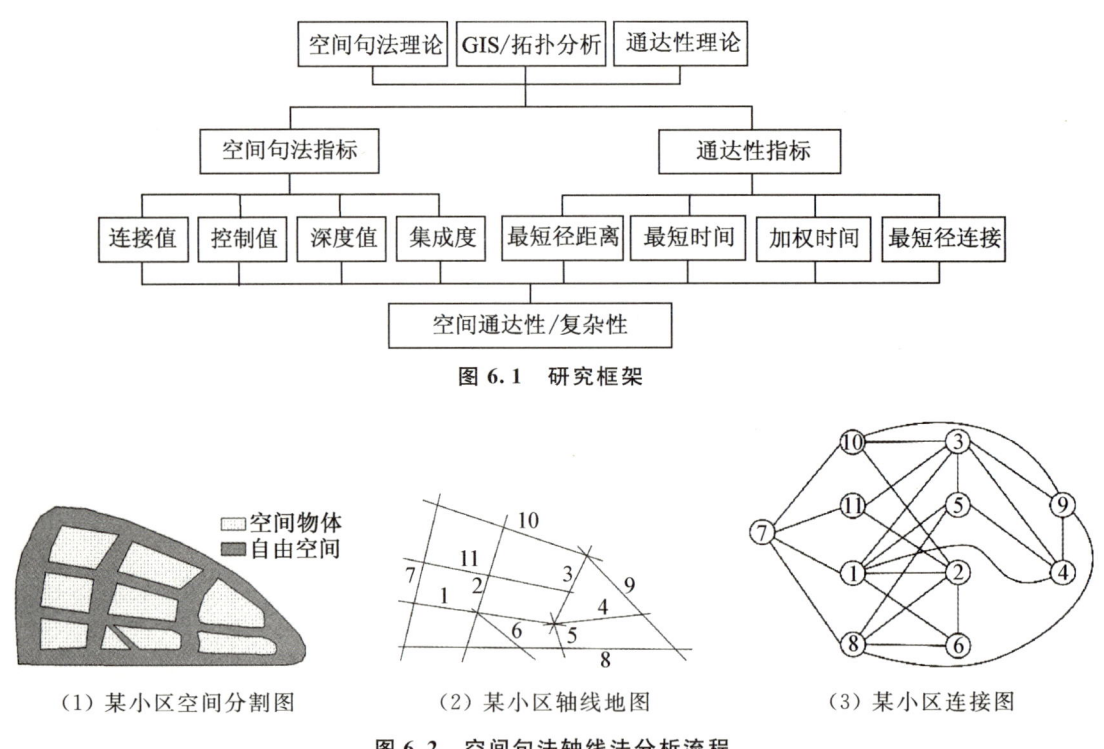

图 6.1 研究框架

(1) 某小区空间分割图　(2) 某小区轴线地图　(3) 某小区连接图

图 6.2 空间句法轴线法分析流程

6.1.2 空间句法模型

6.1.2.1 理论延伸

空间句法理论是一种新的对城市系统空间进行尺度划分和分割的计算机语言。其中,空间表征的是一种地理元素间的图式拓扑关系,不具欧氏几何意义;关注的不是空间目标间的实际距离,而是其通达性和关联性。

(1) 空间尺度划分。从认知角度出发,空间可以划分为两种基本类型:大尺度空间和小尺度空间[503]。其划分的标准是人类能否从空间中的某一固定点来完全感知此空间,若能,则该空间为小尺度空间,反之则为大尺度空间。这里,设定武汉城乡路网空间整体是一大尺度空间,通过有限分割,可以划分为众多可视化小尺度空间单元。

(2) 空间分割。空间句法理论认为,任一城市空间系统由空间物体和自由空间两部分组成。这里设定城乡路网决定和承载一切"自然运动",构成自由空间,而路网的背景基质空间和两旁建筑实体空间构成空间物体。有三种基本的空间分割方法:当城市系统内建筑或建筑群体比较密集时,一般采用轴线方法;当城市自由空间呈现非线性布局时,则采用凸多边形方法,或者视区分割法[515]。这时,考虑城乡路网多为两维平面上的线性布局,采用轴线方法:空间分割图→轴线地图→连接图(图6.2)①。

6.1.2.2 句法变量②

空间句法将空间之间的相互联系抽象为连接图,再根据图论的基本原理,对轴线或特征点各自的空间可达性进行拓扑分析,最终导出一系列的空间连接逻辑分析变量:

(1) 连接值(Connectivity Value, C_i)。连接值是一个局部变量,表示系统中与第 i 个空间相交的空间数。在连接图上,连接值表示与第 i 个节点相连的节点数。连接值与邻近区的数目有关。从认知角度来看,它表示一个人站在每个空间里所能见到的邻近空间的数目。其计算公式为:

$$C_i = k \qquad (公式 6.1)$$

公式 6.1 中,k 表示与第 i 个节点直接相连的节点个数。

(2) 控制值(Control Value, $ctrl_i$)。控制值表示某一空间对与之相交的空间的控制程度,从数值上看,它等于连接值的倒数,其计算公式为:

$$ctrl_i = \sum_{j=1}^{k} \frac{1}{C_i} \qquad (公式 6.2)$$

(3) 深度值(Depth Value, D)。深度值是指系统中某一空间到达其他空间所需经过的最小连接数。在连接图中,它表示某一节点距其他所有节点的最短距离(此距离并非指真实的量测距离,而是指二点间通达性)。空间句法假设连接图是非加权的且无指向的,即假定所有相邻空间的深度值均为 1,且 3 个步长作为局部深度值。

设交通网络中某一节点到其他任一节点的最短步距离为 d(d 为整数),最小为 1,最大的最短步距离为 s,最短步距离的节点数为 N_d,则深度值可以表示为:

---

① 图 6.2 据文献"B. Hillier, J. Hanson. The Social Logic of Space[M]. Cambridge, UK:Cambridge University Press, 1984."重绘。

② 6.1.2 部分文字参考了文献余瑞林. 武汉市城市空间形态分析[D]. 武汉:湖北大学硕士学位论文,2007:33~34 的研究方法部分的文字表述。

$$D = \sum_{d=1}^{s} d \times N_d = \begin{cases} if \quad d=1 \quad then \quad = connectivity \\ if \quad d=h \quad then \quad = local\ depth \\ if \quad d=s \quad then \quad = global\ depth \end{cases} \quad (公式6.3)$$

公式 6.3 中，$1 < d < s$，当 $d=1$ 时，表示与指定节点直接相连的节点数，此时深度值为一步深度值，即为连通值；当步距离 d 逐渐增大时，深度值也逐渐增大，此时深度值为局部深度值(local depth)或称为 h 步深度值；当 $d=s$ 时，此时的深度值即为全局深度值(global depth)。在具体应用时，常用平均深度值这一指标，其计算公式为：

$$\overline{D} = \frac{\sum_{d=1}^{s} d \times N_d}{n-1} \quad (公式6.4)$$

公式 6.4 中，n 是考察的交通网络的节点个数，$n-1$ 反映了在考察的节点中最多有 $n-1$ 个节点与指定节点相连。

(4) 集成度(Integration Value, I_i)。集成度描述了系统中某一空间与其他空间集聚或离散的程度。它反映了从一点出发，遍访空间中其他各点所需的总步数。可用相对对称或真实相对对称来表示集成度。一般地，当集成度的值大于 1 时，空间对象的集聚性就较强，当集成度的值介于 0.4~0.6 之间时，空间对象的布局则较分散。考虑到节点研究选择范围的大小，集成度可分为局部集成度和整体集成度二种，整体集成度表示一个空间与其他所有空间的关系，而局部集成度则只考虑某一空间与距其几步(通常是三步)范围内空间之间的相互关系。集成度的大小等于 RRA ① 的倒数。其计算公式为：

$$RA_i = \frac{2(\overline{D}-1)}{n-2}, RRA_i = \frac{RA_i}{D_n} \quad (公式6.5)$$

公式 6.5 中，n 为城市系统内的总轴线数或总节点数，$\overline{D}$ 为平均深度值，且有：

$$D_n = \frac{2\{n[\log_2((n+2)/3)-1]+1\}}{(n-1)(n-2)} \quad (公式6.6)$$

(5) 智能性(Intelligible Value, R^2)。智能性主要用来表达局部空间与整体空间之间的相互关系，反映了观察者通过局部空间的连通性来感知整体空间通达性的能力。主要通过智能值和理解度来测度，有学者定义局部集成度与全局集成度的相关关系为智能值，定义连接值与全局集成度的相关关系为理解度[512]。其计算公式为：

$$R^2 = \frac{[\sum(C_i-\overline{C})(I_i-\overline{I})]^2}{\sum(C_i-\overline{C})^2(I_i-\overline{I})^2} \quad (公式6.7)$$

公式 6.7 中，C_i 为某一空间(轴线)的连接值或局部集成度，I_i 为某一空间(轴线)的全局集成度，$\overline{C}$ 为所有空间连接值或局部集成度的均值，$\overline{I}$ 为所有空间全局集成度的均值。其中，R^2 值越大，表明二者相关性越明显，则从局部空间连通性感知整个空间通达性及形态结

---

① RRA 是 Real Relative Asymmetry(真实相对非对称性)的简称。

构的程度越高,整体智能性越高。其中智能度越高,表明从局部对整体路网空间的感知程度较高,获取整个路网通达性性状和分布的能力较好;理解度越高,则说明网络结构比较合理,局部与整体具有高度相似性,整体与局部协调统一,局部更容易形成人性化空间[724]。

6.1.2.3 数据处理

(1) 选取武汉城市圈城乡路网地图(1989年、1995年、2001年、2005年、2010年),扫描后经过地图投影变换、空间几何校正等处理,获得栅格底图。

(2) 采用轴线方法进行栅格底图数字化工作,获得武汉城市圈城乡路网的轴线专题地图数据(图6.3)。

(3) 检查轴线地图数据的空间拓扑关系,排除悬挂弧段和孤立弧段的干扰。

(4) 根据公式6.1至公式6.7,结合Axwoman模块在GIS平台上进行测算①,得到武汉城市圈城乡路网的空间句法形态变量相关指标列表及其图示化表达。

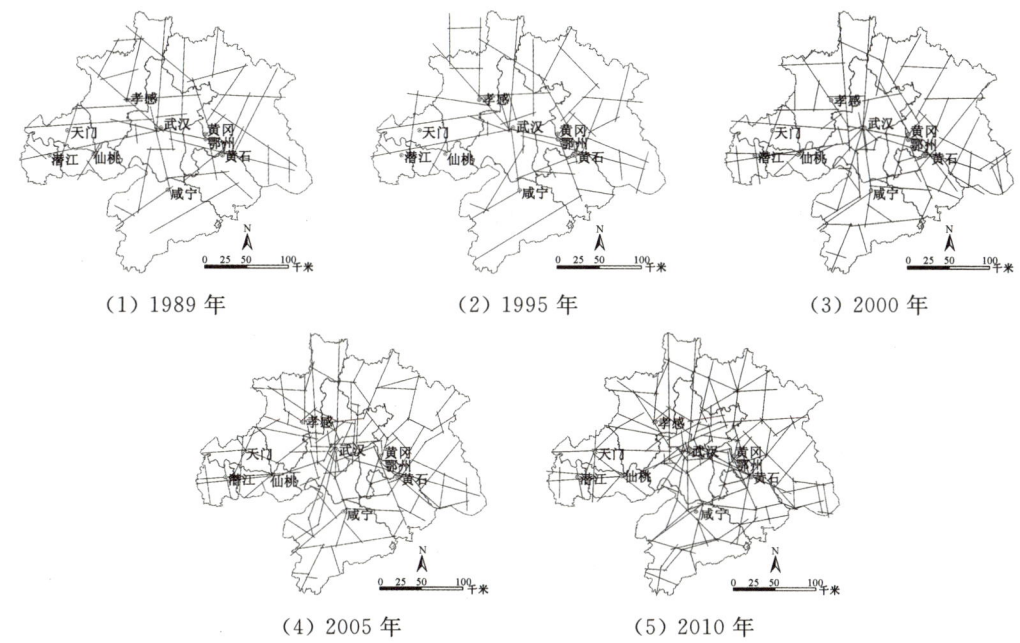

图6.3 武汉城市圈城乡路网高等级道路的原始轴线图(1989~2010年)

6.1.3 通达性模型

6.1.3.1 距离法(distance measures)

(1) 构造距离矩阵

借鉴金凤君和王姣娥(2004)的距离模型[459],选取整个圈域系列空间节点,运用

---

① Jiang B., Claramunt C. A comparison study on space syntax as a computer model of space[A]. In: Proceedings of Second International Symposium on Space Syntax. Brazil: University de Brasilia, 1999. 其中Axwoman模块由江斌研发并免费提供。

ArcGIS9.3软件,以最短径距离核算空间节点间公路里程,构造路网最短径距离矩阵 L:

$$L = [l_{ij}]_n \times n$$
$$当 i = j 时, l_{ij} = 0$$
$$当 i、j 相邻时, l_{ij} = R_{ij}$$
$$其他, l_{ij} = \min\{(l_{ik} + l_{kj})\}$$

(公式6.8)

(2) 引入时空通达性

引入距离-时间通达性相关模型,从空间距离、旅行时间两个方面定量衡量武汉城市圈城乡路网的空间通达性。

空间距离通达性模型。借鉴金凤君和王姣娥(2004)的最短空间距离模型[459],构建城乡路网最短空间距离通达性模型(公式6.9):

$$SA_i = \sum_{j=1}^{n} l_{ij}$$
$$Sa_i = SA_i / \sum_{i=1}^{n}(SA_i/n)$$

(公式6.9)

时间距离通达性模型。引入最短时间距离[481]和有利平均旅行时间两种时间距离通达性模型[485],构建城乡路网最短时间距离通达性模型(公式6.10)和加权时间距离通达性模型(公式6.11):

$$TA_i = \sum_{j=1}^{n} TA_{ij}$$
$$TA_{ij} = l_{ij}/V_{ij}$$
$$TA_0 = 1/n \sum_{i=1}^{n} TA_i$$
$$Ta_i = TA_i/TA_0$$

(公式6.10)

$$WTA_i = \sum_{j=1}^{n}(TA_{ij} \times M_j) / \sum_{j=1}^{n} M_j$$
$$WTa_i = WTA_i \sum_{i=1}^{n}(WTA_i/n)$$

(公式6.11)

公式6.8中,l_{ij} 表示 i 节点到 j 节点的最短公路里程,R_{ij} 为相邻节点间公路里程,单位 km。

公式6.9中,SA_i 为节点 i 的最短空间距离通达性指数,Sa_i 为空间距离通达性指数,其值越小,则城乡节点间通达性越好,系数最小的节点为整个圈域城乡路网的中心。

公式6.10中,TA_i 为节点 i 的最短时间距离通达性指数,TA_{ij} 表示节点 i 到整个圈域其他节点 j 的所耗费的旅行时间,l_{ij} 为节点 i 与圈域其他节点 j 间的最短径公路距离,V_{ij} 为节点 i 到其他节点 j 的道路平均行车速度,TA_0 为节点 i 的最短时间通达性指数 TA_i 的平均值,

Ta_i 为时间距离通达性指数,其值越小,则城乡节点间通达性越好。

公式 6.11 中,WTA_i 为节点 i 的加权出行时间通达性指数,M_j 为节点 j 的某种社会经济要素流流量(可取人口总量、旅货周转量、邮电业务量、社会商品零售总额、地区生产总值等评价)。

6.1.3.2 拓扑法(topological measures)

采用数学图论来描述,将整个城市圈域城乡实体路网抽象成图,只考虑节点与节点间的连接特征,不考察其实际距离,即可将整个圈域城乡路网抽象地描述为一个由点集 V 和边集 E 构成的连通图 $G=(V,E)$,其中 $n=|V|$ 为网络节点数,$m=|E|$ 为网络边数。不考虑节点间的线路长短和方向,只考虑"点对"间的连接顺序和关系,通过构建最短径连接数矩阵,引入系列拓扑网络连接-发育指标,以度量城乡路网的拓扑通达性结构。

(1) 节点相对通达性

定义连接两节点的具有最少的线段数的路径为最短路径,所包含的线段数为这两点之间的拓扑距离[453],即相对通达性:

$$\overline{a}_{ij} = \min\{S_{ij}\} \quad (\text{公式 6.12})$$

(2) 节点总体通达性

定义一个节点的总体通达性为该节点到所有其他节点的相对通达性的总和:

$$\overline{a}_i = \sum_{j=1}^{n-1} \overline{a}_{ij} \quad i \neq j \quad (\text{公式 6.13})$$

公式 6.12、公式 6.13 中,$\overline{a}_{ij}$ 为节点 i、j 间的相对通达性指数,a_{ij} 为节点 i、j 可能连接路径包含的线段数,是节点连接的最短路径矩阵,n 为网络节点数。

(3) 拓扑通达性指数

定义一个节点到所有其他节点的相对通达性的平均值为该节点通达性指数,以衡量网络节点间的联通程度:

$$\overline{a}_i = \sum_{j=1}^{n-1} \overline{a}_{ij}/(n-1) \quad (\text{公式 6.14})$$

将网络中各个节点的通达性指数取平均值,得到整个网络的通达性指数:

$$\overline{A} = \sum_{i=1}^{n-1} \overline{a}_i/(n-1) = \sum_{i=1}^{n-1}\sum_{j=1}^{n-1} \overline{a}_{ij}/(n-1)^2 \quad (\text{公式 6.15})$$

公式 6.14、公式 6.15 中,$\overline{a}_i$ 为节点 i 的总体通达性指数,$\overline{A}$ 为整个网络通达性指数,n 为网络节点数。

(4) 网络发育评价

网络发育指标往往包含交通网络的连接水平及其由此决定的节点间联系的便捷程度[459],因此引入网络发育指标[725,446],构建路网拓扑网络发育评价指标体系,可以较好地从拓扑连接视角评价城乡路网的通达性特征(表 6.1)。

表 6.1 路网通达性发育水平评价指标体系

评价指标		公式	内涵解释
连接程度	连接率 β	$\beta = e/v, 0 \leqslant \beta \leqslant (n-1)/2$	e—线路数,v—节点数,$\beta \geqslant 1$ 为回路网络,$\beta < 1$ 为树状网络;β 值越大,路网通达性越高,$\beta = 2$ 时,达到成熟
	环路指数 μ	$\mu = e - v + p, 0 \leqslant \mu \leqslant (n-1)(n-2)/2$	p—子图个数,若网络是连通的,则 $p=1$,否则等于连通块个数[726];μ 值越大,环路越多,网络越发达
伸展程度	网络直径 δ	$\delta = \max\{S_{ij}\}, 1 \leqslant \delta \leqslant (n-1)$	表示网络最短路径矩阵 S_{ij} 中的最大值,反映了最远两节点间的最短路径连接数
	中心指数 η	$\eta = \min\{C_{ij}\}, 1 \leqslant \eta \leqslant (n-1)$	表示网络中所有节点到最远点的最短路径连接矩阵 C_{ij} 中的最小值,最小值点即为中心
	趋中指数 Z	$Z_i = (\max\{a_k\} - a_i)/(\max\{a_k\} - \min\{a_k\})\ 0 \leqslant Z_i \leqslant 1$	等于网络中最大通达指数与该节点通达指数之差,除以网络中最大与最小通达指数之差的比值,其值越大,表明愈接近网络中心;所有节点的趋中指数平均值,即为网络整体的趋中指数
	伸展指数 D	$D = \sum_i \sum_j S_{ij}$ $(n-1) \leqslant D \leqslant n^2(n-1)/2$	表示网络最短路径矩阵 S_{ij} 之和,反映网络的扩展规模,是衡量网络总的通达程度与联系水平的指标
	点对平均径数 A	$A = D/n(n-1), 1 \leqslant A \leqslant n/2$	表示网络最短路径矩阵元素的总和与城市"点对"数的比值,反映了对偶节点间的平均线路数
扩展潜力	实际成环率 α	$\alpha = \mu/(2v-5p), 0 \leqslant \alpha \leqslant 1$	环路指数与最大可能环路数比值,值越小,环路发展潜力越大
	实际结合度 γ	$\gamma = e/3(v-2), 0 \leqslant \gamma \leqslant 1$	线路实际结合水平,值越小,结合潜力越大

6.1.3.3 数据处理

(1) 行车速度

在 6.3 距离通达性分析部分,因为不同城乡空间节点间联系可乘不同交通工具进行,因此计算最短时间及加权平均时间通达性时须综合考虑城乡路网道路技术等级所致的速度差异,具体思路为:依据《中华人民共和国公路工程技术标准-公路设计速度规定》(JTG-B01-2003),确定武汉城市圈城乡路网不同年份、不同运输道路的行车速度 V_{ij} 及分级:高速公路、国道(一级公路)、省道(二级公路)、县道(二、三级公路)、乡道(山路、三-四级公路)五个等级(表 6.2)。并设定:如果多条不同等级公路相连,取最高等级速度指标核算;如果两个节点之间存在多种交通方式连续链接,则将其按照交通方式的不同进行分段处理,分别在各段内取最高等级速度指标核算各分段内通行时间,然后利用两节点之间交通总距离和节点之间运行总时间计算得出车辆在上述两个节点之间运行的最高时速。

表 6.2　城乡路网道路平均行车速度　　　　　　　　　　（单位：km/h）

等级 国标 年份	第一等级 高速公路 120/100/80	第二等级 国道、 一级公路 100/80/60	第三等级 省道、 二级公路 80/60	第四等级 县道、 二-三级公路 60/40/30	第五等级 乡道、 三-四级公路、山路 30/20
1989 年	/	60	60	40	25
1995 年	/	65	65	45	25
2000 年	90	70	70	50	30
2005 年	100	80	75	55	35
2010 年	110	90	80	60	40

（2）格网划分

在 6.3.1 部分，考虑武汉-周边重要节点加权时间通达性构建的数据可获得性，这里将研究区域空间节点进行删减。具体思路为：把武汉城市圈域范围内县（区）、乡镇地域行政单元抽象为空间节点，节点位置选取县（区）或乡镇行政办公所在地，利用地理信息系统软件 ArcGIS9.3 进行格网分析，将全域划分为 147 个 20 km×20 km 相对完整的网格（图 6.4，仅列 2010 年城乡路网栅格划分图），将任一网格内所有节点时空通达性平均值计为该网格的整体通达性指数，并设定没有任何城乡道路经过或节点落入的网格，"存在"一条低等级公路、一个节点（假定位于网格中心）与外界最近的既有公路或节点直线相连，给出一个默认速度 10 km/h。

（3）数据获取

以 1989～2010 年武汉城市圈城乡路网空间数据库为基础，利用 ArcGIS9.3 软件的最短路径法，构建城乡节点最短径距离矩阵和最短径连接矩阵，利用相应公式计算最短空间（单位：km）、最短时间距离[单位：分钟（min）]、加权平均出行时间[单位：分钟（min）]、拓扑连接通达性指数，并通过 ArcGIS9.3 的空间分析进行图示表达（空间插值、绘制等值线等）。

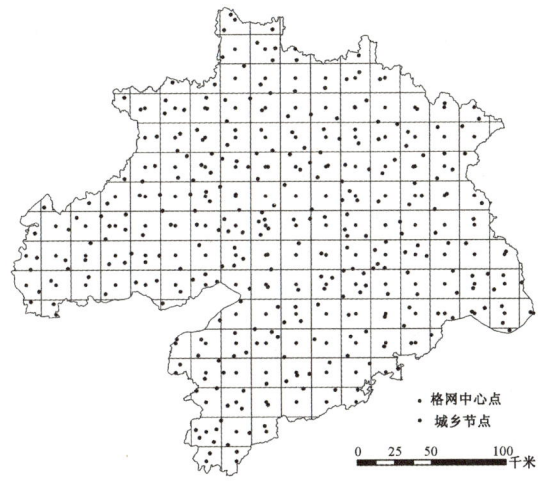

图 6.4　武汉城市圈格网分析（2010 年）

6.2 城乡路网连接的空间句法分析

6.2.1 城乡路网层次性的统计分析

6.2.1.1 整体拓扑连接存在显著等级-规模结构，高度符合指数律特征

对所有空间句法变量指标值进行最大化无量纲化处理，定义交通轴线通达性规模为各指标值的算术平均值，建立 1989～2010 年交通轴线通达性位序-规模双对数坐标图（图6.5），各曲线近似为负斜率的直线，交通轴线的空间句法变量规模与其位序（降序，decreasing order）之间存在一定的负幂律关系，满足一定的 $Zipf$ 定律：$T(\rho) = T_1 \rho^{-q}$（其中 ρ 为自上而下，按句法变量值降序排列的交通轴线位序，$T(\rho)$ 为第 ρ 位的交通轴线空间句法变量值，T_1 为比例常数，理论上为最大交通轴线的空间句法变量值，q 为标度指数，是反映其等级规模分布的本质性参数。）

整个交通轴线通达性位序-规模分布曲线幂函数拟合程度不高（拟合 R^2 普遍不超过 0.85），无标度区范围狭小，大量低等级轴线落入无标区处，导致曲线在位序前端近乎水平分布（不妨形象称为"奄头"分布），在末端出现明显"下垂"，近于垂直分布（有学者形象称为"拖尾"分布），整个圈域范围并未形成广泛而良好的等级-规模分布，存在较窄无标区，整个城乡路网交通轴线等级-规模结构不够发育。

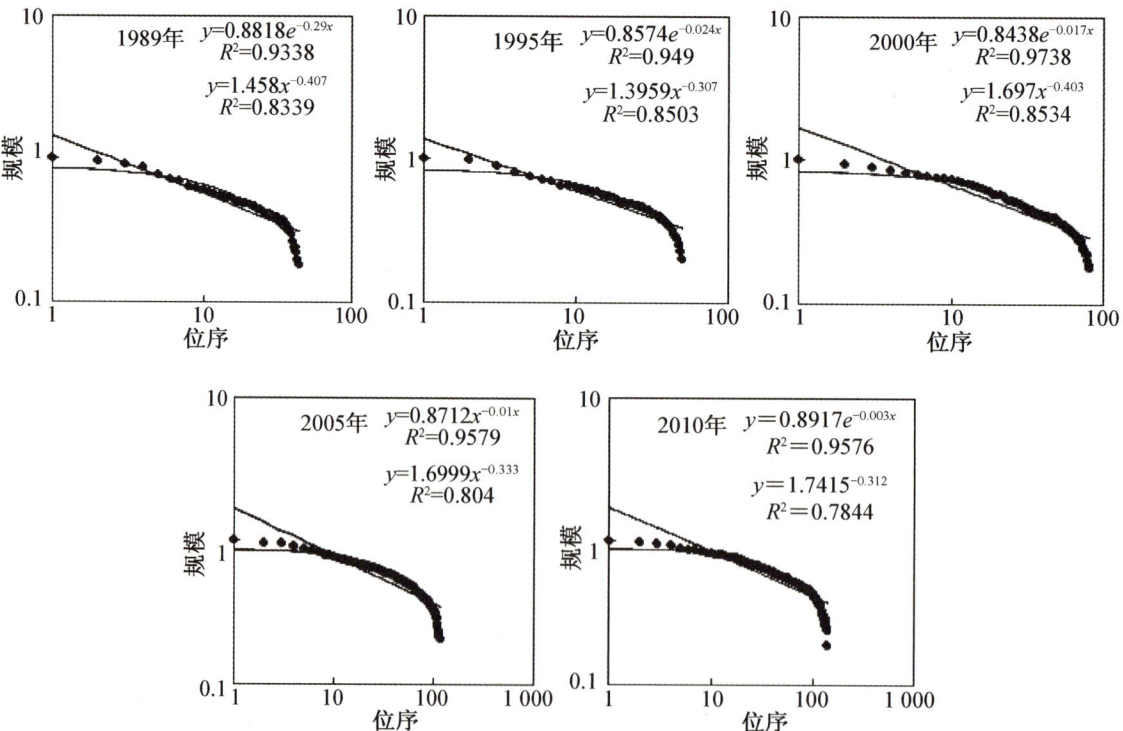

图 6.5　武汉城市圈城乡路网轴线通达性位序-规模图（1989～2010 年）

但相较幂函数而言,1989～2010年句法变量值位序-规模双对数的指数曲线拟合程度更高,城乡路网交通轴线位序-规模法则严格不是负幂律,而是指数律,这与后面第6章的分析结论保持一致,似乎暗示城乡路网是一种较简单的自组织网络,具有较强的随机性(表6.4)。当然,细究起来,可能受到两方面的因素影响:一方面是空间句法分析"人为省略"了交通轴线本身的等级,导致路网轴线层次性"被隐藏",另一方面由于城乡路网轴线发育和结构演化不够成熟,整个位序-规模双对数曲线存在一个无标度区。

同时,1989～2010年指数曲线拟合程度整体呈上升趋势,而幂函数拟合程度不断下降,一定轴线段句法变量值不断落入无标度区外,似乎隐示城乡路网出现"对称破坏"①,自组织效应不断减弱,随机性不断增强,路网结构趋于"简单化"。

表6.2 指数律与幂律的比较

模型	指数律(exponential law)	幂律(power law)
函数表达	$y \propto \alpha e^{\beta x}$	$y \propto \alpha x^{\beta}$
空间分布	均匀随机性分布	非均匀确定性分布
标度作用	有特征尺度、局域邻位作用(neighbor-hood effect)	无特征尺度、长程作用(action-a-distance effect)
对称性质	平移对称(translational symmetry)、镜像对称(bilateral symmetry)	扩展对称(也称伸缩对称,dilation symmetry)
系统状态	极端化:无序而简单;随机性	结构化:有序而复杂;层级性
理论基础	最大熵、效用最大化	自组织临界性、广义分形理论
代表理论或模型	引力模型、WS小世界模型、ER随机图、Clark模型	$Zipf$法则、中心地理论、BA无标度模型、Pareto分布

注:据陈彦光(2008)整理,略有改动[223];同时,他认为指数律和幂律可以相互转化,在尺度发生变化时,指数律可"进化"为幂函数式,幂律可"退化"成指数式,因此一些代表模型不是严格划分

6.2.1.2 局部拓扑连接位序-规模分布存在差异,迭加引致整体性质涌现

1989～2010年,尽管整体上空间句法变量位序-规模分布遵循负指数律,但各变量位序-规模分布曲线间仍存在一定差异:

(1) 控制值、整体集成度和全局深度值位序-规模表现出较高的负指数律(不同时段,负指数函数拟合程度均超过0.9),城乡路网轴线的控制性和通达性的空间-等级关系比较简单,连接结构相对均匀,并未发育出良好的等级-规模结构;

(2) 连接值位序-规模分布并未出现连续式平滑变化,整体出现等级阶梯式(staircase)间断,这与基于中心地理论的Beckmann模型推导结果一致,出现"阶梯"状结构;

(3) 局部集成度和三步深度值位序-规模曲线出现明显的前端"奔头"和末端"拖尾",大

---

① 陈彦光在其专著《分形城市系统:标度·对称·空间复杂性》(北京:科学出版社,2008:235)中提到,大量数值落入到无标度区外,是标度对称破坏的一种表现。

量溢出无标度区,导致整个曲线幂律不强,整体表现出"双标度"结构,实质是指数律分布下的标度间断反映(图 6.6)。

一方面,局部空间句法变量的层次性特征差异显著,有的表现出较强的负幂律,具有明显的等级层次性和空间异质性,有的则呈现出显著的负指数律,存在一定的分布随机性和结构无序性,然而各个局部变量不断迭加、相互耦合,最终导致整个城乡路网句法变量涌现出强的负指数律和弱的负幂律。

另一方面,指数律意味着简单的随机性,幂律昭示着复杂的有序性,在一定程度说明了,整个城乡路网连接结构处于有序-无序、简单性-复杂性、随机性-确定性的矛盾统一中,是混沌-秩序间突现的奇异结构[223]。

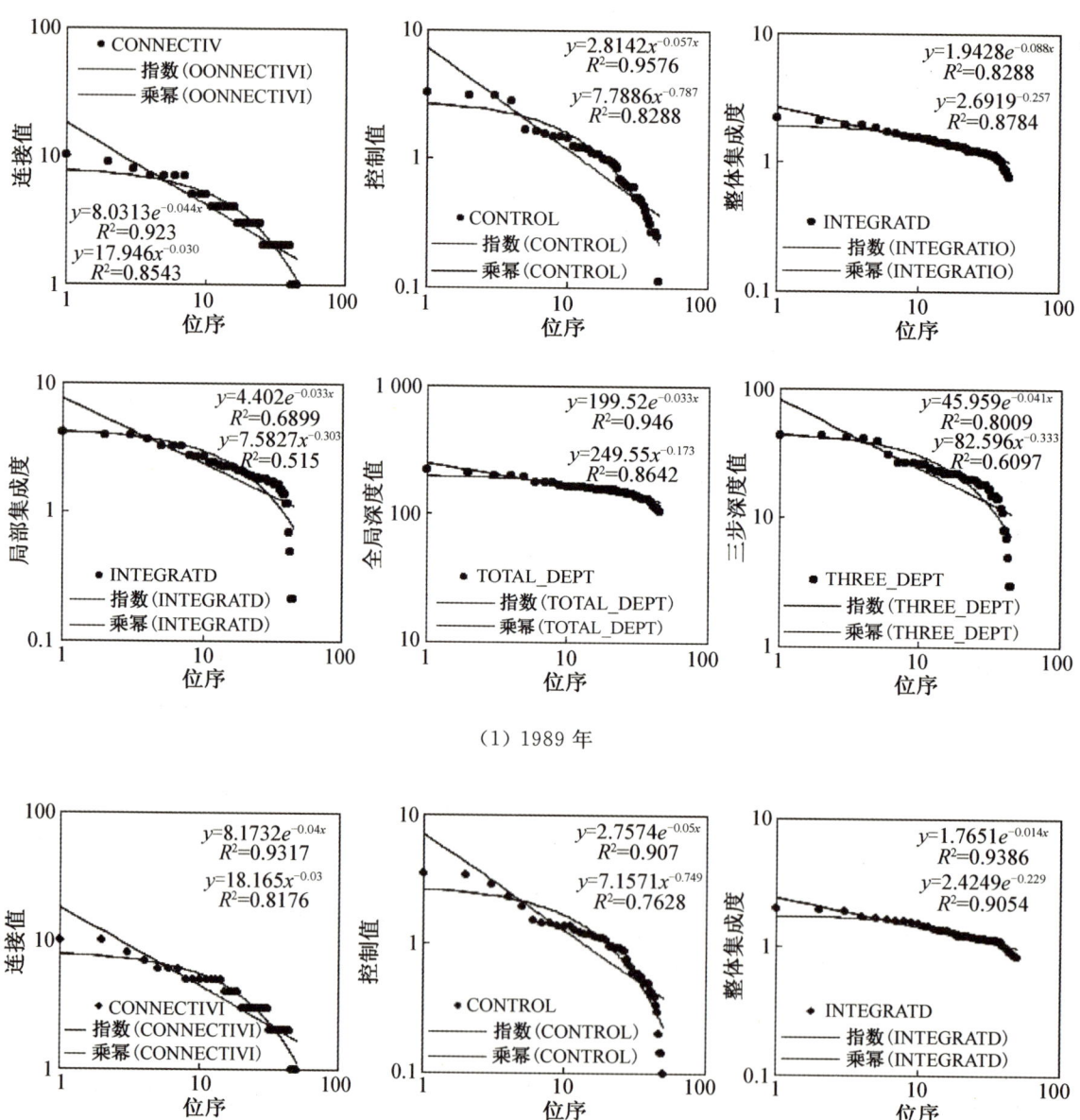

(1) 1989 年

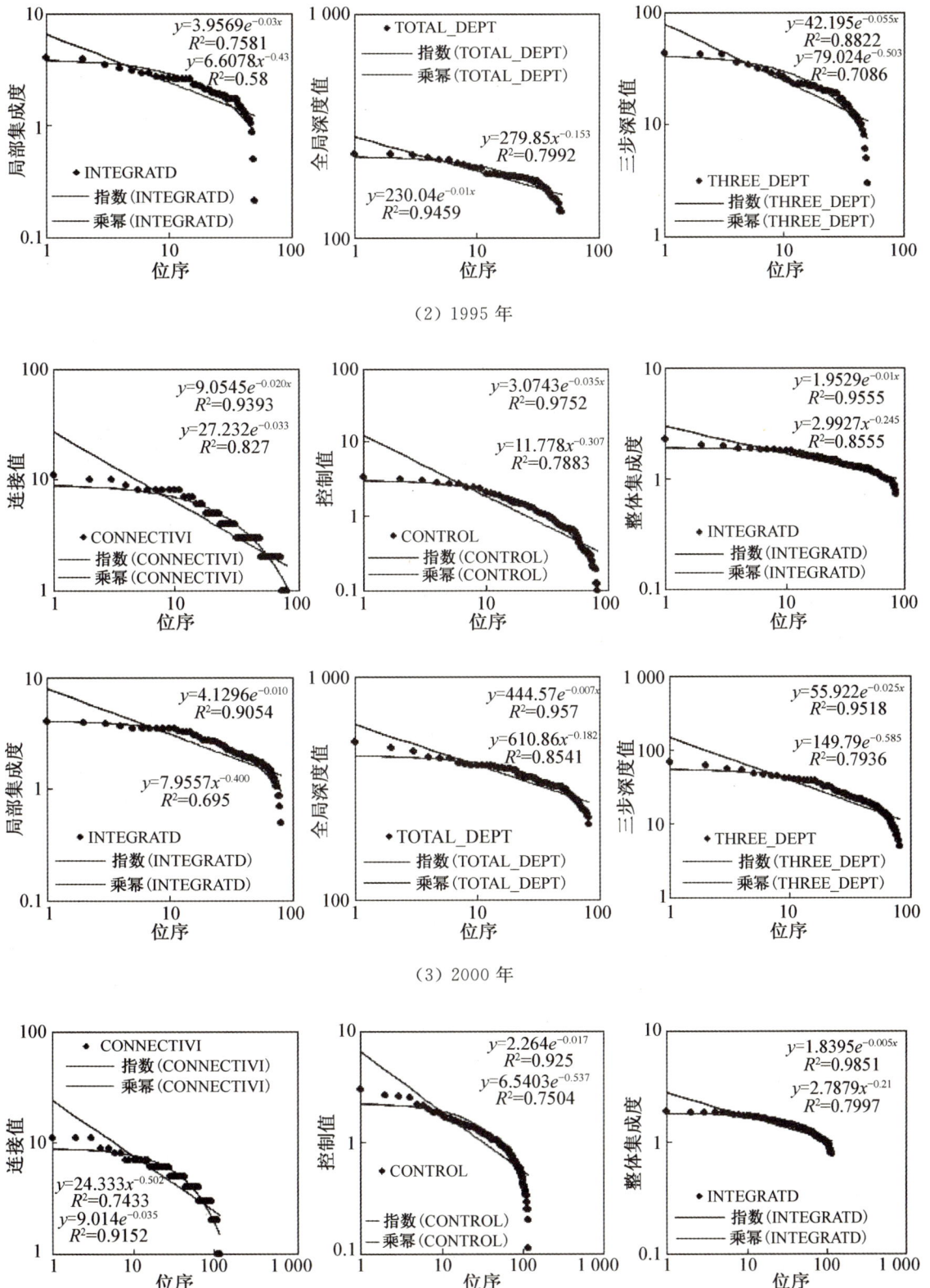

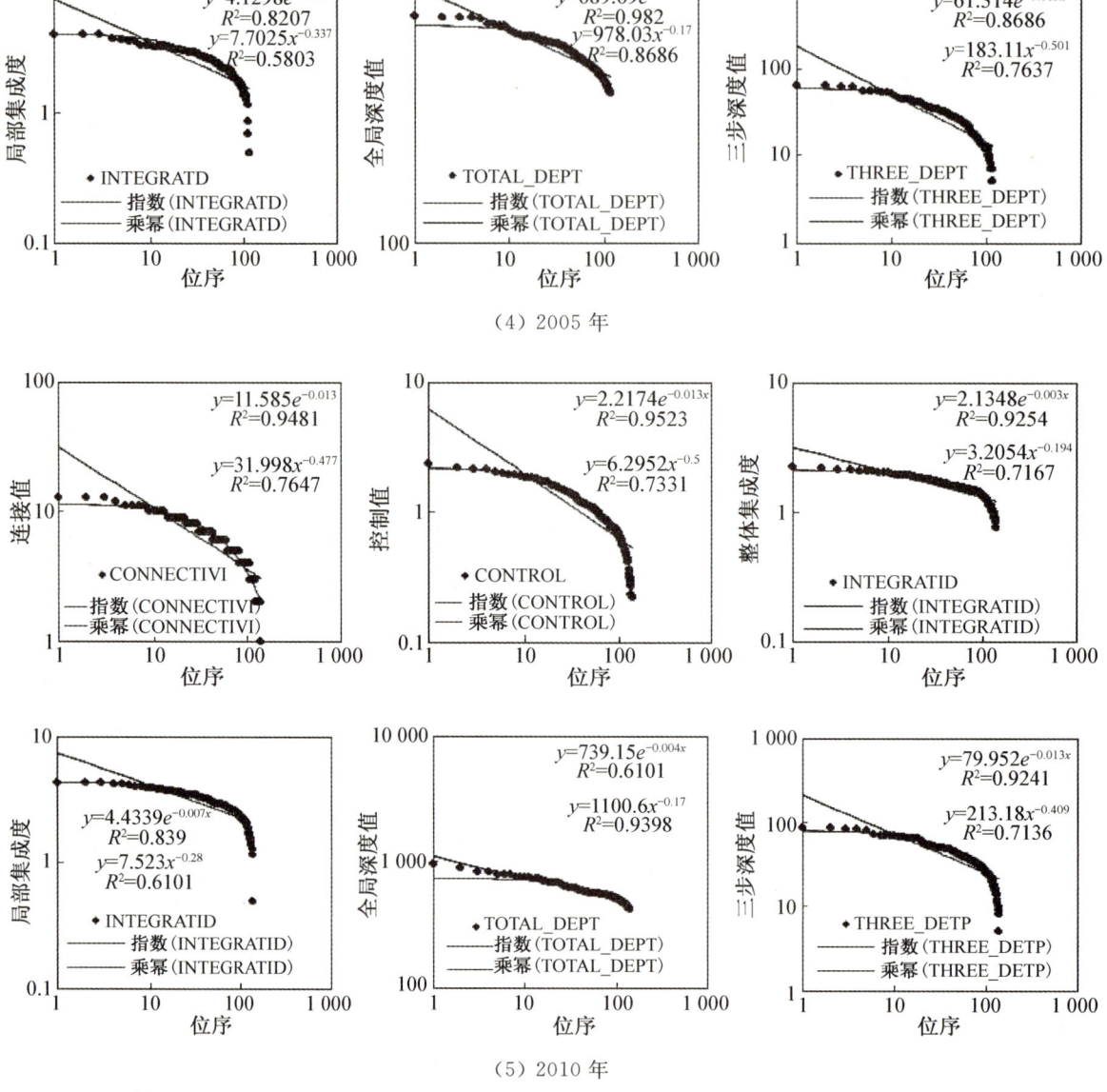

(5) 2010 年

图 6.6 武汉城市圈城乡路网轴线句法变量位序-规模图(1989～2010 年)

6.2.1.3 拓扑连接呈现稳定"金字塔"结构,路网发育不成熟,伺服能力弱

1989～2010 年,城乡路网空间句法形态变量均满足一定的位序-规模法则,存在明显等级差异,除了各年份整体集成度分布相对均匀外,其他在层次性上都具有良好的对应性。

以 2010 年为例,运用 SPSS17.0 进行聚类分析,据此将城乡路网句法变量规模划分成三个等级:第一等级:连接值 $C \geqslant 10$、控制值 $ctrl \geqslant 2$、全局深度值 $TD \geqslant 800$、三步深度值 $3D \geqslant 70$、整体集成度 $TRA \geqslant 4$、局部集成度 $RA \geqslant 2$ 的交通轴线,占轴线总数的比例不超过 10%,其中 $ctrl \geqslant 2$、$TD \geqslant 800$、$3D \geqslant 70$ 的交通轴线比重不超过 5%;第二等级为 $5 < C \leqslant 9$、$1 \leqslant ctrl < 2$、$570 \leqslant TD < 800$、$45 \leqslant 3D < 70$、$1.5 \leqslant RA < 2$、$3 \leqslant TRA < 4$ 的交通轴线,

占轴线总数的比例为 20%～45%；第三等级为 $1 \leqslant C \leqslant 5$、$0 \leqslant ctrl < 1$、$400 \leqslant TD < 600$、$0 \leqslant 3D < 45$、$0 \leqslant RA < 1.5$、$0 \leqslant TRA < 3$ 的交通轴线，占轴线总数的比例超过 45%，甚至达到 70% 以上，路网连接水平在统计上呈"金字塔"型结构（表 6.5、图 6.7），即整个网络中具有绝对控制意义的交通轴线数量相对较少，城乡节点拓扑连接的便利性相对较低，城乡路网的等级体系不够完善，网络结构相对脆弱，应对突发网络"拥堵"的能力较弱，不利于其城乡一体化发展。

同时，1989～2010 年，整个圈域城乡路网的平均连接值不超过 5，控制值均值不超过 1，而连接值小于 10 和控制值小于 2.00 的交通轴线分别占到轴线总数的 90% 和 95% 以上（表 6.5），而具备较强控制力和联动性的交通轴线（连接值≥10、控制值≥2、全局深度值≥800、整体集成度≥4）数量较少，分布相对密集，对整个武汉城市圈路网空间的渗透和控制较弱，高等级路网拓扑连接整体水平相对较低，路网伺服能力较弱，有效性受到较大程度影响，未能发挥最大功效。

表 6.3 武汉城市圈城乡路网句法变量等级体系（2010 年） （单位：%）

等级\变量	连接值	控制值	全局深度值	三步深度值	整体集成度	局部集成度
平均值	5	1	570	38	3	2
第一等级	9.42	4.35	2.90	4.35	7.25	5.80
第二等级	32.61	39.86	23.91	27.50	45.65	31.16
第三等级	57.97	55.79	73.19	68.15	47.10	63.04

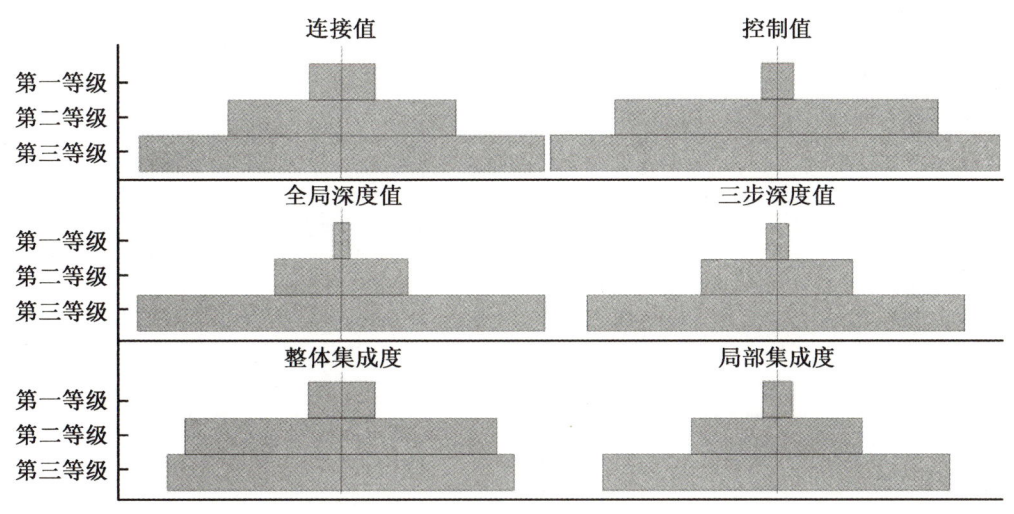

图 6.7 武汉城市圈城乡路网轴线等级-规模的"金字塔"型结构（1989～2010 年）

6.2.1.4 拓扑连接的等级分布与城乡社会经济发展状况密切相关

整个武汉城市圈城乡路网总体呈等级规模分布，各项空间句法指标等级格局与区域经济发展水平、人口分布、城市化水平、空间流集散水平等保持高度的一致性。一方面，时间上（1989～2010 年），武汉城市圈空间句法变量汇总值与其自身经济规模（GDP）、人口规模（常住人口)、城市化水平(城市化率)、空间流强度(社会消费品零售额、民用车拥有量等)保持强正相关性,其相关系数除句法变量-人口仅 0.6～0.7 外,其他普遍超过 0.9,甚至接近 1,城乡路网拓扑连接性与自身的社会经济水平密切相关(表 6.6、表 6.7);另一方面,空间上,连接度、三步深度值和集成度较高的交通轴线主要依托城市快速主干道等高等级路网,其空间格局往往沿等级规模较大吸引力较强的区域方向伸展,存在"主要经济联系方向",城乡路网轴线发育表现出"城乡经济关联指向性",与一些学者的研究观点相似[727]。

表 6.4 武汉城市圈城乡路网句法变量与社会经济发展水平(1989～2010 年)

时间 变量	1989 年	1995 年	2000 年	2005 年	2010 年
连接总值	156	176	308	484	758
控制总值	45	50	82	116	138
全局深度总值	6 824	8 972	27 160	60 498	78 614
三步深度总值	928	988	1 936	3 004	5 198
整体集成度总值	92	101	176	268	388
局部集成度总值	60	63	109	150	210
GDP(亿元)	335.07	1 547.67	2 615.91	3 999.75	7 956.55
总人口(万人)	2 335.31	2 996.77	3 069.25	3 086.66	3 179.49
城市化水平(%)	27.74	29.51	45.69	46.85	49.54
民用车拥有量(辆)	/	/	277 248	580 761	1 213 625
社会消费品零售额(亿元)	179.20	554.30	1 091.16	1 890.54	3 729.14

注:所有数据通过《湖北省统计年鉴》(1990～2010 年)整理,实际获取的是 1989～2009 年数据;2000 年民用车拥有量数据为 2001 年数据,"/"为数据缺失

表 6.5 武汉城市圈城乡路网句法变量-社会经济发展水平相关系数

指标	GDP(亿元)	总人口(万人)	城市化(%)	民用车(辆)	消费品零售额(亿元)
连接总值	0.987 467	0.645 657	0.846 443	0.997 169	0.994 171
控制总值	0.944 341	0.706 394	0.925 186	0.948 148	0.951 022
全局深度总值	0.948 105	0.661 627	0.879 909	0.932 502	0.958 612
三步深度总值	0.989 624	0.624 703	0.829 964	0.999 993	0.996 116
整体集成度总值	0.980 935	0.659 276	0.869 582	0.992 292	0.988 009
局部集成度总值	0.977 517	0.668 368	0.890 421	0.995 756	0.983 811

6.2.2 城乡道路重要性的空间分析

城乡路网中道路轴线的连接值和控制值非常直观地表示了城乡道路的重要性,连接值和控制值越大,表明与该道路相交产生联系的道路轴线越多,反之,则与该道路相交的道路

越少,道路的重要性也就越低。

6.2.2.1 重要轴线日益多样化和分散化,路网结构渐趋稳定

就武汉城市圈城乡路网而言,定义连接值超过 6、控制值超过 1.5 的交通轴线为重要轴线。1989~2010 年,重要轴线数量不断增加,高连接性轴线数量的增长由期初的 7 条,迅猛增长到期末的 41 条,高控制性轴线数量则由期初的 7 条直线上升到期末的 24 条,整个城乡路网空间重要轴线持续增加,城乡节点关联和交流空间选择性大规模增加,路网结构由期初的强极化不稳性(表现为重要轴线高度集聚于圈域核心——武汉市,形成"一城独大"局面)逐渐发展到期末的有序层次性(形成鄂州、黄石、孝感、咸宁等多个重要轴线汇聚中心),其应对轴线故障的能力日益增强,宏观结构不断优化,路网渐趋稳定(图 6.8、图 6.9)。

6.2.2.2 重要轴线生长具时间惯性,形成两条交通走廊

1989~2010 年,高连接性和高控制性轴线分布走向基本保持不变,具有时间上的稳定性,主要集中于东西向潜江-仙桃-武汉-鄂州-黄石和南北向的孝感-武汉-咸宁城际间,其他地域范围,尤其是黄冈东北部大别山区、咸宁南部幕阜山区交通轴线重要性明显减弱,连接值普遍不超过 5,控制值小于 2,处于圈域的第三等级;处于第一等级的重要轴线主要依托东西向沪蓉高速、南北向京珠高速等快速干道的空间发散效应,广泛享受其强大的空间伺服效能,不断发育伸展,形成以武汉为核心的"十字"状城际交通走廊(图 6.8、图 6.9)。

6.2.2.3 轴线汇聚中心不断多元化,形成多个"轴-辐"网络

交通轴线主要依托圈域中心城市,形成以中心城市为核心向四周放射状伸展的"轴-辐"结构,各汇聚"轴"因其辐射交通轴线重要性差异而存在明显的等级规模结构,这种等级层次性主要取决于中心城市的经济水平、城镇规模等集散能量,整个圈域随着时间推移逐渐发育形成等级有序、日益多元的汇聚中心位序-规模体系。其中重要轴线汇聚中心不断多元化,由期初的单核心——武汉市,不断演化生长形成期末的多个重要轴线集散中心:鄂州、黄石、孝感、咸宁等,整个圈域相应在局域发育生成多个承接不同等级轴线,尤其是重要轴线的"轴-辐"网络体系(图 6.8、图 6.9)。

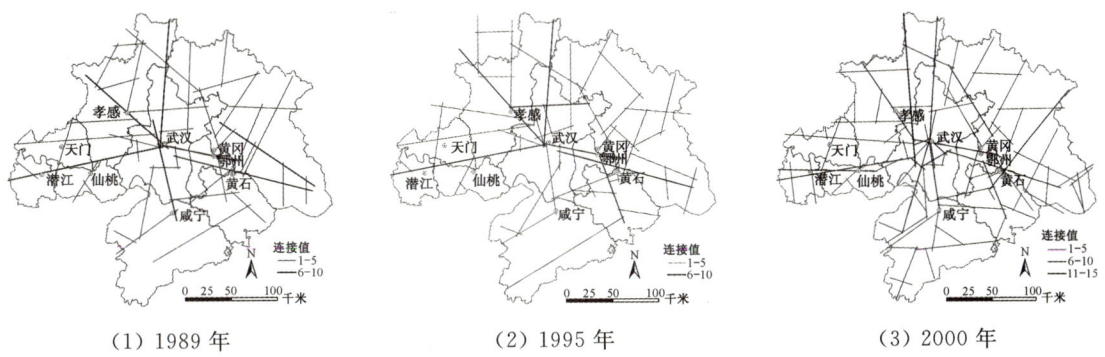

(1) 1989 年　　　　　　(2) 1995 年　　　　　　(3) 2000 年

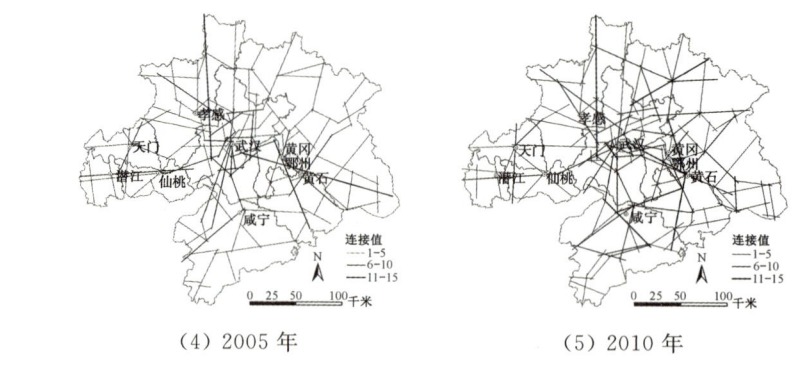

(4) 2005 年　　　　　　　　(5) 2010 年

图 6.8　武汉城市圈城乡路网的高等级道路连接值(1989~2010 年)

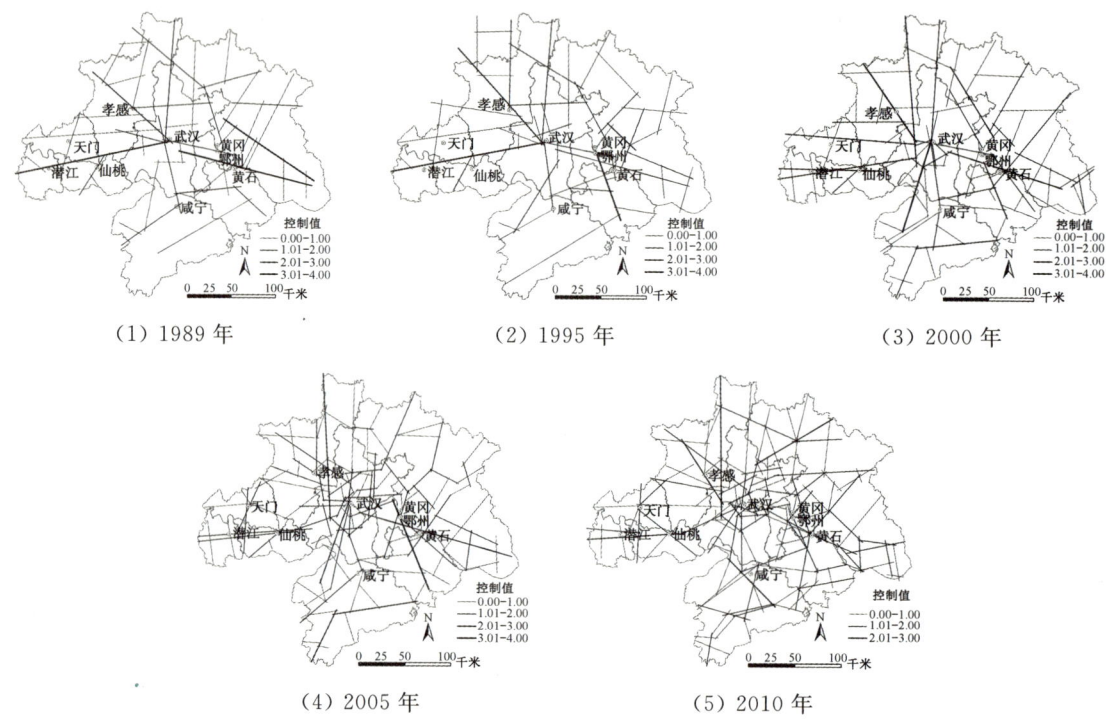

(1) 1989 年　　　　　　(2) 1995 年　　　　　　(3) 2000 年

(4) 2005 年　　　　　　　　(5) 2010 年

图 6.9　武汉城市圈城乡路网的高等级道路控制值(1989~2010 年)

6.2.2.4　重要轴线以武汉为中心呈放射状伸展,发育生成"核心-边缘"结构

20 多来,尽管交通轴线汇聚中心不断发育生长,日益多元化,表现出一定的由武汉市向周边城市迁移的态势,但整体上重要轴线仍然高度聚集于圈域核心圈层:武汉、鄂州及黄石、咸宁、黄冈、孝感城区,外围圈层重要轴线发育稀疏,成为"高速"连接的"孤岛",整个圈域宏观上受城乡社会经济发展水平、历史基础和政策调控等因素共同影响和作用,自-构组织交互发育形成以武汉为集散核的"核心-边缘"格局。

经过 20 多年的轴线生长,整个圈域重要交通轴线数量不断增加,分布日益分散,但武汉市中心城区一直是整个圈域城乡路网轴线伸展的集线器(hub)。其中 1989~1995 年重要轴线在武汉市中心城区汇聚成点,2000~2010 年,武汉绕城高速的建设和生长,发育形成大量环城重要轴线,整个圈域重要轴线在武汉市中心城区汇聚成环,宏观上仍然形成以武汉市中心城区为核心的放射状结构(图6.8、图6.9)。

6.2.3 城乡道路控制性的空间分析

深度值包括全局深度值和局部深度值(三个步长)两种,全局深度值反映了某一轴线到全部其他轴线所需经过的连接数,而局部深度值则表示某一轴线到与之三个步长距离的连接数。全局深度值越大,说明该道路轴线越偏僻,其空间通达性水平越低,对全局路网的控制力越弱;而局部深度值越大,说明在三个步长以内与该道路轴线发生联系的道路越多,则其空间通达性水平越好,对局部空间的控制力越强。分析圈域城乡路网的全局和局部深度值(图6.10、图6.11),可知:

(1) 通达性水平存在一定空间分异,呈现核心-边缘梯度递减

1989~2010年,轴线全局、局部深度值存在一定差异。期间,全局深度值空间变异系数(=标准差/均值)基本介于0.15~0.18之间,轴线间全局深度值差异较小,城乡道路空间通达性分布相对均匀;而三步深度值空间变异系数普遍较高,超过0.47,城乡道路三步局域间空间通达性差异显著。20多年来,武汉城市圈城乡道路全局深度值和三步深度值整体上空间分布保持稳定,圈域外围圈层城乡道路全局深度值普遍较大,三步深度值普遍小于平均值,尤其是黄冈东北部-东南角、咸宁南部、仙天潜地区,这些区域地形地貌多样,自然条件复杂,(或山地、丘陵、或河湖交错),经济水平较低,高等级快速干道不够发育,空间通达性较差,而核心圈层(武汉、鄂州、咸宁-黄石-黄冈-孝感城区)城镇体系发育,经济水平较高,地势相对平坦,城乡道路全局深度值普遍较小,三步深度值普遍较大,空间通达性较好,整个圈域空间通达性形成典型的自中心向外围梯度衰减格局(图6.10、图6.11)。

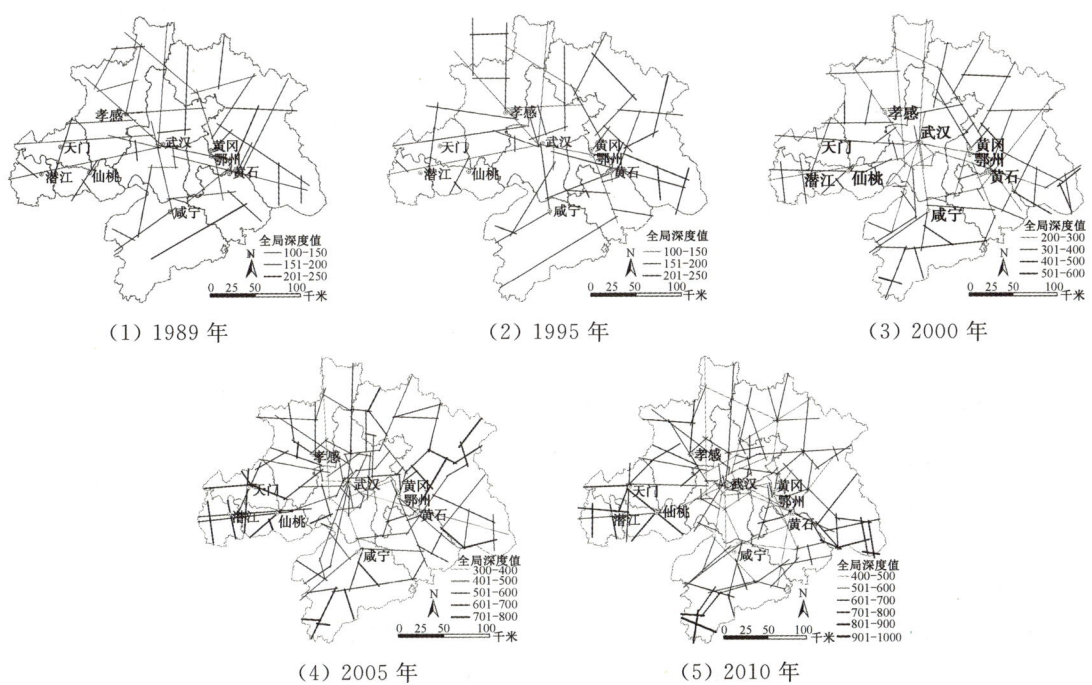

图6.10 武汉城市圈城乡路网的高等级道路全局深度值(1989~2010年)

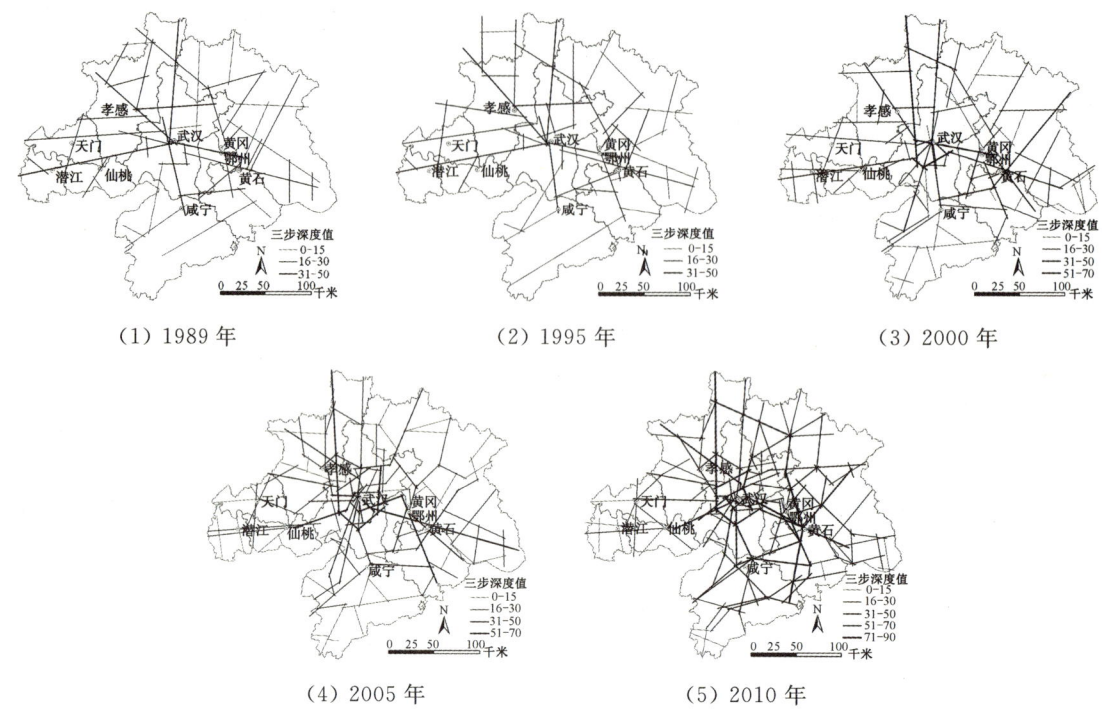

图 6.11　武汉城市圈城乡路网的高等级道路三步深度值(1989～2010 年)

(2) 高通达性轴线保持强时间惯性,基本形成"十字"状快速走廊

1989～2010 年,全局深度值较小、三步深度值较大的高通达性城乡道路主要集中于圈域中心地带,主要依托南北向京珠高速、107 国道湖北段等和东西向的沪蓉高速、318－316 国道湖北段等高等级公路,时间上保持高度的稳定性,不断发育壮大,形成连接孝感-武汉-咸宁城区(南北向)和仙桃-武汉-鄂州-黄石城区(东西向)的两条"十字"状城际交通走廊。

两条带状走廊沿线城乡节点发育完善,关联作用强烈,经济水平较高,其中南北向的孝感的孝昌、孝南、武汉的黄陂、城区、江夏、咸宁的咸安、赤壁等节点依托(京广铁路、京珠高速、107 国道等)重要干线,经济基础较好,处于圈域前列,东西向的潜江、仙桃、孝感汉川、武汉东西湖、城区、鄂州、黄石城区、黄冈黄梅等坐拥长江沿线快速干道(沪蓉高速、318 国道等),经济水平较高,历史基础较好,整个城乡道路联结成网、提档升级与经济社会发展保持良性协调和互促,城乡经济-路网耦合作用、协同交互较强,形成一种"十字状"城乡经济-交通复合带。

6.2.4　城乡道路集成性的空间分析

集成度是空间句法分析中最重要的参数之一,它反映的是某一空间与其他空间的聚集与离散程度,是剔除了冗余节点后标准化的平均深度,体现了某一空间单元对其他单元具有的可达性和渗透性优势,从而表现出某一空间相对于其他空间的中心性[514]。

对于城乡路网而言,集成度的高低则表现了城乡道路在城乡关联网络中的集散能力,也反映了其通达性水平的高低以及所在空间区域的中心性水平,是描述空间通达性的直接变量[728]。往往全局集成度高值轴线段,在城乡关联中处于支配地位,构成整个城乡路网的全局集成核,其聚集区域代表了整个城乡地域空间中心性最强的区域[729];而局部集成度较高轴线段,则构成局部集成核,其围成区域代表了一定范围内的城乡关联中心[512]。

6.2.4.1 城乡路网集成度的空间演化

(1) 1989年:沿江伸展状[507]

1989年之前,整个圈域城乡节点关联作用和路网发育受宏观自然环境作用影响明显。一方面,在圈域高山地区(如黄冈东北部、咸宁南部)、河湖密集地区(如江汉平原的仙桃、天门、潜江)等外围圈层,高等级城乡路网发育稀疏,缺少具有局部或全局意义的集成核(高集成度轴线),整个外围圈层因自然条件、经济水平、历史基础和政策调控等因素耦合作用而出现高集成度轴线伺服"空洞",圈域形成典型的集成度核心-边缘分布格局,城乡路网结构失衡(图6.12、图6.13);另一方面,直至1989年,圈域城乡路网主要围绕汉江-长江布局城乡节点及其生长轴,以武汉为核心形成多条沿两江展布的集成核,宏观上呈现"侧Y字"形("Y"形向左90°旋转)沿江伸展结构,即形成沿汉江发育的孝感-武汉集成核和沿长江发育的潜江-仙桃-武汉集成核、武汉-鄂州(黄冈)集成核、武汉-黄石-黄冈黄梅集成核(图6.14)。

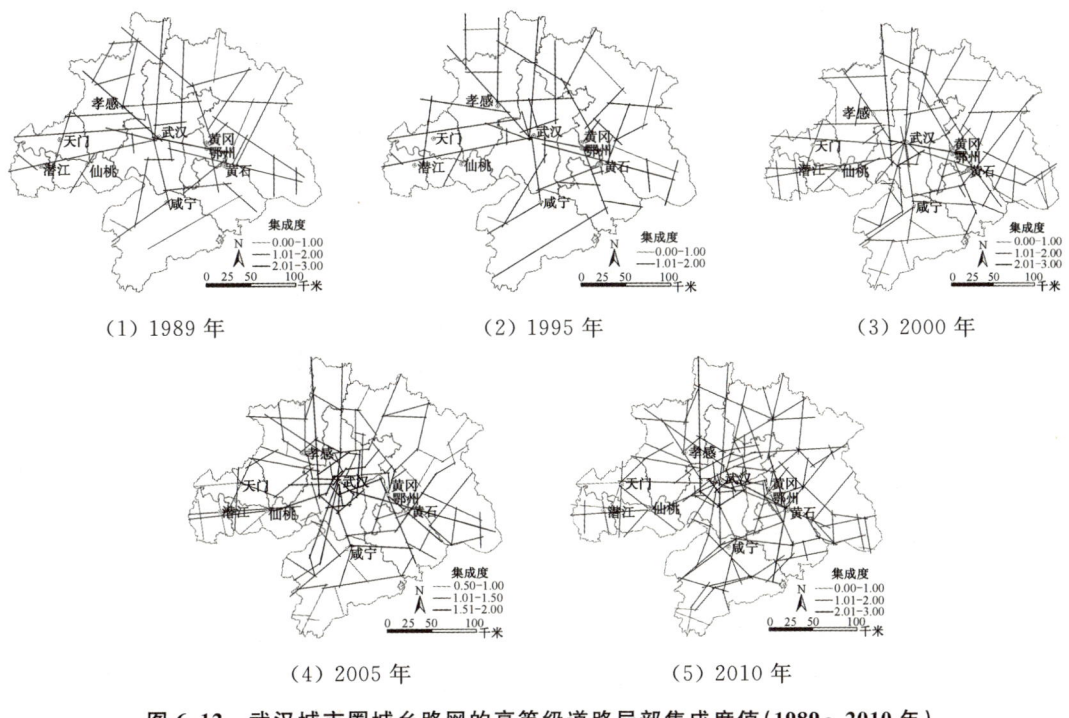

图 6.12 武汉城市圈城乡路网的高等级道路局部集成度值(1989~2010年)

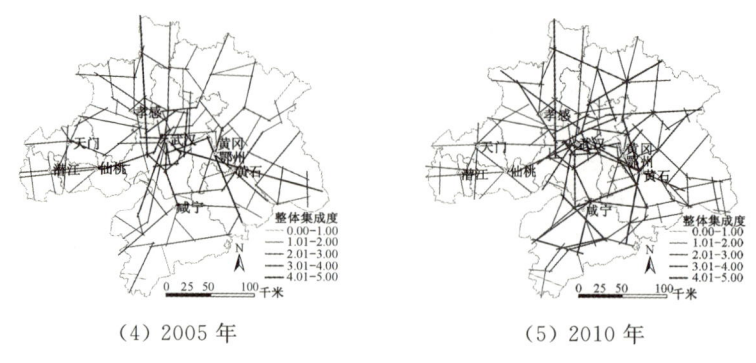

(4) 2005年　　　　　　　　(5) 2010年

图 6.13　武汉城市圈城乡路网的高等级道路整体集成度值(1989~2010年)

(2) 1995年：树状单核状

1995年，尽管圈域城乡路网高等级轴线数量并未呈现明显增长，整体上仍以武汉市为核心的沿江伸展结构为主，但在局部外向伸展作用强烈，率先自组织选择主要关联方向，发育生成多条具有全局或局部重要意义的高集成度轴线，尤其是在圈域外围圈层，发育多条贯穿局域的集成核。当然，这些局域的集成核及其集散中心相较全局的以武汉为核的"十字"状集成核而言，其等级-规模不仅较小，而且宏观上是全局集成核向外枝状扩张的结果。整个圈域形成并强化以武汉为核心，以多个次级中心城市为支点，由核心圈层向外围圈层呈树枝状分枝和扩散的形态(图6.14)。

(3) 2000年：轴-辐扩散状

2000年，集成度轴线等级-规模具有明显的增长。一方面，相较10年前，集成度轴线总数明显增多，圈域不断生长发育大量具有一定规模和等级的集成度轴线，重要干线路网覆盖度不断增加，整个圈域几乎无快速干线伺服作用的"空隙"。另一方面，高集成度轴线数量不断增长，形成多个局域集成核，相应空间发育配置多条低等级交通轴线，整个圈域交通轴线集成度等级-规模结构日益合理(图6.12、图6.13)。

同时，伴随着集成度等级-规模结构的合理化，圈域集成度空间结构不断趋于有序和协调，整个地域空间发育形成高效而有序的轴-辐结构。全局上，以武汉市为核心的轴线不断发育生长，主要沿快速干线广泛伸展，形成以武汉为"轮轴"的"十字"状集成核(辐条)，武汉发育成为整个圈域轴线的集散中心(集线器)；局域中，黄石、孝感、咸宁、鄂州、仙桃等中心城市不断发育完善，成为多条高集成度轴线汇聚中心，自发形成以其为"轮轴"的放射状集成核(辐条)。从而，整个圈域呈现局部-全局以中心城市为集散"轮轴"、以多条放射状集成核为"辐条"的轴-辐扩散状格局(图6.14)。

(4) 2005年：轮形多向状①

一般而言，最高等级连接线伸展特征与全局集成核布局结构密切相关：当连接线为直线或折线时，全局集成核呈"树"状集成核伸展；当连接线为环线时，全局集成核发育成为

---

① Bill Hillier针对欧洲一些城市的实证研究发现，城市具有内在的自相似宏观结构，形成不同程度的变形车轮状，轮轴、辐条、轮缘构成公共空间，辐条之间的空隙多为居住空间，从公共空间到住宅空间呈现功能上的渐变。

"轮"形集成核。1989~1995 年,圈域城乡路网集成核结构主要为以武汉为中心的"树"状伸展结构。2000 年以来,圈域核心——武汉市三环线、外环绕城高速相继建成,并迅速发育成为圈域的集成核,整个圈域宏观上呈现以武汉主城外环线为"轮"(两圈),连接"轮"环的放射线为集成核(多向)的"轮形多向"结构(图 6.14)。

(5) 2010 年:多心多向状[730]

2010 年,武汉城市圈城乡路网一方面不断以各中心城市为核心向外沿主要城乡关联方向拓展,道路以枝状结构向周边蔓延和伸展,路网边界不断模糊化,形成多个方向和环形圈层;另一方面在圈域各中心城市内部(如武汉市)不断出现细化,道路不断呈现网格化架构,路网边界日益清晰化,因其自身历史基础、经济水平、政策调控等多种自-被构因素作用,而形成多个不同等级-规模的集散中心,整个圈域城乡路网自然增长呈现扩张-细化两种内力共同作用,不断呈周期性演替、螺旋式上升,宏观上形成多中心-多方向结构(图 6.14)。

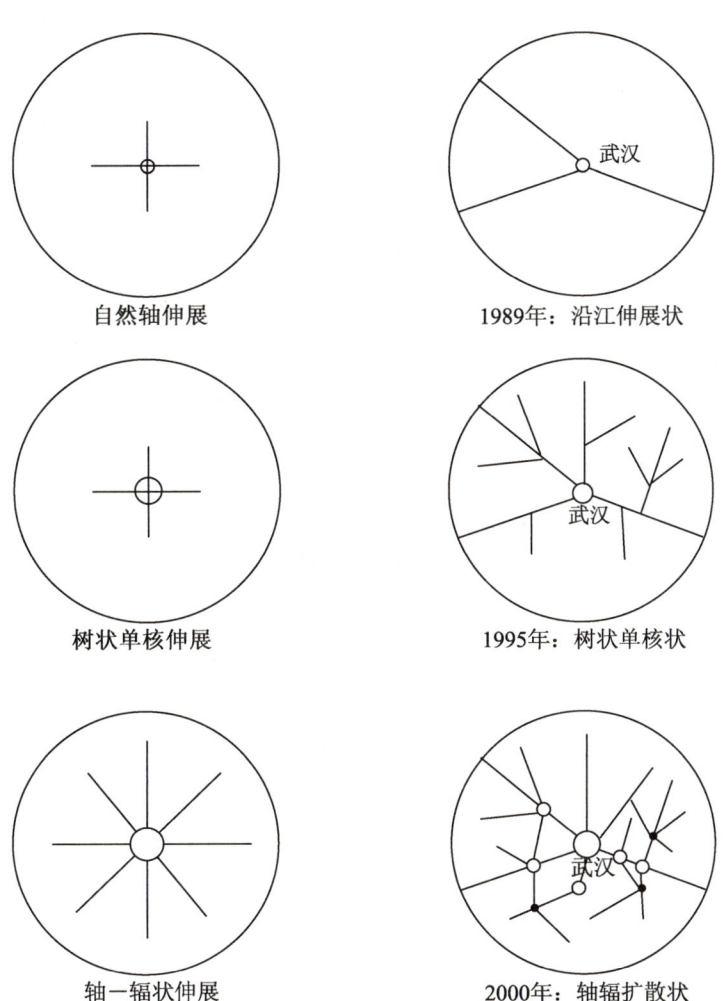

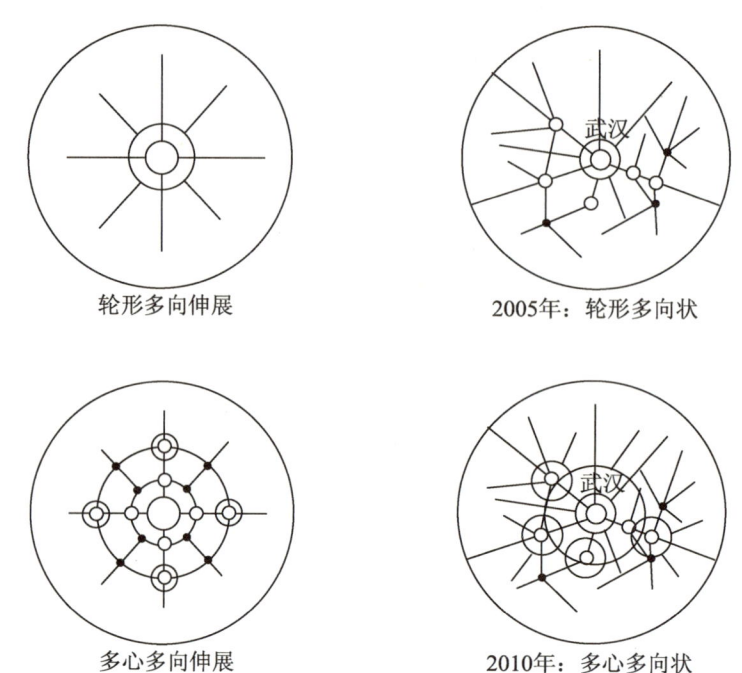

图 6.14 武汉城市圈城乡路网集成核生长演化示意图(1989～2010年)[731]

6.2.4.2 城乡路网集成度的空间分异

(1) 交通轴线集成度值空间分布不均,高集成度轴线广泛发育于圈域核心圈层

交通轴线集成度值空间分布不均,整个城乡路网具有强集聚性[517],全局上高集成度轴线主要是城际高速、国道和省道等交通干道和快速干线,成为圈域空间流集散作用强烈的主要通道,主要集中分布于武汉城市圈核心圈层,武汉至鄂州、黄石、黄冈、孝感和咸宁等周围中心城区连接线发育等级较高,集成度值较大,表明核心圈层城乡关联作用强烈,经济社会交流频繁,而外围圈层高集成度轴线分布稀少,受地形地貌和经济基础影响作用明显(图6.12、图6.13)。

(2) 高集成度轴线集中分布于东西—南北"十字"状城际走廊,构成圈域集成核

集成度往往反映了轴线与其他节点的集散程度,体现了其渗透性和中心性优势。1989～2010年,高集成度交通轴线(全局集成核)保持相对的稳定和惰性,高度集中于以武汉为中心的核心圈层,形成以武汉为中心的东西向、南北向放射状通道,即东西向的潜江-仙桃-武汉-鄂州-黄石城区-黄梅段和南北向的大悟-孝昌-孝感城区-武汉-咸宁城区一段,其集成度值均超过1.70,成为第一等级交通轴线,构成整个圈域的集成核(integrative core),具有最强的渗透力和集成力,代表着圈域中心性最强区域,尤其是轴线交汇点——武汉成为整个城市圈的网络中心,这突出表明了武汉城市圈虽然经过漫长的发展演变和交通规划的调整引导,城乡主要联系的空间态势仍然是以武汉为中心,沿东西、南北方向放射状伸展起来的(图6.12、图6.13)。

值得一提的是,东西向轴线平均集成度值略较南北向高,集成核数量也相对较多,一定

程度表明圈域城乡主要联系方向以沿长江东西向为主,城乡集成度高度发育于城乡历史基础较好、经济发展水平较高的长江经济带,表现出圈域城乡交通-经济的高度共轭协同性。

(3) 交通轴线呈放射状"轴-辐"式和"鱼骨刺状"伸展结构

一方面,整个城市圈路网主要以城市对为主,各中心城市(武汉、鄂州、黄冈、黄石、孝感、咸宁等)成为交通轴线束汇聚点,构成整个路网空间的集散"轴",各城际交通轴线成为路网空间的伸展"辐",整个路网呈现中心城市向腹地放射状扩展的"轴-辐"式结构。

另一方面,整体和局部集成度值高的交通轴线(106国道、107国道、318国道、沪蓉高速公路和京珠高速公路等高等级公路)构成整个路网空间的主要集成轴("鱼骨"),其两侧网络连接水平逐渐降低,为低等级交通轴线占据,构成了路网空间的伸展线("鱼刺"),整个路网呈现"鱼骨刺状"空间形态,高等级路网发育处于初级发展阶段,有待升级优化为成熟的"网络状或细胞状"结构;整个"鱼骨刺"状路网呈现等级伸展空间序,即"鱼骨"状主交通轴线具有关键性的控制意义,是武汉城市圈路网中最重要的交通轴线,其技术参数和路况水平直接影响到整个网络的有效性和通达性状况,构成第一等级,与之拓扑上直接连接伸展的交通轴线构成第二等级,大多为通达性较好的省道,反映了重要交通轴线对圈域腹地的辐射和渗透效应,其他深入圈域腹地,与第二等级交通轴线相连的低连接性省道或县市级公路成为第三等级,众多二、三等级交通轴线呈现粗细有序排列的"鱼刺状"形态(图6.12、6.13)。

6.2.5 城乡路网智能性的时空特征

(1) 智能性整体水平较高,路网通达性感知较好

从智能值角度来看,1989~2010年局部-全局集成度值分布区间较大,均匀分布,有较明显的相关特征,智能值介于0.6~0.8之间(图6.15),城乡路网整体智能度较好,整体空间被感知程度较高,通过对局部范围内轴线空间连通性的观察,从而进一步获得整体城乡路网可达性信息的能力较强[732]。

从可理解度角度看,1989~2010年连接值-全局集成度呈高度相关,相关系数超过0.9,理解度 R^2 普遍接近0.9(图6.16),城乡路网结构运行处于高水平态,宏观结构比较合理,局部与整体具有高度相似性,即城乡路网空间发展呈现高度的自组织性[507],并且局部-全局间形成良好的协调统一性,局部容易形成人性化和高感知空间。

(2) 智能性整体呈上升趋势,路网通达性感知趋优

1989~2010年,智能值和理解度呈现一定的波动变化,但整体呈上升趋势。理解度值大小可以反映路网结构的合理程度和稳定状态,1989~2010年理解度遵循直升(由1989年的最低值0.603迅速增加到1995年的峰值0.767)-略降(2000年缓慢下降为0.715)-缓增(2005年缓慢爬升到0.735)-骤降(2010年持续下降到0.7以下)(图6.16),整个城乡路网局部-整体的相似性和协调性水平不断波动变化,城乡路网结构时而趋向失调和混沌(混乱),时而迈入协调和有序,处于混沌-有序交替的动态演变中。智能值也保持类似的上升-下降-平稳-上升的波动变化态势,受路网结构的无序-有序跳跃式交互影响,城乡路网被感知程度也出现波动性变化,从局部感知路网整体通达性的难易程度和整

体能力不断发生细微改变。整体上,智能值和理解度在波动中呈上升趋势,城乡路网结构运行和被感知程度保持上升势头,整个圈域路网结构绩效不断提高,整体智能性日益提升(图 6.15)。

(3) 规划智能性较现状高,路网规划相对科学

无论是智能值,还是理解度,均高于 1989~2010 年现状值,表明规划后的城乡路网更具智能性,空间结构绩效稳步提升,规划他组织具有正向效应(图 6.15、图 6.16)。2020 年武汉城市圈总体规划部署的交通综合规划,实现更加合理而高效的混合式路网布局:内部格网+整体环放状+外围分枝状,大外环、高速"两环"的环状高速路网和以武汉为中心的城际高速、快速干道和轨道等放射状快速路网架构,突破传统的格网-分枝状结构缺陷,进而促使整个城乡路网智能性不断提升。其中,2020 年智能值达到 0.772,超过 1989~2010 年历史最高值(为 1995 年的 0.767)(图 6.15、图 6.16),呈高度相关性,接近良好水平,规划设计的各局部路网集散中心与全局路网集散中心能较好地融合,城乡路网社会功能日益复杂化和多样化;理解度接近 0.91,大于 1989~2010 年最大值 0.903(图 6.15、图 6.16),表明规划更容易引导人们去认识整个城乡路网空间结构,城乡路网形态日益清晰可理解,宏观格网+环放射状路网结构运行高度有序,从而导致局域路网空间的自然运动在带来运动经济的同时,与圈域全局空间路网经济在功能互动过程中产生更大的乘数效应,带来更加复杂性和多样化的社会功能,使局部地区的中心性得以更好地体现,空间社会性趋势不断增强。一定程度上说明,武汉城市圈综合交通规划基本遵循城市自组织发展规律,在城市未来发展方向的判断和选择上能够与历史演进规律保持一定的协同性。

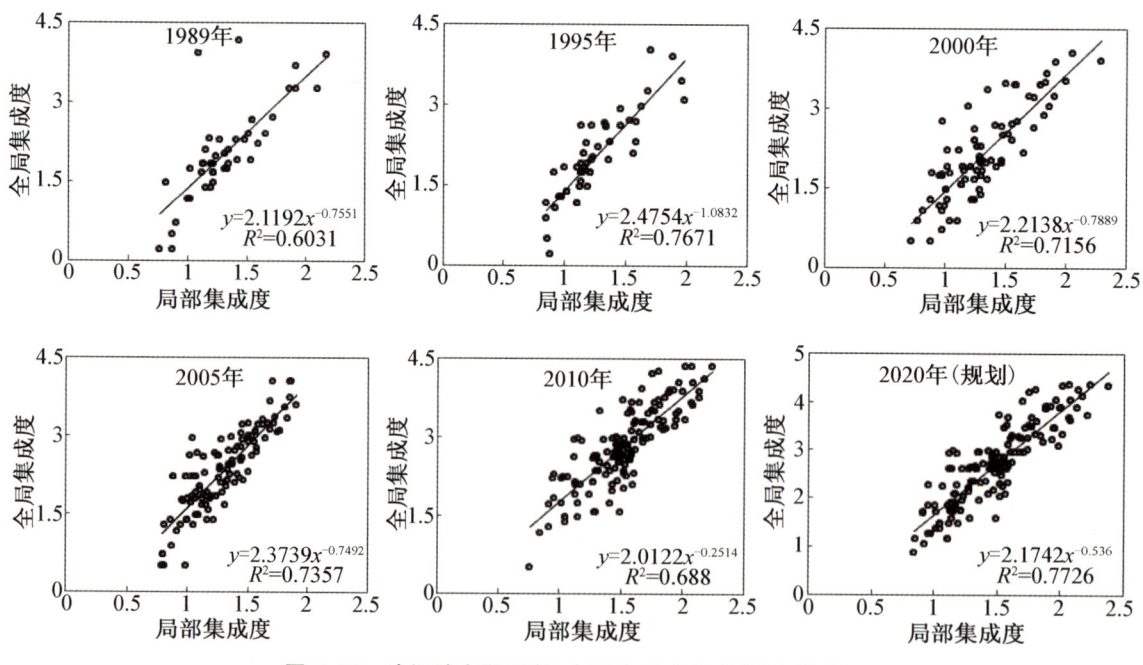

图 6.15 武汉城市圈局部-全局集成度相关性(智能值)

注:2020 年(规划)句法数据通过《武汉城市圈总体规划(2006~2020 年)》之综合交通规划图整理获得

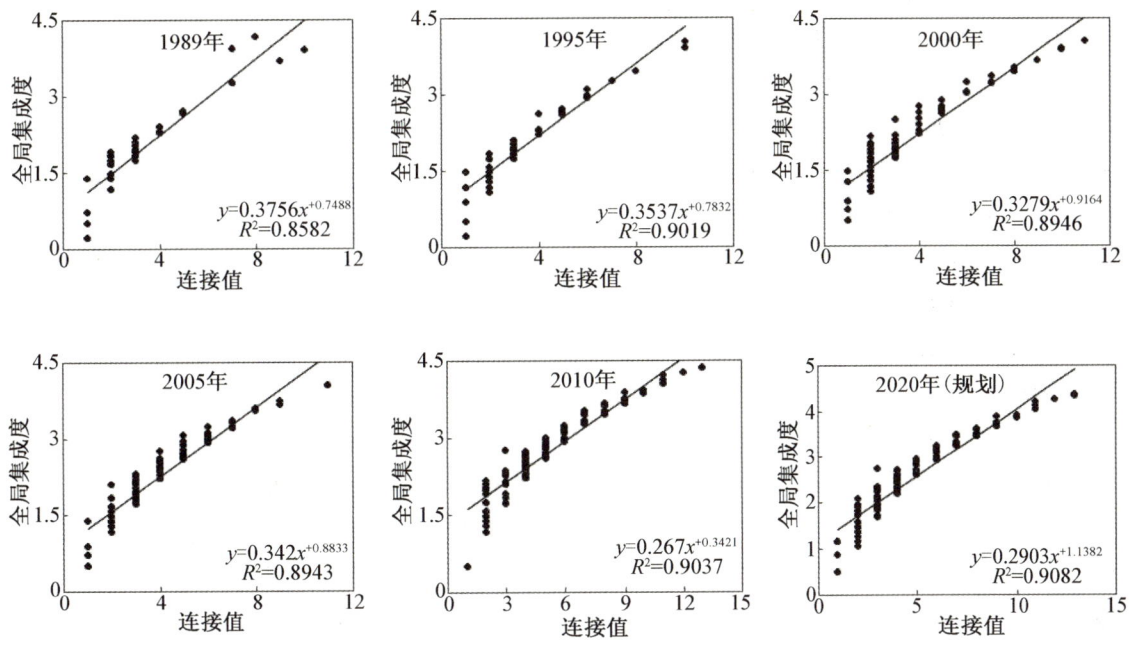

图 6.16 武汉城市圈连接-全局集成度相关性(理解度)

注:2020年(规划)句法数据通过《武汉城市圈总体规划(2006~2020年)》之综合交通规划图整理获得

6.2.6 小结与建议

6.2.6.1 小结

(1)城乡路网拓扑连接平均水平较低,等级层次差异过大,网络伺服效率不高

路网等级体系不够完善,差距悬殊,呈"金字塔"状等级体系,高连接性交通轴线较少且分布相对密集,等级-规模结构不合理,网络结构相对脆弱,应对突发网络"拥堵"的能力较弱,网络的有效性较低,不利于网络进一步稳定地延伸和扩展。

同时,网络整体发育水平较低。一方面,位序-规模结构遵循较强指数律,路网受随机性干扰作用明显,结构表现出无序、失稳和简单化;另一方面,高等级轴线空间展布上存在大量的高等级路网"盲区",削弱了现有路网的空间伺服效率和水平,网络进一步延伸和扩展的潜力较大。

(2)城乡路网拓扑连接的等级分布与圈域城乡体系、交通设施和社会经济发展密切相关

整个圈域城乡等级规模分布、高等级路网空间格局、城际社会经济发展水平等与交通轴线连接关系及通达性的等级空间分异特征保持较高的一致性,圈域交通与城镇发展水平表现出较强的共轭协同发展关系。连接值、控制值、三步深度值和集成度较高的交通轴线主要依托高速公路等高等级路网,其空间格局往往沿等级规模较大的节点城市方向伸展,这些方向也是城际经济社会交流和作用强烈的主要联系方向。

(3) 城乡路网自增长表现出周期性和螺旋式空间演化,是扩张和细分两种内力共同交互作用的结果,不同阶段两种内力作用强度不一。其中,整个圈域2000年之前以外向扩张内力为主,以内部细化内力为辅,城乡道路主要从起初的沿自然轴(长江-汉江水系)以枝状结构向周边延伸,日益分散化,两江交汇处的武汉成为路网扩张的集散核,整个圈域城乡路网伺服空间边界不断外扩拓展,整体路网宏观上呈树状空间结构,城乡路网整合度和相容性持续降低,空间伺服范围不断扩大;2000年之后,内部细化内力作用占据上风,各中心城市内部道路系统不断以网格化形式内向填充,其中武汉市主城区路网栅格化填充迅速,其绕城环线快速发育成为"轮形"集成核,大量放射状轴线生成,城乡路网宏观上呈现网格-环放状、"轮形轴-辐"状有机复合结构,整合度和相容度不断提升,空间伺服效率不断提升。

(4) 城乡路网交通轴线空间分异明显,形成一定的核心-边缘和等级圈层结构

圈域城乡路网空间句法变量值空间极化不断减弱,交通轴线日益分散化布局,但整体上空间分异明显,高度重要性、通达性和控制性轴线主要集中分布于圈域经济水平较高、城乡关联作用较强、历史基础较好的核心圈层(武汉、鄂州市和黄冈、黄石、孝感、咸宁城区),而圈域外围圈层因地形地貌和经济基础影响,成为大量高等级交通轴线伺服的薄弱圈层,尤其是在黄冈东北部和咸宁南部的高山地区,存在大量交通轴线伺服"空洞",整个圈域形成明显的以武汉为中心的核心-边缘结构和两大等级圈层结构。

(5) 城乡路网交通轴线出现分级-分层化,出现两条带状城市走廊

长期以来,因历史基础和经济水平等因素影响,圈域城乡路网交通轴线外向扩张主要依托长江水道和快速干线。由于路网速度限制和运营能力存在等级层次差异,导致网络节点享受其伺服的质量和能力的差距明显,网络通达性空间因而呈现等级层次分异。整个城乡路网以武汉市为核心,率先依托东西向长江沿线、南北向京广沿线城乡节点体系,广泛生长发育高等级交通轴线,导致整个网络呈现以武汉市为中心的"十字"状交通走廊,南北向的京珠高速和东西向的沪蓉高速沿线节点成为网络连接性和通达性最优区间,整个城乡路网出现带状网络服务的分级与分层,其交汇枢纽——武汉占据路网中心性优势,成为整个城市圈网络的集散中心,东西、南北向放射状交通轴线发育成为整个圈域的城际走廊和经济发展的主轴线。

(6) 城乡路网节点-轴线存在共轭共促,呈现一定的"轴-辐式"和"鱼骨刺状"结构

城乡路网城乡节点-轴线发育遵循经济-交通的共轭协同和螺旋共促机制,导致整个城乡路网形成不同等级-规模的城乡节点体系和交通轴线体系。

一方面,经济水平较高、历史基础较好的城乡节点,成为圈域路网的强集散中心,强城乡关联作用需求刺激交通轴线不断生长和发育,形成不同等级规模的交通轴线,整个圈域宏观上形成以高等级交通轴线为集成核和骨架,以低等级交通轴线为分枝和支架的"鱼骨刺"结构,拓扑连接水平与城镇等级规模、区域社会经济发展水平和交通设施现状表现出强烈的共轭协调和耦合关系。

另一方面,不同等级规模交通轴线的交汇节点,享受快速便捷的空间伺服区位存在差异,进而催生不同等级规模的集散中心,整个圈域形成以不同等级中心城市为核心,众多不

同规模放射状局域网为主体的"轴-辐"式结构。

（7）路网拓扑连接的等级分布与圈域城镇体系、交通设施和社会经济发展状况密切相关

整个武汉城市圈城乡等级规模分布、高等级路网空间格局、社会经济发展水平等与交通轴线连接关系及通达性的等级空间分异特征保持较高的一致性，圈域交通轴线生长发育与城乡要素空间流强度表现出较强的共轭协同发展关系。连接度、控制值、三步深度值和集成度较高的交通轴线主要依托高速公路等高等级路网，其空间格局往往沿等级规模较大、城乡要素关联作用较强的方向伸展，这些方向也是城际经济社会交流和作用强烈的主要联系方向。

（8）城乡路网局域与全局保持高智能性，并呈现不断优化的趋势

1989～2010年，整个圈域智能值和可理解度保持较高水平，城乡路网信息感知水平较高，局部-全局保持高度协整性和自相似性；整体智能值和可理解度呈波动上升趋势，全局智能性在无序-有序循环渐进中持续优化，城乡路网结构呈螺旋式上升和演替。

6.2.6.2 建议

（1）加强交通基础设施的建设，尤其是对区域通达性格局产生较大影响的高等级交通线路和节点的建设，扩大路网的覆盖面和网络规模，增加网络环路数量，提高高等级路网对武汉城市圈的伺服能力和有效性控制能力。尤其是武汉城市圈东部的黄冈、南部的咸宁市广大区域，高等级路网设施水平相对落后，限制了圈域社会经济的协调均衡发展，亟待加强。

（2）圈域路网的单中心极化现象比较明显，武汉市对整个圈域路网的控制作用过于突出，应适度培养黄石、咸宁和孝感为圈域路网的二级中心城市，培育多条连接各中心城市或关键节点的快速干线，形成路网多极化和多向化格局，这种多中心并存的局面有利于圈域通达性空间格局的均衡发展，增强路网的平衡和稳定性。

（3）主要联系通道（高等级交通线）数量过少，一旦遭遇网络突发事件，网络的自适应性和自我调节能力较弱，极易造成"瓶颈效应"，对网络的有效性和可靠性产生影响，甚至使整个网络崩溃。因此，应加强网络中重要交通轴线的改造和建设，加快以武汉为中心的城际快速铁路和公路建设，形成一批新的高等级交通轴线，实现路网交通的适当分流，提高网络的整体运行水平和效率，尤其应加强圈域范围内的高速公路网络化的建设，这对提高区域的通达性水平，带动圈域社会经济协同发展具有重要意义。

6.3 城乡路网连接的空间通达性分析

6.3.1 城乡路网的距离通达性

从中心（武汉）-外围节点（核缘"点对"）、城乡节点-节点（所有"点对"）和重要城镇节点（关键"点对"）三个方面，运用前述研究方法思路，计算最短空间、最短时间和加权平均出行时间距离通达性值（指数），以全面刻画圈域中心-外围、城乡和城镇三种类型节点对间的空

间通达性结构及变化特征。

6.3.1.1 中心-外围节点间通达性分析

以一个中心城市为中心出发的区域通达性可以很好地解释中心城市在不同方向上对周围地区的辐射能力与联系程度[733]。因此,这里选取武汉市为中心,直接以武汉市至外围各城(乡)节点的最短径距离(km)作为其对外联系的通达性表征量,以反映圈域各城乡节点与中心——武汉市(圈域行政中心、经济中心和社会文化中心)的社会经济联系通达-便捷程度的空间特征。

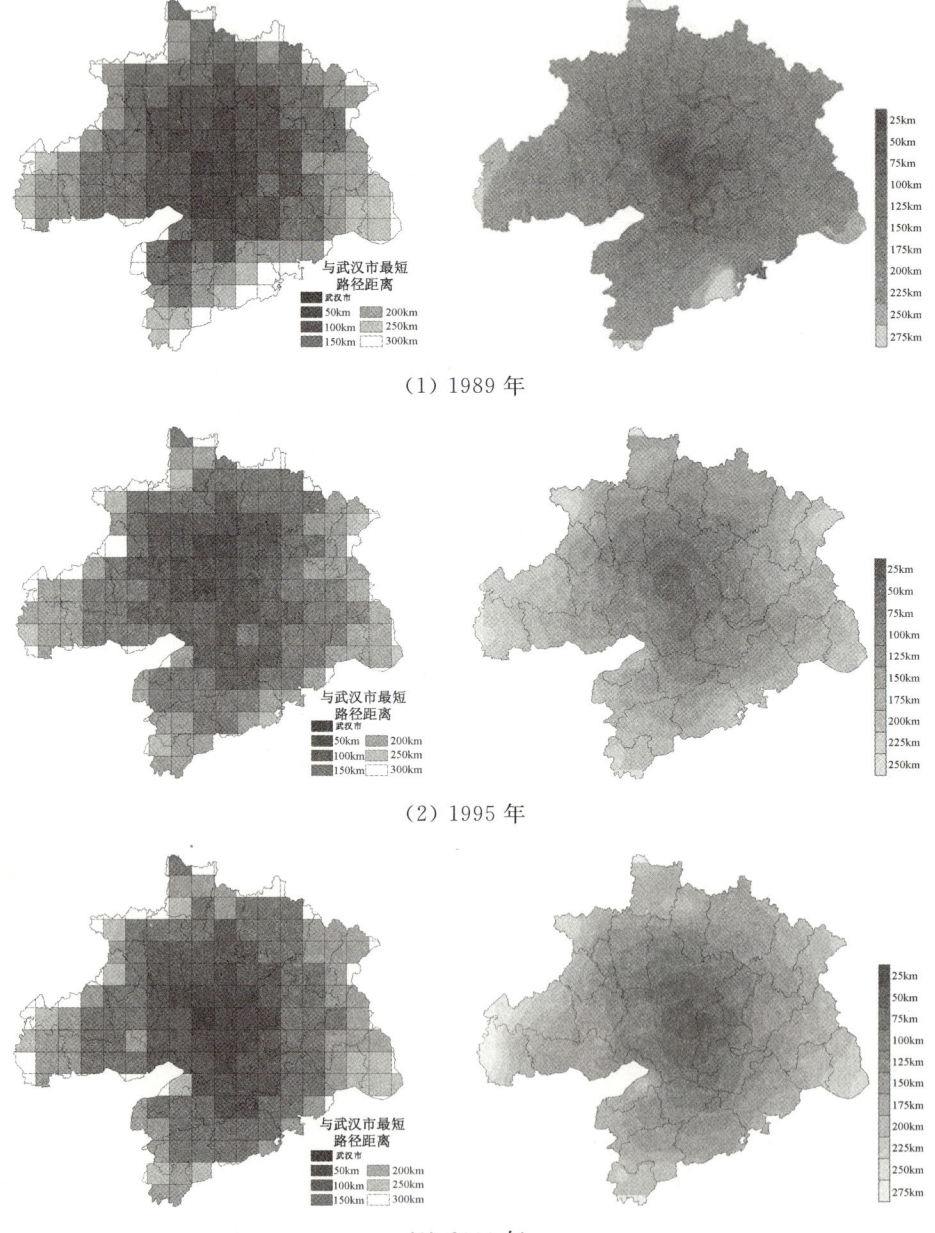

(1) 1989 年

(2) 1995 年

(3) 2000 年

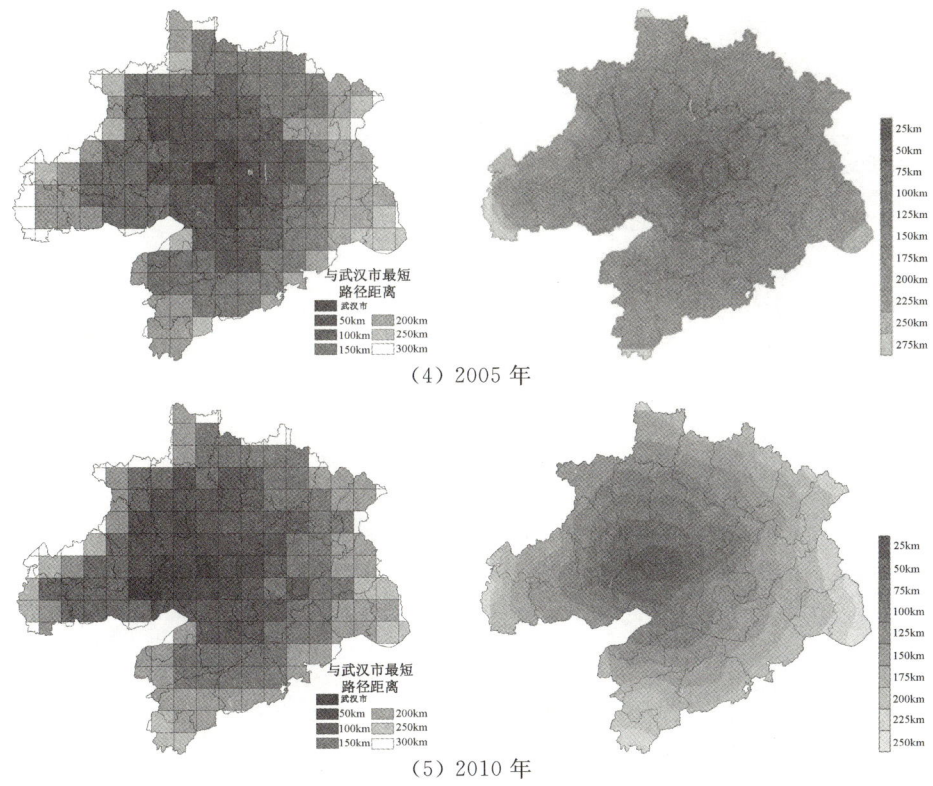

(4) 2005 年

(5) 2010 年

图 6.17　以武汉为中心的圈域空间距离通达性空间分异

注：左图为格网分异图，右图为等值线图

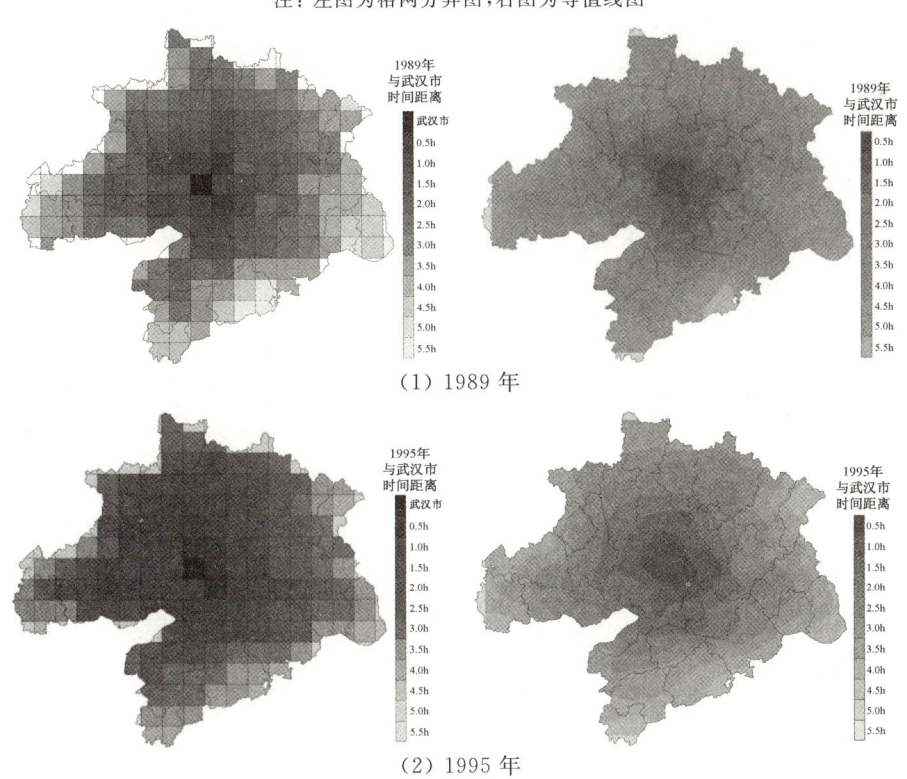

(1) 1989 年

(2) 1995 年

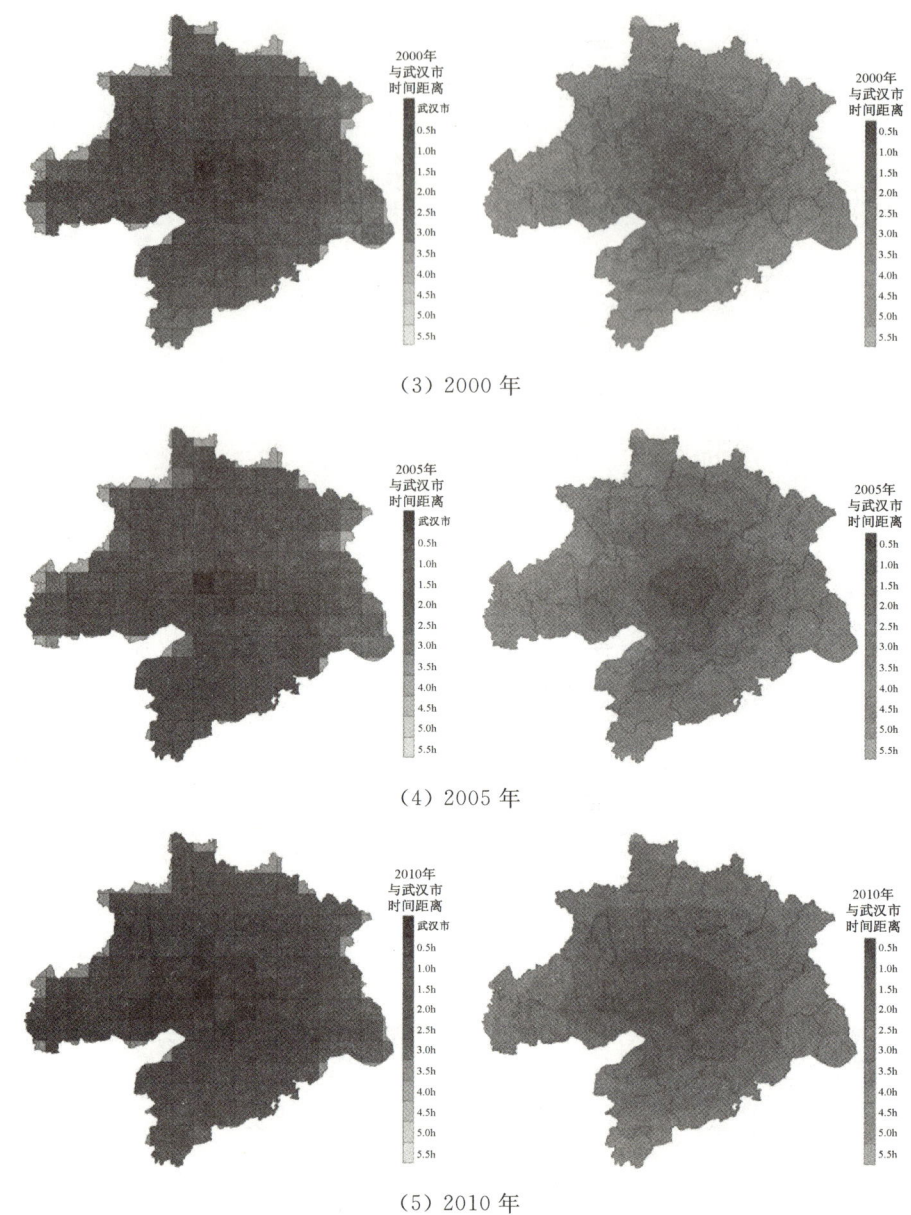

(3) 2000 年

(4) 2005 年

(5) 2010 年

图 6.18 以武汉为中心的圈域时间距离通达性空间分异

注：左图为格网分异图，右图为等值线图

(1) 时空通达性分布遵循距离衰减律，呈现稳定的等级圈层结构

1989~2010 年，各城乡节点距武汉市的最短径空间距离与时间距离格网分布呈现以武汉为中心的不规则圈层结构，遵循"距离衰减律"，与武汉城市圈城市体系空间分布的"靶形分布"一致。具体表现出：距武汉市空间距离由近至远，通达性指数逐渐增大，形成较明显、相对规则的环状分异，呈现由武汉市-周边-外围的渐进式扩展。

期间，这种环状分异渐进式呈梯度分布保持高度的稳定性，不同格网通达性值绝大部分维持不变，等时空通达性圈形态基本保持一致，客观说明 20 多年城乡路网自组织生长发育和他组织规划布局间保持高度协同机制[①]（当然仍存在某些局部环带间出现一定的跳跃式递进），基本形成三大等级圈层：

① 高通达性圈（0~75 km），外围城乡节点至武汉市中心的最短径距离均控制在 75 km 以内，在常态下基本 1 h 可达，为 1 h 通达圈，主要包括武汉市大部分（集中于外环线以内）及其邻接的鄂州、孝感、黄冈城区[②]；

② 中通达性圈（75~150 km），此圈域内城乡节点抵达武汉市中心最短径距离普遍在 1~2 h 车程内，为 2 h 通达圈，经过 20 多年间的外扩，逐渐涵盖整个圈域大部分，表明整个圈域大部分节点在不考虑交通拥堵情况下，到武汉市可实现两小时通达，半天通勤，整个圈域发育为日常都市圈体系；

③ 低通达性水平（150~275 km），此圈域内城乡节点偏隅外缘，至武汉市中心最短径距离均超过 150 km，花费时间普遍介于 3~4 h，为 3 h 通达圈，期间整个圈带的分布范围日益狭窄，零散间断分布于圈域边缘，集中在咸宁南部的幕阜山区、孝感北部-黄冈东北部的大别山区以及江汉平原西部（图 6.17、图 6.18）。

（2）时空通达性空间分异明显，形成"带状"伸展格局

1989~2010 年，圈域城乡路网存在明显的空间层次性，即广泛发育不同等级（位序）-规模（技术容量）的城乡道路，尤其是 1995 年以来，一些贯穿全域的高速或快速干道建设和布局的不均衡（如 1998 年的黄黄高速、宜黄高速沿长江东西向展布，2002 年的京珠高速湖北段沿京九铁路南北向伸展），导致周边城乡节点到达核心——武汉市的便捷性和通过性、享受路网服务的质量和能力存在巨大差异。受高速交通线网、高等级城际干道等交通因素影响，圈域通达性同心圆圈层结构产生沿快速干道的"摄动"变形，通达性强的城乡节点和社会经济发达的城乡体系高度协同共辄，生长发育形成"带状"交通-城市经济复合体。

具体表现为，大量城乡空间节点开始占据圈域几条快速交通干线（汉十、京珠、沪蓉高速公路等）优区位，迅速集聚壮大，尤其是南北向京珠高速（即京港澳高速）、东西向沪蓉高速（湖北段）沿线城乡节点交通条件优越，通达性水平较高，导致通达性指数等值线向外"凸出"，空间收敛变慢，初步形成"星状"或"指状"等通达性圈层结构，宏观呈现以武汉市为交汇点、以两大东西向沪蓉高速和南北向京珠高速（湖北段）为轴的"十字状"城际交通经济带。

（3）时空通达性持续优化，并存在边际效应递减[460,483]

比较 1989~1995 年、1995~2000 年、2000~2005 年、2005~2010 年城乡节点通达性变化，发现 1989~2010 年城乡节点时空通达性水平提高明显（通达性值不断减小），持续优化；但不同时期，城乡节点通达性水平的增长幅度和速度存在差异，即城乡路网生长发育引致的

---

① 查阅湖北省公路水路交通规划（2002~2020 年）、湖北省骨架公路网规划（2002~2020 年）等交通规划资料，可以清晰地发现，路网规划均提出"依据我省经济、人口和城镇布局"的指导纲领和布局原则，而经济、人口和城乡体系布局往往宏观上刻画了城乡路网自组织的基本框架，可以认为圈域城乡路网的他组织规划建设与其内在的自组织惯性保持较高统一。

② 由于邻接的鄂州-孝感-黄冈占据较优的交通区位和条件，所以导致其时空通达性好于武汉市的部分远郊区（黄陂-新洲北部、江夏南部等城乡）。

通达性值下降变化程度遵循 1989~1995 年＞1995~2000 年＞2000~2005 年＞2005~2010 年的梯度递减规律(不妨称为"边际效应递减")。

从通达性值变化量来看,1989~2010 年,武汉城市圈城乡节点至武汉市的平均空间-时间通达性值分别下降了 26094 km 和 1.838 h,其中空间距离通达性值以 1989~1995 年下降幅度最大,空间、时间通达性值分别减小 10265.4 km 和 0.648 h,占全时段的 39.34% 和 35.26%;而 2005~2010 年下降幅度最小,空间、时间通达性指数减小 1127.4 km 和 0.369 h,占全时段变化量的 4.32%、20.08%(表 6.6)。

从通达性值变化率来看,1989~2010 年,圈域周围城乡节点至武汉市的时空通达性均值下降幅度逐时段不断减小,即 1989~1995 年、1995~2000 年、2000~2005 年、2005~2010 年四个时段城乡节点平均时空通达性水平增长率(通达性值的下降率)依次下降,其中空间距离通达性变化率呈 7.78%→6.85%→5.61%→0.95%,时间距离通达性变化率则由第一阶段的 22.68% 逐步下降到第四阶段的 16.72%。整个圈域通达性处于持续优化过程中,但这种优化绩效基本呈边际效应递减态势,其费用/通达性比例随着时间的推移出现不同程度的增加(表 6.6)。

表 6.6 武汉城市圈中心-外围节点时空通达性变化

	时段	1989~1995 年	1995~2000 年	2000~2005 年	2005~2010 年	1989~2010 年
平均变化量	空间距离(km)	10 265.4	8 114.91	6 586.32	1 127.44	26 094
	时间距离(h)	0.648 16	0.437 14	0.383 47	0.369 39	1.838 16
平均变化率	空间距离(%)	7.782	6.846	5.610	0.951	21.190
	时间距离(%)	22.682	19.785	17.356	16.718	76.541

(4) 城乡路网持续生长发育引致明显的伺服空间收敛效应

比较 1989~2010 年城乡节点通达性变化,揭示出:武汉-周边城乡节点通达性水平增长态势良好,通达性指数值下降幅度较大,递减速度较快,城乡路网生长发育带来明显的空间收敛效应,即通达性不断克服或突破地域摩擦阻力引致的空间发散机制,明显促进整个圈域城乡空间流不断"流转"和"集散"。

从城乡节点通达性变化值来看,时空距离通达性指数均值下降明显,空间、时间距离通达性均值分别由 1989 年的 131 909.59 km、2.858 h 下降到 2010 年 80 815.56 km、1.168 h,外围城乡节点至核心武汉的通达性水平提高显著;

从城乡节点通达性变化率来看,城乡节点通达性指数变化幅度普遍较大,1989~2010 年大部分城乡节点至武汉市的通达性值出现下降,且下降幅度普遍超过 20%,平均空间、时间距离通达性值 20 多年间下降了 21.19%、76.54%(表 6.6),圈域核心(武汉)与外围城乡节点的社会经济联系、行政文化交流的通达程度有了显著提高;同时,时间距离通达性的下降幅度较空间距离大,一定程度也表明近十年公路提速和高速公路建设对最短径距离通达性的"空间收敛性"影响较显著;

从整体通达性水平来看,1989~2010 年从武汉至外围城乡节点由 1989 年的 5 h 左右通达削减至 2010 年的不到 3 h(图 6.18),整个圈域呈现"3 h 通达圈":武汉城市圈域范围绝大部分城乡节点处在 3 h 通达性圈内,圈域核心——武汉市与周边城乡节点间通达性水平普遍较高,城市间联系较紧密,空间流基本实现"半天起讫",武汉城市圈迈入日常都市圈体系。

这种空间收敛的必然结果就是促进核心武汉-外围节点间社会经济交流范围的扩大和空间相关类型的多样化和复杂化[453]。

(5) 城乡节点通达性指数变化幅度具有"初值依赖性"

运用 SPSS17.0 数理统计分析软件,通过城乡节点初始通达性指数(1989 年时空距离通达性指数)与通达性指数绝对变化量(1989～2010 年城乡节点通达性指数变化量有正有负,取其绝对值)的相关分析,发现城乡路网节点空间-时间距离通达性值变化幅度与其 1989 年的初始值保持较高的正相关关系,二者的相关系数分别为 0.4093 和 0.9227(图 6.19),即初始通达性指数越大的城乡节点,其至核心——武汉市的通达性指数 20 多年间的变化(基本为下降变化)绝对值相应越大,一定程度印证一些学者研究的结论[477,453],表明通达性水平增长变化幅度具有显著的初始值"路径依赖",尤其是时间距离通达性,二者呈现极强相关性。

进而分析表明,城乡节点的通达性指数变化幅度与其大小呈现较为一致的协同特征,城乡路网建设和发展对城乡节点通达性水平的影响程度存在显著差异(这种差异取决于节点的初始条件):初始通达性指数小,通达水平高的核心城市,其通达性改善程度不如初始通达性指数大、通达水平低的外围城镇和乡村;核心城市的通达性水平因城乡路网生长发育而"受益"的程度相对有限,而城乡路网生长发育对低水平通达性节点的"向心"联系(与中心——武汉的要素关联)具有更加重要的效能,究其原因是城乡路网建设和布局的高度"他组织"机制所致,即城乡路网建设倾向于全域的"通盘谋划"和"均衡布局",低通达性节点从城乡路网的"公平性"布局中"获利"明显。

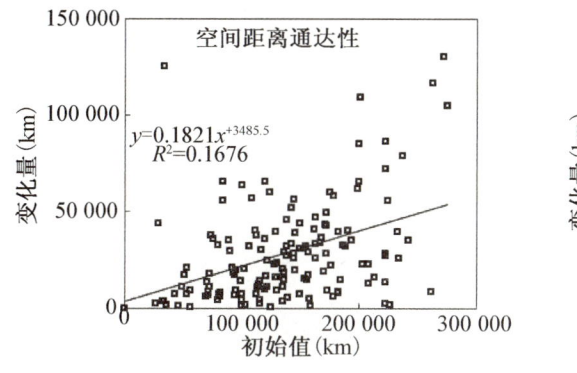 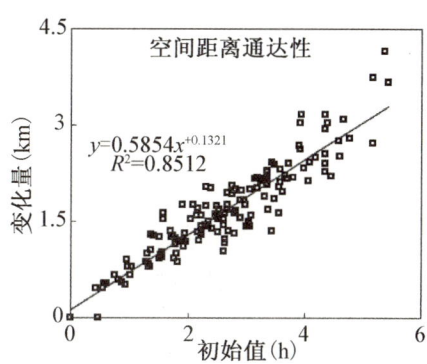

图 6.19 武汉城市圈时空距离通达性-初始值相关关系

(6) 城乡路网生长发育的通达效应存在空间分异

城乡路网外围节点-核心武汉的通达性变率格局存在空间分异,表现为两层面:

一是,整体上(1989～2010 年),时空通达性指数变化幅度-速度在空间上存在明显的分异,主要表现为:

① 外围圈域通达性改善程度优于核心圈层,通达性变化呈现边缘指向性。通达性空间变化和变率分布图明显揭示出,黄冈东北部、咸宁南部、孝感西北部和江汉平原地区等外围圈层(图6.20、图6.21中的颜色最深和最浅区域)城乡节点的通达性指数变化量和变化幅度不同程度大于武汉、鄂州、黄石城区等核心圈层;但局部年份局部区域出现分化,核心圈层通达性改善程度超过外围圈层,如1995~2000年和2000~2005年,尽管核心圈层时空通达性指数整体变化量并不比外围圈层高,但其变化率却大大超过外围圈层,原因在于,核心圈层占据良好区位,拥有较低的通达性指数基值,加上这一时期大量高速干线建设,且集中交汇于核心圈,导致其通达性提升速度明显大于外围圈层和其他任何时期;

② 乡村节点通达性提升幅度高于城市节点,通达性变化呈现初始高值指向性。比较中心城市节点与周边乡镇节点通达性变化,发现城镇高度密集的核心圈层城市节点(城市化率普遍超过50%)具有低的通达性指数值,同时其通达性指数值变化量相较外围圈层许多县域、村镇节点小,通达性水平提升具有低级节点(具有高的通达性指数值)偏好;

③ 高速公路沿线节点通达性提升速度快于其他地区,通达性变化呈现高速轴线指向性。沪蓉(宜-武、武-黄、黄-黄高速)高速、汉十高速、京珠高速等高速公路沿线城乡节点的通达性指数下降幅度明显大于县(乡)道沿线地区,尤其是2005~2010年,随着沪蓉高速和京珠高速的全线贯通,其沿线区域(主要是圈域西半壁)通达性指数下降明显,高速建设引致其出入口处节点的通达性水平大幅提升,出现"质"的飞跃(图6.20、图6.21)。

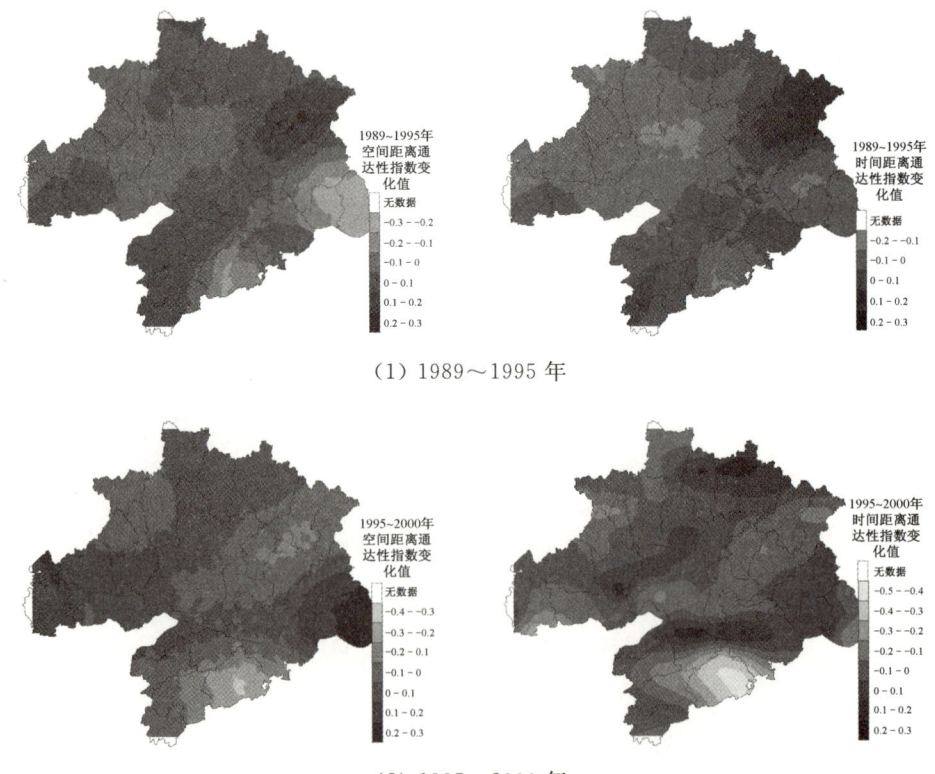

(1) 1989~1995年

(2) 1995~2000年

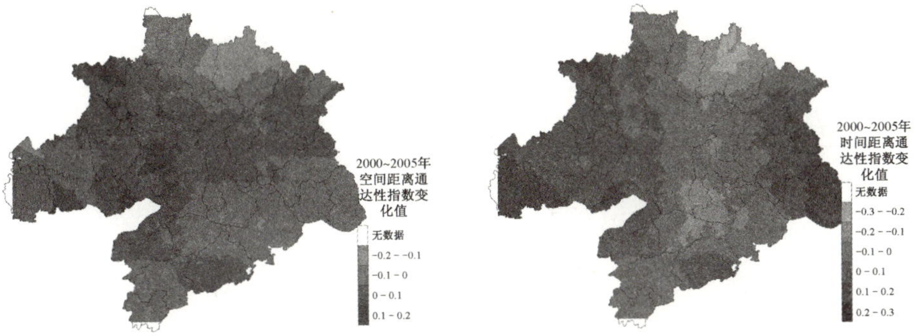

(3) 2000~2005 年

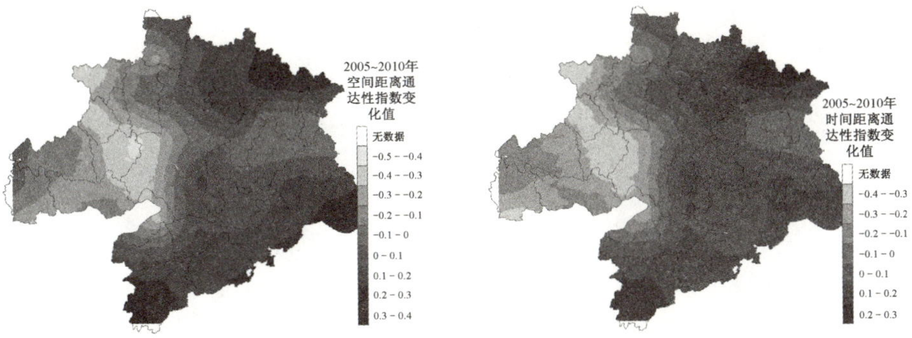

(4) 2005~2010 年

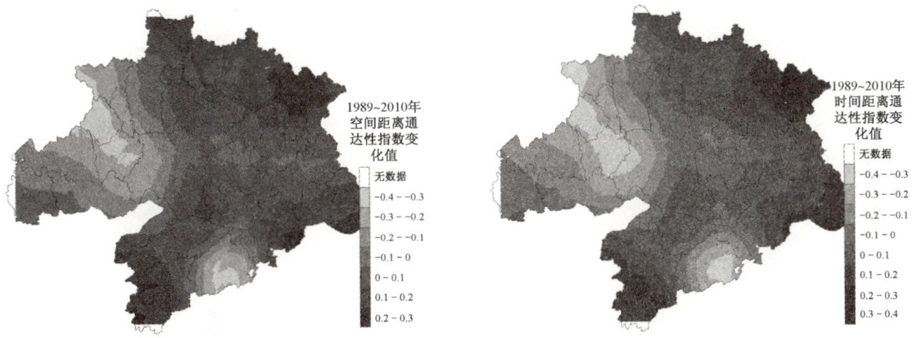

(5) 1989~2010 年

图 6.20　武汉城市圈节点-武汉时空距离通达性变化值空间分异

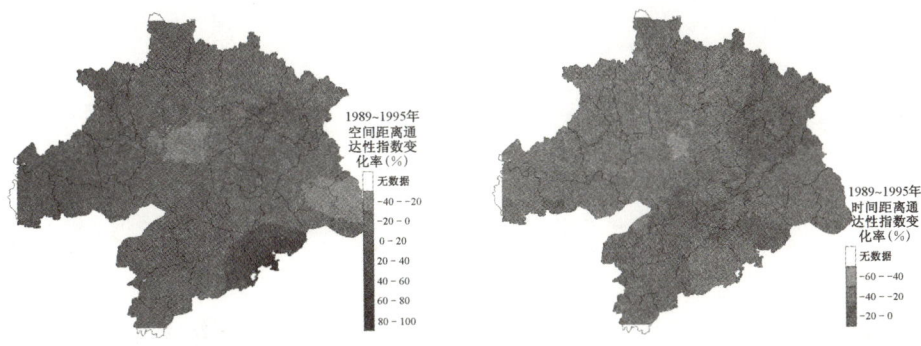

(1) 1989~1995 年

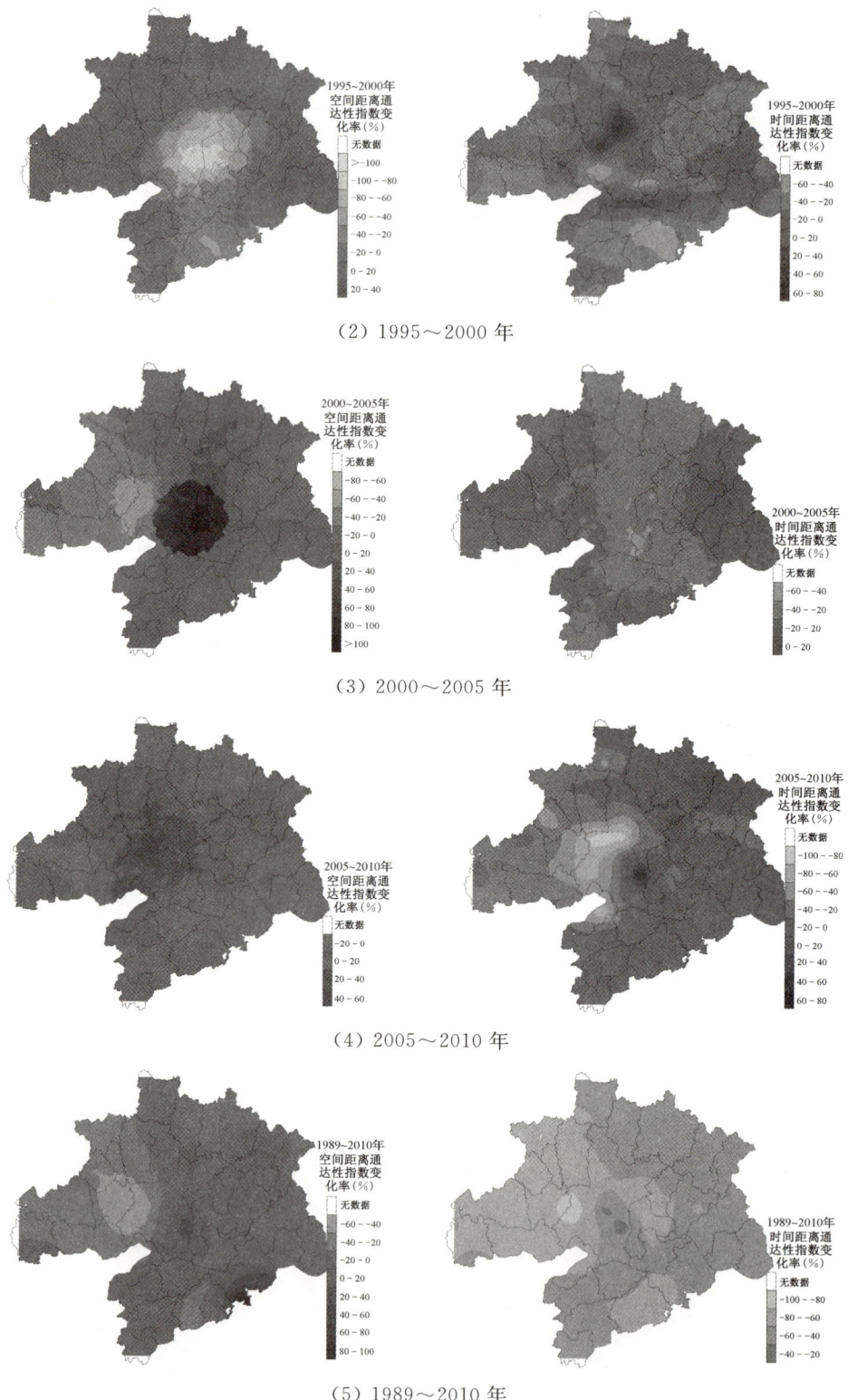

（2）1995～2000 年

（3）2000～2005 年

（4）2005～2010 年

（5）1989～2010 年

图 6.21 武汉城市圈节点-武汉时空距离通达性变化率空间分异

二是,不同时期(1989~1995年、1995~2000年、2000~2005年、2005~2010年四个时段)通达性指数变化幅度-速度在空间上存在一定"异配性",形成四种相对完整的类型,各个类型均有格网分布,在空间上表现出良好的集聚性(表6.7、图6.22):

① 通达性变化绝对值＞整体变化绝对值且通达性变化率＞整体平均值变化率(Ⅰ型),这部分格网区域在整体通达性趋优中"受益"较大,其中尤以时间距离通达性表现更为明显,主要位于圈域的边缘圈层,并且随着时间推移其空间分布范围持续扩大,空间通达效应具有时间累加性,空间集聚性不断增强(空间形态上由带状分散向块状集聚演化),集中分布于圈域西部平原地区;

表6.7 武汉城市圈通达性结构变化

类型	标准	节点数(个)				
		1989~1995年	1995~2000年	2000~2005年	2005~2010年	1989~2010年
Ⅰ	绝对值＞平均值 相对值＞平均值	8(52)	12(47)	37(38)	29(37)	58(41)
Ⅱ	绝对值＞平均值 相对值＜平均值	44(14)	45(15)	9(30)	19(14)	4(26)
Ⅲ	绝对值＜平均值 相对值＞平均值	40(23)	16(18)	6(17)	7(10)	45(26)
Ⅳ	绝对值＜平均值 相对值＜平均值	55(58)	74(67)	95(62)	92(86)	40(54)

注:括号中为满足条件的时间距离通达性节点个数。

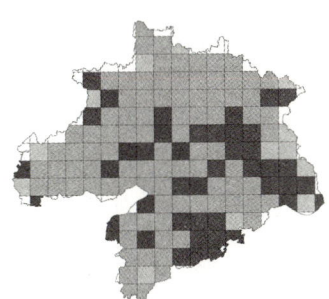
1989~1995年空间距离通达性变化

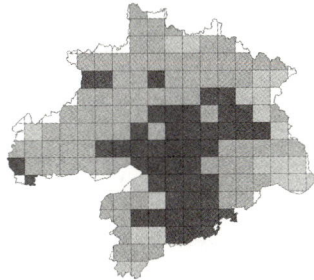
1995~2000年空间距离通达性变化

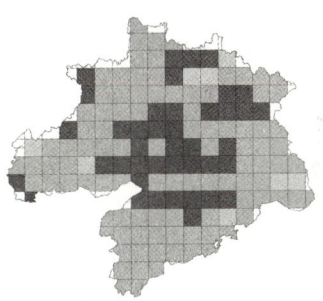
2000~2005年空间距离通达性变化

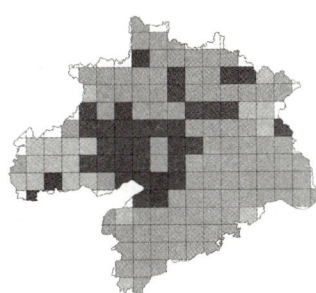
2005~2010年空间距离通达性变化

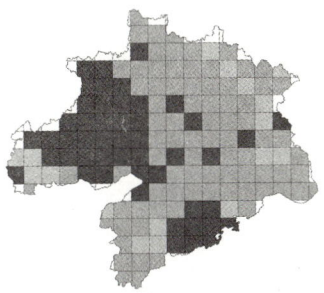
1989~2010年空间距离通达性变化

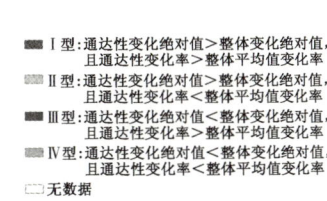

(1) 空间通达性

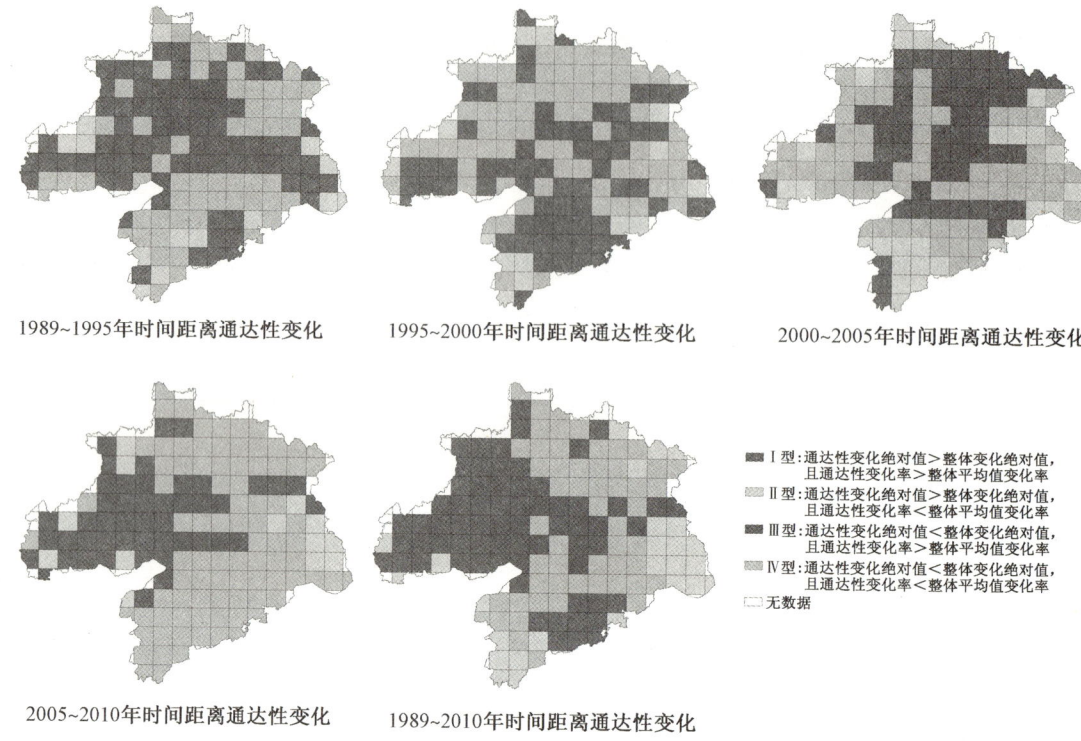

(2) 时间通达性

图 6.22 武汉城市圈时空通达性变化类型空间分布变化(1989～2010 年)

② 通达性变化绝对值＞整体变化绝对值且通达性变化率＜整体平均值变化率(Ⅱ型)，这部分格网区域从路网生长发育中"获益"较小，比例相对较低，主要位于Ⅰ型区的外缘(远离中心)，分布相对松散，呈点状分布，空间范围基本保持稳定不变但存在减少的趋势；

③ 通达性变化绝对值＜整体变化绝对值且通达性变化率＞整体平均值变化率(Ⅲ型)，这部分格网区域主要位于最优通达性区域周边，集中于核心圈层，享受路网生长发育引致的通达性效应较小，比例小且空间范围有所减小，整体上呈现由点状分散向块状集聚演化态势；

④ 通达性变化绝对值＜整体变化绝对值且通达性变化率＜整体平均值变化率(Ⅳ型)，这部分格网区域分布相当广泛，表现出相当的集聚性偏好，主要连绵分布于圈域的大部分外围圈层及小部分核心圈层，通达性变化幅度很小，速度较慢，一定程度反映出路网生长发育的通达效应"普及性"不够，存在一定的区域分异性。

(7) 1 h 通达圈不断向外呈不规则环状拓展

1 h 交流圈能反映中心城市与临近区域空间联系的紧密和便捷程度[458]，构建加权(以各中心城市 1995～2010 年人口、旅客、货物周转量、邮电业务量、社会消费品零售总额和 GDP 六指标的无量纲化算术平均值，计算社会经济要素流规模 M_i 作为权重)平均出行时间，分析武汉市至周边区域的加权出行时距图(1989～2010 年)(图 6.23)可得：

首先，从时序变化来看，1989～2010 年，武汉市的"1 h 通达圈"随路网外向式生长发育，而不断向外扩张,覆盖范围不断加大,逐步呈现不同程度的向周边地域"指状"嵌入(但均位于湖北省域范围内),整体表现同动态性变化。这种通达范围"指状"蔓延的空间形态及演化,既与武汉市与周边区域社会经济要素的集散效应互为因果、相互促进,也与整个圈域城乡路网外向式生长和充填的程度和强度紧密相关,尤其是受以武汉为中心的快速干道建设和布局影响较明显。

根据"1 h通达圈"与自身行政范围的大小关系,可以将武汉市加权平均出行时间距离通达性变化划分为四个阶段:

① 部分覆盖型(1989~1995年),武汉市1 h通达圈扩展范围有限,主要集中于武汉市城区及近郊区范围(外环线以内),大部分郊区未覆盖;

② 基本覆盖型(1995~2000年),"1 h通达圈"基本覆盖全市大部分区域,各郊区的中心城镇进入通达圈范围,但黄陂-新洲北部、江夏-蔡甸南部及汉南区的大部等远郊区域并未涵盖;

③ 完全覆盖型(2000~2005年),"0.5 h通达圈"基本覆盖武汉市主城区范围,"1 h通达圈"近乎完全覆盖全市范围,并一定程度触及武汉市周边区域,主要包括东西向的邻接城镇:鄂州的华容、孝感的汉川大部分;

④ 外向触及型(2005~2010年),随着武汉对外快速城际交通建设和发展,武汉市-周边区域的加权时间距离通达性改善明显,导致"0.5 h通达圈"基本覆盖外环区域,"1 h通达圈"完全覆盖全域,并一定程度外扩涵盖周边地域,包括孝感的城区、汉川市、鄂州市、黄石的城区、大冶市、咸宁的城区、嘉鱼县等。

其次,从空间分布来看,武汉市"1 h通达圈"整体呈同心环状分异,但均不同程度沿高等级公路向外呈放射状延伸,导致整个同心环"外凸"成不规则圈层;同时,这种"外凸"扩展保持空间形态的"剧变性",即在1995年、2005年出现较大幅度的外向"星状"伸展,并且均以沿沪蓉高速的东西向、京珠高速的南北向空间"外凸"幅度较大,以致其时间距离通达圈层整体空间上呈以武汉为中心的"十字型"星形(相对规则)圆环结构。

第三,从城际比较来看,对1989~2010年武汉城市圈九市时距图[457]进行比较分析发现,武汉市与其他中心城市的"1 h通达圈"覆盖空间范围存在一定时空差异,主要取决于各中心城市的经济水平、区位条件和要素交流强度。

一方面,随着时间的推移,城乡路网不断生长发育(尤其是高速干线布局),各市"1 h通达圈"范围不断外扩,但其时距增长幅度和速度存在阶段性差异,突出表现出以下几个阶段:① 向心充填阶段(1989~1995年),城乡路网建设"滞后",相对均衡,外扩和生长速度慢、幅度小,1 h通达圈空间范围变化不大,以路网向心(武汉市)充填空隙为主;② 星状蔓延阶段(1995~2005年),城乡路网建设力度加大,多条贯穿全境的高等级公路相继建设,改变原有相对均衡的路网格局,导致均质圈层发生变形,主要向外呈"星状"凸出;③ 指状外扩阶段(2005~2010年),城乡路网建设和布局相对不均衡,以武汉为中心的城际快速干道建设,大大提高武汉-周边区域的城乡关联强度和通达水平,武汉-外围加权1 h距圈范围外扩明显,幅度超过以往任何时期,主要沿快速城际放射线呈指状伸展。

另一方面,各市"1 h通达圈"范围大小与其自身社会经济发展水平和城乡路网发育程度密切相关，表现出空间层次性（充分体现出交通网络与社会经济发展水平具有高度相关性[①]，二者存在互促机制，进而相互"催生"等级差异性[734]），并且这种空间层次性既体现时间的累积性（说明通达圈空间规模是长时间路网生长发育和节点关联作用的"累积"表现[735]），又保持空间的稳定性（表明通达圈的空间规模保持时间上的相对不变性，具有强空间"惰性"，尤其是在2010年整个圈域形成稳定有序的等级圈层结构）。根据各城市"1 h通达圈"覆盖范围大小及其扩张幅度，可分为3个等级层次：第一等级（武汉、鄂州、黄冈三市）、第二等级（黄石、咸宁、孝感三市）、第三等级（天门、仙桃、潜江三市）（表6.8、图6.23）。

表 6.8 武汉城市圈 9 市的时距空间范围（2010 年）

中心城市	时距圈	2010 年		
		面积（km²）	比例（%）	主要范围
武汉市	0.5 h 圈	8 235.77	14.21	中心城区、东西湖、汉南、江夏及新洲、黄陂郊区的近郊部分及孝南
	1 h 圈	29 164.95	50.31	咸安、嘉鱼、赤壁、鄂州、黄州、团风、孝昌、大悟、云梦、安陆、应城、汉川、仙桃、武汉市郊区的远郊部分及浠水-蕲春-阳新的沿江地段
	2 h 圈	20 571.28	35.48	红安、麻城、罗田、英山、黄梅、武穴、通山、崇阳、天门、潜江及浠水-蕲春的大别山区和阳新南部
鄂州市	0.5 h 圈	2 369.44	4.09	武汉-鄂州-黄冈-黄石核心城区
	1 h 圈	30 400.67	52.44	孝感孝南、汉川东部、咸宁咸安、赤壁东部、黄石城区、大冶、阳新、黄冈黄州、团风、浠水、蕲春、黄梅、麻城南部
	2 h 圈	25 201.89	43.47	仙桃、天门、潜江、孝感应城、安陆、孝昌、大悟、黄冈红安、麻城北部、罗田-英山北部、蕲春北缘
黄石市	0.5 h 圈	3 635.00	6.27	黄石城区、大冶大半、鄂州鄂城、华容、黄冈城区、浠水-蕲春沿江段
	1 h 圈	23 129.36	39.90	武汉市绝大部分、黄冈团风、浠水-蕲春北部、武穴、黄梅、罗田-英山西缘、黄石阳新、大冶南部、咸宁咸安、鄂州梁子湖、孝感孝南
	2 h 圈	31 207.64	53.83	仙桃、天门、潜江、孝感应城、汉川、云梦、安陆、孝昌、大悟、武汉黄陂北部、黄冈红安、麻城、罗田、英山、蕲春东北缘
黄冈市	0.5 h 圈	1 880.50	3.24	黄冈-黄石-鄂州核心城区
	1 h 圈	30 630.84	52.84	武汉全境、黄石大冶、阳新、咸宁咸安、赤壁东部、黄冈团风、浠水、蕲春、武穴、黄梅、孝感城区
	2 h 圈	25 460.66	43.92	其他地区，主要集中于仙桃、天门、潜江、孝感汉川、应城、安陆、大悟、红安
孝感市	0.5 h 圈	7 406.73	12.78	孝感孝南、孝昌、云梦、安陆、应城东部、武汉黄陂及核心城区
	1 h 圈	18 955.53	32.70	天门-仙桃的大半、武汉其余地区、鄂州大半、黄石城区、黄冈城区、咸宁城区、孝感大悟、应城西部
	2 h 圈	31 609.75	54.53	其余地区，主要集中于黄冈-咸宁城区外其他所辖县域及潜江

[①] 当然，这种高度相关性根源于加权出行时间距离通达性充分考虑节点的社会经济发展水平和要素交流强度。

(续表)

中心城市	时距圈	2010 年		
		面积(km²)	比例(%)	主要范围
咸宁市	0.5 h 圈	3 892.73	6.71	咸安及赤壁、江夏的部分
	1 h 圈	20 517.12	35.39	孝感孝南、汉川、咸宁嘉鱼、赤壁、崇阳、通山、通城-阳新大部分、黄石大冶、城区、鄂州、武汉大部分
	2 h 圈	32 843.01	56.65	除 0.5 h 圈外的圈域其他绝大部分地区
	3 h 圈	719.14	1.24	仅罗田-英山北缘
仙桃市	0.5 h 圈	5 020.78	8.66	仙桃、潜江-天门城区、汉川南部、武汉蔡甸西部
	1 h 圈	18 739.71	32.33	天门、潜江西部、孝感云梦、应城、汉川北部、武汉、咸宁咸安、嘉鱼、赤壁北部、鄂州华容和鄂城
	2 h 圈	33 028.89	56.97	孝感安陆、孝昌、大悟、黄冈红安、麻城、罗田、英山、黄州、团风、浠水、蕲春、武穴、黄梅、黄石城区、大冶、阳新、咸宁通山、崇阳、通城、赤壁南部
	3 h 圈	1 182.61	2.04	罗田-英山东北缘
天门市	0.5 h 圈	4 284.16	7.39	天门全境及仙桃和潜江城区
	1 h 圈	10 259.65	17.70	武汉蔡甸、东西湖、汉南、孝感孝南、汉川、云梦、应城、安陆及仙桃和潜江城区以外地区
	2 h 圈	30 367.00	52.38	孝感大悟、孝昌、黄冈红安、麻城、黄州、团风、浠水、蕲春、黄梅沿江段、武穴、黄石城区、大冶、阳新北部、鄂州、咸宁咸安、嘉鱼、赤壁、通山、崇阳北部
	3 h 圈	13 061.19	22.53	大别山-幕阜山脉核心山区
潜江市	0.5 h 圈	2 872.15	4.95	潜江大部分、仙桃-天门核心城区
	1 h 圈	12 584.71	21.71	仙桃、天门、孝感孝南、应城、汉川、武汉东西湖、蔡甸、汉南、江夏及城区、鄂州及咸宁核心城区
	2 h 圈	35 889.70	61.91	孝感云梦、安陆、孝昌、大悟、黄冈红安、麻城、黄州、团风、浠水、蕲春大部分、武穴、黄石-咸宁绝大部分
	3 h 圈	6 625.45	11.43	咸宁通城-崇阳南缘、黄石阳新南缘、黄冈罗田、英山、黄梅及蕲春北部

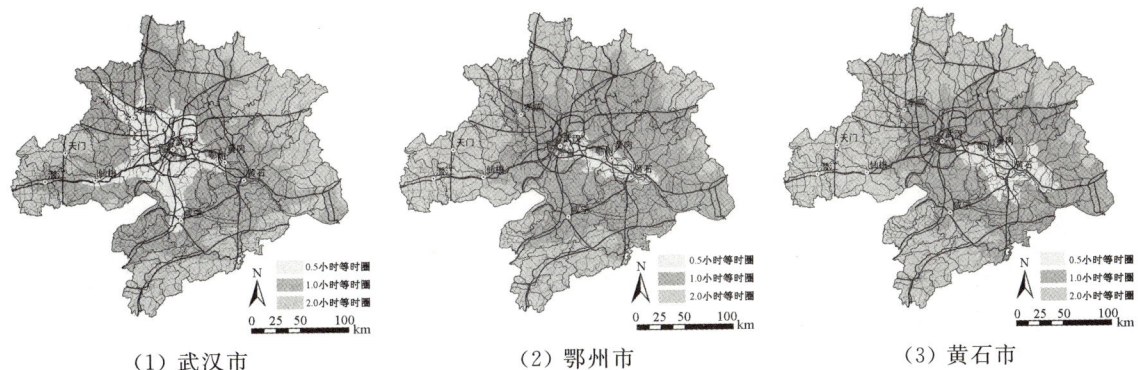

(1) 武汉市　　　　　　(2) 鄂州市　　　　　　(3) 黄石市

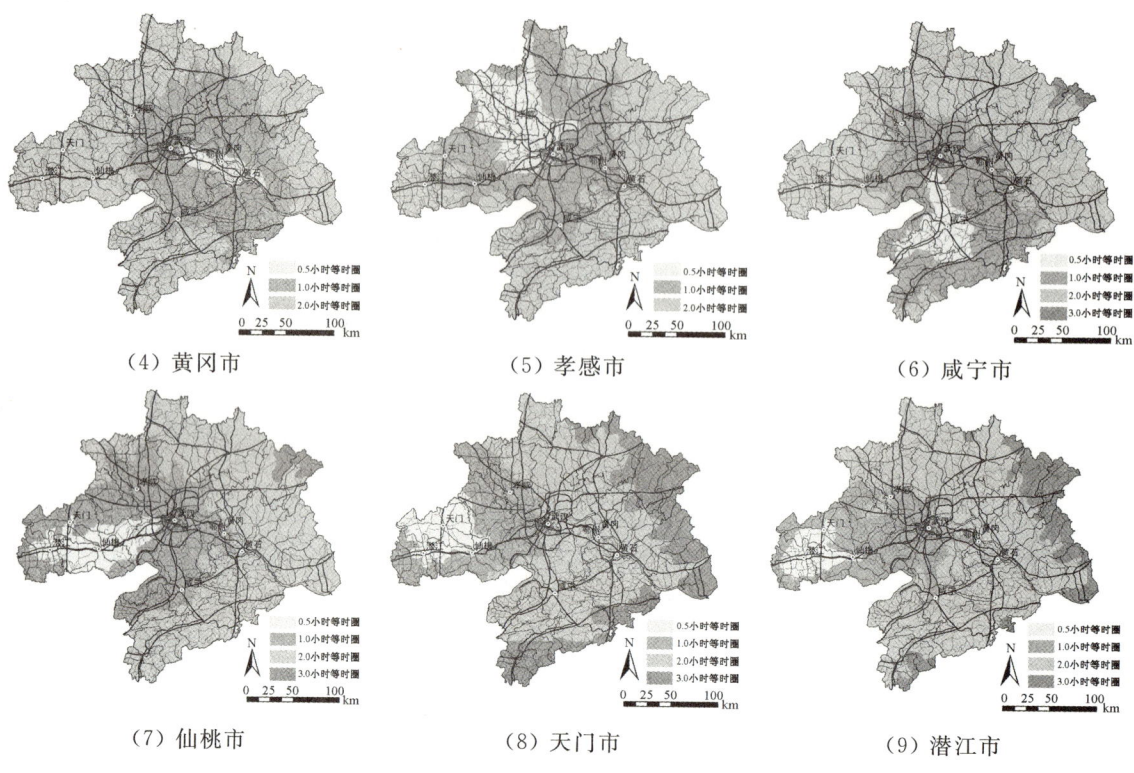

图 6.23 武汉城市圈中心城市出行时距图(2010 年)

注:仅列 2010 年各中心城市的时距图

6.3.1.2 圈域城乡节点间通达性分析

以 1989~2010 年武汉城市圈城乡路网空间数据库为基础,选择武汉城市圈域所有道路交叉口(交汇处)为节点,通过 ArcGIS9.3 空间分析,获取城乡节点最短径距离,构造城乡节点对最短径距离矩阵(公式 6.8),计算空间距离通达性与时间距离通达性(不同速度指标下)(公式 6.9、公式 6.10)。

(1) 时空距离通达性总体良好,基本呈正态分布,表现出一定的随机性

对城乡节点时空距离通达性指数进行排序,一方面获取城乡节点空间距离-时间距离通达性指数位序-规模数据;另一方面,以 0.10(通达性指数值,实为相对通达性)为分段点,将整个圈域城乡节点空间-时间距离通达性依次划分为 m 和 n 个区间,相应统计各个时段、各个区间段空间-时间距离通达性的分布频率和累计频率,结果表明:

1989~2010 年,整个圈域城乡节点时空距离通达性整体良好,通达性节点分布基本呈现正态、倒"U"型结构:两头小、中间多,高低两端差距悬殊,接近平均值节点占据主导,时间-空间距离通达性指数介于 0.9~1.1 之间(近于平均值 1.0)均达到 50%~70%,城乡路网节点通达水平在中尺度圈域呈现"纺锤型"等级-规模结构(通达性的"纺锤型"分布结构同样存在于小尺度的县域和大尺度的省域[448],似乎暗示了通达性分布具有"趋中"性)(图 6.24)。

同时,圈域城乡节点空间-时间距离通达性累计分布频度表现出较强的指数律分布(其拟合程度普遍超过 0.8,均大于幂指数函数拟合程度),其位序-规模曲线的指数拟合程度也

较高,尤其是空间距离通达性(指数函数拟合程度达到 0.98 左右),通达性分布较均衡(与后述的空间均衡性分析结论相吻合),等级-规模结构呈现"纺锤型",表明城乡路网通达性空间分布具有较强的随机性和一定的均衡性;然而,时间距离通达性却高度满足 $Zipf$ 法则,幂指数拟合程度超过 0.98,说明综合考量路网技术等级差异的时间距离通达性分布能更好展示城乡路网的层次性特征,似乎暗示城乡路网的无标度性依赖于测算尺度,并且局部-整体实现随机性-有序性的有机统一(图 6.25)。

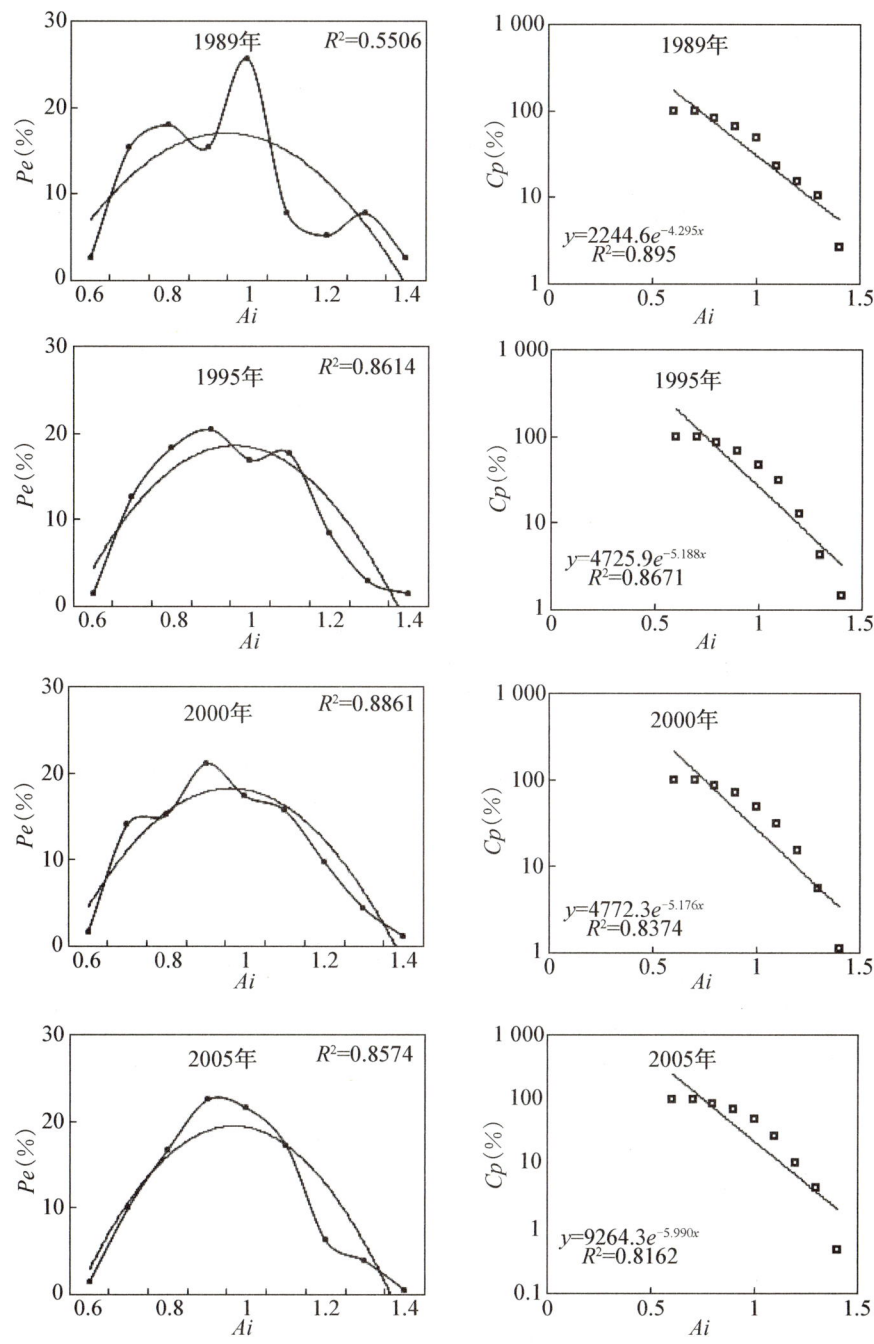

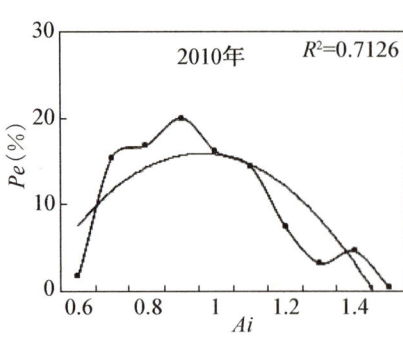 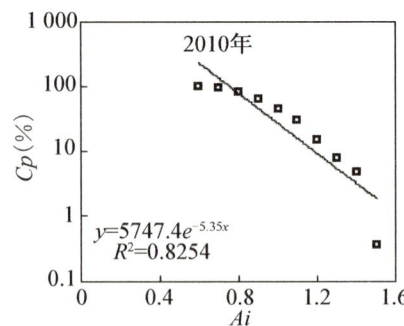

(1) 最短空间距离通达性

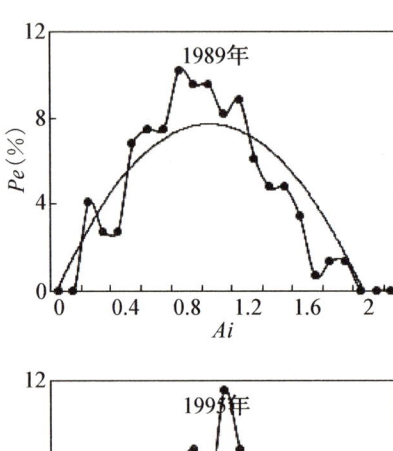 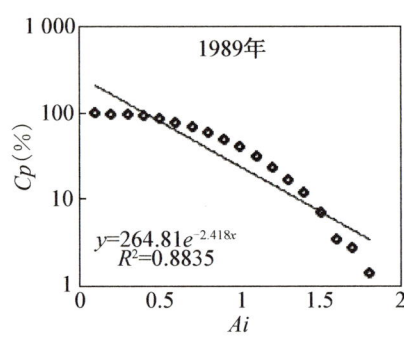

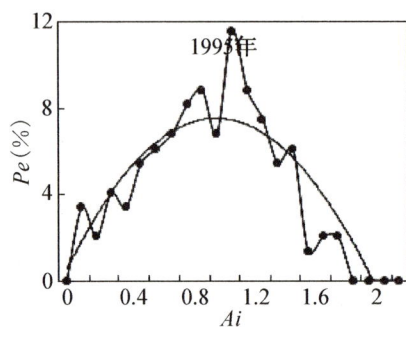 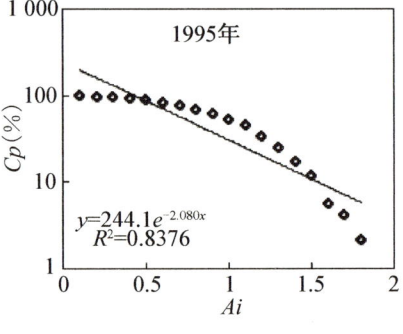

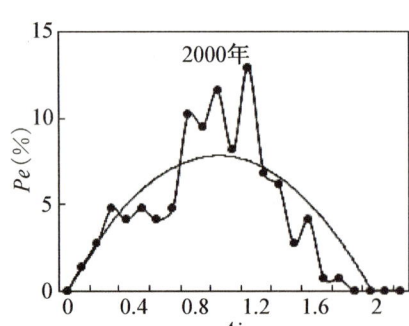 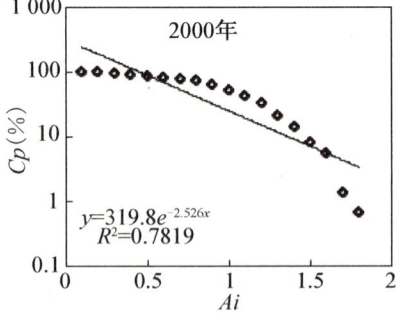

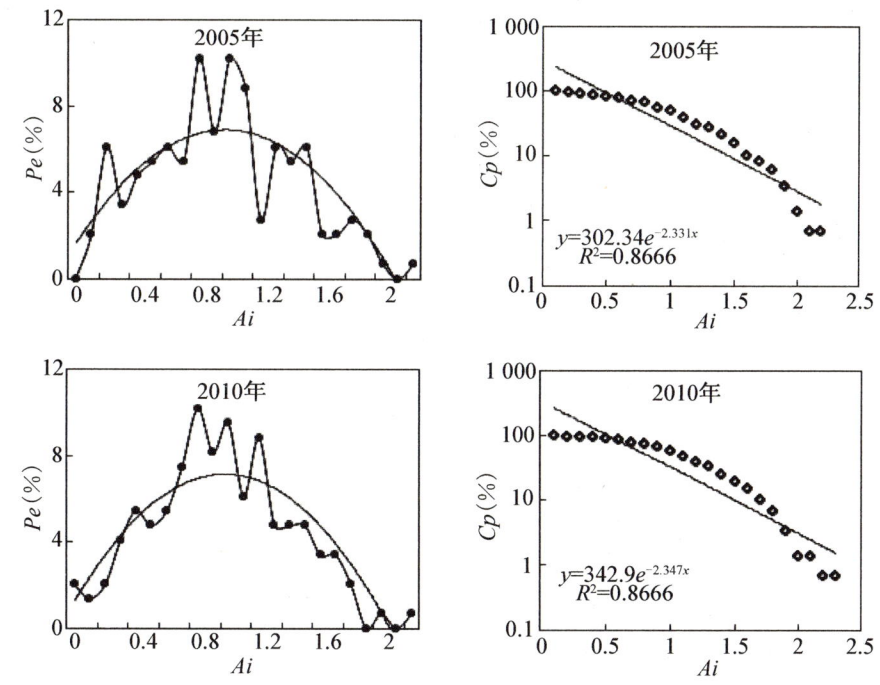

(2) 最短时间距离通达性

图 6.24　武汉城市圈时空距离通达性分布-累积概率分布（1989～2010 年）

注：左图为通达性指数分布图，右图为通达性指数累积分布图

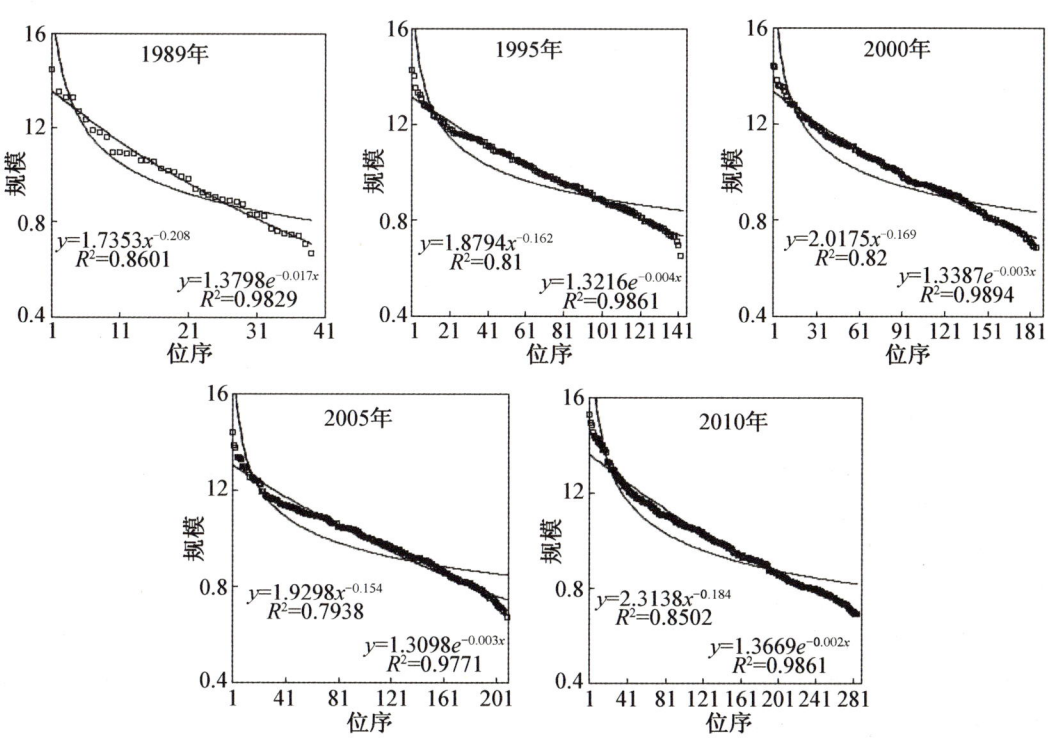

(1) 最短空间距离通达性（通达性值由大到小）

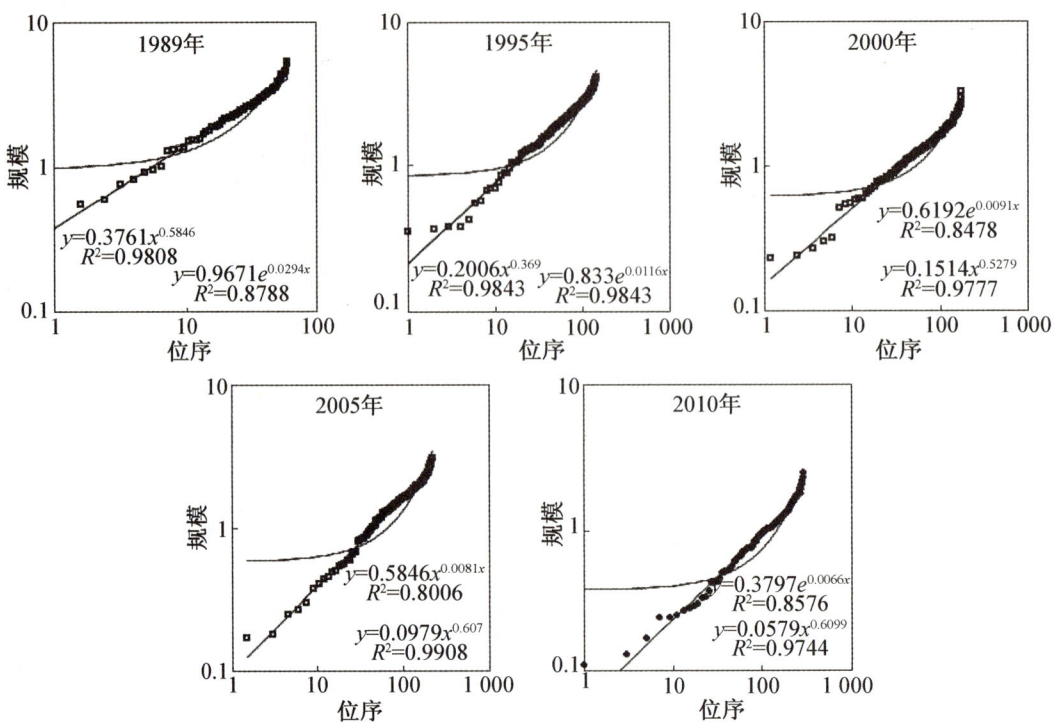

(2) 最短时间距离通达性(通达性值由小到大)

图 6.25　武汉城市圈时空距离通达性的位序-规模分布(1989～2010 年)

注：两条实线分别为幂指数函数拟合曲线、指数函数拟合曲线

(2) 时空距离通达性中心稳定保持在武汉市主城区,具有强时间惯性和空间惰性

借鉴人口重心公式[736],构建通达性重心公式：

$$x_0 = \sum_{i=1}^{n}(C_{ij} \times x_i)/\sum_{i=1}^{n}C_{ij}, y_0 = \sum_{i=1}^{n}(C_{ij} \times y_i)/\sum_{i=1}^{n}C_{ij} \quad （公式 6.16）$$

公式 6.16 中,x_i,y_i 是第 i 个城乡节点的地理坐标,C_{ij} 为第 i 个城乡节点在 j 时段的通达性,其中 $n = (1,2,3\cdots)$,j 取 1989 年、1995 年、2000 年、2005 年、2010 年五个时间截面。

从通达性重心运动来看,在宏观层面,1989～2010 年时空通达性中心空间迁移变化微弱,基本保持在圈域核心——武汉市主城区范围内,具有很强的时间沿续性和空间"惰性"(尤其是空间距离通达性重心更具区位粘滞性,如图 6.26(1)和(2)左图)。这种稳定性主要取决于城乡路网尤其是快速干线发育的相对稳定性和历史"偏好性"(倾向于连接社会经济发展水平较高的城乡节点)。

尽管通达性重心的宏观空间迁移微弱,表现出空间稳定性,但在微观层面,1989～2010 年时空通达性重心位移幅度表现出动态性和跳跃式变化,可以划分为三种类型：

一是因廖什法则偏离初始重心(1989～1995 年和 2000～2005 年),整个法则凸显为：节点中心扩散效应、城乡外向交流、路网生长发育及道路规划建设等因素相互作用,进而导致城乡节点的经济区位发生变化,整个时空通达性重心随着整体节点的经济区位条件变化而偏离,表现为追逐圈域最佳经济区位过程；其中,1989～1995 年空间距离通达性重心向外偏离了

7 651 m,时间距离通达性重心偏移了 8 208 m,而 2005 年和 2010 年空间和时间距离通达性重心距离初始点(1989 年)分别偏离了 4 802 m,6 148 m 和 4 440 m,6 151 m,相应 2005~2010 年空间和时间距离通达性重心则分别向外微弱偏离了 1 346 m 和 1 711 m[图 6.26(1)和(2)右图];

二是因区位惯性基本保持不动(1995~2000 年),期间由于城乡路网建设力度有限,生长发育较缓慢,无法有效克服空间距离的强阻力作用,通达性重心迁移微弱,基本稳定不变,1995~2000 年空间和时间距离通达性重心仅向外迁移了 2 739 m 和 2 753 m,均不超过 2 800 m[图 6.26(1)和(2)右图];

三是因集聚效应而趋近初始重心(2000~2005 年),随着初始通达性重心的区位条件趋优和经济集散作用强化,大量城乡要素空间流"回流",空间和时间距离通达性重心由上阶段的边缘快速迁移到初始值附近,迁移距离达到极大值,分别达到 8 940 m 和 9 587 m,表现为跳跃式迁移,"凸现"内在关联机制作用下的中心区位"突变"复杂性[242][图 6.26(1)和(2)右图]。

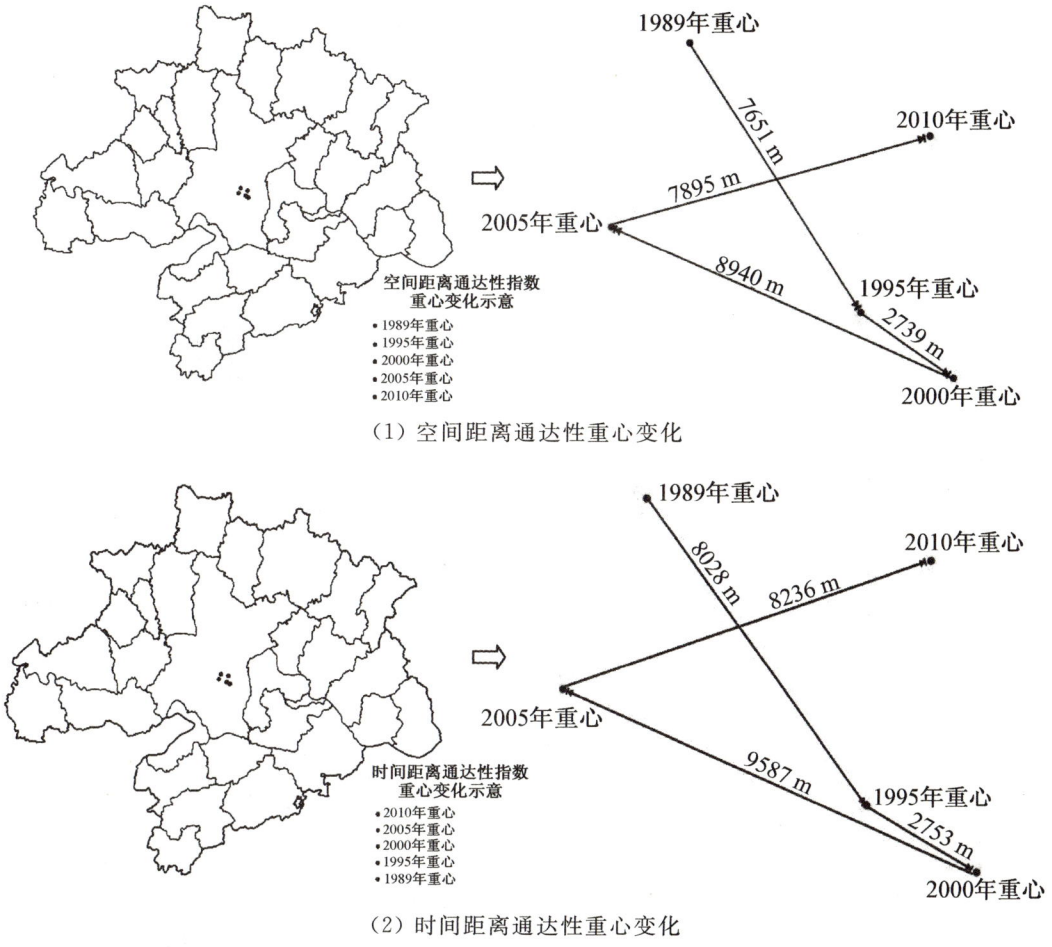

(1) 空间距离通达性重心变化

(2) 时间距离通达性重心变化

图 6.26 武汉城市圈城乡路网时空距离通达性重心迁移变化(1989~2010 年)

(3) 时空距离通达性格局总体呈现同心圈层结构,形成以武汉为中心的靶形分布

1989~2010 年,由于城乡节点体系发育和干线公路布局的相对稳定性,导致城乡节点作用强度和方向保持一定的时稳性,宏观上由最优区域——武汉市向周边区域呈渐进式辐

射和扩散,受距离的摩擦或阻碍作用,通达性格局遵循空间距离衰减律,形成以武汉为中心的同心圆环("靶形分布")结构(图6.27、图6.28),但整体上这种同心环形态有些"不规则",并且随着时间推移,同心环"摄动"变形日益加剧。

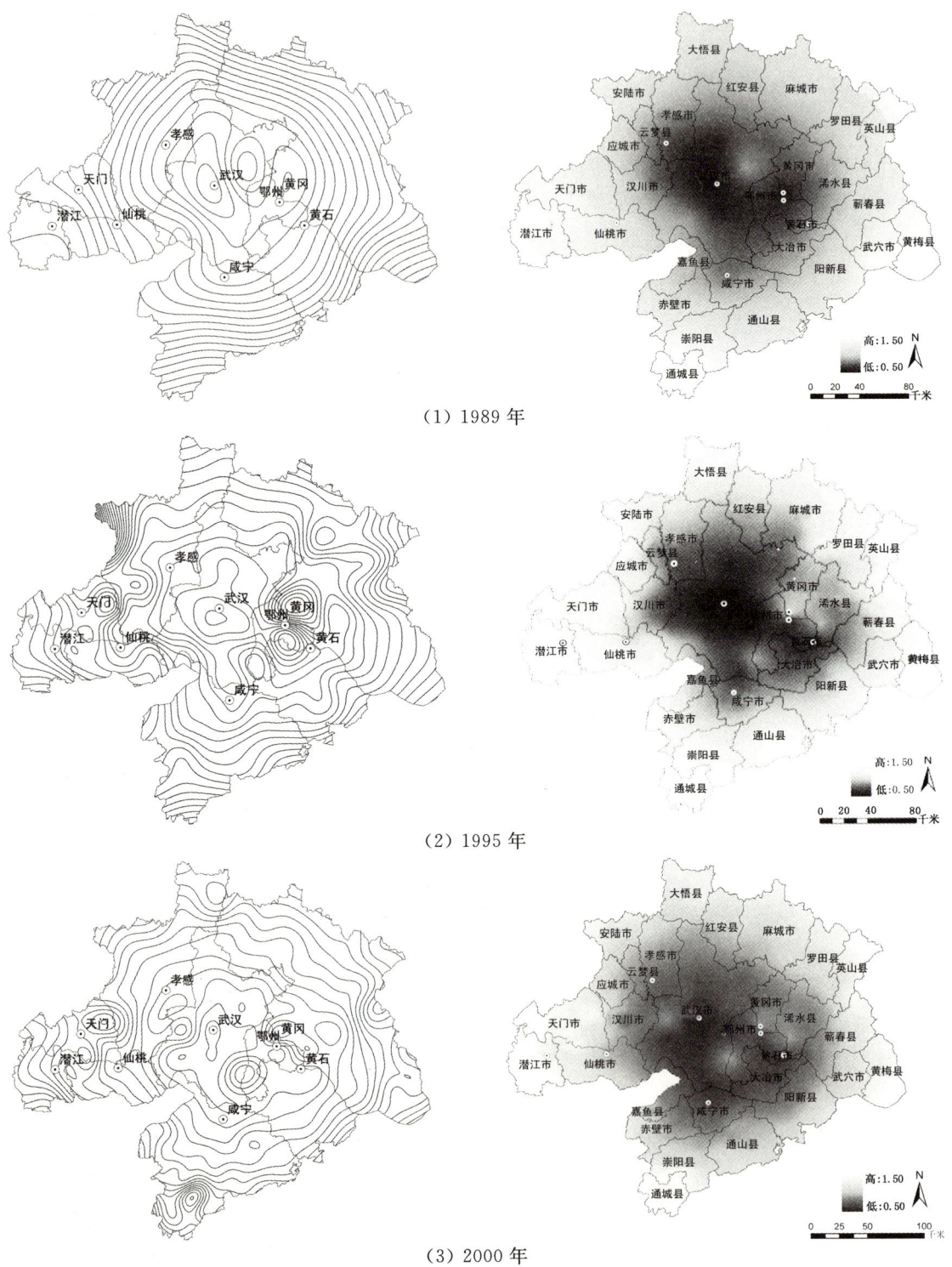

(1) 1989年

(2) 1995年

(3) 2000年

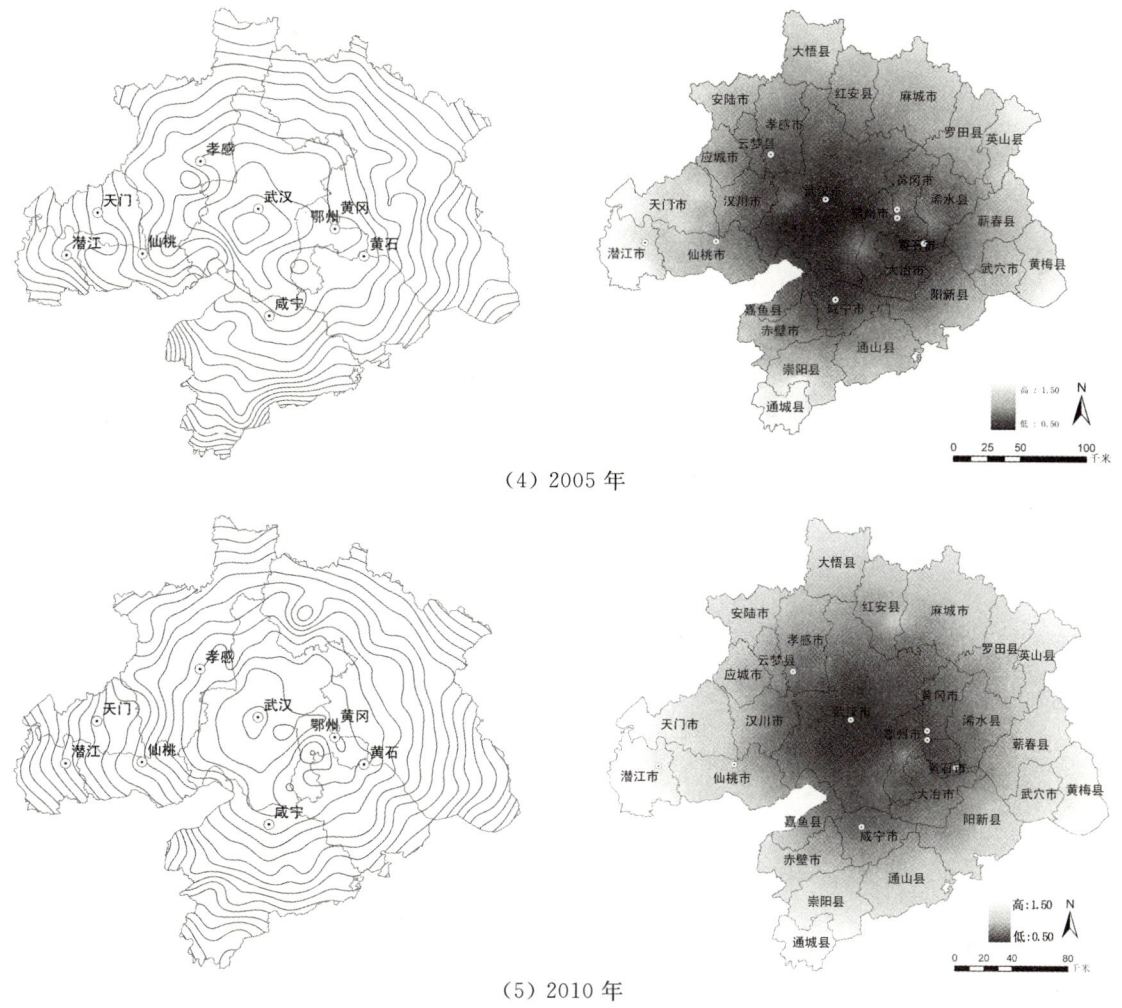

(4) 2005 年

(5) 2010 年

图 6.27 武汉城市圈城乡路网的最短空间距离通达性分异(1989~2010 年)
注:左图为最短空间距离通达性等值线图,右图为最短空间距离通达性 Kriging 插值图

一方面,受多样而"破碎"("两江三片"、江湖纵横、山地、丘陵和平原交错)的自然条件影响明显,导致不同区域城乡路网变形系数差别较大(一般而言,地表变形程度与地势高低呈正比,遵循:高山>丘陵>平原),自然基质空间的"扭曲"宏观上决定并刻画了路网的不规则形态,为其摄动变形提供了"初始值"。

另一方面,与长期社会经济不均衡发展紧密相关,在初始"变形"基础上,城乡路网通达性等值线边缘不断由相对平滑向局部扭曲转变,城乡路网生长和发育的空间不均衡客观决定了其通达性的不均质分布。尤其是近年,以武汉为中心的放射状快速干线的伸展,客观上突破了传统空间距离的约束,导致圆环边缘不断碎化,并"孵化"出一些关键节点,使之不断发育成为圈域时空距离通达性的"高地"(次级中心),圈域时空距离通达性空间形态日益复杂化(即非均衡化和不规则化)(图 6.27、图 6.28)。

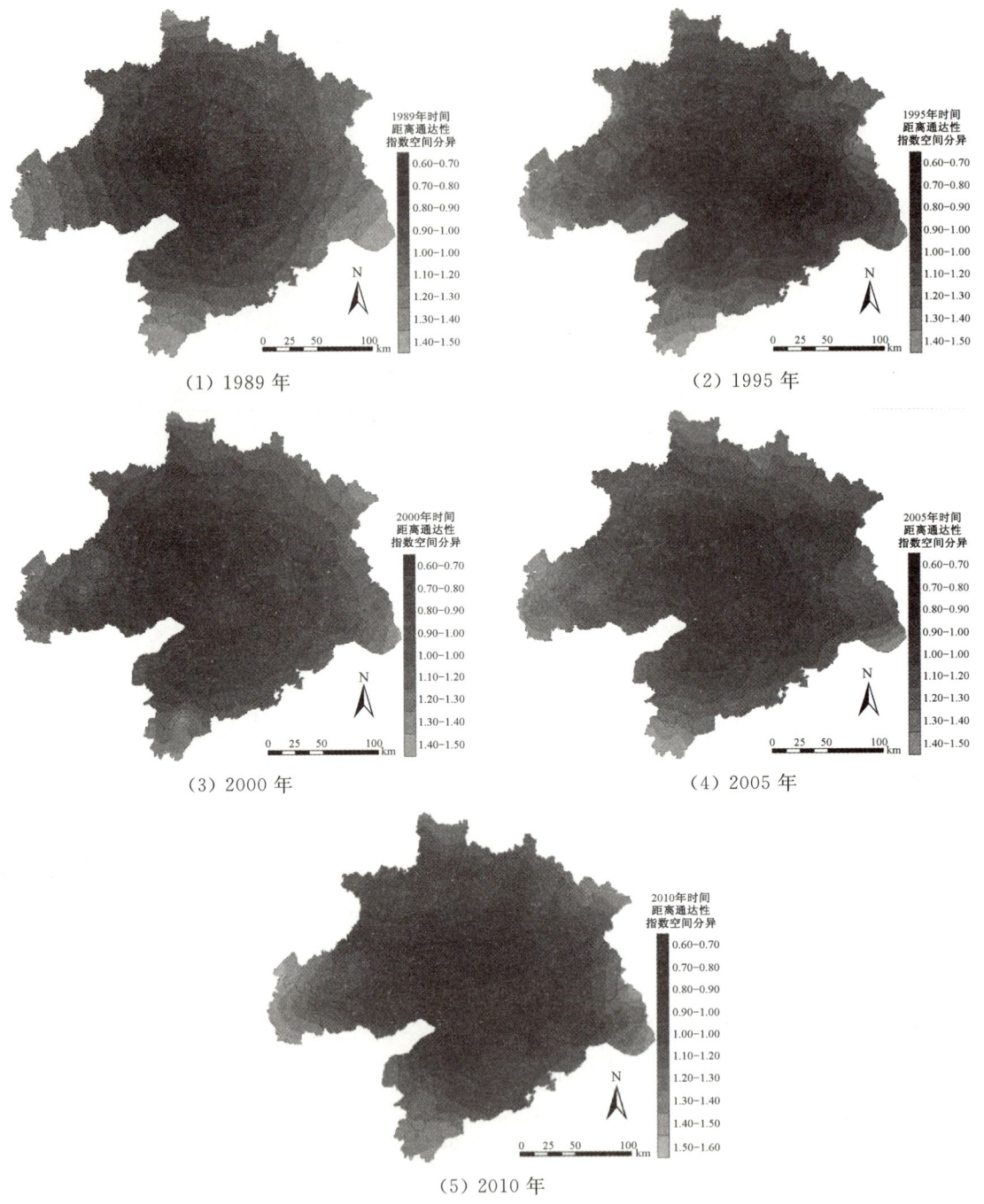

图 6.28 武汉城市圈城乡路网的最短时间距离通达性分异(1989～2010 年)

(4) 时空距离通达性格局由核心-边缘式向等级圈层式演化,路网结构趋优变稳

尽管 1989～2010 年通达性分布宏观上呈现出以武汉为中心的环状分异;但不同时期通达性圈层结构发生"摄动"变形的强度不一,路网结构不断呈现不均衡(极化)→低级均衡→优化均衡的动态演化态势,相应通达性格局表现为"核心-边缘"式→等级圈层式的演进过程:

① 核心-边缘式结构。1989 年及之前,圈域城乡节点享受路网空间伺服极其不均衡,时

空距离通达性基本以武汉市为极值中心,高通达性区域高度集中于武汉市主城区(形成单核),其周边及外围地区通达性普遍较低,形成典型的"核心-边缘"("一极集中")结构;

② 两圈等级圈层式结构。1995~2000年,圈域距离通达性深度持续扩大,武汉周边高等级城镇通达性增长迅猛,高通达性区域不断扩大至核心圈层(主要由武汉市、鄂州市、黄石、黄冈、咸宁、孝感市城区组成),外围圈层(除核心圈层以外区域)通达深度提升不明显,整个圈域城乡通达性形成核心-外围等级圈层式结构;

③ 三圈等级圈层式结构。2005~2010年,一方面圈域核心——武汉市因其社会经济发展水平、历史基础、区位条件和政策规划等因素作用,尤其是近年多条武汉至周边城际快速通道建设强化了武汉市的经济区位优势,导致其不断占据路网伺服优势,享受路网资源的空间"袭夺",通达性增长迅猛,超过核心圈层其他城乡节点,成为圈域的极核,位居第一等级;同时,除武汉市外的核心圈层其他中心城市城区及其周边城乡节点不断占据优区位,通达性深度扩大较明显,成为圈域的第二等级;而外围圈层中的黄冈东北部、咸宁南部、黄石南部等区域城乡节点连接发育迟缓,高等级发育稀疏,成为整个圈域的边缘地带,位于第三等级,整个圈域在核心-外围圈层结构基础上分化形成极核-中间-边缘三大等级圈层结构。

(5) 时空距离通达性持续由核心向外围呈星形扩展,与城乡节点分布保持时空同构

20多年来,城乡路网通达性圈层日益变得平滑,覆盖广度不断扩大、延展至全域,路网伺服范围日益"普适化"[459];绝大部分城乡节点间通达性不断提升,伺服"深度"(等值线稀疏部分,通达性较高区域)持续增长,基本沿核心-武汉市向四周不断呈圈层状扩展。

同时,这种外向扩张明显受南北向京珠高速(湖北段)、东西向沪蓉高速(湖北段)、西北-东南向汉十高速等快速干道的"牵引"作用,不规则圈状进一步发生扭曲,呈星状变形,形成以武汉为中心的东西-南北两条城乡节点关联主要方向。这种中心→外围、圈状→星状的空间扩张与城乡节点体系的空间发育和扩展在时间和地域上日益吻合,城乡节点与道路网络保持高度的共轭协同。

(6) 时空距离通达性呈现多心化和轴线化分布,具有一定的中心城市-快速干线指向性

1989~2010年,城乡路网生长发育存在显著的区域异质性,整个圈域在圈层分异基础上,受路网伺服能力影响不断变形,出现破碎化趋势。

一方面,汉十、沪蓉、京珠高速等高等级快速干线沿线城乡节点通达性增长迅速,形成高通达性节点,空间分布上导致通达性圈沿高速干线"外凸",整个时空距离通达性呈"指状"伸展,尤其是2000年以来,这种交通干道指向性表现得更为明显,形成以武汉为中心,以东西向沪蓉高速、南北向京珠高速为轴的"十字"廊道状交通-经济-产业凝集带。

另一方面,圈域城乡路网建设和布局倾向于连接经济社会发展水平较高、城乡关联作用较强的核心节点,尤其是高等级路网建设,导致一些中心城市发育成为多个高度通达性"集散核(hub)",圈域通达性由"(武汉)单极集散"向"多极联动"格局演化,初步形成以武汉、鄂州、黄石等为中心的多个局域通达性圈,这种通达性圈突破了传统的伯吉斯"单一环形结构"[242],形成多中心联动下的多重伯吉斯环"环环相扣"的新复杂结构。

整个城乡路网高通达性区具有明显的中心城市指向性和高速干线指向性,受这种"点-线"能级集散作用影响,圈域通达性圈出现"断裂",发育形成具有多个不同等级中心和多条

干线伸展方向的"多心多向状"结构。这种城乡路网的网络化、点-轴-圈式生长,宏观上往往支持并服从整个城乡节点体系发育形成"多中心层域式、网络状一体化"的空间结构。

(7) 时空距离通达性整体空间分布均匀,时序上呈现均衡-不均衡的动态变化

计算 1989～2010 年城乡路网所有节点空间-时间距离相对通达性(通达性指数)的基尼系数①、标准差②、极差和全局 Moran's I 指数③等(表 6.9),以刻画城乡节点空间-时间距离通达性水平的空间分异和集聚程度,分析得出:

首先,1989～2010 年,城乡节点时空距离通达性指数标准差不到 0.2,基尼系数介于 0.08～0.12 之间(通达性累积分布曲线比较接近完全均等化对角线,图 6.29,仅列空间距离通达性指数的洛伦兹曲线分布),整体空间分布比较均衡,且具有稳定性。

其次,全局 Moran's I 指数介于 0.69～0.95 之间(其中 Z 值介于 4.932～7.561 之间,检验较显著)(表 6.9),相邻城乡节点间通达性存在显著的空间正相关,形成强烈的高-高、低-低集聚成群倾向,空间上呈强集聚格局,明显呈现两圈层集聚分异:高-高通达性块状密集圈(集中于圈域核心圈层,以武汉市及周边中心城市城区节点为主)、低-低通达性间断带状密集圈(集中于圈域外围圈层,形成圈域北-东缘大别山和南缘幕阜山两大带状低低关联集聚区);整体上,全局 Moran's I 指数逐渐增大,圈域城乡节点通达性空间集聚性日益增强,同时节点通达性值空间分异程度呈微弱扩大态势,但点际差异很小,空间通达性整体上仍呈现"均匀成块"的分布特征。

第三,空间分异-集聚程度在时间截面上略有变化,整体呈先下降后上升的演化态势,标准差、基尼系数和 Moran's I 指数估计值均表现出下降(1989～1995 年)→略升(1995～2000 年)→略降(2000～2005 年)→上升(2005～2010 年)的周期性动态变化(图 6.30),进而揭示出整个城乡节点通达性水平空间分布处于相对不均衡(集聚)→相对均衡(分散)→相对不均衡(集聚)的循环往复、螺旋上升演化过程中,具体表现为:

① 1989 年,武汉城市圈道路网络布局相对集中,核心-外围圈层、城市-乡村节点的空间

---

① 将 1989～2010 年城乡节点的时空通达性指数由低到高顺序排列,分为节点个数相等的 n 组,从第 1 组到第 i 组的累计通达性指数占全部总和的比重为 W_i,故基尼系数可通过下式近似求得:$G = 1 - \frac{1}{n}\left(2\sum_{i=1}^{n-1}W_i + 1\right)$。

② 通达性指数已经消除不同年份通达性值大小的影响,故使用标准差就可以反映不同时间断面通达性空间分布的均衡性,这里的标准差值实际上等于空间变异系数值(因为均值为 1)。

③ 全局 Moran's I 指数通过下式求得:

$$I = \frac{n\sum_{i=1}^{n}\sum_{j=1}^{n}w_{ij}(x_i - \bar{x})(x_j - \bar{x})}{\sum_{i=1}^{n}\sum_{j=1}^{n}w_{ij}\sum_{i=1}^{n}(x_i - \bar{x})^2} = \frac{\sum_{i=1}^{n}\sum_{j\neq i}^{n}w_{ij}(x_i - \bar{x})(x_j - \bar{x})}{S^2\sum_{i=1}^{n}\sum_{j\neq i}^{n}},\text{其中}\begin{cases}S^2 = \frac{1}{n}\sum_{i}(x_i - \bar{x})^2 \\ \bar{x} = \frac{1}{n}\sum_{i=1}^{n}x_i\end{cases}$$

其中,全局 Moran's I 指数的取值一般在 $[-1,1]$ 之间,主要用标准化统计量 Z 值:$Z = (1 - E(I))/\sqrt{Var(I)}$($E(I) = -1/(n-1)$,$Var(I) = S/\bar{x}$)来检验 n 个区域是否存在空间自相关关系:当 Moran's $I < 0$、$Z < 0$ 且显著时,表示存在负的空间自相关,相似的观测值(高值或低值)趋于分散分布,异类观测值趋于集聚分布;当 Moran's $I = 0$、$Z = 0$ 时,表示不相关,观测值呈独立随机分布;当 Moran's $I > 0$、$Z > 0$ 且显著时,表示正的空间自相关,相似的观测值趋于空间集聚。

区位差异较显著,圈域城乡路网发育处于低水平不均衡阶段;

② 1989~1995 年,随着道路网络的生长发育,尤其是边缘式生长和空隙化填充较明显,导致圈域外围城乡节点通达性水平增长显著,整体路网空间通达性趋于相对均衡;

③ 1995~2000 年,由于圈域内公路等级的非均衡性,尤其是高等级路网的强指向性,导致城乡节点空间通达性分布趋于相对不均衡;

④ 2000~2005 年,高等级公路的规划建设和低等级路网的均衡布局,尤其是村村通公路建设,出现时间—空间收敛趋势[477],促使整个路网节点通达性分布跃迁到新的均衡水平;

⑤ 2005~2010 年,圈域实施以武汉市为中心的环-放射线布局①,宏观上加剧了城乡节点享受高等级、快速度路网伺服的差异程度,通达性向高级相对不均衡方向发展,其突出特征便是"优者更优"[477]和"劣者更劣":空间距离通达性指数极差达到时序最大值(0.84),极大值超过 1.5,大于 1.4 节点个数达到 14 个(是 1989~2005 年总和的 5 倍,是 1989 年的 14 倍),小于 0.7 的节点个数达到 5 个(占总数比重为 1.75%),相较 1995~2005 年的 2~3 个(比重介于 1.41%~1.62%)有显著增加;同时,节点通达性空间自相关显著,呈现明显的高-高关联和低-低关联集聚区,具有强空间集聚性,形成典型的低-低核心圈集聚和高-高外围圈集聚的两圈层板块结构。

最后,须指出的是,1989~2010 年最短时间距离通达性指数的空间分异程度(基尼系数、标准差和极差)普遍较最短空间距离通达性指数大,其全局 Moran's I 指数普遍较空间距离通达性指数大,说明综合考虑了城乡路网技术等级差异的时间距离模型计算结果,既"加剧"(也可以认为是"还原")了路网空间通达性分布的不均衡性和相对集聚性,也更好揭示了圈域城乡路网伺服效能的空间差异性及其"衍生"的层级性。

表 6.9 武汉城市圈城乡路网节点通达性指数分布(1989~2010 年)

均衡性		1989 年	1995 年	2000 年	2005 年	2010 年
极大值	空间距离通达性	1.446 4	1.426 5	1.445 0	1.444 5	1.531 8
	时间距离通达性	1.487 2	1.460 9	1.551 8	1.545 2	1.610 9
极小值	空间距离通达性	0.668 9	0.654 0	0.685 1	0.673 9	0.691 6
	时间距离通达性	0.637 0	0.625 6	0.674 3	0.652 9	0.619 2
标准差	空间距离通达性	0.196 3	0.168 8	0.178 0	0.163 4	0.195 8
	时间距离通达性	0.211 3	0.179 2	0.188 7	0.180 9	0.209 8
极差	空间距离通达性	0.777 5	0.772 5	0.760 0	0.770 6	0.840 2
	时间距离通达性	0.850 2	0.835 3	0.877 5	0.892 3	0.991 7
基尼 Gini 系数	空间距离通达性	0.117 6	0.082 1	0.090 6	0.083 3	0.103 5
	时间距离通达性	0.140 9	0.102 4	0.115 6	0.098 7	0.139 9
全局 Moran's I 指数	空间距离通达性	0.699 1	0.764 7	0.863 8	0.883 8	0.941 8
	时间距离通达性	0.712 3	0.781 5	0.835 6	0.887 9	0.954 5

---

① 资料来源于:《湖北省骨架公路网规划》(2002~2020)。

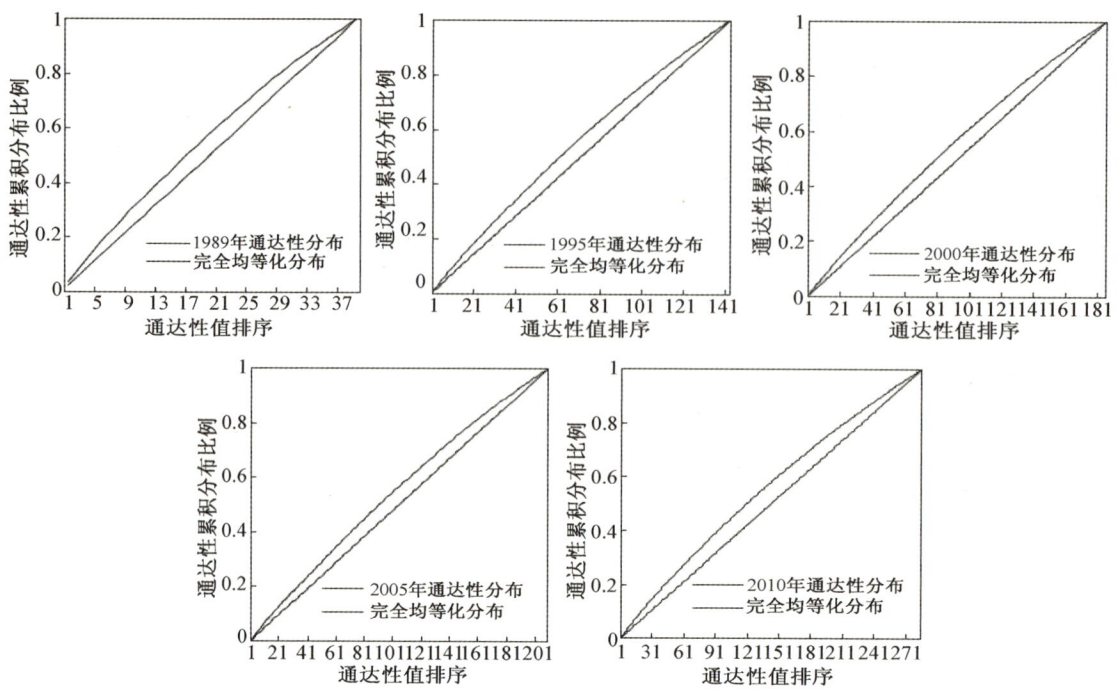

图 6.29 武汉城市圈城乡节点通达性的洛伦兹曲线(1989~2010 年)

注：仅列最短空间距离通达性的洛伦兹曲线

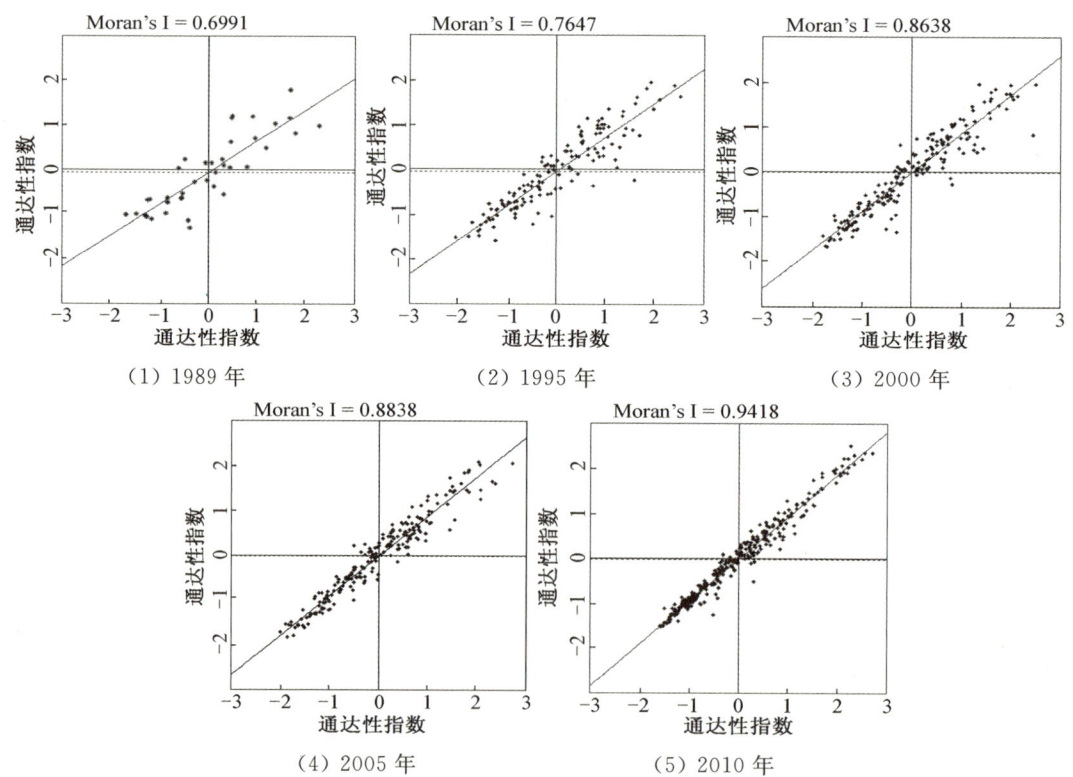

图 6.30 武汉城市圈城乡节点通达性的全局 Moran's I 指数估算(1989~2010 年)

注：仅列最短空间距离通达性的 Moran's I 指数测度

(8) 时空距离通达性具有中心指向性，是其整体空间格局变化的内在动力

引入区域中心性公式：

$$C_i = \frac{D_i}{\sqrt{S/\pi}} \quad \text{（公式 6.17）}$$

公式 6.17 中，C_i 为圈域中城乡节点 i 的几何中心性，D_i 为节点 i 到区域几何中心 (x_0, y_0) 的距离，S 为圈域的面积；其中，几何中心 (x_0, y_0) 通过下式求解：

$$x_0 = \sum_{i=1}^{n} x_i/n, \quad y_0 = \sum_{i=1}^{n} y_i/n \quad \text{（公式 6.18）}$$

公式 6.18 中，x_i 为圈域中第 i 个城乡节点的横坐标，y_i 为第 i 个节点的纵坐标，n 为城乡节点总个数。在式(6.18)基础上，可进一步构建经济中心性公式：

$$x'_0 = \sum_{i=1}^{n} x_i \times e_i/E, \quad y'_0 = \sum_{i=1}^{n} y_i \times e_i/E \quad \text{（公式 6.19）}$$

公式 6.19 中，e_i 为圈域中第 i 个城乡节点①的经济水平（用 GDP 衡量），E 为整个圈域所有城乡节点的 GDP 之和。

通过圈域城乡节点 i 的通达性-中心性归一化值的相关分析和模型模拟发现：

首先，圈域中城乡节点时空距离通达性与其几何中心性、经济中心性保持较高相关程度。一方面，1989~2010 年空间-时间通达性与经济中心性的 Pearson 相关系数普遍超过 0.7，与几何中心性的相关系数更是达到 0.8 以上，城乡节点通达性-中心性间维持中高度相关水平，城乡节点经济水平和区位条件对其通达性发育具有重要意义。另一方面，随时间推移，二者相关系数均不断增加，整体呈上升趋势：空间-时间距离通达性-经济中心性相关系数分别由 1989 年的 0.777、0.890 持续上升到 2010 年的极值水平：0.835、0.957；空间-时间距离通达性-几何中心性相关系数则分别由 1989 年的 0.928 8、0.928 7 缓慢爬升到 2010 年：0.938 1、0.937 5（全时序最高水平），线性函数拟合度均达到 0.88（图 6.31、表 6.10）。充分表明，圈域城乡节点的通达性与其中心性保持紧密的相关关系，可以说节点通达性好坏程度是其在圈域几何空间中的中心性体现，反映了节点在圈域中的区位条件[455]。

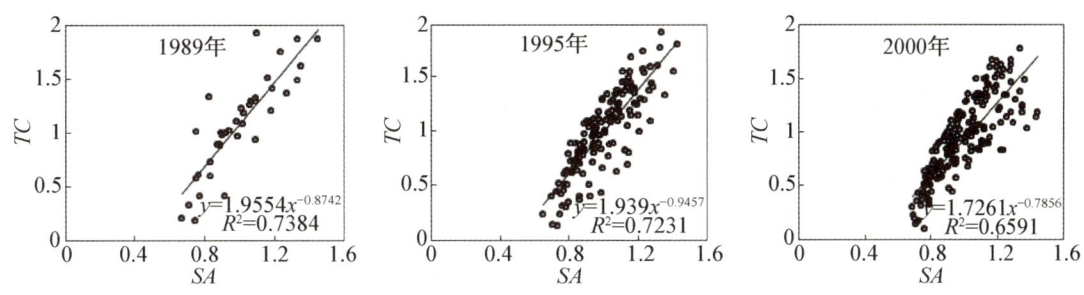

---

① 考虑数据的可获得性，这里只统计所有县级及以上行政级别的空间节点，数据来源于 1995~2010 年湖北省统计年鉴及各地市州统计年鉴，部分数据缺失通过相邻年份推算；相应，节点通达性值也只保留县级及以上，部分县级行政所在地缺失，以邻近节点通达性值近似代替。

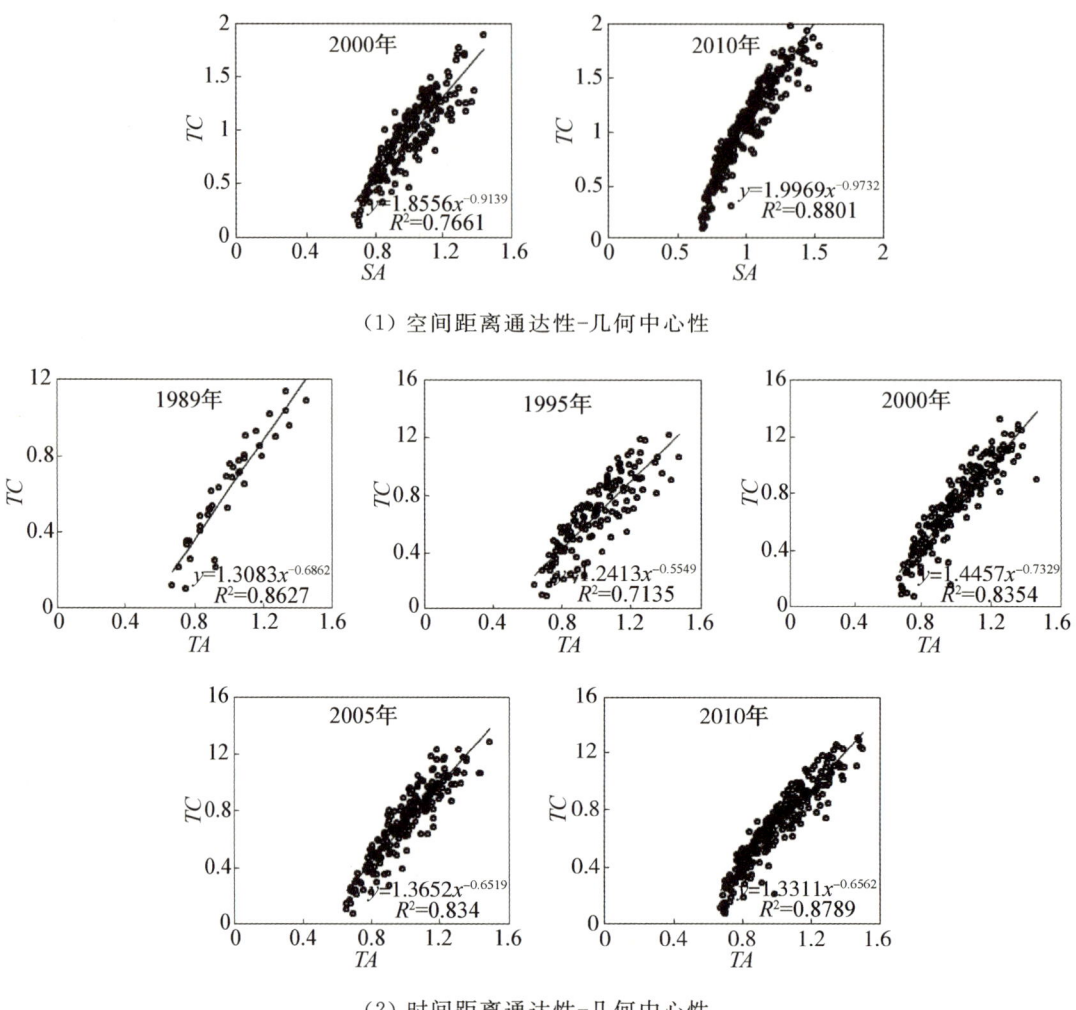

图 6.31 武汉城市圈城乡节点通达性-中心性相关分析(1989~2010年)

其次,不同指标通达性与不同性质中心性间的相关程度略有差异,整体上时空通达性与几何中心性的相关程度略高于经济中心性,基本遵循"空间距离通达性-几何中心性＞时间距离通达性-几何中心性＞时间距离通达性-经济中心性＞空间距离通达性-经济中心性"的位序。客观可以挖掘两层意义:一是,节点区位分布仍然是其通达性水平的决定性条件,城乡路网发育水平受节点的区位关系影响深远,具有较强自然选择性和较弱经济依赖性,这可能源于城乡路网发育的强自组织性机制;二是,时空距离通达性的中心追逐机制存在一定差异,时间距离通达性充分考量路网的等级和技术差异,表现出强经济中心性偏好,而空间距离通达性取决于圈域城乡节点和网络分布及其区域基质(地形地貌等自然条件)等区位的非均衡性(城乡路网是一个非均质空间),体现出较强的区位中心性指向特征。

第三,城乡节点通达性-中心性的内在密切相关机制,宏观上决定了圈域空间通达性的整体格局。由于时空通达性-几何中心性保持较高的相关性,尤其是空间距离通达性-几何中心性呈现高度的相关性(2010年二者相关系数超过 0.93),所以城乡节点通达性呈现明显的趋中性(中心区位)偏好,进而导致圈域通达性空间格局表现为不规则的同心环状分布[737],由中心向外围通达性水平越来越低,逐级梯度衰减。同时,时间距离通达性指数与经济中心性的相关关系更强,因此其通达性空间格局表现出明显的高等级城镇-快速干道指向性(经济指向性),进而引致整个同心环状沿高速干线呈星状或指状空间收敛。

表 6.10 武汉城市圈城乡路网节点通达性-中心性相关性(1989～2010 年)

指标		1989 年	1995 年	2000 年	2005 年	2010 年
通达性均值	空间距离(km)	6 322.75	25 939.23	33 312.61	35 503.34	45 112.39
	时间距离(h)	105.38	418.37	512.50	522.11	644.46
平均几何中心性	空间距离通达性	0.622	0.685	0.713	0.713	0.675
	时间距离通达性	0.512	0.534	0.579	0.582	0.533
平均经济中心性	空间距离通达性	0.712	0.769	0.831	0.835	0.677
	时间距离通达性	0.784	0.812	0.857	0.873	0.759 0
几何中心性-通达性相关系数	空间距离通达性	0.928 8	0.875 1	0.811 8	0.875 2	0.938 1
	时间距离通达性	0.928 7	0.844 7	0.914 0	0.913 3	0.937 5
经济中心性-通达性相关系数	空间距离通达性	0.776 9	0.769 2	0.689 7	0.824 5	0.834 6
	时间距离通达性	0.890 3	0.891 7	0.857 8	0.902 6	0.956 9
几何中心性-通达性模拟方程	空间距离通达性	$y=1.955x-0.874$	$y=1.939x-0.945$	$y=1.726x-0.785$	$y=1.855x-0.913$	$y=1.996x-0.973$
	时间距离通达性	$y=1.3083x-0.6862$	$y=1.2413x-0.5549$	$y=1.4457x-0.7329$	$y=1.3652x-0.6519$	$y=1.3311x-0.6562$
经济中心性-通达性模拟方程	空间距离通达性	$y=1.724x-0.579$	$y=1.722x-0.678$	$y=1.503x-0.877$	$y=1.611x-0.692$	$y=1.735x-0.801$
	时间距离通达性	$y=2.021x-0.956$	$y=1.972x-0.884$	$y=1.812x-0.438$	$y=1.915x-0.873$	$y=2.001x-0.552$

6.3.1.4 重要城镇节点间通达性分析

以《湖北省、湖南省、江西省、河南省公路里程地图册》(2007)、《中国交通地图册》(2007)为底图,选择圈域 9 个中心城市及周边信阳、随州、荆门、荆州、岳阳、九江 6 市范围[图 6.32

(1)],建立武汉都市圈①(由"1+8"武汉城市圈加外围6市组成"9+6"都市圈)城际路网空间数据库(2007)[图6.32(2)],将整个圈域划分为209个26 km×26 km格网,考虑空间均衡,每个格网中取一个节点[图6.32(3)],基本覆盖圈域重要城镇节点,利用ArcGIS9.3软件结合编程算法计算最短径距离和最短时间,获得其时空距离通达性指数(表6.11),以评判武汉城市圈中心城市及周边重要城市间的社会经济联系通达性空间格局:

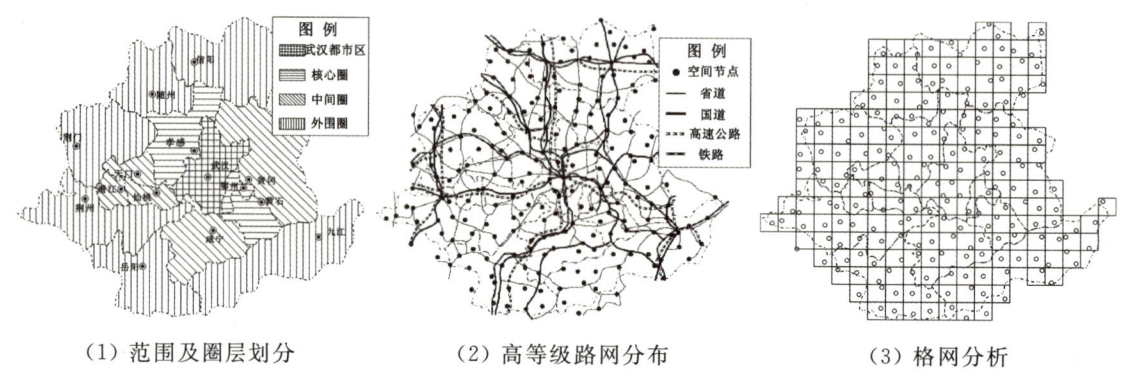

(1)范围及圈层划分　　(2)高等级路网分布　　(3)格网分析

图6.32　武汉都市圈范围及城际高等级路网空间数据(2007)

(1) 城际时空通达性空间格局基本一致,呈现同心圈层结构,遵循"空间距离衰减规律"

15个中心城市间的空间-时间距离通达性格局的吻合程度较高,一定程度表明武汉都市圈路网发育相对稳定,空间距离成为通达性分布的决定影响变量(即通达性空间演化的"序参量"),不同速度指标下(时间通达性)的城际通达性总体格局变动不大;时空距离通达性均明显形成一个中心:位于鄂州和黄石交界处,整体上处于武汉都市圈几何中心偏东位置,作为几何中心、经济重心和社会文化中心的武汉居中区位优势未能充分凸现。时空通达性圈以武汉、鄂州、孝感等核心圈为高峰值区和最优区间,逐渐向外辐射,随着空间距离的增大,通达性指数逐渐增大,通达性水平日益降低,呈现等级圈层分异。

(2) 城际时空通达性呈现西北-东南方向伸展格局,与高等级路网分布吻合

通达性等值线空间分异显著,密疏不一,以武汉为控制中心,往东北和向南方向上等值线相对密集,空间衰减速度较快,主要是因为武汉东北方向的黄冈和信阳、向南方向的咸宁广大区域地处山区(分别是桐柏-大别山和幕阜山),高等级路网(特别是高速公路)发育稀疏,国道和省道密度也相对较小,导致该区域通达性水平整体较低(图6.33)。而通达性指数较高地区集中于武汉北向京珠高速公路和东向沪蓉高速公路段沿线,时空通达性格局受以武汉为中心的放射状快速城际干道影响明显,空间收敛较慢,等值线分布稀疏,通达性等级圈层结构摄动变形明显,整体呈现西北-东南方向空间倾斜和伸展的侧"Y"字形结构,这实际上整个圈域南北向的京珠高速和107国道、东西向的沪蓉高速和318国道以及西北-东南向的汉十高速和316国道等多条重要的高等级线路相互"牵引制衡"的结果,即导致整个圈域

---

① 作者曾经选择"1+8"武汉城市圈(武汉市及周边湖北省内8市)加外围信阳、随州、荆门、荆州、岳阳、九江6市,组成新的武汉都市圈("9+6"都市圈)。具体参考文献:刘承良,余瑞林,熊剑平,等.武汉都市圈经济联系的空间结构.地理研究,2007,26(1):197～209.

路网通达性既没有呈南北向伸展,也没有呈东西向延伸,而是呈西北-东南向空间倾斜。由此可见,高等级交通线路对城市及区域通达性格局的形成具有重要意义。

(3) 城际时空通达性空间差异明显,形成三大等级圈层和两大梯度板块

比较15个城市时间通达性指数,差异显著,方差超过空间通达性和拓扑连接通达性指数,圈域城市高等级路网伺服能力差异较大,明显形成三种等级类型,基本上与武汉都市圈三圈层划分保持一致:即核心圈层的武汉、鄂州、黄石、孝感四市通达性水平较高,时间通达性指数小于30 h;中间圈层的黄冈、仙桃、天门、潜江、咸宁五市通达性水平次之,时间通达性指数介于30~40 h之间;位于外围圈层的信阳、荆州、随州、荆门、岳阳和九江等城市通达性水平相对较低,时间通达性指数超过40 h,达到50 h以上(表6.11)。

比较15市时空通达性指数值,武汉城市圈("1+8"都市圈,包括武汉、鄂州、黄石、孝感、黄冈、仙桃、天门、潜江和咸宁9市)空间和时间距离通达性指数值均小于1,其通达性水平明显高于都市圈域通达性平均水平,等值线相对稀疏,处于通达性圈的"波峰"区,形成核心板块,而其他6市以及信阳东部、黄冈东北、咸宁南部通达性水平处于平均线以下,等值线相对密集,处于通达性圈的"波谷"区,构成外围板块。

表6.11 武汉都市圈("9+6"都市圈)城际时空通达性(2007年)

范围	城市	基于空间距离			基于时间距离		
		通达性值(km)	通达性指数	位序	通达性值(h)	通达性指数	位序
武汉城市圈九市	武汉	2 310	0.72	2	25.84	0.64	1
	鄂州	2 263	0.71	1	26.07	0.65	2
	黄石	2 785	0.87	6	28.02	0.70	3
	孝感	2 485	0.78	3	29.23	0.73	4
	黄冈	2 726	0.85	5	36.34	0.91	7
	仙桃	2 589	0.81	4	30.93	0.77	5
	天门	2 907	0.91	9	37.58	0.93	9
	潜江	2 888	0.91	8	36.19	0.90	6
	咸宁	2 809	0.88	7	37.12	0.92	8
周边六市	随州	3 560	1.12	11	48.51	1.21	12
	信阳	4 934	1.55	15	65.47	1.63	15
	九江	4 416	1.38	14	57.51	1.43	14
	岳阳	4 243	1.33	13	54.33	1.35	13
	荆州	3 355	1.05	10	42.85	1.06	10
	荆门	3 595	1.13	12	45.86	1.14	11

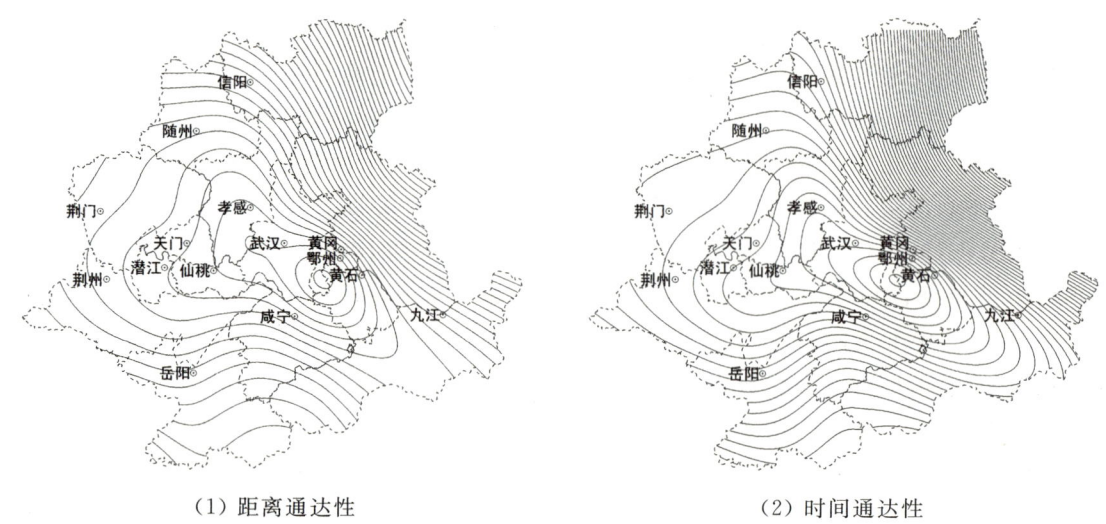

| （1）距离通达性 | （2）时间通达性 |

图 6.33　武汉城市圈城际时空距离通达性等值线图（2007 年）

（4）城际路网发育程度直接影响圈域通达性优劣，城际铁路网的通达效应未充分体现

整个武汉城市圈域陆路交通网络主要由公路组成，铁路运网比重较小，公路网发育相对成熟，连接率达到回路水平，整体已经呈现"方格状"雏形，而铁路网分布相对稀疏，呈"线性"布局，以武汉为中心的放射状城际铁路网并未成网，加上站点设置少，进而导致在中尺度的都市圈域，公路网分布密集、网络发育成熟的核心圈层时空通达性保持较高水平[456]，路网通达性等值线分布相对稀疏，而京广铁路沿线的孝感大悟、孝昌、孝感市区、咸宁市区、赤壁，汉丹铁路沿线的孝感安陆、云梦，以及京九铁路沿线的黄冈麻城、团风、浠水、蕲春等节点尽管占据良好的交通区位，但其通达性水平却相对较低。一定程度表明，在城乡经济社会交流和联系方面，公路交通体现决定性意义和作用，但随着以武汉为中心的城际快速铁路建设，以及公路网络与铁路网络的有序连接，未来铁路运网将在都市圈域甚至大尺度的都市圈间经济社会文化交流中发挥越来越重要的作用。

（5）快速交通干道对城际通达性影响作用明显，导致时间通达性空间收敛速度减慢

比较各中心城市距离与时间通达性指数，明显发现在圈层内部中心城市间时空通达性指数差异较大。武汉的距离通达性指数排在第二，但时间通达性指数排在第一，黄冈、仙桃、咸宁的时间通达性排序相较其距离通达性排序更为靠前。上述城市尽管对外经济联系距离通达性指数较大，但由于拥有更为良好的对外快速交通网络资源，其中仙桃-黄冈（及部分重要城镇）地处沪蓉高速沿线，咸宁（及赤壁等城镇）位居京珠高速沿线，尤其是武汉市作为副省级城市在道路基础设施方面所拥有的"垄断性"资源优势，致使其对外经济联系时间成本较低，时间通达性空间衰减较距离通达性弱。

总之，快速、高等级道路建设与布局对城际距离通达性造成了巨大的影响，不断突破空间距离的摩擦阻力，致使整个距离通达圈环状分异形成不规则的"外凸"，时间距离通达性空间收敛减弱，空间格局上主要依托东-西走向的沪蓉高速线和南北走向的京珠高速线，基本形成了武汉都市圈域东西向、南北向两条呈"十字状"的城乡路网"主街"[459]，与前面的分析结论一致。

6.3.2 城乡路网的拓扑通达性

6.3.2.1 城乡路网的拓扑通达性发育

(1) 城乡路网连接程度不断提高,网络发育日益成熟化

一方面,1989～2010年,城乡路网网络发育日益完善,节点规模不断增加,网络连接增长迅猛,路网发育经历树状网络→低等级回路网络→"网络扩展"[738]三大阶段:

① 树状网络阶段(1989年之前),1989年城乡路网的连接率仅1.136,刚超过1,环路指数不到10,城乡路网发育为少回路网络(仅在局部形成少量的回路)(表6.12),可以预见,1989年以前(譬如1985年)整个城乡路网连接率很可能不到1,城乡路呈线状结构组织,整个城乡路网处于树状网络→少回路网络的路网演化阶段;

② 回路网络阶段(1989～2000年),期间,城乡路网连接率由1989年的1.136缓慢增加到2000年的1.292,仅提高了13.7%,环路指数由期初的9上升到2000年的80,扩大了10倍多(表6.12),城乡路网连接水平和覆盖程度有了一定程度提高;但12年间连接率均不超过1.3,回路数量(尽管增长迅速)距离路网最大成环规模差距明显(成环率相当低,不超过16%),路网基本以2～3路连通为主,连接水平和覆盖程度增长缓慢①,城乡路网呈现低级回路网络演化态势;

③ 网络扩展阶段(2005～2010年),连接率由2000年的1.292急剧上升到2005年的1.701,并持续增长至2010年的1.782,环路指数则由期初的80跃迁到2010年的948(表6.12),城乡路网连接水平和覆盖深度有了显著的提高,至2010年圈域中心城市武汉已经形成4路回路网络连接(连接率超过2),发育成为格状网络,其他八市已基本形成了3～4路的回路网络连接,环路指数较2000年增长了近12倍,整个城乡路网日益成熟化,由2000年的低等级回路网络向2010年的高等级回路网络跃进,处在逐渐接近更为成熟的格状网络发育水平的网络扩展阶段。

表6.12 武汉城市圈城乡路网发育变化(1989～2010年)

年份	基本属性			连接程度		伸展程度						扩展潜力	
	v	e	p	β	μ	δ	δ'	η	D	A	Z	α	γ
1989	59	67	1	1.136	9	14	360.8	0.74	14 664	9.89	0.675 6	0.079 6	0.392
1995	169	205	1	1.213	37	22	382.5	0.66	280 610	14.02	0.514 2	0.111 1	0.409
2000	267	345	1	1.292	80	28	388.2	0.71	582 426	17.11	0.591 2	0.152 7	0.434
2005	488	830	1	1.701	345	38	393.6	0.69	963 342	22.16	0.597 4	0.359 0	0.569
2010	1 211	2 158	1	1.782	948	84	401.5	0.75	2 856 524	35.29	0.731 0	0.392 2	0.595

注:δ为网络直径所包含连接数,δ'为网络直径的长度,单位为km。

---

① 根据路网连接率的意义,当β值接近1.0时,路网布局为树状,各结点多为二路连通;β值为2.0时,路网布局为方格网状,结点多为四路连通;β值略大于3.0时,路网布局呈三角形网状,结点多为六路连通。具体见文献:杨涛.公路网规划[M].北京:人民交通出版社,1997:122～150.

另一方面,与沿海、中西部六大都市圈(群)比较,武汉城市圈城乡路网的连接水平仍较低,增长速度仍较慢。

一是,武汉城市圈城乡路网连接率增长相对缓慢,1989～2000年的10多年仅增加了14%,而21世纪以来的10年增长也不过38%,但相应阶段城乡节点数量增长率却分别达到353%和354%(表6.13),城乡线路连接的增长速度和幅度明显滞后于城乡节点数量的生长。

二是,武汉城市圈城乡路网整体连接率不高,处于中游水平,与沿海三大都市圈(群)差距明显(长三角、珠三角、京津冀三大都市圈(群)连接率均超过2,已经迈入相对高级的格网状-细胞状网络阶段),与中西部都市圈(群)相比,优势微弱,比中原城市群(略大于1.5,进入高级回路阶段)和长株潭城市群连接率(大于1.2,进入初级回路网络阶段)略高(表6.13),"天下之中"的区位优势并未显现,随着未来几年内,圈际以武汉为中心的"高铁4 h圈"的建设完成和圈内以武汉为中心的环放状快速干道网的持续完善,武汉城市圈城乡路网空间发育将迎来新的"突变"。

表6.13 武汉城市圈与其他都市圈(群)城乡路网发育比较(2010年)

都市圈(群)	基本属性			连接程度		扩展潜力	
	v	e	p	β	μ	α	γ
核心圈	457	890	1	1.947 5	434	0.477 4	0.652 0
外围圈	754	1 268	1	1.681 7	515	0.342 6	0.562 1
武汉城市圈	1 211	2 158	1	1.782 0	948	0.392 2	0.595 0
长三角城市群	6 928	13 888	1	2.004 6	6 961	0.250 7	0.668 4
京津冀城市群	5 952	11 913	1	2.001 5	5 962	0.250 3	0.667 4
珠三角城市群	3 530	7 072	1	2.003 4	3 543	0.250 6	0.668 2
中原城市群	2 351	3 654	1	1.554 2	1 304	0.178 6	0.518 5
长株潭城市群	963	1 166	1	1.210 8	204	0.087 7	0.404 4

注:为保证可比性,其他五大都市圈(群)数据与武汉城市圈交通网络数据来源相同;统计核心-外围圈节点和线路数时,如果线路长度一半及以上落入核心圈,则将其完全计入核心圈,反之同理于外围圈。

(2) 城乡路网伸展强度持续加大,路网伺服空间广域化

1989～2010年,城乡路网空间格局发生重大变化,整体呈现由核心向外围、由长江沿线向南北两翼伸展和蔓延,路网伺服空间范围不断外扩,总体侧重于广域推进[446]。城乡路网网络伸展指数D由期初的14 664增加到期末的2 856 524,增长了近195倍,网络直径个数和长度也由期初的14个和360.8 km提高到期末的84个和401.5 km,路网覆盖广度不断增加,基本实现全域的"全覆盖"。

同时,在局部年份,城乡路网的空间伸展方向和强度存在差异,比较对偶"点对"连接数(A)和环路指数(μ)比值的变化率①,可以发现:1989～2010年,网络伸展指数增长较快,环

---

① 一般而言,固定"点对"间径道分化的线路愈多(点对平均连接数越大),网络接合和成环的机会便愈多(环路指数越大);如果成环的速度和比例超过"点对"间分化的连接数增长幅度,则表明网络倾向于线路成环连接(连边),如果前者的增长率低于后者,则反映出网络倾向于在其内部分化新的节点和线路(主要侧重于加点)。

路指数增长幅度和速率大大超过点对平均连接数,说明此时城乡路网建设侧重于新建大量线路,城乡路网伺服空间不断外向扩展,其内部新节点的生长和新径道的分化幅度较慢,路网处于急剧的外向扩展阶段,呈现广域化发展态势。

(3) 城乡路网直径和中心几乎保持稳定不变,具有强空间惯性

路网直径 D 是城乡路网中最远两城乡节点之间的最短径线路数,其大小同路网的通达性空间收敛和整个网络的稳定性紧密相关。从城乡路网直径变化来看,圈域网络直径变化不明显:一是直径走向基本沿长江呈东-西走向,具有明显的"路径依赖";二是直径长度增加幅度很小,由 1989 年的 360.8 km 持续而缓慢增长到 2010 年的 401.5 km,20 多年间向东西两端伸展不到 41 km,平均每年仅生长 1.85 km,网络直径长度的生长速度和幅度不明显,仅 1989~1995 年增长较显著,向东西两侧生长距离(21.7 km)达到 22 年间总体水平的一半(表 6.12)。但是,网络直径在局部年份和地段出现明显的空间位移,对应的部分节点发生跳跃,如 1989~1995 年,路网直径的东半段由江北地段(团风、黄冈城区、浠水、蕲春中部)迁移至沿长江岸线,源于期间武黄高速的建设所致,此外;1995~2000 年,穿过武汉中心的路网直径由"北凸"变成"南凸",主要是期间武汉外环干线的建设引起;2005~2010 年,网络直径的东缘(武穴、黄梅)由沿长江岸线向北迁移至武穴-黄梅中部,可能是黄梅东端新增节点和连边导致(图 6.34)。

路网中心是指城乡路网中由任一点至最远一点最短径线路数(η)的最小值所对应节点,往往表明该节点在整个圈域路网中具备最强的支配能力,与节点在路网的区位条件和对外连接水平有关。从城乡路网中心变化来看,圈域网络中心稳定保持在武汉市中心城区范围内,位于于武昌区与江夏区交界处,整体空间位移微弱、不明显,期间整个空间迁移距离最大仅 10.5 km(2005~2010 年),距离起始点空间距离均在 9 km 半径范围内,整个城乡路网具有强初值(1989 年网络中心)指向性(图 6.35)。

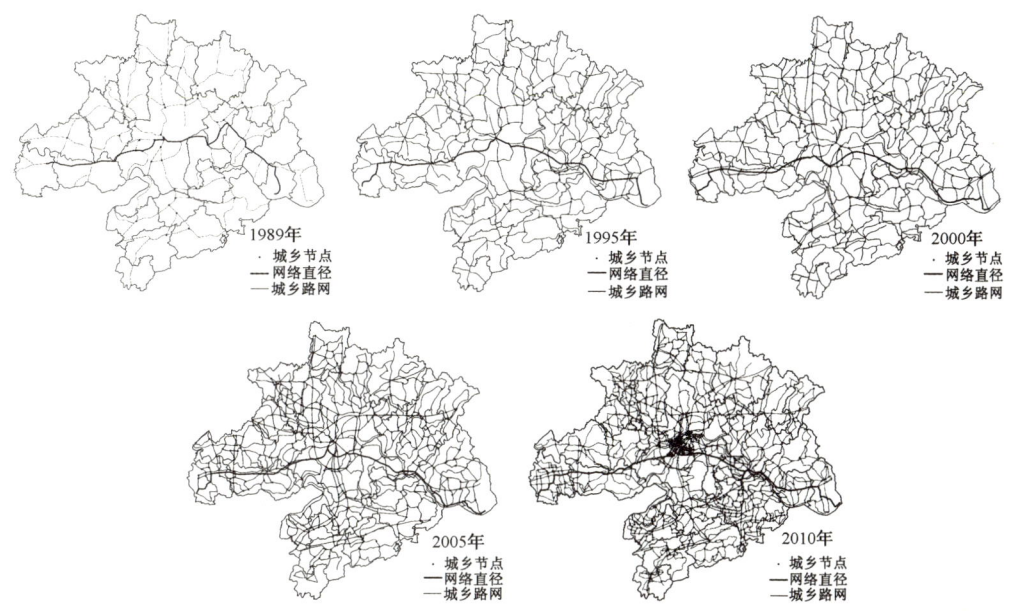

图 6.34 武汉城市圈城乡路网网络直径变化(1989~2010 年)

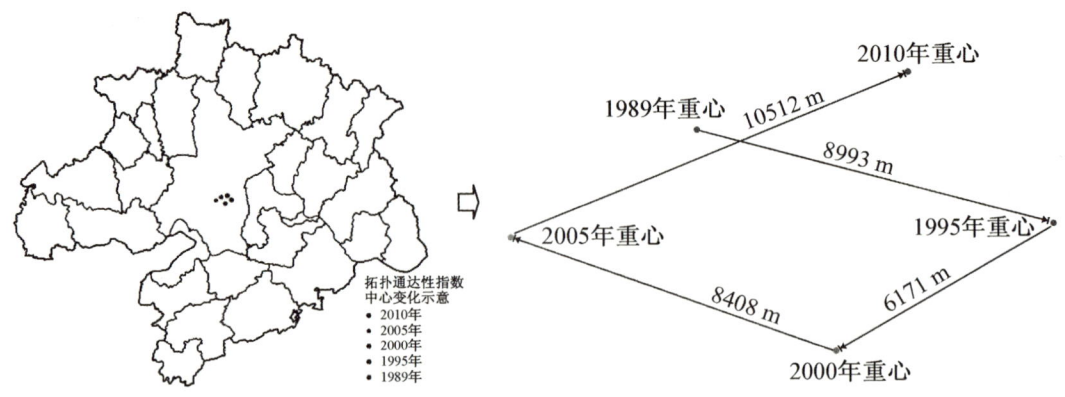

图 6.35　武汉城市圈城乡路网中心迁移变化(1989~2010 年)

（4）城乡路网支配能力不断提升，节点网络地位差异显著，形成四种类型

趋中指数可以客观反映节点占据或邻近路网中心的区位条件。一般而言趋中指数越大，节点越邻近网络中心，具有枢纽区位，对整个路网的支配能力越强；趋中指数越小，节点远离交通中心，地处端点区位，对整个路网的支配能力越弱。

1989~2010 年，城乡路网平均节点趋中指数整体呈上升趋势，其中 1989~1995 年出现大幅下降，1995~2010 年则持续增加，城乡路网的对整个圈域空间的支配能力不断增强，但并未与自身的通达性水平保持高度的吻合，甚至呈现较强的"异配性"，城乡节点由于其区位条件和连接水平不同，趋中指数存在显著差异(表 6.12)。

引入区位商公式，计算 2010 年各城乡节点的趋中指数和拓扑通达性指数区位商(各节点值与平均值之比)，构造趋中区位商-通达区位商四分位图，相应城乡路网节点可划分四种类型(图 6.36)：

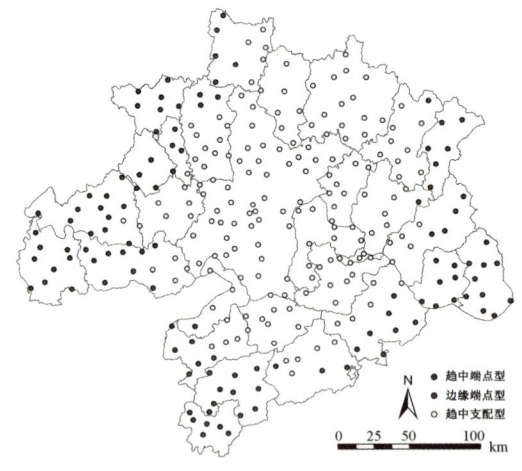

图 6.36　武汉城市圈城乡路网趋中-通达类型(2010 年)

① 中心支配型(趋中区位)：趋中指数大于均值，拓扑通达性指数小于均值。既接近城乡路网的交通中心，占据枢纽或邻近枢纽的位置，又具有良好的通达性水平，对整个网络有较大的支配作用，这类节点在圈域所点比例相当大，占据"大壁江山"，呈连片分布，集中于核

心圈层(包括武汉市、鄂州市、黄石-黄冈-孝感-咸宁城区)及其周边邻近县域(黄石大冶、黄冈浠水、团风、咸宁赤壁、嘉鱼、孝感汉川等县域),以及外围圈层的东北部(包括红安、麻城、罗田等县域)。

② 边缘支配型:趋中指数和拓扑通达性指数小于均值。虽然远离城乡路网的中心,但位于或接近枢纽位置,具有较好的通达性水平,对城市网络具有一定的支配作用,这类节点比例仅次于第一种类型,连绵展布于外围圈层,主要集中于黄冈英山、蕲春、武穴、罗田、黄石阳新、咸宁通山、通城、崇阳等大别-幕阜山区,孝感安陆、应城等大洪山缘以及仙桃、天门、潜江等江汉平原区。

③ 趋中端点型:趋中指数和拓扑通达性指数大于均值。虽然邻近网络交通中心,但地处圈域路网的端点位置,对外拓扑通达性较差,不具备良好的网络支配能力,这类节点比例相当小,主要呈点状散布于核心-外围圈交界处,主要有三个,分别位于潜江的西北、孝昌的北部、通山的北部。

④ 边缘端点型:趋中指数小于均值,拓扑通达性指数大于均值。节点位于城乡路网的边缘和端点的位置,对外通达性水平低,对城市网络的支配作用很小,这类节点在圈域几乎缺失,2010年缺少代表节点。

(5) 城乡路网空间生长尚未饱和,外向拓展和内部充填的潜力较大

一方面,从1989～2010年的变化来看,随着节点规模的增长,城乡路网的实际成环率和实际结合度("成环"和"成线"的程度)持续上升,路网成环和成线潜力依次下降,其充填和扩展能力不断提升,但路网整体成环和连线的空间生长潜力仍然较大,2010年"成环"潜力$(1-\alpha)$和"成线"潜力$(1-\gamma)$达到最低水平,但分别超过60%和40%,表明在路网内部仍存在大量的"空隙"斑块,在网络边缘存在大面积的"空白"地带,呈现大量"结构空洞",路网外向扩展和内部充填的空间巨大。尽管城乡路网成环和成线潜力整体呈下降态势,但比较路网的成环$(1-\alpha)$和成线潜力$(1-\gamma)$增长速度,发现存在一定阶段性差异,表现出动态性变化:① 缓降阶段(1989～2000年),城乡路网"成环"和"成线"潜力缓慢下降,下降幅度不到8%,连接率不到1.3,城乡路网成环和成线潜力均较大;② 骤降阶段(2000～2005年),城乡路网"成环"和"成线"潜力快速下降,分别由期初的85%、57%急剧减小至期末的61%和41%,此外节点生长增幅与线路连接的差距也在拉大,由第一阶段的"成线"/"增点"比率(线路增加率/节点增加率)1.18上升至1.49。

另一方面,与其他都市圈(群)的比较来看,圈域城乡路网连接水平和成环程度普遍较其他都市圈(群)高,城乡路网接合潜力相对较小,尤其是与中部都市圈群差距较明显;其中,路网连接水平相对较低,与沿海三大都市圈(群)存在不小的差距,路网结构处于较低级发育阶段(表6.13)。

(6) 城乡节点拓扑连接位序-规模满足一定的幂律,表现出无标度性

1989～2010年,计算城乡节点实现全遍历的最小连接数,发现:城乡节点最小连接数位序-规模曲线呈较高拟合性态的幂律分布(幂指数拟合程度R^2普遍超过0.8,个别年份达到0.9以上),满足一定的$Zipf$法则,形成明显的等级层次性和无标度性。同时,城乡节点最

小连接数的"首位分布"整体趋于弱化,空间渐趋均衡,首位度(五节点指数)由期初的 0.278 缓慢下降到期末的 0.267,变异系数由 1989 年的 0.20 缓慢下降到 2010 年的 0.18,表明路网拓扑连接空间层次性不断减弱,空间分异程度有所下降(图 6.37)。

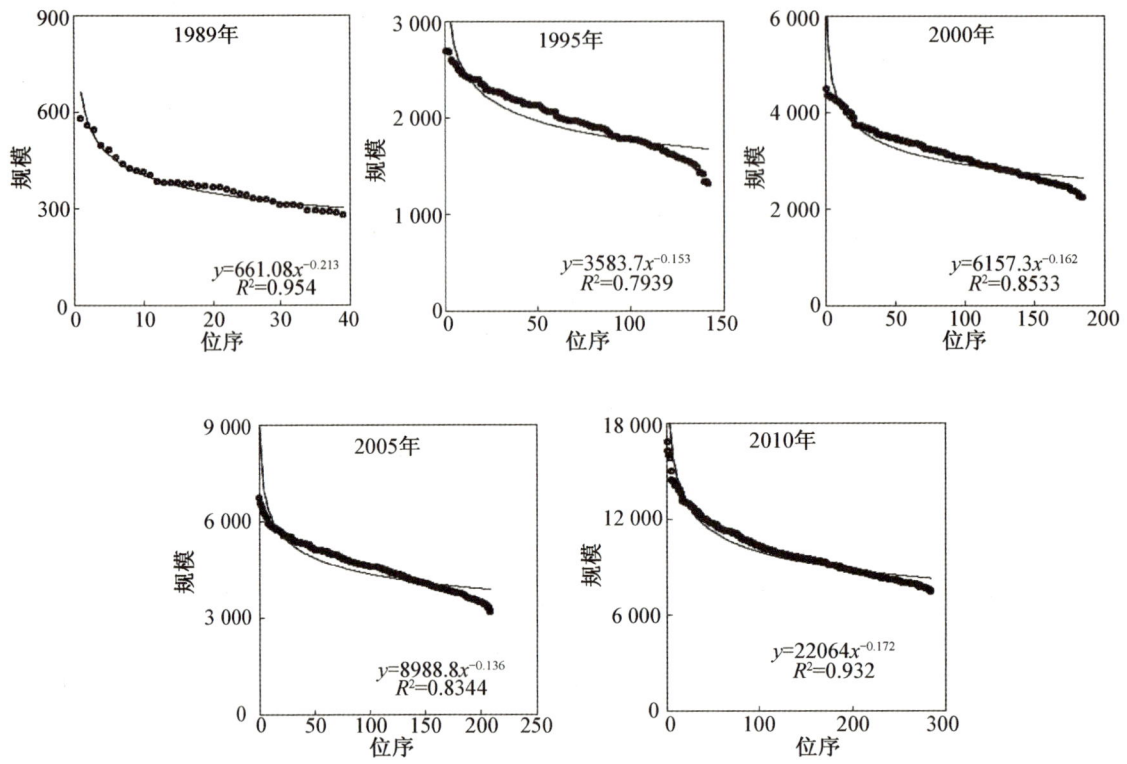

图 6.37 武汉城市圈城乡节点拓扑连接位序-规模分布

6.3.2.2 城乡路网的拓扑通达性结构

(1)拓扑通达性基本呈不规则环状分异,形成中心-外围和三圈等级的复合结构

受城乡节点区位发育影响,拓扑通达性也基本遵循中心-外围距离衰减律,呈现以武汉市为核心的不规则环状结构分异,形成从高通达性中心向外围伸展的等通达性圈,其中武汉市域及周边节点成为整个圈域通达性圈的极值中心,而其外围地带整体拓扑通达性水平较低,处于"边缘"地位,宏观发育形成典型的中心-外围结构;整个时序段,等通达性圈整体分布不均匀,外密内疏,拓扑通达性明显形成高-中-低通达性三个等级层次,其通达性圈形态具有明显差别:0.6~0.9 的高通达性圈集中分布于核心圈层,等值线相当稀疏,边缘相对不规则;0.9~1.1 的中通达性圈相对密集、连绵展布于核心圈层周边,其外缘相对规则齐整,并未出现大的扭曲变形;1.1~1.6 的低通达性圈则主要集中于江汉平原河湖密集区和桐柏-大别-幕阜山区连绵带,等通达性圈整体出现间断,局部形成多个相对平滑的低通达性扇形圈,整个圈域等通达性圈外缘形态和分布密度存在典型的等级层次性,形成高-中-低三大等级圈层结构。

(2) 拓扑通达性空间格局受高速公路分布影响,等通达性圈空间碎化明显

拓扑连接关系反映了城际连接程度的优劣,这种空间连接关系与高速公路布局具有高度的相关性和耦合性。

当前高速公路建设明显提高了武汉城市圈域城乡节点关联的通达性水平,表明中尺度城镇群体空间,城乡交流和作用的便利性主要取决于快速陆路交通网络(尤其是高速公路)的发育水平。

分析通达性等值线走向,沿沪蓉高速公路形成了一个拓扑通达性水平较高的东西向交通走廊,集中了潜江、仙桃、武汉、鄂州、黄石等中心城市和汉川、东西湖等重要城镇,京珠高速沿线的孝感城区、武汉城区、江夏、咸宁城区、赤壁等城镇,汉十高速沿线的孝感安陆、云梦、孝感城区也保持较高通达性水平,而高速公路尚未贯通的武汉城市圈东部及南部边缘山区(大别山和幕阜山区)、西部平原地区(天门等)通达性水平较差,拓扑连接通达性指数值超过1,低于圈域平均水平;同时,这种拓扑通达性节点的"高速"指向性,也导致整个等通达性圈发生变形呈不规则化,局部年份(2000~2005年)甚至出现圈层破碎化(长江沿线出现未闭合等值线)(图6.38)。

(3) 拓扑通达性受区位条件影响较小,与城乡节点发育和连接程度密切正相关

比较城乡节点时间、空间距离通达性和拓扑通达性等值线图,发现拓扑通达性圈层性更明显,等值线更平滑,等值地段空间收敛更显著,区位条件、空间距离对拓扑通达性的影响较小,拓扑通达性主要取决于城乡节点的分布密度和线路的连接程度。受城乡节点体系的"靶形"极化发育和线路成网程度的宏观格局影响,城乡节点拓扑通达性与城乡节点体系发育基本同步同形,复合形成"核心-外围"组织模式。即,通达性最好的城乡节点除武汉市区以外都集中在武汉市周边,这些城乡节点规模等级较高,构成圈域次一级中心地,通达性等值线分布稀疏,通达性指数高于圈域平均水平;而外围区域城乡节点通达性则低于平均水平,这些节点在整个城市圈中处于"竞争腹地"地位,其规模等级低于城市圈域核心圈中心城镇,通达性等值线相对密集,整个圈域城乡节点拓扑通达性空间分布与自身城镇体系等级规模分布保持协同一致趋势,空间格局呈现"核心-外围"组织结构。

(4) 拓扑通达性空间差异存在阶段性变化,以城乡关联主方向为高值区

1989~2010年,圈域城乡节点拓扑通达性指数差异程度较时空距离通达性明显,基本遵循拓扑连接＞时间距离＞空间距离通达性[1],空间分布呈现不均衡→相对均衡的动态变化,整体上仍存在明显的空间分异和集聚,形成多个高-高关联集聚区和多个低-低关联集聚区,且其分布组合表现出时序动态性,根据高值集聚区形态可以划分为三个阶段:

① "Y"字形阶段(1989~2000年),以汉江-长江为中轴线,基本地处圈域核心地带,城乡关联作用强烈(尤其是沿线节点与武汉市之间),沿线城乡道路网络分布较密集,发育日趋

---

[1] 文献:吴威,曹有挥,梁双波,等.中国铁路客运网络可达性空间格局[J].地理研究,2009,28(5):1389~1390.也提到,中国铁路客运网络中,不同指标间,省级行政中心城市间(城际)的可达性分异程度存在一定差异,也存在连接性＞时间距离＞空间距离的位序。

成熟,尤其是 20 世纪 90 年代中期以来的武黄高速、宜黄高速和 316 国道等高等级路网建设,区域拓扑通达性圈相对密集,整体通达性水平较高,而其南向的幕阜山区、北向-东北向的桐柏-大别山区拓扑通达性圈非常稀疏,形成一条呈西北-东南+东西走向(于武汉市交汇)的主要城乡关联方向,地域空间上表现出一条向左旋转 90°左右的"Y"字形带状高通达性区,整个圈域通达性分布呈现核心地带-外缘地带差异[图 6.38(1)~(3)]。

② "十"字形阶段(2000~2010 年),城乡节点关联以南北向京珠高速和东西向沪蓉高速为中轴线(两条轴线于武汉市交汇),呈东西-南北两个方向伸展;其沿线区域城乡关联作用程度较强,通达性水平较高,高拓扑通达性区呈"十"字形带状伸展,成为圈域的核心地带,十字轴的东北缘(大别山区)、北端(桐柏山)和东南部(幕阜山)等周边地段拓扑通达性圈仍然比较稀疏,保持时间上的"劣者恒劣"态势,成为圈域的边缘地带,整个通达性分布仍然表现出不同于第一阶段的核心-边缘地带分异[图 6.38(3)、(4)]。此外,城乡节点拓扑通达性的伸展幅度和形态略存在一定差别:2000~2005 年城乡节点拓扑通达性圈基本呈不规则星状,东西、南北两个方向伸展幅度相对一致和统一;2005~2010 年城乡节点拓扑通达性圈则变形为"纺锤"状,南北方向伸展幅度超过东西方向,圈层由圆形扭曲变形为竖向椭圆形[图 6.38(4)、(5)]。

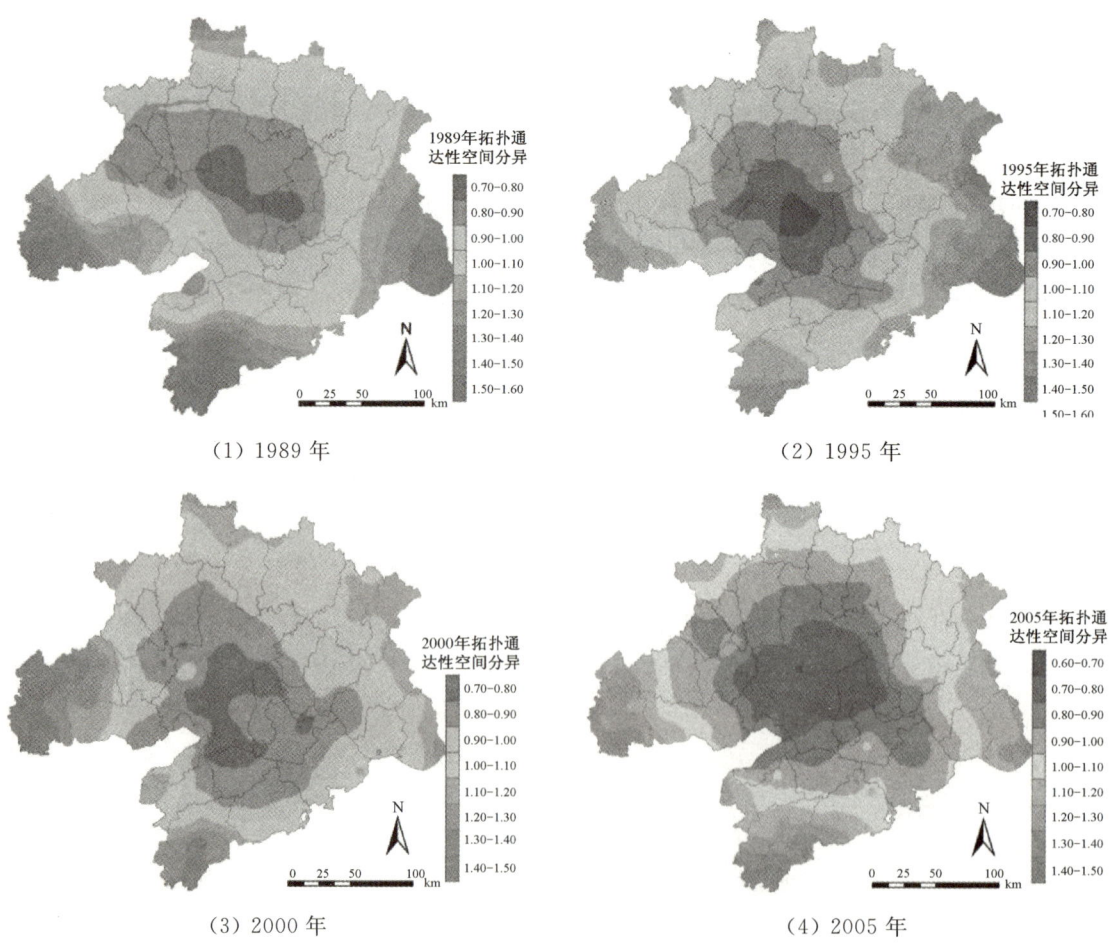

(1) 1989 年　　　　　　　　　　(2) 1995 年

(3) 2000 年　　　　　　　　　　(4) 2005 年

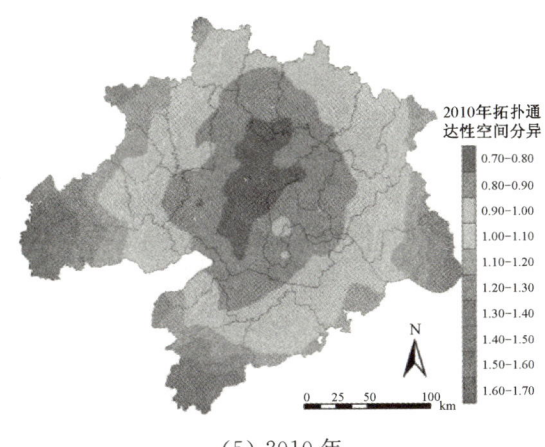

(5) 2010 年

图 6.38　武汉城市圈城乡路网的拓扑通达性等值线图(1989~2010 年)

(5) 拓扑通达性空间差异明显,与自身社会经济发展水平相关

一般而言,社会经济发展水平较高的区域通常具有较高的拓扑通达性水平,其城乡节点既占据优越空间区位,又拥有良好经济效应,二者共轭协同,对整个圈域拓扑通达性格局起到强化和固化效应。

1989~2010 年,武汉城市圈城乡路网拓扑通达性空间差异显著,其变异系数基本超过 0.25,不同程度大于时空距离通达性,与整个圈域的社会经济地理结构密切相关,其分布基本与其社会经济发展地理格局保持一致和同构。一方面,拓扑通达性高值中心位于武汉市主城区,低值边缘区多位于整个圈域的边缘,拓扑通达性极值分布与圈域社会经济发展水平的极值分布格局保持同构。另一方面,拓扑通达性较高城乡节点空间集聚性显著,主要分布于圈域核心圈(武汉市、鄂州市、黄石市区、咸宁市区),而拓扑通达性指数较低的城乡节点主要分布于圈域外围圈,且表现出较强的集聚性,形成东北-西南半环状山地区和西缘块状江汉平原区两大集聚片区。整体上拓扑通达性的核心-外围圈层分布与区域社会经济发展的核心-边缘强结构保持高度一致,但在局部年份和地域,拓扑通达性空间等级分布出现与城镇规模等级位序不一致的"突变",即存在一定的社会经济发展水平相对较低的城市占据良好的交通区位条件,如 1989~1995 年的嘉鱼城区,同时也存在一定的社会经济发展水平较高区域通达性水平不高,如 2010 年的鄂州市。

6.3.3　城乡路网的县域通达性

利用 ArcGIS9.3 空间统计分析,计算武汉城市圈各县域城乡节点的时空距离通达性均值,计为各县域时空距离通达性值,从而实现空间通达性分析从分(节)点到分县(市、区)[448];分析县域时空距离和拓扑连接通达性空间分异,揭示出:

(1) 县域通达性值分布相对均匀,遵循良好的指数律,具有随机性

1989~2010 年,不同等距分级(时间、空间距离和拓扑连接通达性指数均以 0.1 作为等级标尺,划分为不同等级区间)的县域通达性值分布基本呈正态,以中值为主(20 多年间通达性指数介于 0.9~1.1 之间的县域均超过 40%),小于 0.9 的高通达性县域和大于 1.1 的

低通达性县域比例不到30%,等级-规模呈"纺锤"型结构,基本可以划分为三种类型:高通达性区间(0.6~0.9)、中通达性区间(0.9~1.1)和低通达性区间(1.1~1.5)(图6.39)。

同时,县域通达性值位序-规模分布曲线并未表现出较高度的幂律,而是呈现指数律分布(负指数按拟合程度均超过0.91,甚至达到0.97,而幂指数拟合程度多不到0.85),同时空间变异系数基本不到0.2,分布相对均匀,具有一定的随机性(图6.39)。

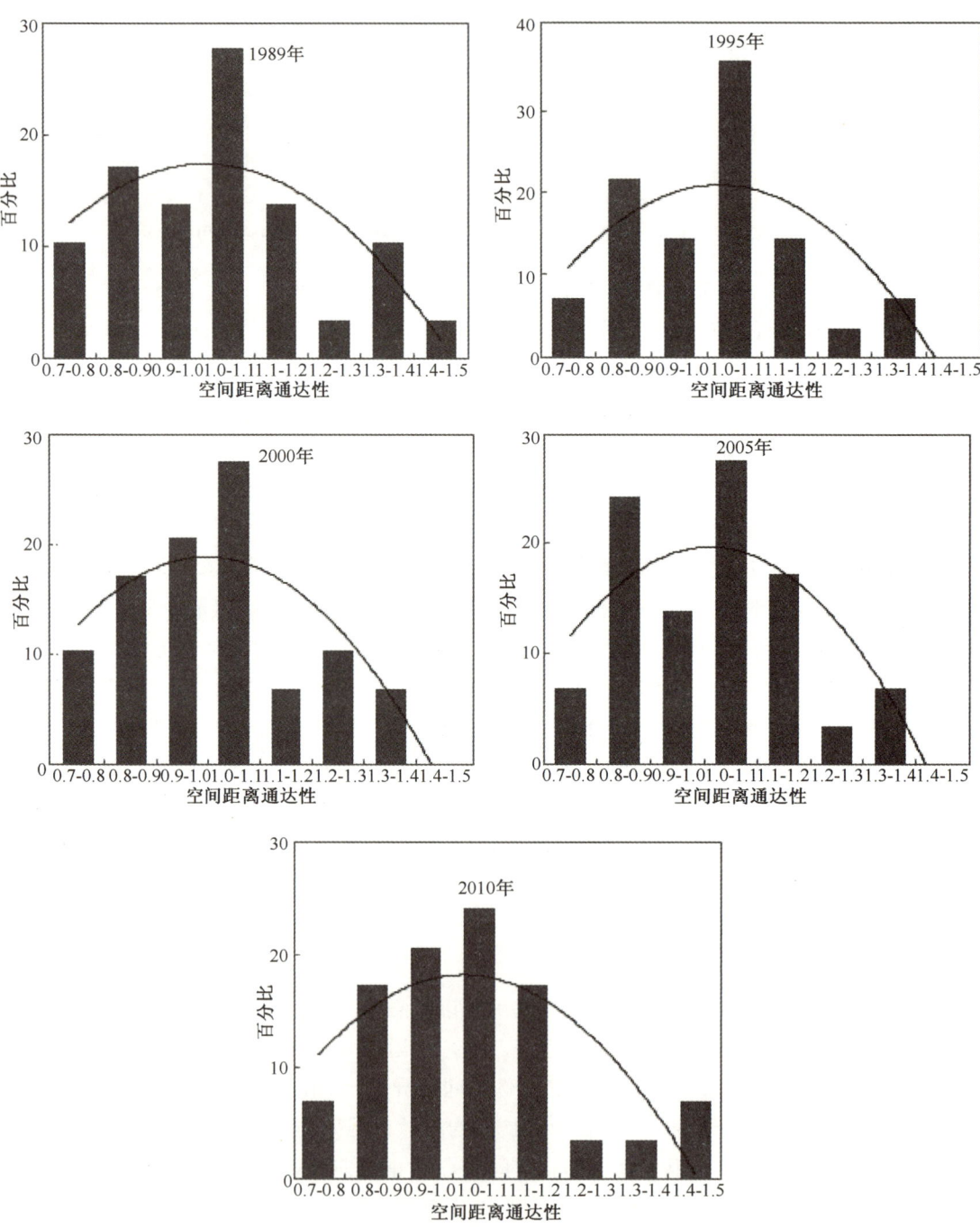

a. 频率分布(仅列空间距离通达性)

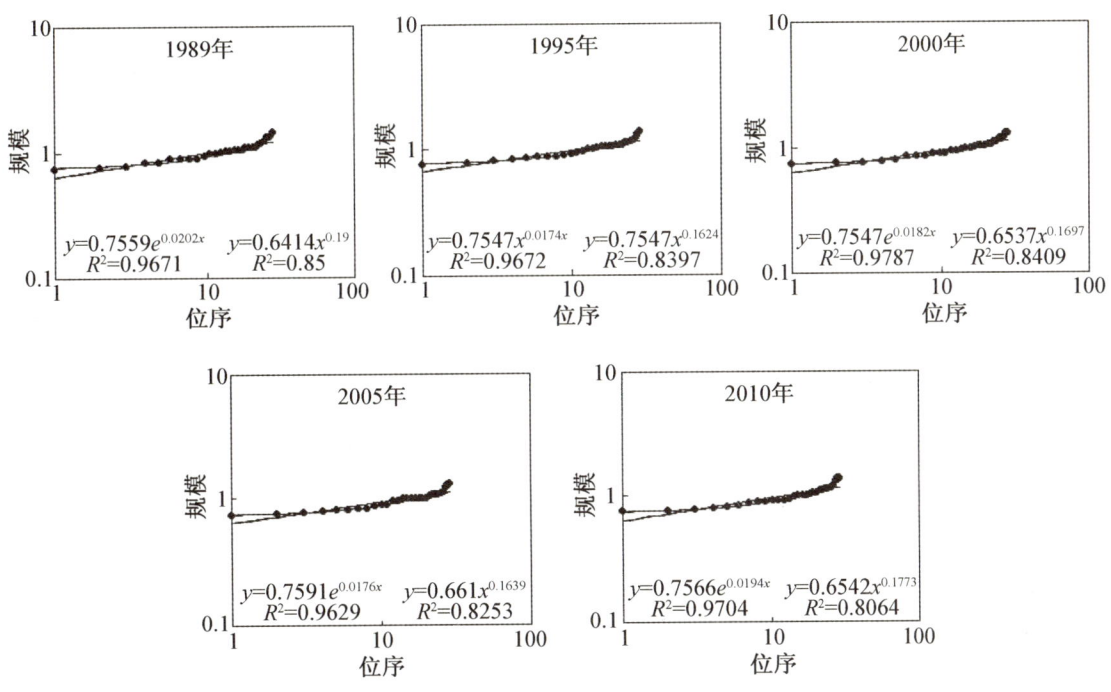

b. 位序-规模分布

(1) 空间距离通达性

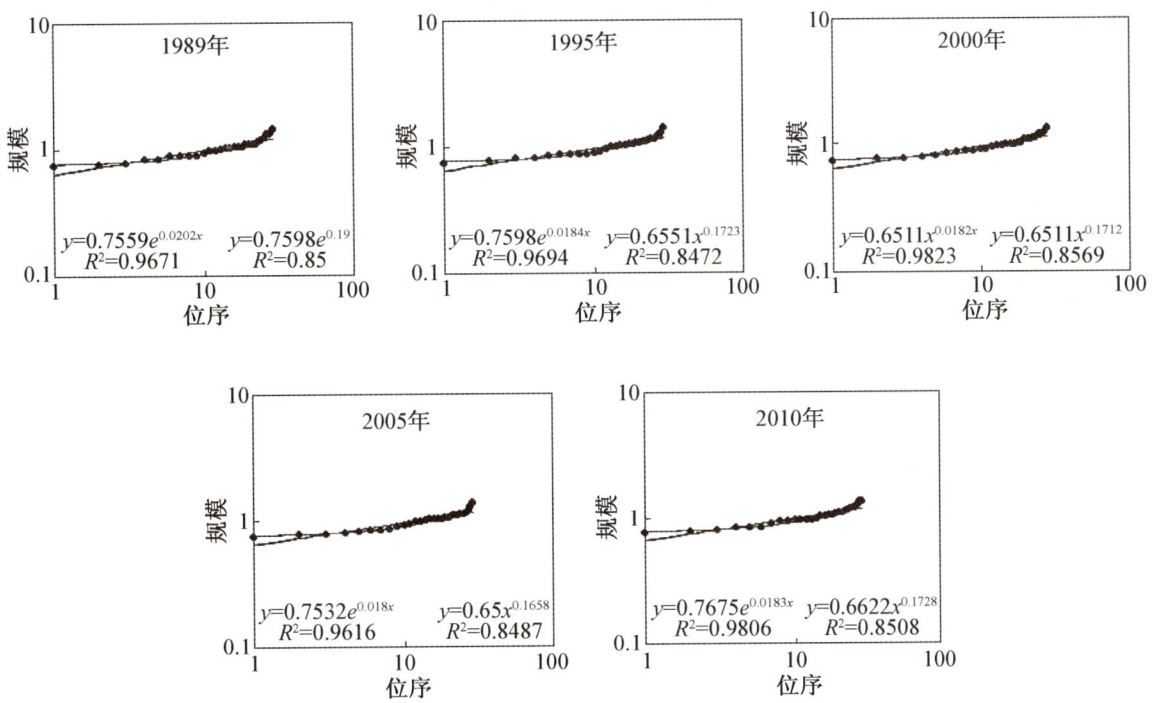

(2) 时间距离通达性

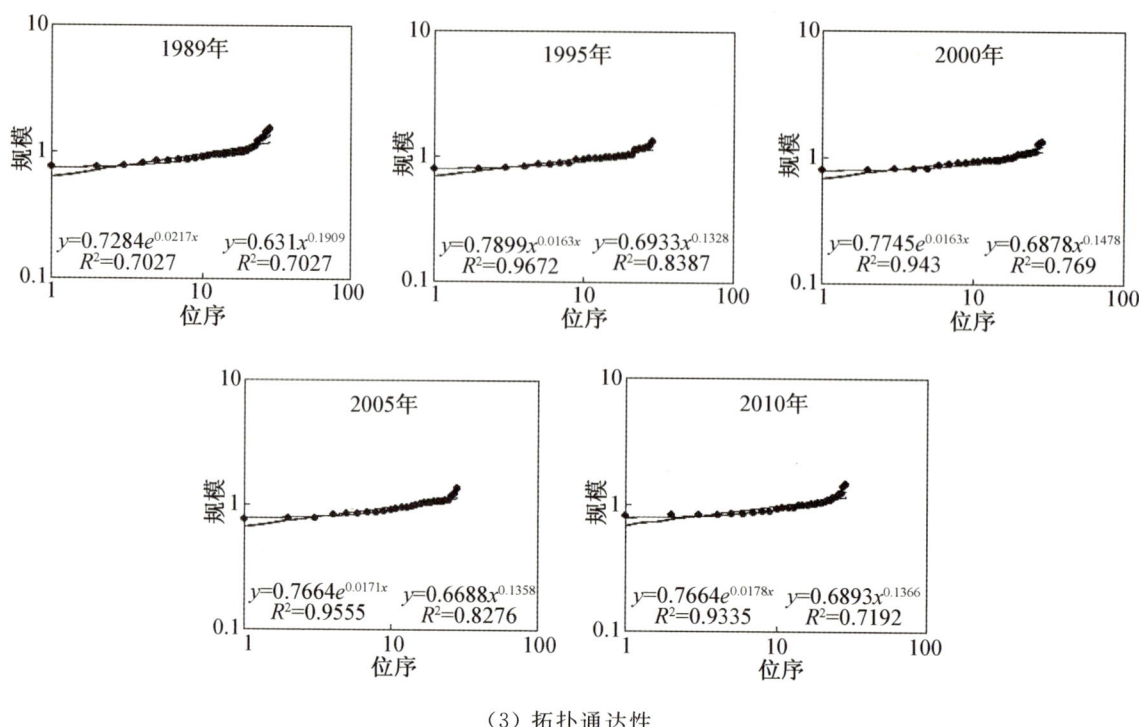

(3) 拓扑通达性

图 6.39 武汉城市圈县域空间通达性分布(1989～2010 年)

(2) 县域通达性值极值保持空间的连续性，通达性发育具有时间惯性

1989～2010 年，通达性极大值、极小值县域保持不变，高值中心和低值中心发育具有时间的稳定性。20 多年间，通达性极大值县域均位于武汉市城区，成为圈域的通达性中心和重心，而高值中心相对集聚于武汉市城区周边(以鄂州市、黄石市城区和黄冈市城区为主)，与通达性中心一起构成整个圈域通达性圈"波峰"区；而极小值县域和低值中心也相对固定于外围圈层的边缘地带，1995～2010 年通达性极小值县域均为通城县，1989～2010 年通达性低值中心均集中于圈域东西两端的潜江市和黄梅县，与其周边的外围圈层县域一起形成了两个"波谷"区：一是以黄梅县为中心的、包括大别山-幕阜山区的">"型低通达性带，一是以潜江为中心的、包括江汉平原区的块型低通达性区。整个通达性极值县域和高-低值中心保持稳定不变，空间分布具有明显的时间惯性和空间惰性。

同时极差逐渐加大，两极分化日趋明显，一方面高值中心——武汉市城区及周边县域通达性水平稳中有升，圈域通达性集核地位进一步巩固，另一方面低值中心——外围的通城、潜江、黄梅等县域通达性值减小幅度甚微，基本保持不变，表现出"优者趋优，劣者恒劣"的态势，这与圈域整体的"优者趋优"规律保持一致(见前述)。

(3) 县域通达性值具有强空间集聚性，形成三种类型空间集聚区

1989～2010 年，县域通达性整体空间分布相对集中，全局 Moran's I 指数普遍超过 0.75，圈域县域通达性分布具有显著的空间集聚倾向，形成典型的高-高、低-低集聚区。其中高值区县域之间具有强集聚倾向，表现为板块状集聚结构；中值区被高值区割裂明显，呈现部分邻接，或呈块状，部分呈点状跳跃式分布，表现为断裂板块状分散式格局；低值区之间

基本连片，沿整个外围圈层绵延展布成带状，整体呈现一定的分散式集聚形态，形成两大低值集聚区：江汉平原块状集聚区和鄂东北-东南半环状集聚区。

但不同指标通达性县域分异程度存在差异，基本遵循拓扑连接＞加权出行时间＞最短时间＞最短空间规律。比较三种指标县域通达性空间变异系数，发现1989～2010年县域通达性变异程度基本遵循"加权出行时间＞最短时间＞拓扑连接＞最短空间"的位序。其中，最短空间距离通达性分异程度较低，县际通达性极差、标准差均最小（空间变异系数介于0.12～0.20之间），空间形成相对稳定的同心环状结构；不考虑空间距离、线路地理属性的县域拓扑通达性分异程度明显大于前者（空间变异系数介于0.21～0.25之间），空间结构呈现"破碎化"：县域拓扑通达性空间集聚性较弱，高-中-低值县域分布比较分散，甚至出现跳跃式镶嵌，仅在局部年段、局部地区出现高度的集聚性，整个等拓扑通达性圈在局部年份、局部区域出现了"破碎化"，形成一定范围的未闭合曲线；综合考虑道路等级和节点规模的时间距离通达性（最短时间和加权出行时间）县际差异程度却最为显著（其中最短时间通达性空间变异系数普遍超过0.25，而加权时间通达性变异系数更是达到0.33～0.41），武汉市等人口密集、经济发达的节点区域享有很高的加权时间通达性水平，对外连接和交流日益强烈，空间极化明显，形成典型的"核心-边缘"结构（图6.40(3)）。

（4）县域通达性值呈现圈层结构分异，形成明显的等级圈层结构

1989～2010年，通达性指数值基本以武汉市及其周边县域为制高点，依次向外围梯度递减，形成良好的环状分异（图6.40）；整体空间上，县域通达性值以武汉市城区为极核，在其周围邻接县域分布若干个高值中心，并且向外围区域逐渐降低，在局部环带出现明显的"跃迁"，形成三大等级圈层：高通达性圈（武汉市、鄂州市构成的城镇密集区）、中通达性圈（黄冈红安县-麻城市-浠水县-团风县-黄冈城区-黄石城区-大冶市-咸宁城区-嘉鱼县-孝感汉川市-应城市-云梦县-孝感城区围成的环带范围）、低通达性圈（圈域外围圈层范围①，尤其是边缘的大别山区、幕阜山区和江汉平原区县域）[图6.41(1)]。

（5）县域通达性值空间分布与其自然环境紧密相关，呈现"反自然梯度"格局

将武汉城市圈数字高程分布数据②与城乡路网县域通达性分布数据进行叠置分析（图6.41），发现：县域通达性分布与圈域自然地理环境保持高度同构，通达性指数遵循"平原＞低丘（岗地）＞高丘＞山地（峡谷）"的序列[739]，通达性指数大的县域主要集中于核心圈的平原地区，而外围圈层的高山峡谷地区，县域通达性指数往往很低，呈现某些学者所言的"反自然梯度"格局[740]。此外，低通达性县域呈一定的集聚性分布，主要分布于圈域的南缘-东北缘山区（桐柏山-大别山-幕阜山），宏观格局呈现在东部黄梅破碎、而未闭合的"马蹄形"格局（似"侧U"或"＞"形），和相对较高通达性县域间形成一条明显"＞"形的分界线：基本以黄梅县西端为顶点，分别形成至孝感孝昌县北端、咸宁赤壁市西缘的两条放射线，构成的一个几何角[图6.41(b)]，这条分界线正好是整个圈域一条重要地形地貌过渡带："＞"形分界线至圈域界线间为山地（峡谷），"＞"形分界线以内依次为丘陵、平原（江湖）（图6.41）。

---

① 具体见1.5部分的研究范围阐述。

② 数据来源于：中国科学院北京地理科学与资源研究所.《武汉城市圈总体规划(2006～2020年)》·图集之数字高程及坡度分析图。

城乡路网系统的空间复杂性

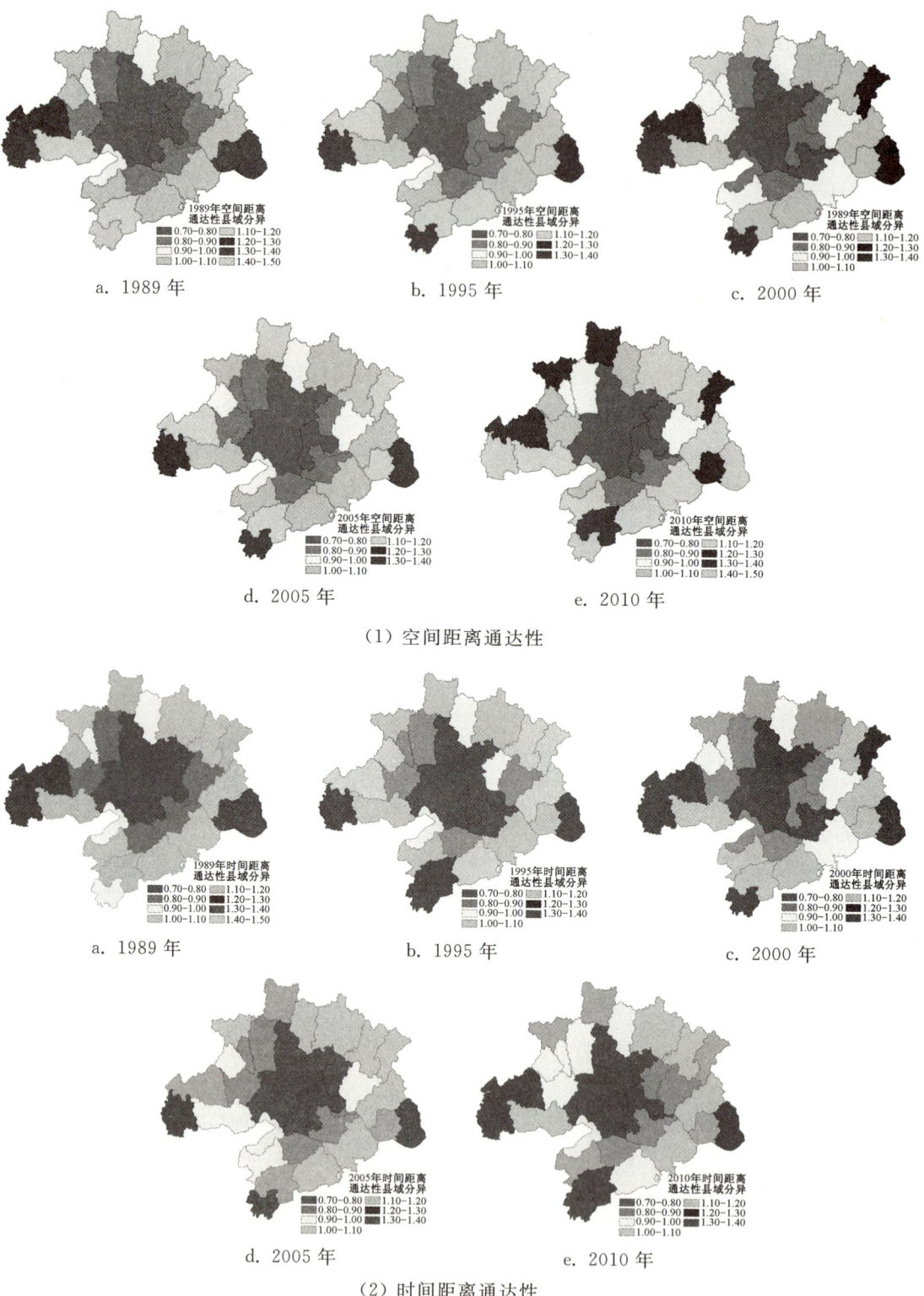

a. 1989 年　　　　　　b. 1995 年　　　　　　c. 2000 年

d. 2005 年　　　　　　e. 2010 年

(1) 空间距离通达性

a. 1989 年　　　　　　b. 1995 年　　　　　　c. 2000 年

d. 2005 年　　　　　　e. 2010 年

(2) 时间距离通达性

292

第 6 章 复杂城乡路网系统功能的空间通达性

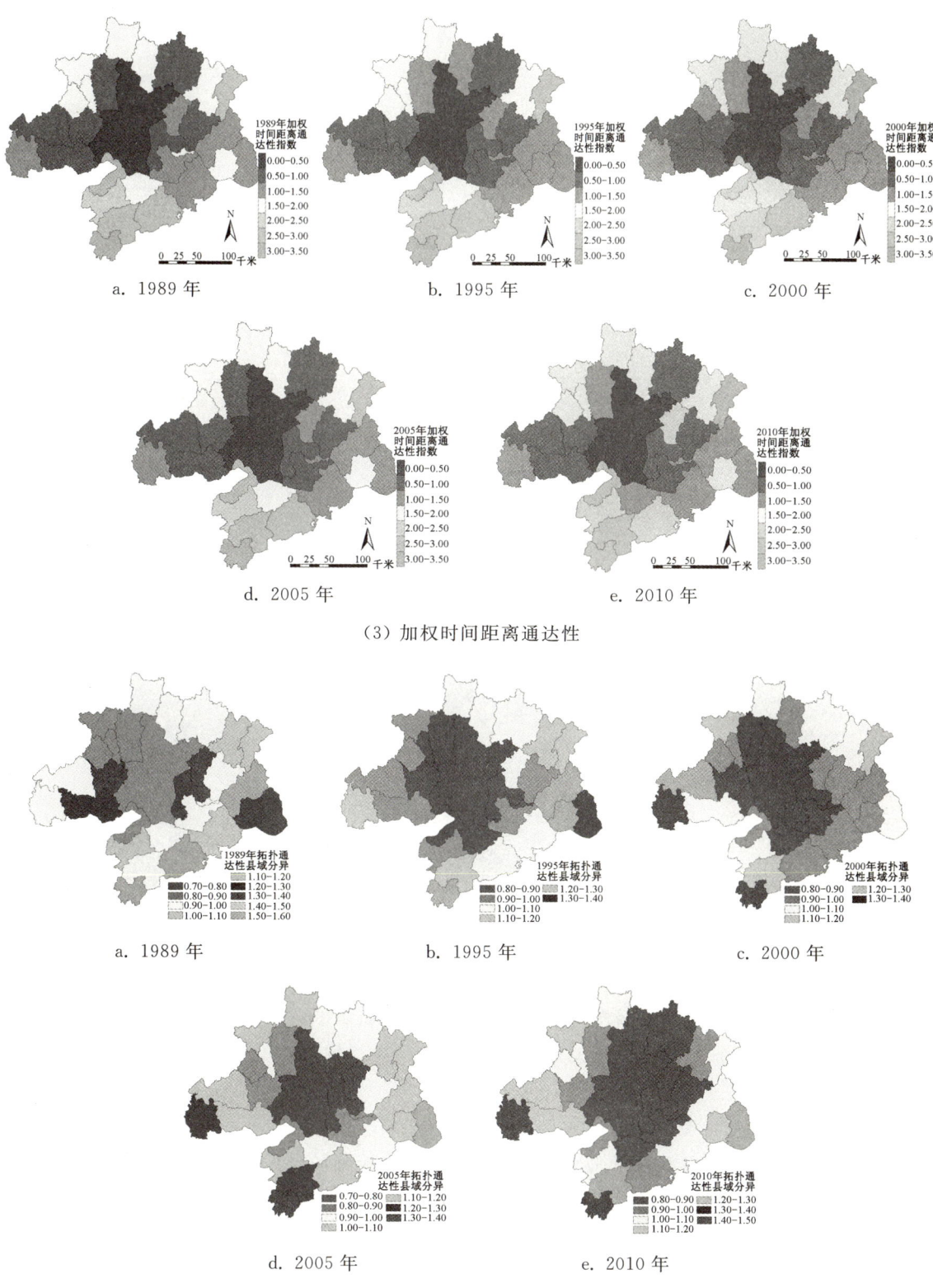

(3) 加权时间距离通达性

(4) 拓扑通达性

图 6.40 武汉城市圈空间通达性的县域分布(1989~2010 年)

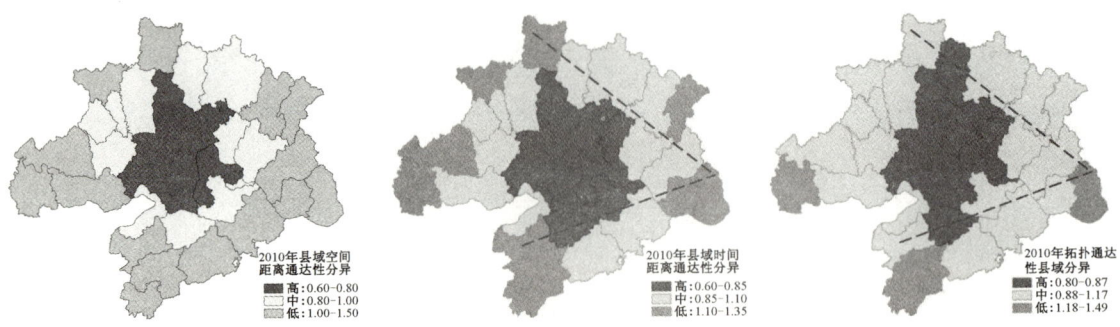

(1) 2010年空间通达性(三分法)

注：从左至右依次为空间距离、时间距离和拓扑连接

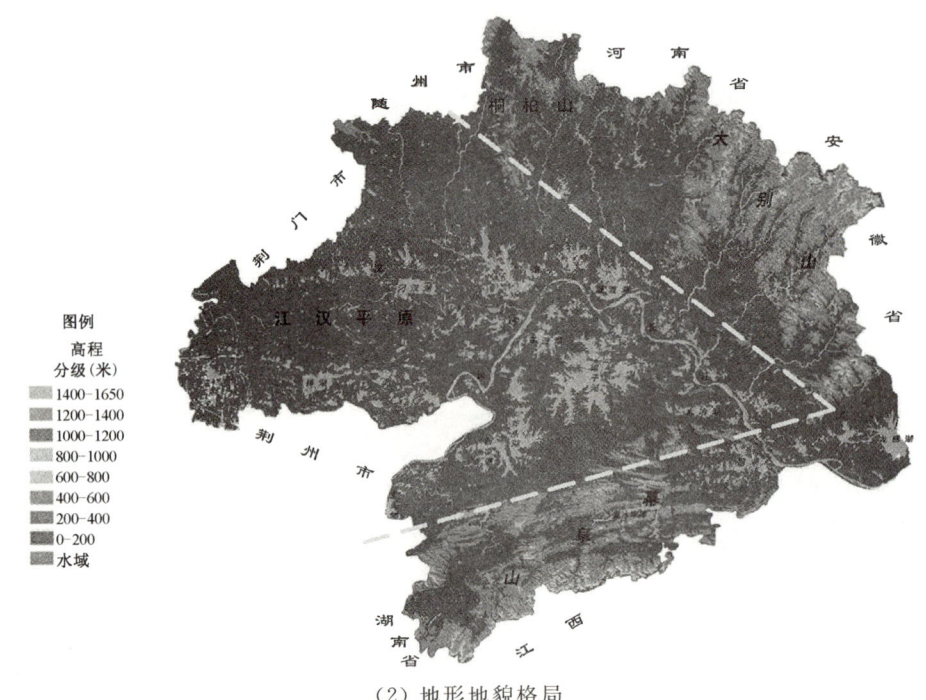

(2) 地形地貌格局

图6.41 武汉城市圈县域通达性-地形地貌格局(2010年)

一定程度表明,武汉城市圈作为地形地貌复杂多样的城市群,地表高程和变形程度仍然是影响圈域城乡路网(尤其是经济欠发达的外围圈层)通达性的重要因素;一般而言,地势越高,地表越崎岖,通达性水平越低。

(6) 县域通达性值空间分布与其社会经济水平相关,但"牵引"强度存在差异

许多学者研究发现,通达性与社会经济发展水平保持高度相关。运用数理统计软件SPSS17.0,开展县域通达性值A_j-社会经济要素流M_j相关分析,揭示出:县域通达性值与社会经济能级间存在显著、高度正相关,一定程度表明路网通达水平与社会经济水平形成互为因果、相互促进的正反馈机制。但在不同年份、不同指标间,通达性-社会经济水平的相关程度存在差异,具体表现为:

① 同年份通达性-社会经济水平的相关程度略有不同,出现动态变化;整体上二者相

关系数呈现先上升后下降的态势，表现出阶段性变化：上升阶段（1989～2000 年），县域通达性与社会经济水平保持较高协同发展，县域社会经济要素强度对其通达性水平具有强牵引作用；下降阶段（2000～2010 年），通达性与社会经济水平间相关程度持续下降，主要受圈域整体路网的"公平化""均衡化"布局影响，县域社会经济发展水平不再是城乡节点关联作用最重要的决定因素，城乡路网的"网络化"布局对欠发达县域外向关联牵引作用加大，既引致县域城乡节点通达性的空间收敛，也导致县域区位决策的选择余地扩大和灵活性增强[653]。

② 不同类型通达性与社会经济水平间的相关程度存在差异，空间距离、时间距离、拓扑连接通达性值与社会经济要素强度间的相关程度存在分别，三大类型通达性值-社会经济要素强度间相关系数大小基本遵循"时间距离＞空间距离＞拓扑连接"的位序。充分考量线路的技术等级的最短时间通达性更能"真实"反映县域的社会经济发展水平，20 多年间二者高度而显著的正相关性，县域时间距离通达性分布格局与社会经济发展水平（如人口和 GDP，见后面详述）保持高度的空间同构；值得一提的是，加权时间通达性受县域自身社会经济规模影响显著，空间分异程度明显"加剧"和"凸显"，表现出"优者更优、劣者愈劣"的特征，也在一定程度上反映出人口和 GDP 规模与时间通达性的高度共轭和同构机制；与之对应的是，县域拓扑通达性值分布与其社会经济发展水平相关程度较低，二者并未表现出高度的匹配性和一致性，仍然在外围圈层存在一些社会经济发展水平较低的县域（如黄冈的红安、麻城等）拥有较高的拓扑通达性水平，在个别年份（如 1989 年），核心圈层的社会经济发展水平较高县域（如武汉市范围）通达性水平不高，空间局部出现"异配化"。

③ 不同社会经济指标与整体通达性水平的相关程度也略有分别，其中 GDP 和人口对县域通达性的影响最为显著，GDP 密度-通达性、人口密度-通达性存在显著的正相关，即人口-经济密度较大的县域，其通达性水平往往较高，这与一些学者的研究结论存在出入①，究其原因圈域县域通达性表现为人口经济驱动型（即城乡路网生长发育以人口经济需求为动力因子，其通达性与人口经济要素强度高度关联），跟全国一些县域（尤其是人口稀疏、交通条件落后的地区）通达性发育机制不一样，后者往往表现为一种交通驱动型（即城乡节点通达性取决于交通建设和布局），从而表现出"愈是交通条件较为落后的地区，交通线作为区域联系的主要通道，对人口集聚关系就愈密切"的规律[740]；通过 ArcGIS9.3 软件进行人口密度、地均 GDP（经济密度）和通达性指数的空间叠置（overlay）分析，可以清晰地看到：GDP-人口存在一个相对清晰的分界线（以黄梅东缘为顶点，向西呈 40°夹角左右的两条放射线构成，线内和线外区域 GDP 和人口分布存在较显著分异）与通达性、自然地形的"＞"形分界线基本重合（图 6.42）。

---

① 文献：王振波，徐建刚，朱传耿，等. 中国县域可达性区域划分及其与人口分布的关系[J]. 地理学报，2010,65(4)：416～426. 发现，中国县域可达性-人口密度存在一定的负相关关系，即可达性越高的区域，其可达性值与人口密度相关性越小。

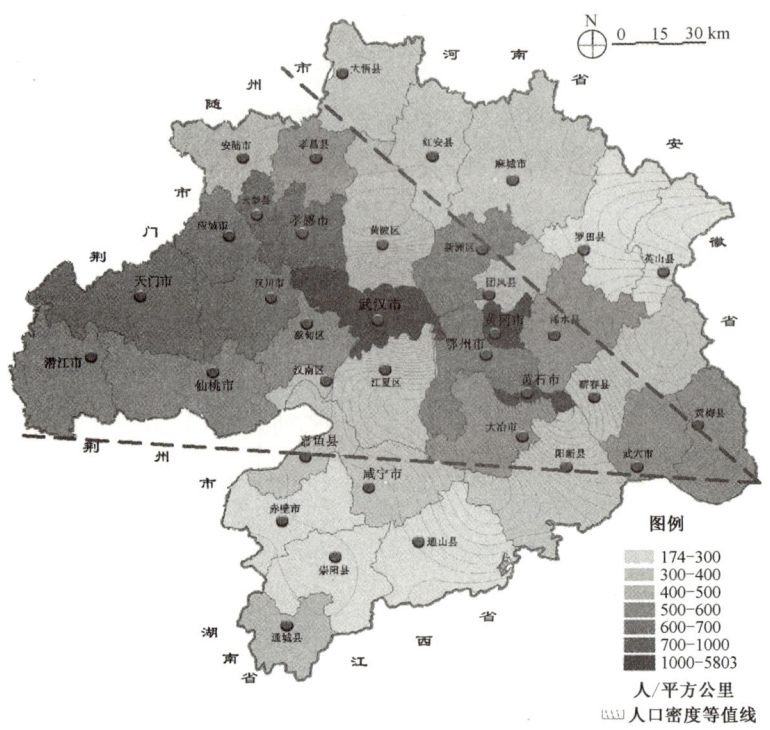

（1）人口密度分布

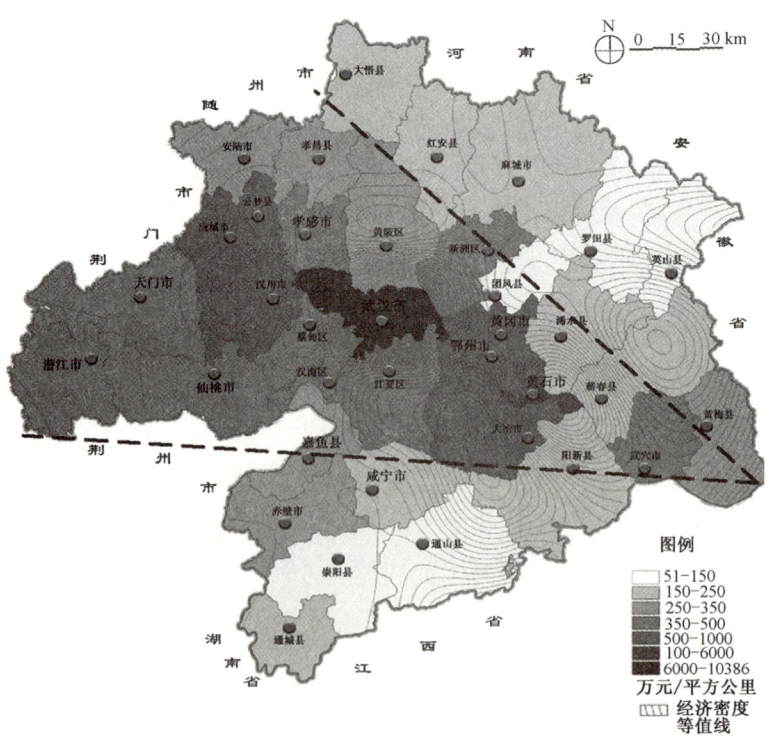

（2）经济密度分布

图6.42 武汉城市圈县域人口-GDP的空间分异

(7) 县域通达性分布表现出空间对称性,与自然-经济-人口-城市地理格局较吻合

比较 1989～2010 年县域通达性值分布,通过粗视-变换-抽象化[223],从广义对称(对应于数学中严格的狭义对称)角度来看,通达性县域分布宏观上具有空间对称性,突出表现为四种类型①:

① 左右对称形态:以东西向沪蓉高速湖北段为轴线,形成南北镜像对称格局。通达性较高(0.90～1.10)县域与较低(1.10～1.40)县域以东西向宜(昌)武(汉)-武(汉)黄(黄石)-黄(石)黄(梅)(即沪蓉高速湖北段)的交通大动脉为轴线,呈现良好的南北上下对应,即形成高-高、低-低的双侧对称[图 6.43(1)]。

② 轴向平移对称:以汉江-长江沿岸、京珠高速沿线、大别-幕阜山缘为轴线,沿线形成相应的县域通达性平移对称格局。20 多年来,整个圈域城乡节点通过自-他组织生长发育,不断呈点-轴-圈式架构,形成多条不同属性(自然和人文)的伸展轴,较具代表性的有:汉江-长江水系轴,大别-幕阜山系轴,京珠(107 国道)交通轴,汉十高速(316 国道)交通轴,宜黄高速(318 国道)交通轴等等,整个圈域县域通达性分布在这些轴线上均不同程度的表现出平移对称性,尤以前三种轴线表现最为明显[图 6.43(2)]。

③ 中心对称形态:以武汉城区为几何中心,沿南北向和东西向放射伸展,成中心对称格局。以武汉城区为对称中心,形成宜武高速(西向 318 国道)-武汉-长江、北向 106 国道-武汉-南向 107 国道(止于通城)和北向 107 国道-武汉-南向 107 国道(止于咸宁)三条伸展轴线,依次形成通达性高-高、低-低中心对称[图 6.43(3)]。

④ 靶形对称形态:以武汉为中心,呈环状对称,形成高-低-高-低的间断性分布。1989～2010 年,整个圈域通达性基本围绕着最优区域——武汉市呈不规则圈层分布,通过几何变换,整个不规则同心环可抽象为一个以武汉为中心的"靶形",靶形环域由内到外依次分布高值中心(特大城市-武汉市)-低值圈(黄陂、新洲、江夏、蔡甸、汉南、汉川、华容等卫星城市)-高值圈(鄂州、黄石、黄冈、孝感、咸宁、仙桃、潜水、赤壁等大中城市)-低值圈(蕲春、武穴、应城、云梦、安陆、麻城、黄梅、阳新、通山、崇阳、通城、孝昌、大悟、红安、罗田、英山等中小城市,以及大量的低等级城镇和个别的大城市),而靶形环间没有县域城市分布,整个通达性县域分布的高值中心-低值圈-高值圈-低值圈的渐进式旋转对称分布格局,与武汉城市圈城镇体系的"靶形"旋转对称分布保持内在协同,其实质是中心地理论模型的现实架构[图 6.43(4)、图 6.44]。

同时,上述四种对称性格局均不同程度出现对称破坏,部分映射县域缺失,但整体上仍然保持较显著的空间对称性;期间这种空间对称性保持时间上的稳定性(直到 2005 年后才出现部分对称破缺),表现出时间对称性,即整个通达性分布随时间推移而表现出平衡对称性[742]。

---

① 文献:叶大年,赫伟,徐文东,等.中国城市的对称分布[J]中国科学(D辑),2001,31(7):608～616.将对称归纳为轴对称、旋转对称、中心对称、平移对称、斜对称、曲线对称、反对称、色对称几种类型;其中轴对称即对应于文献:陈彦光.对称性与人文地理系统的规律性[J].地理科学进展,2009,28(2):312～320.中的左右对称。

城乡路网系统的空间复杂性

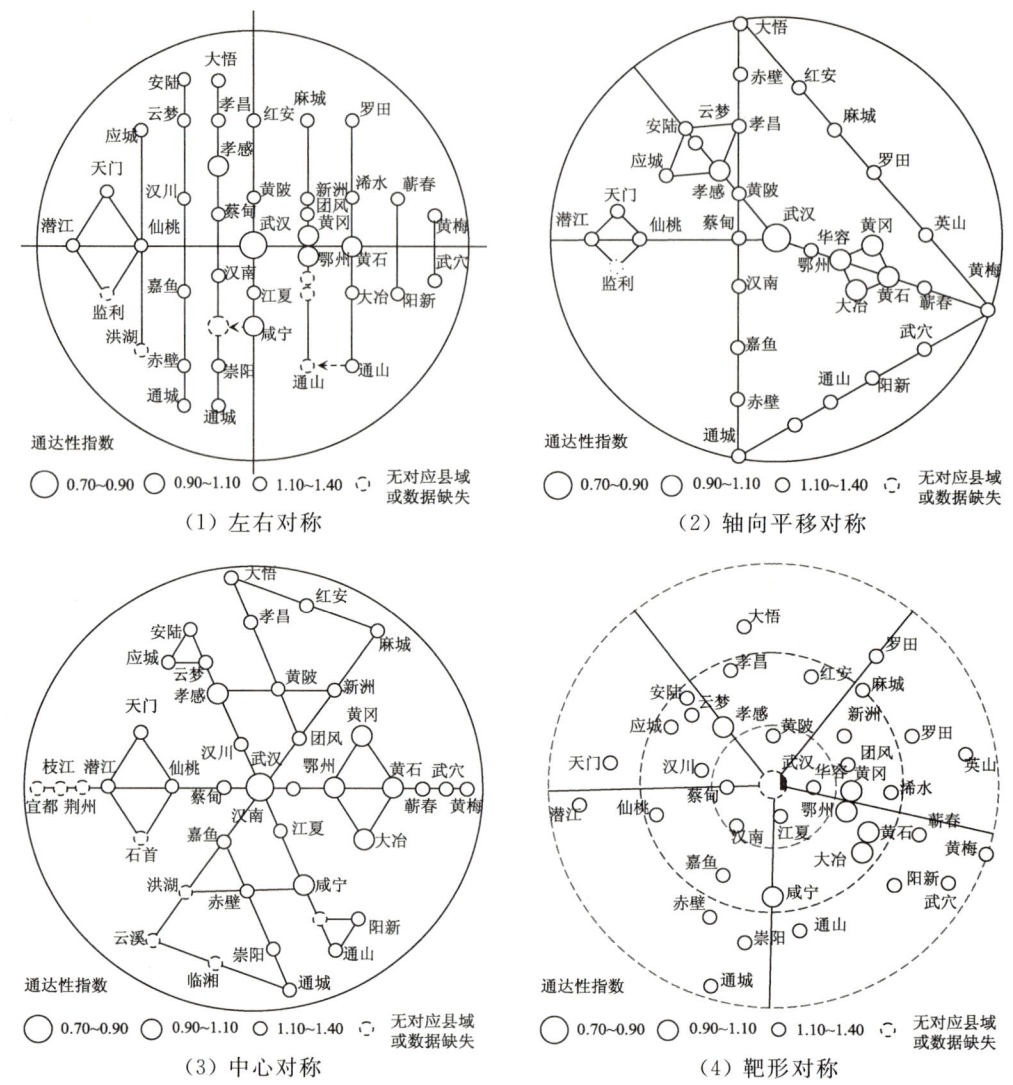

图 6.43 武汉城市圈县域通达性空间对称性

不难看出,通达性的时空对称性根本上是圈域城镇体系时空对称的一种要素(通达性能)表现,实质是人地对称协同的结果,表现出圈域通达性对称与自然、经济、城市、人口地理要素协同交互的过程,宏观上遵循"地质构造→地形地貌和矿产资源→经济地理→城市地理→交通网络(通达性)"的作用机制[161],微观上则呈现通达性-自然地理-经济格局-城乡体系-人口分布各要素在某种时空尺度上的对称统一性:

一是圈域通达性与自然基底对称性统一,即县域通达性格局与地形地势、地表地貌(如水系、山系)分布具有宏观上的对应性和一致性。如左右对称轴为沪蓉高速湖北段,其西段——武(汉)黄(梅)几乎沿长江伸展,周围水系基本从南北两个方向汇入长江,形成以长江为轴的"羽状"对称,这与通达性沿长江轴的南北双侧对称基本一致;如轴向平移对称中的桐柏山-大别山-幕阜山系轴,明显形成西北-东南、西南-东北两条走向,客观上导致轴线上县域节点通达性整体水平不高,内部差异较小,具有均质性。

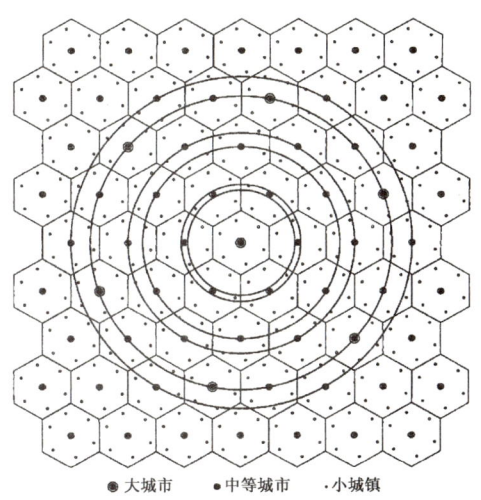

图 6.44 中心地模型与城市靶形分布

注：引自文献叶大年等(2001)[163]

二是圈域通达性对称与经济格局对称性统一，即县域通达性格局与圈域经济发展水平（如 GDP）分布较一致。如前述县域通达性格局与圈域 GDP 密度保持高度同构，均形成一条 40°夹角的分界线，界线内外区域形成较明显的高-低反对称；此外，以武汉为中心的通达性靶形分布也与圈域经济的核心-外围圈层分异保持一致，一定程度表现出通达性分布的经济能级指向性规律。

三是圈域通达性对称与城市分布对称性统一，即县域通达性分布与城市空间分布和规模分布保持高度同构。城市的自组织演化往往遵循 Maupertuis 原理，即寻求能量损失最小化（空间阻力最小）、系统信息熵接近最大化[223]的方向生长或扩张，从而形成城乡关联主要方向；受需求驱动，城乡关联的主要方向通常是城乡路网分布密集、集散发达的地带，通达性空间分布与城乡节点体系分布有机契合、协同共生。按照二者对称同构的机制，可以预见这种通达性空间对称性不仅体现在圈域中小尺度，而且在大尺度的省域、全国仍可以显现，事实上已有学者发现省际（叶大年院士等发现的江西-湖南的轴对称、河南省的靶形对称、贵州省的格状对称等）和全国（陈彦光揭示的全国城市分布的宏观双侧对称）城市地理分布的对称性，这似乎暗示人文-自然地理对称性是一种"普适"现象。

四是圈域通达性对称与人口分布对称相一致，即县域通达性分布与自身人口密度分布态势基本吻合，均呈现中间高-两翼低的分布格局。如县域通达性分布的靶形对称、双侧对称和中心对称，均深深地"镌刻"上了人口分布的"烙印"和"标签"，二者间的对称性格局保持空间同质性，一方面从空间格局上证实了前面论述的通达性分布与人口密度的高度相关性，另一方面也表明人口需求对道路网络通达性的"指示"作用。

概括而言，尽管武汉城市圈域边界轮廓和地表形态是一个不规则体，但其背后却隐藏着某种人地关系作用下的对称性秩序，这种秩序既表现为节点位置分布的对称性，也表现出节点内在属性的对称性；并且与圈域自然条件、城乡体系、社会经济的空间和规模分布一定程度保持一致性，反映出道路网络、城镇体系、社会经济等人文地理对称与长江水系、山岳地势发育等自然地理对称的内在同构性[223]。

6.3.4 小结与讨论

6.3.4.1 小结

（1）通达性是一种评价路网发育水平及其伺服功效的有效综合性指标[445]，主要包括拓扑法（网络发育、拓扑连接、空间句法等）、距离法[空间距离、时间距离（space-time accessibility measures）、经济距离等]、重力度量法（Hansen潜能模型、Shen供需势能模型等）、累积机会法（以工作、学习、购物、医疗、休闲等交流机会的多少来评价）等，不同指标和方法各有侧重，均有利弊，互为补充[394]；但由于城乡节点在路网中的通达性不仅与路网生长、节点区位等有关，而且很大程度上是城乡节点社会经济关联作用的结果。因此，融合不同指标综合全面分析城乡路网通达性空间格局既有必要，也是研究热点。

（2）空间句法将空间的联系作用抽象成连接图，通过分析轴线（道路网络）和特征点（节点）的拓扑连接性，以刻画不同地理实体空间的通达性。这种拓扑连接性因自由空间承载的社会经济要素流量不同，而具有明显的差异性。

一是在宏观统计上，整体较符合指数律，满足一定的位序-规模法则，局部变量和局部年段"进化"成幂律，形成明显的"金字塔"型等级层次性结构，呈现随机-确定、混沌-有序矛盾性统一，究其机制是整个圈域城乡路网非均衡自组织演化的结果，与社会经济发展水平和演化密切相关。

二是在空间结构上，呈现不同重要性、控制性、集成性和智能性程度的空间分异。一方面，在时序演化上，不同重要性、控制性、集成性的交通轴线和集汇中心日益多元化和分散化，路网结构渐趋稳定和优化，通过线状分散→树状单核（集聚）→轴辐伸展（集散）→轮形放射（集散）→多心多向（扩散）的系统演化，形成多个以集散中心为核的"轴-辐"网络，其实质是城乡路网内外力共同作用的结果；因路网空间的非均质性，轴线（节点）生长和发育，沿系统熵最大化方向呈带状伸展，生成多条高等级轴线，空间分布上保持时间延续性和稳定性，形成多条由较重要、强控制和高集成的轴线汇合而成的高等级生长轴（交通走廊）；另一方面，在空间分异上，高等级轴线和强集散中心"择优而居"，内在遵循能量最小化原理，表现为趋中性（集中于核心圈）和向异性（沿南北向京珠高速、东西向沪蓉高速方向伸展壮大），形成典型的"轴-辐"放射状、"核心-边缘"圈层状和"鱼骨-鱼刺"树枝状等复合分异形态；此外，局部-全局句法变量的相关性可以评价路网局部-全局间的相似性、智能性和理解性特征，这种从局部到全局把握的智能性也表现空间分异性，节点连接值-全局集成度、局部集成度-全局集成度间整体上既表现出较强的智能性，也呈现显著的区域分异：核心-外围、不同城市之间形成较大的差别，主要与区域自身的路网发育、社会经济水平紧密有关。

（3）通达性等级-规模分布存在一定差异性，具体表现为不同时间、不同空间和不同指标尺度下，通达性分布呈现不同的性质，表现出动态-稳定性、随机-有序性、指数-幂律的辩证统一。

1989～2010年，城乡节点通达性等级-规模分布相对均衡，整体上满足正态分布和指数律,呈现"趋中性",但不同时间截面,等级-规模分布曲线呈现不同的波峰形态(双峰、单峰和多峰),累积分布的指数律拟合程度也略有差异,通达性等级-规模分布具有时序动态性特征;

一方面,城乡节点和县域单元的通达性等级-规模分布特征存在明显差异,城乡节点等级-规模分布近似泊松分布,具有类随机性质,而通过节点汇总("平均")后的县域通达性累积分布却满足较高的幂律,呈现一定的无标度性,主要原因在于节点的通达性分布具有高度集聚倾向,从而通过"累积"放大了县域通达性的等级层次性;

另一方面,城乡节点时空距离-拓扑连接通达性分布也存在显著分别,整体上城乡节点时空距离通达性和基于空间句法的拓扑连接性的累积分布均表现出较高的指数律,而最短拓扑连接通达性和局部空间句法拓扑连接性却呈现较强的幂指数律特征,具有更显著的内部差异性。

(4) 通达性空间分布基本遵循距离衰减律,呈现以武汉为中心的同心环状(靶形)分布,城乡节点区位优势、关联作用和路网生长不同程度受到空间距离的摩擦和阻尼,成中心-外围梯度式衰减。武汉市因其历史基础、社会发展、经济水平、政策规划等因素综合作用,成为整个城乡路网的最优区位和城乡流集散中心,随着空间距离的外推,其周边城乡节点交流和作用的空间间隔依次增强,空间通达性水平逐步降低。

通达性空间分布的环状分异实质是一种因节点区位所致的伯吉斯环(因节点区位的不同,导致其外向交互和作用的能量消耗存在差异),整体上表现为自中心(区位最优,能量消耗最小)向外围(区位渐趋向不优),节点关联作用克服空间距离阻力所耗散的能量依次增加,城乡节点的自然间隔日益增强。

(5) 通达性环状空间分异表现出向异性(沿不同方向伸展程度不一)特征,整体呈现不规则化、层级分异化和网络均衡化格局。由于城乡路网分布的不均匀,因地形地貌发育、线路技术等级和节点社会经济水平等差异性,导致整个路网空间伺服效能存在空间异质性:

一是不规则化。城乡节点关联遵循最小能量原理,致使同心环沿不同方向,发生扭曲变形,或呈星状,或呈指状,或呈带状向外凸出(extrude),甚至冲破距离约束,圈层出现碎化(fragmentation);

二是层次分异化。圈层梯度递减在局部出现跃迁,呈现同一与异化两种态势,一些邻近圈层内部差异缩小,呈均质化趋势,其边缘圈层间差异加大,呈分异化态势,成为明显的分界线,整个圈域形成不同等级的圈层板块(环带),主要表现为"两圈对立"结构(核心-外围圈层)和"三圈并进"结构(极核-中间-外围圈层);

三是网络均衡化。20多年间,城乡路网通达性的空间分异程度日趋缩小,开始呈现网络化和均衡化态势。一方面,除了武汉市持续壮大外,迅速发育一批次级通达性中心(如黄石、孝感等),形成多个等级较低的以次级中心为核的伯吉斯环;另一方面,一些快速交通干线的建设和布局,导致沿线节点通达性水平提升显著,通达性圈沿这些干线呈轴带状外展。整个圈域通达性空间极化日益趋弱,空间格局由"一极独大"的核心-边缘结构发展成为"多心多向"结构。

(6) 通达性环状空间分异时序上表现出微观动态性和宏观稳定性特征,即不同时序阶段,通达性空间分布格局存在一定变化,但整体上仍然保持时稳性。

一方面,通达性空间格局随着时间推移,表现为结构的均衡性和组合性变化:一是通达性空间分布呈现不均衡-均衡的周期式动态性变化。20多年间,圈域通达性空间分布处于相对不均衡(集聚)→相对均衡(分散)→相对不均衡(集聚)的循环往复、螺旋上升演化过程。二是通达性变化呈现边际效应递减的渐进性变化。20多年间,通达性整体水平持续优化,但在不同时段其增长幅度和速度基本遵循"随着时间推移,其变化量和变化率依次下降"的时序差异,即城乡路网通达性优化绩效呈边际效应递减态势。三是通达性空间分布结构由核心-边缘向等级圈层结构的演进。20多年间,通达性整体水平由最优区位——武汉市向外围呈环状梯度递减,空间分布上不断由极化(集聚且不均衡)向集散(集聚与扩散交互,相对均衡)演化,呈现核心-边缘极化式("一极集中")→核心-外围圈层式("两圈并立")→极核-中间-边缘圈层式("三圈渐进")的进化格局。

另一方面,通达性空间分布并未随着时间变化而出现结构的剧变性,表现出时间稳定性和空间延续性,具有空间惰性和惯性。一是通达性变化具有初始值依赖性:20多年间,中心-外围节点时空距离通达性变化量与1989年通达性值(初始值)大小存在明显的负相关,初始通达性值较大(通达性水平较低)的边缘节点从城乡路网生长的通达效应中获益较大,源于城乡路网建设的"通盘谋划"和"均衡布局"。二是通达性重心变化相对固定性:20多年间,通达性重心和中心的空间迁移变化不明显,囿于武汉市城区,宏观上保持高度的稳定性,但其微观格局存在跳跃性和突变性。三是通达性分布指向保持统一性:20多年间,通达性空间指向性分布明显,时间上保持趋稳性,空间上具有趋中性(向心集聚性)和趋优性(轴向扩散性和向心集聚性)特征,即通达性水平较高地区主要集中于中心区位(接近于几何中心和经济中心)和核心圈层(集中于武汉、鄂州、黄冈、黄石、孝感和咸宁城区)等中心-优势区位,高度集聚于核心城市群成团块状,展布于快速干道沿线成指状、带状或十字状。

(7)不同指标测算的通达性空间分布格局略有差异。一是空间分布,20多年间圈域通达性日益均衡化,但存在一定程度的空间分异,其分异程度遵循加权时间距离>时间距离>拓扑连接>空间距离,即空间距离通达性节点分异程度较低,分布相对均匀,在考虑技术等级和节点规模基础上时间距离通达性空间分异得以强化和"凸显",而拓扑连接通达性受距离和区位的影响甚微,导致节点的连接水平差异在空间上得以充分显现;二是空间形态,20多年间,圈域通达性形成明显的圈层分异,并发生一定程度扭曲,但不同指标下的空间通达性环状分异的变形程度不一,基本遵循拓扑连接>时间距离>空间距离,即空间距离通达性圈层变形程度最低,保存相对完好的环带形态,形成典型的等级圈层结构,时间距离通达性因考量路网技术分级影响,导致通达性圈沿高速干线"外凸",形成星状或指状结构,而拓扑通达性圈层扭曲变形最明显,基本出现局部圈层碎化。

(8)通达性表现出明显的空间收敛效应和通达效应。一方面,城乡路网的生长发育路网引致显著的伺服空间收敛效应,即通达性不断克服或突破空间阻力引致的能量消耗(空间发散机制),明显促进整个圈域城乡空间流不断"流转"和"集散";尤其是高等级路网的建设和完善,凸现和强化了轴线的空间收敛作用,导致通达圈环状分异沿部分方向形成不规则的"外凸"。另一方面,城乡路网的通达效应存在空间和技术差异:一是不同地域范围路网通达效能存在分别,遵循外围＞核心圈层、乡村＞城市节点、高等级＞低等级线路沿线,表现出"异配性";二是不同技术等级路网通达效能也存在差异,遵循公路网(高速＞国(省)道＞县(乡)道)＞铁路网①,公路网,尤其高速公路网成为圈域城乡节点关联作用的主要通道,铁路网的通达效应未充分体现,但随着铁路提速、营运组织和交通对接等逐步完善,铁路网尤其是城际轨道交通网将成为圈域通达效能提升的引擎。

(9) 通达性空间分异与自然-人文地理格局保持某种同构性,受地形地貌格局、城乡节点分布、社会经济地理(如人口、经济密度分布)宏观影响明显,遵循"地质构造→自然地理→(→政治规划活动)→社会经济地理→城市地理→交通(通达性)地理"的作用机理。一是与城乡节点体系的靶形分布一致;城乡节点体系和通达性分布遵循中心地原理,表现为城乡节点连接和形态分布的平均配位数 CAN 均接近 6,不同等级节点围绕中心节点成等级规模性环状分布。二是与人口-经济的"＞"形分界基本同构;通达性空间供给与人口和经济需求保持密切耦合,空间呈现协同共轭,受人口和经济需求因素的分布差异驱动形成同构的空间分异格局(均大致形成以黄梅为顶点,连接孝感大悟和潜江的两条放射状分界线,线内与线外区域通达性-人口-经济分布密度迥异)。三是与自然梯度呈反对称;受地形地貌格局的对称性和分异性规律影响明显,随着地势高程的增加,通达性水平梯度递减,其大小遵循"平原＞丘陵(岗地)＞山地(峡谷)"的位序。四是与长江水系发育基本同形;整个圈域发育形成以东西向长江为轴,南北向支流为分枝的树状水系,城乡节点沿水系高度发育,关联作用相对较强,进而导致通达性水平相对较高,形成多个高值通达性中心沿长江轴南北镜像对称,整体上呈现与树状水系同形的分枝状对称。

由此可以认为,通达性分布是自然地理格局"雕刻"和经济地理分布驱动的结果,是自然-人文地理对称性秩序建立和破坏的重要体现,是自然-人文地理系统自组织和他组织协同作用的空间载现,表现出均衡性-集聚性、稳定性-动态性、确定性-随机性、对称性-破缺性的对立统一。

6.3.4.2 讨论

(1) 研究对象上,以城乡道路网为主要研究对象,有待融入铁路网、水路网及航空网,研究圈域不同类型交通网络的技术衔接(铁路、高速、水路与公路间的节点连接性判断和建立的技术方法)和比较分析,同时缺少城市内部街道网和村镇内部道路网的针对性比较研究。

(2) 研究内容上,从不同时段和空间层面,采取不同方法,较系统地揭示了城乡路网关联功效(通达性)的空间结构,部分阐释了其内在原因,但仍存在几大努力方向:一是通达性刻画的方法创新,如何集成 GIS、人工智能[743]、数学模型、地计算等技术方法,通过编程运算,构建更加智能化和地理化的通达性模型[744];二是通达性的空间演化及效应,着重引入系统关联思想,分析通达性的空间演化特征,及其变化对区域社会经济发展、空间结构及作用的影响,尤其是高速干道建设和布局的空间通达效应[486],以及基于通达性的城市腹地变化和经济区划等;三是通达性的影响因素,揭示通达性与区域城乡体系发育、社会经济发展水

---

① 这里没有对水路网展开实证研究,事实上根据经验,水路网的通达效能应该是低于铁路网的。

平间的相互耦合-协同机理,厘清通达性变化的社会经济动力机制;四是通达性的发展预测,构建潜在通达性指标,通过权重、规划数据的推演以模拟空间通达性的未来图景,并开展与现状通达性的比较分析。

(3) 研究方法上,基于GIS空间分析技术,提取空间句法变量值,构建最短径距离、连接数矩阵,尝试从时空距离和拓扑连接两个方面开展互补性分析,尽管取得了一定效果,但仍然存在不少技术难题未解决和实现:一是道路技术等级的加权未考虑同一等级道路在不同地表或局域气候下的速度差异(许多同一等级道路穿越不同局域,可能面临不同气候和粗糙地表,其变形系数和行车速度实际是不一样的);二是距离算法中融入了时间因素,考虑了道路等级差异,但主要考虑运输车辆的行车速度差异,忽视了出行行为等微观机制的影响,尤其是交通方式选择,未考量自行车和步行等不同交通方式[745]的速度差异引致的通达性格局变化;三是加权时间通达性尽管考虑了经济水平对时间通达性的影响,但选择指标过于单一,抽取样本空间范围过大(受制于数据可获得性,以县域范围为主),并且忽视了自然(如地表粗糙程度、地形地势条件、不同用地类型)、社会(人口、流动人口规模)、规划等因素对通达性的干扰,有待选择栅格(精细空间单元)或者村镇[746]等微-小空间尺度、构建多指标权重体系,编程设计加权栅格距离算法。

(4) 数据整理上,存在两个明显的问题:一是不同年份的数据来源于不同地图,路网信息的粗细程度不一,甚至有些年份只有县级以上公路,缺少连接城镇、乡村的低等级道路信息,必然会导致时序的比较和结构演化分析可能出现"偏差";二是对一些数据的处理人为性较强,如空间句法分析的轴线提取,空间通达性分析的节点删除,部分统计数据的缺失"补救"等。

(5) 研究视角上,偏重圈域城乡路网通达性的空间复杂性机理分析,仅部分涉及圈域空间通达性问题:城乡干网连接与发育程度均较低,缺乏专门而系统的归纳路网结构性功效及其问题,从路网空间组织角度,提炼其交通网络结构升级和优化的空间政策;同时,集中于圈域内部通达性分析,有待跳出圈域,从全球和圈际视角,开展外部通达性分析和不同都市圈(群)通达性比较分析。

第7章 结论与展望

7.1 主 要 结 论

毋庸置疑,城乡路网系统是一开放而复杂的巨系统,具有明显的复杂性特征;然而具体到空间复杂性,仍然不宜过早给出定论,尤其是创新性的结论,主要是研究对象本身的复杂性和个人经验认识的有限性使然,因为明确的结论往往容易陷入伪真理的"雷区",使自己丧失回旋的"余地",这也许是许多复杂性研究专著不太愿意给出结论的原因之一吧。但一本专著终究还是得有"结论",所谓"有始有终"和"善始善终",这里只能是将自己一年半思索的"心得"略举一二,其中许多只是前人研究的梳理和印证。

7.1.1 城乡路网系统是一开放而复杂的巨系统,具有复杂网络的典型特征

从图论来看,城乡路网系统是节点(城乡)和边(道路)构成的有机集合体,是由节点构成的城乡体系和边组成的道路网络体系交织错综形成的等级网络。这种等级网络性不是线性的,而是一种非线性的、动态的、有序的自组织网络。本身具有内在的等级层次性和网络关联性结构,同时还存在局部-整体间的叠加(相互影响的多米诺效应)和放大(局部微扰层层放大的蝴蝶效应)组织效应。

从复杂系统科学来看,城乡路网系统是一个由城乡关联系统、道路网络系统和空间支持系统组成的功能地域综合体,是一个城乡关联需求(城乡社会经济交往)和供给(道路基础设施网络)相互交互而成的空间网络。具有构成的高维性和多样性、形态的自相似性和多尺度性、结构的非线性和自组织性、功能的有序性、开放性和自主性、演化的协同性和突变性等复杂性规律。

从复杂网络理论来看,城乡路网系统是一个介于规则网络和随机网络之间的复杂网络,它是一个包括城乡关联(流动空间网络)、道路设施(实体空间网络)构成的复合网络,处于混沌的边缘,具有自组织、自相似、吸引子、小世界、无标度中部分或全部复杂性特征。

7.1.2 城乡路网的几何形态遵循局部-整体对称,呈现自相似性的有序架构

分形是大自然奇妙的对称法则,所谓对称即是有序,它综合反映了系统的局部-整体间的有序性架构。不同度量视角下(密度分布、覆盖深度、关联程度和渗透能力)的城乡路网系统普遍发育出分形结构,具有形态的复杂性:

(1) 城乡路网是一介于一维和二维间的"平面网络",分布-覆盖-关联-渗渝均以非整数维形式充填空间,具有局部-全局形态的自相似性和自仿射性特征,呈现"尺度变换中的不变性":

① 分形性态不以时空变化而变化。分维数测定系数 R^2 是评价城乡路网分形性态的重要判据，不同时间尺度（1989～2010 年），分维数测定系数 R^2 的变化态势并未表现出一致的升降趋势，不同空间尺度（如城际、核心-外围圈和圈际），分维数测定系数 R^2 也没有因区域社会经济发展水平的差异而出现明显不同，似乎暗示城乡路网分形性态不具有时空分异性规律；

② 分维区间具有良好的环境包容性和适应性。不同时空尺度下，分维值多介于 [1,2] 间，城乡路网整体空间突破了线性拓扑维数，但未溢出欧式空间维数极限，并且逐步接近理论值（约为 1.7 左右），整个城乡路网介于一维和二维间、呈良好的网络状组织形态，表明分形具有良好的环境包容性和适应性，不因时空尺度的变换而变换；

③ 分维最优区间具有相对的稳定性和普适性。一些学者通过理论模型推导，发现分形存在一个最优区间 [1.67,1.75]。观察发现，分维值越接近最优区间的区域，其社会经济水平往往越高，路网时间发育越成熟，相反分维值过小，或过大，城乡路网的伸展构型和充填能力往往较差，似乎暗示分维值存在一个相对理想的区间或值域，并且这个理想区间不以时空尺度和分维模型的不同而发生变换。

（2）尽管分形是城乡路网系统几何形态的自我优化，是其发育完美程度的本体表征，具有普遍性，但是这种"变换下的不变性，不变下的可公度性"仍然具有尺度约束，否则标度律"溢出"，系统不断"退化"，即系统形态分维值仍然存在广泛的时空和层次限制。

一是分维值的时空尺度，即城乡路网分形存在一定时空尺度，存在一个何时、何地才具有分形的条件判断。在空间上，存在一个无标度区间，在时间上存在一个分形体不断发育成熟的过程；空间尺度太大或太小，时间尺度太短，自相似性都会出现"溢出"而失效；

二是分维值的等级尺度，即不同等级类型路网，其分维值差异明显，分形发育表现出层次性：道路和节点等级越高，自上而下的扰动作用越明显，分形性质越是不发育；

三是分维值的时间演化，表现为两个方面：一方面，分形演化具有周期性，城乡路网形态经历了自组织效应加强-减弱、结构有序-混沌的周期性交替过程；另一方面，城乡路网分形演化的周期性实质表现为一个动态螺旋上升的发展曲线，表现为一种自下而上的正向性演化过程，是一个正在发展的分形体，时刻不断逼近自组织临界状态；

四是分维值的空间分异，分维值大小与区域社会经济发展水平密切相关。不同等级和发展水平的城乡空间，城乡关联和交互强度存在差异，城乡路网发育程度不一，城乡路网分形性质相应不同，即分形体的充填、占据和伺服空间的能力和效能存在区域差异。

7.1.3 城乡路网的拓扑结构微观貌似随机无序，宏观涌现复杂行为和秩序

按照自组织网络理论，城乡路网是一种介于规则网络和随机网络之间的复杂网络。这种结构复杂性，从时空尺度观察表现为拓扑性质的统计分布、空间格局和时间演化三个方面。即是在统计物理的微观层次上城乡路网系统可能遵循着简单的规则，表现出无序的行为，具有随机性和无序性，但在时空尺度所能观察到的宏观层次，却导致异常复杂的行为和秩序，表现出层次性、动态性和突变性。

（1）城乡路网缺乏航空网等的"超平面性"，客观决定其往往具有较强的随机性和简单

性特征,微观层次上往往不具无标度性,但从一定的时空尺度(宏观层次上)仍然能够观察到统计物理性质方面的复杂性。

一方面,时间尺度变换下,城乡路网整体上仍然以随机性特征为主,拓扑统计指标多呈正态(类高斯)分布和指数律累积分布;但随着时间的推移,路网不断由随机无序性向层次有序性进化,复杂性渐显。

另一方面,空间尺度变换下,圈域整体与局域城乡路网复杂性质迥异,整体上城乡路网既不具备典型的小世界性,也缺乏有序的无标度性,以类随机性为主;而局域路网则表现出随机性、无标度性、小世界性和层次性等复杂性质的交织。

(2) 尽管复杂性不显现于微观水平,但从宏观的空间尺度观察,城乡路网结构处于混沌的边缘,空间结构复杂性不断"涌现",主要表现在拓扑空间的分布形态、相关程度和稳定性能具有外在的异质性(呈现等级层次性分异)和内在的相关性(出现动力学演化行为)。

其一,路网拓扑关联性质日益均衡和分散,但受诸多地理因素(包括自然环境、经济社会水平、历史发展基础、规划政策管理等因素)共同作用,城乡路网节点关联作用仍存在明显的空间异质化,形成中心-边缘和等级圈层的复合结构。

其二,拓扑关联性质表现出统计上和空间上的相关性及其差异性。一是,统计上各拓扑指标之间相关程度存在差异,时间上呈动态下降态势;二是,空间全局上各拓扑性质存在一定的空间集聚性,且呈波动式变化,局域上空间集聚模式基本呈现核心圈的高值指向性和外围圈的低值指向性特征,但在局部年段(区域)既呈现良好的时间延续性和空间稳定性,又蕴含剧烈的空间变革。

其三,面对攻击,拓扑性质失效引起的空间稳定性存在差异:面对不同攻击方式、攻击对象,整个网络的空间稳定性明显不同。一是,应对随机性攻击,鲁棒性较高;遭遇恶意性攻击,脆弱性较为明显,表现出一定的无标度性;二是,蓄意攻击高介数节点、重要桥梁和高速,更容易导致路网结构破碎和伺服效率降低。这种空间稳定性的差异源于其节点的连接结构性质的全局-局部失衡:整体的二维平面性质和局部的复杂自然地形条件。

(3) 从宏观的时间尺度来看,城乡路网系统处于均衡-相对不均衡-相对均衡的周期性动态递嬗过程中,表现为随机性和无序性持续减弱,有序性不断增强,不断发育形成一种复杂而有序的外在关联结构:等级合理、纵横交织和流动有序的网络化形态。从内在组织机制剖析,城乡路网的时间复杂性是自组织和他组织机制共同作用的累积,是局部随机性干扰和规则性调控在作用强度上相互交互、此消彼涨演替的过程,表现出自-他组织效应作用下的系统在"系统最优"-"用户最优"-"随机用户需求"-"供给最优"间的"周旋"或"追逐";是城乡路网系统自下而上、从微观到宏观的自组织演化累积的"涌现",是系统微观层次的无序行为和简单组织(统计物理性质)不断自我迭代、涨落(自组织)和接受外界干扰(他组织)的结果;整体生成宏观秩序的"投影"或"刻画",呈现出结构无序-有序、简单-复杂的动态临界相变过程。

7.1.4 城乡路网的功能要素相互耦合,空间效应呈现对称-对称破缺交替

从运输系统理论来看,通达性和层次性构成了城乡路网系统功能的两个根本序参量,是

城乡路网系统的功效函数。层次性决定了系统的功能定位(目标)：不同等级层次节点或道路在城乡社会经济交往过程中所扮演的角色和承载的能力不一样；而通达性则反映了系统的功能效应：城乡社会经济交往的便利程度，是城乡道路网络伺服能力(支撑人或物流动)的本体表征。同时，二者间存在相互耦合、共同作用的非线性关系：层次性决定通达性、通达性强化层次性，这正是城乡路网系统伺服功能复杂性的根本体现。因此，从这个角度来看，城乡路网的功能复杂性——空间通达性，实质表征了系统的序空间结构。

(1) 层次性的空间通达性效应

一是节点和道路的层次性结构决定了其对外伺服能力及效能的大小。不同技术等级和规模层次的路网，其对外连接的通达性存在明显差异：道路等级越高，其通达性相应越好。统计上，节点和道路的社会经济要素规模与其空间通达性水平存在明显的正相关，存在协同共轭的数理关系；空间上，城乡路网的空间通达性分布与城镇体系"靶形分布"、道路轴向生长和社会经济发展格局保持高度同构。

二是节点和道路的层次性结构引致空间通达性强烈的敛散。节点的区位条件和能级规模决定了空间通达性的宏观格局呈现以核心城市为中心的"靶形"分布(环状分异或圈层结构)，产生空间距离衰减律作用下的对称性格局；而道路的技术等级则可能破坏了这种对称性(出现对称破缺)，尤其是高等级快速干道明显突破了距离衰减的空间通达性敛散作用机制，引致空间通达性圈发生扭曲变形，呈现星状、带状或十字状空间收敛(圈层外凸，甚至出现圈层碎化)。

三是节点和道路的层次性分异导致城乡路网空间复杂性不断涌现。主要表现为：不同通达性指标下的空间通达性异化和有序化程度不一。仅考虑节点的区位和连接的拓扑通达性空间分异程度最为明显，但这种分异更多呈现出的是一种相对杂乱的斑块格局，即高低通达性空间镶嵌成点状分布，同时空间距离衰减律作用下的圈层结构破碎明显——有序性破坏；而考虑道路技术等级和节点经济能级的时间距离通达性值普遍大于空间距离通达性值分异程度，一方面破坏了空间距离通达性的优美环状对称，呈现环状分异基础上的带状或扇状分异，出现了对称破缺(本身意味着复杂性涌现)，另一方面以节点、道路内在等级法则重构了空间通达性格局，形成等级有序、大小分别的新标度对称(对称重构)，整个系统在等级层次性作用下处于空间通达性格局的对称性构建-破坏-重建的动态循环和矛盾运动进程中。

(2) 通达性的空间层次性分异

空间通达性具有深刻的层次性分异，对外连接的通达性存在显著的时空层次组织结构。

① 因地理网络要素(如节点和线路)受区位条件、历史基础、社会发展、经济水平、政策规划等因素综合作用，通达性格局呈现明显的空间层次性、方向性分异。具体表现为三个方面：

其一，基于空间句法的拓扑通达性分析结果表明，拓扑连接性因自由空间(交通轴线)承载的社会经济要素流量不同，而具有明显的差异性，宏观统计上形成较明显的位序-规模分布，局部(变量或年段)遵循较强的幂律，空间结构上形成典型的等级有序的"轴-辐"放射状、"核心-边缘"圈层状和"鱼骨-鱼刺"树枝状等复合分异形态。

其二，基于关联矩阵模型的节点通达性分析表明，城乡节点时空和拓扑通达性整体上形成一种因自然间隔的阻力作用衰减下的环状分异格局,即空间通达性自中心-外围梯度下降,但这种衰减态势由于空间不均质性,而呈现渐变和突变交替,不断"衍生"多种结构形态。

一是环状中心区位优势进一步加强,外围环带陷入"阴影区",环状分异退化成核心-外围的极化分异(极端不稳的等级层次)。

二是伴随核心的集散作用和外向轴线生长,一些外围局部环带占据优区位,内部不断趋同,但边缘产生突变,环状(圈层)结构渐显等级层次性,进化形成等级圈层结构(有序稳定的等级层次)。

三是外围迅速发育一批次级通达性中心和一些贯穿全境重要轴线,形成多个等级较低的以次级中心为核的伯吉斯环和多个不同方向放射的带状生长轴,整个路网空间通达性不断网络化拓展,进一步发育形成等级有序的"多心多向"结构。

其三,基于节点"累积"设计的县域通达性分析表明,县域通达性的空间层次性分异与自然-人文地理格局保持某种同构性,受地形地貌格局、城乡节点分布、社会经济地理的宏观层次性组织影响明显。突出表现为县域通达性分布与其城乡节点体系的"靶形分布"、人口-经济的">"型分界以及自然地理(地势梯度和水系发育)具有整体的对称性架构和局部的对称性破缺。可以认为,通达性分布是自然地理格局"雕刻"和经济地理分布驱动的结果,是自然-人文地理对称性秩序(层次性结构)建立和破坏的重要体现。

② 同时,正是因上述的区位、历史政策、社会经济等因素的综合作用,通达性的空间分异也呈现时序上的层次性演化分异:不同阶段,层次性组织强度和程度存在差异,表现出微观动态性和宏观稳定性特征。

一方面,通达性空间格局随着时间推移,表现为层次组织程度的动态变化。20 多年间,圈域通达性空间分布处于相对不均衡(层次性较强)→相对均衡(层次性趋弱)→相对不均衡(层次性增强)的循环往复、螺旋上升演化过程。同时,通达性空间分布结构也呈现核心-边缘极化式("一极集中")→核心-外围圈层式("两圈并立")→极核-中间-边缘圈层式("三圈渐进")的进化格局。

另一方面,通达性空间分布并未随着时间变化而出现结构的剧变性,表现出层次组织的稳定性和延续性,具有空间惰性和惯性。20 多年间,空间通达性存在一定的初始值依赖性,主要是城乡路网建设的"通盘谋划"和"均衡布局"层次性组织所致。同时,空间通达性还表现出较强的中心稳定性(并未出现跳跃性),遵循趋中性(向心集聚性)和趋优性(轴向扩散性和向心集聚性)指向规律,这突出反映了城乡路网因区位差异所致的层次性结构具有强烈的稳定性,实质是追逐能量消耗最小化下的自组织机制所驱使。因此,城乡路网系统空间通达性层次性分异可以说是系统自组织-他组织机制共同作用下的时间累积结果和表现。

7.2 研究简评及展望

7.2.1 研究工作小结

由于研究对象的复杂性和认识发展的局限性,地理系统空间复杂性研究一直被认为没有突破空间描述和解释的"围囿",处于理论研究的借鉴和移植阶段。因此,有学者呼吁:一是加强理论探索,构筑地理系统空间复杂性研究框架,引进、改善和创建空间复杂性研究方法;二是重视具体问题具体分析,因为脱离实践问题的复杂性研究,容易陷入空泛的陷阱[8]。

从这个角度来看,本书架构理论与实证分析相结合的研究范式,研究目的基本是达到了。一方面,架构了城乡路网系统的空间复杂性理论体系(关系),引入和改进了部分复杂网络模型(映射)。另一方面,针对都市圈(群)城乡路网系统生长发育的客观复杂性命题,展开实证分析,印证和完善了城乡路网系统空间复杂性研究原理(反演),具体表现为:

一是将系统解构为三个重要命题(关键词):道路网络、城乡系统、空间复杂性,明晰道路网络、城乡系统及相关概念内涵,借鉴陈彦光的广义空间体系,架构实-序-相空间复杂性研究体系,奠立了全文的研究主体和研究范式;梳理前人复杂交通系统研究成果,从构成-形态-结构-功能-演化等方面提炼城乡路网系统的空间复杂性研究理论;

二是移植大量网络信息挖掘理论和模型,引入地计算理论、GIS技术,结合编程语言,设计了系列加权复杂网络模型,如加权长度分维数、加权拓扑统计模型和时间-拓扑通达性启发性算法等,试图构建更具地理学意义的网络信息挖掘方法;

三是以武汉城市圈为例,从形态-结构-功能的复杂性研究视角,系统实证分析了都市圈城乡路网系统的空间复杂性机理,获得一些有益的发现:

① 城乡路网形态的分形秩序,不是一蹴即就,而是通过对称破缺-重建的矛盾运动逐步进化显现出来,它是城乡路网结构发育完美程度的重要判据,需要通过一定的时空条件和尺度变换才可以"无中生有"地"突现"出来;

② 城乡路网系统是要素相互作用占主导的系统,这种结构的关联作用可以通过图论抽象成网,表现为一张微观杂乱纷呈、宏观井然有序的自组织网络,微观物理运动下城乡节点作用和分布遵循简单的规则(高斯与指数律分布),而宏观可观察的时空尺度下具有某种结构和秩序(幂律分布):路网拓扑性质的空间分布具有异质性、内在作用具有相关性及外在干扰具有稳定性,因此,整个系统整体"平均"来看具有较强随机性,局部"分割"却具有一定的无标度性或小世界性,出现在混沌的边缘,呈现随机-有序矛盾运动、自组织-他组织交互作用的过程[747];

③ 通过性是城乡路网系统服务功能的空间载现,是系统内在的等级层次性机制长时间作用的结果①,往往表现出宏观时空尺度上的分异性。

一方面,从时序演化来看,空间通达性遵从层次性组织"路径依赖",即初始形成的等级层次(对称性)不断被强化,表现出空间的稳定性(如通达性中心的固化粘滞性、通达性圈层分异格局)和初值的依赖性(空间通达性变化规模和速度的初值指向性);同时遵循能量最小化原理,表现出空间分布的趋同性(沿能量耗散最小化方向运动):趋中性(集中于核心)、多心化(形成多个通达性中心)和向异性(沿快速干道伸展壮大),新的等级层次(对称性重构)不断建立,整个系统处于集聚和分散、同一和异化、对称和对称破坏、渐变和突变的对立统一

---

① 复杂城乡路网系统的时间过程和空间结构从来就是一个问题的两个方面。

运动过程中。

另一方面，从空间分异来看，通达性的空间分布及空间效应的分异程度取决于观察尺度（局部和整体、节点和县域、核心和外围的通达性分异程度存在差异）、计量方法（不同指标的通达性分异程度不一）和研究对象（不同等级道路网的通达性分异程度也不同），与自然-人文地理格局保持某种同构，遵循"地质构造→自然地理→(→政治规划活动)→社会经济地理→城市地理→交通（通达性）地理"的作用机理。

7.2.2 研究不足及展望

由于本书所研究的对象是一个点线交织而错综复杂、微观杂乱而宏观有序的复杂地理交通网络，作者在面临这一新的命题时，时常感到纷繁芜杂和头绪万千，尽管力争构建一个相对合理的研究体系，试图去挖掘一些"光怪陆离"现象背后的"奇怪吸引子"，但是于己看来，仍然存在诸多不足和不尽如人意之处[①]，有待后续提升和完善。

（1）研究内容上，作者原本计划从广义空间视角切入，全面实证分析城乡路网系统的形态结构-关联结构-功能结构-时间结构的空间复杂性机理，其中形态和关联结构对应于实空间分析，功能结构包括通达性和层次性，对应于广义序空间分析，时间结构包括空间演化及预测，对应于相空间分析，从而系统架构城乡路网系统的实-序-相空间复杂性研究范式。现在看来，明显有三个方面，由于时间、精力和数据所限，只能留待下一步研究：

① 城乡路网系统功能的空间层次性分析，包括城乡节点、线路及网络系统的位序-规模结构及其空间层次性分异。尽管这部分内容零散见于形态相似性-结构关联性-功能通达性分析的各个部分，但之于其重要意义仍显不够。因为，城乡路网系统的形态、结构、演化，甚至功能的通达性复杂性均打下深刻的层次性组织烙印，前者诸多是等级层次性的自组织-他组织机制共同作用的结果和本征，可以说系统的形态-结构-功能-演化复杂性是其内在等级层次性（对称性）建立-破坏-重建的周期性与动态性、渐变性与突变性运动过程中涌现出来的，实质上层次性隐喻了系统"微观杂乱行为导致整体宏观秩序，宏观秩序支配局部微观行为"的"上帝之手"。

② 城乡路网系统演化的空间协同性分析，包括城乡路网系统的形态伸展、异速生长、耦合协调的空间演化特征和演化机制，以及基于 GIS-CA 和 SD 模型的城乡路网系统空间发展趋势模拟。关于系统空间演化特征，在形态、结构和功能复杂性分析部分也有涉及，但将城乡路网系统解构为需求（城乡关联作用强度）和供给（城乡道路网络）两个子系统，引入协同学、系统-网络动力学及模糊数学等复杂理论和方法，全面揭示系统供给-需求的相互耦合协同的空间演化机理，仍显薄弱。

③ 城乡路网系统优化的空间控制，本书重点在于探讨城乡路网系统发展演化中的空间复杂性规律，缺少从都市圈层面的城乡路网建设问题的归纳和区域协控政策性措施的提炼。

[①] 有些问题作者已经处于意识觉醒中，受制于精力、数据和能力暂时无暇解决；有些问题作者可能还处于朦胧迷幻中，由于研究对象的复杂性和本人认识的有限性，作者到现在仍然怀疑有些解释可能"似是而非"，甚至是错误的！

在作者看来,城乡路网系统空间重构对策研究对于指导城乡路网可持续发展,优化城乡关联空间等方面与"问题背后的机制分析"具有同等重要性。

(2) 研究视角上,从研究范围来看,本书着力以武汉城市圈为主研究区,试图通过"管仲窥豹"以提炼中国都市圈城乡路网系统的空间复杂性机制,尽管考虑到研究区的代表性,增加沿海、中西部主要都市圈(群)的比较分析,但多是"浅尝辄止"和辅助说明,未及深入,同时国外主要都市圈案例未曾涉及,研究视角不够开阔,有待针对大量都市圈(群)案例,剖析其内在生长发育机制,比较研究和归纳不同类型(如沿海型、河湖型、枢纽型等;单核型、双核型和多核型等)、不同空间尺度(都市带、都市圈、都市区等)、不同地域范围(沿海、中部和西部;中国和外国[①])的都市圈城乡路网系统的空间复杂性规律。从研究对象来看,本书重点关注的是较宏观的城乡之间的道路网络系统,较少涉及城市内部和村镇体系等空间小尺度单元,尤其是村镇空间单元,这正是当前道路网络复杂性研究的"空白"。从研究时段来看,本书重点选择 1989~2010 年,这是我国市场经济体制日益成熟,城乡关系由对立、融合到一体化发育的关键时段,都市圈网络化发展态势明显,空间关联作用剧烈而动荡,复杂性不断涌现,但传统计划经济体制、市场经济体制转轨初期,以及后工业化时代(信息网络时代)变革下的城乡路网系统是否具有同样的空间复杂性?他组织(如计划干扰)和自组织机制交替下的空间复杂性如何变化?后工业化时代电子信息技术对城乡交通网络空间的冲击和扰动如何?这些问题仍然有待进一步深入比较研究。

(3) 研究方法上,融汇图论、拓扑学、分形、复杂网络、通达性等网络信息挖掘理论和方法,综合利用 Excel/SPSS 统计软件(相关分析、回归分析等)、Pajek 网络软件(统计物理)、Matlab 软件(编程计算)等,构建系列加权复杂网络模型,基于 GIS 空间分析技术,力图从形态结构(实空间)、时序演化(相空间)和等级层次(序空间)三个层面,揭示出城乡路网系统的空间复杂性机理,尽管取得了一定效果和解决了不少问题,但仍然存在不少技术难题未解决和实现:

一是加权复杂网络模型并未显现复杂性挖掘的优越性。本书引入不同加权算法,构建了加权长度-半径维数模型、加权复杂网络统计模型和加权时间通达性模型等,与相应普通网络模型进行比较分析发现:加权前后间内在规律挖掘基本一致,仅加权时间通达性体现出一定的层次性"放大"效应,有待进一步合作构建如加权自我网络(weighted ego-network)、加权等级网络等重构等级网络模型,以挖掘和凸显隐喻在深处的城乡道路网层次性规律;

二是空间句法内涵和模型应用的局限性突显。一方面,本书"肆意"拓展了空间句法的运用空间范围(由城市内部到城乡体系),并未考量模型可能的适用性;另一方面,空间句法拓扑变量内涵趋同,导致诸多结论"基本一致、无从出新",如何从不同视角,设计新变量、开拓新算法,也是下一步研究的重点;

三是复杂网络模型的加权因素考虑较为狭窄。由于数据的可获得性,权重主要考虑网络技术等级,指标选择多为单一因素。一来未考虑节点或道路的局域自然条件差异,二来仅

[①] 尤其是不少学者研究发现,西方的都市圈交通网络空间发育机理与中国存在较大的差别。

设计网络的规模(如人口总量、GDP 等),未全面考量宏观社会经济和微观交通出行行为的综合影响,有待引入自然、社会、经济等宏观因子和出行者路径选择、交通方式选择行为等微观因子的权重影响,构建多指标权重体系;

四是通达性空间单元提取范围过大。受制于数据可获得性,空间单元多以县域范围或较大栅格为主,且多忽视了不同空间单元的自然(如地表粗糙程度、地形地势条件、不同用地类型)、社会(人口、流动人口规模)、规划等地理属性,有待选择栅格(精细空间单元)或者村镇(微小空间尺度),编程设计加权栅格距离算法。

五是多维表征的道路网建库。本书主要采取图论(拓扑学)中常见的基于几何/结构的道路网表征(如建设 shapefile 格式文件,采用原始法提取路网等),具有很强的直观性,但忽视人对路网的语义理解和图景感知[①],仍然有待采取从人的认知和理解视角,构建多种拓扑连通图模型开展比较分析[②]。

总之,尽管本书综合使用分形、图论、复杂网络等后现代数学方法,引入地理信息系统技术和方法,尝试性引入和构建一些网络信息挖掘模型,但研究方法和技术仍然比较普遍;有待借鉴人工智能、复杂适应系统等理论和方法,创新构建启发式和智能性算法,与地计算方法和 GIS 空间分析技术实现无缝对接,构建更具地理意义和现实意义的加权复杂网络模型,实现研究方法的真正突破和创新。

(4) 数据整理上,存在两个明显的问题:一是不同年份的数据来源于不同地图,路网信息的粗细程度不一,甚至有些年份只有县级以上公路,缺少连接城镇、乡村的低等级道路信息,必然会导致时序的比较和结构演化分析可能出现"偏差";二是对一些数据的处理人为性较强,如空间句法分析的轴线提取,空间通达性分析的节点删除,部分统计数据的缺失"补救"等;三是数据整体的乡村性不够突出,尽管近五年的数据中的承载大量乡村节点和公路信息,但仍然作出了不少人为"屏蔽"(地图数据删去不少自然村及村间小路),有待选择一些具体样区利用高分辨率遥感图片提取村镇域范围内的乡村及公路信息。

[①] 尽管借助空间句法,基于人的认知表征,选用轴线法构建道路网络模型,但仍然只是方法的移植。

[②] 实际上,本书采取的原始法构建复杂网络模型,并未发现明显的统计复杂性,主要也是因为这种方法的局限性;事实上,与香港理工大学博士、西南交通大学副教授张红女士交流发现,她采用街道命名法、Thomson 和 Richardson 的"划"(stroke)方法发现地面交通网络涌现出小世界性和无标度性特征,这也在一定程度印证路网空间复杂性具有研究方法依赖,表现出算法复杂性特征。

图 名 索 引

图 1.1　研究目标体系 …………………………………………………………… 5
图 1.2　研究框架 ………………………………………………………………… 6
图 1.3　综合研究方法 …………………………………………………………… 9
图 1.4　研究技术路线 …………………………………………………………… 9
图 1.5　武汉城市圈的地域范围 ………………………………………………… 11
图 1.6　武汉城市圈的圈层结构 ………………………………………………… 11
图 1.7　武汉城市圈的"内三圈"结构 …………………………………………… 11
图 1.8　武汉城市圈的"外两圈"结构 …………………………………………… 11
图 1.9　武汉城市圈城乡路网数据库(1989～2010年) ………………………… 12
图 2.1　系统科学、非线性科学和复杂性科学发展脉络 ……………………… 13
图 2.2　复杂城市系统空间研究渊流 …………………………………………… 24
图 2.3　交通对城市内部空间结构理论模式的作用 …………………………… 30
图 2.4　交通组织-城市空间结构相互关系 ……………………………………… 33
图 2.5　交通连接方式与城市形态的匹配 ……………………………………… 34
图 2.6　交通变革与城市空间规模变化 ………………………………………… 34
图 2.7　交通变革与城乡系统空间演化 ………………………………………… 35
图 2.8　交通组织-城市空间结构耦合机制 ……………………………………… 35
图 3.1　城乡公路分类体系对应 ………………………………………………… 49
图 3.2　部分规则路网连通度示意图 …………………………………………… 50
图 3.3　城市路网主要布局形态 ………………………………………………… 51
图 3.4　城市路网主要形态的典型案例 ………………………………………… 51
图 3.5　乡村路网主要布局形态 ………………………………………………… 52
图 3.6　城乡路网系统构成 ……………………………………………………… 53
图 3.7　城乡路网系统的网络结构 ……………………………………………… 53
图 3.8　城乡关联系统的中心-边缘空间组织模式 ……………………………… 55
图 3.9　城乡关联系统的中心-边缘空间组织模式演化 ………………………… 55
图 3.10　城乡路网系统的空间规模序 …………………………………………… 56
图 3.11　城乡路网系统的结构集:时间-等级-空间 ……………………………… 57
图 3.12　城乡路网系统的时间演化 ……………………………………………… 57
图 3.13　城乡路网系统的空间结构要素 ………………………………………… 58
图 3.14　城乡路网系统的时间地理模型:时间-空间-组织结构的网络模型 …… 60

图 3.15	城乡路网系统的功能体系	......	61
图 3.16	城乡路网系统演化的生长曲线	......	62
图 3.17	城乡路网系统演化的螺旋上升曲线	......	62
图 3.18	城乡路网系统空间复杂性逻辑流程	......	63
图 3.19	城乡路网系统的运行结构	......	64
图 3.20	城市 KSY 路网形成的关联复杂性	......	64
图 3.21	城乡路网系统要素耦合反馈	......	66
图 3.22	城乡路网形态的自相似性	......	67
图 3.23	城乡路网生长的自相似性	......	67
图 3.24	城乡路网连接的等级网络生成机制	......	69
图 3.25	Gävel 市路网连接的等级层次性	......	70
图 3.26	城乡路网系统功能演替的超循环联系	......	71
图 3.27	城乡路网系统演化的分岔树	......	72
图 3.28	城乡路网系统演化的多方向性	......	72
图 3.29	微扰导致的城乡路网多态性演化	......	73
图 4.1	研究框架	......	75
图 4.2	交通网络-回转半径示意图	......	76
图 4.3	分枝维数计数方法——实际点数法	......	80
图 4.4	武汉城市圈城乡路网、回转半径与缓冲区图(1989~2010 年)	......	82
图 4.5	不同城市群城乡路网、回转半径与缓冲区代表示意图(2010 年)	......	83
图 4.6	武汉城市圈城乡路网不同等级道路长度-回转半径双对数坐标图(2010 年)	......	84
图 4.7	武汉城市圈普通和加权长度-半径分维特征指标(2010 年)	......	86
图 4.8	武汉城市圈城乡路网道路长度-回转半径双对数坐标图(1989~2010 年)	......	89
图 4.9	武汉城市圈中心城市城乡路网道路长度-回转半径双对数坐标图	......	92
图 4.10	武汉城市圈中心城市城乡路网结构形态	......	93
图 4.11	不同都市圈(群)城乡路网长度-半径维数比较(2010 年)	......	97
图 4.12	武汉城市圈城乡路网格网分析(2010 年)	......	99
图 4.13	武汉城市圈城乡路网节点覆盖度变化(1989~2010 年)	......	101
图 4.14	武汉城市圈城际城乡路网节点覆盖度(2010 年)	......	103
图 4.15	武汉城市圈城乡路网线路覆盖度变化(1989~2010 年)	......	105
图 4.16	武汉城市圈城乡路网不同等级线路覆盖度(2010 年)	......	105
图 4.17	武汉城市圈中心城市城乡路网线路覆盖度(2010 年)	......	106
图 4.18	不同都市圈(群)城乡路网线路覆盖度(2010 年)	......	109
图 4.19	武汉城市圈城乡节点通达性-半径维数拟合图(1989~2010 年)	......	111
图 4.20	武汉城市圈城乡路网节点关联性-码尺维数双对数坐标图(1989~2010 年)	......	113
图 4.21	城际城乡路网节点最短径距离-码尺维数双对数坐标图(2010 年)	......	115
图 4.22	圈际城乡路网节点直线距离-码尺维数双对数坐标图(2010 年)	......	115

图 4.23　武汉城市圈城乡路网分枝-半径维数双对数坐标图(1989～2010 年) ………… 121
图 4.24　路网分枝的 DBM 模型模拟 ……………………………………………………… 122
图 4.25　河南省交通网络的"放电"式分枝形态 ………………………………………… 123
图 4.26　武汉城市圈城乡路网分枝的局部-整体"放电式"自相似 …………………… 123
图 4.27　武汉城市圈城际城乡路网节点分枝-半径维数双对数坐标图(2010 年) ……… 124
图 5.1　研究框架 …………………………………………………………………………… 128
图 5.2　武汉城市圈城乡路网空间数据库(1989～2010 年) ……………………………… 130
图 5.3　武汉城市圈城乡路网的拓扑结构图(1989～2010 年) …………………………… 131
图 5.4　武汉城市圈城乡路网节点度分布及累积分布(1989～2010 年) ………………… 135
图 5.5　三种网络的常态度累积分布曲线对比 …………………………………………… 136
图 5.6　武汉城市圈城乡路网平均路径长度变化(1989～2010 年) ……………………… 137
图 5.7　不同时空尺度下的道路网络路径长度分布 ……………………………………… 139
图 5.8　武汉城市圈城乡路网紧密度分布变化(1989～2010 年) ………………………… 140
图 5.9　武汉城市圈城乡路网节点介数累积分布变化(1989～2010 年) ………………… 141
图 5.10　武汉城市圈城乡路网节点介数累积频率分布(1989～2010 年) ……………… 142
图 5.11　武汉城市圈城乡路网节点簇系数分布变化(1989～2010 年) ………………… 143
图 5.12　武汉城市圈不同类型城乡路网的同等规模随机网络图(2010 年) …………… 145
图 5.13　武汉城市圈城乡路网边数和直径长度随节点增长演化 ……………………… 146
图 5.14　武汉城市圈低等级路网度-累积度分布(1989～2010 年) …………………… 149
图 5.15　武汉城市圈高等级路网度-累积度分布(2000～2010 年) …………………… 150
图 5.16　武汉城市圈节点度空间分布及变化(1989～2010 年) ………………………… 153
图 5.17　武汉城市圈点度全局空间自相关 Moran's I 指数散点图及推断 …………… 155
图 5.18　武汉城市圈点度局域空间自相关 Moran's I 指数集聚性 …………………… 155
图 5.19　武汉城市圈节点紧密度全局空间自相关 Moran's I 指数散点图及推断 …… 159
图 5.20　武汉城市圈节点紧密度局域空间自相关 Moran's I 指数集聚性地图(LISA)
　　　　 ……………………………………………………………………………………… 159
图 5.21　武汉城市圈节点紧密度的空间分布及变化(1989～2010 年) ………………… 160
图 5.22　武汉城市圈节点介数全局空间自相关 Moran's I 指数散点图及推断 ……… 161
图 5.23　武汉城市圈节点介数空间局域自相关 Moran's I 指数集聚性地图 ………… 162
图 5.24　武汉城市圈节点介数空间分布及变化(1989～2010 年) ……………………… 163
图 5.25　武汉城市圈节点平均路长全局空间自相关 Moran's I 指数散点图及推断 … 164
图 5.26　武汉城市圈节点平均路长局域空间自相关 Moran's I 指数集聚性地图 …… 164
图 5.27　武汉城市圈节点平均路长的空间分布及变化(1989～2010 年) ……………… 166
图 5.28　武汉城市圈节点簇系数空间分布及变化(1989～2010 年) …………………… 168
图 5.29　武汉城市圈节点簇系数全局空间自相关 Moran's I 指数散点图及推断 …… 169
图 5.30　武汉城市圈节点簇系数局域空间自相关 Moran's I 指数集聚性地图 ……… 170
图 5.31　社团划分模拟图 ………………………………………………………………… 171

图 5.32	社团规模分布	172
图 5.33	社团等级-规模分布曲线	172
图 5.34	实际社团划分	172
图 5.35	武汉城市圈城乡路网节点度-邻近节点度相关关系	175
图 5.36	武汉城市圈城乡路网节点重要性-集聚性相关关系	176
图 5.37	武汉城市圈城乡路网节点度-簇系数全局 Moran's I 指数散点图及推断	177
图 5.38	武汉城市圈城乡路网节点度-簇系数局域 Moran's I 指数集聚性-显著性图	178
图 5.39	武汉城市圈城乡路网节点度-簇系数空间自相关四分位图	179
图 5.40	武汉城市圈城乡路网节点度-簇系数关联变化(1995～2010 年)	180
图 5.41	武汉城市圈城乡路网节点重要性-易达性的相关关系	182
图 5.42	武汉城市圈城乡路网节点度-易达性全局 Moran's I 指数散点图及推断	186
图 5.43	武汉城市圈城乡路网节点度-易达性空间自相关四分位图(1989～2010 年)	187
图 5.44	武汉城市圈城乡路网节点易达性-集聚性的相关关系	189
图 5.45	武汉城市圈城乡路网节点易达性-集聚性全局 Moran's I 指数散点图及推断	192
图 5.46	武汉城市圈城乡路网节点易达性-集聚性空间自相关四分位图	193
图 5.47	武汉城市圈城乡路网节点易达性-易达性的相关关系	195
图 5.48	武汉城市圈城乡路网节点易达性-集聚性全局 Moran's I 系数散点图及推断	197
图 5.49	武汉城市圈城乡路网节点易达性-易达性空间自相关四分位图	200
图 5.50	节点失效或移除对网络的影响	201
图 5.51	武汉城市圈城乡路网的随机故障(1995～2010 年)	203
图 5.52	ER 随机图和 BA 无标度图抗随机故障和恶意攻击情况	205
图 5.53	武汉城市圈城乡路网高度节点的蓄意攻击(1995～2010 年)	208
图 5.54	武汉城市圈城乡路网高介数边的蓄意攻击(1995～2010 年)	210
图 5.55	点介数失效引致的城乡路网结构动力演化过程	211
图 5.56	桥梁和高速对整个城乡路网易达性的影响	213
图 5.57	复杂网络动力学演化机制	215
图 6.1	研究框架	218
图 6.2	空间句法轴线法分析流程	218
图 6.3	武汉城市圈城乡路网高等级道路的原始轴线图(1989～2010 年)	221
图 6.4	武汉城市圈格网分析(2010 年)	225
图 6.5	武汉城市圈城乡路网轴线通达性位序-规模图(1989～2010 年)	226
图 6.6	武汉城市圈城乡路网轴线句法变量位序-规模图(1989～2010 年)	230
图 6.7	武汉城市圈城乡路网轴线等级-规模的"金字塔"型结构(1989～2010 年)	231

图 6.8　武汉城市圈城乡路网的高等级道路连接值(1989～2010 年) ·················· 234
图 6.9　武汉城市圈城乡路网的高等级道路控制值(1989～2010 年) ·················· 234
图 6.10　武汉城市圈城乡路网的高等级道路全局深度值(1989～2010 年) ·········· 235
图 6.11　武汉城市圈城乡路网的高等级道路三步深度值(1989～2010 年) ·········· 236
图 6.12　武汉城市圈城乡路网的高等级道路局部集成度值(1989～2010 年) ······· 237
图 6.13　武汉城市圈城乡路网的高等级道路整体集成度值(1989～2010 年) ······· 238
图 6.14　武汉城市圈城乡路网集成核生长演化示意图(1989～2010 年) ············· 240
图 6.15　武汉城市圈局部-全局集成度相关性(智能值) ································· 242
图 6.16　武汉城市圈连接-全局集成度相关性(理解度) ································· 243
图 6.17　以武汉为中心的圈域空间距离通达性空间分异 ································ 247
图 6.18　以武汉为中心的圈域时间距离通达性空间分异 ································ 248
图 6.19　武汉城市圈时空距离通达性-初始值相关关系 ································· 251
图 6.20　武汉城市圈节点-武汉时空距离通达性变化值空间分异 ····················· 253
图 6.21　武汉城市圈节点-武汉时空距离通达性变化率空间分异 ····················· 254
图 6.22　武汉城市圈时空通达性变化类型空间分布变化(1989～2010 年) ········· 256
图 6.23　武汉城市圈中心城市出行时距图(2010 年) ···································· 260
图 6.24　武汉城市圈时空距离通达性分布-累积概率分布(1989～2010 年) ········ 263
图 6.25　武汉城市圈时空距离通达性的位序-规模分布(1989～2010 年) ·········· 264
图 6.26　武汉城市圈城乡路网时空距离通达性重心迁移变化(1989～2010 年) ··· 265
图 6.27　武汉城市圈城乡路网的最短空间距离通达性分异(1989～2010 年) ······ 267
图 6.28　武汉城市圈城乡路网的最短时间距离通达性分异(1989～2010 年) ······ 268
图 6.29　武汉城市圈城乡节点通达性的洛伦兹曲线(1989～2010 年) ··············· 272
图 6.30　武汉城市圈城乡节点通达性的全局 Moran's I 指数估算(1989～2010 年) ··· 272
图 6.31　武汉城市圈城乡节点通达性-中心性相关分析(1989～2010 年) ·········· 274
图 6.32　武汉都市圈范围及城际高等级路网空间数据(2007) ························ 276
图 6.33　武汉城市圈城际时空距离通达性等值线图(2007 年) ························ 278
图 6.34　武汉城市圈城乡路网网络直径变化(1989～2010 年) ························ 281
图 6.35　武汉城市圈城乡路网中心迁移变化(1989～2010 年) ························ 282
图 6.36　武汉城市圈城乡路网趋中-通达类型(2010 年) ······························· 282
图 6.37　武汉城市圈城乡节点拓扑连接位序-规模分布 ································ 284
图 6.38　武汉城市圈城乡路网的拓扑通达性等值线图(1989～2010 年) ············ 287
图 6.39　武汉城市圈县域空间通达性分布(1989～2010 年) ··························· 290
图 6.40　武汉城市圈空间通达性的县域分布(1989～2010 年) ························ 293
图 6.41　武汉城市圈县域通达性-地形地貌格局(2010 年) ···························· 294
图 6.42　武汉城市圈县域人口-GDP 的空间分异 ·· 296
图 6.43　武汉城市圈县域通达性空间对称性 ··· 298
图 6.44　中心地模型与城市靶形分布 ·· 299

表 名 索 引

表 1.1	主要数据来源及处理	12
表 2.1	复杂性科学研究源流	18
表 2.2	自组织城市系统研究	25
表 2.3	国外交通-城市系统空间研究进展	30
表 2.4	不同交通条件下的城市系统空间演化	32
表 3.1	各级公路的主要技术指标	48
表 3.2	城乡空间关联体系	54
表 3.3	空间结构要素组合模式	58
表 3.4	城乡路网的网络特性比较	68
表 4.1	路网分形测度指标	80
表 4.2	武汉城市圈城乡路网的长度-半径维数(2010年)	85
表 4.3	武汉城市圈城乡路网普通和加权长度-半径维数的精细结构(2010年)	87
表 4.4	城乡路网长度-半径维数的时序变化(1989~2010年)	89
表 4.5	武汉城市圈城乡路网长度-半径维数的区域比较(2010年)	91
表 4.6	城乡路网长度-半径维数的区域比较(2010年)	94
表 4.7	武汉城市圈城乡路网节点覆盖度变化(1989~2010年)	100
表 4.8	武汉城市圈城际节点覆盖度及其相关指标位序-规模分布(2009年)	102
表 4.9	武汉城市圈城乡路网线路覆盖度变化(1989~2010年)	104
表 4.10	武汉城市圈城乡路网不同类型线路覆盖度(2010年)	106
表 4.11	武汉城市圈分城市城乡路网线路覆盖度比较(2010年)	106
表 4.12	七大都市圈(群)社会经济发展水平与线路覆盖度相关关系(2005年)	108
表 4.13	武汉城市圈城乡节点通达性-半径维数(1989~2010年)	110
表 4.14	武汉城市圈城乡路网乳牛-乌鸦距离关联维数变化(1989~2010年)	113
表 4.15	武汉城市圈9城市直线距离矩阵	116
表 4.16	长三角城市群15城市直线距离矩阵	117
表 4.17	珠三角城市群10城市直线距离矩阵	117
表 4.18	京津冀城市群10城市直线距离矩阵	118
表 4.19	圈际城乡路网节点直线距离-码尺维数值(2010年)	119
表 4.20	武汉城市圈城乡路网分枝维数变化(1989~2010年)	120
表 5.1	复杂网络相关指标	128
表 5.2	武汉城市圈城乡路网节点度统计表(1989~2010年)	131

表 5.3	不同类型网络的平均路径长度比较	137
表 5.4	网络模型的三大特征指标比较情况	144
表 5.5	武汉城市圈城乡路网的基本拓扑性质(1989~2010年)	145
表 5.6	武汉城市圈城乡路网建设的他组织机制(1978~2008年)	147
表 5.7	武汉城市圈不同路网拓扑统计特征值(2010年)	150
表 5.8	武汉城市圈重要节点分布变化(1989~2010年)	156
表 5.9	武汉城市圈不同局域城乡路网复杂网络指标值(2010年)	157
表 5.10	社团类型统计	171
表 5.11	路网各指标之间的相关系数	173
表 5.12	桥梁及高速失效引致的城乡路网平均路径长度变化	212
表 6.1	路网通达性发育水平评价指标体系	224
表 6.2	城乡路网道路平均行车速度	225
表 6.2	指数律与幂律的比较	227
表 6.3	武汉城市圈城乡路网句法变量等级体系(2010年)	231
表 6.4	武汉城市圈城乡路网句法变量与社会经济发展水平(1989~2010年)	232
表 6.5	武汉城市圈城乡路网句法变量-社会经济发展水平相关系数	232
表 6.6	武汉城市圈中心-外围节点时空通达性变化	250
表 6.7	武汉城市圈通达性结构变化	255
表 6.8	武汉城市圈9市的时距空间范围(2010年)	258
表 6.9	武汉城市圈城乡路网节点通达性指数分布(1989~2010年)	271
表 6.10	武汉城市圈城乡路网节点通达性-中心性相关性(1989~2010年)	275
表 6.11	武汉都市圈("9+6"都市圈)城际时空通达性(2007年)	277
表 6.12	武汉城市圈城乡路网发育变化(1989~2010年)	279
表 6.13	武汉城市圈与其他都市圈(群)城乡路网发育比较(2010年)	280

公 式 索 引

公式 3.1	61
公式 3.2	65
公式 3.3	65
公式 3.4	65
公式 3.5	74
公式 4.1	75
公式 4.2	76
公式 4.3	76
公式 4.4	76
公式 4.5	76
公式 4.6	76
公式 4.7	76
公式 4.8	77
公式 4.9	77
公式 4.10	77
公式 4.11	77
公式 4.12	77
公式 4.13	77
公式 4.14	78
公式 4.15	78
公式 4.16	78
公式 4.17	78
公式 4.18	78
公式 4.19	79
公式 4.20	79
公式 4.21	79
公式 4.22	79
公式 4.23	79
公式 4.24	80
公式 4.25	80
公式 4.26	91

公式 5.1 ……………………………………………………………………… 128
公式 5.2 ……………………………………………………………………… 128
公式 5.3 ……………………………………………………………………… 129
公式 5.4 ……………………………………………………………………… 129
公式 5.5 ……………………………………………………………………… 129
公式 5.6 ……………………………………………………………………… 129
公式 5.7 ……………………………………………………………………… 129
公式 5.8 ……………………………………………………………………… 129
公式 5.9 ……………………………………………………………………… 129
公式 5.10 …………………………………………………………………… 189
公式 5.11 …………………………………………………………………… 202
公式 5.12 …………………………………………………………………… 202
公式 6.1 ……………………………………………………………………… 219
公式 6.2 ……………………………………………………………………… 219
公式 6.3 ……………………………………………………………………… 220
公式 6.4 ……………………………………………………………………… 220
公式 6.5 ……………………………………………………………………… 220
公式 6.6 ……………………………………………………………………… 220
公式 6.7 ……………………………………………………………………… 220
公式 6.8 ……………………………………………………………………… 222
公式 6.9 ……………………………………………………………………… 222
公式 6.10 …………………………………………………………………… 222
公式 6.11 …………………………………………………………………… 222
公式 6.12 …………………………………………………………………… 223
公式 6.13 …………………………………………………………………… 223
公式 6.14 …………………………………………………………………… 223
公式 6.15 …………………………………………………………………… 223
公式 6.16 …………………………………………………………………… 264
公式 6.17 …………………………………………………………………… 273
公式 6.18 …………………………………………………………………… 273
公式 6.19 …………………………………………………………………… 273

参 考 文 献

[1] 王鸿生.世界科学技术史[M].北京:中国人民大学出版社,1996:312-315.
[2] 陈昌曙.自然辩证法新论[M].沈阳:东北大学出版社,2000:205.
[3] 徐建华,高玉景.地理系统演化的自组织途径、影响因素及熵标志[J].系统辩证学学报,2001,9(3):53-57.
[4] (比)伊·普里戈金,(法)伊·斯唐热.从混沌到有序——人与自然的新对话[M].曾庆宏,沈小峰译.上海:上海译文出版社,1987:87-109.
[5] 钱学森,于景元,戴汝为.一个科学的新领域——开放的复杂巨系统及其方法论[J].自然杂志,1990,13(1):3-10.
[6] 牛文元.理论地理学[M].北京:商务印书馆,1992:3-5.
[7] 房艳刚.城市地理空间系统的复杂性研究[D].长春:东北师范大学博士学位论文,2006:2,63.
[8] 甘国辉,杨国安.地理学与地理系统复杂性研究[J].系统辩证学学报,2004,12(3):78-83.
[9] 宋家泰.城市—区域与城市区域调查研究——城市发展的区域经济基础调查研究[J].地理学报,1980,35(4):277-287.
[10] 周干峙.城市及其区域——一个典型的开放的复杂巨系统[J].城市规划,2002,26(2):7-9.
[11] Wilson AG. Complex Spatial Systems: The Modeling Foundations of Urban and Regional Analysis [M]. Singapore: Pearson Education Asia Pte. Ltd., 2000.
[12] David O'Sullivan. Complexity science and human geography[J]. Transactions of the Institute of British Geographers, 2004, 29(1): 282-295.
[13] Portugali J. Self-Organization and the City[M]. Berlin: Springer-Verlag, 2000.
[14] 陈彦光.分形城市系统的空间复杂性研究[D].北京:北京大学博士学位论文,2004.
[15] 郑宜珍.自组织与自组织城市[D].武汉:武汉大学硕士学位论文,2005.
[16] 陈彦光,周一星.细胞自动机与城市系统的空间复杂性模拟:历史、现状与前景[J].经济地理,2003,20(3):35-39.
[17] 陈洁.基于复杂性科学的虚拟城市建模研究[D].济南:山东师范大学博士学位论文,2008.
[18] 崔功豪.城市问题就是区域问题——中国城市规划区域观的确立和发展[J].城市规划学刊,2010,(1):24-28.
[19] 吴建军.城市交通网络拓扑结构复杂性研究[D].北京:北京交通大学博士学位论文,2008:1.
[20] 胡一竑.基于复杂网络的交通网络复杂性研究[D].上海:复旦大学博士学位论文,2008.
[21] 赵一帆.复杂网络及其交通动力学行为研究[D].北京:北京交通大学硕士学位论文,2008.
[22] 周明.基于复杂网络的城市公交演化机制研究[D].济南:山东师范大学硕士学位论文,2009.
[23] 刘峰涛.宏微观交通运输系统的复杂性测度及其管控应用[D].天津:天津大学博士学位论文,2006.
[24] 刘妙龙,黄佩蓓.分形理论在城市交通网络时空演变特征研究中的应用——以上海市为例[J].武汉大学学报·信息科学版,2003,28(6):749-753.

[25] 王姣娥,莫辉辉,金凤君.中国航空网络空间结构的复杂性[J].地理学报,2009,64(8):899-910.

[26] 曹小曙等.穗港澳巨型城市走廊空间演化研究[M].北京:商务印书馆,2006:1.

[27] 曾菊新.现代城乡网络化发展模式[M].北京:科学出版社,2001:5,15,181-184,189.

[28] http://www.ce.cn/xwzx/gnsz/zg/201103/03/t20110303_22266260.shtml.

[29] 于庆年.城市公路交通管理数学模型及其应用[D].大连:辽宁师范大学硕士学位论文,2007:2.

[30] http://news.sohu.com/2004/01/08/85/news218218561.shtml.

[31] 陈蕾,王江丽.中小城市交通问题的研究与对策[J].山西建筑,2007,33(22):36-37.

[32] http://www.chinajsb.cn/gb/content/2004-01/21/content_59743.html.

[33] http://wenku.baidu.com/view/8ddbb7eb998fcc22bcd10dff.html.

[34] http://news.sohu.com/20060901/n245112612.shtml.

[35] 周成虎,孙战利,谢一春.地理元胞自动机研究[M].北京:科学出版社,1999:1-3,21-23,82-118.

[36] 刘承良.武汉都市圈空间发展机理与调控战略[M].北京:科学出版社,2009:1,170-171.

[37] 秦耀辰.区域系统模型原理及应用[M].北京:科学出版社,2004:29.

[38] 李士勇,田新华.非线性科学与复杂性科学[M].哈尔滨:哈尔滨工业大学出版社,2006:15,101,142-143,164.

[39] (奥)冯·贝塔朗菲.一般系统论:基础、发展和应用[M].林康义,魏宏森译.北京:清华大学出版社,1987.

[40] (美)N.维纳.控制论(或关于在动物和机器中控制和通信的科学)[M].郝季仁译.第2版.北京:科学出版社,2009.

[41] Shannon Claude Elwood, Weaver Warren. The Mathematical Theory of Communication [M]. Urbana: University of Illinois Press, 1963.

[42] Forrester J. W. Industrial Dynamics[M]. New York: Wiley, 1961.

[43] Forrester J. W. World dynamics[M]. Cambridge Mass: MIT Press, 1971.

[44] Forrester J. W. Principles of Systems[M]. Cambridge: Wright-Allen Press, Inc., 1968.

[45] (德)郝尔曼·哈肯.协同学[M].凌复华译.上海:上海译文出版社,2001.

[46] (法)雷内·托姆.结构稳定性和形态发生学[M].成都:四川教育出版社,1992.

[47] (美)E.N.洛伦兹.混沌的本质[M].刘式达,刘式适,严中伟译.北京:气象出版社,1997.

[48] Li Tien-Yien, York James A. Period three implies chaos[J]. The American Mathematical Monthly, 1975,82(10):985-992.

[49] (美)B.B.曼德布罗特.分形对象:形、机遇和维数[M].文志英,苏虹译.北京:世界图书出版公司,1999.

[50] Mandelbrot B B. The Fractal Geometry of Nature[M]. San Francisco: W. H. Freeman,1977.

[51] (德)M.艾根,P.舒斯特尔.超循环论[M].曾国屏,沈小峰译.上海:上海译文出版社,1990.

[52] 钱学森.系统科学、思维科学和人体科学[J].自然杂志,1981,4(1):3-9.

[53] 于景元,周晓纪.综合集成法与总体设计部[J].复杂系统与复杂性科学,2004,1(1):20-26.

[54] 戴汝为,王珏.关于巨型智能系统的探讨[J].自动化学报,1993,19(6):645-655.

[55] Langton C G. Artificial Life[A]. Langton C G. SFI Studies of Complexity[M]. Addison-Wesley, 1989:1-47.

[56] 吴晓军,薛惠锋.城市系统研究中的复杂性理论与应用[M].西安:西北工业大学,2007:3-4,30-31,49.

［57］ Bak P, Tang C, Wiesenfeld K. Self-organized Criticality: an Explanation of 1/f Noise[J]. Physical Review Letters, 1987, 59: 381-384.

［58］ (丹)帕·巴克.大自然如何工作——有关自组织临界性的科学[M].李炜,蔡勖译.武汉:华中师范大学出版社,2001.

［59］ (美)约翰·H·霍兰.隐秩序——适应性造就复杂性[M].周晓牧,韩晖译.上海:上海科技教育出版社,2000.

［60］ Wolfram S. Theory and Application of Cellular Automata[M]. Singapore: World Scientific, 1986.

［61］ 刘继生,陈彦光.基于GIS的细胞自动机模型与人地关系的复杂性探讨[J].地理研究,2002,21(2):155-162.

［62］ Batty M, Xie Y. Possible urban automata[J]. Environment and Planning B: Planning and Design, 1997, 24: 175-192.

［63］ White R, Engelen G. Cellular dynamics and GIS: modelling spatial complexity[J]. Geographical Systems, 1993, 1: 237-253.

［64］ Wagner D F. Cellular automata and geographic information systems[J]. Environment and Planning B: Planning and Design, 1997, 24: 219-234.

［65］ 云庆夏.进化算法[M].北京:冶金工业出版社,2000:12-13.

［66］ Dorigo Marco, Maniezzo V, Colorni A. The ant system: optimization by a colony of cooperating agents[C]. IEEE Transactions on Systems, Man, and Cybernetics-part B, 1996, 26(1): 29-41.

［67］ Kennedy J, Eberhart R C. Particle swarm optimization[C]. IEEE Conference on Neural Networks, 1995, (4): 1942-1948.

［68］ Barabási A L, Albert R. Emergence of scaling in random networks[J]. Science, 1999, 286(5439): 509-512.

［69］ Watts D J, Strogatz S H. Collective dynamics of 'small-world' networks[J]. Nature, 1998, 393(6684): 440-442.

［70］ Newman M E J, Watts D J. Renormalization group analysis of the small-world network model[J]. Physical Letters A, 1999, 263: 341-346.

［71］ Watts D J. Small worlds[M]. Princeton: Princeton University Press, 1999.

［72］ 金吾伦,郭元林.国外复杂性科学的研究进展[J].国外社会科学,2003,(6):2-5.

［73］ Warfield J N. Twenty laws of complexity: science applicable in organizations[J]. Systems Research and Behavioral Science, 1999, 16: 3-40.

［74］ 宋学锋.复杂性科学研究现状与展望[J].复杂系统与复杂性科学,2005,2(1):10-17.

［75］ 王成红,王飞跃,宋苏,等.复杂系统研究中值得关注的几个问题[J].控制理论与应用,2005,22(4):604-608.

［76］ 杨大伟.城市复杂性的渊源、流变和发展——以西安历史文化特色街区为例[D].西北大学硕士学位论文,2007:8-9,19-21.

［77］ Bossomaier T, Green D. Complex Systems[M]. Cambridge, UK: Cambridge University Press, 2000.

［78］ Gallagher R, Appenzeller T. Beyond Reductionism[J]. Science, 1999, 284: 79.

［79］ Per Bak. How Nature Works: The Science of Self-Organized Criticality[M]. New York: Springer-Verlag Telos, 1999.

［80］ 张嗣瀛.复杂系统与复杂性科学简介[J].青岛大学学报,2001,16(4):25-29.

[81] （日）田村坦之.系统工程[M].李平译.北京：科学出版社,2003.

[82] 屈世显,张建华.复杂系统的分形理论与应用[M].西安：陕西人民出版社,1996：1.

[83] Holland J. Hidden Order: How Adaptation Builds Complexity[M]. Reading, MA: Addison-Wesley, 1995.

[84] 成思危.复杂科学与管理[J].中国科学院院刊,1999,(3)：175－183.

[85] Bar-Yam, Yaneer, etc. Unifying Themes in Complex Systems[C]. Proceedings of the International Conference on Complex Systems. Cambridge: Perseus Books, 2000.

[86] Goldenfeld N, Kadanoff L P. Simple lessons from complexity[J]. Science,1999,284(2)：87－89.

[87] （美）米歇尔·沃尔德罗普.复杂：诞生于秩序与混沌边缘的科学[M].陈玲译.北京：生活·读书·新知三联书店,1997.

[88] Rescher N. Complexity: a Philosophical Overview[M]. New Brunswick and London: Transaction Publishers, 1998: 9.

[89] （比）G.尼科里斯,I.普利高津.探索复杂性[M].罗久里,陈奎宁译.成都：四川教育出版社,1986：17－25.

[90] （英）彼得·罗素.地球脑的觉醒——进化的下一次飞跃[M].张文毅、贾晓光译.哈尔滨：黑龙江人民出版社,2004.

[91] Campbell DK. Chaos, complexity, and all that: one physicist's perspective[EB/OL]. http://www.rand.org/scitech/stpi/Complexity/campbell.pdf. 2000.

[92] Anderson P W. Is complexity physics? Is it science? What is it? [J]. Physics Today, 1991, 44(7): 9－11.

[93] （美）司马贺.人工科学：复杂性面面观[M].武夷山译.上海：上海科技教育出版社,2004.

[94] Waldrop M. Complexity: the Emerging of Science at the Edge of Order and Chaos[M]. New York: Simon and Schuster, 1992.

[95] 郝伯林.复杂性的刻画与"复杂性科学"[J].科学,1999,51(3)：3－8.

[96] Arthur W B. Why do things become more complex? [J]. Scientific American, 1993, 268: 92.

[97] （美）J. A.海斯.自适应软件开发[M].钱玲译.北京：清华大学出版社,2003.

[98] 阎小培,林初升,许学强.地理·区域·城市[M].广州：广东高等教育出版社,1997：8.

[99] （美）R.哈特向.地理学性质的透视[M].北京：商务印书馆,1963：145－170.

[100] Mandelbrot B B. A class of long-tailed probability distributions and the empirical distribution of city sizes[A]. Massarik F. & Ratoosh P. Mathematical Explorations in Behavioral Science [M]. Homewood, Ill.: Richard D. Irwin and the Dorsey Press, 1965: 322－332.

[101] Mandelbrot B B. How long is the coast of Britain? Statistical self-similarity and fractional dimension [J]. Science, 1967, (156): 636－638.

[102] Woldenberg M J, Berry B J L. Rivers and central places: analogous systems? [J]. Journal of Regional Science, 1967, (7): 129－139.

[103] Bussiere R, Snickers F. Derivation of the negative exponential model by an entropy maximizing method[J]. Environment and Planning A, 1970, 2: 295－301.

[104] Wilson A G. Entropy in Urban and Regional Modelling[M]. London: Pion Press, 1970.

[105] Batty M. Spatial Entropy[J]. Geographical Analysis, 1974, 6: 1－31.

[106] Batty M. Entropy in spatial aggregation[J]. Geographical Analysis,1976,8：1－21.

[107] Vining DR, Jr. The rank-size rule in the absence of growth[J]. Journal of Urban Economics, 1977,

4: 15-29.

[108] Anastassiadis A. New derivations of the rank-size rule using entropy-maximising methods[J]. Environment and Planning B: Planning and Design,1986,13: 319-334.

[109] Carroll G R. National city-size distribution: what do we know after 67 years of research? [J]. Progress in Human Geography,1982,6(1): 1-43.

[110] Tobler W. Cellular geography[A]. Gale S, Olsson G. Philosophy in Geograhpy[M]. Dordrecht: Kluwer,1979: 379-386.

[111] Woldenberg MJ. A periodic table of spatial hierarchies[A]. Gale S. & Olsson G. Philosophy in Geography.

[112] Dordrecht, Holland: D. Reidel Publishing Company,1979: 429-456.

[113] Papageorgiou Y Y. On sudden urban growth[J]. Environment and Planning A,1980,12: 1035-1050.

[114] Allen P M, Sanglier M. Urban evolution: self-organization and decision-making[J]. Environment and Planning A,1981,13: 167-183.

[115] Allen PM. Self-organization in the urban system[A]. Schieve W. C. & Allen P. M. Self-Organization and Dissipative Structures: Applications in the Physical and Social Sciences. Austin: University of Texas Press, 1982: 132-158.

[116] Allen P M. Sanglier M. A dynamic model of urban growth-II[J]. Social Biology Structure, 1979, (4): 269-278.

[117] Rao D. N. , Karmeshu, Jain V. P. Dynamics of urbanization: the empirical validation of the replacement hypothesis[J]. Environment and Planning B: Planning and Design,1989,16(3): 289-295.

[118] Batty M. Generating urban forms from diffusive growth [J]. Environment and Planning A, 1991, 23: 511-544.

[119] Barbera P L, Rosso R. On the fractal dimension of stream networks[J]. Water Resources Research, 1989, 25(4): 735-741.

[120] Arlinghaus S L, Arlinghaus W C. The fractal theory of central place geometry: a diophantine analysis of fractal generators for arbitrary Löschian numbers[J]. Geographical Analysis, 1989, 21: 103-121.

[121] Goodchild MF, Mark DM. The fractal nature of geographical phenomena[J]. Annals of Association of American Geographers, 1987,77(2): 265-278.

[122] Berentson W, Nijkamp P. Nonlinear dynamic modeling of spatial interactions[J]. Environment and Planning B: Planning and Design, 1988,15(4): 433-446.

[123] Dendrinos D S, Mullally H. Urban Evolution: Studies in the Mathematical Ecology of Cities[M]. New York: Oxford University Press,1985.

[124] Pillips J. D. Earth Surface Systems: Complexity, Order and Scale[M]. Oxford: Blackwell, 1999.

[125] Batty M. Less is more, more is different: complexity, morphology, cities, and emergence [J]. Environment and Planning B: Planning and Design, 2000, 27: 167-168.

[126] White R. W. and Engelen G. Cellular synamics and GIS: modeling spatial complexity [J]. Geographical Systems, 1994,1: 237-253.

[127] Arlinghaus S. Fractals take a central place[J]. Geografiska Annaler, 1985, 67(2): 83-88.

[128] Batty M, Longley P A. The fractal simulation of urban structure[J]. Environment and Planning A, 1986,18: 1143-1179.

[129] White R, Engelen G, Uijee I. The use of constrained cellular automata for high-resolution model of urban land-use dynamics[J]. Environment and Planning B, 1997,24: 323-343.

[130] Batty M, Xie Y. From cells to cities[J]. Environment and Planning B, 1994,21: 531-548.

[131] Clarke K C, Gaydos L J. Loose-coupling a cellular automata model and GIS: long-term urban growth prediction for San-Francisco and Washington, Batimore[J]. International Journal of Geographical Information Science, 1998, 30: 1857-1872.

[132] Benenson I. Muti-agent simulation of residential dynamics in the city[J]. Computer, Environment and Urban Systems,1998,22: 25-42.

[133] Bura S, etc. Multiagent systems and the dynamics of a settlement system[J]. Geographical Analysis, 1996, 28: 161-178.

[134] White R and Engelen G. Cellular automata and fractal urban form: a cellular modeling approach to the evolution of urban land-use patterns[J]. Environment and Planning A, 1993, 25: 1175-1199.

[135] 钱学森.发展地理科学的建议:在全国第二届天地生相互关系学术讨论会上的发言[J].大自然探索,1987,6(1): 1-5.

[136] 钱学森.再谈开放的复杂巨系统[J].模式识别与人工智能,1991,4(1): 1-4.

[137] 马蔼乃.地理复杂系统与地理非线性复杂模型[J].系统辩证学学报,2001,9(4): 19-23.

[138] 帅江平.供求平衡状态下的城市自组织过程[J].地理学报,1996,51(4): 374-383.

[139] 陈彦光.自组织与自组织城市[J].城市规划,2003,27(10): 17-22.

[140] 张勇强.城市空间发展的自组织研究——以深圳市为例[D].南京:东南大学博士学位论文,2003.

[141] 陈彦光.中国城市发展的自组织特征与判据——为什么说所有城市都是自组织的?[J].城市规划,2006: 8.

[142] 黄泽民.我国多中心城市空间自组织过程分析——克鲁格曼模型借鉴与泉州地区城市演化例证[J].经济研究,2005,(1): 85-94.

[143] 薛领,杨开忠.复杂科学与区域空间演化模拟研究[J].地理研究,2002,21(1): 79-88.

[144] 李后强,艾南山.关于城市演化的非线性动力学问题[J].经济地理,1996,16(1): 65-70.

[145] 陈彦光.城市化:相变与自组织临界性[J].地理研究,2004,23(3): 301-311.

[146] 余之祥,董雅文,沈道齐.地球表层的人地系统及其调控[A].中国科学院《复杂性研究》编委会.复杂性研究[C].北京:科学出版社,1993: 273-277.

[147] 李后强,艾南山.人地协同论——兼论人地系统的若干非线性动力学问题[J].地球科学进展,1996,11(2): 178-184.

[148] 李后强,艾南山,汪富泉,等.人地协同论:可持续发展模型构建的基础[J].中国人口·资源与环境,1998,8(3): 48-53.

[149] 林逢春,王华东.区域 PERE 系统的通用自组织演化模型[J].环境科学学报,1995,15(4): 488-496.

[150] 刘继生,陈涛.人地非线性相关作用的探讨[J].地理科学,1997,17(3): 224-230.

[151] 王放,李后强.非线性人口学导论[M].成都:四川大学出版社,1995: 193-114.

[152] 仪垂祥.非线性科学及其在地学中的应用[M].北京:气象出版社,1995.

[153] 陈彦光,周一星.中国城市化过程的非线性动力学模型探讨.北京大学学报(自然科学版),2007,43(4): 7.

[154] 杨荣南,张雪莲. 城市空间扩展的动力机制与模式研究[J]. 地域研究与开发,1997,17(2):1-4.

[155] 艾南山,陈嵘,李后强. 走向分形地貌学[J]. 地理学与国土研究,1999,15(2):92-96.

[156] 陈彦光,王义民. 论分形与旅游景观[J]. 人文地理,1997,12(1):3.

[157] 刘继生,陈彦光,刘志刚. 点-轴系统的分形结构及其空间复杂性探讨[J]. 地理研究,2003,22(4):447-454.

[158] 刘继生,陈彦光,余斌. 区位选择与人文地理系统的分形优化[J]. 地理科学,1998,18(4):328-334.

[159] 刘继生,陈彦光. 城镇体系空间结构的分形维数及其测算方法[J]. 地理研究,1999,18(2):171-178.

[160] 陈彦光. 城市地理系统结构与功能的分形模型——关于地理系统异速生长方程与 Cobb-Douglas 函数的理论探讨与实证分析[J]. 北京大学学报(自然科学版),2003,39(2):3.

[161] 罗平,杜清运,雷元新,等. 地理特征元胞自动机及城市土地利用演化研究[J]. 武汉大学学报(信息科学版),2004,29(6):504-507.

[162] 叶大年. 地理与对称[M]. 上海:上海科技教育出版社,2000.

[163] 陈彦光,刘继生. 中心地体系与水系分形结构的相似性分析——关于人-地对称关系的一个理论探讨[J]. 地理科学进展,2001,20(1):3.

[164] 叶大年,赫伟,徐文东,等. 中国城市的对称分布[J]. 中国科学(D辑),2001,31(7):608-616.

[165] 刘继生,陈彦光. Davis 规律与 Beckmann 模型的数理等价性——城市体系等级结构的宏观-微观对称性分析[J]. 经济地理,2001,21(2):231-234.

[166] 房艳刚,刘鸽,刘继生. 城市空间结构的复杂性研究进展[J]. 地理科学,2005,25(6):754-761.

[167] Clark C. Urban population densities [J]. Journal of Royal Statistical Society, 1951, 114: 490-496.

[168] Smeed RJ. Road development in urban area [J]. Journal of the Institution of Highway Engineers, 1963, 10: 5-30.

[169] Naroll R S, Bertalanffy L. The principle of allometry in biology and social sciences[J]. General Systems Yearbook, 1956, (1): 76-89.

[170] Nordbeck S. The Law of Allometric Growth[D]. Ann Arbor: Inter-University Community of Mathematical Geographers Michigan Discussion Paper, 1965: 7.

[171] Nordbeck S. Urban allometric growth[J]. Geografiska Annaler,1971,(53):54-67.

[172] Gould S J. Allometry and size in ontogeny and phylogeny[J]. Biological Reviews, 1966, (41): 587-640.

[173] Dutton G. Criteria of growth in urban systems [J]. Ekistics, 1973, 36: 298-306.

[174] Lo C P, Welch R. Chinese urban population estimates [J]. Annals of the Association of American Geographers, 1977, 67: 246-253.

[175] 刘继生,陈彦光. 城市密度分布与异速生长定律的空间复杂性探讨[J]. 东北师大学报(自然科学版),2004,36(4):139-148.

[176] Wilson A. G. 地理学与环境-系统分析方法[M]. 蔡运龙译. 北京:商务印书馆,1997.

[177] 张新生. 城市空间动力学模型研究及其应用[D]. 北京:中国科学院地理科学与资源研究所博士学位论文,1997.

[178] Mandelbrot B B. Fractals: Form, Chance, and Dimension [M]. San Francisco: Freeman, 1977.

[179] Batty M. Fractals-geometry between dimensions[J]. New Seientist,1985,106(1450):31-35.

[180] Batty M, Longley P A. Urban shapes as fractals[J]. Area, 1987,19: 215-221.

[181] Batty M, Longley P A. The morphology of urban landuse[J]. Environment and Planning B: Planning

and Design,1988,15(4): 461-488.

[182] Batty M, Longley P A, Fotheringham AS. Urban growth and form: scaling, fractal geometry, and diffusion-limited aggregation[J]. Environment and Planning A,1989,2: 1447-1472.

[183] Batty M, Longley P A. Fractal Cities: a Geometry of Form and Function[M]. London: Academic Press,1994.

[184] 赵晶,徐建华,梅安新,等. 上海市土地利用结构和形态演变的信息熵与分维分析[J]. 地理研究,2004,23(2): 137-146.

[185] Batty M. Fractals: new ways of looking at cities[J]. Nature,1995,377: 574.

[186] Chapin F S., Weiss S F. A probabilistic model for residential growth[J]. Transportation Research,1968,2: 375-390.

[187] Couclelis H. Cellular worlds: a framework for modeling micro-macro dynamics[J]. Environment and Planning A,1985,16: 141-154.

[188] Couelelis H. Of mice and men: what rodent populations can teach us about complex spatial dynamics [J]. Enviornment and Planning A,1988,20: 99-109.

[189] Batty M, Longley P A. The morphology of ubran land use[J]. Enviornment and Planning B,1986,15: 461-488.

[190] White R, Engelen G. Urban systems dynamics and cellular automata: fractal structures between order and chaos[J]. Chaos,Solitons&Fractals,1994,4(4): 563-583.

[191] Wu F. Calibration of stochastic cellular automata: the application to rural-urban land convessions[J]. International Journal of Geographic Information Science, 2002,16(8): 795-818.

[192] Markse H A., Halvin S., Stanley H E. Modeling urban growth patterns[J]. Nature,1995,(377): 608-612.

[193] Prigogine I, Allen PM. The challenge of complexity[C]. Schieve W. C., Allen P. M. Self-Organization and Dissipative Structures: Applications in the Physical and Social Sciences[M]. Austin: University of Texas Press, 1982: 3-39.

[194] Portugali J. Self-organizing cities[J]. Futures,1997,29: 131-138.

[195] Allen P M. Cities and Regions as Self-Organizing Systems: Models of Complexity[M]. Amsterdam: Gordon and Breach Science Pub, 1997.

[196] Haken H. Synergetics: an Introduction(3rd edition)[M]. Berlin: Springer-Verlag,1983.

[197] Haken H. A synergetic approach to the self-organization of cities and settlements[J]. Environment and Planning B: Planning and Design,1995,22(1): 35-46.

[198] Dendrinos D S. The Dynamics of Cities: Ecological Determinism, Dualism and Chaos[M]. London and New York: Routledge, 1992.

[199] Dendrinos D S. Cites as spatial chaotic attractors[A]. Kiel L D., Elliott E. Chaos Theory in the Social Sciences: Foundations and Applications. Ann Arbor, MI: The University of Michigan Press,1996: 237-268.

[200] Zanette D, Manrubia S. Role of intermittency in urban development: a model of large-scale city formation[J]. Physical Review Letters, 1997, 79(3): 523-526.

[201] Webster C., and Wu F. Coarse, spatial pricing and self-organizing cities[J]. Urban Studies, 2001, 38(11): 2037-2054.

[202] Portugali J. and Benenson I. Individuals' cultural code and resident self-organization in the city space

[C]. New Zealand: The Second Annual Conference of Geo-Computation, 1997, 8: 26 - 29.

[203] Bura S, Guérin-Pace F, Mathian H, Pumain D, Sanders L. Multi-agent systems and the dynamics of a settlement system[J]. Geographical Analysis,1996,28: 161 - 178.

[204] Portugali J., and Benenson I. Human agents between local and global forces in a self-organizing city [A]. Schweitzer F. Self-organization of Complex Structure: from Individual to Collective Dynamics. London: Gordon and Breach, 1997: 537 - 546.

[205] Benenson, I. Multi-agent simulations of residential dynamics in the city [J]. Computers, Environment and Urban Systems, 1998, 22(1): 25 - 42.

[206] Haken H, Portugali J. The face of the city is its information[J]. Journal of Environmental Psychology, 2003,23: 385 - 408.

[207] Taylor P J. World Cities Network: a Global Urban Analysis[M]. London: Routledge,2004.

[208] David F B. Network cities: creative urban agglomerations for the 21st century[J]. Urban Studies, 1995, 32(2): 313 - 327.

[209] Jiang B, Claramunt C. A structural approach to the model generalization of an urban street network [J]. Geoinformatica, 2004,8(2): 157 - 171.

[210] Townsend A M. Networked cities and the global structure of the internet[J]. American Behavioral Scientist, 2001, 44(10): 1698 - 1717.

[211] Graham S, Marvin S. Telecommunications and the City: Electronic Spaces, Urban Places[M]. London: Routledge, 1996.

[212] Junho H Choi, Barnett G A, Chon B S. Comparing world city networks: a network analysis of Internet backbone and air transport intercity linkages[J]. Global Networks,2006,6(1): 81 - 89.

[213] Batty M. Cities as complex systems: scaling, interactions, networks, dynamics and urban morphologies[A]. Meyers Robert A. Encyclopedia of Complexity and Systems Science. Berlin: Springer,2009.

[214] Taylor P J. Derudder B, Witlox F. Comparing airline passenger destinations with global service connectivities: a worldwide empirical study of 214 cities[J]. Urban Geography,2007,28(3): 232 - 248.

[215] Batty M. Faster or complex? A calculus for urban connectivity (editorial) [J]. Environment and Planning B: Planning and Design,2004,31: 803 - 804.

[216] Lämmer Stefan, Gehlsen Björn, Helbing Dirk. Scaling laws in the spatial structure of urban road networks[J]. Physica A, 2006, 363: 89 - 95.

[217] Latora V, Marchiorim. Is the Boston subway a small-world network? [J]. PhysicaA, 2002, 314: 109 - 113.

[218] Wong D, Fotheringham AS. Urban systems as examples of bounded chaos: exploring the relationship between fractal dimension, rank-size, and rural to urban migration[J]. Geografiska Annaler B, 1990, 72: 89 - 99.

[219] Schweitzer F., and Steinbrink J. Estimation of megacity growth: simple rules versus complex phenomena[J]. Applied Geography, 1998, 18(1): 69 - 81.

[220] Bolliger Janine, Lischke Heike. Simulating the spatial and temporal dynamics of landscape using generic and complex models[J]. Ecological complexity, 2005, 2(2): 107 - 116.

[221] Cheng Jianquan. Modelling Spatial & Temporal Urban Growth[D]. Utrecht: Netherlands Utrecht

University Doctoral Dissertation, 2003.

[222] Keersmaecker De M. L, Frankhauser P., Thomas I. Using fractal dimensions for characterizing intra-urban diversity: the example of Brussels[J]. Geographical Analysis, 2003, 35(4): 310 – 328.

[223] Reggian A, Lampugnan G. Towards a typology of European inter-urban transport corridors for advanced transport telematics applications[J]. Journal of Transport Geography, 1996, 3(1): 53 – 67.

[224] 陈彦光. 分形城市系统：标度·对称·空间复杂性[M]. 北京：科学出版社, 2008: 17, 30, 121, 175, 187, 217, 227, 337 – 339.

[225] Frankhauser P. GIS and the fractal formalization of urban patterns: towards a new paradigm for spatial analysis[A]. Fotheringham A. S. and Wegener M. Spatial Models and GIS[M]. London: Taylor & Francis, 2000: 121 – 143.

[226] Itami R. M. Simulating spatial dynamics: cellular automata theory[J]. Landscape and Urban Planning, 1994, 30: 27- 47.

[227] Kropp J. A neural network approach to the analysis of city systems[J]. Applied Geography, 1998, 18(1): 83 – 96.

[228] Liu X., and Lathrop R. G. Urban change detection based on an artificial neural network[J]. International Journal of Remote Sensing, 2002, 23(12): 2513 – 2518.

[229] O'Sullivan, D. Graph-cellular automata: a generalized discrete urban and regional model[J]. Environment and Planning B: Planning and Design, 2001, 28: 687 – 705.

[230] Torrens P. M. and O'Sullivan D. Cellular automata and urban simulation: where do we go from here?[J]. Environment and Planning B: Planning and Design, 2001, 28: 163 – 168.

[231] Portugali J. and Benenson I. Artificial planning experience by means of a heuristic cell-space model: simulating international migration in the urban process[J]. Environment and Planning A, 1995, 27: 1647 – 1665.

[232] Li, X. and Yeh A. G. O. Calibration of cellular automata by using neural networks for the simulation of complex urban systems[J]. Environment and Planning A, 2001, 33: 1445 – 1462.

[233] Ward D. P., Murray A. T., and Phinn S. R. A stochastically constrained cellular model of urban growth[J]. Computers, Environment and Urban Systems, 2000, 24: 539 – 558.

[234] Rodrigue, J. P. Parallel modelling and neural networks: an overview for transportation/land use systems[J]. Transportation Research Part C, 1997, 5(5): 259 – 271.

[235] Tannier C., and Frankhauser P. From the observations to the construction of an urban dynamics simulation model: an inductive approach[J]. Cyber Geo (online journal), 2001: 191.

[236] Li X., and Yeh A. G. O. Neural-network-based cellular automata for simulating multiple land use changes using GIS[J]. International Journal of Geographical Information Science, 2002, 16(4): 323 – 343.

[237] Li X., and Yeh A. G. Modelling sustainable urban development by the integration of constrained cellular automata and GIS[J]. International Journal of Geographical Information Science, 2000, 14(2): 131 – 153.

[238] 何磊. 混沌学研究对城市规划的启示[M]. 北京：中国建筑工业出版社, 2000: 85.

[239] 朱东风. 谈非线性对城市规划理念的影响[J]. 规划师, 2003, 19(6): 84 – 89.

[240] 盛强. 城市迷宫——空间、过程与城市复杂系统[J]. 世界建筑, 2005, (11): 92 – 95.

[241] 范诚. 理解策略——以库哈斯的视角看当代城市的物质形态突变[J]. 建筑学报, 2004, (3): 21 – 24.

[242] 周一星,陈彦光.城市与城市地理[M].北京:人民教育出版社,2003:51,41.

[243] 王铮,邓悦,宋秀坤,吴兵,等.上海城市空间结构的复杂性分析[J].地理科学进展,2001,20(4):331-340.

[244] 陈彦光,刘继生.城市系统的内部—外部复杂性及其演化的 Stommel 图[J].经济地理,2007,27(1):1.

[245] 陈彦光,罗静.郑州市分形结构的动力相似分析——关于城市人口、土地和产值分维关系的实证研究[J].经济地理,2001,21(4):389-393.

[246] 徐建华,梅安新,吴健平.20世纪下半叶上海城市景观镶嵌结构演变的数量特征与分形结构模型研究[J].生态科学,2002,21(2):131-137.

[247] 陈彦光,刘继生.城市土地利用结构和形态的定量描述:从信息熵到分数维[J].地理研究,2001,20(2):146-152.

[248] 陈彦光.城市人口-城区面积异速生长模型的理论基础、推广形式及其实证分析.华中师范大学学报(自然科学版),2002,36(3):375-380.

[249] 陈彦光,刘继生.城市人口分布空间自相关的功率谱分析[J].地球科学进展,2006,21(1):1.

[250] 余瑞林,杨华,刘承良.武汉市道路交通网络的分形特征[J].安庆师范学院学报(自然科学版),2009,15(2):72-76.

[251] 张宇星.城市和城市群形态的空间分形特征[J].新建筑,1995,(3):42-46.

[252] 刘继生,陈彦光.长春地区城镇体系时空关联的异速生长分析(1949-1988)[J].人文地理,2000,15(3):6-12.

[253] 尚正永,张小林.长江三角洲都市连绵区城市体系的分形特征[J].长江流域资源与环境,2009,18(11):997-1002.

[254] 梁进社.逆序的 Beckmann 城镇等级—规模模型及其对位序—规模法则的解释力[J].北京师范大学学报(自然科学版),1999,35(1):132-135.

[255] 冷炳荣,杨永春,李英杰,等.中国城市经济网络结构空间特征及其复杂性分析[J].地理学报,2011,66(2):199-211.

[256] 陈勇,艾南山.城市结构的分形研究[J].地理学与国土研究,1994,10(4):35-41.

[257] 姜世国.基于北京遥感图像和 GIS 的分形城市形态研究:理论、方法与实践[D].北京:北京大学硕士学位论文,2004.

[258] 陈勇,陈嵘,艾南山,等.城市规模分布的分形研究[J].经济地理,1993,13(3):48-53.

[259] 陈彦光.豫北地区城镇体系的分形研究[D].长春:东北师范大学地理系硕士学位论文,1995.

[260] 黎夏,叶嘉安.约束性单元自动演化 CA 模型及可持续城市发展形态的模拟[J].地理学报,1999,54(4):289-298.

[261] 王晓琴.基于空间动力学的城市用地扩张策略研究[D].武汉:武汉大学硕士学位论文,2005.

[262] 孙建平.Agent 的城市交通区域协调控制及优化研究[D].长春:吉林大学硕士学位论文,2004.

[263] 陈彦光,刘继生.基于引力模型的城市空间互相关和功率谱分析——引力模型的理论证明、函数推广及应用实例[J].地理研究,2002,21(6):742-752.

[264] 董益书.基于 GIS 的城市动力学研究[D].上海:华东师范大学博士学位论文,1999.

[265] 陈彦光.Beckmann 城市体系异速生长模型的理论基础与实证分析[J].科技通报,2002,18(5):360-367.

[266] 黎夏,叶嘉安.基于元胞自动机的城市发展密度模拟[J].地理科学,2006,26(2):165-172.

[267] 刘继生,陈彦光.分形城市引力模型的一般形式和应用方法——关于城市体系空间作用的引力理论

探讨[J]. 地理科学, 2000, 20(6): 528-533.

[268] 薛领,杨开忠. 城市演化的多主体(multi-agent)模型研究[J]. 系统工程理论与实践, 2003, (12): 1-9.

[269] 刘妙龙,陈鹏. 基于细胞自动机与多主体系统理论的城市模拟原型模型[J]. 地理科学, 2006, 26(3): 292-298.

[270] 于卓,吴志华,许华. 基于遗传算法的城市空间生长模型研究[J]. 城市规划, 2008, 32(5): 83-87.

[271] 祝国瑞,高山. 虚拟城市的3维建模[J]. 测绘通报, 2004, (6): 46-48.

[272] 张新生. 城市空间动力学模型研究及应用[D]. 北京: 中国科学院博士学位论文, 1997.

[273] 孙战利. 基于元胞自动机的地理时空动态模拟研究[D]. 北京: 中科院博士学位论文, 1999.

[274] 刘继生,陈彦光. 城市、分形与空间复杂性探索[J]. 复杂系统与复杂性科学, 2004, 1(3): 62-69.

[275] 张小林. 乡村空间系统演变研究[M]. 南京: 南京师范大学出版社, 1999.

[276] Theobald D. M., and Hobbs N. T. Forecasting rural land-use change: a comparison of regression and spatial-based models[J]. Geographical and Environmental Modelling, 1998, 2(2): 65-82.

[277] Gilbert, A and Gugler, J. Cities, Poverty and Development: Urbanization in the Third World[M]. Oxford: Oxford University Press, 1982.

[278] Chambers, R. Rural Development: Putting the Last First[M]. Harlow: Longman, 1983.

[279] Arthur W B. Complexity and the economy[J]. Science, 1999, 284(2): 107-109.

[280] Bathelt H., Glucker. Toward a relational geography [J]. Journal of Economic Geography, 2003, 3(2): 117-144.

[281] Yasusada Murata. Rural-urban interdependence and industrialization[J]. Journal of Development Economics, 2002, 68: 1-34.

[282] Dixon, D. Rural-urban interaction in the third world [A]. Institute of British Geographers. Developing Area Research Group, 1987.

[283] Scarlett T. Epstein, Jezeph David. Development-there is another way: a rural-urban partnership development paradigm[J]. World Development, 2001, 29(8): 1443-1454.

[284] Potter Robert B. and Unwin Tim. Urban-rural interaction: physical form and political process in the Third World[J]. Cities, 1995, 12(1): 67-73.

[285] Oucho John. Enhancing positive rural-urban linkages approach to sustainable development and employment creation: some experiences in eastern and central Africa [C]. Inter-regional Conference on Strategies for Enhancing Rural-Urban Linkages Approach to Development and Promotion of Local Economic Development. http://www.upo-planning.org/detail.asp?articleID=219, 2004.

[286] OECD. Networks in Rural Development[C]. Paris: OECD, 1996.

[287] Cooke, P., Morgan, K. The network paradigm: new departures in corporate in corporate and regional development[J]. Environment and Planning C: Society and Space, 1993, (11): 543-564.

[288] Murdoch Jonathan. Networks: a new paradigm of rural development?[J]. Journal of Rural Studies, 2000, (16): 407-419.

[289] Audas Rick. Rural-urban migration in the 1990s[J]. Canadian Social Trends, 2004, (73): 17-24.

[290] Ginsburg, N., Koppel, B., and McGee, T. G. The Extended Metropolis: Settlement Transition in Asia[M]. Honolulu: University of Hawaii, 1991: 47-70.

[291] 马远军,张小林,李凤全,等. 我国城乡关系研究动向及其地理视角[J]. 地理与地理信息科学, 2006, 22(3): 78-84.

[292] 王振亮.城乡空间融合论——我国城市化可持续发展过程中城乡空间关系的系统研究[M].上海：复旦大学出版社,2000.

[293] 许学强等.中国乡村-城市转型与协调发展[M].北京：科学出版社,1998.

[294] 邹军,刘晓磊.城乡一体化理论框架[J].城市规划,1997,(5)：14-15.

[295] 高云虹,曾菊新.城乡网络化：统筹城乡发展的现实选择[J].开发研究,2006,(1)：89-92.

[296] 李泉.中外处理城乡关系的实践与启示——兼论西部地区的城乡协调发展[J].开发研究,2006,(5)：56-60.

[297] 冯娟.社会主义市场经济条件下的城乡关系[D].武汉：华中师范大学硕士学位论文,2003：39-42.

[298] 毛蒋兴,张云,滕凤珍.欠发达地区城乡关联度综合评价研究——以广西为例[J].改革与战略,2009,25(1)：133-136.

[299] 余斌,曾菊新,罗静.中国城镇非密集地区城乡发展的空间创新研究[J].地理科学,2007,27(3)：296-303.

[300] 胡国良,张丽.少数民族地区城乡关联发展综合评价——以新疆为例[J].安徽农业科学,2009,37(10)：4774-4778.

[301] 张立艳.建国以来城乡关系演变的历史考察与现实思考[D].长春：东北师范大学硕士学位论文,2005.

[302] 刘玉.信息时代城乡互动与区域空间结构演进研究[J].现代城市研究,2003,(1)：33-36.

[303] 战金艳.城乡关联发展评价模型系统构建[J].地理研究,2003,22(4)：495-501.

[304] 曾磊,雷军,鲁奇.我国城乡关联度评价指标体系构建与区域比较分析[J].地理研究,2002,21(6)：763-770.

[305] 张竟竟,陈正江,杨德刚.城乡协调度评价模型构建及应用[J].干旱区资源与环境,2007,21(2)：5-11.

[306] 汪沛.改革开放以来党的城乡政策及城乡关系的演变研究[D].合肥：安徽师范大学硕士学位论文,2005.

[307] 祝影.中国城乡经济发展差异的文化探析[J].探索,2003,(3)：115-117.

[308] 奚建武.城乡关系变迁的新动力——基于城乡复合型二元结构视角的分析[J].城市问题,2009,(6)：49-53.

[309] 张安录.城乡相互作用的动力学机制与城乡生态经济要素流转[J].城市发展研究,2000,(6)：51-55.

[310] 吴楚材,陈雯,顾人和,等.中国城乡二元结构及其协调对策[J].城市规划,1997,21(5)：38-40.

[311] 李君,李小建.河南省区域城乡关联度评价分析[J].地域研究与开发,2008,27(3)：26-30.

[312] Thunen J. H. Der Isolierte staat in Beziehung auf Landwirtschaft und Nationalokonomie[M]. Hamburg：Perthes, 1926. (In German).

[313] Kohl J. G. Der Verkehr und die Ansiedlungen der Menschen in ihrer Abhängigkeit des Gestaltung der Erdoberfläche[M]. Dresden/Leipzig：Arnold, 1841. (In German).

[314] Mata Arturo Soria Y. Compania Madrilena de Urbanizacion, Cité linéaire：conception nouvelle pour l'aménagement des villes[M]. Paris：CERA, 1882. (In German).

[315] Weber A. Über den Standort der Industrien[A]. Erster Teil. Reine Theorie des Standorts[M]. Miteinem Mathematischen Anhang von Georg Pick, 1909.

[316] Christaller W. Central Places in Southern Germany[M]. Baskin C. W. Trans. New Jersey：Englewood Cliffs, 1967. First published in 1933.

[317] Burgess E. W. The interdependence of sociology and social work[J]. Journal of Social Forces, 1923, 1.

[318] Hoyt H. The Structure and Growth of Residential Neighborhoods in American Cities[M]. Washington D. C.: Federal Housing Administration, 1939.

[319] Ullman E L. & Harris C D. The nature of cities[J]. Annals of the American Academy of Political and Social Science, 1945, 242: 7-17.

[320] 韩凤. 城市空间结构与交通组织的耦合发展模式研究[D]. 长春: 东北师范大学博士学位论文, 2007: 12, 53.

[321] 凯文·林奇. 城市形态[M]. 林庆怡, 陈朝晖, 邓华, 等译. 北京: 华夏出版社, 2001.

[322] Newman P, Jeffery K W. Cities and Automobile Dependence[M]. Brookfield Vt.: Gower Technical, 1989.

[323] Chipman Willam D., Harry P. Wolfe, and Pat Burnett. Political decision processes, transportation investment and changes in urban land use: a selective bibliography with particular reference to airports and highway[A]. Exchange Bibliography. Chicago: Council of Planning Librarians, 1974: 621.

[324] Owen Eilfred. The New Highways: Challenge to the Metropolitan Region On Readings in Urban Transportation[M]. Bloomington: Indiana University Press, 1968.

[325] Wingo Lowdon Jr. Transportation and urban land[M]. Washington D. C.: Resource of the future, 1961.

[326] Voorhees, A. Traffic Patterns and Land use Alternatives[R]. Highway Research Bulletin, 1962: 347.

[327] Schaeffer K H, Elliott S. Access for all: Transportation and Urban Growth[M]. Baltimore Md.: Penguin, 1975.

[328] Taaffe E J, Morrill R L & Gould P R. Transport expansion in underdeveloped countries: a comparative analysis[J]. Geographical Review, 1963, 53: 503-529.

[329] Kraft Gerald, John R. Meyer, and Jean-Paul Valette. The Role of Transportation in Regional Economic Development[M]. Lexington Ma: Lexington Books, 1971.

[330] Lyon L. J. Road density models describing habitat effectiveness for elk[J]. Journal of Forestry, 1983 (2): 592-595.

[331] Research Board Transportation. Ecological effects of highway fills on wetlands: user's manual[R]. Transportation Research Board, 1979.

[332] Flanagan JT, Wade K J, Currie A, etal. The deposition of lead and zinc from traffic pollution on two roadside shrubs[J]. Environmental Pollution Series B, Chemical and Physical, 1980, 1(1): 71-78.

[333] Meier R. L. A Communication Theory of Urban Growth[M]. Cambridge: The MIT Press, 1962.

[334] Oxley D J, Fenton M B, Carmody G R. The effects of roads on populations of small mammals[J]. Journal of Applied Ecology, 1974, 11(2): 51-59.

[335] Pushkarev Boris M. & Jeffrey M. Zupan. Public Transportation and Land Use Policy[M]. Bloomington: Indiana University Press, 1977.

[336] Mumford Lewis. The Highway and the City[M]. New York: Harcourt, Brace & World, 1963.

[337] Gauthier H L. Transportation and the growth of the Sao Paulo economy[J]. Journal of Regional Science, 1968, 8(1): 77-94.

[338] Taylor, G. Urban Geography: a Study of Site, Evolution, Pattern and Classification in Villages, Towns and Cities[M]. London: Methuen & Co. Ltd., 1949: 278-300.

[339] Gottman Jean. Megalopolis: the Urbanization of the Northeastern Seaboard of the United States [M]. Cambridge: The M. I. T Press, 1961.

[340] Whebell C. F. J. Corridors: a theory of urban systems[J]. Annals of the Association of American Geographers, 1969,59 (1): 1-26.

[341] Yeates, M. Main Street: Windsor To Quebec City[M]. Ottawa: The Macmillan Company of Canada Limited, 1975.

[342] Yeates, M. Urbanization in the Windsor-Quebec City Axis, 1921-1981[J]. Urban Geography, 1984, 5 (1): 2-24.

[343] Baerwald Thomas J. Land use change in suburban clusters and corridors[J]. Transportation Research,1982: 7-12.

[344] Baerwald Thomas J. The emergence of a new 'down-town'[J]. The Geographical Review, 1978, 68 (3): 308-318.

[345] Lefebvre C. Produce services and urban typology[A]. Knowles R. D. Transport Policy and Urban Development: Methodology and Evaluation. University of Salford, 1989: 55-65.

[346] Wegener M, Furst F. Land-use Transport Interaction: State of the Art[R]. Dortmund: University of Dortmund, 1999.

[347] Richmond, Jonathan. Simplicity and complexity in design of transportation systems and urban forms [J]. Planning Education and Research,1998,17(2): 150-161.

[348] Hunt J D, Kriger D S, Miller E J. Current operational urban land-use-transport modeling frameworks: a review[J]. Transport Reviews, 2005, 25(3): 329-376.

[349] Waddell P A. A behavioral simulation model for metropolitan policy analysis and planning: residential location and housing market components of Urban Sim[J]. Environment & Planning B, 2000, 27 (2): 247-263.

[350] Cevero R, Landis J. Twenty years of the Bay Area rapid transit system: land-use and development impacts [J]. Transportation Research A, 1997, 31(4): 309-333.

[351] Simmonds, David. Transport effects of urban land use change [J]. Traffic Engineering Control, 1997, 38(12): 660-665.

[352] DA Badoe, E J Miller. Transportation land-use interaction: empirical findings in North America and their implications for modeling [J]. Transportation Research Part D: Transport and Environment, 2000, 5(4): 235-263.

[353] Stover V, Frank J. Transportation and Land Development[M]. Englewood Cliffs, N. J.: Prentice-Hall, 1999.

[354] Calthorpe P. The Next American Metropolis[M]. New York: Princeton Architectural Press, 1993: 199.

[355] Henderson V, Mitra M. The new urban landscape: developers and edge cities[J]. Regional Science and Urban Economics, 1996,(26): 613-643.

[356] Goran Vuk. Transportimpacts of the Copenhagen metro[J]. Journal of Transport Geography, 2005 (13): 223-233.

[357] Bertolini Luca. Mobility environment and network cities[J]. Journal of Urban Design,2003,8(1):

27-43.

[358] Newman Peter W. G. , Kenworthy Jeffrey R. The land use-transport connection: an over view[J]. Land Use Policy, 1996, 13(1): 1-22.

[359] Adams J S. Residential Structure of Modern Western Cities[M]. Hanson: The Geography of Urban Transportation, 1995.

[360] Anas A. Capitalization of urban travel improvements into residential and commercial real estate: simulations with a unified model of housing, travel mode and shopping choices[J]. Journal of Regional Science, 1995, 35(3): 351-376.

[361] Veldhuisen Jan, Timmermans Harry, Kapoen Loek. RAMBLS: a regional model based on the micro-simulation of daily activity travel pattens [J]. Environment and Planning A, 2000, (3): 427-443.

[362] Frank Southworth. A technical review of rrban land use-transportation models as tools for evaluating vehicle travel reduction strategies[EB/OL]. http://ntl.bts.gov/DOCS/ornl.html, 2002-10-15.

[363] Mackett R. L. The system atic application of the LILT model to Dortmund, Leeds and Tokyo[J]. Transportation Reviews, 1990, (10): 323-333.

[364] Miyamoto K, Udomsri R, Sathyaprasad S, et al. A decision support system for integrating land use, transport and environmental planning in developing metropolises[J]. Computer, Environment and Urban Systems, 1996, 20(4/5): 327-338.

[365] Martinez F J. The bid-choice land use model: an integrated economic framework[J]. Environment & Planning A, 1992, 24: 871-885.

[366] Jun M-J. An integrated metropolitan model incorporating demographic-economic, land-use and transport models[J]. Urban Studies, 1999, 36(8): 1399-1408.

[367] Levinson David, Yerra Bhanu. How land use shapes the evolution of road networks [J]. Transportation Science, 2006, 40(2): 179-188.

[368] Hunt J D, Kriger D S, Miller E J. Current operational urban land-use-transport modeling frameworks: a review[J]. Transport Reviews, 2005, 25(3): 329-376.

[369] 张萱.县（市）域城乡网络化发展的动力机制与对策研究[D].苏州：苏州科技学院硕士学位论文, 2008.

[370] 费移山.城市形态与城市交通相关性研究[D].南京：东南大学硕士学位论文, 2003.

[371] 杨东援,韩皓.道路交通规划建设与城市形态演变关系分析——以东京道路为例[J].城市规划汇刊, 2001,(4): 47-50.

[372] 闫小培,毛蒋兴.高密度开发城市的交通与土地利用互动关系——以广州为例[J].地理学报, 2004, 59(5): 643-652.

[373] 陈彦光,罗静.河南省城市交通网络的分形特征[J].信阳师范学院学报（自然科学版）, 1998, 11(2): 172-177.

[374] 李娟.区域公路网络分析[D].成都：西南交通大学博士学位论文, 2008: 47, 49-50, 76.

[375] 刘继生,陈彦光.交通网络空间结构的分形维数及其测算方法探讨[J].地理学报, 1999, 54(5): 471-478.

[376] 毛蒋兴,闫小培.广州城市交通系统与空间格局互动影响研究[J].地理与地理信息科学, 2004, 20(6): 76-80.

[377] 杨荫凯,金凤君.交通技术创新与城市空间形态的相应演变[J].地理学与国土研究, 1999, 15(1):

44-47.

[378] 王春才,赵坚.城市交通与城市空间演化相互作用机制研究[J].城市问题,2007,(6):15-19.

[379] 姜克锦.城市用地——交通综合系统演化机理与优化研究[D].成都:西南交通大学博士学位论文,2009:19,33,40.

[380] 赵童.国外城市土地使用——交通系统一体化模型[J].经济地理,2000,20(6):79-83.

[381] 王真,郭怀成,郁亚娟,等.城市土地利用与交通相互关系研究进展[J].人文地理,2009,24(4):91-97.

[382] 杨励雅.城市交通与土地利用相互关系的基础理论与方法[D].北京:北京交通大学博士学位论文,2007.

[383] 成峰,晏克非,侯德劭.基于遗传算法的城市用地与路网设计一体化优化模型[J].系统工程,2006,24(10):110-116.

[384] 胡华颖.广州市居民出行与土地利用的空间分布特征[J].热带地理,1987,(4):311-321.

[385] 邓毛颖,谢理,等.基于居民出行特征分析的广州市交通发展对策探讨[J].经济地理,2000,20(2):109-114.

[386] 郭琳,贾艳杰.天津城市土地利用与交通可持续发展对策研究[J].自然资源学报,2004,24(4):19-21.

[387] 彭劲松.重庆大都市圈快速公共交通发展模式与管理体制研究[J].城市,2009,(3):45-49.

[388] 卢嘉鑫,赵明霞,史力鹏.基于空间约束下的城市交通发展模式研究——以兰州市为例[J].开发研究,2007,(6):109-112.

[389] 陈尚云,杜文.我国大城市用地形态与交通发展模式的研究[J].系统工程,2003,21(3):53-57.

[390] 杨忠振,李大洲.公交导向发展策略及其在中国城市的应用研究[J].城市交通,2004,2(2):15-18.

[391] Hansen WG. How accessibility shape land use[J]. Journal of American Institute of Planners, 1959, 25: 73-76.

[392] Pirie G. H. Measuring accessibility: a review and proposal[J]. Environment and Planning A, 1979, 11(3): 299-312.

[393] Weibull J W. An axiomatic approach to the measurement of accessibility[J]. Regional Science and Urban Economics, 1976, 6: 357-379.

[394] Kirby H R. Accessibility indices for abstract road networks[J]. Regional Studies, 1976, 10: 479-482.

[395] Kwan, M. P. & Murray, A. T., et al. Recent advances in accessibility research: representation, methodology and applications[J]. Journal of Geographical Systems, 2003(5): 129-138.

[396] Dalvi M. Q. & Martin K. M. The measurement of accessibility: some preliminary results[J]. Transportation, 1976, 5: 17-42.

[397] Breheny M J. The measurement of spatial opportunity in strategic planning[J]. Regional Studies, 1978, 12: 463-479.

[398] Baxter R S, Leniz G. The measurement of relative accessibility[J]. Regional Studies, 1975, 9: 15-26.

[399] Ingram D R. The concept of accessibility: a search for an operational form[J]. Regional Studies, 1971, 5(2): 101-107.

[400] Burns L D. Transportation, Temporal, and Spatial Components of Accessibility[M]. Lexington MA: Lexington Books, 1979.

[401] Wachs M, Kumagai T G. Physical accessibility as social indicator[J]. Socio-Economic Planning Science,1973,7: 437−456.

[402] Black J, Conroy M. Accessibility measures and the social evaluation of urban structure[J]. Environment and Planning A, 1977, 9(9): 1013−1031.

[403] Vickerman R W. Accessibility attraction and potential: a review of concepts and their use in determining mobility[J]. Environment and Planning A, 1974, 6: 675−691.

[404] Morris J M, Dumble P L, Wigan M R. Accessibility indicators for transport planning[J]. Transportation Research A, 1978(13): 91−109.

[405] Koenig J G. Indicators of urban accessibility: theory and application[J]. Transportation, 1980, 9: 145−172.

[406] Muraco W. A. Intraurban accessibility[J]. Economic Geography, 1972, 48: 388−405.

[407] Moseley M J. Accessibility: the Rural Challenge[M]. London: Methuen, 1979.

[408] Transportation Statistics Annual Report Part II. Transportation, Mobility, and Accessibility: an Introduction[R]. 1997.

[409] Miller, H. J. Measuring space-time accessibility benefits within transportation networks: basic theory and computational procedures[J]. Geographical Analysis, 1999, 31: 187−212.

[410] Hodge, David C. Accessibility-related issues[J]. Journal of Transport Geography, 1997, 5(1): 33−34.

[411] Bowen J. Airline hubs in Southeast Asia: national economic development and nodal accessibility[J]. Journal of Transport Geography, 2000, (8): 25−41.

[412] Morton E O'Kelly. A geographer's analysis of hub-and-spoke networks[J]. Journal of Transport Geography, 1998, 6(3): 171−186.

[413] Kansky, K. J. Structure of Transport Networks: Relationships Between Network Geometry and Regional Characteristics[D]. Chicago: University of Chicago Research papers,1963: 84−155.

[414] Bruinsma F. The accessibility of European cities[J]. Environment and Planning A, 1998, 30(3): 499−521.

[415] Roger V, Spiekermann K et al. Accessibility and economic development in Europe[J]. Regional Studies, 1999, 33(1): 1−15.

[416] Gutierrez Javier, Gomez Gabriel. The impact of orbital motorways on intra-metropolitan accessibility: the case of Madrid's M−40[J]. Journal of Transport Geography, 1999, (7): 1−15.

[417] Gutierrez Javier. Location, economic potential and daily accessibility: an analysis of the accessibility impact of the high-speed line Madrid-Barcelona-French border[J]. Journal of Transport Geography, 2001, (9): 229−242.

[418] Li Si-ming, Shum Yi-man. Impacts of the national trunk highway system on accessibility in China [J]. Journal of Transport Geography, 2001, (9): 39−48.

[419] Murayama Y. The impact of railways on accessibility in the Japanese urban system[J]. Journal of Transport Geography,1994,2(2): 87−100.

[420] Weidlich W., Haag G. An Integrated Model of Transport and Urban Evolutions: with an Application to a Metro pole of an Emerging Nation [M]. Heidelberg: Springer, 1999.

[421] Garreau Joel. Edge City: Life on the New Frontier [M]. New York: Doubleday, 1991.

[422] Forman RTT. Estimate of the area affected ecologically by the road system in the United States[J].

Conservation Biology, 2000, 14: 31 – 35.

[423] Yamaguchi K. Inter-regional air transport accessibility and macro-economic performance in Japan[J]. Transportation Research Part E, 2007, 43: 247 – 258.

[424] Linneker B, Spence N. Road transport infrastructure and regional economic development: the regional development effects of the London orbital motorway [J]. Journal of Transport Geography, 1996, 4(2): 77 – 92.

[425] Sasaki K, OhashiT, Ando A. High-speed rail transit impact on regional systems: does the Shinkansen contribute to dispersion [J]. The Annals of Regional Science, 1997(31): 77 – 98.

[426] Gutierrez J, Gonzalez R, Gomez G. The European high-speed train network: predicted effects on accessibility patterns[J]. Journal of Transport Geography, 1996, 4(4): 227 – 238.

[427] Francisco J., Martinez C. Access: the transport-land use economic link[J]. Transport Research, 1995, 9(6): 457 – 470.

[428] Fatal S. Land re-organization in relation to make in an Indian city[J]. Land Use Policy, 2001, 18: 191 – 199.

[429] Pooler J A. The use of spatial separation in the measurement of transportation accessibility[J]. Transportation Research A, 1995, 29(6): 421 – 427.

[430] Allen W B, Liu D and Singer S. Accessibility measures of U. S. metropolitan areas [J]. Transportation Research B, 1993, 27(6): 439 – 449.

[431] Mackiewicz A., Ratajczak W. Towards a new definition of topological accessibility [J]. Transportation Research B, 1996, 30(1): 47 – 79.

[432] O'Sullivan D., Morrison A., Shearer J. Using desktop GIS for the investigation of accessibility by public transport: an isochrones approach[J]. International Journal of Geographical Information Science, 2000, 14 (1): 85 – 104.

[433] Liu Suxia, Zhu Xuan. Accessibility analyst: an integrated GIS tool for accessibility analysis in urban transportation planning[J]. Environment and Planning B, 2004, 31(1): 105 – 124.

[434] Hillier B. Configurational modeling of urban movement networks[J]. Environment and Planning B: Planning and Design, 1998, 25: 59 – 84.

[435] Jiang B., Claramunt C., and Batty M. Geometric accessibility and geographic information: extending desktop GIS to space syntax[J]. Computers, Environment and Urban Systems, 1999, 23(2): 127 – 146.

[436] Karimi, Kayvan. Thespatial logic of organic cities[J]. Computers, Environments and Urban Systems, 1997, 28(2): 12 – 24.

[437] Jiang B, Claramunt C. Integration of space syntax into GIS: new perspectives for urban morphology [J]. Transaction in GIS, 2002, 6(3): 295 – 309.

[438] Muraco W A. Intraurban accessibility[J]. Economic Geography, 1972, 48: 388 – 405.

[439] A. R Goetz. Air passenger transportation and growth in the US urban system 1950 – 1987[J]. Growth and Change, 1992, 23: 218 – 242.

[440] Kiyoshi Kobayashi, Makoto Okumura. The growth of city systems with high-speed railway systems [J]. Annals of Regional Science, 1997, 31: 39 – 56.

[441] Schonharting Jorg, Schmidt Alexander, Frank Andre, Bremer Stefanie. Towards the multimodal transport of people and freight: interconnective networks in the Rhein-Ruhr Metropolis [J]. Journal of Transport Geography, 2003, 11: 193 – 203.

[442] Hidenobu Matsumoto. International urban systems and air passenger and cargo flows: some calculations[J]. Journal of Air Transport Management, 2004, 10: 241-249.

[443] Stephen D Nutley. Indicators of transport and accessibility problems in rural Australia[J]. Journal of Transport Geography, 2003, 11(1): 55-71.

[444] Stephen D Nutley. Rural transport problems and non-car populations in the USA: a UK perspective [J]. Journal of Transport Geography, 1996, 4(2): 93-106.

[445] Olsson Jerry. Improved road accessibility and indirect development effects: evidence from rural Philippines[J]. Journal of Transport Geography, 2009, 17(6): 476-483.

[446] 杨涛,过秀成.城市交通可达性新概念及其应用研究[J].中国公路学报,1995,8(2):25-30.

[447] 程连生.中国新城在城市网络中的地位分析[J].地理学报,1998,53(6):481-491.

[448] 金凤君,王成金,李秀伟.中国区域交通优势的甄别方法及应用分析[J].地理学报,2008,63(8):787-798.

[449] 封志明,刘东,杨艳昭.中国交通通达度评价:从分县到分省[J].地理研究,2009,28(2):419-429.

[450] 曹小曙,薛德升,阎小培.中国干线公路网络联结的城市通达性[J].地理学报,2005,60(6):903-910.

[451] 徐旳,陆玉麒.高等级公路网建设对区域可达性的影响——以江苏省为例[J].经济地理,2004,24(6):830-833.

[452] 李九全.陕西省城市竞争力及其通达性比较研究[J].地理科学,2008,28(4):471-477.

[453] 吴扬,徐建刚,王振波,等.基于GIS技术的扬中市可达性定量研究——以过江通道的建设为例[J].地域研究与开发,2008,27(5):124-128.

[454] 曹小曙等.穗深港巨型城市走廊空间演化研究[M].北京:商务印书馆,2006:38,90-131,140.

[455] 徐旭,曹小曙,阎小培.不同指标下的穗港城市走廊潜在通达性及其空间格局[J].地理研究,2007,26(1):179-186.

[456] 张莉,陆玉麒.基于陆路交通网的区域可达性评价——以长江三角洲为例[J].地理学报,2006,61(12):1235-1246.

[457] 刘承良,丁明军,张贞冰,等.武汉都市圈城际联系通达性的测度与分析[J].地理科学进展,2007,26(6):96-108.

[458] 陆锋,陈洁.武汉城市圈城市区位与可达性分析[J].地理科学进展,2008,27(4):68-74.

[459] 陈洁,陆锋.京津冀都市圈城市区位与交通可达性评价[J].地理与地理信息科学,2008,24(2):53-56.

[460] 金凤君,王姣娥.20世纪中国铁路网扩展及其空间通达性[J].地理学报,2004,59(2):293-302.

[461] 张兵,金凤君,于良.湖南公路网络演变的可达性评价[J].经济地理,2006,26(5):776-779.

[462] 徐涛,王黎明,张大泉.中国民用航空机场的可达性研究[J].地理与地理信息科学,2008,24(4):88-91.

[463] 宋炳良.港口内陆空间通达性与国际航运中心建设[J].经济地理,2001,21(4):447-450.

[464] 王建梅.基于GIS的洋山港可达性评价[D].上海:上海师范大学硕士学位论文,2007.

[465] 魏立华,丛艳国.城际快速列车对大都市区通达性空间格局的影响机制分析——以京津唐大都市区为例[J].经济地理,2004,24(6):834-837.

[466] 吴威,曹有挥,曹卫东,等.开放条件下长江三角洲区域的综合交通可达性空间格局[J].地理研究,2007,26(2):391-402.

[467] 邓岗.城市公园可达性设计研究——以成都为例[D].成都:四川大学工程硕士专业学位论

[468] 李小马,刘常富.基于网络分析的沈阳城市公园可达性和服务[J].生态学报,2009,29(3):1554-1562.

[469] 靳诚,陆玉麒,张莉,等.基于路网结构的旅游景点可达性分析——以南京市区为例[J].地理研究,2009,28(1):246-258.

[470] 靳诚.基于路网结构的南京市区旅游景点可达性分析[D].南京:南京师范大学硕士学位论文,2008.

[471] 尹海伟,孔繁花,宗跃光.城市绿地可达性与公平性评价[J].生态学报,2008,28(7):3375-3383.

[472] 陶海燕,陈晓翔,黎夏.公共医疗卫生服务的空间可达性研究——以广州市海珠区为例[J].测绘与空间地理信息,2007,30(1):1-4.

[473] 吴建军,孔云峰,李斌.基于GIS的农村医疗设施空间可达性分析——以河南省兰考县为例[J].人文地理,2008,23(5):37-42.

[474] 吕毅.城市小学校可达性评价——以长沙市雨花区为例[D].武汉:武汉大学硕士学位论文,2005.

[475] 孔云峰,李小建,张雪峰.农村中小学布局调整之空间可达性分析——以河南省巩义市初级中学为例[J].遥感学报,2008,12(5):800-809.

[476] 罗铭,陈艳艳.北京市商业区可达性研究[J].城市交通,2008,6(3):57-62.

[477] 汪明峰,宁越敏.城市的网络优势——中国互联网骨干网络结构与节点可达性分析[J].地理研究,2006,25(2):193-203.

[478] 吴威,曹有挥,曹卫东,等.长江三角洲公路网络的可达性空间格局及其演化[J].地理学报,2006,61(10):1065-1074.

[479] 李平,曹小曙,徐旭.穗港走廊通达性及其空间格局分析[J].中山大学学报(自然科学版),2006,45(3):100-104.

[480] 麻清源,马金辉,张超.基于网络分析的交通网络评价及其与区域经济发展关系研究[J].人文地理,2006,21(4):113-116.

[481] 张智林.沿海地区客运交通网络演变的可达性评价研究——以广东省为例[J].广州:华南师范大学硕士学位论文,2007.

[482] 曹小曙,阎小培.经济发达地区交通网络演化对通达性空间格局的影响——以广东省东莞市为例[J].地理研究,2003,22(3):305-312.

[483] 刘海隆,包安明,陈曦,等.新疆交通可达性对区域经济的影响分析[J].地理学报,2008,63(4):428-436.

[484] 关颖.安徽省公路网可达性的时空演化及与区域发展的耦合关系[D].合肥:安徽师范大学硕士学位论文,2007.

[485] 苟莉.城际快速铁路对大都市圈通达性的影响[D].成都:西南交通大学研究生学位论文,2008.

[486] 罗鹏飞,徐逸伦,张楠楠.高速铁路对区域可达性的影响研究——以沪宁地区为例[J].经济地理,2004,24(3):407-451.

[487] 吴威,曹有挥,曹卫东,等.区域高速公路网络构建对可达性空间格局的影响——以安徽沿江地区为实证[J].长江流域资源与环境,2007,16(6):726-731.

[488] Hillier B, Leaman A. How is Design Possible? [J]. Journal of Architectural and Planning Research, 1974, 3(1): 4-11.

[489] Hillier B, Leaman A, Stansall P, et al. Space syntax[J]. Environment and Planning B: Planning and Design, 1976, 3: 147-185.

[490] Hillier B., Hanson J. The Social Logic of Space[M]. Cambridge: Cambridge University Press, 1984.

[491] Hillier B, Hanson J, Peponis J. Space syntax[J]. Architects Journal, 1983, 178(48): 67-75.

[492] Hillier B. Space is Machine[M]. London: Cambridge University Press, 1996.

[493] Chiaradia A, Moreau E, Raford N. Configurational exploration of public transport movement networks: a case study, the London underground[C]. Delft: Proceedings 5th International Space Syntax Symposium, 2005: 541-552.

[494] Peponis J., Ross C., Ashid M. The structure of urban space, movement and co-presence: the case of Atlanta[J]. Geoforum, 1997, 28(3): 341-358.

[495] Simon. Space Syntax and the Dutch city[J]. Environment and Planning B, 1999, 26(2): 51-64.

[496] Croxford B., Penn A., Hillier B. Spatial distribution of urban population: civilizing urban traffic [J]. The Science of the Total Environment, 1996, 189/190: 3-9.

[497] Hillier B. Can streets be made safe?[J]. Urban Design, 2004, 9: 31-45.

[498] Hillier B. The theory of the city as object or how spatial laws mediate the social construction of urban space[C]. Atlanta: Proceedings Space Syntax 3rd International Symposium, 2001.

[499] Kim Hong-Kyu, Sohn Dong-Wook. An analysis of the relationship between land use density of office configuration[J]. Cities, 2002, 19(6): 409-418.

[500] Desyllas, Jake. Berlin in transition: analyzing the relationship between land use, land value and urban morphology[J]. Environment and Planning B, 1998, 25(1): 17-28.

[501] Hillier B., Hanson J., Penn A. Natural movement: configuration and attraction in urban pedestrian movement[J]. Environment and Planning B, 1993, 20(6): 29-66.

[502] Peter C., Dawson. Space syntax analysis of central inuit snow house[J]. Journal of Anthropological Archaeology, 2002, (21): 460-468.

[503] Fotheringham S, Rogerson P. Spatial Analysis and GIS London[M]. Taylor Francis, 2000, 28: 14-25.

[504] 江斌,黄波,陆锋.GIS环境下的空间分析和地学可视化[M].北京:高等教育出版社,2002.

[505] Jiang B., Claramunt C. A structural approach to model generalization of an urban street network [J]. Geoinformatica: an International Journal on Advances of Computer Science for Geographic Information Systems, 2004, 8(2): 157-171.

[506] Penn, A., Hillier B., Banister D. Configurational modelling of urban movement networks[J]. Environment and Planning B-Planning & Design, 1998, 25(1): 59-84.

[507] 陈明星,沈非,查良松.基于空间句法的城市交通网络特征研究——以安徽省芜湖市为例[J].地理与地理信息科学,2005,21(2):39-42.

[508] 郑晓伟,权瑾.基于空间句法的西安城市网络拓扑结构优化研究[J].规划师,2008,24(12):49-52.

[509] 鲁海军,刘学军,程建权,等.基于空间句法的城市道路网可达性分析[J].中国水运,2007,7(7):131-133.

[510] 顾颀捷."空间句法"在旧城街道空间形态研究中的应用初探——以南京旧城为例[D].南京:东南大学硕士学位论文,2004.

[511] 陈仲光,徐建刚,蒋海兵.基于空间句法的历史街区多尺度空间分析研究——以福州三坊七巷历史街区为例[J].城市规划,2009,33(8):92-96.

[512] 杨滔.空间句法:从图论的角度看中微观城市形态[J].国外城市规划,2006,21(3):48-52.

[513] 詹庆明,徐涛,周俊.基于分形理论和空间句法的城市形态演变研究——以福州市为例[J].华中建筑,2010,(4):7-10.

[514] 刘宾,潘丽珍,高军.空间句法与青岛市老城特色研究[A].仇保兴.中国城市发展与规划论文集:首届中国城市发展与规划国际年会[C].北京:中国城市出版社,2006:340-346.

[515] 李江.基于GIS的城市空间形态定量研究及多尺度描述[D].武汉:武汉大学博士学位论文,2003.

[516] 段进,Hillier B.,邵润青,等.空间句法与城市规划[M].南京:东南大学出版社,2007:1.

[517] 段瑞兰,郑新奇.基于空间句法的城市道路结构与地价关系研究[J].测绘科学,2004,29(5):76-79.

[518] 程昌秀,张文尝,陈洁,等.基于空间句法的地铁可达性评价分析——以2008年北京地铁规划图为例[J].地球信息科学,2007,9(6):31-35.

[519] 贺娟,邓卫,刘志明,等.基于空间句法的道路布局与居民出行相关性研究——以扬州为例[J].交通运输工程与信息学报,2010,8(1):75-81.

[520] 张翼.空间分析方法在城市用地研究中的应用——以苏州市为例[D].南京:南京大学硕士学位论文,2004.

[521] 高峰.皖南村落巷道空间系统研究——以安徽南屏村为例[J].小城镇建设,2003,(11):42-44.

[522] 高峰."空间句法"在传统村落外部空间系统分析中的应用——以徽州南屏村为例[D].南京:东南大学硕士学位论文,2004.

[523] 刘承良,余瑞林,熊剑平,等.武汉都市圈路网的空间通达性分析[J].地理学报,2009,64(12):1488-1498.

[524] 赵虎,李霖,张志军,等.基于扩展空间句法的城区人口密度估算方法[J].测绘科学,2009,34(4):150-153.

[525] 邵润青.空间句法轴线地图在方格路网城市应用中的空间单元分割方法改进[J].国际城市规划,2010,25(2):62-67.

[526] 陈明星.基于空间句法的城市交通特征及其与土地利用关系研究[D].合肥:安徽师范大学硕士学位论文,2006.

[527] 唐宇,陈浒,钟志农,等.空间句法数据模型研究及其在空间信息栅格中的实现[J].计算机科学,2003,30(10):204-212.

[528] Bafna S.空间句法:城市新见[J].赵冰译.新建筑,1985,(1):16-24.

[529] Kuby M, Tierney S, Roberts T, et al. A comparison of geographic information systems, complex networks, and other models for analyzing transportation network topologies[C]. NASA(CR-2005-213522),2005.

[530] 钱学森.论地理科学[M].杭州:浙江教育出版社,1994:217-218.

[531] Xia Y., Liu N., Lu Herbert H. C. Oscillation and chaos in a deterministic traffic network[J]. Chaos, Solitons and Fractals, 2009, 42: 1700-1704.

[532] Addie R G, Zukerman M and Neame T. Fractal traffic: measurement, modeling and performance evaluation[C]. INFOCOM'95, 1995: 977-984.

[533] Liu X, Chen D, Gong X, Tang S, et al. Study on the loop control structure of traffic flow based on self-organization theory[C]. AZ, USA: Systems, Man, and Cybernetics, 2001 IEEE International Conference on Tucson, 2001, (2): 1377-1383.

[534] Kobayashi F, Takishita K, Fukuda T. Self-organization of non-signal urban traffic flow with fuzzy model[C]. IEEE Dearborn, MI, USA: Intelligent Transportation Systems, 2000: 21-26.

[535] Gazis D C, Herman R, Rothery R W. Nonlinear follow-the-leader models for traffic flow[J]. Operations Research, 1961, 9(4): 545-567.

[536] Honda Y, Horiguchi T. Self-Organization in four-direction traffic-flow model[J]. Journal of the Physical Society of Japan, 2000, 69(11): 3744-3751.

[537] Nair Sanju Attoor, Liu Jyh-Charn, Rilett Laurence, et al. Non-linear analysis of traffic flow[C]. Intelligent Transportation Systems Proceedings 2001IEEE, 2001, 25-29: 681-685.

[538] Dendrinos D S. Traffic-flow dynamics: a search for chaos[J]. Chaos, Solitons & Fractals, 1994, 4(4): 605-617.

[539] Lan L W, Lin F Y, Wang Y P. Self-organization phenomenon and the edge of chaos in traffic flow dynamics[C]. Proceedings of the Eastern Asia Society for Transportation Studies, 2003, 4: 574-582.

[540] Nagel K, Paczuski M. Emergent traffic jams[J]. Physical Review E, 1995, 51(4): 2909-2918.

[541] Tadaki S, Kikuchi M. Self-Organization in a two-dimensional cellular automaton model of traffic flow[J]. Journal of the Physical Society of Japan, 1995, 64(12): 4504-4508.

[542] Sun Tengda, Wang Jinfeng. A traffic cellular automata model based on road network grids and its spatial and temporal resolution's influences on simulation[J]. Simulation Modelling Practice and Theory, 2007, 15: 864-878.

[543] Lan L W, Lin F Y, Kuo A Y. Testing and prediction of traffic flow dynamics with chaos[J]. Journal of the Eastern Asia Society for Transportation Studies, 2003, 5: 1975-1990.

[544] Grassberger P, Procaccia I. Measuring the strangeness of strange attractors[J]. Physical Review Letters, 1983, 9: 189-208.

[545] Kerner B S. Experimental features of self-organization in traffic flow[J]. Physical Review Letters., 1998, 81: 3797-3800.

[546] Biham O, Middleton A, Levine D. Self-organization & a dynamic transition in traffic flow models[J]. Physical Review A, 1992, 46(10): 6124-6127.

[547] Lan L W, Lin F Y, Huang Y S. Confined space fuzzy proportion (CSFP) model for short-term traffic flow prediction[C]. Proceedings of the 9th Conference of Hong Kong Society for Transportation Studies, 2004.

[548] Batty M. Fractals geometry between dimensions[J]. New Seientist, 1985, 106(1450): 31-35.

[549] Ryabko BYa. Noise-free coding of combinatorial sources, Hausdorff dimension and Kolmogorov complexity[J]. Problemy Peredachi Informatsii, 1986, 22(3): 16-26.

[550] Shen G. A fractal dimension analysis of urban transportation networks[J]. Geographical and Environmental Modelling, 1997, 1(2): 221-236.

[551] Dendrinos D S, El Naschie M S., et al. Nonlinear dynamics in urban and transportation analysis[J]. Chaos, Solitons & Fractals, 1994, 4: 497-617.

[552] Thibault S, Marchard A. Roseaux et topologie, Institut National Des Sciences Appliquees de Lyon[M]. Paris: Villeurbanne, 1987.

[553] Frankhouser P. Aspects fractals des structures urbaines[J]. L'Espace Géographique, 1990, 19(1): 45-69.

[554] Benguigui L., Daoud M. Is the suburban railway system a fractal? [J]. Geographical Analysis, 1991, 23: 362-368.

[555] Kim K S, Bengguigui L, Marinov M. The fractal structure of Seoul's public transportation system

[J]. Cities, 2003, 20(1): 31-39.

[556] Witten TA, Sanders LM. Diffusion-limited aggregation[J]. Physical Review B, 1983, 27: 5686-5697.

[557] Erdös P, Rényi A. On the evolving of random graphs[R]. Publications of the Mathematical Institute of the Hungarian Academy of Science, 1960, 5: 17-61.

[558] Helbin G D, Keltsch J. Modelling the evolution of hum an trail systems[J]. Nature, 1997, 388: 47-50.

[559] Bossomaier T, Green D. Patterns in the Sand: Computers, Complexity and Life[M]. Reading, Massachusetts: Perseus Books, 1998.

[560] David Levinson and Bhanu Yerra. Self-organization of surface transportation networks [J]. Transportation Science, 2006, 40(2): 179-188.

[561] Porta Sergio, Crucittib Paolo and Latora Vito. The network analysis of urban streets: a dual approach[J]. Physica A, 2006, 369: 853-866.

[562] Barabási A. L. Linked: The New Science of Networks[M]. Cambridge, MA: Perseus Publishing, 2002: 280.

[563] Seaton K., Hackett L. Stations, trains and small-world networks[J]. Physica A, 2004, 339(3): 635-637.

[564] Gao Z., Zhao X., Huang H., Mao B. Research on problems related to complex networks and urban traffic systems[J]. Journal of Transportation Systems Engineering and Information Technology, 2006, 6(3): 41-47.

[565] Wu J J, Gao Z Y, Sun H J, Huang H J. Urban transit system as a scale-free network[J]. Modern Physics Letters B, 2004, 18: 1043-1049.

[566] Watts D J. Small Worlds: the Dynamics of Networks between Order and Randomness[M]. New Jersey: Princeton University Press, 1991.

[567] Zhang Y., Yang X. Complex network property and reliability simulation analysis of urban street networks[J]. Journal of System Simulation, 2008, 20(2): 464-467.

[568] Michael G., Bell H. A game theory approach to measure the performance reliability of transport network[J]. Transport Research Part B, 2000, (34): 533-545.

[569] Crucitti P, Latora V, Porta S. Centrality in networks of urban streets[J]. Chaos, 2006, 16: 15-113.

[570] Yamir Moreno, Romualdo Pastor-Satorras, Alexei Vazquez, etal. Critical load and congestion instabilities in scale-free networks[EB/OL]. http://arxiv.org/abs/cond-mat/0209474, 2007.

[571] Albert R, Jeong H and Baabasi A L. Attack and error tolerance in complex networks[J]. Nature, 2000, 406: 387-482.

[572] Jenelius Erik, Petersen Tom, Mattsson Lars-Göran. Importance and exposure in road network vulnerability analysis[J]. Transportation Research Part A, 2006, 40: 537-560.

[573] Crucitti Paolo, Latora Vito and Porta Sergio. Centrality measures in spatial networks of urban streets[J]. Physical Review E, 2006, 73(3): 1-5.

[574] Helbing D, Keltsch J, Molnar P. Modelling the evolution of human trail systems[J]. Nature, 1997, 388: 47-50.

[575] Dorogovtsev S N and Mendes J F F. Evolution of Networks[M]. Oxford: Oxford University Press, 2003.

[576] Wang W., Wang B., Yin C., et al. Traffic dynamics based on local routing protocol on a scale-free network[J]. Physical Review E, 2006, 73(2): 1-7.

[577] Kalapala Vamsi, Sanwalani Vishal, Clauset Aaron, et al. Scale invariance in road networks[EB/OL]. http://arxiv.org/abs/physics/0510198, 2007-10-27.

[578] Cardillo A, Scellato S, Latora V and Porta S. Structural properties of planar graph of urban street patterns[EB/OL]. http://arxiv.org/preprint physicst/0510162, 2005.

[579] Sienkiewicz Julian, Holyst Janusz A. Statistical analysis of 22 public transport networks in Poland [J]. Physical Review E, 2005, 72: 046127.

[580] Paulino R. Villas Boas, Francisco A. Rodrigues, Luciano da F. Costa. Modeling worldwide highway networks[J]. Physics Letters A, 2009, 374: 22-27.

[581] Bagler G. Analysis of the airport network of India as a complex weighted network[EB/OL]. http://arxiv.org/abs/cond-mat/0409733, 2004.

[582] Li W, Cai X. Statistical analysis of airport network of China[EB/OL]. http://arxiv.org/abs/cond-mat/0309236, 2003.

[583] Li Ping, Xiong Xing, Qiao Zhongliang, et al. Topological properties of urban public traffic networks in Chinese top-ten biggest cities[J]. Chinese Physical Letter, 2006, 23(12): 3384-3387.

[584] Guimerá R, Mossa S, Turtschi A, et al. The worldwide air transportation network anomalous centrality, community structure, and cities global roles[J]. Proceedings of the National Academy of Sciences, 2005, 102(22): 7794-7799.

[585] Guimerá R, Amaral L A N. Modeling the world-wide airport network[J]. European Physical Journal B, 2004, 38: 381-385.

[586] Michael T. Gastner, Newman M. E. J. The spatial structure of networks[J]. European Physical Journal B, 2006, 49: 247-252.

[587] Kalapala V. K., Sanwalani V. and Moore C. The Structure of the United States Road Network [D]. Preprint, University of New Mexico, 2003.

[588] Chowell G., Hyman J. M., and Eubank S. Analysis of a real world network: the city of Portland [R]. Technical Report BU-1604-M. Department of Biological Statistics and Computational Biology, Cornell University, 2002.

[589] Michele Guida, Funaro Maria. Topology of the Italian airport network: a scale-free small-world network with a fractal structure? [J]. Chaos, Solitons and Fractals, 2007, 31: 527-536.

[590] Zheng Jian-feng, Gao Zi-you, Zhao Xiao-mei. Properties of transportation dynamics on scale-free networks[J]. Physica A: Statistical and Theoretical Physics, 2007, 373: 837-844.

[591] Zhang H., Li, Z. L., Weighted ego network for structuring hierarchical road networks[J]. International Journal of Geographical Information Science, 2009, DOI: 10.1080/13658810903313534.

[592] Michael G HBell, Yasunori Iida. Transportation Network Analysis[M]. New York: John Wiley & Son Inc, 1997.

[593] Amaral L. A. N., Ottino J. M. Complex networks: augmenting the framework for the study of complex systems[J]. The European Physical Journal B, 2004, 38(2): 147-162.

[594] Li Z. L., Dong W. H. A stroke-based method for automated generation of schematic network maps [J]. International Journal of Geographical Information Science, 2010, 24(11): 1631-1647.

[595] Jiang B. A topological pattern of urban street networks：universality and peculiarity[J]. Physica A，2007，384：647-655.

[596] Jiang B.，Claramunt C. Topological analysis of urban street networks[J]. Environment and Planning B：Planning and Design，2003，31(1)：151-162.

[597] Latora V and Marchiori M. Economic small-world behavior in weighted networks[J]. The European Physical Journal B，2003，87：198701.

[598] Montis A D，BarthelemyM，Chessa A and Vespignani A. The structure of inter-urban traffic：a weighted network analysis[EB/OL]. http：//arxiv.org/preprint physicst/0507106，2005.

[599] Rosvall M，Trusina A，Minnhagen P and SneppenK. Networks and cities：an information perspective[J]. Physical Review Letters，2005，94：028701.

[600] Sen P，Dasgudt A S，Chattertee A，et al. Small-world properties of the Indian railway network[J]. Physical Review E，2003，(67)：1-5.

[601] Guimerá R，Mossa S，Turtschi A. The worldwide air transportation network：anomalous centrality，community structure and cities-global[J]. Proceedings of the National Academy of Sciences，2005，102：7794-7799.

[602] Amaral L，Scala A，Barthelemy M，Stanley H E. Classes of small-world networks[C]. Processing of National Academy of Science USA，2000，(97)：11149-11152.

[603] Armstrong M P. Geography and computational science[J]. Annals of the Association of American Geographers，2000，90(1)：146-156.

[604] Longley PA，Brooks S M，Mcdonnell R，et al. Geocomputation：a Primer[M]. Chichester，Sussex：John Wiley，1998.

[605] Openshaw S，Abrahart R J. GeoComputation[M]. New York：Taylor & Francis，2000.

[606] Atkinson P，Martin D. GIS and geocomputation[M]. New York：Taylor & Francis，2000.

[607] Warren C. P.，Sander L.，Sokolov I. M. Geography in a scale-free network model[J]. Physical Review E，2002，66：56-105.

[608] 刘妙龙,黄佩蓓.上海大都市交通网络分形的时空特征演变研究[J].地理科学,2004,24(2)：144-149.

[609] 柏春广,蔡先华.南京市交通网络的分形特征[J].地理研究,2008,27(6)：1419-1426.

[610] 郭建科,韩增林,许妍.基于集聚分形的大连城市交通网络演变研究[J].交通运输系统工程与信息,2007,7(5)：121-126.

[611] 柏春广,蔡先华.中国路网空间体系的分形结构及其区域差异[J].交通运输系统工程与信息,2008,8(4)：11-15.

[612] 冯永玖,刘妙龙,童小华.广东省公路交通网络分形空间特征研究[J].地球信息科学,2008,10(1)：26-33.

[613] 朱洪栓.基于GIS的河南省公路交通网络分形研究[J].开封：河南大学硕士学位论文,2008.

[614] 张鹏,韩增林.辽宁省公路交通网络的分形研究[J].交通运输系统工程与信息,2006,6(1)：123-127.

[615] 王秋平,张琦.城市中心区交通量时间序列的分形特征[J].西安建筑科技大学学报(自然科学版),2008,40(1)：101-107.

[616] 郑长青.研究城市快速公路交通流的分形数学方法[J].交通运输系统工程与信息,2006,6(1)：96-99.

[617] 张莉. 城市主干道交通流的分形理论与系统模拟[J]. 哈尔滨：东北林业大学博士学位论文, 2005.

[618] 李江, 郭庆胜. 基于 GIS 的城市交通网络复杂性定量描述[J]. 华中师范大学学报（自然科学版）, 2002, 36(4): 534-537.

[619] 孙壮志. 城市交通网络形态特征分形计量研究[J]. 交通运输系统工程与信息, 2007, 7(1): 29-38.

[620] 陈彦光. 一种交通网络的分形维数及其测算方法[J]. 信阳师范学院学报（自然科学版）, 1999, 12(4): 426-429.

[621] 许志海, 张昭云. 分形理论在交通网络分布形态研究中的应用[J]. 测绘工程, 2006, 15(1): 27-30.

[622] 冯永玖, 刘妙龙, 童小华. 基于加权长度的交通网络分形维数[J]. 复杂系统与复杂性科学, 2007, 4(4): 32-37.

[623] 李进. 交通网络复杂性及其优化研究[D]. 天津：天津大学博士学位论文, 2009.

[624] 赵伟, 何红生, 林中材, 等. 中国铁路客运网网络性质的研究[J]. 物理学报, 2006, 55(8): 3906-3911.

[625] 邓亚娟, 杨云峰, 马荣国. 基于复杂网络理论的公路网结构特征[J]. 中国公路学报, 2010, 23(1): 98-104.

[626] 刘宏鲲, 周涛. 中国城市航空网络的实证研究与分析[J]. 物理学报, 2007, 56(1): 106-112.

[627] 宗跃光, 陈眉舞, 杨伟, 等. 基于复杂网络理论的城市交通网络结构特征[J]. 吉林大学学报（工学版）, 2009, 30(4): 910-915.

[628] 赵金山, 狄增如, 王大辉. 北京市公共汽车交通网络几何性质的实证研究[J]. 复杂系统与复杂性科学, 2005, 2(2): 45-48.

[629] 李英, 周伟, 郭世进. 上海公共交通网络复杂性分析[J]. 系统工程, 2007, 25(1): 38-41.

[630] 刘志谦, 宋瑞. 基于复杂网络理论的广州轨道交通网络可靠性研究[J]. 交通运输系统工程与信息, 2010, 10(5): 194-200.

[631] 高中华, 李满春, 陈振杰, 等. 城市道路网络的小世界特征研究[J]. 地理与地理信息科学, 2007, 23(4): 97-101.

[632] 潘四军. 中国城市客运交通网络的研究[D]. 扬州：扬州大学硕士学位论文, 2008.

[633] 苏伟忠, 杨桂山, 甄峰. 基于无尺度结构的苏南乡镇公路网分析[J]. 地理研究, 2007, 26(5): 1005-1002.

[634] 卢守峰, 杨兆升, 刘喜敏. 基于复杂性理论的城市交通系统研究[J]. 吉林大学学报（工学版）（增刊）, 2006, 36: 153-156.

[635] 唐志强, 王正武, 招晓菊, 等. 基于神经网络和混沌理论的短时交通流预测[J]. 山西科技, 2005, (5): 117-118.

[636] 冯蔚东, 贺国光, 刘豹. 基于自组织理论的交通流初步研究[J]. 系统工程学报, 1998, (4): 104-108.

[637] 黄必亮, 杨家本. 交通系统自组织/组织合作的研究[J]. 系统工程理论与实践, 1997, (8): 67-71.

[638] 顾珊珊, 陈禹. 复杂适应性系统的仿真与研究——基于 CAS 理论的交通模拟[J]. 复杂系统与复杂性科学, 2004, 1(1): 82-88.

[639] 黄必亮, 杨家本. 改进点格自动机交通网络模型及交通系统自组织现象的研究[J]. 系统工程理论与实践, 1998, (3): 1-7.

[640] 蒋海峰, 马瑞军, 魏学业, 等. 一种基于小数据量的快速识别短时交通流混沌特性的方法[J]. 铁道学报, 2006, (2): 63-66.

[641] 宗春光, 宋靖雁, 任江涛, 等. 基于相空间重构的短时交通流预测研究[J]. 公路交通科技, 2003, (4): 71-75.

[642] 陈涛,陈森发.涨落后的城市道路交通拥挤蒙特卡洛预测[J].系统工程理论与实践,2004,24(12):123-127.

[643] 徐学明,王丽,荣建.功率谱在交通流混沌现象研究中的应用[J].公路交通科技,2006,(3):125-127.

[644] 唐明,陈宝星,柳伍生.基于相空间重构的短时交通流分形研究[J].山东交通学院学报,2004,(1):50-54.

[645] 贺国光,万兴义.基于最大Lyapunov指数的交通流仿真数据混沌状态识别[J].自动化技术与应用,2003,(4):8-13.

[646] 裴玉龙,李洪萍.快速路交通流时间序列分形维数研究[J].公路交通科技,2006,(2):115-119.

[647] 李英,刘豹,马寿峰.交通流时间序列中混沌特性判定的替代数据方法[J].系统工程,2000,(6):54-58.

[648] 徐良杰,王炜.基于一种新的混合算法的交通流控制优化模型[J].信息与控制,2005,(3):286-290.

[649] 贺国光,冯蔚东.ITS与自组织理论[J].公路交通科技,1998,(3):8-12.

[650] http://baike.baidu.com/view/125492.html.

[651] http://www.hudong.com/wiki/%E5%85%AC%E8%B7%AF.

[652] 蒋斌.湖北省公路网络结构优化理论研究[D].武汉理工大学硕士学位论文,2004:2-3,18-19.

[653] 邢晓欢,程琳.路网布局结构对路网容量的影响研究[J].交通运输工程与信息学报,2008,6(3):109-114.

[654] 宋永朝,潘晓东,喻泽文,等.面向应急疏散的山区路网连通性研究[J].公路工程,2009,34(5):29-32.

[655] 张生瑞,王超深,徐景翠.基于时间阻抗函数的路网可达性研究[J].地理科学进展,2008,27(4):117-121.

[656] 石飞,王炜.城市路网结构分析[J].城市规划,2007,31(8):68-73.

[657] http://baike.baidu.com/view/665620.html.

[658] 陈航,张文尝,金凤君,等.中国交通地理[M].北京:科学出版社,2000.

[659] 莫辉辉,王姣娥,金凤君.交通运输网络的复杂性研究[J].地理科学进展,2008,27(6):112-120.

[660] http://baike.baidu.com/view/597769.html.

[661] http://baike.baidu.com/view/1028078.html.

[662] http://baike.baidu.com/view/980247.html.

[663] 吴传钧,侯锋.国土开发整治与规划[M].南京:江苏教育出版社,1990.

[664] Potter R. B. & Unwin T. The Geography of Urban-rural Interaction in Developing Countries[M]. London & Newyork: Mountjoy Routledge,1989.

[665] 曾菊新,冯娟,蔡靖方.论西部地区的城镇网络化发展[J].地域研究与开发,2003,22(1):22-25.

[666] 张京祥.城镇群体空间组合[M].南京:东南大学出版社,2000:63-64,28.

[667] 姚士谋,汤茂林,陈爽,等.区域与城市发展论[M].合肥:中国科学技术大学出版社,2004:20.

[668] 陆玉麒.区域发展中的空间结构研究[M].南京:南京师范大学出版社,1998:5,39,46.

[669] 谢守红.大都市区的空间组织[M].北京:科学出版社,2004:28.

[670] 邬焜.论时空的复杂性[J].中国人民大学学报,2005,(5):36-43.

[671] 陈彦光,王义民,靳军.城市空间网络:标度、对称、复杂与优化——城市体系空间网络分形结构研究的理论总结报告[J].信阳师范学院学报(自然科学版),2004,17(3):311-316.

[672] 成伟光,李军.论地理系统结构[J].河北师范大学学报(自然科学版),1999,23(2):278-282.

[673] 杨万钟.经济地理学导论[M].北京:高等教育出版社,1992:133-134.

[674] http://zyk.wzer.net/viewstaticres/SysContent4/d0/dd1/ddd5/835412520805/835412520805.html.

[675] Castells, M. The Rise of Network Society[M]. Oxford: Blackwell, 1996.

[676] Haggett P, Cliff A. D, Frey A. Location Analysis in Human Geography[M]. London: Edward and Armold, 1977.

[677] 甄峰.信息时代的空间结构系统[M].北京:商务印书馆,2004:81.

[678] Richard Peet. Modern Geography Thought[M]. Oxford, UK: Blackwell Publishers Ltd., 1998. 周尚意等译.现代地理学思想[M].北京:商务印书馆,2007:173.

[679] 徐家钰,程家驹.道路工程[M].上海:同济大学出版社,2004:330.

[680] 郭艳玲.城镇群连接道路功能分类与功能实现[D].西安:长安大学硕士学位论文,2009:16.

[681] 奚少.公路功能分类研究[D].长沙:长沙理工大学硕士学位论文,2005:12.

[682] 段汉明.城市界壳的构成与城市系统的关系[A].叶树华.资源·环境·城市研究[C].西安:西北大学出版社,1997:159-163.

[683] 姜克锦,张殿业,刘帆汶.城市交通系统自组织与他组织复合演化过程[J].西南交通大学学报,2008,43(5):605-609.

[684] 杨亮洁.基于图形图像信息特征的城市动力学研究[D].武汉:中国地质大学(武汉)硕士学位论文,2005:15.

[685] 曾菊新.空间经济:系统与结构[M].武汉:武汉出版社,1996.

[686] 诺伯格·舒尔茨.场所精神——迈向建筑现象学[M].施植明,译.台湾:田园城市文化事业有限公司,1995.

[687] 张勇强.城市空间发展自组织与城市规划-空间研究2[M].南京:东南大学出版社,2006.

[688] 段汉明,杨大伟.城市系统复杂性的数学描述初探[J].人文地理,2007,26(3):112-115.

[689] Grassberger P. Toward aquantitative theory of self-genorated complexity[J]. International Journal of Theory, Ptys, 1986, 25: 907-936.

[690] http://baike.baidu.com/view/1195034.html.

[691] 苏宏志,陈永昌.混沌和分形理论揭示了建筑和城市演化的图景[J].新建筑,2008,(2):75-78.

[692] 杨贵华,等.自组织:社区能力建设的新视域——城市社区自组织能力研究[M].北京:社会科学文献出版社,2010:1-10.(http://baike.baidu.com/view/385080.htm#1)

[693] 汪小帆,李翔,陈关荣.复杂网络理论及其应用[M].北京:清华大学出版社,2006:9-11,37,55.

[694] Barabási A L, Oltvai Z N. Network biology: understanding the cell's functional organization[J]. Nature Reviews/ Genetics, 2004, 5: 101-114.

[695] Jiang Bin. Flow dimension and capacity for structuring urban street networks[J]. Physica A, 2008, 387: 4440-4452.

[696] 薛领,杨开忠.复杂性科学理论与区域空间演化模拟研究[J].地理研究,2002,21(1):79-88.

[697] 黄升旗.基于复杂性科学的城市创新管理研究[J].管理观察,2009,(2):14-15.

[698] 韩传峰,王忠礼,王增光.区域基础设施系统的复杂性与长效性[J].复杂系统与复杂性科学,2009,6(1):77-85.

[699] 房艳刚,刘继生.城市系统演化的复杂性研究[J].人文地理,2008,27(6):37-40.

[700] http://baike.baidu.com/view/62783.html.

[701] 丁以中,楼勇.分形理论在交通运输网络评价中的应用[J].上海海运学院学报,1998,19(4):7-12.

[702] 刘承良. 都市圈经济-资源-环境系统的耦联机理[M]. 北京:中国经济出版社,2015.

[703] 冯健. 转型期中国城市内部空间重构[M]. 北京:科学出版社,2004:130.

[704] Benguigui L., Czamanski D., Marinov M., et al. When and where is a city fractal? [J]. Environment and Planning B: Planning and Design,2000, 27: 507 - 519.

[705] 黄佩蓓,刘妙龙. 基于 GIS 的城市交通网络分形特征研究[J]. 同济大学学报,2002,30(11): 1370 - 1374.

[706] 王秋平,张琦,刘茂. 基于分形方法的城市路网交通形态分析[J]. 城市问题,2007,(6):52 - 55.

[707] Chen Y G. Analogies between urban hierarchies and river networks: fractals, symmetry, and self-organized criticality[J]. Chaos, Soliton & Fractals, 2009, 40(4): 1766 - 1778.

[708] Hergarten S. Self-organized Criticality in Earth Systems[M]. Berlin:Springer-Verlag,2002:99.

[709] Newman M E J. The structure and function of complex networks[J]. SIAM Review,2003,45: 167 - 256.

[710] 胡一竑,吴勤旻,朱道立. 城市道路网络的拓扑性质和脆弱性分析[J]. 复杂系统与复杂性科学, 2009,6(3):69 - 76.

[711] Xu Xin-ping, Hu Jun-hui and Liu Feng. Empirical analysis of the ship-transport network of China [J]. Chaos, 2007,17: 023129.

[712] Bollobás B. Modern Graph Theory[J]. New York:Springer, 1998.

[713] Girvan M., Newman M. E. J. Community structure in social and biological networks[J]. Proceedings of the National Academy of Sciences, 2001, 99: 7821 - 7826.

[714] Freeman L. C. A set of measures of centrality based upon betweenness[J]. Sociometry,1977,40: 35 - 41.

[715] Radicchi F., Castellano C., Cecconi F, et al. Defining and indentifying communities in networks [J]. Proceedings of the National Academy of Sciences,2004, 101: 2658 - 2663.

[716] Newman M. E. J. Fast algorithm for detecting community structure in networks[J]. Physical Review E, 2004,69: 066 - 133.

[717] Barrat A., Barthélémy M., Pastor-Satoras R. and Vespignani A. The architecture of complex weighted networks [J]. Proceedings of the National Academy of Sciences, 2004, 101(11): 3747 -3752.

[718] Ravasz Erzsébet& Barabási Albert László. Hierarchical organization in complex networks[J]. Physical Review E,2003, 67: 026 - 112.

[719] Newman M E J. Why social networks are different from other types of networks[J]. Physical Review E, 2003, 68(3): (036122 - 1)-(036122 - 8).

[720] Newman M E J. The structure and function of complex networks[J]. SIAM Review,2003, 45(2): 167 - 256.

[721] 汪涛,许乐,方志耕. 城市公交网络的复杂网络关联性质分析[J]. 黑龙江工程学院学报(自然科学版),2009,23(2):36 - 40.

[722] Ravasz E. Hierarchical organization of modularity in metabolic networks[J]. Science, 2002, 297:1551.

[723] Granovetter M. The strength of weak ties[J]. American Journal of Sociology, 1973,78(6): 1360 - 1380.

[724] Boccalettia S., Latora V., Moreno Y., et al. Complex networks: structure and dynamics[J]. Physics Reports, 2006, 424: 175 - 308.

[725] 李云飞.基于空间句法的网络城市评价体系研究[D].长沙:中南大学硕士学位论文,2009:33.

[726] 牛树海.高速公路网络化的时空收敛效应研究[J].人文地理,2005,20(6):106-110.

[727] 陈赟.城镇体系与公路交通适应性研究[D].长沙:长沙理工大学硕士学位论文,2005.

[728] 蔡珺,王南.基于空间句法的城市交通系统研究——以昆明市交通路网和轨道交通规划分析为例[J].华中建筑,2010,(12):98-102.

[729] Li Jiang, Duan Jie. Multi-scale representation of urban spatial morphology based on GIS and Spatial Syntax [J].

[730] Journal of Central China Normal University (Nat. Sci.),2004,38(3):383-387.

[731] 朱东风.1990年以来苏州市句法空间集成核演变[J].东南大学学报(自然科学版),2007,35(1):257-264.

[732] 黄涛,李昇,胡应红.成都市商业区形成与演变的空间句法研究[J].四川建筑,2010,30(1):20-22.

[733] 朱东风.基于空间句法(Space syntax)分析的城市内部中心性研究——以苏州为例[J].现代城市研究,2006,(12):60-67.

[734] 厉旭东,赵晓琴,孙毅中.GIS与空间句法的集成及空间形态结构量化分析——以南京师范大学仙林校区为例[J].南京师大学报(自然科学版),2008,31(4):134-138.

[735] 陆大道.区域发展及其空间结构[M].北京:科学出版社,1997:118.

[736] 曹小曙,张利敏,薛德升,等.中国城市交通运输发展水平等级差异变动特征[J].地理学报,2007,62(10):1034-1040.

[737] 张莉,陆玉麒,赵元正.基于时间可达性的城市吸引范围的划分——以长江三角洲为例[J].地理研究,2009,28(5):803-816.

[738] 丁金宏.人口空间过程:胶东半岛的实证研究[M].上海:华东师范大学出版社,1996:111.

[739] 刘俊,陆玉麒,孟德友.基于不同指标的公路交通网络可达性评价——以江苏省为例[J].工业技术经济,2009,28(2):78-82.

[740] 李红,李晓燕,吴春国.中原城市群高速公路通达性及空间格局变化研究[J].地域研究与开发,2011,30(1):55-58.

[741] 杨钟贤,刘邵权,苏春江.汶川地震重灾区交通通达性分析[J].长江流域资源与环境,2009,18(12):1166-1172.

[742] 王振波,徐建刚,朱传耿,等.中国县域可达性区域划分及其与人口分布的关系[J].地理学报,2010,65(4):416-426.

[743] 周恺.长江三角洲高速公路网通达性与城镇空间结构发展[J].地理科学进展,2010,29(2):241-248.

[744] 陈彦光.对称性与人文地理系统的规律性[J].地理科学进展,2009,28(2):312-320.

[745] 马林兵,曹小曙.一种启发式A*算法和网格划分的空间可达性计算方法[J].地理研究,2008,27(1):93-99.

[746] 陈翔,李强,王运静,等.临界簇模型及其在地面公交线网可达性评价中的应用[J].地理学报,2009,64(6):693-700.

[747] 刘贤腾,顾朝林.南京城市交通方式可达性空间分布及差异分析[J].城市规划学刊,2010,(2):49-56.

[748] 潘裕娟,曹小曙.乡村地区公路网通达性水平研究——以广东省连州市12乡镇为例[J].人文地理,2010,25(1):94-99.

[749] 刘继生,陈彦光.城市分形与空间复杂性探索[J].复杂系统与复杂性科学,2004,1(3):62-69.

后　　记

本书由笔者在其博士学位论文基础上修改完成。付梓之际，回首追忆，感怀于悄然间接受过如此多无私的关怀、支持和帮助。首先，我想将著作献给两位长者，因为我的成长和进步无不凝聚着他们殷切的期望。

一位是我的恩师，年愈花甲、温文儒雅的老者。曾菊新教授渊博的学识、严谨的思维、科学的理论分析、豁达的长者风范，让我耳濡目染，受益匪浅。从我的博士学位论文选题、资料收集、调研、写作、修改、定稿和撰写序言，无不凝聚着恩师的汗水和心血。正是恩师的鼓励和指导，才使我顺利完成博士论文，完成此学术著作。师父的教诲之情、提携之恩和治学之道，让我终生难忘！

一位是我的父亲，几近古稀、忠厚善良的老农。父亲一生辛劳，勤俭节约，不仅抚育我成长，而且教会我做人——"继承忠良"。博士论文撰写期间，父亲罹患癌症，日益消瘦，却独自承受巨大的痛苦，不肯告知我半点消息，直至生命弥留之际，还不停鼓励我"向前看"。

其次，我要感谢湖北大学商学院的熊剑平教授，从大学期间就手把手引领我步入科研之路，教会我严谨治学的精神和端正做人的态度，对我的学业、工作和生活都给予了莫大的支持和帮助。感谢同门师弟华中师范大学老师余瑞林博士，不辞劳苦，不计报酬，无私帮助，鼎力支持。著作的数据分析凝聚了他大量的智慧和汗水，可以说这本著作是我们合作的结晶。

感谢华东师范大学城市与区域科学学院院长杜德斌教授，正是在他不断鼓励和鞭策下，我才斗胆将博士论文修订成著作，积极申报2014年上海市科学技术协会青年科技人才"晨光计划"；为此，我也要特别感谢这次"晨光计划"的出版资助。

此外，感谢中国分形城市研究开创者之一、北京大学城市与环境科学学院教授陈彦光先生热情解答了作者分形研究面临的困惑。感谢中国科学院地理科学与资源研究所研究员王姣娥女士就复杂交通网络空间结构方面给出的建设性观点。感谢师妹、西南交通大学副教授张红女士，在论文选题和研究视角方面提出的启发式建议。感谢余继胜同学、王家琦同学在通达性算法、拓扑网络建模上提供的编程帮助，感谢段德忠博士、王涛硕士等同学协助作者整理数据资料。感谢赵亮副教授、李志飞和李江敏夫妇、蒋永业老师、张贞冰老师等挚友对学业和生活的关心和支持。

攻读博士期间，有幸聆听龚胜生教授、周勇教授、吴宜进教授、刘嗣明教授、刘仁忠教授等老师的教诲，得到罗静教授、李云书记、余斌教授、李星明副教授等老师的关心和支持，以及梁滨和毛焱夫妇、师姐李艳博士、同窗邓明艳教授、郝华勇博士等"曾家军"弟子在学术上的点拨、生活上的关心和学业上的帮助。正是有了他们无私的关怀和帮助，才让我的求学之路变得充实、愉快和顺畅。

最后，我要感谢我的妻子章晴和岳父母，是他们在精神与生活上无私无怨地支持，使我免除了家庭琐务和后顾之忧；感谢可爱的两千金旻予和旻璇，为我增添无穷的动力和欢乐。

一并感谢每一位关心与支持我的老师、同学与朋友，感谢前人研究对我的启发和帮助。

原本天真地以为做完博士论文，整理学术著作可以为多年学业画一个圆满的句号，不曾想到此时的我不仅感受不到圆满，反而充满遗憾，个中或由急功近利，或因能力所限，设计的研究目标没能完全实现，规定的研究内容没有完全展开，畅想的研究创新只能算是对前人研究的修补和印证，因而呈现在大家眼前的《城乡路网系统的空间复杂性》只能是一个逗号，留待大家和笔者共同努力，正所谓"路漫漫其修远兮，吾将上下而求索"。

刘承良

2016 年 4 月 16 日

于美国路易斯安那州立大学